Geschichte Österreichs

AF643826

Geschichte Österreichs

Von Christian Lackner, Brigitte Mazohl,
Walter Pohl, Oliver Rathkolb
und Thomas Winkelbauer

Herausgegeben von Thomas Winkelbauer

RECLAM

MIX
Papier | Fördert gute Waldnutzung
FSC® C083411
www.fsc.org

5., aktualisierte und erweiterte Auflage

2015, 2020, 2024 Philipp Reclam jun. GmbH & Co. KG,
Siemensstraße 32, 71254 Ditzingen
Umschlaggestaltung: Favoritbuero, München
Umschlagabbildung: © shutterstock.com
Druck und Bindung: CPI books GmbH,
Birkstraße 10, 25917 Leck
Printed in Germany 2024
RECLAM ist eine eingetragene Marke
der Philipp Reclam jun. GmbH & Co. KG, Stuttgart
ISBN 978-3-15-011500-8

Auch als E-Book erhältlich

www.reclam.de

Inhalt

Anhang

Vorwort des Herausgebers

»Nach 1918 bedeutet Österreich etwas wesentlich anderes als vorher.« Diesen auf den ersten Blick banalen, für jemanden, der eine Geschichte Österreichs schreiben will, aber fundamentalen Satz formulierte der dem autoritären »Ständestaat« eng verbundene, in spezifischer Weise gleichzeitig großdeutsche und großösterreichische Historiker und Melker Benediktinerpater Hugo Hantsch 1933 in einem Vortrag im Rahmen der Salzburger Hochschulwochen. Im Bürgerkriegsjahr 1934 bezeichnete er Österreich pathetisch als »das übriggebliebene Fundament des alten Baues«, »das pulsierende Herz eines zerschlagenen Körpers«, und 1937 ging er im Vorwort zum ersten Band seiner *Geschichte Österreichs* davon aus, dass »der Österreicher« 1918/19 (von Gott? von der Geschichte?) »als Universalerbe« der Habsburgermonarchie »eingesetzt« worden sei »und daß er damit zwar einen reichen Schatz gefunden, doch freilich auch die Verpflichtung übernommen habe, ihn redlich und tapfer zu hüten«. Wie dem auch sei: Der mit dem Namen Österreich bezeichnete geographische und politische Raum hat sich zwischen dem 10. und dem 19. Jahrhundert jedenfalls stark verändert und insgesamt gewaltig vergrößert. 1918 wurde er mit einem Schlag auf das Territorium eines der Nachfolgestaaten Österreich-Ungarns reduziert.

Einige der Probleme, vor die sich die Autoren einer Geschichte Österreichs gestellt sehen, erhellen aus einem Vergleich mit der Geschichte Bayerns. Die Bayern haben das Epochenjahr 1918 ohne radikalen Bruch in ihrem historisch fundierten Landesbewusstsein durchlebt. Der territoriale Ausgangspunkt und Kern jeder Darstellung der bayerischen Geschichte ist das große, seit dem 6. Jahrhundert bestehende Herzogtum der Bayern, aus dem im Laufe der Jahrhunderte so bedeutende Teile wie die später von den Habsburgern beherrschten Länder Österreich und Steiermark (habsburgisch seit 1282), Kärnten und Krain (unter habsburgischer Landesherrschaft seit 1335), Tirol (habsburgisch seit 1363) und Salzburg (Bestandteil der Habsburgermonarchie von 1805 bis 1809 und seit 1816) ausgeschieden sind und aus dem das (im Spätmittelalter in mehrere Teilherzogtümer aufgeteilte) Territorialherzogtum und spätere Kurfürstentum der Wittelsbacher hervorgegangen ist, dem 1621 die Oberpfalz und 1777 die Kurpfalz angegliedert wurden. Das 1806 geschaffene Königreich Bayern wurde um zahlreiche ehemals reichsunmittelbare Territorien, Städte etc. in Schwaben und Franken vergrößert. Wenn man von den 1504 zu Tirol gekommenen altbayerischen Städten Rattenberg, Kufstein und Kitzbühel und dem 1779 als Innviertel an das Land Österreich ob der Enns angeschlossenen Gebiet absieht, ist Bayern in der Neuzeit in mehreren Etappen gewachsen. 1919 wurde aus dem Königreich Bayern – territorial unverändert – ein konstitutioneller Freistaat im Rahmen der Weimarer Republik, der 1933 zu einer gleichgeschalteten Verwaltungseinheit des Deutschen Reiches gemacht wurde. 1945 wurde der bayerische Staat wiedererrichtet, und die im Dezember 1946 proklamierte Verfassung des Freistaats Bayern beruft sich in der Präambel auf die »mehr als tausendjährige Geschichte« des »bayerischen Volkes«, was sich freilich nur auf Altbayern beziehen kann (und ein seit fast eineinhalb Jahrtausenden existierendes »bayerisches Volk« hypostasiert). Bayern hat jedenfalls als Land der Bundesrepublik Deutschland rechtlich in etwa die gleiche Stellung wie seinerzeit in der Weimarer Republik und im Wesentlichen dieselben Grenzen wie bis 1918 innerhalb des Deutschen Kaiserreichs.

Österreich hingegen, verstanden als Österreich-Ungarn bzw. dessen westlicher Teilstaat (»Cisleithanien«), hat den Ersten Weltkrieg nicht überlebt. Es hatte durch die Kriegserklärung an Serbien den Ersten Weltkrieg als ein Staat ausgelöst, der sich im Zeitalter des Nationalismus und der Ausbildung von Nationalstaaten – z.B. des deutschen Kaiserreichs unter Einschluss des Königreichs Bayern – aus einem vielsprachigen allmählich in einen multinationalen Staat verwandelt hatte. In den Augen eines Teils der groß- und kleinstädtischen Eliten seiner Nationen war Österreich-Ungarn zunehmend zu einem unzeitgemäßen Gebilde geworden, einer Art lebendem Anachronismus. Allerdings dachten vor 1917/18 wahrscheinlich nur kleine Gruppen politischer Aktivisten ernsthaft an eine Aufteilung der Habsburgermonarchie in souveräne Nationalstaaten, die infolge der nationalen Gemengelage in der Praxis vielfach selbst nichts anderes als ebenfalls multinationale Staaten sein konnten und Ende 1918 auch tatsächlich wurden.

Heute, rund 100 Jahre nach dem Ende der Monarchie, sehen sich Historiker und Historikerinnen Österreichs in viel radikalerer Weise mit der Frage nach dem räumlichen Substrat ihrer Arbeit konfrontiert als Historiker Bayerns. Im vorliegenden Buch wird unter »Österreich« für die Zeit vor 1918 in etwa jener Raum verstanden, der von einem oder mehreren auf dem Boden der heutigen Republik Österreich gelegenen politischen, ökonomischen und kulturellen Zentren aus beherrscht oder jedenfalls maßgeblich beeinflusst wurde, wobei aus pragmatischen Gründen das heutige Staatsgebiet überrepräsentiert ist, also beispielsweise Niederösterreich, Tirol und die Steiermark stärker berücksichtigt werden als etwa Krain, Böhmen und Ungarn. Die von Brigitte Mazohl und dem Unterzeichneten verfassten Abschnitte können auch als Versuch einer problemorientierten Erzählung der Geschichte der Habsburgermonarchie (1526–1918) gelesen werden, wobei ein Schwerpunkt auf den österreichischen Ländern im engeren Sinn liegt und die anderen Teile der Monarchie vor allem im Hinblick auf ihre Beziehungen zu diesen und zum Wiener Zentrum berücksichtigt sind bzw. soweit es zum Verständnis der Monarchie als Ganzes notwendig ist. Die von Walter Pohl und Christian Lackner beigesteuerten Kapitel sind in erster Linie der Vorgeschichte, Entstehung und Entwicklung der österreichischen Länder und der Geschichte ihrer Bewohner im Mittelalter gewidmet. Die von Oliver Rathkolb verfassten Abschnitte bieten einen Abriss der Geschichte der Ersten und der Zweiten Republik Österreich sowie der »Ostmark« bzw. der »Alpen- und Donau-Reichsgaue« in der Zeit der Herrschaft des Nationalsozialismus.

Es ist mir ein Bedürfnis, vor allem der Mitautorin und den Mitautoren des Bandes herzlich für die Beteiligung an diesem Projekt sowie für kritische Kommentare zu einer früheren Fassung dieses Vorworts und der Einleitung zu danken. Möge diese handliche »Geschichte Österreichs« ihren Zweck als solide, von Fachleuten für die einzelnen Epochen verfasste, ohne spezielle Vorkenntnisse verständliche, aber die nun einmal existierende Komplexität nicht über Gebühr reduzierende Überblicksdarstellung erfüllen und bei Leserinnen und Lesern nicht nur in Österreich wohlwollendes Interesse finden.

Wien, im Frühling 2015 *Thomas Winkelbauer*

Vorwort zur zweiten Auflage

Erfreulicherweise ist bereits nach einem knappen Jahr eine zweite Auflage dieser von vier Autoren und einer Autorin verfassten *Geschichte Österreichs* notwendig geworden. Sie unterscheidet sich von der ersten durch eine Reihe von Korrekturen und einige Ergänzungen, eine erweiterte und aktualisierte Fassung des letzten Abschnitts (»Vom Asyltransitland zum Einwanderungsland wider Willen«), zwei neue Stammtafeln (um genau zu sein: eine Stammtafel und eine Nachfahrentafel) sowie ein paar Ergänzungen in den Literaturhinweisen.

Die zweite Auflage erscheint etwa gleichzeitig mit dem 100. Geburtstag Erich Zöllners (1916–1996) am 25. Juni, des Autors der nach wie vor ausgewogensten, kompaktesten und homogensten einbändigen Geschichte Österreichs, die zwischen 1961 und 1990 in insgesamt acht Auflagen erschienen ist. Abgesehen von den in den einzelnen Auflagen jeweils angefügten Kapiteln und abgesehen von dem Umstand, dass Zöllners *Geschichte Österreichs* seit längerer Zeit nicht mehr lieferbar ist, ist ihr Text mittlerweile 55 Jahre alt und entspricht daher naturgemäß nicht mehr in allem dem heutigen Forschungsstand. Manche Themenbereiche sind bei Zöllner ausführlicher behandelt als im vorliegenden Buch, andere, die in der jeweiligen Epoche wesentlich waren, werden hier eingehender beleuchtet als in Zöllners klassischer Darstellung, manches werden Kenner in unserem Buch vermissen oder sich ausführlicher berücksichtigt wünschen. Wer die Muße dafür hat, dem empfehle ich, beide Werke nebeneinander zu lesen. Diese Auflage sei jedenfalls dem großen österreichischen Historiker, Humanisten und Menschenfreund Erich Zöllner in dankbarer Erinnerung gewidmet.

Wien, im Mai 2016 *Thomas Winkelbauer*

Vorwort zur fünften Auflage

Die vier Jahre nach der vierten Auflage erscheinende fünfte Auflage enthält ein neues, die wichtigsten Ereignisse und Entwicklungen der Jahre 2020 bis 2023 zusammenfassendes Schlusskapitel, einige Ergänzungen im Unterkapitel über die Revolutionsjahre 1848/49 sowie kleine Verbesserungen und Retuschen in anderen Kapiteln. Die Literaturhinweise zu sämtlichen Kapiteln wurden um wichtige Neuerscheinungen ergänzt. Möge der Band an der Geschichte Österreichs Interessierten weiterhin als zuverlässiger Wegweiser dienen.

Wien, im Frühling 2024 *Thomas Winkelbauer*

Einleitung: Was heißt »Österreich« und »österreichische Geschichte«?

Von Thomas Winkelbauer

Formen und Wandlungen des Österreichbegriffs

Ostarrîchi – Austria

Die Bayern nannten, wie es scheint, gegen Ende des 10. Jahrhunderts den östlichsten Bereich ihres Herrschaftsgebietes in der Volkssprache *Ostarrîchi*. In den Jahrzehnten nach dem Sieg Ottos I. auf dem Lechfeld bei Augsburg gegen die Magyaren (955) war das durch die bayerische Niederlage bei Pressburg (907) verlorengegangene Gebiet östlich der Enns zum Teil zurückgewonnen worden. Unter dem Markgrafen Burkhard und nach dessen Absetzung (976) unter den ersten Markgrafen aus dem Geschlecht der Babenberger wurde zwischen Enns und Tulln die bayerische »Mark an der Donau« eingerichtet und Schritt um Schritt nach Osten, Norden und Süden erweitert. In einer Urkunde Kaiser Ottos III. für das Bistum Freising, die das Datum 1. November 996 trägt und sich heute im Bayerischen Hauptstaatsarchiv in München befindet, wurde dem Freisinger Hochstift die Schenkung von Besitztümern in Neuhofen an der Ybbs (bei Amstetten im heutigen niederösterreichischen Mostviertel) verbrieft. Zur Lagebestimmung der Schenkung und der Ortschaft bedient sich die Urkunde der Formulierung »in der Gegend, die in der Volkssprache Ostarrîchi heißt, in der Mark und in der Grafschaft des Grafen Heinrich, des Sohnes von Markgraf Leopold« (»in regione vulgari vocabulo Ostarrichi in marcha et in comitatu Heinrici comitis, filii Liutpaldi marchionis«). Die Textierung der Urkunde beruht auf einer Vorlage, die Kaiser Otto II. 973 für die Freisinger Kirche ausgestellt hatte. Das im heutigen Slowenien gelegene Gut, dessen Schenkung mit dieser Vorbild-Urkunde verbrieft wurde, wird in der Urkunde als »in regione vulgari vocabulo Chreine« gelegen lokalisiert (»in der Gegend, die in der Volkssprache Krain [d. h. Grenzland] heißt«). Als das Bistum Freising 23 Jahre später wieder eine Kaiserurkunde erbat, um den in Neuhofen geschenkten Besitz rechtlich abzusichern, nahm der mit dem Verfassen der sogenannten Empfängerausfertigung betraute Freisinger Schreiber das Diplom von 973 als Vorlage – und ersetzte *Chreine* durch *Ostarrichi*. Allmählich entwickelte sich aus der Gegendbezeichnung *Ostarrîchi* der Name der bayerischen Mark an der Donau.

1156 wurde »Österreich«, die bayerische Mark an der Donau, von Kaiser Friedrich I. Barbarossa vom Herzogtum Bayern losgelöst und zu einem selbständigen Herzogtum erhoben. In der diese Erhebung dokumentierenden Urkunde (*Privilegium minus*) bezeugte der Kaiser, dass er die Mark *Austria* in ein Herzogtum verwandelt habe (»marchiam Austrie in ducatum commutavimus«). Das erste eindeutige Quellenzeugnis für die Verwendung des lateinischen Landesnamens *Austria* stellt eine am 25. Februar 1147 ausgestellte Urkunde König Konrads III. für das Chorherrenstift Klosterneuburg dar, in der dem Stift unter anderem Besitz bestätigt wird, der ihm von den Markgrafen von Österreich (»Austrie marchionibus«) geschenkt worden war. Um die Mitte des 12. Jahrhunderts setzte sich *Austria* als lateinischer Landesname Österreichs durch.

Das Land Österreich und das Land ob der Enns (Oberösterreich)

Während der Herrschaft der Babenberger (976–1246) wurde Österreich nicht nur zu einem Herzogtum, sondern auch zu einem Land, das heißt, mit den klassischen Worten des österreichischen Historikers Otto Brunner in seinem Buch »Land und Herrschaft« (1939), »eine Rechts- und Friedensgemeinschaft [...], die durch ein bestimmtes Landrecht geeint ist« und deren Träger »das Landvolk« ist, »die Landleute, die den politischen Verband des Landes bilden«. Ausgehend von den adeligen Landleuten entwickelten auch andere Bewohner des Landes ein Landesbewusstsein als Österreicher. Spätestens seit 1230 repräsentierte das Landeswappen des rot-weiß-roten Bindenschildes die rechtliche und politische Einheit des Landes Österreich.

Die im Laufe des 12. und des frühen 13. Jahrhunderts von den Babenbergern erworbenen Gebiete westlich der Enns im heutigen Oberösterreich unterstanden vielleicht schon unter den letzten Babenbergern einem eigenen Landrichter (*iudex provincialis*), der dann in der Zeit der Herrschaft des böhmischen Königs Přemysl Otakar II., der in den Jahren um 1270, am Höhepunkt seiner Macht, auch Landesherr der Herzogtümer Österreich, Steiermark und Kärnten, der Markgrafschaft Krain und der Windischen Mark war, bezeugt ist. Als Landesname für das Gebiet westlich der Enns und nördlich der Donau (im heutigen Mühlviertel) setzte sich »Land ob der Enns« durch. Endgültig besiegelt wurde die Teilung des (Erz-)Herzogtums Österreich in zwei Länder aber wohl erst durch die Herrschaftsteilung des Jahres 1458, bei der Kaiser Friedrich III. Österreich unter der Enns mit der Residenzstadt Wien und sein Bruder Albrecht VI. das Land ob der Enns mit der Residenzstadt Linz erhielt.

»Herrschaft zu Österreich« und »Haus Österreich«

Mit der seit der Zeit um 1300, also seit den ersten Jahrzehnten der Herrschaft der Habsburger in Österreich und der Steiermark, belegten Formulierung »Herrschaft zu Österreich« konnten (1.) die aus dem Südwesten des Reichs stammende Dynastie selbst, die sich nach ihrem neuen Hauptland nannte, gemeint sein, (2.) die Summe ihrer Herrschaftsrechte und (3.) alle Länder und Herrschaftsgebiete der Habsburger. Seit der ersten Hälfte des 14. Jahrhunderts wurde das Geschlecht der Habsburger sowohl von Angehörigen des Hauses selbst als auch von anderen als »Haus Österreich« (*domus Austriae*) bezeichnet. Dieser dynastische Begriff setzte sich bald auch in verschiedenen europäischen Sprachen durch (franz. *Maison d'Autriche*, ital. *Casa d'Austria*, span. *Casa de Austria*, engl. *House of Austria*).

Die Bezeichnung »Erzhaus« für die Dynastie der Habsburger bürgerte sich erst nach der reichsrechtlichen Bestätigung des – im Auftrag von Herzog Rudolf IV. 1358/59 gefälschten – *Privilegium maius* durch Friedrich III. 1442 (als König) und 1453 (als vom Papst gekrönter Kaiser) ein.

Die österreichischen Ländergruppen im Spätmittelalter und in der Frühen Neuzeit

Es gab zwei längere Perioden der Teilung der Herrschaft über die »altösterreichischen« Länder, die erste im Spätmittelalter und die zweite in der Frühen Neuzeit. Basierend auf mehreren dynastischen Verträgen (beginnend mit dem Vertrag von Neuberg an der Mürz 1379) entstanden drei Ländergruppen, die schließlich 1490/1493 in der Hand Maximilians I. wieder vereinigt wurden. 1564 bis 1619 bzw. 1665 kam es nach dem Tod Kaiser Ferdinands I. erneut zu einer Drei- bzw. Zweiteilung der österreichischen Länder.

Die Bezeichnungen der Ländergruppen schwankten. Als »niedere Lande«, später »niederösterreichische Lande« (»Niederösterreich«), wurden Österreich unter und ob der Enns und von 1490 bis 1564 überdies auch die Steiermark, Kärnten, Krain, Görz und die habsburgischen Besitzungen an der Adria bezeichnet. Die Hauptstadt dieser Ländergruppe war Wien. »Innere Lande«, später »innerösterreichische Lande« (»Innerösterreich«), war die Sammelbezeichnung für die Steiermark, Kärnten, Krain, Görz etc. mit der Hauptstadt Graz. Als »obere Lande« oder »oberösterreichische Lande« (»Oberösterreich«) wurden Tirol und die westlich des Arlbergs gelegenen Vorlande bezeichnet (Hauptstadt: Innsbruck). »Vordere Lande«, »Vorlande« oder »vorderösterreichische Länder« (»Vorderösterreich«) schließlich war im weiteren Sinn die Bezeichnung für die habsburgischen Länder und Herrschaften westlich des Arlbergs. Der Verwaltungsmittelpunkt der Vorlande war Ensisheim im Sundgau. Als 1648 infolge des Westfälischen Friedens der Sundgau an Frankreich verlorenging, wurde der Regierungssitz nach Freiburg im Breisgau verlegt. Die habsburgische Herrschaft in den vorderösterreichischen Gebieten im engeren Sinn (Breisgau, Oberelsass) und Schwäbisch-Österreich endete während der Napoleonischen Kriege (Friede von Pressburg 1805).

Spätestens seit den Staats- und Verwaltungsreformen in der Habsburgermonarchie um die Mitte des 18. Jahrhunderts wurde es üblich, die österreichischen und die böhmischen Erblande, die ja (letztere nur mit Einschränkungen) bis zu dessen Auflösung 1806 zum Heiligen Römischen Reich (deutscher Nation) und von 1815 bis 1866 zum Deutschen Bund gehörten, als »deutsche Erblande« zu bezeichnen. Zu den »ungarischen Erblanden« (Erblande der Habsburger waren sie seit 1687) gehörten das Königreich Ungarn im engeren Sinn, die ihm inkorporierten Königreiche Kroatien und Slawonien sowie das Großfürstentum Siebenbürgen.

Der Österreichische (Reichs-)Kreis

Das Heilige Römische Reich, dessen oberste Lehensherren (Kaiser bzw. Könige) von 1438 bis 1740 ohne Unterbrechung Habsburger und von 1745 bzw. 1765 bis 1806 Mitglieder des Hauses Habsburg-Lothringen waren, wurde auf den Reichstagen von 1500 und 1512 in Kreise gegliedert. Seit 1512 gab es auch einen Österreichischen Kreis, zu dem neben den österreichischen Ländern auch sogenannte »Kreismitstände« gehörten, insbesondere die Fürstbischöfe von Trient und Brixen, aber auch die Bischöfe von Gurk, Seckau und Lavant, die Landstände der Steiermark und Kärntens waren, sowie die Deutschordensballeien »Österreich« und »An der Etsch und im Gebirge«, die in Österreich bzw. in Tirol landsässig waren, später auch einige der im 17. Jahrhundert installierten »neuen« Reichsfürsten, insbesondere die Eggenberg und die Dietrichstein. Die böhmischen Länder (Böhmen, Mähren, Schlesien und die beiden Lausitzen) waren mit dem Heiligen Römischen Reich nur durch den böhmischen König in seiner Funktion als ranghöchster weltlicher Kurfürst verbunden und verblieben daher außerhalb der Kreiseinteilung. Das Erzstift Salzburg gehörte zum Bayerischen Reichskreis, und als die Landeshoheit über die Reichsgrafschaft Hohenems um 1765 an Österreich fiel, verblieb die Grafschaft weiterhin beim Schwäbischen Kreis.

Monarchia Austriaca (Österreichische Monarchie) und Kaisertum Österreich

Die spanischen Königreiche, Länder und Herrschaften waren schon seit längerem als *Monarchia Hispanica* bezeichnet worden, als parallel dazu um 1700 die Bezeichnung *Monarchia Austriaca* (»Österreichische Monarchie«) aufkam. Zum Beispiel finden sich in dem Testament, das der künftige Kaiser Karl VI. als König Karl III. von Spanien am 26. September 1711 in Barcelona aufstellte, bevor er zur Kaiserkrönung nach Frankfurt am Main aufbrach, beide Bezeichnungen nebeneinander. Es war also »der Wiener Hof und somit die Politik, die den Begriff um 1700 aus dem Spanischen herüberholte« (Grete Klingenstein).

Der erste bekannte Beleg für den Begriff »Österreichische Monarchie« oder eigentlich »Monarchie des Hauses Österreich« ist der Titel eines 1673 in Prag erschienenen Buches, Johann Jakob von Weingartens *Fürstenspiegel oder Monarchia deß Hochlöblichen Ertzhauses Oesterreich*. In den siebziger Jahren des 18. Jahrhunderts, also etwa dreißig Jahre nach dem Beginn der maria-theresianischen Staatsreform, kam der Wandel des Begriffs »Österreichische Monarchie« von einer dynastischen Herrschaftsbezeichnung zu einer Territorial- bzw. Staatsbezeichnung zu einem Abschluss. Der Wiener Arzt Heinrich Johann von Crantz dürfte der erste gewesen sein, der den Begriff in seinem 1777 publizierten Werk *Gesundbrunnen der österreichischen Monarchie*, einem Verzeichnis von 656 Badeorten mit Erläuterungen, in einem gedruckten Buch im territorialen Sinn verwendete.

Napoleons Krönung zum erblichen Kaiser der Franzosen zeichnete sich bereits ab, als am 11. August 1804 durch ein kaiserliches Patent verkündet wurde, dass Kaiser Franz II. den Titel eines erblichen Kaisers von Österreich (Franz I.) angenommen habe. Zwei Jahre später, am 6. August 1806, liquidierte Kaiser Franz die römische Kaiserwürde, indem er die Niederlegung der »deutschen« Kaiserkrone proklamierte. Im staatsrechtlichen Sinn war erst in den Verfassungsentwürfen von 1848 und 1849 von einem »Kaisertum Österreich« und einem »österreichischen Kaiserstaat« die Rede (»Verfassungs-Urkunde des österreichischen Kaiserstaates« vom 25. April 1848, »Reichsverfassung für das Kaiserthum Oesterreich« vom 4. März 1849). Immerhin bezeichnete bereits Clemens Lothar Fürst Metternich, der maßgebliche österreichische Staatsmann des Vormärz, das komplexe Staatswesen auch kurz als »Kaiserstaat«, »(österreichische) Monarchie« und »österreichischen Staat«.

Die Österreichisch-Ungarische Monarchie

Die Politik des Neoabsolutismus nach der Niederschlagung der Revolution von 1848/49 mit ihrem primären Ziel der Schaffung eines alle Länder des Hauses Habsburg bzw. Habsburg-Lothringen umfassenden, zentral von Wien aus regierten Kaisertums Österreich scheiterte schließlich vor allem infolge militärischer Niederlagen und der daraus resultierenden schweren Krise der Staatsfinanzen und wurde ab 1860 durch eine zaghafte Konstitutionalisierung sowie 1867 (»Ausgleich« mit Ungarn) durch eine Teilung der Monarchie in zwei »Reichshälften« (»Doppelmonarchie«) ersetzt.

Was verstand man zwischen 1867 und 1918, vom »Ausgleich« bis zum Ende Österreich-Ungarns, unter »Österreich«? Darüber gingen die Meinungen der österreichischen (insbesondere der deutsch-österreichischen) und der ungarischen Politiker und Staatsrechtler auseinander. In der westlichen Reichshälfte hielt man an der Vorstellung von Österreich-Ungarn als – in völkerrechtlicher Hinsicht – *einem* Staat fest, während man in Ungarn von *zwei* politisch, militärisch und wirtschaftlich verbündeten selbständigen Staaten unter einem gemeinsamen Monarchen sprach. »Der Österreichbegriff begann sich«, wie es Ernst Bruckmüller treffend formuliert hat, »auf den nichtungarischen Teilstaat der Habsburgermonarchie zurückzuziehen.« »Österreich« wurde damit zum Synonym der Bezeichnungen »westliche Reichshälfte«, »Cisleithanien« sowie »die im Reichsrat vertretenen Königreiche und Länder«. In diesem Sinne gab es seit 1867 ein »österreichisches Staatsbürgerrecht«, eine »österreichische Staatsbürgerschaft«. Dennoch blieben auch nach 1867 alle drei Bedeutungsebenen des Österreichbegriffs in Gebrauch: 1. Österreich als Kronland bzw. zwei Kronländer (Österreich unter und ob der Enns), 2. Österreich als der, von Wien aus gesehen, »diesseitige Staat« (Cisleithanien) und 3. (vor allem in der Umgangssprache) Österreich als die Gesamtmonarchie.

Von der Ersten zur Zweiten Republik

Am 21. Oktober 1918 konstituierten sich im Sitzungssaal des niederösterreichischen Landhauses in Wien die deutschen (d.h. deutschsprachigen) Abgeordneten des Abgeordnetenhauses des Reichsrates, des, neben dem Herrenhaus, zweiten Hauses des Parlaments der österreichischen Reichshälfte, als »Provisorische Nationalversammlung für Deutschösterreich«. Am 30. Oktober nahm die Provisorische Nationalversammlung die von Karl Renner ausgearbeitete, den Anschluss an Deutschland proklamierende »provisorische Verfassung« (»Beschluss über die grundlegenden Einrichtungen der Staatsgewalt«) an. Am 12. November verabschiedete sie das Gesetz, in dem Deutschösterreich als Republik konstituiert wurde, und erklärte gleichzeitig, dass die Republik Deutschösterreich ein Bestandteil der Deutschen Republik sei. Diese Beschlüsse konnten teilweise nicht umgesetzt werden, da der am 10. September 1919 unterzeichnete Friedensvertrag (»Staatsvertrag«) von Saint-Germain-en-Laye den Staatsnamen »Republik Österreich« festlegte und ein Verbot des »Anschlusses« an Deutschland aussprach. Die am 1. Oktober 1920 von der im Februar 1919 gewählten Konstituierenden Nationalversammlung der Republik Österreich beschlossene Verfassung sah eine starke Stellung des Parlaments gegenüber der Regierung vor, stärkte aber auch die Position der Länder gegenüber dem Bundesstaat.

Österreich war – sozusagen im ersten Versuch – nur 14 Jahre und ein paar Monate, von November 1918 bis Anfang März 1933, eine demokratische Republik. In der Präambel der oktroyierten »Maiverfassung 1934«

(»Verfassung des Bundesstaates Österreich«) heißt es: »Im Namen Gottes, von dem alles Recht ausgeht, erhält das österreichische Volk für seinen christlichen, deutschen Bundesstaat auf ständischer Grundlage diese Verfassung.« Noch im Aufruf zu der geplanten Volksabstimmung am 13. März 1938 lautete die Parole: »Für ein freies und deutsches, unabhängiges und soziales, für ein christliches und einiges Österreich.«

Mit dem Gesetz über die »Wiedervereinigung Österreichs mit dem Deutschen Reich« vom 13. März 1938 wurde der »Anschluss« Österreichs an das nationalsozialistische Deutsche Reich vollzogen. Seit dem 14. April 1938 war der ehemalige Staat Österreich in sieben Reichsgaue gegliedert. Statt »Österreich« bürgerte sich in der NS-Zeit zunächst der Begriff »Ostmark« ein. 1942 wurde jedoch verfügt, die Sammelbezeichnung »Reichsgaue der Ostmark« zu vermeiden und stattdessen die zusammenfassende Bezeichnung »Alpen- und Donau-Reichsgaue« zu verwenden.

1945, nach der militärischen Niederlage des Großdeutschen Reiches, kehrte die neu konstituierte Republik Österreich zum staats- und verfassungsrechtlichen Zustand des Jahres 1929 zurück (durch die Verfassungsnovelle des Jahres 1929 war die Position des Bundespräsidenten innerhalb des Institutionengefüges der Republik Österreich gestärkt worden). Die größte Änderung der österreichischen Bundesverfassung nach 1945 brachte der Beitritt Österreichs zur Europäischen Union am 1. Jänner 1995. Seither besitzt Österreich, so der österreichische Verfassungsrechtler Manfried Welan, eine Art »Doppelverfassung«, in der das Recht des »Quasi-Bundesstaates« EU im Konfliktfall eine Änderung des österreichischen Verfassungsrechts erzwingen kann. Ob der weitere Integrationsprozess der EU langfristig Auswirkungen auf den Österreichbegriff haben wird, lässt sich noch nicht absehen.

Zur Frage des räumlichen Umfangs der österreichischen Geschichte

Wer sich mit der Geschichte Österreichs befasst, hat es mit zwei unterschiedlichen historiographischen Traditionen zu tun, und zwar (1.) mit der Landesgeschichtsschreibung, die infolge des relativ stabilen räumlichen Rahmens der meisten österreichischen (Bundes-)Länder seit dem Hoch- und Spätmittelalter – abgesehen von den erst nach 1918 geschaffenen Bundesländern Wien und Burgenland – »eine Art ruhenden Pol der Geschichtsschreibung in Österreich darstellt«, und (2.) mit der »gemeinsamen« österreichischen Geschichte. Im Unterschied zur Geschichte der einzelnen Länder ist die gemeinsame österreichische Geschichte ein »im räumlichen Umfang wie in zeitlicher Kontinuität instabiler Traditionsstrang«. Ausgehend von diesen Überlegungen hat Gerald Stourzh 1991 am Beispiel von zwischen 1853 und 1988 publizierten »Reflexionen zur österreichischen Geschichte« die »Problematik des Umfanges der österreichischen Geschichte« illustriert.

Der gebürtige Prager Joseph Alexander (später: von) Helfert (1820–1910), seit 1848 Unterstaatssekretär im Wiener Unterrichtsministerium, ging 1853, also in der Zeit des Neoabsolutismus, in seinem programmatischen Büchlein *Über Nationalgeschichte und den gegenwärtigen Stand ihrer Pflege in Oesterreich* davon aus, dass »die alte Gränze, welche zwischen den zwei Hälften der Monarchie gelaufen war«, nämlich zwischen den »deutsch-slawischen« Ländern und dem Königreich Ungarn, endlich verwischt sei. Es existiere nunmehr ein – einheitlich von Wien aus regiertes – Groß-Österreich. Während die Heimatkunde der Kenntnis des jeweiligen Kronlandes und seiner Geschichte diene, diene die Vaterlandskunde bzw. die vaterländische Geschichte der Kenntnis des »Gesammtvaterlandes von Groß-Österreich«. Helferts Vorstellung von Nationalgeschichte orientierte sich am Begriff der Staatsnation, nicht an jenem der Sprachnation: »Österreichische Nationalgeschichte ist uns die Geschichte des österreichischen Gesammtstaates und Gesammtvolkes […].« Nicht zufällig wurden in der Zeit des Neoabsolutismus, im Zuge der Universitätsreform des Unterrichtsministers Leo Graf Thun-Hohenstein, an den »österreichischen« Universitäten eigene Lehrstühle für Österreichische Geschichte – ganz im Sinne Helferts! – eingerichtet (Prag 1850, Wien und Innsbruck 1851). Hauptadressaten des neuen Faches waren Lehramtskandidaten und Juristen, denen während des Studiums für ihre künftige Berufslaufbahn ein solides »vaterländisches historisches Bewusstsein« vermittelt werden sollte. Wie Brigitte Mazohl und Thomas Wallnig unlängst gezeigt haben, waren bereits die zahlreichen seit ungefähr 1800 erscheinenden Kompendien der österreichischen Geschichte, die allesamt nicht von professionellen Historikern verfasst wurden, der aus den Grundelementen »Kaiserhaus«, »Vaterland« und »Staat« amalgamierten »Großen Erzählung« (im Sinne Jean-François Lyotards) von der »österreichischen Geschichte« verpflichtet gewesen, der »Erzählung, wie aus einer

Markgrafschaft eine Großmacht wurde«. Die genannten Grundelemente des Diskurses »österreichische Geschichte« ihrerseits waren bereits gegen Ende des 18. Jahrhunderts fertig ausgebildet und wurden um 1800 lediglich »verdichtet« und »in eine fertige Form gegossen«. Die »Erfindung einer österreichischen Nationalgeschichte« (Georg Christoph Berger Waldenegg) nach 1848 war also keine Creatio ex nihilo. Es ging den Vordenkern des Neoabsolutismus um die »Schaffung einer österreichischen Staatsnation«, allerdings nicht unbedingt einer strikt »übernationalen« österreichischen Staatsnation, sondern »einer *deutsch* geprägten österreichischen Staatsnation« (Berger Waldenegg), eine Idee, die begreiflicherweise bei den Vorkämpfern der (Interessen der) nicht-deutschen (Sprach-) Nationen der Monarchie wenig Anklang fand.

Alfons Huber (1834–1898), seit 1870 Professor für Österreichische Geschichte an der Universität Innsbruck und ab 1887 am Institut für Österreichische Geschichtsforschung an der Universität Wien, das 1854 auf Anregung und im Geiste Helferts gegründet worden war, eröffnete 1885 die programmatische Einleitung zum ersten Band seiner *Geschichte Österreichs* mit den folgenden Sätzen: »Eine Geschichte Österreichs ist unzweifelhaft ein schwierigeres Werk als die Geschichte der anderen Staaten. Die meisten Reiche, welche in der Geschichte eine hervorragende Rolle gespielt haben, tragen den Charakter von natürlichen Gebilden an sich, sind dadurch entstanden, daß eine kräftige Nation im Kampfe um das Dasein ihre Existenz behauptet, sich eine gesicherte Stellung errungen und kleinere Völkerschaften oder Teile von solchen sich unterworfen und mehr oder weniger vollständig sich assimiliert hat. Österreich dagegen ist ein künstlicher Bau, indem das im südöstlichen Deutschland regierende Haus Habsburg auch in benachbarten nichtdeutschen Reichen […] sich Anerkennung verschaffte und so mehrere Staaten mit ganz verschiedener Bevölkerung und vielfach verschiedenen politischen und sozialen Zuständen zunächst durch Personalunion in seinen Händen vereinigte. Österreich ist […] eine Verbindung von drei ursprünglich getrennten Gebäuden, aus denen erst eine Reihe von Baumeistern ein einheitliches architektonisches Werk zu schaffen bemüht war.« Im Unterschied zu Huber hatte Franz (von) Krones (1835–1902) in seinem fünfbändigen, in den 1870er Jahren erschienenen *Handbuch der Geschichte Österreichs* Österreich nicht als »Mechanismus«, sondern als »Organismus« aufgefasst, dessen »Wachstum nicht bloß durch politische Zufälligkeiten, sondern auch durch geographische Gesetze« bedingt gewesen sei.

Der Innsbrucker Jurist und Historiker Hans von Voltelini (1862–1938) beantwortete um 1900 – in Reaktion auf die 1893 erfolgte Einführung des Pflichtfaches »Österreichische Reichsgeschichte (Geschichte der Staatsbildung und des öffentlichen Rechts)« für die rechtshistorische Staatsprüfung im Rahmen des rechts- und staatswissenschaftlichen Studiums an den österreichischen (d.h. cisleithanischen) Universitäten und ausgehend vom »Ausgleich« des Jahres 1867 – die Frage, »ob die österreichische Reichsgeschichte eine Geschichte der Gesamtmonarchie und der beiden Staaten, aus denen dieselbe besteht, sein soll, [...] oder ob sie neben der Gesamtmonarchie nur die staatsrechtliche Entwicklung der im Reichsrate vertretenen Königreiche und Länder vertreten soll«, im Sinne der engeren, das Königreich Ungarn ausklammernden Auffassung: »Ungarn ist nach den Ausgleichsgesetzen von 1867 ein in seinen inneren Angelegenheiten selbständiger und unabhängiger Staat. Die Geschichte seiner Verfassung und Verwaltung kann daher nur insoweit für die österreichische Reichsgeschichte von Belang sein, als die mit Österreich gemeinsamen Institutionen in Betracht kommen, und als die ungarischen Verhältnisse auf die Entwicklung des österreichischen Staatsrechtes zurückgewirkt haben.« Anders als die englische, die französische oder die deutsche Geschichte werde die österreichische Geschichte »immer eine Staatsgeschichte bleiben müssen, denn die Nationen, welche den Kaiserstaat bewohnen, gehören verschiedenen nationalen Kulturkreisen an«.

Der in Wien lehrende Mediävist und Österreichhistoriker Oswald Redlich (1858–1944) war nach 1918 – ähnlich wie, aber mit anderen Akzenten als Heinrich (Ritter von) Srbik (1878–1951), der bekannteste Vertreter der »gesamtdeutschen« Geschichtsauffassung – bestrebt, bei seinen Kollegen und Lesern in Österreich und Deutschland Verständnis und Wertschätzung für das komplizierte Staatswesen und die Kultur »Altösterreichs« zu erwecken. Er war ohne Zweifel derselben Meinung wie sein Kollege und Freund Aloys Schulte, der ihm 1921 aus Anlass des Erscheinens seines Buches *Österreichs Großmachtbildung in der Zeit Kaiser Leopolds I.* in einem Brief schrieb: »Wenn man wie ein Jordanes [der Geschichtsschreiber der Ostgoten; Th. W.] über ein verlorenes Reich schreiben muß, darf man nicht in seine Fehler fallen. Und von Österreich-Ungarn gilt doch auch für die Zukunft: es war ein Näherungswerk für die Quadratur des Zirkels. Aber die Zukunft wird wohl zunächst andere Wege einschlagen.«

Otto Brunner (1898–1982), seit 1940 Direktor des (Österreichischen)

Instituts für Geschichtsforschung in Wien und Vorsitzender der Südostdeutschen Forschungsgemeinschaft, einer Institution der nationalsozialistischen »Südostforschung«, plädierte noch 1944 für den Primat des Volkes (im völkisch-nationalen Sinn) und der »Volksgeschichte« gegenüber dem Staat und der Staatsgeschichte. Die Geschichte des österreichischen Deutschtums werde künftig im Wesentlichen als »Landes- und Volksgeschichte« zu schreiben sein. Neben der Geschichte der Deutschen in den Ländern der Habsburgermonarchie betrachtete Brunner die Geschichte der Habsburger und ihrer dynastischen Großmachtpolitik als das zweite große Thema der österreichischen und gleichzeitig der gesamtdeutschen und der europäischen Geschichte und war davon überzeugt, dass »[d]er einheitliche Rahmen einer österreichischen Geschichte als Geschichte des ›Staates‹ Österreich [...] längst sinnlos geworden« sei. »Die wichtigsten uns heute [1944!] beschäftigenden Fragen finden hier keine Antwort mehr. Sie können [...] ernsthaft nur aus einer gesamtdeutschen und damit europäischen Sicht in Angriff genommen werden.«

Erst nach 1945 versöhnten sich die meisten Österreicher und die österreichischen Historiker und Historikerinnen mit der Existenz Österreichs als Kleinstaat. Zweimal, so Gerald Stourzh in seiner Studie *Vom Reich zur Republik*, hat »die Geschichte« die Österreicher in der ersten Hälfte des 20. Jahrhunderts »von einem Reich in eine Republik transportiert«: vom Reich der Habsburgermonarchie in die Erste Republik und vom Großdeutschen Reich in die Zweite Republik. »Der endgültige Übergang vom Bewußtsein, die Österreicher seien ›Großstaatsmenschen‹, wie [Bundeskanzler] Ignaz Seipel es einmal während der Ersten Republik ausdrückte, zur Bejahung der kleinstaatlichen Republik ist zäh gewesen. Gelungen ist der Übergang nach 1918 noch nicht – erst nach 1945.«

Alphons Lhotsky (1903–1968), seit 1946 Professor für Österreichische Geschichte an der Universität Wien, verfocht 1949 in einem Vortrag auf dem ersten österreichischen Archivtag die Ansicht, dass die österreichischen Erblande um 1500 eine Einheit gebildet hätten, die mit relativ geringen Veränderungen die folgenden Jahrhunderte überdauert habe. »Spinnen wir diesen Gedanken weiter aus, so erscheinen uns die vierhundert Jahre Großmacht im Verein mit Böhmen und Ungarn von 1526 bis 1918 als ein Zwischenspiel, an dessen Ende neuerdings jenes natürliche Ergebnis des Spätmittelalters, im großen und ganzen räumlich ähnlich, zutage trat und damit seine in sich selbst zurücklaufende echte Wesenhaftigkeit bewiesen hat.« Noch kurz vor seinem Tod gab sich Lhotsky 1966 im programmatischen Vorwort zu seiner *Geschichte Österreichs seit der Mitte des 13. Jahrhunderts* überzeugt: »Eine ›Geschichte Österreichs‹ darf heute nur noch demjenigen Territorienkomplex gelten, der sich im Laufe des Mittelalters durch spontane Konvergenz der Landschaften in weitgehender Identität mit der politischen Gestaltungskraft dreier Dynastien zu einer lebenskräftigen Einheit entwickelte, die über zahllose Krisen hinweg ihre Daseinsberechtigung bewiesen hat. Die Republik Österreich der Gegenwart ist nichts anderes als das nur wenig modifizierte ›Haus Österreich‹ der Zeit Kaiser Friedrichs III.«

Lhotskys Interpretation der österreichischen Geschichte zwischen 1526 und 1918 als Zwischenspiel, um nicht zu sagen: als historischer Irrweg, und seine Reduktion der österreichischen Geschichte auf das Staatsgebiet der Republik nach 1918 bzw. 1945 ist von manchen als provinzielles Wunschdenken kritisiert worden, zunächst von »großösterreichischen« bzw. (vormals) »gesamtdeutschen« Zeitgenossen wie Theodor Mayer (1883–1972), Hugo Hantsch (1895–1972) und Adam Wandruszka (1914–1997), zuletzt von Gerald Stourzh. Wandruszka polemisierte 1955 gegen das »krampfhafte« Suchen »nach Parallelen und Vorläufern zur Gegenwart [...] in einem angeblichen ›spätmittelalterlichen Territorialstaat‹«. Stourzh gab 1991 unter anderem zu bedenken: »Wenn man die Republik Österreich ›in ihren heutigen Grenzen‹ als ›nichts anderes als das nur wenig modifizierte *Haus Österreich* der Zeit Kaiser Friedrichs III.‹ bezeichnet, bagatellisiert man die [...] Änderungen [das Innviertel, Salzburg und das Burgenland sind erst später dazugekommen, Krain, Südtirol, die Untersteiermark, die Besitzungen an der Adria, in Schwaben und Vorderösterreich sind weggekommen; Th. W.] über Gebühr.«

Außerdem plädierte Lhotsky – ähnlich wie wenige Jahre zuvor der ihm politisch fernstehende Otto Brunner – für eine Trennung der Geschichte der Dynastie von jener der Länder. Dazu bemerkte Stourzh mit Recht: »Dennoch gibt es – mit flexiblem Umfang – eine österreichische Geschichte, die über den Umfang der gegenwärtigen Republik Österreich hinausreicht und mehr ist als ›Herrscher- oder Herrschaftsgeschichte‹. Die Schicksale und die Sozialisation zu vieler Menschen in zu vielen Lebensbereichen – nicht nur im Bereich der öffentlichen Verwaltung oder des Militärwesens – sind von der Zugehörigkeit zum Institutionengefüge der Monarchia Austriaca geprägt worden, als daß man mit einer Trennung in Dynastiegeschichte einerseits und Landes- oder Ländergeschichte andererseits das Auslangen finden könnte. Man denke etwa an die enormen Wanderungsbewegungen des 19. Jahrhunderts aus den ›Ländern der böhmischen Krone‹ in das ›Erzherzogtum unter der Enns‹, man denke an die jüdischen Westwärts- und Südwärtswanderungen innerhalb der Monarchie, und man merkt sogleich, daß hier historische Phänomene vorliegen, die weder als ›Dynastiegeschichte‹, noch als ›Landes- oder Ländergeschichte‹, noch auch als ›Nationalgeschichte‹ zu verstehen sind.«

Ernst Hanisch schließlich plädierte 1988 und neuerlich 1991 dafür, bei einer Darstellung und Analyse der Geschichte Österreichs im 20. Jahrhundert nicht mit dem Bruch von 1918, sondern bereits um die Mitte der 1890er Jahre zu beginnen. »Was aber heißt Österreich vor dem Ersten Weltkrieg? Im öffentlichen Sprachgebrauch war zumeist die westliche Reichshälfte der Habsburgermonarchie gemeint. Der Begriff ist zu weit für meine Intentionen, für mein Programm einer Gesellschaftsgeschichte. Am ehesten trifft grob der ebenfalls, vor allem in der Statistik, verwendete Terminus ›Alpenländer‹ zu; kurz: die spätere Republik Österreich.« Stourzh gab dieser Auffassung gegenüber zu bedenken, »daß eine solche Einschränkung des Begriffs Österreich schon für das letzte Jahrzehnt des 19. Jahrhunderts und dann natürlich auch für die ersten 18 Jahre des 20. Jahrhunderts gerade vom Standpunkt einer gesellschaftshistorischen Methode problematisch ist. Die vor allem in den letzten Jahrzehnten Altösterreichs in ihrer Bedeutung überhaupt nicht zu überschätzende demographische, soziale und wirtschaftliche Verbindung der böhmischen Länder und der Donauländer (weniger der Alpenländer) erinnern daran, daß hier eine zu frühe Verengung angelegt ist.« Hanisch antwortete 1994 in der Einleitung zu seiner – wie angekündigt Mitte der 1890er Jahre einsetzenden – Gesellschaftsgeschichte Österreichs im 20. Jahrhundert (*Der lange Schatten des Staates*), diese Kritik sei zwar »theoretisch richtig, aber praktisch wenig ergiebig. Alle Längsschnitte würden an Aussagekraft verlieren, wenn sich das Korpus der Vergleichsdaten einmal auf das Gebiet der westlichen Reichshälfte, das andere Mal auf das Gebiet der Republik bezöge. Es ist allerdings notwendig, die Perspektive offenzuhalten, das Blickfeld nicht vorschnell auf das Gebiet der späteren Republik einzuschränken, die Verflechtungen mit zu berücksichtigen.«

Was aber, wenn man nicht, wie Ernst Hanisch, eine Geschichte Österreichs im 20. Jahrhundert schreiben will, sondern, wie die Autorin und die Autoren des vorliegendes Bandes, eine Überblicksdarstellung der Geschichte Österreichs vom Frühmittelalter bis ins 21. Jahrhundert? Ein gangbarer Weg scheint die methodische Unterscheidung und Kombination mehrerer unterschiedlich großer Räume zu sein, zu denen bzw. an denen »Österreich« zu verschiedenen Zeiten variierende Beziehungen und Anteile hatte. Arno Strohmeyer hat 2008 den Versuch unternommen, »Österreichische Geschichte der Neuzeit« als »multiperspektivische Raumgeschichte« zu begreifen. Er geht von einer »Pluralität der Räume« der österreichischen Geschichte aus. Der Schwerpunkt seiner Überlegungen liegt »auf politischen Räumen, d.h. auf Räumen, die sich durch politische Praxis konstituierten und politische Ordnung produzierten«. Um einen Raum als Gegenstand und Bestandteil österreichischer Geschichte zu verstehen, müsse »nicht unbedingt ein genetischer Bezug aufgrund von Staatsbildungsprozessen oder der Entwicklung des Nationalbewusstseins bestehen, ausschlaggebend ist vielmehr die geographische Überschneidung. Eine so verstandene österreichische Raumgeschichte konstituiert sich somit aus der Geschichte der Räume, die das Gebiet des heutigen Österreich oder einzelne seiner Teile beinhalten oder beinhaltet haben und der Geschichte, die in diesen Räumen stattfand. Darin eingeschlossen ist die Wahrnehmung dieser Räume durch die Zeitgenossen wie rückblickend in der österreichischen und internationalen Geschichtswissenschaft.«

Strohmeyer unterscheidet als für die (neuere) österreichische Geschichte relevante Räume – neben Europa – (1.) staatlich-territoriale Räume, (2.) europäische Mesoregionen (Zentraleuropa und Ostmitteleuropa) und (3.) das habsburgische Imperium, d.h. die die Herrschaftsräume sowohl der spanischen als auch der österreichischen (oder deutschen) Linie des Hauses Habsburg umfassende »dynastische Agglomeration«. Für unsere Zwecke relevant und praktikabel sind in erster Linie die sich im Zeitverlauf ändernden staatlich-territorialen Räume, nämlich die habsburgischen Erblande des Mittelalters und der Frühen Neuzeit, die Habsburgermonarchie (1526–1918) und das Heilige Römische Reich (962–1806) bzw. der Deutsche Bund (1815–1866), die Erste Republik (1918–1933/38), das nationalsozialistische Deutsche Reich (1938–1945) und die Zweite Republik (seit 1945). Der Raumpluralismus der österreichischen Geschichte ist ein Kernproblem, dem man sich als Historiker Österreichs stellen muss: »Eine als multiperspektivische Raumgeschichte verstandene österreichische Geschichte konstituiert sich nicht aus einem Raum, dessen Entwicklung den maßgeblichen Gedanken der Sinnkonstruktion darstellt, sondern aus einem Bündel von Räumen mit jeweils einer eigenen Geschichte, spezifischen Deutungsvoraussetzungen und Quellenverhältnissen.«

Karl Vocelka hat seiner erstmals im Jahr 2000 erschienenen Überblicksdarstellung der *Geschichte Österreichs* plausible Überlegungen zur Frage des räumlichen Umfangs der österreichischen Geschichte vorangestellt, die eine pragmatische Lösung der Widersprüche zwischen zwei gegensätzlichen Auffassungen des Begriffs »österreichische Geschichte«, nämlich als Geschichte des heutigen Staatsgebietes auf der einen und als Geschichte der Habsburgermonarchie auf der anderen Seite, nahelegen. »Eine allseits befriedigende Lösung wird sich nicht finden lassen, doch scheint sich die Entwicklung der letzten Zeit auf ein System konzentrischer Kreise hinzubewegen – oder, um einen Terminus aus der Fotografie zu verwenden: zu ›zoomen‹. Das heißt also, dass für die Neuzeit der deutschsprachige Teil der Donaumonarchie zwar im Mittelpunkt des Interesses der österreichischen HistorikerInnen steht, dass aber die Entwicklungen der einst mit dem Haus Habsburg verbundenen Länder, insbesondere sofern sie das wirtschaftliche, politische und kulturelle Klima beeinflussen, entsprechend berücksichtigt werden.« Ganz ähnlich ist Alois Niederstätter in der jüngsten, 2007 vorgelegten einbändigen Darstellung der *Geschichte Österreichs* vorgegangen. Im Vorwort hat er dies damit begründet, dass »für einen historischen Längsschnitt, der von der Eingliederung des Ostalpenraums in das römische Reich bis zur Gegenwart reichen soll«, nur »der Kompromiss« in Frage komme, »das Schwergewicht auf das heutige Staatsgebiet zu legen, aber auch weiter auszugreifen, wo es nötig erscheint«.

Das für die österreichische Geschichte eine tiefe Zäsur darstellende Jahr 1918, die militärische Niederlage Österreich-Ungarns und die Auflösung dieses Staatsgebildes, bedeuten den meisten heutigen Österreichern kaum mehr etwas ihre eigene, historisch fundierte (nationale) Identität Berührendes, werden nicht als »unsere« Niederlage oder der Zerfall »unseres« ehemaligen Staates empfunden. Das Gegenteil gilt für die Bedeutung der Jahre 1526 (Schlacht bei Mohács) und 1920 (Friedensvertrag von Trianon) im historischen Gedächtnis der heutigen Ungarn oder der Jahre 1620/21 (Schlacht am Weißen Berg, »Prager Blutgericht«) und 1918 (Gründung der Tschechoslowakei) im nationalen Geschichtsbild der heutigen Tschechen. Die moderne österreichische Nation ist eine sehr junge Nation. Ihre wichtigsten historischen »Erinnerungsorte« sind die Jahre 1945 (Kriegsende, Ende der nationalsozialistischen Herrschaft, Wiedererrichtung der Republik Österreich) und 1955 (Staatsvertrag, Ende der Besatzungszeit, Erklärung der Immerwährenden Neutralität). Die Aufgabe, eine moderne »österreichische Geschichte« oder »Geschichte Österreichs« zu schreiben, wird dadurch nicht einfacher. Eine »Geschichte Österreichs« seit dem Frühmittelalter kann jedenfalls keine »österreichische Nationalgeschichte« sein. Während die ersten Jahre nach 1918 von einer »Entösterreicherung« des Bewusstseins der Deutsch-Österreicher geprägt gewesen waren und der »Ständestaat« in den 1930er Jahren die Parole von Österreich als »zweitem deutschem Staat« ausgegeben hatte, kam es zu einer »Austrifizierung« Österreichs im engeren Sinn – Ernst Hanisch hat von der »Reaustrifizierung«, der eigentlichen österreichischen Nationsbildung gesprochen – erst nach 1945, nach dem Bruch mit Deutschland und der deutschen Geschichte. Noch 1956 waren nur 49 % der befragten Österreicher der Ansicht, die Österreicher seien eine eigene Nation, 1964 sogar nur 47 %; 1970 – nach der »Borodajkewycz-Affäre« 1965 und der Einführung eines österreichischen Nationalfeiertags im selben Jahr – waren es dann bereits zwei Drittel, und seit den späten 1980er Jahren waren stets zwischen 74 und 80 % der Befragten dieser Meinung.

Jede »Geschichte Österreichs« ist letzten Endes ein Konstrukt, ein Konstrukt freilich, das die Österreichhistoriker nicht nur den historisch wissbegierigen Österreicherinnen und Österreichern, sondern allen an der Geschichte Europas und Österreichs in Europa Interessierten schuldig sind.

Von der römischen Herrschaft bis zur Karolingerzeit (15 v. Chr. bis 907)[1]

Von Walter Pohl

Epochenüberblick

Die fast 1000 Jahre von der römischen Besetzung des Ostalpen- und Donauraumes bis zur Ungarnzeit bieten kaum eine einheitliche Erzählperspektive. Zu keiner Zeit unterstand der gesamte Raum des heutigen Österreich einer länger andauernden einheitlichen Herrschaft. In der Römerzeit, von 15 v. Chr. bis 487 n. Chr., ging Roms direkter Machtbereich bis zur Donau, und auch wenn der Raum nördlich davon oft weitgehend kontrolliert wurde, gelang die mehrfach geplante Errichtung einer Provinz nicht. Auch das Karolingerreich beherrschte vom Awarensieg Karls des Großen (796) bis zur bayerischen Niederlage gegen die Ungarn bei Pressburg (907) im Wesentlichen den Raum südlich der Donau, während nördlich davon die Mährer trotz mehrfacher Unterwerfung nicht integriert werden konnten. Nie befand sich in der in diesem Abschnitt behandelten Epoche auf dem Gebiet des heutigen Österreich ein überregional bedeutsames Herrschaftszentrum, es wurde meist von außerhalb dominiert. Rom beherrschte weite Teile des Raumes von Italien aus, Hunnen im 5. und Awaren im 6.–8. Jahrhundert aus dem heutigen Ungarn, das bayerische Herzogtum der gleichen Epoche von Regensburg aus, und die Residenzen des karolingischen Frankenreiches lagen zunächst noch weiter westlich, etwa in Aachen.

Eine »Geschichte Österreichs« in dieser Zeit kann daher, nach dem Vorbild der ersten Bände der von Herwig Wolfram herausgegebenen *Österreichischen Geschichte*, nur von »Grenzen und Räumen« handeln, die in unterschiedlichem Maß von Mächten außerhalb des hier behandelten Gebietes dominiert und beeinflusst wurden. Dabei blieb der Raum Begegnungszone sehr unterschiedlicher Bevölkerungsgruppen: von Kelten, Römern und Germanen in der Römerzeit; von germanischen Völkern, römischen Provinzialen und Steppenreichen in der Völkerwanderungszeit des 5./6. Jahrhunderts; von Bayern, Romanen, Slawen und Awaren

1 Ich danke Franziska Beutler, Maximilian Diesenberger, Fritz Mitthof, Ekkehard Weber und Herwig Wolfram für Korrekturen und Vorschläge.

ab der Mitte des 6. Jahrhunderts; gegen 800 kamen dazu noch Franken und andere Bewohner ihres Reiches, während die Awaren verschwanden und ein knappes Jahrhundert später von den Ungarn ersetzt wurden. An der Besiedlung des Raumes hatten diese Völker und Sprachgruppen in sehr unterschiedlichem Maß Anteil. Um 900 bestand die Bevölkerung Ostösterreichs vorwiegend aus Slawen, im Westen aus Bayern (westlich des Arlbergs aus Alemannen), dazu gebietsweise auch Romanen. Das heißt nicht, dass frühere Bevölkerungen (Kelten, Germanen, Awaren) einfach verschwunden waren; sie können Identität und Sprache gewechselt haben, wie es später auch bei den Slawen und Romanen der Fall war, die im Hochmittelalter (mit Ausnahme vor allem der Kärntner Slowenen) zu Deutschen wurden. Über diese ethnischen und sprachlichen Prozesse wissen wir im einzelnen recht wenig; der Wandel der Sprachverhältnisse kann bis zu einem gewissen Grad aus den komplexen Ortsnamenlandschaften erschlossen werden, die (mit dem Sprachwandel nicht immer gleichzeitige) Veränderung der Selbstzuordnung wird nur ausnahmsweise deutlich erkennbar.

Im Untersuchungsgebiet entstanden immer wieder regionale Ordnungen: die römische Provinz Noricum sowie Teile der Nachbarprovinzen Raetien und Pannonien, wo Carnuntum als Legionslager und Zivilstadt einige strategische und kulturelle Bedeutung hatte; die kurzlebigen Reiche der Rugier, Eruler und Langobarden im Ostösterreich des 5./6. Jahrhunderts; das karantanische Fürstentum im 8. Jahrhundert, in dem sich die slawische Bevölkerung eine politische Struktur gab; und schließlich das Erzbistum Salzburg als kirchliches und kulturelles Zentrum des Ostalpenraumes im 9. Jahrhundert. Die regionalen bäuerlichen Lebensformen überdauerten zum Teil diese Veränderungen. Doch gerieten sie zweimal in den Sog einer expansiven arbeitsteiligen Kultur mit ausgebildeter Schriftlichkeit und hierarchischen Strukturen: am Beginn der Epoche von der klassisch-römischen Zivilisation und im 8./9. Jahrhundert von der christlich-fränkischen Ordnung. Um 900 war die Reichweite und Differenziertheit dieses Kulturmodells aber noch recht beschränkt. Der österreichische Raum blieb noch einige Jahrhunderte lang Peripherie der Zentralräume des lateinischen Europa in Italien und den beiden Frankenreichen. Das Potential der mitteleuropäischen Lage als Durchgangsraum zwischen Deutschland und Italien sowie zwischen West und Ost konnte erst allmählich genutzt werden.

Die Römerzeit im Raum des heutigen Österreich

15 v. Chr.	Der Ostalpenraum kommt unter römische Herrschaft.
Ca. 40	Carnuntum wird Legionslager.
Ca. 114	Vindobona wird Legionslager.
166–180	Markomannenkriege unter Kaiser Marc Aurel
Ca. 190	Gründung des Legionslagers Lauriacum
193	Septimius Severus in Carnuntum zum Kaiser ausgerufen
284–305	Kaiser Diocletian
306–337	Kaiser Constantin der Große
308	Kaiserkonferenz in Carnuntum

Die Ostalpen verdankten ihre überregionale Bedeutung im 1. Jahrtausend v. Chr. vor allem ihren Bodenschätzen. Salzbergbau machte Hallstatt zu einem (heute durch Ausgrabungen gut erschlossenen) Zentrum der danach benannten Hallstatt-Kultur der ersten Jahrtausendhälfte. Später war es vor allem das norische Eisen, das Grundlage der Prosperität der sogenannten La-Tène-Zeit war, einer von den Westalpen bis nach Ostmitteleuropa reichenden Kultur, und in den letzten vorchristlichen Jahrhunderten römisches Interesse erregte. Vereinzelt wird (etwa bei Polybios) auch von Goldfunden berichtet. Der Ostalpenraum war vor allem von Kelten besiedelt; das ist eine bereits bei Herodot im 5. Jahrhundert v. Chr. bezeugte Großgruppenbenennung. Wie beim Germanennamen wissen wir aber nicht, ob der ethnographische Sammelname überhaupt als Selbstbezeichnung diente und wenn, wie weit. Identitätswirksamer waren im Ostalpenraum wohl die Stammesnamen und regionalen Bezeichnungen, die in römischen Berichten erwähnt werden und zum Teil von Flüssen abgeleitet sind (z. B. Ambidravi an der Drau, Ambisontes wohl an der Salzach). Der Name der Breonen im Tiroler Oberinntal ist über die Spätantike bis ins 9. Jahrhundert bezeugt. Besondere Bedeutung bekamen die seit dem 2. Jahrhundert v. Chr. belegten Noriker; ein religiöses, vermutlich auch politisches Zentrum lag am Kärntner Magdalensberg, wo eindrucksvolle Überreste ergraben wurden. Das *regnum Noricum* gelangte durch den Bergbau zu Reichtum und spielte bald eine dominierende Rolle im Gebiet südlich des Alpenhauptkammes und darüber hinaus bis zur Donau. Es war durch einen Freundschaftsvertrag an Rom gebunden.

Im Verlauf des 1. Jahrhunderts v.Chr. geriet das Gebiet des heutigen Österreich von zwei Seiten unter Druck. Der Ausbau der römischen Position in Norditalien seit der Gründung der Kolonie Aquileia im Jahr 181 v.Chr. beeinflusste die politischen Verhältnisse im Alpenraum. Von Nordwesten her breiteten sich neue Gruppen aus, die man in Rom seit Caesar Germanen nannte. Der Zug der Kimbern durch die Ostalpen im Jahr 113 v.Chr. mit der Schlacht beim schwer genau lokalisierbaren Noreia blieb noch Episode. Nachhaltiger wirkte das Zurückweichen der Boier aus Böhmen an die mittlere Donau im frühen 1. Jahrhundert v.Chr., das sie um die Jahrhundertmitte auch in Konflikt mit dem Dakerreich des Burebista brachte, der mit ihrer Niederlage und dem Abzug der meisten Boier endete. Das zunehmende Engagement Roms am Rhein und die Konfrontation mit den Germanen warfen auch die Frage nach einer besseren Kontrolle der Wege durch die Alpen auf.

Unter Augustus wurde in Rom daher eine systematische Expansionspolitik im Alpenraum betrieben, deren Erfolg in dem bis heute erhaltenen (7/6 v.Chr. errichteten) Tropaeum Alpium in La Turbie dokumentiert ist. 15 v.Chr. marschierte ein Heer unter Drusus die Etsch aufwärts über den Reschenpass ins Inntal, wo die Breuni unterworfen wurden, und weiter ins heute bayerische Alpenvorland. Tiberius zog von Gallien aus nach Osten an den Bodensee und schlug Vindeliker und Raeter. Vermutlich gleichzeitig annektierte Rom das *regnum Noricum*. Bewaffneter Widerstand der Ambisontes wurde gebrochen. In den Jahren nach 12 v.Chr. leitete Tiberius die Ausweitung des römischen Illyricum in die künftige Provinz Pannonien. Im Jahr 6 n.Chr. diente Carnuntum als Operationsbasis für einen Feldzug des Tiberius gegen das Markomannenreich unter Marbod im böhmischen Raum. Der Feldzug des Jahres 6 scheiterte, weil im selben Jahr ein großer Aufstand der bereits unterworfenen Dalmater ausbrach. Schließlich blieb die Donau die Nordgrenze des direkten römischen Machtbereiches. Freilich dominierte Rom auch nördlich davon durch eine aktive Bündnis- und Gleichgewichtspolitik. Immer wieder gelang es, bei den Markomannen und Quaden von Rom unterstützte Könige durchzusetzen. Ebenso fanden, trotz aller Konflikte, von ihren Völkern vertriebene Fürsten, wie Marbod 19 n.Chr. oder der Quadenkönig Vannius in der Mitte des 1. Jahrhunderts n.Chr., politisches Asyl auf Reichsgebiet.

Nach der Besetzung und Annexion der Gebiete südlich der Donau dauerte der Aufbau provinzialer Verwaltungsstrukturen und römischer

Lebensformen viele Jahrzehnte. Zunächst wurden Noricum und Pannonien gemeinsam verwaltet. Die römischen Besatzungstruppen im Ostalpenraum und an der norisch-raetischen Donau blieben noch darüber hinaus relativ klein. Zugleich wurden in den eroberten Gebieten bald Truppen für den Einsatz in anderen Provinzen rekrutiert. Die Bewohner mussten Steuern zahlen, darunter die Kopfsteuer, die diejenigen zu leisten hatten, die keine römischen Bürger waren. Schließlich konsolidierte sich unter Kaiser Claudius (41–54 n. Chr.) die administrative Einteilung in Provinzen: Raetien, das sich vom Inn und dem Zillertal westwärts erstreckte; Noricum, das östlich davon bis zum Alpenostrand anschloss und mit dem Gebiet von Celeia/Celje/Cilli auch ins heutige Slowenien reichte; und Pannonien wiederum östlich davon. Um 40 n. Chr. oder bald danach wurde die Legio XV Apollinaris in Carnuntum stationiert, wo die von der Ostsee kommende Bernsteinstraße die Donau überquerte. Längere Zeit blieb Carnuntum damit das einzige Legionslager des österreichischen Raumes; weder in Raetien noch in Noricum standen so große Heereseinheiten.

Allmählich wurde die Infrastruktur römischen provinzialen Lebens aufgebaut. Die oft aufwendig angelegten transalpinen Straßen waren das Rückgrat der römischen Präsenz, und heute noch belegen Reste von Straßen, Meilensteinen (etwa am Radstädter Tauern), Raststationen (wie das archäologisch gut erforschte Immurium/Moosham im Lungau) und Votivgaben die römerzeitliche Benützung auch hochgelegener Alpenübergänge (sogar des 2575 m hohen Hochtors an der Glocknerstraße). Die Hauptverbindung von der Donau nach Italien, ein Teilstück der Bernsteinstraße, umging allerdings die Alpen im Osten und verlief von Carnuntum über Scarbantia/Sopron/Ödenburg, Savaria/Szombathely/Steinamanger, Poetovio/Ptuj/Pettau, Celeia/Celje/Cilli und Emona/Ljubljana/Laibach nach Aquileia. Von Augusta Vindelicorum / Augsburg führte eine wichtige transalpine Verbindung über Brigantium/Bregenz und Curia/Chur nach Italien. Stadtgründungen begannen ebenfalls unter Claudius und konzentrierten sich zunächst auf das Draugebiet. Der norische Hauptort am Magdalensberg wurde durch die Talsiedlung Virunum auf dem Zollfeld ersetzt, wo sich der Sitz des Provinzstatthalters befand. Als Municipien, Städte mit eingeschränktem römischem Bürgerrecht, gegründet wurden ferner Teurnia nahe Spittal an der Drau und Aguntum bei Lienz, nördlich der Alpen Iuvavum/Salzburg. In diesen Städten wurden vor allem italische und andere Zuwanderer angesiedelt.

Etwas später kam Flavia Solva beim steirischen Leibnitz dazu; auch Carnuntum war Municipium. Wenig markant blieb zunächst die römische Erfassung des Raumes donauaufwärts von Carnuntum; erst in flavischer Zeit (69–96) ist hier der Bau der Limesstraße und von Militärposten belegt. Freilich handelte es sich noch für etwa ein Jahrhundert vorwiegend um Holz-Erde-Lager, erst später wurden die Kastelle in Ziegelbauweise errichtet.

Auch wenn sich bereits aus dem 1. Jahrhundert die typische materielle Hinterlassenschaft der römischen Kultur abzeichnet (oft noch klar als Hinterlassenschaft von römischen Zuwanderern identifizierbar), blieben viele regionale Besonderheiten erhalten. Dazu gehören etwa Kultstätten und inschriftliche Nennungen lokaler und überregionaler keltischer Gottheiten (wie Grannus oder Teutates) oder die norisch-pannonische Frauentracht, bei der vor allem die markanten Kopfbedeckungen der Frauen hervorstechen. Was üblicherweise »Romanisierung« genannt wird, war ein komplexer Akkulturationsprozess, dessen Erfolg gerade darauf beruhte, dass die Römer flexibel fremde Traditionen integrieren konnten. Die römische Religion etwa erlaubte es, fremde Gottheiten oder mythische Gestalten mit solchen des römischen Pantheons oder der klassischen Mythologie zu identifizieren (etwa Isis Noreia, Mars Latobius oder Iuppiter Arubianus). In dieser Form konnte dann eine lebendige provinziale Mischkultur entstehen, so dass etwa Frauen in norischer Tracht auf Epitaphien römischer Machart abgebildet sind. Zuwanderer kamen nicht nur aus dem Imperium, auch »Barbaren« von jenseits der Grenzen wurden von Anfang an auf Reichsboden angesiedelt. So war etwa der Westteil Pannoniens südlich der Donau und östlich des Neusiedler Sees zunächst dünn besiedelt; hier wurde die Gefolgschaft des vertriebenen Quadenkönigs Vannius angesiedelt.

Die Beziehungen zu Roms nördlichen Nachbarn waren zunächst im Wesentlichen friedlich. Nur durch Truppenentsendung war Pannonien von den Dakerkriegen betroffen, die bis zur Unterwerfung der Daker durch Trajan immer wieder ausbrachen. Näher lagen seit der zweiten Hälfte des 1. Jahrhunderts n. Chr. die Siedlungen der sarmatischen Jazygen im Theißgebiet, die aus den Steppen nördlich des Schwarzen Meeres kamen und gegen die unter anderem Kaiser Domitian zu kämpfen hatte. Die Markomannen, die vom Weinviertel bis nach Mähren und Böhmen hinein siedelten, und die Quaden in der heutigen Westslowakei standen meistens in einem Klientelverhältnis zu Rom. Wald- und Mühlviertel waren kaum besiedelt. In der ersten Hälfte des 2. Jahrhunderts erreichten die Machtstellung und Prosperität des Imperiums ihren Höhepunkt, und das bedeutete auch für Noricum und seine Nachbargebiete eine friedliche Zeit. Die Urbanisierung der Provinzen wurde u.a. durch die Gründung der Municipien Ovilava/Wels und Aelium Cetium / St. Pölten verstärkt, die vielleicht anlässlich eines Besuchs von Kaiser Hadrian in Raetien und Noricum im Jahr 122 erfolgte. In Vindobona zog 113 oder bald darauf die Legio X Gemina ein. Unter Trajan wurde offenbar der Umbau des Lagers Carnuntum in Stein abgeschlossen, statt der 15. Legion wurde hier nun die Legio XIIII Gemina heimisch. Damals wurde die Stadt nach der Teilung Pannoniens Residenz für den Statthalter Oberpannoniens. Die Zivilstadt von Carnuntum dehnte sich rasch aus. Auch die ländliche Besiedlung intensivierte sich; mehrere *villae rusticae*, Landgüter mit gehobener Ausstattung, aus dem 2. Jahrhundert wurden archäologisch erschlossen, etwa in Altheim im Innviertel.

Im letzten Drittel des 2. Jahrhunderts wurde der Aufbau der römischen Infrastruktur durch die Markomannenkriege unterbrochen. Sie waren vor allem das Resultat von Migrationen und Machtverschiebungen in der Germania nördlich der Karpaten. Am ersten Angriff auf Oberpannonien im Jahr 166 waren etwa Langobarden von der unteren Elbe beteiligt; er konnte bald abgewehrt werden. 169 griff eine viel größere Streitmacht an, in der die benachbarten Markomannen, Quaden und Jazygen wohl am zahlreichsten waren; sie drang bis nach Oberitalien vor, während andere Gruppen in Pannonien und Noricum plünderten. Archäologische Hinweise auf Zerstörungen, die in diese Zeit datiert werden könnten, gibt es etwa aus Iuvavum, Aelium Cetium und Flavia Solva. Als die Feinde vertrieben waren, setzte Kaiser Marc Aurel 172 von Carnuntum aus zum Gegenschlag an; dazu wurden mehrere Donaubrücken errichtet. Das war jener Feldzug, von dem das »Regenwunder« berichtet wird – ein plötzlicher Regenguss, der den bedrängten Römern in kritischer Lage zum Sieg verhalf. Der Feldzug, der zur Unterwerfung der Quaden führte, wurde auf der Marc-Aurel-Säule in Rom ausführlich propagandistisch stilisiert. Weitere römische Feldzüge, aber auch Plünderungszüge der Barbaren folgten. Vorposten nördlich der Donau wurden eingerichtet, etwa in Mušov in Südmähren, wo ein reiches Grab eines wahrscheinlich verbündeten Germanenfürsten gefunden wurde. Gegen Ende der 170er Jahre waren bereits weite Teile des Markomannen- und Quadenlandes besetzt. Als Marc Aurel 180 starb (kaum wie früher oft angenommen in Vindobona), verzichtete sein Sohn Commodus darauf, neue Provinzen zu errichten. Die Kriege führten aber zu einer verstärkten Militarisierung der Donaugrenze zwischen Raetien und Pannonien. Im neu errichteten Lager Lauriacum an der Ennsmündung wurde die Legio II Italica stationiert. Überall entlang des Donaulimes wurden nun neue Wachttürme und Befestigungsanlagen errichtet.

Im frühen 3. Jahrhundert, unter den Kaisern der severischen Dynastie, kam es nicht zuletzt durch weitere Investitionen in die Armee und in die Grenzverteidigung zu steigender Prosperität an der Donaugrenze und entlang der transalpinen Straßenverbindungen. Carnuntum gewann weiter an Bedeutung; 193 wurde hier Septimius Severus zum Kaiser ausgerufen, und hier feierte er auch sein zehnjähriges Regierungsjubiläum. Die Zivilsiedlungen der nunmehr drei Legionslager an der österreichischen Donau – Carnuntum, Vindobona und Lauriacum – wuchsen. Freilich sollte der Romanisierungsgrad im Inneren der Provinzen nicht überschätzt werden; der Historiker Cassius Dio, der aus dem Osten kam und auch einmal Statthalter in Pannonien war, beschreibt dessen Bewohner im Kontrast zu den Mittelmeerländern als elende Barbaren, die »nichts haben, wofür es sich zu leben lohnt« (*Römische Geschichte* 49.36). Das mittlere Drittel des 3. Jahrhunderts war dann im ganzen Reich von politischer Instabilität gekennzeichnet; die Kaiser wechselten rasch, Usurpationen und Bürgerkriege behinderten eine konsequente Verteidigung, und Barbarenangriffe betrafen zunehmend auch grenzferne Gebiete. Goten zogen bis in die Ägäis, Alemannen und Franken griffen am Rhein an, Dakien und das rechtsrheinische Gebiet zwischen Main und Bodensee mussten aufgegeben werden. Der norische Raum wurde von den Kämpfen relativ spät und offenbar weniger hart betroffen; erst ab 270, als Rom anderswo seine Kontrolle bereits wiederherstellte, scheinen Alemannen und andere auch nach Noricum ausgegriffen zu haben. Freilich fehlen vielleicht für manche Einfälle auch nur die Nachrichten; etwa hat erst eine in den 1990er Jahren bekannt gewordene Inschrift aus der Gegend von Augsburg einen Plünderungszug von Juthungen bezeugt, die auf dem Rückzug mit zahlreichen Gefangenen vom raetischen Statthalter besiegt wurden. Schon damals wurden manche Siedlungen im Alpenraum stärker befestigt oder auf Hügel verlegt (etwa Teurnia oder das an einer häufig benutzten Marschroute gelegene Brigantium/Bregenz), eine Tendenz, die sich im 4./5. Jahrhundert verstärken sollte.

Es war vor allem Kaiser Diocletian (reg. 284–305), der die Ursachen der inneren und äußeren Instabilität der vorangegangenen Jahrzehnte durch tiefgreifende Reformen zu beseitigen versuchte. Militarisierung, Zentralisierung, erhöhter Steuerdruck und insgesamt unvermitteltere Machtausübung kennzeichnen das spätantike Imperium. Früher hat man die Epoche vom 3. bis zum 6. Jahrhundert oder darüber hinaus insgesamt als Zeit des Niedergangs und des kulturellen Verfalls betrachtet. Nicht zuletzt dank der bahnbrechenden Arbeiten von Peter Brown haben wir heute ein differenzierteres Bild von einer Epoche, die von neuen christlichen Ausdrucksformen und intensiven Auseinandersetzungen um den richtigen Glauben, von ehrgeizigen Reformbestrebungen und Rechtskodifikationen, von vielfältigem Schrifttum und einem eigenständigen Stil in Kunst und Architektur gekennzeichnet ist. In vielen Provinzen sind die Spuren dieser Zeit deutlicher als die der frühen Kaiserzeit. Römische Provinzialkultur, in jeweils spezifischer Ausprägung, erfasste nun recht weite Kreise der Bevölkerung. Politische Stabilität und äußerer Frieden waren dennoch auf Dauer nicht wiederherzustellen, und die Provinzen des österreichischen Raumes waren zunehmend davon betroffen.

Die strategische Bedeutung des Raumes war gegenüber der frühen Kaiserzeit gewachsen. Solange die römische Militärorganisation am Limes funktionierte, bedeuteten zunehmende Ausgaben für die Grenzverteidigung auch Investitionen für den Donauraum. Dabei diente der Limes nicht nur, wie jüngere Forschungen ergeben haben, der Abschreckung und Abwehr der Barbaren. An der Donau wie am Rhein verliefen auch wichtige militärische und wirtschaftliche Verbindungslinien zwischen Gallien und dem Osten; Barbaren konnten innerhalb der Grenzen angesiedelt und unter militärischer Kontrolle integriert werden; die Prosperität und kulturelle Ausstrahlung des Limesgebietes demonstrierte nach innen wie außen die Überlegenheit der römischen Ordnung; und die Kaiser, die durch Barbarensiege ihre Stellung legitimieren mussten, fanden hier eine Bühne für ihre Selbstdarstellung.

Diocletian veränderte die Provinzeinteilung, vor allem durch Teilung größerer Einheiten, was auch den Ostalpenraum betraf. Noricum Ripense (Ufernoricum) war durch den Alpenhauptkamm von Noricum Mediterraneum (Binnennoricum) geschieden; die Grenzverteidigung an der norischen und der oberpannonischen Donau wurde unter dem Kommando eines Dux zusammengefasst. Westlich davon reichte die Raetia Secunda wohl etwa bis an den Bodensee. Als Vorfeld des Reichszentrums gehörten sie alle zur neugeschaffenen Präfektur Italien als übergeordneter Verwaltungseinheit. Die Legionen wurden entlang des Limes in kleinere Einheiten aufgeteilt. Dazu kam im 4. Jahrhundert noch die offenbar regional ausgehobene Legio I Noricorum. Die Limeskastelle wurden ausgebaut, wovon sich Spuren etwa in Tulln, Traismauer oder Mautern finden. Aber auch im Hinterland wurden nun wichtige Straßenverbindungen und Nachschubstationen durch Kastelle und Garnisonen gesichert, etwa in Veldidena/Wilten und Teriolis auf dem Martinsbühel bei Zirl im Tiroler Inntal.

Relevant für die politischen Rahmenbedingungen in den Provinzen war auch das System der Tetrarchie, die Aufteilung des Reichsgebietes unter vier Kaisern, zwei davon nachgeordnet. Ihre Residenzen im Westen rückten von Rom nun näher an die Grenze, nach Trier und Mailand, aber auch andere Städte wie Aquileia oder Sirmium / Sremska Mitrovica dienten wiederholt als Residenz. Ab 402 residierten die Westkaiser dann in Ravenna. Freilich brachte schon der Herrschaftsverzicht Diocletians Probleme um Machtverteilung und Nachfolgeregelungen, so dass unter seiner Leitung 308 nach Carnuntum eine Kaiserkonferenz einberufen wurde. Zu diesem Anlass wurde dort ein Mithras-Heiligtum wiederhergestellt und dieser vielerorts verehrte orientalische Gott in einer Inschrift der Kaiser als »Beschützer des Reiches« gepriesen. Die Einigung hatte ebenso wenig Bestand wie die Rolle des Mithras in der Reichsideologie. In langwierigen Kämpfen setzte sich schließlich Constantin I. durch. Auch er war ein Reformer, der durch Verlegung seiner Residenz nach Konstantinopel, durch die Einführung der Goldwährung (*solidus*), vor allem aber durch Tolerierung und Förderung des Christentums nachhaltig wirkte. Die Lage an der Donau war in dieser Zeit relativ ruhig.

Als Constantin 337 starb, folgten ihm einige Jahrzehnte lang jeweils mehrere Mitglieder seiner Familie nach, zunehmend im Konflikt miteinander. Einer von ihnen, am ehesten Constantius II., errichtete jenes Triumphalmonument in Carnuntum, dessen Ruinen heute als »Heidentor« bekannt sind. Der Druck an den Grenzen nahm nun wieder zu. Valentinian I. ließ deshalb den Rhein-Donau-Limes weiter ausbauen. Er verbrachte 374 einige Monate in Carnuntum, das offenbar nach einem Erdbeben schwer beschädigt war. Im folgenden Jahr starb er im pannonischen Brigetio, angeblich weil er sich über die Unverschämtheit quadischer Abgesandter so aufgeregt hatte. Etwa zur gleichen Zeit erschienen am Schwarzen Meer die Hunnen und brachten eine neue Dynamik in die Unternehmungen der Barbaren an Roms Grenzen. Statt der schon lang vertrauten Gegner und Nachbarn – Markomannen, Quaden, Jazygen – sollte man es in Pannonien und Noricum bald mit Goten, Hunnen und vielen anderen zu tun bekommen. In Rätien blieben die Alemannen unruhige Nachbarn, die immer wieder zu kleineren oder größeren Plünderungszügen aufbrachen.

Insgesamt war das 4. Jahrhundert aber in vielen Teilen des heutigen Österreich durchaus eine Epoche der Prosperität, wenn auch an verschiedenen Orten die Verläufe recht unterschiedlich sind. In den Städten wurden, teilweise nach Schäden des 3. Jahrhunderts, in der diocletianisch-constantinischen Zeit repräsentative Bauten errichtet, und viele der ländlichen Villen, vor allem in der Umgebung von Carnuntum (etwa Bruckneudorf, ein großer Komplex mit qualitätvollen Mosaiken), zeugen von Reichtum und gediegener Ausstattung. Auch im Vorfeld des Imperiums, im Weinviertel, finden sich Spuren römischer Zivilisation, etwa auf dem Oberleiser Berg, wo vermutlich ein verbündeter markomannischer Anführer in einem Steinbau mit Fußbodenheizung residierte. Die religiöse Vielfalt ist in den drei römischen Provinzen seit dem 2. Jahrhundert gut bezeugt; neben den Göttern des römischen Pantheons sind orientalische Kulte bezeugt, etwa Iuppiter Dolichenus aus Anatolien (z.B. in Mauer an der Url), Mithras aus Persien, sowie syrische und ägyptische Kulte. Deutliche Spuren des Christentums finden sich erst seit dem späteren 4. Jahrhundert, etwa der Grabstein der Soldatengattin Ursa, *chrestiana fidelis*, in Ovilava/Wels. Spätere Nachrichten bezeugen die Verehrung des heiligen Florian in Lauriacum/Lorch, eines pensionierten Beamten, der während der diocletianischen Christenverfolgung 303/304 das Martyrium erlitten haben soll. Abgesehen von undeutlichen Spuren sind Reste von Kirchenbauten erst aus dem 5./6. Jahrhundert erhalten, vor allem in Teurnia und auf dem Hemmaberg in Kärnten sowie im Tiroler Inntal. Auch schriftliche Zeugnisse über die Kirchenorganisation finden sich erst im 5. Jahrhundert, nicht zuletzt in der Vita des heiligen Severin.

Der Zerfall der römischen Ordnung

453	Tod des Hunnenkönigs Attila
482	Tod des heiligen Severin
487/488	König Odoaker vernichtet das Rugierreich und siedelt die Provinzialen aus Ufernoricum ab; Ansiedlung der Langobarden im Rugiland
471–526	Theoderich König der Ostgoten (ab 493 in Italien)
510–540	Wacho König der Langobarden
Mitte 6. Jh.	Bayerischer Dux Garibald von den Franken eingesetzt
568	Abzug der Langobarden aus Pannonien nach Italien

Das bei weitem detailreichste Bild vom Leben in Noricum ist nicht aus der Blütezeit des Imperiums erhalten, sondern aus der Endphase der römischen Herrschaft an der norischen Donau in der zweiten Hälfte des 5. Jahrhunderts, nämlich in der bald nach 500 im Exil bei Neapel von Eugippius verfassten *Vita Severini*, die bei aller hagiographischen Stilisierung des heiligen Severin sehr lebendige Schilderungen enthält. In den anderen schriftlichen Quellen finden sich nur knappe Informationen. Für die Besiedlungsgeschichte des 5. und 6. Jahrhunderts bietet die Archäologie gute Befunde. Wie in anderen Abschnitten des Limes lassen sich Aufgabe oder zuweilen eingeschränkte Weiterbenützung vieler Kastelle an der Donau vielerorts archäologisch erschließen. In Kärnten und im raetischen Alpenraum belegen Grabungsergebnisse den Weiterbestand christlicher Gemeinschaften im 6. Jahrhundert. Insgesamt dauerte die Ablösung der spätrömischen Ordnung in Noricum und seinen Nachbargebieten einige Jahrhunderte lang, über das Ende des weströmischen Kaisertums 476 hinaus. Letztlich sind aber im Großteil des heutigen Österreich die spätantike Infrastruktur und Lebensweise fast völlig verschwunden, der Bruch war tiefgreifender als in vielen Gebieten weiter westlich oder südlich.

Über den Zerfall des Imperiums, die Gründe dafür und seine Dynamik wird in der Forschung weiterhin debattiert – ist Rom gefallen, oder handelte es sich eher um eine »Transformation« der römischen Welt? Und welche Rolle spielten die »Barbaren« dabei? (Der eigentlich abwertende Begriff »Barbaren« wird in Ermangelung einer besseren Bezeichnung von der Forschung für Menschen ursprünglich außerrömischer

Herkunft gebraucht, ohne ein Werturteil zu intendieren.) Dort, wo wie in Italien, Gallien oder Spanien auf dem Gebiet des Imperiums einigermaßen stabile »barbarische« Königreiche die römische Herrschaft ablösten, hat sich viel von der römisch-christlichen Ordnung erhalten, von der Sprache bis zur Organisation der Landwirtschaft, ein gewisses städtisches und kirchliches Leben und Grundzüge der Verwaltung und Kultur. Das gelang im Ostalpenraum nur im bayerischen Dukat, der auch Teile Oberösterreichs, Salzburgs sowie Tirol umfasste, in sehr eingeschränktem Maß. Östlich davon scheiterten letztlich die Versuche, an die römische Ordnung anzuschließen. Das lag nicht nur an den Angriffen der Barbaren, obwohl sie besonders im Durchgangsraum an der Donau viel Schaden angerichtet haben. Die Reichsregierung setzte immer wieder Truppen, die in Noricum und Pannonien stationiert waren oder hier rekrutiert wurden, anderswo ein, nicht zuletzt in den zahlreichen Thronkämpfen des späten 4. und des 5. Jahrhunderts. Im 5. Jahrhundert bestand die römische Armee bereits überwiegend aus Soldaten barbarischer Herkunft. Aber nicht alle waren in der zivilen Bevölkerung so verhasst wie die Garnison von Asturis in der *Vita Severini*, wo es als Wunder begrüßt wurde, dass sie sich in ihrer Verwirrung nach einem Erdbeben gegenseitig umbrachten. Bemerkenswert ist auch, wie wenig man am Ende der Antike vom norischen Bergbau hört. Das norische Eisen, das die Prosperität des *regnum Noricum* begründet hatte, wird nicht mehr genannt, auch archäologisch gibt es kaum Hinweise auf Bergbau seit dem 5. Jahrhundert. Insgesamt scheint es, dass Wirtschaftskraft und politisches Gewicht des Raumes nicht ausreichten, um eine dauerhafte selbständige und großräumige Herrschaft zu begründen. Jahrhundertelang hatte der römische Staat direkt und indirekt in die Limesgebiete investiert und damit sichtbare Prosperität geschaffen. Seit dem späten 4. Jahrhundert nahmen die Zuflüsse in die Grenzregionen deutlich ab, der importierte Wohlstand verfiel.

Das Vordringen der Hunnen in die Steppen nördlich des Schwarzen Meeres um 375 betraf Noricum und seine Nachbargebiete noch nicht direkt; die Masse der fliehenden Goten ging über die untere Donau in die Balkanprovinzen, viele blieben unter hunnischer Herrschaft nördlich des Stromes, nur eine dissidente gotisch-hunnische Gruppe wurde von der Reichsregierung in Pannonien angesiedelt. Prekärer wurden die Umstände um 400. Vieles spricht dafür, dass damals das Zentrum der hunnischen Macht ins Karpatenbecken verlagert wurde. Für die nächsten anderthalb Jahrhunderte blieb Pannonien ein Ballungsraum für barbarische Gruppen, die von dort schließlich nach Süden in die Balkanprovinzen, nach Südwesten Richtung Italien oder donauaufwärts nach Westen weiterzogen. Der norische Raum war Anfang des 5. Jahrhunderts wohl betroffen vom Durchmarsch der Goten des Radagaisus nach Italien, der Vandalen, Alanen und Sueben nach Gallien sowie von den Zügen der Westgoten Alarichs, die in Italien Fuß zu fassen suchten. Über die unmittelbaren Folgen wissen wir wenig. In den 440er Jahren erreichte das Hunnenreich unter Attila den Höhepunkt seiner Macht. Das muss für Pannonien und Noricum nicht tragisch gewesen sein, da Attila in seinem unmittelbaren Einflussbereich wohl für Stabilität sorgte. Immerhin marschierte das riesige Heer aus Hunnen, Goten und anderen unterworfenen Völkern 451 die Donau entlang nach Gallien und kehrte nach der wenig erfolgreichen Schlacht auf den Katalaunischen Feldern auf demselben Weg zurück. Wir wissen aus der *Vita Severini*, dass das römische Leben an der Donau westlich des Wienerwaldes nach all diesen Ereignissen weiterging, wenn auch unter schwierigen Bedingungen.

Nach Attilas Tod im Jahr 453 zerfiel sein Reich rasch, und die Hunnen zogen nach Osten ab. Die Provinz Pannonien beherrschten nun ostgotische Könige. Östlich davon, an der Theiß, bildete sich ein Königreich der Gepiden. Nördlich der Donau etablierten sich kleinere und größtenteils kurzlebige Reiche der Skiren, Sueben, Eruler und Rugier. Es waren letztere, mit denen die römische Bevölkerung an der norischen Donau vor allem zu tun hatte. Ihr Zentrum lag nicht weit von Favianis/Mautern, wo der heilige Severin, ein vornehmer und politisch erfahrener Römer, sein Kloster gründete. Er tat (zumindest nach der sicherlich verklärenden Darstellung seines Biographen Eugippius) alles, um in unruhigen Zeiten die Bewohner der Donaukastelle zwischen Passau und dem Wienerwald so gut wie möglich gegen barbarische Repressalien, Räuberbanden und Hungersnöte zu schützen. Anfang der 470er Jahre zogen die Goten unter Führung ihres Königs Theoderich aus dem benachbarten Pannonien ab, was die Lage etwas entspannte. Als der Sold für die römischen Truppen ausblieb und einige Kastelle aufgegeben werden mussten, versuchte Severin die Bevölkerung östlich von Lauriacum/Lorch dem Schutz der Rugierkönige zu unterstellen. Dieses Arrangement hielt auch über Severins Tod hinaus, bis Armeen des Königs Odoaker aus Italien in zwei Feldzügen 487/488 das Rugierreich zerschlugen. Danach wurde die römische Bevölkerung von der norischen Donau nach Italien umgesiedelt.

Das diente wohl nicht zuletzt dazu, in diesem Raum die Basis für neue barbarische Reichsbildungen zu zerstören, die Italien hätten gefährlich werde können. Auch die Reliquien des heiligen Severin wurden nach Neapel transferiert, wo sein Schüler Eugippius um 511 die Lebensbeschreibung des Heiligen verfasste.

Die Reste der Rugier schlossen sich Theoderichs Ostgoten an und zogen mit ihnen 488/489 nach Italien. In dreijährigen Kämpfen und mit Unterstützung Ostroms gelang es den Heeren Theoderichs, Ravenna zu erobern und Odoaker zu stürzen. Von 493 bis zu seinem Tod 526 regierte Theoderich als König über Italien und einige Nachbargebiete, darunter auch über das alpine Raetien, Binnennoricum und das südliche Pannonien. Seine recht erfolgreiche Herrschaft beruhte auf einer engen Zusammenarbeit mit der Senatsaristokratie, die in traditionell römischen Bahnen die zivile Verwaltung organisierte. Die Goten profitierten als privilegierte Kriegerkaste von diesem System. Für einige Jahrzehnte sah es im früheren 6. Jahrhundert so aus, als könnte ein relativ stabiles System barbarischer Königreiche in den ehemaligen Kernländern des westlichen Imperiums an die römische Ordnung anschließen. Das war auch die Politik Theoderichs, der mit einer Reihe von Ehebündnissen und diplomatischen Initiativen die Konflikte unter den neuen Mächten zu dämpfen versuchte. Freilich war das nicht leicht, vor allem die Expansion der Franken unter Chlodwig (reg. 481/482–511) und seinen Söhnen führte immer wieder zu Kriegen. Chlodwig vereinte gewaltsam das Frankenreich, beseitigte regionale Reste römischer Herrschaft in Gallien, überwand die Alemannen und verdrängte schließlich die bis dahin in Toulouse residierenden Westgotenkönige fast gänzlich aus Gallien nach Hispanien (508).

Der österreichische Raum wurde von der Neuordnung der ehemals weströmischen Gebiete nur am Rande betroffen. In das weitgehend verlassene Gebiet an der Donau (das »Rugiland«, wie es die langobardische Geschichtsschreibung nannte) zogen nun Langobarden ein. Dort gerieten sie bald in Konflikt mit den weiter östlich siedelnden Erulern und schlugen sie 508, so dass diese auf Reichsboden übertraten und im Raum von Singidunum/Belgrad angesiedelt wurden. Die Langobardenkönige, vor allem Wacho (reg. ca. 510–540), expandierten nun schrittweise nach Pannonien, wo seit dem Abzug der Ostgoten keine starke Macht mehr bestand. Sie wurden dadurch Nachbarn der Gepiden, die weiterhin an der Theiß siedelten, und der Ostgoten, die von Italien bis nach Sirmium ausgegriffen hatten. Unter ostgotischer Herrschaft stand auch Binnennoricum, wo sich vor allem im heutigen Kärnten eine lebendige spätrömisch-christliche Kultur erhielt. Die Bischöfe von Virunum (auf dem Zollfeld), Teurnia (beim heutigen Spittal an der Drau) und Aguntum (bei Lienz) sind bis gegen Ende des 6. Jahrhunderts auf Synoden des Patriarchats Aquileia bezeugt, dem dieser Raum kirchlich unterstand. Ausgrabungen in Kärnten ebenso wie im benachbarten Slowenien belegen ein dichtes Netz von befestigten Höhensiedlungen und Kirchen. Bedeutende sakrale Komplexe des 5./6. Jahrhunderts gab es etwa in Teurnia (mit der Inschrift eines ostgotischen Amtsträgers Ursus), in Aguntum oder auf dem Hemmaberg (wo insgesamt fünf Kirchen ergraben wurden).

Im westlichen Noricum und im östlichen Raetien konnte im 5. Jahrhundert keine Gruppe ihre Macht konsolidieren. Im Alpengebiet behauptete sich vielerorts die einheimische Bevölkerung unter oft nur schwacher Kontrolle durch eine der benachbarten Mächte. Sie war es, die viele der alten Wege über die Alpen benützbar hielt. Über die Verhältnisse im Alpenvorland haben wir kaum Nachrichten. Aus der *Vita Severini* wissen wir, dass alemannische Gruppen zeitweise weit östlich operierten, etwa im Raum von Passau. Doch die Alemannensiege Chlodwigs um 500 verhinderten eine eigenständige Expansion. Theoderich versuchte, zumindest die Alemannen im Alpenvorland vor den Franken zu schützen, unterstützte aber auch die Umsiedlung alemannischer Gruppen an die Save (ein Brief seines Administrators Cassiodor wirft ein Schlaglicht auf diese Migration, weil die norische Bevölkerung aufgefordert wird, das durch lange Wanderung ermüdete Vieh der Alemannen gegen frische Tiere zu tauschen). Doch die meisten Alemannen verblieben unter fränkischer Oberherrschaft.

Östlich des Lechs klärten sich die Verhältnisse erst um die Mitte des 6. Jahrhunderts, als hier ein von den Franken eingesetzter Dux Garibald über das in dieser Zeit erstmals genannte Volk der Bayern herrschte. Wer diese *Baiovarii* waren, ist in der Forschung schon lange umstritten. Klar ist nur, dass sie aus einer recht gemischten Bevölkerung aus Romanen, Alemannen/Sueben, Elbgermanen und anderen ungefähr im Raum zwischen Lech, Donau, Inn/Salzach und Alpen hervorgegangen sein müssen. Unter vielen teils recht phantasievollen Etymologien des Bayernnamens ist immer noch die Deutung ›Männer aus Böhmen‹ am plausibelsten. Archäologische Befunde schließen allerdings die Einwanderung einer größeren geschlossenen Gruppe mit klar abgrenzbarer Kultur aus; die aus zahlreichen Gräberfeldern des 6./7. Jahrhunderts gut bezeugte bayerische Bevölkerung ähnelt kulturell den benachbarten Alemannen. Im kulturellen Kontinuum des Raumes zu jener Zeit können ohnehin keine ethnischen Zuordnungen archäologischer Befunde erwartet werden. Jedenfalls waren es die Franken, die mit Einsetzung eines Dux die neue ethnisch-politische Einheit definierten. Er war wohl ein mittelbarer Nachfolger der früher von Italien aus eingesetzten raetischen Duces und könnte zunächst in Augsburg residiert haben, wo kontinuierliche Besiedlung und die fortgesetzte Verehrung der heiligen Afra bezeugt sind. Erst im 8. Jahrhundert ist Regensburg mit seinen imposanten römischen Bauresten als Residenz der Agilolfinger genannt. Von Westen aus kamen die Bayern den neuen Herren der ehemaligen Raetia secunda vielleicht recht »böhmisch« vor.

Die relative Stabilität im ersten Drittel des 6. Jahrhunderts ging bald vorbei. Theoderich hatte keinen Sohn, und nach seinem Tod konnte niemand aus seiner Familie mehr die Ostgoten einen. Zugleich hatte sich das oströmische Reich unter der Herrschaft Justinians (reg. 527–565) so weit konsolidiert, dass eine Rückgewinnung verlorener Gebiete im Westen möglich schien. 535 nahm Justinian die Ermordung von Theoderichs Tochter Amalaswintha zum Anlass, Italien anzugreifen. Doch dieser Krieg erwies sich als unerwartet hart und langwierig, nicht zuletzt deshalb, weil in Italien die »Römer« aus dem Osten oft gar nicht als Befreier von der Barbarenherrschaft angesehen wurden, sondern als fremde »Griechen«, deren aus vielerlei Barbaren zusammengesetzte Armeen sich oft wie in Feindesland verhielten. Erst 552–554 brach der kaiserliche Feldherr Narses den gotischen Widerstand. Die römische Rückeroberung hatte letztlich mehr Verwüstungen im ehemaligen Kernland des Imperiums angerichtet als alle Barbarenangriffe zusammen. Dazu kamen noch große Bevölkerungsverluste durch die Pestepidemie der 540er Jahre, die auf fast ganz Europa ausgriff und danach noch mehrmals wiederkam. Nach 554 gelang keine durchgreifende imperiale Restauration mehr. In Norditalien machten sich wiederholt lokale Machthaber selbständig, darunter ein erulischer General der römischen Armee in Trient, dessen Herrschaft mit dem alten Namen der Breonen in Verbindung gebracht wurde.

Auch sonst brachte der Gotenkrieg die Verhältnisse in vielen Randgebieten Italiens in Bewegung. Die Franken drangen nicht nur nach Norditalien, sondern auch in den Alpenraum und bis ins südliche Noricum vor, das sie zeitweise kontrollierten. In diesem Kontext bekam auch der

Dukat Bayern überregionale Bedeutung, was sich daran zeigt, dass Dux Garibald bald nach 555 die Witwe des Frankenkönigs Theudebald, die langobardische Königstochter Walderada, heiratete. In Pannonien gerieten die expandierenden Langobarden um 550 in eine Serie von Kriegen mit den Gepiden, die die Kämpfe genützt hatten, um die alte Kaiserstadt Sirmium an der Save zu besetzen. Der Frieden, der unter dem Langobardenkönig Audoin 552 geschlossen wurde, hielt nur bis zur Machtübernahme durch seinen Sohn Alboin. Dieser setzte einen mehrjährigen Konflikt bis zur Vernichtung des Gepidenreiches 567 fort, soll in der Schlacht eigenhändig den Gepidenkönig Kunimund getötet haben und heiratete dann dessen Tochter Rosamunde. Der Kampf drehte sich aber nicht um die Kontrolle des Karpatenbeckens. Schon im Jahr nach dem Gepidensieg, 568, führte Alboin eine große Armee von Langobarden, Gepiden, Sueben, Sarmaten, Bulgaren, pannonischen und norischen Provinzialen nach Italien. Die Liste gibt einen Eindruck von der gemischten Bevölkerung, die bis dahin im Karpatenbecken und seinen Randgebieten gelebt hatte. Alboin soll befohlen haben, die Siedlungen in der alten Heimat niederzubrennen, damit niemand zurückbleiben konnte. Die Maßnahme wurde sicher nicht flächendeckend durchgeführt, betraf aber wohl auch das östliche Österreich. Um in Italien Erfolg zu haben, benötigte Alboin eine möglichst zahlreiche Armee und Bevölkerung. Die Schätzungen gehen weit auseinander, doch können es höchstens 100 000 Menschen gewesen sein, die in jenen Jahren nach Italien zogen, wahrscheinlich um einiges weniger. Zum zweiten Mal nach 488 wurde also die Bevölkerung der Gebiete an der Donau in großem Stil abgesiedelt.

Der Langobardenzug stieß auf wenig Widerstand, allerdings entglitt König Alboin bald die Kontrolle über das Unternehmen. Bald wurde er bei einer Verschwörung seiner Frau Rosamunde ermordet. Die politische Situation in Oberitalien, wo nun Langobarden, Byzantiner und Franken gegeneinander kämpften, blieb einige Jahrzehnte lang sehr instabil. Erst Königin Theodelinde, die Tochter des bayerischen Dux Garibald und der Langobardin Walderada, und ihr zweiter Mann Agilulf konnten um 600 das Langobardenreich konsolidieren. Doch haben die Langobarden in den etwa 200 Jahren ihrer Herrschaft nie die gesamte Halbinsel erobert. Im Nordosten blieben viele Küstengebiete (Teile Istriens, Grado, die sich damals erst allmählich entwickelnde Lagune von Venedig, Ravenna) byzantinisch. Das Patriarchat Aquileia, dem in der Spätantike auch große Teile des heutigen Österreich zugeordnet waren, agierte nun in einem politisch gespaltenen Raum. Anfang des 7. Jahrhunderts spaltete sich auch das Patriarchat selbst, und fortan gab es einen Patriarchen im langobardisch kontrollierten Aquileia (der später an anderen Orten in Friaul residierte) und einen im byzantinischen Grado (später in Venedig). Die verbliebenen Christen im Ostalpenraum konnten sich also aus Italien wenig Rückhalt erwarten; auch das Interesse der Franken an diesem Raum erlosch nach wiederholten Misserfolgen in Italien in den 590er Jahren.

Awaren, Slawen und Bayern

568	Awaren ziehen im Karpatenbecken ein.
Ende 6. Jh.	Ende der spätantiken Ordnung in Binnennoricum; Slawen breiten sich in den Ostalpen aus.
Um 700	Bischof Rupert in Salzburg
742	Sieg der Bayern unter Herzog Odilo (reg. 736/737–748) über die Awaren, Oberherrschaft über die Karantanen
747/749–784	Bischof Virgil von Salzburg
Vor 748	Gründung des Klosters Mondsee, 769 von Innichen, 777 von Kremsmünster, vor 784 von Mattsee
748–788	Bayernherzog Tassilo III.

Im Donauraum führte der Abzug der Langobarden zu einer völligen Neuordnung. Daran war ein erst vor kurzem aus Zentralasien angekommenes Volk führend beteiligt: die Awaren. Selten haben Machtverschiebungen an der chinesischen Nordgrenze so direkte Auswirkungen auf Mitteleuropa gehabt. Bald nach 550 brachen die Türken die Macht eines Steppenreiches, das die Chinesen Rou-ran nannten, die Steppenvölker aber Awaren. Diese Umwälzung führte auch zur Abwanderung einer größeren Gruppe von Reiterkriegern nach Westen, wo sie 558/559 nördlich des Kaukasus erschienen und eine Gesandtschaft an Kaiser Justinian schickten. Wie die Byzantiner von den Türken erfuhren, handelte es sich bei den Flüchtlingen aber nicht um »wirkliche« Awaren, sondern um eine gemischte Gruppe von Oguren, die Varchoniten genannt wurden und sich den immer noch furchteinflößenden Awarennamen nur beigelegt hatten. Wie auch immer, in Europa wurden sie Awaren genannt und besiegten der Reihe nach die kleineren Steppenvölker, die nördlich des Schwarzen Meeres siedelten. Im Konflikt mit den Gepiden schloss der Langobardenkönig Alboin ein Bündnis mit den Awaren und versprach ihnen für ihre Unterstützung das Gepidenland (ein wichtiger Hinweis, dass er schon vor seinem Sieg den Abzug nach Italien plante). 568 zogen die Awaren unter ihrem Herrscher Baian, der den Titel Khagan trug, im Karpatenbecken ein und bauten von hier aus schrittweise ein großes Reich auf, das dem Hunnenreich Attilas nicht nachstand, es aber an Dauer weit übertraf.

Es dauerte einige Zeit, bis die Awaren im Raum an der mittleren Donau ihre Herrschaft konsolidiert hatten. Der Abzug der Langobarden hatte die Bevölkerung des Raumes nicht gänzlich ausgedünnt. Im Gegenteil, das reiche archäologische Material aus den ersten Jahrzehnten awarischer Herrschaft zeigt vor allem in Pannonien (besonders rund um den Plattensee) eine überraschend starke Orientierung nach Westen, während zunächst kaum zentralasiatische Spuren fassbar werden. Erst etwas später finden sich charakteristische Züge von Steppenreitern, darunter metallene Steigbügel, die die Awaren als erste nach Europa brachten. Das Zentrum des Awarenreiches lag wohl zwischen Donau und Theiß; Ostösterreich war ein Randgebiet des Khaganats, das erst allmählich von awarischer Siedlung erfasst wurde, die sich im Wesentlichen auf den Raum um den Neusiedlersee und das Wiener Becken beschränkte. Die politischen Bestrebungen von Khagan Baian und seinen Nachfolgern richteten sich nach Süden, wo sie 582 nach langer Belagerung die Stadt Sirmium eroberten. Von da an begannen häufige Kriegszüge in die Balkanprovinzen, denen im Lauf der Jahre die meisten Limeskastelle und später Städte des Binnenlandes zum Opfer fielen. Wie die Hunnen hatten sie nicht die Absicht, römisches Gebiet dauerhaft zu besetzen. Sie plünderten, verschleppten die Bewohner, um sie im eigenen Machtbereich anzusiedeln oder gegen Lösegeld wieder freizulassen, und ließen sich Friedensverträge für hohe Jahrgelder abkaufen. Die Awarenangriffe gipfelten 626 in einer Belagerung von Konstantinopel gemeinsam mit den Persern, die aber nach etwas über einer Woche scheiterte. Danach endete die expansive Phase des Awarenreiches. Anders als die Hunnen und später die Ungarn, griffen die Awaren ihre westlichen Nachbarn nur in den Grenzgebieten an, zum Beispiel zweimal die Langobarden in Friaul. Ein Marsch des Awarenheeres donauaufwärts ist nicht belegt.

Die politische Expansion des Awarenreiches hing auch mit der Ausbreitung der Slawen zusammen. Das ist ein Prozess, über den wenig bekannt ist, der aber in der gesamten Osthälfte Europas und auch in Ostösterreich nachhaltige Konsequenzen hatte. Im Lauf des 6. Jahrhunderts, schon vor der awarischen Machtübernahme, erscheinen Slawen zunehmend in den Quellen: zunächst nördlich der unteren Donau, aber auch am Nordrand des Karpatenbeckens. Anders als Steppenvölker und germanische Gentes bildeten die frühen Slawen zunächst keine hierarchisch organisierten Reiche mit privilegierter Kriegerschicht; sie waren auch offen für die Integration fremder Bevölkerungsgruppen, die unter den Slawen als freie Menschen leben konnten. Wahrscheinlich erklärt gerade das die erstaunlich rasche slawische Ausbreitung. In awarischen Heeren sind sie gut bezeugt; unter anderem führten sie 626 in ihren Einbäumen über das Goldene Horn den entscheidenden Sturmangriff auf Konstantinopel, der blutig scheiterte. Zunehmend operierten sie aber auch auf eigene Faust auf der Balkanhalbinsel, wo sie sich spätestens ab 600 in vielen Gebieten niederließen. Gegen Ende des 6. Jahrhunderts drangen sie auch in den Ostalpen vor. Wir wissen, dass der bayerische Dux Garibald II. um 610 bei Aguntum gegen Slawen kämpfte. Dem gingen zwei Schlachten in den Jahren 592 und 595 zuvor, deren erste die Bayern noch gewannen, während sie in der zweiten von awarischen Verstärkungen der Slawen schwer geschlagen wurden. Am naheliegendsten ist, dass auch diese Kämpfe irgendwo im südlichen Noricum stattfanden, wo die Bayern vergeblich versuchten, die Ausbreitung der Slawen aufzuhalten. Gegen Ende des 6. Jahrhunderts ist in breitem Raum zwischen Noricum und Dalmatien bezeugt, dass Bischöfe ihre Bistümer verließen und anderswo Zuflucht suchten (auch die Bistümer von Virunum, Teurnia und Aguntum wurden aufgegeben). Archäologisch ist vielerorts fassbar, dass Höhensiedlungen (etwa der Hemmaberg) verlassen wurden, die Spuren spätantik-christlicher Kultur verlieren sich im 7. Jahrhundert fast völlig. Das muss nicht heißen, dass die Vorbevölkerung als Ganzes verschwunden ist, viele Kärntner Ortsnamen bezeugen ein gewisses Fortleben romanischer Bevölkerungsgruppen.

Im raetischen Alpenraum und im westlichen Noricum hielt sich die romanische Besiedlung hingegen in vielen Gegenden bis tief ins Mittelalter. Die Bischöfe von Chur behaupteten bis in die Karolingerzeit eine weitgehende regionale Selbständigkeit, die auch Romanen in Vorarlberg einbezog. Dort hatte auch das im 7. Jahrhundert gegründete Kloster St. Gallen Einfluss, wie der dort seit dem 8. Jahrhundert erhaltene einzigartige Bestand von Originalurkunden zeigt. In Südtirol blieb Säben, gelegen auf einem markanten Felssporn über den Klausen im Eisacktal, Bischofssitz; eindrucksvolle Reste der Kirche des 6. Jahrhunderts sind hier noch erhalten. Nordtirol blieb Durchgangsraum zwischen Bayern/Franken und Italien; spätantike Kirchen sind u.a. in Pfaffenhofen, Zirl oder Ampass erhalten, und das Tiroler Inntal wurde erst spät bayerisch besiedelt. Die Quellen des 8. Jahrhunderts belegen eine differenzierte Romania südlich von Salzburg, die noch heute an einer Reihe romanischer Ortsnamen sichtbar wird, etwa Cucullis/Kuchl oder Albina/Oberalm. Im Rottachgau bei Passau (am ehesten östlich des Inns) bezeugt ein Urkundenfragment des 8. Jahrhunderts römische Funktionsbezeichnungen, Personen- und Ortsnamen. Die germanisch-/deutschsprachigen Nachbarn nannten die Romanen Walchen/Welsche, eine uralte Fremdbezeichnung, die auch in den Namen der Waliser, Wallonen oder Vlachen steckt. Eine Reihe von westösterreichischen Ortsnamen zeigt, dass hier lokale Romanengruppen von ihren deutschsprachigen Nachbarn so genannt wurden, darunter der Walchen- und der Wallersee, Seewalchen und Strasswalchen.

Im 7. Jahrhundert war der Raum des heutigen Österreich ein dünnbesiedeltes Randgebiet, in dem benachbarte Mächte – Awaren, Bayern, Langobarden, Alemannen – zum Großteil bloß indirekte Kontrolle ausübten. Der Ostteil einschließlich des südöstlichen Oberösterreich und Salzburg wurde zunehmend slawisch besiedelt, wobei der genaue Ablauf kaum zu rekonstruieren ist. Archäologisch ist das 7. Jahrhundert eine Zeit weitgehender Fundleere in vielen Gegenden, bis auf einige Ausnahmen, etwa die recht zahlreichen awarischen Siedlungen und Gräberfelder im Osten (Mödling, Zillingtal, Sommerein sind z.B. archäologisch sehr gut erschlossen). Hier finden sich kaum spezialisierte Steppenkrieger, sondern sesshafte Bauern, die immerhin teils mit Grabbeigaben bestattet wurden, was einen gewissen Wohlstand voraussetzt. Ob diese Menschen recht einheitlich »awarischer« Kultur im engeren Herrschaftsbereich der awarischen Khagane des 7. und 8. Jahrhunderts sich auch als Awaren verstanden und welche Sprache sie sprachen, ist ungewiss; manches deutet darauf hin, dass damals Slawisch Verkehrssprache im Khaganat war (wie es später auch im bulgarischen Khanat der Fall war). Die Slawen pflegten bis ins 8. Jahrhundert meist Brandbestattung, was ihren archäologischen Nachweis erschwert.

Nur wenige Nachrichten in schriftlichen Quellen werfen im 7. und früheren 8. Jahrhundert Schlaglichter auf den Ostalpen- und Donauraum. Mehrfach werden die Slawengebiete im Osten als Ziel von Missionaren aus dem Frankenreich erwähnt; doch meistens resignierten die Glaubensboten schon, bevor sie ihr Ziel erreichten. Der irische Klostergründer Columban etwa wandte sich um 610 von Bregenz, wo er angeblich einen dem Wodan geweihten Bierkessel zum Zerspringen brachte, nach Italien, da eine Engelserscheinung ihn von der Slawenmission abhielt; dieser Raum sei wüst und leer. Um 630 wurde das Awarenreich von heftigen inneren Konflikten erschüttert. Zunächst kam es 623/624 in der westlichen Peripherie des Khaganats zur Sezession einer slawisch-awarischen Gruppe unter Führung des fränkischen Kaufmanns Samo, der zunächst die Awaren und bald nach 630 einen Angriff des Frankenkönigs Dagobert I. abwehren konnte. Das Zentrum des Samo-Reiches, das sich einige Jahrzehnte lang behauptete, lag wahrscheinlich in Böhmen (worauf die direkte Konfrontation mit den Franken und der spätere Anschluss der Sorben an der mittleren Elbe deuten). Um 630 beanspruchten bulgarische Kontingente im Awarenheer die Khaganswürde, unterlagen aber, worauf Tausende von ihnen Zuflucht bei den Bayern suchten. Dort wurde ein Großteil der Exilanten auf Befehl des Frankenkönigs Dagobert niedergemetzelt, nur einige hundert unter Führung eines gewissen Alciocus suchten Zuflucht in der *Marca Winedorum*, der Wendenmark (*Winedi* ›Wenden‹ war die germanische Fremdbezeichnung für die Slawen). Dieses slawische Grenzgebiet muss wohl das spätere Karantanien gewesen sein, von wo die Bulgaren nach Jahrzehnten ins langobardische Italien weiterzogen. Slawisch-langobardische Scharmützel sind mehrfach aus Friaul überliefert, von wo aus längere Zeit eine slawisch besiedelte *regio Cellia* (das untere Gailtal?) kontrolliert wurde. Trotz der Schwächung des Awarenreiches nach 626 gelang es den westlichen Nachbarn – Franken, Bayern und Langobarden – damals nicht, ihren Einfluss weiter nach Osten auszudehnen. Nachrichten über Bayern fehlen im übrigen aus dem 7. Jahrhundert fast völlig.

Erst im 8. Jahrhundert wurde das bayerische Herzogtum, das von der Familie der Agilolfinger regiert wurde, wieder vollständig in die westliche Christenheit integriert. In Zusammenarbeit mit den bayerischen Herzögen, aber wiederholt auch in Konflikt mit ihnen wirkten die heiligen Männer Emmeram in Regensburg und Corbinian in Freising. In Salzburg schuf um 700 der aus dem Rheinland gekommene Rupert mit den Klöstern von St. Peter und auf dem Nonnberg die Grundlagen des künftigen Bistums, wobei unklar ist, wie weit er auf ältere Strukturen zurückgreifen konnte. Jedenfalls stützte er sich nicht zuletzt auf begüterte romanische Familien wie die *genealogia de Albina* in Oberalm. 711/712 wurde in Bischofshofen, an der Grenze zum Slawengebiet, die Maximilianszelle gegründet und damit eine politische wie kirchliche Ausdehnung nach Südosten vorbereitet. Der vom Papst entsandte Angelsachse Winfrid/Bonifatius bemühte sich, teils in Konkurrenz mit Vertretern der Ortskirchen, um den Aufbau einer bayerischen Bistumsorganisation; 739 wurden endgültig die Bistümer Regensburg, Passau, Freising und Salzburg eingerichtet. Unter Bischof Virgil (reg. 747/749–784), einem Iren, der zuvor einige Zeit am Hof des späteren Königs Pippin III. verbracht hatte, wurde Salzburg zu einem Zentrum von Bildung, Schriftlichkeit und Mission. Ab nun werden die Verhältnisse im österreichischen Raum relativ kontinuierlich, wenn auch zunächst sporadisch von im Raum selbst produzierten schriftlichen Texten beleuchtet. Das Salzburger Verbrüderungsbuch enthält eine lange Liste von Mönchen, Klerikern und Unterstützern der Salzburger Kirche; die um 800 redigierten (teils auf älteren Vorlagen beruhenden) beiden Salzburger Güterverzeichnisse (*Notitia Arnonis* und *Breves Notitiae*) bezeugen den zunehmenden Reichtum der Salzburger Kirche und die Bemühungen um dessen effiziente Verwaltung; und die Vita des heiligen Rupert beleuchtet die Anfänge der Salzburger Kirche.

Unter Dux Odilo (gest. 748) und seinem Nachfolger Tassilo III. (reg. 748–788) wurde das eher nominell vom Frankenreich abhängige bayerische Herzogtum auch außenpolitisch aktiver. 741/742 entsprach Odilo der Bitte der Karantanen unter dem Fürsten Boruth um Hilfe gegen die Awaren und nützte den errungenen Sieg dazu, nun selbst die Oberherrschaft über die Karantanenfürsten zu beanspruchen. Zugleich bemühte sich die Salzburger Kirche um die Karantanenmission, die trotz mancher Rückschläge schließlich erfolgreich war. Die enge Verknüpfung zwischen christlicher Mission und politischer Unterwerfung war typisch für die Zeit und sollte bald von den karolingischen Frankenkönigen perfektioniert werden. Wir verdanken die Informationen über die Karantanenmission einer um 870 entstandenen, gegen Method gerichteten Salzburger Streitschrift (*Conversio Bagoariorum et Carantanorum*), die freilich manches propagandistisch glättet. Dort erfahren wir, dass das Zentrum der Karantanenfürsten auf dem Zollfeld in der Civitas Carantana (Karnburg) lag. Ebenfalls auf dem Zollfeld befand sich der »Fürstenstein«; das slowenischsprachige Ritual bei der Kärntner Herzogseinsetzung, das im Spätmittelalter beschrieben wurde, könnte auf die karantanische Frühzeit zurückgehen. Nicht weit davon, in Maria Saal, wurde nun eine der ersten Kirchen errichtet; eine weitere lag in Liburnia, also in oder um den ehemaligen Bistumssitz Teurnia. Tassilo III. und seine geistlichen Partner gründeten auch gezielt Klöster an den Grenzen zum slawischen Siedlungsgebiet, und zwar in Mondsee (vor 748), in Innichen (769), in Kremsmünster (777) und in Mattsee (vor 784); dazu kam im Grenzgebiet des romanisch besiedelten Tirol Scharnitz/Schlehdorf (763), das bald über große Güter im Oberinntal verfügte. Der Tassilo-Kelch in Kremsmünster oder das sogenannte Rupert-Kreuz von Bischofshofen zeigen beispielhaft die hochwertige Ausstattung der Klöster des 8. Jahrhunderts.

Die Karolingerzeit

768–814	Karl der Große König der Franken
785–821	Arn Bischof, seit 798 Erzbischof von Salzburg
788	Absetzung Tassilos III., direkte fränkische Herrschaft in Bayern
788–799	Gerold I. Präfekt in Bayern und im Ostland
791–796	Zerstörung des Awarenreiches
817/840–876	Ludwig »der Deutsche« König im Ostfränkischen Reich
828	Ablösung der Karantanenfürsten durch Grafen
833–854	Graf Ratpot Präfekt im Ostland
863–885	Method als Kirchenlehrer in Mähren; 870 verurteilt auf einer Synode in Regensburg
873–907	Erzbischof Theotmar von Salzburg
881	Erste Kämpfe gegen die Ungarn bei Wien
887–899	König Arnulf
907	Ungarnschlacht bei Pressburg, Niederlage der Bayern

Der rasche Aufstieg der Karolinger, die sich seit 751 Könige der Franken nennen durften, setzte bald auch das bayerische Herzogtum unter Druck. 774 eroberte Karl der Große (768–814) das Langobardenreich. 787/788 wandte er sich schließlich gegen seinen Vetter Tassilo, wobei er bereits auf einige Unterstützung in Bayern zählen konnte. Unter dem Vorwand einer 25 Jahre zurückliegenden Verletzung der Heerfolgepflicht wurde der

Bayernherzog auf einer Reichsversammlung in Ingelheim verurteilt und abgesetzt. Auch ein Pakt mit den Awaren wurde Tassilo vorgeworfen, und tatsächlich marschierten die Awaren drohend an der Grenze auf. Karl setzte über Bayern keinen Herzog mehr ein, sondern seinen agilolfingischen Schwager Gerold I. (gest. 799) als Grafen und »Präfekten«. Die karolingische Offensive endete nicht an der Enns, der »sicheren Grenze« gegen die Awaren. 791 begann Karl den Awarenkrieg; ein Brief an seine Frau Fastrada aus dem Lager an der Enns beleuchtet die liturgische Vorbereitung des Heidenkrieges mit dreitägigem Fasten, Messfeiern und Psalmengesängen. Die Franken stießen mit zwei Heeren entlang der Donau tief ins Awarenland bis an die Raab vor, ohne auf nennenswerten Widerstand zu stoßen, mussten sich allerdings ohne entscheidenden Erfolg wieder zurückziehen. Doch löste die fränkische Offensive schwere Konflikte unter den höchsten awarischen Würdenträgern aus, die in Zentralasien übliche Titel wie Khagan, Iugurrus und Tudun trugen. Daraufhin erreichten fränkische Truppen 795/796 in zwei raschen Vorstößen von Italien aus den »Ring« zwischen Donau und Theiß, die Residenz der Khagane, und erbeuteten riesige Schätze. Karls Erfolg im Heidenkrieg und die reichen Gaben an kirchliche Institutionen aus der Beute waren ein wichtiger Schritt auf seinem Weg zur Kaiserkrönung im Jahr 800. Das Awarenreich hingegen zerfiel.

Die Franken mussten nun, ähnlich wie die Römer 800 Jahre zuvor, einen ausgedehnten und dünnbesiedelten Raum organisieren. Eine direkte Besiedlung und herrschaftliche Erfassung war zunächst nur an der Donau zwischen Enns und Wienerwald möglich, wo unter anderem St. Pölten, Traismauer und Tulln ausgebaut wurden. Zum Unterschied vom etwa zur selben Zeit eroberten Sachsen wurden im neugewonnenen Gebiet keine Bistümer gegründet, sondern der Raum wurde zwischen Salzburg, Passau und Freising geteilt, was fast das ganze Mittelalter hindurch die kirchenpolitische Struktur Österreichs bestimmte. 798 wurde Bischof Arn von Salzburg zum Erzbischof erhoben, zuständig für die gesamte bayerische Kirchenprovinz sowie die neueroberten Ostgebiete. Die alten Ansprüche Aquileias wurden 811 mit den neuen Salzburgs durch Festlegung der Bistumsgrenze an der Drau verglichen. Die Fortschritte der Mission in den neuen Herrschaftsgebieten blieben aber relativ bescheiden. Auch die politische Konsolidierung im ehemaligen Pannonien gelang nur teilweise. Einige Zeit lang versuchten die Karolinger, einzelne Awarengruppen in abhängigen christlichen Fürstentümern zu organisieren, von denen eines 805 »zwischen Carnuntum und Savaria (Szombathely/Steinamanger)« errichtet werden sollte. Doch die Awaren, deren politische Identität stark an die Führung eines Reiches gebunden war, konnten sich nicht halten; 822 kam eine letzte Gesandtschaft zu Kaiser Ludwig dem Frommen, dann verschwinden die Awaren nach über 250 Jahren aus den Quellen.

Die Initiative im Raum östlich des Wienerwaldes und südöstlich von Karantanien ging an slawische Fürsten über. Sie standen mehr oder weniger unter der Kontrolle der regionalen Beauftragten der Reichsregierung – Herzöge (in Friaul), Grafen oder Präfekten in Bayern und im neuerworbenen bayerischen Ostland. Sprachgebrauch wie administrative Abgrenzung waren noch im Fluss. *Marchio* war zunächst die Bezeichnung für den Grenzer in einer »Mark«, einem noch unspezifisch verstandenen Grenzgebiet; erst im späten 9. Jahrhundert bezeichnete der Begriff den »Markgrafen« im engeren Sinn, der in einem zumindest ungefähr angegebenen Gebiet über andere Grafen gebot. Damit ersetzte dieser Titel den eher antik-literarisch geprägten des »Präfekten«. Auch die Bezeichnungen des Raumes östlich der Enns schwankten im 9. Jahrhundert noch stark. Oft wird er zunächst nach den früheren Herren oder einheimischen Bewohnern Avaria oder *terra Sclavorum*, Slawenland, genannt. Die verbreitete ländliche slawische Besiedlung zeichnet sich beiderseits der Donau unterhalb der Ennsmündung sowie entlang des Alpenostrandes bis in die Bucklige Welt nun im archäologischen Befund deutlich ab. Auch der alte Provinzname Pannonia wird für das Ostland häufig verwendet, während das bayerische Altsiedelland nun mit Noricum und der alemannische Bereich mit Raetien identifiziert werden. Erst im Lauf der zweiten Jahrhunderthälfte wird die unspezifische Bezeichnung *plaga orientalis*, Ostland, üblich, aus dem schließlich das 996 erstmals bezeugte *Ostarrîchi* werden konnte. Auch die Organisation auf niedrigeren Ebenen machte Fortschritte. In Bayern war das Land in *pagi*, Gaue, sowie in Grafschaften gegliedert. Im Jahr 828 wurden auch östlich davon regional Grafen eingesetzt, ohne dass sich diese Grafschaften zunächst territorial genau abgrenzen lassen (die älteste Grafschaftsgrenze ist 844 bezeugt). Die abhängigen karantanischen Fürsten verloren ihre Stellung und wurden durch Grafen ersetzt.

Seit 817 war Ludwig »der Deutsche«, Sohn Kaiser Ludwigs des Frommen (reg. 814–840), Unterkönig zunächst in Bayern und später König im ostfränkischen Bereich in der antiken »Germania« – zeitgenössische

Gelehrte nannten ihn deshalb »Germanicus«, was spätere Historiker irreführend mit ›der Deutsche‹ übersetzten. »Deutsche« im späteren Sinn gab es zu dieser Zeit noch nicht. Mit dem von der »Volkssprache« abgeleiteten Begriff *theodisci* bezeichnete man im 9. Jahrhundert in Norditalien diejenigen, die von nördlich der Alpen kamen, vor allem die Bayern; erst viel später wurde dieser Name zur Selbstbezeichnung der Deutschen. Zunehmend belegen nun erhaltene Königs- und Privaturkunden die Untergliederung in Grafschaften, die Kolonisation und die wachsenden Besitzungen bayerischer Kirchen und Klöster entlang der niederösterreichischen Donau und an der Leitha sowie in Karantanien. Für das Ostland war 833 bis 854 Graf Ratpot als Präfekt zuständig; 856 übernahm Karlmann, Sohn Ludwigs des Deutschen, diese Funktion. Inzwischen war in diesem Pionierland, wo Abenteurer sich eine recht unabhängige Existenz aufbauen konnten, einiges militärische Potential verfügbar. Auch Karlmann nützte diese Möglichkeiten sehr bald, und zwar vor allem gegen seinen Vater. In diese wechselvollen Auseinandersetzungen wurden selbst die Bulgaren hineingezogen – 863 kam der Bulgarenkhan Boris sogar nach Tulln, um mit Ludwig Frieden und Freundschaft zu schließen.

Die Konsolidierung der fränkisch-bayerischen Herrschaft an der Donau unterhalb der Enns konkurrierte zunehmend mit den Expansionsbestrebungen des mährischen Fürstentums (in der Literatur oft missverständlich »Großmähren« genannt), dessen Zentren in Mikulčice und Staré Město in Südmähren (wo es jeweils eindrucksvolle Grabungsbefunde eines hochrangigen Herrschaftszentrums gibt) und im slowakischen Nitra lagen. Die politischen Beziehungen zum fränkischen Herrschaftsraum fluktuierten seit den 830er Jahren zwischen Unterwerfung, politischer Partnerschaft und Krieg. Die Mährer hatten den Slawenfürsten Priwina aus Nitra vertrieben, der in fränkische Dienste trat und für den ca. 840 ein Fürstentum mit dem Zentrum in Mosapurc am Südwestufer des Plattensees eingerichtet wurde; später ging es auf Priwinas Sohn Chozil über. Bedeutsam wurde eine Episode in der Auseinandersetzung zwischen Franken und Mährern, als der Mährerfürst Rastislav und sein späterer Nachfolger Zwentibald/Svatopluk in Byzanz um Lehrer und einen Bischof baten, um nicht, mit allen politischen Implikationen, der fränkischen Kirche unterstellt zu bleiben. 863 kamen daraufhin die Brüder Konstantin-Kyrill und Method nach Mähren und brachten eine von ihnen entwickelte slawische Schrift, die Glagolica, mit. Es kam zu einer längeren Auseinandersetzung mit der fränkisch-bayerischen Kirche. In diesem Streit erhielt Method auch Unterstützung aus Rom (wo Konstantin starb) und von Fürst Chozil am Plattensee. Im Zuge kriegerischer Auseinandersetzungen wurde Method 870 gefangen genommen und auf einer Regensburger Synode wegen Eindringens in eine fremde Diözese verurteilt; erst nach scharfer päpstlicher Intervention kam er 873 frei und verbrachte später noch einige Jahre bis zu seinem Tod 885 bei den Mährern. Das Werk der »Slawenapostel« wirkte durch slawische Schrift und Liturgie traditionsbildend, hat sich in ihrem mitteleuropäischen Wirkungsgebiet aber nicht durchgesetzt. Das Verhältnis der Bayern zu den Mährern blieb konfliktreich; doch gab es daneben auch friedliche Handelsverbindungen, wie es die in den ersten Jahren des 10. Jahrhunderts entstandene »Zollordnung von Raffelstetten« (bei St. Florian, Oberösterreich) bezeugt, die den Donauhandel regulierte.

Die Konflikte Ludwigs mit Karlmann und beider mit den Mährern rissen bis zu Ludwigs Tod 876 nicht ab; bald darauf starb auch Karlmann. Die Kontrolle über das Ostland an der Donau bis zur Raab lag seit 871 beim Traungauer Grafen Ar(i)bo, der sie trotz der zunehmend schwierigen politischen Lage bis nach 907 behielt; er wird in den Quellen bereits »Grenzgraf« oder Markgraf genannt. Karlmanns Sohn Arnulf »von Kärnten« kommandierte in Karantanien (damals das heutige Kärnten und die Steiermark mit einigen Randgebieten); dort hatte die zweite Hälfte des 9. Jahrhunderts einen beachtlichen Ausbau der Infrastruktur gebracht, das Land war auch weniger durch Kriegsereignisse beeinträchtigt als das Gebiet an der Donau. Immerhin reichten die Ressourcen des Ostens aus, dass Arnulf 887 »mit einer starken Schar von Bayern und Slawen« ostfränkischer König werden konnte. In Karantanien folgte ihm mittelbar (Mark-)Graf Luitpold, der von dieser Basis aus nach Bayern ausgriff und Ahnherr der Bayernherzöge des 10. Jahrhunderts wurde.

Innere Konflikte, Kämpfe gegen die Mährer, Abzug von Ressourcen für ehrgeizigere politische Ziele: Das im Aufbau befindliche Gebiet in den Ostalpen und an der Donau blieb verwundbar. Das sollte sich zeigen, als sich Ende des 9. Jahrhunderts die Ungarn (oder Magyaren) ausbreiteten. Sie waren ein gemischter Verband von Reiterkriegern aus den südrussischen Steppen, die dort im 9. Jahrhundert unter chasarischer Oberherrschaft lebten. Vor den Vorstößen der Petschenegen, aber auch mit Billigung aus Byzanz verlagerten sie ihren Schwerpunkt langsam nach Westen. Schon im letzten Drittel des 9. Jahrhunderts scheinen die Mährer ungarische Hilfstruppen eingesetzt zu haben, worüber sich der Salzburger Erzbischof Theotmar (reg. 873–907) beim Papst brieflich beschwerte, als ihm vorgeworfen wurde, er habe selber mit den Ungarn paktiert. 881 berichten Salzburger Annalen von einem Kampf mit den Ungarn bei Wien. 892 setzte König Arnulf seinerseits ungarische Hilfstruppen gegen die Mährer ein. 894 plünderten Ungarn »ganz Pannonien«, bald griffen sie die Mährer an, deren Reich sie schließlich vernichteten. 899 brachen sie zu einem ersten Plünderungszug nach Oberitalien auf. 902 luden die Bayern den obersten Herrscher der Ungarn, Cussal/Kurszán, an der Fischa zu einem Gastmahl ein, wo sie ihn verräterisch umbrachten. Das nützte seinem Rivalen Árpád, der nun die Herrschaft ergriff, die noch lange bei der Árpádendynastie blieb. Gegen die zunehmenden ungarischen Plünderungszüge gingen die Bayern 907 in die Offensive. Doch ihr Heer wurde vermutlich bei Pressburg/Bratislava vernichtet, Markgraf Luitpold, Erzbischof Theotmar und viele andere Bischöfe und Adelige fielen. Die Verdichtung der bayerischen Herrschaft an der niederösterreichischen Donau und in Karantanien wurde unterbrochen, das Gebiet war zur Grenzzone und zum Durchzugsgebiet für ungarische Heere geworden. Doch wurde, anders als 300 Jahre zuvor, nicht die gesamte Infrastruktur zerstört. Die bayerische Kolonisation der Slawengebiete Ostösterreichs und der teils romanischen Alpengebiete des Westens wurde nach einigen schwierigen Jahrzehnten im 10. Jahrhundert fortgesetzt.

Die Länder und das Reich (907–1278)

Von Christian Lackner

Epochenüberblick

In dem ethnisch, kulturell und sprachlich vielfältigen südöstlichen Randgebiet des *Regnum Teutonicum* entstanden im Verlauf des hohen Mittelalters auf der Grundlage älterer Raumordnungen, doch von diesen deutlich abgesetzt, neue territoriale Gebilde, die Länder, die über viele Jahrhunderte die politische Landkarte prägen sollten. Untrennbar verknüpft ist deren Genese mit demographischen, wirtschaftlichen und sozialen Faktoren, kurz der gemeineuropäischen hochmittelalterlichen Wachstumsphase, deren Dynamik Binnenkolonisation und Urbanisierung vorantrieb. Die Geschichte dieses ostalpinen Raumes im Hochmittelalter kann nur aus dem Ineinandergreifen zentraler und regionaler Kräfte verstanden werden. Meist waren schon im frühen Mittelalter politische Gebilde vorhanden, die jetzt ausgebaut oder zu neuen Einheiten zusammengefügt wurden. Die Art und Weise, wie dies geschah, war fast bei jedem Land anders, und die Entwicklung verlief bei den einzelnen Ländern auch zeitlich nicht synchron. Im Falle von Österreich und der Steiermark nahm der Landwerdungsprozess von einer ottonischen Mark seinen Ausgang, trat im 12. Jahrhundert in die entscheidende Phase und war zu Ausgang des Jahrhunderts bereits weitgehend abgeschlossen. Die Erhebung zu einem Herzogtum (Österreich 1156, Steiermark 1180) legitimierte hier jeweils die faktisch eingetretene Entwicklung. Dass der mit der Grenzsicherung betraute Markgraf eine stärkere Position als Grafen im Binnenland besaß, hat die frühe Ausformung der Länder Österreich und Steiermark wahrscheinlich ebenso begünstigt wie der Umstand, dass beide Gebiete weithin Kolonisationsland mit hohem Wachstumspotential darstellten. Vorteilhaft wirkte zudem die durch Babenberger (976–1246) bzw. Otakare (ca. 1050–1192) gegebene dynastische Kontinuität.

Einen gänzlich anderen Verlauf nahm die Entwicklung in Kärnten. Schon 976 als Herzogtum eingerichtet, wurde Kärnten erst lange nach Österreich und der Steiermark zu einem Land, wobei dieses spätmittelalterliche Land Kärnten nur einen Bruchteil des älteren Herzogtums umfasste. Aus der Zusammenfügung verschiedener Grafschafts- und Vogteirechte erwuchsen Tirol und Salzburg. Bei ähnlicher Ausgangslage –

Ottonen und Salier hatten wichtige Grafschafts- und Herrschaftsrechte in die Hände von Bischöfen (Brixen, Trient bzw. Salzburg) gelegt – setzte sich in Tirol ein weltliches Dynastengeschlecht, die Grafen von Görz-Tirol, als Landesfürsten durch, während Salzburg zu einem großen geistlichen Territorium wurde.

Schon frühzeitig wurde im Ostalpenraum die Tendenz zu dynastischen Länderverbindungen sichtbar. Zum ersten Mal geschah dies, als der erbenlose steirische Herzog Otakar IV. 1186 den Babenberger Leopold V., Herzog von Österreich, zu seinem Nachfolger designierte. Es ist bezeichnend für das ausgeprägte Identitätsbewusstsein des Adels beider Länder, dass diese Verbindung von Österreich und der Steiermark die Form einer Personalunion erhielt und nicht zu einer Verschmelzung der noch jungen territorialen Herrschaftsgebilde führte. Dieses auf Personalunion gegründete Modell sollte tatsächlich richtungsweisend werden für alle nachfolgend in diesem geographischen Raum konstituierten Länderverbindungen.

Von Böhmen ging um die Mitte des 13. Jahrhunderts der erste Versuch zur Bildung eines mitteleuropäischen Großreichs aus. In die Leere, die der Tod des letzten männlichen Babenbergers Friedrich II. 1246 hinterließ, stieß der böhmische König Přemysl Otakar II., der schrittweise das gesamte babenbergische Erbe seiner Herrschaft eingliedern konnte. Bald gerieten auch das Herzogtum Kärnten und das Erzstift Salzburg in den unwiderstehlichen Sog seiner Macht, einzig die Tallandschaften an Inn und Etsch blieben davon weitgehend unberührt. Dass das scheinbar so mächtige *Regnum Otakarianum* in seinen außerböhmischen Teilen freilich auf schwachen Fundamenten stand, machte der 1273 zum römisch-deutschen König gewählte Habsburger Rudolf I. deutlich. Innerhalb nur weniger Jahre brachte er die Herrschaft des Přemyslidenkönigs zum Einsturz. Die Idee von einem großen mitteleuropäischen Reich lebte bei den Habsburgern fort.

Am Rande Bayerns: Herzogtümer, Marken und Grafschaften

907	Schlacht bei Pressburg; Niederlage des bayerischen Heeres gegen die Ungarn
970/972	Einrichtung der Marken an der Donau und an der mittleren Mur
976–994	Markgraf Leopold I.
996	Erste urkundliche Erwähnung der volkssprachlichen Bezeichnung *Ostarrîchi*
1027	Kaiser Konrad II. überträgt die Grafschaften Bozen und Vinschgau an den Bischof von Trient, jene im Eisack- und Inntal an den Bischof von Brixen
1075–1095	Markgraf Leopold II. von Österreich
1082	Schlacht bei Mailberg

Traditionell pflegte die österreichische Geschichtsschreibung der im letzten Drittel des 10. Jahrhunderts eingerichteten bayerischen Mark an der Donau ihre bevorzugte Aufmerksamkeit zuzuwenden. Die Entwicklung der Mark zum Herzogtum Österreich bildete gleichsam das Leitmotiv, wenn es galt, die Anfänge österreichischer Geschichte nachzuzeichnen. Und tatsächlich drängt sich aus der Rückschau und im Wissen um die späteren Ereignisse, die die babenbergische Mark zum identitätsstiftenden Nukleus größerer, den Namen Österreich tragender Staatsgebilde werden ließen, eine solche Sicht der Dinge förmlich auf. Erst in jüngerer und jüngster Zeit erfolgte hier ein Perspektivenwechsel, der den Weg für ein weniger anachronistisches Geschichtsbild freimachte. Für die Zeitgenossen des 10. Jahrhunderts mochte eine bevorzugte Stellung der babenbergischen Mark wohl noch kaum erkennbar sein. Ganz überwiegend wurde das Gebiet des heutigen Österreich damals zum ausgedehnten bayerischen Stammesherzogtum gerechnet, das sich im Südwesten weit über den Alpenhauptkamm bis in die Beckenlandschaften von Bozen und Meran erstreckte und im Südosten bis an die Save reichte. Nur im Osten gingen gegenüber der Karolingerzeit große Teile des einstigen bayerischen Ostlandes an die Ungarn verloren, bildete die Enns wiederum die östliche Grenze der Bayern, wie in den Tagen der Agilolfingerherzöge. Das Jahr 907 bezeichnet mit der Schlacht bei Pressburg für den gesamten Ostalpenraum einen tiefen Einschnitt und den endgültigen

Zerfall der karolingischen Ordnung. Im Kampf (4. Juli 907), der eine rein bayerische Sache gewesen zu sein scheint – allerdings wurde der Heerbann aus der ganzen Weite des bayerischen Stammesherzogtums zusammengezogen –, fielen Markgraf Liutpold, der mächtigste Mann in Bayern, und mit ihm beinahe der gesamte bayerische Episkopat, Erzbischof Theotmar von Salzburg, die Bischöfe Udo von Freising und Zacharias von Säben. Was eine Strafexpedition gegen die Magyaren hätte werden sollen, geriet zur Katastrophe für den bayerischen Heerbann. Für die nächsten zwei Jahrzehnte war an ein offensives Vorgehen seitens der Bayern gegen die Ungarn nicht mehr zu denken. Das Gebiet östlich der Enns wurde aufgegeben, und auch der Raum östlich der Mur nahm den Charakter eines öden, den Ungarn als militärisches Vorfeld dienenden Landstreifens an. Man vermied größere kriegerische Auseinandersetzungen. Und gelegentlich dürften die Bayern wohl auch den Magyaren den Durchzug nach Westen gegen das Versprechen, sich in Bayern mit Plünderungen zurückzuhalten, zugestanden haben. So kam das bayerische Altsiedelland vergleichsweise glimpflich davon, wenngleich die Lage auch dort zeitweilig so bedrohlich schien, dass der Salzburger Metropolit in Zell am See im Pinzgau Zuflucht suchte. Dort im Alpenraum und in den südalpinen Tälern und Becken Tirols und Kärntens war man sicher, boten doch die gebirgigen und spärlich besiedelten Gegenden den siegreichen Ungarn wenig lohnende Ziele. Gänzlich dürften die Verbindungen aus Bayern in das ehemalige Ostland jenseits der Enns indessen selbst in den Zeiten größter ungarischer Bedrohung nicht abgebrochen sein. Aus dem quellenarmen frühen 10. Jahrhundert ragt die Nachricht heraus, dass Bischof Drakulf von Freising 926 mit seinem Schiff in den Donaustrudel von Grein geriet und ertrank. Keine Quelle gibt den Grund der bischöflichen Fahrt ins ehemalige bayerische Ostland an. Man hat an eine diplomatische Mission zu den Ungarn gedacht, aber auch die Visitation freisingischer Besitzungen östlich der Enns scheint als Motiv für die riskante Reise vorstellbar.

Als bestimmende Kraft ging in Bayern aus der Katastrophe von Pressburg der Liutpoldinger Arnulf hervor, der spätestens, seitdem 921/922 das Verhältnis zum neuen ostfränkisch-deutschen König Heinrich I. auf der Basis ritualisierter *amicitia* (Freundschaft) geklärt worden war, allgemein anerkannt den bayerischen Herzogstitel führte. Arnulfs Bruder Berthold fungierte seit Ende der 920er Jahre, vielleicht in Anknüpfung an karolingische Traditionen, als eine Art Unterherzog mit einem Mandat in Karantanien, aber auch im Südtiroler Vinschgau, ehe er dem Bruder als bayerischer Herzog nachfolgte. Tirol gewann schon damals als Passland und Zugang nach Italien zunehmend an Bedeutung, nachdem der Bayernherzog Arnulf 933/934 für seinen Sohn Eberhard die langobardische Krone zu erwerben versucht hatte. Die Entwicklung des bayerischen Südostens im 10. Jahrhundert ist aufs engste mit dem Wirken der Hochstifte, allen voran der Salzburger Metropolitankirche, verbunden. Gemeinsam sind den sonst durchaus unterschiedlichen Landschaften des Ostalpenraums die durch die geistlichen Institutionen gepflegten festen Bindungen an das alte bayerische Stammesgebiet, Bindungen, an welchen auch der zweite Machtfaktor in diesem Raum, der bayerische Adel, entscheidenden Anteil hatte. Episkopat und hoher Adel gehörten ein und demselben kleinen Personenkreis an. Im Unterschied zur spätkarolingischen Zeit waren regionale slawische Führungsschichten in diesem kaum mehr vertreten.

Die Geschichte des bayerischen Herzogtums im 10. Jahrhundert stellt sich retrospektiv als eine unausgesetzte Kette von Konflikten und Auseinandersetzungen dar. Wie ein roter Faden zieht sich durch diese im einzelnen höchst unübersichtlichen Ereignisse allein der Versuch der ostfränkisch-deutschen Könige aus dem sächsischen Haus, Bayern enger an das Königtum zu binden. Geglückt war dieses Bemühen selbst dann noch nicht, als die bayerische Herzogswürde an Mitglieder des Königshauses gelangte. Dass die Verhältnisse dessen ungeachtet tatsächlich einigermaßen stabil waren, hängt mit den adeligen Führungsschichten, die für Kontinuität sorgten, zusammen. Bayerische Adelssippen wie die Aribonen, Sighardinger oder Wels-Lambacher verfügten über ausgedehnten Besitz im gesamten südöstlichen Bayern und dominierten hier ohne größere Brüche im 10. und 11. Jahrhundert.

In ihrer Bedeutung für den Ostalpenraum nicht gering zu schätzen ist die Entscheidung König Ottos I. 952, das Herzogtum Friaul und die Markgrafschaften Verona und Istrien der Gewalt des Herzogs von Bayern zu unterstellen. Weichen für die Zukunft wurden damit gestellt. Gegenüber den Ungarn brachten die Bayern zunächst allenfalls Achtungserfolge zuwege. So fügte Herzog Berthold einer magyarischen Gruppe bei Wels 943 eine Niederlage zu. Die Epochenwende kam mit dem Sieg König Ottos I. am Lechfeld 955, ohne dass indes unmittelbar eine Offensive zur Wiedergewinnung des ehemaligen karolingischen Ostlandes eingesetzt hätte. Anscheinend fehlten dazu in Bayern noch die Kräfte, und das für längere Zeit. In Karantanien werden um diese Zeit Herrschaftsträger greifbar, die eine »übergräfliche« Stellung beanspruchen konnten. *Waltpoto*, Gewaltbote, nannte man sie. Ausgestattet mit einem zentralen, vielleicht königlichen Mandat erinnern sie an karolingische Königsboten. Es gibt diese Gewaltboten in Karantanien bis über die Jahrtausendwende hinaus. Als Organisationsform blieben sie vereinzelt. Offenkundig erwies sich die Mark bzw. der Markgraf als für die Erfordernisse im Südosten Bayerns besser geeignet. In den späten sechziger Jahren des 10. Jahrhunderts werden die ersten Spuren einer Markenorganisation im Ostalpenraum fassbar. Anders als im Falle der um dieselbe Zeit im sächsisch-slawischen Grenzgebiet bezeugten *marchiones*, die vor allem als Königsstellvertreter zu verstehen sind, lassen sich den bayerischen Markgrafen von Beginn an festere Zuständigkeitsbereiche im Grenzraum zuordnen. 970 tritt der Eppensteiner Marchwart als Markgraf im Ostland (*in plaga origentali*) entgegen. Der Wald Sausal (bei Leibnitz in der südlichen Steiermark) lag in seiner Mark, die im 11. Jahrhundert dann Karantanische Mark hieß. Ihr Herrschaftszentrum war die nicht sicher lokalisierbare Hengistburg. Wahrscheinlich befand sie sich – auch archäologische Befunde scheinen dies zu bestätigen – am Wildoner Burgberg.

Die erste Erwähnung eines Markgrafen an der Donau fällt in das Jahr 972. Burkhard, ein mit der bayerischen Herzogsfamilie der Liutpoldinger nahe Verwandter, Schwager der Herzogin Judith, steht am Anfang der Geschichte jener von Thietmar von Merseburg in seiner Chronik wenig später so bezeichneten Mark zwischen Ungarn und Bayern. Bald schon, im Jahre 976, musste Burkhard den Platz einem anderen räumen. An seine Stelle trat Luitpold/Leopold, Graf im Donaugau (zwischen Regensburg und Passau). Weil er zum Stammvater der Babenberger wurde, die ab nun für fast 280 Jahre lang die Geschicke des Donauraums zwischen Enns und Leitha bestimmen sollten, hat sich die ältere Forschung heftig um die Klärung der Herkunft dieses Mannes mit dem liutpoldingischen Namen bemüht. Ob er tatsächlich der bayerischen Herzogsfamilie zugerechnet werden kann, wofür nicht nur der Personenname sprechen würde, oder doch, wie der berühmte, dem babenbergischen Haus angehörige Geschichtsschreiber und Bischof von Freising Otto im 12. Jahrhundert vorsichtig andeutet, von dem 906 enthaupteten fränkischen Grafen Adalbert (von Bamberg) abstammte, lässt sich nicht entscheiden. Mit Recht bringt die heutige Geschichtswissenschaft solchen genealogischen Fragen nicht mehr jenes große Interesse entgegen wie ehedem und spürt vielmehr dem Selbstverständnis der Zeitgenossen nach. So gewinnt an Bedeutung, dass der Babenberger Otto von Freising sich dem in volkstümlichen Liedern bis in seine Zeit als Held besungenen Grafen Adalbert verwandtschaftlich verbunden fühlte, auch wenn eine patrilineare Abstammung der babenbergischen Markgrafen von diesem nach modernen genealogischen Kategorien eher unwahrscheinlich ist.

Der Zuständigkeitsbereich der ersten Markgrafen Burkhard und Leopold zeichnet sich nur sehr vage ab. Wahrscheinlich umfasste die bayerische Mark in den siebziger Jahren des 10. Jahrhunderts den Donauabschnitt von der Enns bis an die Traisen bzw. bis zum Wienerwald, wobei nördlich der Donau einzig ein schmaler Ufersaum besiedelt war, südlich die Kolonisation dagegen schon vom Alpenvorland in die größeren Seitentäler vorzustoßen begann. In der Wachau und auch anderswo im Donautal zeigen sich bayerische Hochstifte und Klöster bald höchst erfolgreich in der Reaktivierung alter Besitztitel aus der Karolingerzeit, was darauf schließen lässt, dass es über die Jahrzehnte ungarischer Herrschaft hinweg doch so manche lokale Kontinuität gegeben hat. Noch hatte die Erschließung der großen Waldgebiete abseits der Donau indes nicht in vollem Umfang eingesetzt. Neusiedler wurden jetzt vermehrt von den Hochstiften im bayerischen Westen rekrutiert, daneben nahmen auch bereits im Alpenvorland siedelnde Slawen, wie jener Gluzo, von dem der kleine Ort Gleiß an der Ybbs seinen Namen hat, am Landesausbau Anteil. Diese kolonisatorische Arbeit bestimmte die frühe Entwicklung der bayerischen Mark an der Donau mehr als kriegerische Erfolge der Bayern, welche unter Führung Herzog Heinrichs des Zänkers 991 erstmals östlich des Wienerwaldes einen Sieg über die Ungarn errangen. 1002 überschritten auch die königlichen Landschenkungen erstmals den Wienerwald. An dessen östlichen Abhängen, dazu im Weinviertel zwischen den weit auseinanderliegenden nördlichen Donauzuflüssen Kamp und March vergabte König Heinrich II. dem Babenberger Markgrafen Heinrich I. in diesem Jahr ausgedehnteren Besitz als Legitimation und Auftrag gleichermaßen zur Erschließung des dünnbevölkerten Landes. Im Kerngebiet der Mark an der Donau trieben die Passauer Diözesanbischöfe unterdessen im Zusammenwirken mit dem König, der der Passauer Kirche 1014 an fünf Orten im Ostland Gut jeweils für die Errichtung einer Kirche und den Unterhalt des Geistlichen zuwies, die Seelsorge- und Pfarrorganisation energisch voran. Den Kirchenzehent im Markengebiet nördlich der Donau erhielt Passau 1025 durch König Konrad II. zugesprochen. Schritt um Schritt nahm die Mark der Babenberger nun Konturen an. Der erste seiner Familie vielleicht, der seine Hauptinteressen in der Mark sah, war der Babenberger Adalbert (1018–1055), auch er noch ein Sohn des Markgrafen Leopold I. Hatte die Ehe des ungarischen Königs Stephan mit der bayerischen Herzogstochter und Schwester Kaiser Heinrichs II., Gisela, dem bayerisch-ungarischen Grenzraum mehrere friedlichere Jahrzehnte beschert, so trat man um 1030 wieder in eine Phase der kriegerischen Auseinandersetzung mit den Ungarn ein. Mehrere Kriegszüge König Heinrichs III. gegen die Magyaren in den vierziger Jahren des 11. Jahrhunderts ließen schließlich March und Leitha zur dauerhaften Grenze des Reichs werden. Der König gedachte, den von den Ungarn aufgegebenen, schmalen siedlungsleeren Streifen im östlichen Weinviertel und zwischen Fischa und Leitha durch eine neue Mark militärisch-administrativ zu organisieren. Eventuell, so glaubte die ältere Forschung, könnte der Salier analog zu dieser »ungarischen« Mark auch im Norden der alten bayerischen Mark eine »böhmische« Mark eingerichtet haben. Letzteres gilt heute freilich als widerlegt, die »böhmische« Mark Heinrichs III. als eine Konstruktion der Gelehrten des 19. und 20. Jahrhunderts. Was die 1045 erstmalig bezeugte »ungarische« Mark (Neumark) betrifft, so blieb deren Existenz ephemer. Bereits um die Mitte des Jahrhunderts scheint der östliche Grenzstreifen in der alten bayerischen Mark der Babenberger aufgegangen zu sein.

Einen Namen für die bayerische Mark im Osten kannte die politische Sprache um die Jahrtausendwende noch nicht. Den Gewohnheiten der Zeit entsprechend identifizierte man die Mark in den Königsdiplomen mittels der Person des Markgrafen, den Begriff *marchia orientalis* (Ostmark) gebraucht erst Otto von Freising im 12. Jahrhundert in seinen *Gesta Friderici imperatoris* (*Die Taten des Kaisers Friedrich [Barbarossa]*). Das lateinische *oriens* oder *orientalis* kommt nur in Verbindung mit geographischen Gegendbegriffen vor, und mit einem solchen Gegendbegriff verknüpft erscheint auch 996 der zukunftsträchtige Name *Ostarrîchi* (Gebiet im Osten) zum ersten Mal bezogen auf einen Landstrich in der bayerischen Mark an der Donau. Am 1. November dieses Jahres schenkte Kaiser Otto III. dem Hochstift Freising Besitz in Neuhofen im heutigen westlichen Niederösterreich. Diese Güter lagen – so das kaiserliche Diplom – in der Mark und Grafschaft des Grafen Heinrich, des Sohnes des Markgrafen Leopold, in einem volkssprachlich *Ostarrîchi* genannten Gebiet. Indem *Ostarrîchi* in der Folge häufiger mit der Bezeichnung *pagus*

(Gau) und nach der Mitte des 11. Jahrhunderts zuletzt auch mit *marcha* (Mark) verbunden wurde, entwickelte sich daraus langsam der Name für die bayerische Mark an der Donau.

Keine einzige historiographische Quelle berichtet von der Entstehung des Herzogtums Kärnten, einem Ereignis, das die politische Gliederung des Ostalpenraums im letzten Viertel des 10. Jahrhunderts wesentlich umgestaltete. Nachdem Kaiser Otto II. den stets unruhigen Bayernherzog Heinrich den Zänker im Jahre 976 abgesetzt hatte, tritt ein Angehöriger des alten liutpoldingischen Hauses namens Heinrich als Herzog der Karantanen entgegen. Dass damals eine Abtrennung Kärntens von Bayern erfolgte, lässt sich allenfalls aus späterer Sicht erkennen. Für die Zeitgenossen mochte die Situation durchaus nicht so neu und bemerkenswert scheinen. Man denke nur an das karantanische (Unter-)Herzogtum des Liutpoldingers Berthold neben dem Bruder Herzog Arnulf von Bayern in den zwanziger Jahren des 10. Jahrhunderts. Berthold und Arnulf waren Vater bzw. Onkel des 976 von Kaiser Otto II. installierten Kärntner Herzogs, dessen Zuständigkeitsbereich sich aus den spärlich verfügbaren Quellen im übrigen kaum deutlicher abzeichnet als jener seines Vaters Berthold fünf Jahrzehnte früher. Eine immer noch sehr in anachronistischen territorialen Kategorien verhaftete Geschichtsschreibung sieht das Kärntner Herzogtum des ausgehenden 10. Jahrhunderts gerne als ein großes, vom Alpenhauptkamm bis an die Save und von Verona bis zum Semmering sich erstreckendes politisches Gebilde. Tatsächlich konnte die Markgrafschaft Verona als zum Königreich Italien gehörig gar nicht Teil des Herzogtums Kärnten sein. Hier bestand nur eine Personalunion, auch wenn die Mark Verona ihres höheren Entwicklungsstandes wegen im 11. Jahrhundert häufig den Interessenschwerpunkt der Kärntner Herzöge bildete. Aber auch die Mark an der mittleren Mur dürfte ungeachtet der zeitweiligen Benennung als Karantanische Mark wohl nicht zum Herzogtum Kärnten gehört haben, sondern mit Bayern verbunden geblieben sein. Als folgenschwer für die hochmittelalterliche Entwicklung sollte es sich erweisen, dass die Kärntner Herzöge in raschem Tempo wechselten – bei zwölfmaligem Wechsel zehn verschiedene Herzöge innerhalb von einem Jahrhundert – und sich keine dynastische Kontinuität einstellte. Zwar entstammten die Herzöge den ersten Familien des Reichs wie der Salier Otto von Worms (reg. 978–985 und 995–1004), der Großvater Kaiser Konrads II., Welf III. (reg. 1047–1055) oder Berthold von Zähringen (reg. 1061–1077), doch deren eigentliche Interessen lagen fernab von Kärnten, und auch über Besitz in »ihrem« Herzogtum verfügten sie nur sehr begrenzt oder gar nicht. Weit davon entfernt, die Position der Kärntner Herzöge stärken zu wollen, legten die römisch-deutschen Könige und Kaiser die für den Weg nach Italien geopolitisch wichtigen Plätze im karantanischen Zentralraum seit dem Ende des 10. Jahrhunderts in die Hände der hohen Geistlichkeit. So gelangte das an einer Schüsselstelle des Nord-Süd-Verkehrs gelegene Villach durch Kaiser Heinrich II. an die von diesem gestiftete Bamberger Kirche. Auch das Erzstift Salzburg wurde reich bedacht.

Mehr noch als in Kärnten prägte die ottonisch-salische Reichskirchenpolitik die Geschicke der Landschaften an Inn, Etsch und Eisack. Die hervorragende geopolitische Lage rückte das Passland Tirol in den Mittelpunkt der Interessen der römisch-deutschen Könige, die vermehrt Brenner und Reschen für ihren Weg aus dem Norden nach Italien wählten. Um diesen strategisch so wichtigen Verkehrsweg in sicheren Händen zu wissen, betrauten die römisch-deutschen Herrscher seit Heinrich II. die Bischöfe von Brixen und Trient mit der Ausübung weltlicher Hoheitsrechte im Tiroler Raum. Ganze Grafschaften gelangten an die Bischöfe, so bereits 1004 die Grafschaft Trient an den dortigen Oberhirten. Seinen Höhepunkt erreichte das sogenannte ottonisch-salische Reichskirchensystem unter Kaiser Konrad II., der dem Trienter Bischof 1027 die Schenkung von 1004 bestätigte und die Grafschaften Vinschgau und Bozen hinzufügte. Gleichzeitig bedachte der Salierkaiser den Brixner Bischof Hartwig mit den Grafschaften im Inn- und Eisacktal. Dem Reichsoberhaupt treu ergebene Gefolgsleute geistlichen Standes, die ihr Bischofsamt zudem in den meisten Fällen der Gunst des Kaisers verdankten, verwalteten nun die Grafenrechte nahezu im gesamten Bereich der Tallandschaften des späteren Landes Tirol. Wie nahe diese geistlichen Herrschaftsträger dem Kaiser waren, macht die Karriere des Brixner Bischofs Poppo (reg. 1039–1048) deutlich. Häufig in der Umgebung Kaiser Heinrichs III. anzutreffen, begleitete er diesen 1046 nach Rom, wirkte an einschneidenden kirchenpolitischen Maßnahmen (Synode von Sutri) mit und bestieg schließlich als Damasus II. den Papststuhl. Gleich seinem Vorgänger Clemens II. / Suidger von Bamberg behielt er auch als Papst sein Bistum. Nach einem kurzen Pontifikat ist er 1048 gestorben.

Investiturstreit und Kirchenreform

Von den Auswirkungen des sogenannten Investiturstreits, des großen Kampfes zwischen *Imperium* und *Sacerdotium*, wurden die südöstlichen Landschaften des Reiches voll erfasst. Es begann eine Phase jahrzehntelanger innerer Auseinandersetzungen und tiefgreifender gesellschaftlicher Umwälzungen. Das Schlagwort von der *libertas ecclesiae* drang überall hin, und schon bald spitzten sich die Gegensätze zwischen überzeugten Anhängern der neuen Anschauungen, den »Guten« (Stefan Weinfurter), und ihren immer unversöhnlicher auftretenden Gegnern gefährlich zu. Tiefe Risse taten sich innerhalb des Episkopats auf, aber auch mitten durch die weltlichen Führungsschichten gingen die Parteiungen. Die Reformkräfte hatten im Ostalpenraum mächtige Stützen unter den weltlichen Großen, so den Kärntner Herzog Berthold aus dem zähringischen Haus. Nicht zufällig legte Papst Gregor VII. in einem Brief an diesen und Herzog Rudolf von Schwaben zu Jahresanfang 1075 programmatisch dar, dass Widerspruch gegen ihn, den Papst, wie die Sünde des Irrglaubens sei. Und der Kärntner Herzog befand sich denn auch an vorderster Front unter den Gegnern König Heinrichs IV., die im März 1077 in Forchheim zur Wahl eines neuen römisch-deutschen Königs schritten. Der Salier reagierte unverzüglich mit der Verurteilung Bertholds als Hochverräter und der Aberkennung des Kärntner Herzogtums, das er dem treuen Gefolgsmann Liutold aus dem Geschlecht der Eppensteiner übertrug. Zur gregorianischen Partei zählten die im bayerischen Osten besitzmächtigen Grafen von Formbach. Graf Ekbert von Formbach musste deshalb 1078 vor dem König zu den Ungarn fliehen. Und auch der Traungauer Graf Otakar II. neigte der päpstlichen Seite zu, was ihn in scharfen Gegensatz zu seinem kaiserlich gesinnten Bruder Adalbero, Markgrafen der Karantanischen Mark, brachte.

Ganz sicher konnte sich König Heinrich IV. dagegen des Brixner Bischofs Altwin (reg. 1049–1097) sein, so sehr, dass er die Stadt Brixen im Sommer 1080 als Schauplatz für eine großen Kirchenversammlung wählte, auf der Papst Gregor VII. abgesetzt und Erzbischof Wibert von Ravenna als Clemens III. zum neuen Pontifex erhoben wurde. Zum Dank für seine Zuverlässigkeit konnte Altwin 1091 aus der Hand des Kaisers noch die Grafschaft Pustertal in Empfang nehmen. Der Brixner Oberhirte stand mit seiner Haltung im bayerischen Episkopat indes ziemlich isoliert da. Hier gab das gregorianische Dreigestirn Erzbischof Gebhard von Salzburg (reg. 1060–1088), Bischof Altmann von Passau (reg. 1065–1091, gest. in Zeiselmauer) und Bischof Adalbero von Würzburg (reg. 1045–1090, gest. im Kloster Lambach) den Ton an. Gebhard und Altmann hatten ihre Karriere beide in der königlichen Hofkapelle begonnen und verdankten der Kaiserinwitwe Agnes ihre Bischofsämter. Beim Ausbruch des Investiturstreits wählten sie dessen ungeachtet ohne zu zögern die päpstliche Seite, stellten sich in den Dienst der Sache Papst Gregors VII.; Altmann tat dies sogar in der Funktion eines päpstlichen Legaten. Ihre Papsttreue bezahlten sie alle mit dem Verlust ihrer Bischofssitze, aus denen sie weichen mussten, Gebhard nach Sachsen, Altmann schließlich in den Osten seiner Diözese in die Mark der Babenberger. Gregorianisch heißt bei diesen Bischöfen noch nicht notwendig auch reformfreundlich. Gebhard, beileibe kein Kirchenreformer, aber ein Realpolitiker (Stefan Weinfurter), hielt bei seinen geistlichen Gründungen, dem Bistum Gurk (1072), dem Benediktinerstift Admont (1074) und dem Säkularkanonikerstift Reichersberg (1087), an einer strikt eigenkirchlichen Praxis fest. Der Kirchenreform stärker verbunden war der Passauer Oberhirte Altmann, der eine umfassende Reorganisation des kirchlichen Lebens in seiner Diözese versuchte. Er baute dabei ganz auf die neue, vom Reformpapsttum propagierte Regularkanonikerbewegung, die, Mönchtum und Weltpriestertum vorteilhaft vereinend, zu einer Speerspitze der Kirchenreform wurde. Die alten Stifte St. Florian und St. Pölten wurden im Geiste der neuen Bewegung reformiert, St. Nikola in Passau (1067) und Göttweig (1083) neu begründet. Als Vorbild diente das oberbayrische Reformstift Rottenbuch, an dessen Gründung durch Herzog Welf IV. von Bayern 1073 Bischof Altmann entscheidend mitgewirkt hatte.

Dem Drängen Bischof Altmanns von Passau ist wahrscheinlich der Wechsel des Babenberger Markgrafen Leopold II. in das Lager der Gregorianer zuzuschreiben. Der Babenberger schwor in Tulln gemeinsam mit dem anwesenden Adel der Mark im Frühsommer 1081 König Heinrich IV. feierlich ab. Dies hatte unmittelbar zur Folge, dass Herzog Vratislav von Böhmen, den der König mit der Babenberger Mark belehnt haben dürfte, mit Heeresmacht in der Mark einfiel und das Aufgebot des Babenbergers bei Mailberg (12. Mai 1082) vernichtend schlug. Die in der Erinnerung der Markbewohner noch lange präsente Katastrophe rührte freilich nicht an der Herrschaft Leopolds II. Diese war offenkundig so gefestigt, dass sie auch eine derart schwere Erschütterung weitgehend unbeschadet überstehen konnte.

Trotz der äußeren Erfolge der kaiserlichen Partei begannen sich die Ideen und Überzeugungen der kirchlichen Reform zu Ausgang des 11. Jahrhunderts im Ostalpenraum auszubreiten. Auch im hohen Adel fasste der Reformgedanke Fuß. Adel und kirchliche Reformbewegung gingen eine enge Verbindung ein, so dass man mit Recht von einem »Reformadel« sprechen kann, der sich als Schützer der neuen monastischen Strömungen begriff. Streng cluniazensisches Denken, vermittelt vor allem durch die schwäbischen Klöster Hirsau und St. Blasien, griff allenthalben Platz. Man strebte Freiheit von jeder Laienherrschaft an, stellte sich unter den päpstlichen Schutz. St. Paul im Lavanttal, eine Gründung (1091) der gregorianisch gesinnten Grafen von Spanheim, wurde von Hirsauer Benediktinern besiedelt und alsbald dem Papst unterstellt. Eine nicht ganz so »klassische« Reformgründung war die Aribonenstiftung Millstatt. Aber auch in diesem Kärntner Benediktinerkloster waltete der Hirsauer Reformgeist. Zum Modellkloster entwickelte sich Göttweig, wo wenige Jahre nach Altmanns Tod 1094 Benediktiner die Regularkanoniker ablösten und der St. Blasianer Prior Hartmann als Abt an die Spitze der monastischen Gemeinschaft trat. Von hier strahlte die Reform in die benachbarten Klöster Garsten und Seitenstetten aus, und selbst im Kloster St. Lambrecht, das vom kaisertreuen Eppensteiner Herzog Heinrich III. von Kärnten gestiftet worden war, zog 1103 mit dem Göttweiger Abt Hartmann als erstem Klostervorsteher und gleichsam Gründungsmanager das Gedankengut der Reform ein. Nach Melk, wo schon seit längerem ein weltliches Kanonikerstift bestanden haben mag, kamen 1089 Benediktiner aus Lambach. Sie gehörten einem Reformkreis an, der im lothringischen Kloster Gorze seinen Ursprung hatte und weniger radikal gegen das Eigenkirchenrecht gerichtet war als die an Cluny orientierten Hirsauer Mönche. Bereits 1110 erlangte aber auch Melk den päpstlichen Schutz und die Exemtion vom Diözesanbischof.

Von einer Verwirklichung aller Forderungen der Kirchenreform war man freilich noch weit entfernt. Insbesondere bei den Niederkirchen hielt sich zäh das Eigenkirchenrecht. Erst in den zwanziger und dreißiger Jahren des 12. Jahrhunderts konnten die neuen Vorstellungen hier stärker durchdringen. Die starren politischen Fronten zwischen Reformadel und Kaiserlichen hatten sich indessen merklich aufgeweicht, seit der bayerische Herzog Welf IV. mit Kaiser Heinrich IV. zu einem Ausgleich gelangt und 1101 zu einer Kreuzfahrt ins Heilige Land aufgebrochen war, an der neben Erzbischof Thiemo von Salzburg auch Ita, die Witwe des Babenberger Markgrafen Leopold II., teilnahm.

Neue Ordnungen – Die Entstehung der Länder

1095–1136	Markgraf Leopold III. (der Heilige)
1122	Aussterben der Eppensteiner; Kärntner Herzogtum an die Spanheimer
1122–1129	Leopold (der Starke) steirischer Markgraf
1130–1164	Markgraf Otakar III. von Steier
1141–1177	Markgraf/Herzog Heinrich II. (Jasomirgott) von Österreich
1156	*Privilegium minus*: Umwandlung der Mark Österreich in ein Herzogtum
1180	Erhebung der Steiermark zum Herzogtum
1186	Georgenberger Handfeste
1195/98–1230	Herzog Leopold VI. von Österreich und Steier
Ca. 1200–1253	Graf Albert III. von Tirol
1246	Tod Herzog Friedrichs II. von Österreich in der Schlacht an der Leitha gegen die Ungarn
1251/61	Přemysl Otakar II. von Böhmen übernimmt die Herrschaft in Österreich und in der Steiermark.
1258–1295	Graf Meinhard II. von Görz-Tirol
1273	Wahl Rudolfs I. von Habsburg zum römischen König
1278	Tod Přemysl Otakars II. in der Schlacht von Dürnkrut und Jedenspeigen

Das Werden der Länder ist das bedeutendste Phänomen in der mittelalterlichen Geschichte des Ostalpenraums. Hier wurzelt die föderale Struktur der Republik Österreich der Gegenwart. Tatsächlich entstanden die meisten Länder des heutigen Österreich, nämlich Nieder- und Oberösterreich, die Steiermark, Kärnten, Tirol und Salzburg, in einem mehrstufigen Prozess, in welchem die Zeit von der Mitte des 11. bis zum Ausgang des 13. Jahrhunderts entscheidend war. Am Ende dieser hochmittelalterlichen Formationsphase treten die Länder bereits in annähernd der Gestalt entgegen, die sie noch heute besitzen. Die Länderidentitäten erwiesen sich als derart gefestigt, dass sie den verschiedenen schon am Ende des 12. Jahrhunderts einsetzenden territorialen Konzentrationsvorgängen erfolgreich widerstehen konnten. Durch dynastische Politik herbeigeführte Länderverbindungen nahmen in der Folge die Form einer Personalunion an – man hatte ein und denselben Landesfürsten –, ohne indes an der Eigenständigkeit der einzelnen Länder, die die Länderunion bildeten, zu rühren. Das Land gab weithin den Rahmen ab, innerhalb dessen sich das Leben der Menschen in rechtlicher, politischer und sozialer Hinsicht bewegte. Land in diesem Sinne ist nicht so sehr ein geographischer Begriff denn eine politisch-verfassungsrechtliche Kategorie. Besonders in den Anfängen der Neugestaltung darf man das werdende Land wohl als Personenverband, als Gemeinschaft des jeweiligen Herrn mit seinen Vasallen, Getreuen und Amtsträgern, verstehen. Im Zusammenwirken des Landesfürsten mit dem das Land bildenden Adel ist das Land entstanden. Die seit dem 13. Jahrhundert einsetzende stärkere Normierung und Juridifizierung des gesamten Herrschaftsgefüges hat dann zu einer Verrechtlichung auch des Landesbegriffs geführt. Das territoriale Prinzip, die Zuordnung zum Recht eines Landes, löste in den Quellen immer mehr die Nennung des personenbezogenen Stammesrechtes ab, so dass das voll ausgebildete Land schließlich als ein Gebiet einheitlichen Rechts erscheinen konnte. Wesensmerkmal dieses spätmittelalterlichen Landes ist nach Otto Brunner die adelige Landesgemeinde, die nach Landrecht lebt. »Land, Landrecht und die im obersten Gericht handelnde adelige Landgemeinde bilden [...] eine Einheit [...]. Das Bekenntnis zum Landrecht (war) Ausdruck der Landeszugehörigkeit und -einheit« (Othmar Hageneder).

Dass der Prozess der Landesbildung im frühen 12. Jahrhundert erstmals deutlicher fassbar wird, hat mit der schweren Erschütterung der alten Ordnungen, welche der sogenannte Investiturstreit mit sich gebracht hatte, zu tun. Nicht mehr das Reich, sondern kleinere Herrschaftsgewalten – Herzöge, Markgrafen und Grafen – übernahmen die Verantwortung für die Friedenswahrung und das Recht. Und diese mittleren Gewalten übernahmen auch die Führung bei der hochmittelalterlichen Herrschaftsverdichtung, zu deren wichtigsten Gewinnern sie in der Folge zählten. Das einsetzende Bevölkerungswachstum machte Binnenkolonisation in großem Stil möglich. Tatsächlich schufen die großen Rodungsvorgänge des 12. und 13. Jahrhunderts dann erst jene weithin durchgehenden Landschaften, die das werdende Land ausmachten.

Hand in Hand mit der Entstehung der Länder ging eine gesellschaftliche Entwicklung, die zur Ausbildung eines rechtlich einheitlichen Landesadels führte. Die hochmittelalterliche Adelsherrschaft, die zur Landesherrschaft strebt, bedient sich einer neuen Gruppe von Helfern, der Ministerialen. Sie kamen aus dem Kreis der Grundholden eines Adeligen oder eines Bischofs, waren also eigentlich Unfreie, die durch die Heranziehung für qualifizierte militärische oder administrative Dienste gesellschaftlich aufsteigen und eine adelige Lebensform annehmen konnten. Merkmale der ursprünglichen Unfreiheit hafteten ihnen ungeachtet einer faktisch oftmals potenten Position noch lange an. So unterlagen die persönliche Freizügigkeit in Hinblick auf den Wechsel des Herrn und die Wahl des Ehepartners oder das Verfügungsrecht über den Besitz gewissen Einschränkungen. Familien wie die Kuenringer verfügten als babenbergische Ministerialen freilich schon um die Mitte des 12. Jahrhunderts über ein wirtschaftliches Potential, das ihnen selbst eine Klostergründung (Zwettl) erlaubte. Diese besitzmächtigen Ministerialengeschlechter verschmolzen im 13. Jahrhundert mit den wenigen verbliebenen Grafen und Freien, die keine eigene Landesherrschaft auszubilden in der Lage gewesen waren, zu einem weitgehend einheitlichen Landesadel. An der Konsolidierung der werdenden Länder hat diese Schicht maßgeblichen Anteil.

Nach der Art ihrer Entstehung lassen sich die Länder des gegenwärtigen Österreich in vier Gruppen unterteilen. Die Länder (Nieder-)Österreich und die Steiermark entstanden auf der Grundlage ottonischer Marken des 10. Jahrhunderts. Davon heben sich Tirol und Salzburg ab, wo jeweils mehrere Grafschaften zu einer größeren Einheit zusammenwuchsen. Bei Kärnten ist die Entwicklung genau entgegengesetzt, indem von einer ursprünglich großen Einheit, dem Herzogtum des 10. Jahrhunderts, ein territorial sehr begrenztes Land übrig blieb. Diesen drei Typen der Landesbildung kann man noch den Fall des Landes ob der Enns (Oberösterreich) als vierten anfügen. Dieses Land stellt sich als durch einen Verwaltungsakt des Königs Přemysl Otakar II. von Böhmen in der zweiten Hälfte des 13. Jahrhunderts entstanden dar.

Österreich

Die Mark der Babenberger, für welche 1147 zum ersten Mal der lateinische Name *Austria* in einem königlichen Diplom gebraucht wird, nahm im 12. Jahrhundert einen eindrucksvollen Aufschwung. Aus dem Pionierland, das die Mark nach der Jahrtausendwende noch weithin gewesen war, entstand eine blühende Landschaft, die die benachbarten Gebiete im Südosten des Reichs entwicklungsmäßig zu überflügeln begann. Wenn der Verfasser der Lebensbeschreibung des Salzburger Erzbischofs Konrad I. nach der Mitte des 12. Jahrhunderts den Reichtum einer Landschaft beschreiben möchte, so weiß er das nicht anders zu tun, als durch einen Vergleich mit Österreich (*Austria*), das ihm als das Maß der Dinge erscheint. Und für den bedeutendsten französischen Dichter des 12. Jahrhunderts Chrétien de Troyes reimt sich (altfranz.) *riche* (dt. ›reich‹) auf *Osteriche.* Als so kostbar scheint ihm eine Textilie, »dass selbst der Herzog von Österreich nie eine solche hätte sein eigen nennen können«. Die Grundlagen der dynamischen Entwicklung der Mark an der Donau dürften in das ausgehende 11. Jahrhundert zurückreichen. Sehr früh setzte tatsächlich im Machtbereich der Babenberger an der Donau ein Prozess der Landwerdung ein. Die kurz vor 1140 verfasste Vita des Passauer Reformbischofs Altmann zeugt bereits von einem ausgeprägten eigenständigen Bewusstsein der Markbevölkerung, von einer Identität, die nicht mehr die bayerische ist, sondern die des Ostlandes, für welches der Altmann-Biograph den provinzialrömischen Namen *Noricum ripense* (Ufernorikum) benutzt.

Recht spärlich sind die zeitgenössischen Quellen zum Babenberger Leopold III. (reg. 1095–1136). Selbst dessen eigener Sohn, der berühmte Geschichtsschreiber Bischof Otto von Freising, überlieferte der Nachwelt wenig über den markgräflichen Vater. Leben und Wirken des 1485 zur Ehre der Altäre erhobenen Babenbergers erscheint uns heute im Gewand einer über viele Jahrhunderte gewachsenen hagiographischen und landespatriotischen Traditionsbildung. Hinter den von Spätmittelalter und Barock geschaffenen wirkmächtigen Bildern lassen sich die Konturen der historischen Persönlichkeit des Markgrafen kaum noch ausmachen. Das erste, was von Leopold III. berichtet wird, ist der spektakuläre Frontwechsel am Fluss Regen in der Oberpfalz im September 1105 angesichts der unausweichlich scheinenden Schlacht zwischen Kaiser Heinrich IV. und seinem Sohn. Buchstäblich in letzter Minute soll der junge König Heinrich (V.) den Babenberger und dessen Schwager, den Böhmenherzog Bořivoj, zum Verlassen des kaiserlichen Lagers bewogen haben. Den Ausschlag für den Markgrafen gab – Otto von Freising scheut sich nicht, dies auszusprechen – die vom jungen Salier gegebene Zusage, Leopold werde die eben erst verwitwete Kaisertochter Agnes, bereits Mutter von elf Kindern, darunter des nachmaligen Stauferkönigs Konrad III., zur

Frau erhalten. Mit dieser Ehe, die im folgenden Jahr 1106 geschlossen wurde und dem Babenberger Markgrafen höchstes Prestige verhieß, hat gewiss zu tun, dass Leopold alsbald eine repräsentative »Residenz« in seinem Herrschaftsgebiet einzurichten begann. Klosterneuburg wurde dafür ausersehen, und der dort noch heute archäologisch feststellbare imposante Pfalzbau stand den bedeutenden salischen Pfalzen wahrscheinlich kaum nach. Verbunden mit der Pfalz war ein vom Markgrafen gegründetes weltliches Kanonikerstift, das auch die Rolle Melks als markgräfliche Begräbnisstätte übernehmen sollte. Zum Jahr 1114 wird uns die feierliche Grundsteinlegung der Kirche in Klosterneuburg berichtet.

Leopold III., der seine Regierung noch mitten in den Kämpfen des Investiturstreites angetreten hatte, hielt es wohl von Beginn an eher mit den kirchlichen Reformkräften, und dies nicht zu seinem Nachteil. Kaiserliche Parteigänger wie die Vohburger verloren damals ihre ausgedehnten Besitzungen und ihre Ministerialen in der bayerischen Mark im Osten an die Babenberger. Den Forderungen der gregorianischen Partei zeigte sich Leopold prinzipiell geneigt, insoweit diese mit seinen eigenen machtpolitischen und personellen Vorstellungen zusammengingen. An einer effizienten und dauerhaften kirchlichen Organisation in der Mark scheint ihm gelegen gewesen zu sein. Dennoch ist in Sachen Eigenkirchenrecht erst 1135 eine Einigung zwischen dem Passauer Diözesanbischof und Markgraf Leopold auf Grundlage der neuen kirchenrechtlichen Normen zustande gekommen. Und auch bei Leopolds wichtigster geistlicher Gründung Klosterneuburg hatten die Anfänge wenig vom Reformgeist an sich, der dort erst 1133 mit der Umwandlung des weltlichen Kanonikerstiftes in ein Chorherrenstift zum Durchbruch gelangte. Einige Jahre vorher hatte Leopold noch seinen jungen Sohn Otto ohne Mitwirkung des Bischofs zum Propst von Klosterneuburg eingesetzt.

Als Klosterstifter ist der heilige Markgraf in die österreichische Geschichte eingegangen. Gerade die Klostergründungen zeigen aber auch die elementare Ausrichtung der Politik des Markgrafen. Es ging nicht zuletzt um die Ausweitung der eigenen Machtstellung. Die Klöster sollten Helfer des Markgrafen bei der siedlungsmäßigen, wirtschaftlichen und kulturellen Entwicklung und Entfaltung der Mark sein. Den ersten Platz unter Leopolds Gründungen nahm ohne Zweifel Klosterneuburg ein, jener Ort, an dem die Erinnerung an den Markgrafen nachfolgend am intensivsten gepflegt wurde und von wo alle Bemühungen um eine Kanonisation des *pius marchio* im Spätmittelalter ihren Ausgang nahmen. Im

Falle des Benediktinerklosters (Klein-)Mariazell im Wienerwald scheint Leopold III. sich vor die eigentlichen adeligen Gründer geschoben und deren Stiftung an sich gezogen zu haben. In seinen letzten Lebensjahren bot der Markgraf dann dem modernsten Orden der Zeit, den Zisterziensern, die Möglichkeit zur Niederlassung in der Mark. Die Anregung dazu empfing er mit Sicherheit von seinem Sohn Otto, der während der Studien in Frankreich den grauen Orden kennengelernt und sich diesem angeschlossen hatte. Von Morimond, wo der Markgrafensohn 1132 mit etlichen Gefährten eingetreten war, erfolgte 1133/35 die Besiedelung des Zisterzienserklosters Heiligenkreuz im Wienerwald. Die neue geistliche Gemeinschaft in der Waldeinsamkeit südwestlich von Wien entwickelte sich so günstig, dass schon nach wenigen Jahren von dort ein Gründungskonvent in den Norden der Mark nach Zwettl (1138) entsandt werden konnte.

In Angelegenheiten der Reichspolitik hielt sich Markgraf Leopold III., ungeachtet seiner Verschwägerung mit dem Kaiser, eher abseits. Die Einsicht in die Begrenztheit der eigenen Machtmittel mag den Babenberger darin bestärkt haben. So wies Leopold auch die ihm vorgeschlagene Kandidatur für die römisch-deutsche Krone nach dem Tod Kaiser Heinrichs V. im Jahre 1125 zurück, angeblich mit Hinweis auf sein vorgerücktes Alter und die große Zahl seiner Söhne, die untereinander in Konflikte geraten könnten.

Am 15. November 1136 starb der Markgraf, etwa sechzigjährig – Spekulationen über einen gewaltsamen Tod entbehren wohl jeder Grundlage. Die Nachfolge Leopolds III. schien zunächst problembehaftet und zwischen zwei Söhnen des Verstorbenen umstritten, dem erstgeborenen Adalbert, der aus einer früheren Ehe des Markgrafen stammte, und dem dritten Sohn Leopold (IV.) aus der Ehe mit der Kaisertochter Agnes. Letzterer konnte sich indes rasch als Markgraf durchsetzen, und schon im Jahr darauf (1139) stieg Leopold IV. dank der Gunst seines eben zum römisch-deutschen König gewählten Halbbruders Konrad III. zum Herzog von Bayern auf. Welche Rolle dabei der gemeinsamen Mutter des Babenbergers und des Staufers Markgräfin Agnes (gest. 1143) zukam, bleibt ungewiss. Wie auch immer, Leopold konnte in Bayern, so meint die Kaiserchronik, keine »Ehre« gewinnen. Der Babenberger starb unerwartet schon 1141, ohne den Widerstand des früheren bayerischen Herzogshauses der Welfen gegen seine Herzogswürde gebrochen zu haben. Als »österreichischer« Markgraf beerbte ihn sein älterer Bruder und damals

Pfalzgraf bei Rhein Heinrich (»Jasomirgott«), der den Saliernamen tragende erste Sohn aus der Ehe Leopolds III. mit Agnes. Die Nachfolge Heinrichs im Herzogtum Bayern suchte König Konrad durch eine Eheverbindung zwischen seinem Halbbruder und Gertrud, der Witwe des letzten Welfenherzogs von Bayern, abzustützen. Der frühe Tod Gertruds (1143) machte diese Ausgleichsbemühungen freilich wieder zunichte, und der Babenberger Herzog-Markgraf musste in der Folge in Bayern empfindliche Rückschläge hinnehmen. Von dem gemeinsam mit dem königlichen Halbbruder Konrad unternommenen Kreuzzug führte Heinrich Jasomirgott die Byzantinerin Theodora, Nichte des Kaisers Manuel I., als Frau heim – unzweifelhaft eine markante Rangerhöhung für den Babenberger. Als dann Konrad III. im Jahre 1152 sein Neffe Friedrich (Barbarossa) auf dem Königsthron nachfolgte, musste Heinrich Jasomirgott erstmals um die königliche Unterstützung bei der Behauptung des bayerischen Herzogtums bangen. Möglich, dass der neue König seinem welfischen Vetter Heinrich dem Löwen schon gelegentlich der Wahl die Übertragung Bayerns in Aussicht gestellt hatte. Die Verwirklichung der Zusage sollte jedenfalls noch vier Jahre in Anspruch nehmen, so lange stemmte sich der Babenberger gegen den Verlust der bayerischen Herzogswürde. Nachdem ihm 1154 in Goslar Bayern aberkannt und im Jahr darauf Heinrich der Löwe formell in das bayerische Herzogtum eingewiesen worden war, konnte sich aber wohl auch Heinrich Jasomirgott den Realitäten nicht länger verschließen. Die mit dem Verlust der bayerischen Herzogswürde verbundene Rangminderung zu verhindern, dürfte das zentrale Anliegen des Babenbergers in den Verhandlungen des Jahres 1156 gewesen sein. Die Lösung der bayerischen Frage durch eine Umwandlung der Babenberger Mark in ein Herzogtum war denn auch vom Grundsatz getragen, Heinrich Jasomirgott jeden Gesichtsverlust zu ersparen. Ganz in diesem Sinne geschah knapp östlich von Regensburg in Anwesenheit zahlreicher Fürsten am 8. September 1156 der förmliche Verzicht des Babenbergers auf Bayern, worauf der Kaiser diesen mit der zum Herzogtum erhöhten Mark (*marchia orientalis*) belehnte. Unter dem Datum 17. September 1156 gab Kaiser Friedrich I. über diese Vorgänge eine Urkunde, das zum Unterschied von der zwei Jahrhunderte später entstandenen Fälschung des Habsburgers Rudolf IV. so benannte *Privilegium minus*. Noch einmal wird dort der Leitgedanke des Ausgleichs hervorgehoben. *Honor et gloria* (Ehre und Ruhm) des Babenbergers sollten gewahrt bleiben. Eine Reihe von Vorrechten, die jedes für sich genommen nicht ungewöhnlich, in der Häufung aber einzigartig waren, begleitete die Umwandlung der Mark in ein Herzogtum. Der Kaiser, der Heinrich Jasomirgott und dessen byzantinische Gemahlin Theodora gemeinsam belehnte, gewährte nicht nur das Recht auf weibliche Erbfolge, sondern auch eine Art Designationsrecht des Herzogspaares bei Kinderlosigkeit. Hof- und Heerfahrtspflicht des neuen österreichischen Herzogs erfuhren eine erhebliche Einschränkung, erstere auf königliche Hoftage in Bayern, zweitere auf Heeresfolge gegen die Österreich benachbarten Königreiche und Länder. Am meisten hat die Forschung der sogenannte »Gerichtsparagraph« des *Privilegium minus* beschäftigt, geht es hier doch um eine erste Umschreibung landesfürstlicher Rechte und Gewalt durch den Kaiser. Der Passus besagt, dass niemand im Herzogtum Österreich ohne Zustimmung oder Erlaubnis des Herzogs Gerichtsbarkeit ausüben dürfe. An den bestehenden Gerichtsrechten des Adels rührte dies zunächst nicht, der Gerichtsparagraph stellte aber eine hierarchische Ordnung her. Dem Anspruch des österreichischen Herzogs auf Landeshoheit musste dies zugutekommen. Die Formulierungen des Gerichtspassus waren jedenfalls so offen gehalten, dass die zur Landesherrschaft drängende Entwicklung ungehindert ihren Lauf nehmen konnte.

Eine unmittelbare Folge der Beschränkung der Babenberger auf Österreich war der Ausbau von Wien als Residenz durch Herzog Heinrich. Eben zu dem Zeitpunkt, da durch den drohenden Verlust Bayerns Regensburg seinem Einfluss entzogen wurde, setzte Heinrich Jasomirgott erste deutliche Zeichen der Förderung des ganz im Osten seines Herzogtums gelegenen Wien. Die 1137 erstmals *civitas* genannte, innerhalb der Mauern des antiken Legionslagers Vindobona aus bescheidenen Anfängen des 10./11. Jahrhunderts erwachsene Siedlung erlebte einen rasanten Aufschwung, seit die Babenberger Herzöge hier in der zweiten Hälfte des 12. Jahrhunderts ihren Sitz wählten. Heinrich Jasomirgott berief vermutlich 1155 iroschottische Benediktiner aus Regensburg nach Wien. Deren vor den Mauern errichtetes Kloster wurde zur herzoglichen Grablege bestimmt. Räumlich nicht weitab, aber noch innerhalb der römischen Lagermauern, ließ Herzog Heinrich seine Pfalz erbauen.

Die Jahre 1158, 1160 und 1162 sehen Herzog Heinrich Jasomirgott ungeachtet der verminderten Heerfahrtspflicht im Gefolge des Kaisers in Italien. Das Verhältnis zwischen Friedrich Barbarossa und seinem babenbergischen Onkel scheint eher distanziert gewesen zu sein. Im Schisma vermochte der Kaiser Herzog Heinrich durch einen persönlichen Besuch in Wien 1165 zwar zur Stellungnahme gegen Papst Alexander III. zu bewegen, indes unternahm der Babenberger nichts gegen die offen alexandrinisch eingestellten österreichischen Klöster. Heinrich Jasomirgott starb im Jänner 1177 mitten in Grenzauseinandersetzungen mit dem nördlichen böhmischen Nachbarn, die erst der Kaiser durch Fürstenspruch am Hoftag zu Eger 1179 beilegen konnte, indem er eine exakte Grenzlinie zwischen dem nördlichen Waldviertel und Südböhmen feststellen ließ.

Steiermark

Den Kristallisationskern des späteren Landes Steiermark bildete die seit dem letzten Drittel des 10. Jahrhunderts bezeugte Mark an der mittleren Mur. Deren Umfang tritt aus den spärlichen Quellen der Frühzeit nur sehr undeutlich entgegen. Von der Gleinalpe im Norden bis Leibnitz im Süden, von der Koralpe im Westen bis an die Wasserscheide zwischen Mur und Raab, vielleicht seit der Mitte des 11. Jahrhunderts dann bis an die Lafnitz im Osten, mag die kleinräumige Mark gereicht haben, die bis 1035 in den Händen der Eppensteiner, dann der Wels-Lambacher und schließlich der Otakare (seit 1050/56) lag. Freilich, die Tallandschaften nördlich der Mark wurden schon im 11. Jahrhundert als in enger Verbindung zu dieser stehend gesehen. So konnte es vorkommen, dass 1048 in einem königlichen Diplom das obersteirische Rottenmann als in der Mark Gottfrieds gelegen bezeichnet wurde. Von diesem Markgrafen Gottfried gelangte die Mark an der mittleren Mur an dessen Schwager Otakar I. Grafen im Chiemgau, der auch die reichen Eigengüter des letzten Wels-Lambachers im Traungau übernehmen konnte. Die Otakare hatten fortan zwei Schwerpunkte ihrer Macht. Der eine nördlich der Alpen (bis ins steirische Ennstal) mit dem Zentrum Steyr (heute Oberösterreich) basierte auf allodialem Grundbesitz, der andere im Süden in der Mark auf der markgräflichen Amtsstellung. Nach ihrem Herrschaftsmittelpunkt Steyr, in dessen Nähe auch Garsten, das Hauskloster des Geschlechts, lag, benannte man die Otakare schon Anfang des 12. Jahrhunderts als Markgrafen von Steyr (*marchiones de Stire*) oder steirische Markgrafen (*marchiones Stirenses*). Verwandtschaftliche Verbindungen knüpften die Otakare bald zu den benachbarten Babenbergern – Otakar II. (gest. 1122) war mit Elisabeth, einer Tochter des Babenbergers Leopold II., verheiratet. Noch vornehmer war das Konnubium der nächsten Generation steirischer Markgrafen: Otakars II. Sohn Leopold heiratete Sophie, eine Tochter des Welfenherzogs Heinrich des Schwarzen von Bayern. Sowohl Kaiser Friedrich Barbarossa als auch Heinrich der Löwe waren Neffen der Markgräfin.

Man hat das Jahr 1122 nicht zu Unrecht gleichsam als Geburtsstunde der Steiermark charakterisiert. In diesem Jahr starb der letzte Eppensteiner Herzog Heinrich III. von Kärnten, und dessen ausgedehnter Besitz in der Obersteiermark an Mur und Mürz fiel an den jungen steirischen Markgrafen Leopold (reg. 1122–1129), der damit erst in den Stand versetzt wurde, gezielt am Aufbau einer Landesherrschaft zu arbeiten. Die Jahrzehnte von 1122 bis 1180 sind dann die entscheidenden für die Landeswerdung der Steiermark gewesen. Markgraf Leopold, den die zeitgenössischen kirchlich gesinnten Quellen mit dem Beinamen *fortis*, der Starke, versehen, setzte wichtige Anfangsschritte. Er begann die Erschließung des oststeirischen Waldlandes in der Gegend der von ihm zur Sicherung der Grenze gegen die Ungarn neu errichteten Burg Hartberg, und auch die Anfänge des Zisterzienserklosters Rein, der ersten Niederlassung dieses Ordens auf heute österreichischem Boden, sind mit Leopolds Namen verbunden. Das Angefangene fortzuführen, blieb ihm nicht viel Zeit. Bei seinem frühen Tod 1129 hinterließ Markgraf Leopold der Starke einen vierjährigen Sohn (Otakar III.), bis zu dessen Mündigkeit die Markgrafenwitwe Sophie mit energischer Hand die Regierung führte.

Der erste steirische Landesfürst im vollen Wortsinn ist Markgraf Otakar III. Seitdem er um 1140 die Herrschaft angetreten hatte, machte das steirische Landesfürstentum rasche Fortschritte. Zwei große Erbfälle kamen Otakar III. zu Hilfe. Das war einmal ausgedehnter Besitz im unteren Murtal (Radkersburg) und an der Drau um das spätere Marburg/Maribor (heute Slowenien), den ihm sein am zweiten Kreuzzug 1147 in Kleinasien gefallener, kinderloser Onkel Graf Bernhard von Spanheim hinterließ. Zum anderen konnte Markgraf Otakar III. die Allode (Eigengüter) des ihm nahe verwandten Grafen Ekbert III. von Formbach-Pitten im Raum nördlich von Semmering und Wechsel (heute Niederösterreich) übernehmen, nachdem dieser im Heer Kaiser Friedrichs I. Barbarossa bei der Belagerung von Mailand 1158 den Tod gefunden hatte. Wesentlich war es, dass der steirische Markgraf in beiden Fällen die Ministerialen des verstorbenen Grafen in seine markgräfliche Dienstmannschaft zu ziehen vermochte und diese dadurch wesentlich vergrößerte. Überhaupt war Otakar III. der gezielte Ausbau des markgräflichen Ministerialenverbandes fast das wichtigste Instrument bei seiner zum Landesfürstentum drängenden Politik. Häufig aus den nördlichen, im Traungau gelegenen Besitzungen der Otakare in den Süden und Osten der Mark verpflanzt, sollten die Ministerialen dort große Gebiete erschließen, herrschaftlich erfassen und militärisch sichern. Als eine Besonderheit der steirischen Ministerialität darf es gelten, dass sich hier in größerer Zahl als anderswo Angehörige edelfreier Geschlechter in die Dienstmannschaft der Markgrafen begaben. Ursprünglich freier Herkunft waren etwa die an der oberen Mur begüterten Liechtenstein, die Familie des berühmten Minnesängers Ulrich von Liechtenstein. Und sehr oft, auch im Falle der Liechtenstein, datiert der Übertritt in die Ministerialität in die Zeit Markgraf Otakars III.

Einen wichtigen Baustein für die Landesherrschaft bildeten auch die Klostervogteien. Bis auf eine (Admont) besaß Otakar III. zuletzt die Vogteien über alle Klöster seines Herrschaftsgebietes, Klöster, die die Otakare teils selbst gegründet oder deren Vogteien früher die hochadeligen Gründerfamilien besessen hatten. Am Höhepunkt seiner Macht ist Otakar III. dann auch selbst als Klostergründer in Erscheinung getreten. Die drei Gründungen wurden geschickt über das weite Herrschaftsgebiet des Markgrafen verteilt, das Hospital am Semmering (1160) als Signal zur Förderung des Verkehrsweges nach Norden, das Chorherrenstift Vorau (1163) mitten ins oststeirische Neusiedelland und die Kartause Seitz/Žiče (1164) im heutigen Slowenien weit im Süden der vom Grafen Bernhard von Spanheim ererbten Besitzungen.

Als Otakar III. 1164 starb, hatte sein Herrschaftsbereich alle Merkmale eines Landes. Von der *terra nostra*, von »unserem Land«, sprach der Markgraf selbst, oder er umschrieb seine steirische Mark mit den Worten *marchia mee ditionis*, »Mark meiner Herrschaft«. Kaiser Friedrich I. betitelte seinen markgräflichen Schwager als Fürsten. Sogenannte »Landtaidinge«, Versammlungen von Freien und Dienstmannen, bei welchen unter Vorsitz des Landesfürsten Recht gesprochen wurde, lassen sich im Herrschaftsgebiet der Otakare seit den sechziger Jahren des 12. Jahrhunderts nachweisen. Und das an der Gründungsurkunde des Hospitals am Semmering 1160 hängende Siegel Otakars III. zeigt erstmals das Pantherwappen des Fürsten, das zum identitätsstiftenden Landeswappen der Steiermark werden sollte. Schon wenige Jahrzehnte nach dem ersten Auftreten des Wappens im landesfürstlichen Reitersiegel führen steirische Ministerialen den Panther, und auch in städtischen Wappen des 13. Jahrhunderts steht die heraldische Figur sowohl für die Dynastie als auch für das Land.

Wie Otakars III. selbständiger Regierung eine lange Vormundschaft vorausgegangen war, so folgte dieser eine ebensolche. Beim Tod des Vaters 1164 war der Sohn Otakar IV. vermutlich gerade ein Jahr alt. Gefahr bestand für die Herrschaft dennoch zu keiner Zeit. Die Vormundschaft führte Markgräfinwitwe Kunigunde, eine Schwägerin des Kaisers Friedrich I. Der Stauferkaiser hatte den Aufstieg des steirischen Landesfürstentums von Beginn an gefördert, hatte Otakar III. wahrscheinlich als erstem Fürsten des Reichs überhaupt das Bergregal verliehen, was angesichts der reichen Salz- und Erzvorkommen der Steiermark besonders bedeutsam war. Und als Friedrich I. 1180 nach dem Sturz Heinrichs des Löwen an die Neuordnung der Verhältnisse im Herzogtum Bayern ging, bedachte er auch den eben erst mündig gewordenen Markgrafen Otakar IV. Die zeitgenössische Historiographie berichtet, ohne die Hintergründe zu beleuchten, Markgraf Otakar von Steyr habe »den Namen eines Herzogs erlangt«. Eine formelle Erhebung der Steiermark zum Herzogtum durch Diplom und Siegel fand offenkundig nicht statt. Zum Unterschied von den Babenbergern 1156 erhielt Otakar IV. 1180 keine neuen Rechte. Die Rangerhöhung bedeutete aber, dass der neue Herzog von allen noch bestehenden lehensrechtlichen Bindungen an Bayern gelöst war. Bayerische Herzöge würden zukünftig nicht mehr, wie dies noch 1176 Heinrich der Löwe als Herzog von Bayern demonstrativ getan hatte, im otakarischen Enns (heute Oberösterreich) einen Gerichtstag abhalten können.

Die politische Sprache zeigt hinsichtlich des neuen Herzogtums noch längere Zeit Unsicherheit. Vom »Land des steirischen Herzogs« ist in einem kaiserlichen Diplom Friedrichs I. für das Kloster Admont im Jahre 1184 die Rede. Erst allmählich, gefördert durch die analoge Bildung *ducatus Austrie* (Herzogtum Österreich), dringt die Bezeichnung *ducatus Stirie* (Herzogtum Steier) durch.

Kärnten

Das Herzogtum Kärnten erhielt 1077 mit den Eppensteinern erstmals in seiner Geschichte ein länger regierendes Herzogsgeschlecht. Dynastische Kontinuität bedeuteten die etwas mehr als vier Jahrzehnte eppensteinischer Herrschaft indes wohl noch nicht. Eine solche erreichten erst die Spanheimer, die ohne Unterbrechung von 1122 bis 1269 die Kärntner Herzöge stellten. War damit durch diese Familie eine wichtige Voraussetzung für die Ausbildung eines Landesfürstentums gegeben, so fehlten fast alle anderen, weshalb der Prozess der Landwerdung Kärntens vergleichsweise spät einsetzte und sich überaus schwierig gestaltete. Das Fürstentum der Kärntner Herzöge des 12. Jahrhunderts war noch ein altes, das von der im Hochmittelalter rasch voranschreitenden Territorialisierung kaum profitieren konnte. Als Geschlecht mit weitgespannten Interessen und Beziehungen suchten die Spanheimer ihre Heiratspartner im gesamten europäischen Hochadel. Mathilde, eine Tochter Herzog Engelberts (II.), heiratete den Grafen Thibaut (IV.) von der Champagne. Der französische König Philipp II. August war ihr Enkel. Diese französischen Verbindungen brachten Kärnten 1142 das erste Zisterzienserkloster in Viktring (bei Klagenfurt), dessen Mönche aus dem lothringischen Weiler-Bettnach/Villers kamen, wo ein Bruder Mathildes, Heinrich, nachmals Bischof von Troyes, Abt war. Engelbert III., ein weiterer Bruder Mathildes, versuchte sich einige Jahre ziemlich glücklos als Markgraf in der Toskana. Im Herzogtum Kärnten selbst waren den Spanheimern enge Grenzen gesetzt. Es fehlte der Dynastie an Eigenbesitz. Den geistlichen Konkurrenten waren die Herzöge hoffnungslos unterlegen. Vor allem die großen Besitzungen der Erzbischöfe von Salzburg – Zentrum war Friesach, die älteste städtische Siedlung in Kärnten – schnürten den Handlungsspielraum der Spanheimer ein. Noch der letzte Eppensteiner Herzog Heinrich III. hatte sich 1121 auf ein Kräftemessen mit dem Salzburger Erzbischof Konrad I. eingelassen und dies mit einem Canossagang gebüßt. Ähnlich erging es dem Spanheimer Herzog Bernhard (reg. 1202–1256) ein Jahrhundert später bei dem Versuch, die Machtposition der Bamberger Bischöfe in Kärnten um Villach zu brechen. Das Unternehmen scheiterte politisch und militärisch kläglich. Dennoch ist es Herzog Bernhard, der vielleicht am ehesten den Namen »Gründer des Kärntner Landesfürstentums« verdient. Ohne Zweifel war er die bedeutendste Persönlichkeit aus dem Geschlecht der Spanheimer. Bernhard arbeitete zielstrebig am Ausbau der Landesherrschaft, gründete Städte, scharte eine Ministerialität um sich, kam mit seinen Anstrengungen aber dennoch nicht über ein kleinräumiges Unterkärntner Gebiet, das mit dem Städtedreieck St. Veit – Völkermarkt – Klagenfurt umschrieben ist, hinaus. Den Anspruch auf ein größeres Herzogtum Kärnten gaben die Spanheimer indessen niemals auf. Sicherlich ist es kein Zufall, dass der zu 1239 überlieferte früheste Beleg für Herzog Bernhard als Landesfürst (*princeps terre*) eine Sache außerhalb des engeren Unterkärntner Herrschaftsbereichs der Spanheimer betrifft. Der Kärntner Herzog vermittelte damals wegen mehrerer Güter im heute Salzburger Lungau, und Streitparteien waren zwei gräfliche Geschlechter, Ortenburger und Heunburger, beide mit schwacher Anbindung an das Kärntner Herzogtum.

Tirol

Als »Schöpfer« des Landes Tirol gilt bis heute mit Recht Meinhard II. aus dem Geschlecht der Grafen von Görz (reg. 1258–1295). Fast ein Jahrhundert später als bei den Marken der Babenberger und Otakare setzten an Inn und Etsch Entwicklungen ein, die geeignet waren, ein Land entstehen zu lassen. Die bestimmenden Kräfte in diesem Raum stellten im 12. Jahrhundert noch die beiden Kirchenfürsten von Brixen und Trient dar. Nach dem Wormser Konkordat (1122) hatte unter dem Einfluss des mächtigen Salzburger Metropoliten Konrad I. auch in der bisherigen »kaiserlichen Hochburg« Brixen eine reformfreundliche Richtung Einzug gehalten. Dieser neuen Strömung verdankten die Klöster St. Georgenberg bei Schwaz und Wilten bei Innsbruck, die beide auf älteren am Ort bestehenden Klerikergemeinschaften gründeten, ihre reformkirchliche Ausrichtung. In der Person des aus der Gegend von Passau stammenden Hartmann (reg. 1140–1164), der sich schon als Dekan des Salzburger Domstifts und als Propst des Chorherrenstifts Klosterneuburg einen Namen unter den Kirchenreformern gemacht hatte, erhielt Brixen dann bald einen überaus energischen und organisationsbegabten Oberhirten. Dieser berief 1142 nach Neustift unweit von Brixen Regularkanoniker, die aus der früheren Wirkungsstätte Hartmanns, Klosterneuburg, kamen. Auch den weltlichen Herrschaftsaufgaben zeigte sich der Reformbischof hervorragend gewachsen. Wichtigste Stütze waren ihm bei der Güterverwaltung die Brixner Ministerialen. Weniger glücklich agierten Hartmanns Nachfolger, denen die umfangreichen weltlichen Herrschaftsrechte ihrer Kirche zu entgleiten begannen. Als folgenschwerste Handlung entpuppte sich die durch Bischof Otto von Brixen vor 1170 vorgenommene Übertragung der Hochstiftsvogtei an seinen Bruder Graf Berthold von Andechs. Die bayerischen Grafen von Andechs, seit 1173 Markgrafen von Istrien und seit 1180 Herzöge von Meranien – der Titel leitet sich von den Besitzungen des Geschlechts an der oberen Adria ab –, waren an sich schon das mächtigste Geschlecht an Inn und Eisack. Im mittleren Inntal verfügten sie seit dem 11. Jahrhundert über ausgedehnten Besitz. Dazu kam die Belehnung mit den Grafschaftsrechten des Hochstifts Brixen in diesem Raum. Die Andechser geboten über ein bedeutendes eigenes ministerialisches Gefolge (Rottenburger, Freundsberger), und es kennzeichnet die herausgehobene Position dieser Dynastenfamilie von europäischem Zuschnitt, dass sie als einziges Adelsgeschlecht im Tiroler Raum zu Ausgang des 12. Jahrhunderts einen städtischen Zentralort, nämlich Innsbruck, aufbauen konnten.

Auch die Bischöfe von Trient büßten in der zweiten Hälfte des 12. Jahrhunderts immer mehr von ihren weltlichen Herrschaftsrechten ein. Der gräfliche Adel baute seine Positionen zu Lasten der Kirche systematisch aus. Zwei Geschlechter standen dort in Konkurrenz. Einen deutlichen Vorsprung hatten zunächst die Grafen von Eppan. In deren Windschatten und möglicherweise von den Bischöfen von Trient als Gegengewicht gegen die Eppaner gefördert, stiegen die seit ca. 1140 als solche bezeugten Grafen von Tirol auf. Über die Herkunft dieser Familie geben die Quellen keine verlässlichen Informationen, jüngste bauarchäologische Untersuchungen an der namengebenden Burg Tirol bei Meran scheinen auf eine Errichtung der Anlage noch im späten 11. Jahrhundert hinzudeuten. Vom Hochstift Trient hatten die Grafen von Tirol die Grafschaft Vinschgau inne, und nach der Mitte des 12. Jahrhunderts erlangten sie auch die Vogtei über das Hochstift.

Im Verdrängungswettbewerb der großen Dynasten blieb Graf Albert III. von Tirol (reg. ca. 1200–1253) am Schluss Sieger. Weil der Andechser Markgraf Heinrich von Istrien wegen angeblicher Mittäterschaft an der Ermordung König Philipps 1209 der Reichsacht verfiel und deshalb alle seine Lehen einbüßte, konnte der Tiroler Graf in die Brixner Positionen der Andechser, die Hochstiftvogtei und die Grafschaftsrechte im Inn- und Eisacktal, einrücken. Die neu erlangte Machtstellung verteidigte Albert III. auch, als die Andechser in den dreißiger Jahren des

13. Jahrhunderts vom Kaiser rehabilitiert wurden. Es kam zu einem durch Konnubium besiegelten Ausgleich zwischen den beiden konkurrierenden Geschlechtern. Der Andechser Herzog Otto (II.) von Meranien heiratete eine der beiden Töchter des söhnelosen Tirolers. Dynastischer Zufall tat ein Übriges. Der Schwiegervater Graf Albert beerbte 1248 den Schwiegersohn Otto, mit dem das Haus der Andechser erlosch. Bei seinem Tod 1253 hinterließ Graf Albert III. ein buntes Konglomerat von Grafschafts-, Vogtei- und Herrschaftsrechten – gewiss noch kein geschlossener Herrschaftsraum, zu sehr waren die Herrschaftsrechte des Tiroler Grafen mit den geistlichen Herrschaftsträgern Brixen und Trient verzahnt.

Aus dieser Gemengelage von weltlichen und geistlichen Herrschaftsträgern innerhalb einer Generation ein einheitliches Land geformt zu haben, ist das Verdienst von Alberts III. Enkel Meinhard II. von Görz. Der mit der Witwe des Stauferkönigs Konrad IV. verheiratete Görzer profilierte sich rasch als die führende Persönlichkeit unter den Erben Graf Alberts III. von Tirol. Miterben aus dem Grafengeschlecht der Hirschberger konnte er Zug um Zug verdrängen bzw. auskaufen. Mit dem eigenen jüngeren Bruder Albert einigte er sich 1271 auf eine Herrschaftsteilung. Als Grenze zwischen der Meinhard vorbehaltenen, hier erstmals so benannten Grafschaft und Herrschaft Tirol und der Albert zugesprochenen Grafschaft Görz wurde die Mühlbacher Klause am westlichen Eingang des Pustertales festgelegt.

Der Aufstieg Meinhards zum Tiroler Landesfürsten führte über die Bischöfe von Brixen und Trient. Sie zu entmachten galt dem Grafen von Anfang an als wichtigstes Ziel. Dabei war Meinhard in der Wahl seiner Mittel nicht eben zimperlich. Die gewaltsame Entfremdung von bischöflichen Burgen und Ministerialen stand auf der Tagesordnung, und der Graf, der große Teile seines Lebens im Kirchenbann zubrachte, scheute auch vor schweren Konflikten mit dem Papsttum nicht zurück. Beim Tode Meinhards im Jahre 1295 war alles zugunsten des Landesfürstentums entschieden, und zwar endgültig und unumkehrbar. Die Hochstifte Brixen und Trient wurden in das entstehende Land Tirol integriert, ohne in diesem allerdings gänzlich aufzugehen.

Zu einem guten Teil gründeten die Erfolge von Meinhards Tiroler Landesfürstentum auf einem soliden Finanzwesen und einer modernen Verwaltung. In beidem empfing der Graf wertvolle Anregungen aus dem Süden. Die vorteilhafte finanzielle Lage Meinhards verdankte sich einerseits der Saline Hall und andererseits den Einnahmen aus den Zöllen, die der stetig ansteigende Handelsverkehr zwischen Deutschland und Italien an den Zollstätten des Landes abwarf. Italiener waren dem Tiroler Landesfürsten wertvolle Helfer in Geldsachen. Aus dem Süden kamen die ersten Münzmeister, die für die Prägung der sogenannten Adlergroschen verantwortlich zeichneten. Meinhard ließ in Meran Mehrfachpfennigmünzen prägen, die dank ihres hohen Feingehalts weithin geschätzt wurden. Sein eigenes Geld veranlagte der Graf u.a. bei dem Florentiner Bankhaus Frescobaldi. Der fortschrittliche Grundzug von Meinhards Herrschaft äußert sich namentlich in der fürstlichen Verwaltung, die zu den modernsten ihrer Zeit zählte. Fast alle Verwaltungsabläufe fanden einen schriftlichen Niederschlag und ließen neue Formen des Schriftgutes entstehen. Erwähnt seien nur die berühmten Tiroler Raitbücher, landesfürstliche Rechnungsbücher, die seit 1288 in einer geschlossenen Reihe erhalten sind. Zur Wahrnehmung des Rechts überzog Meinhard sein gesamtes Herrschaftsgebiet mit einem Netz von regionalen Einheiten, den Gerichten, die gleichzeitig als Verwaltungssprengel genutzt wurden. Neue Wege beschritt der Tiroler Landesfürst auch beim Verwaltungspersonal, wo vielfach an die Stelle adeliger Lehensleute absetzbare Amtsträger traten.

Die alte Zugehörigkeit des Tiroler Raums zu Bayern verblasste in diesen Jahrzehnten der Regierung Meinhards zusehends. Versuche der Wittelsbacher Herzöge, die endgültige Ablösung Tirols von Bayern zu verhindern, konnte Graf Meinhard mit Hilfe König Rudolfs I. parieren. 1282 bezeugte der Bischof von Chur vor dem Reichshofgericht, dass der im Gebirge (*intra montana*) ansässige Graf von Tirol niemals zum Herzogtum Bayern oder Schwaben gehört habe. Wenn überhaupt, so bestünden Abhängigkeiten nach Italien. Die Grafen von Tirol besäßen ihre Grafschaft Vinschgau als Lehen des Hochstifts Trient, das bekanntlich zu Italien gehöre. Bald nach diesem sogenannten »Churer Weistum« werden die ersten Spuren eines Tiroler Landrechts fassbar. Als dessen »Erfinder« galt späteren Generationen Meinhard II. Und auch die Frage des Landesnamens klärte sich in den achtziger Jahren des 13. Jahrhunderts. Tirol nannte man nun üblicherweise das neu entstandene Land, wenngleich noch im 14. Jahrhundert ab und an alle Bestandteile des Landes (Grafschaft Tirol, Land an der Etsch und im Inntal und im Gebirge) einzeln aufgezählt wurden. Von den alten Grafen von Tirol leitete sich im übrigen nicht nur der Landesname ab, auch das Wappentier, der Adler, rührte von dort her.

Salzburg

Eine ganz ähnliche Entwicklung wie Tirol hätte auch Salzburg nehmen können. Aus den schweren Verwerfungen des Investiturstreits ging zunächst ein machtvoll auftretendes Salzburger Erzstift hervor, das Konrad I. (reg. 1106–1147) zur Speerspitze der kirchlichen Reformbewegung im Südosten des Reiches machte. Der Erzbischof war aber nicht nur ein kirchlicher Erneuerer, er stellte auch die weltliche Herrschaft der Salzburger Metropoliten auf eine feste Grundlage, ließ Burgen wie die Hohensalzburg, Hohenwerfen oder Friesach (Kärnten) errichten. Doch dann folgten in der zweiten Hälfte des 12. Jahrhunderts neuerlich Auseinandersetzungen zwischen *Imperium* und *Sacerdotium* mit verheerenden Auswirkungen auf das Erzstift, dessen Oberhirten unerschütterlich die päpstliche Sache verteidigten. Kaiser Friedrich I. nahm den Erzbischöfen zeitweilig ihre weltliche Herrschaft und machte sich die erzbischöflichen Ministerialen gefügig. Dass die Erzbischöfe letztlich dennoch die Herren im Gebiet des heutigen Landes Salzburg blieben und nicht wie in Tirol die Macht an adelige Vögte verloren, ist dem fast ein halbes Jahrhundert das Erzstift mit fester Hand regierenden Erzbischof Eberhard II. (reg. 1200–1246) zuzuschreiben. Dieser gab die traditionell päpstliche Politik seiner Amtsvorgänger zugunsten einer bedingungslosen Gefolgschaft gegenüber dem staufischen Kaiser Friedrich II. auf. Er konnte Grafschaftsrechte im Pinzgau, Pongau und Lungau erwerben. Wichtiger noch für die Geschichte Salzburgs war die Ausschaltung der Hochstiftsvögte. Als 1218 die Grafen von Peilstein ausstarben, zog Erzbischof Eberhard II. die Hochstiftsvogtei ein, um sie nie wieder auszugeben. So waren um die Mitte des 13. Jahrhunderts die Weichen für die Zukunft Salzburgs als eines geistlichen Territoriums gestellt.

Land ob der Enns (Oberösterreich)

Das Gebiet zwischen Hausruck und Enns gehörte bis in die zweite Hälfte des 12. Jahrhunderts zum Herzogtum Bayern. Weil hier die steirischen Otakare das bestimmende Geschlecht waren, kam dieser Raum seit 1180 mit dem Herzogtum Steiermark in Verbindung. Unter dem letzten Babenberger Herzog Friedrich II. begannen sich die Beziehungen zur Steiermark dann zu lockern, namentlich der zwischen Traun und Enns begüterte Ministerialenadel hatte an diesem Prozess wesentlichen Anteil. An die Stelle einer Ausrichtung auf die Steiermark trat bei diesem vermehrt eine solche auf das Herzogtum Österreich, was in der Grenzziehung des Jahres 1254 zwischen den Königen Přemysl Otakar II. von Böhmen und Bela IV. von Ungarn Ausdruck fand. Die Verbindung zur Steiermark wurde damals endgültig zerschnitten. Als westlicher Teil des Herzogtums Österreich erlangte *Austria superior*, das spätere Land ob der Enns, in der Folge durch Verwaltungsmaßnahmen Přemysl Otakars II. eine gewisse Eigenständigkeit. An spätbabenbergische Verhältnisse anknüpfend, setzte der König in Enns einen eigenen Verwalter des landesfürstlichen Kammergutes ein. Deutlich wird die verwaltungsmäßige Abtrennung des obderennsischen Gebietes allerdings erst, als Přemysl Otakar 1274 einen »Hauptmann des oberen Österreich« (*capitaneus Austrie superioris*) ernannte. Damit war eine Entwicklung angestoßen, die 1299 eine obderennsische Gerichtsordnung und seit den dreißiger Jahren des 14. Jahrhunderts ein eigenes Recht des Landes ob der Enns entstehen ließ.

Ein Königreich für die Babenberger?

Mitte August 1186 fanden auf dem Georgenberg nordöstlich von Enns – noch auf Gebiet des steirischen Herzogs, aber unmittelbar an der Grenze zu Österreich – Verhandlungen zwischen Leopold V. von Österreich und Otakar IV. von Steier statt. Der unheilbar kranke, kinderlose steirische Herzog entschied sich nach Beratung mit seinen Landleuten (*meliores*) – ein einzigartig frühes Zeugnis für die Einbindung des Landesadels in die Entscheidungsprozesse – für eine babenbergische Nachfolge in der Steiermark, worüber zwei Urkunden (die sogenannte »große« und »kleine« Georgenberger Handfeste) ausgefertigt wurden. Die beiden Dokumente sind kein Erbvertrag – einen solchen hat es ziemlich sicher nicht gegeben –, sondern eine Bestätigung der Rechte der steirischen Ministerialen und Klöster. Nicht die Verwandtschaft der Fürstenfamilien untereinander, sondern die geographische Nachbarschaft der beiden Länder, so gibt Herzog Otakar an, habe seine Entscheidung zugunsten der Babenberger bestimmt. Die Länderverbindung sollte eine Personalunion sein, von der die landrechtliche Individualität der beiden Länder Österreich und Steiermark nicht berührt wird. Unter den zahlreichen, die steirischen Ministerialen und Klöster begünstigenden Bestimmungen der Georgenberger Urkunden sticht das Recht hervor, gegen einen tyrannischen Landesfürsten an den Kaiser zu appellieren. Der Willkür eines zukünftigen Herzogs schob man damit einen effektiven Riegel vor. Nichts enthalten die Georgenberger Urkunden über eine Zustimmung des Reichsoberhauptes zu den Verfügungen Herzog Otakars, ja es ist ungewiss, ob eine solche förmliche Genehmigung Friedrich Barbarossas überhaupt eingeholt wurde. Als 1192 mit dem Tod Herzog Otakars der Erbfall eintrat, ergaben sich für den Babenberger Herzog Leopold V. jedenfalls keinerlei Schwierigkeiten bei der Nachfolge in der Steiermark.

Kurz vor dem steirischen Erbfall, der Herzog Leopold V. in die Spitze der Reichsfürsten aufrücken ließ, hatte der Babenberger 1190/91 am Kreuzzug teilgenommen. An die tatsächlich nicht allzu gloriose Akkonfahrt des Herzogs knüpfte im spätmittelalterlichen Österreich eine reiche Legendenbildung an. Insbesondere die Entstehung des österreichischen Wappens, des 1230 erstmals quellenmäßig bezeugten Bindenschildes: rotweiß-rot, wurde damit seit dem 14. Jahrhundert im Stile einer typischen Wappensage verbunden. Die vermeintlich schwere Kränkung des Babenbergers durch Richard Löwenherz, der das Banner des Herzogs von einem Turm der Stadt Akkon habe herunterreißen lassen, gab der späteren österreichischen Historiographie die willkommene Rechtfertigung ab für die Gefangennahme des englischen Königs bei Wien zu Ende 1192. Richard Löwenherz hatte auf der Rückreise aus dem Heiligen Land an der oberen Adria Schiffbruch erlitten und von dort den Landweg nach Norden genommen. Durch die Gefangennahme eines Kreuzfahrers verfiel Leopold V. ipso facto dem Kirchenbann. Mit dem englischen König in seiner Gewalt hatte sich der österreichische Herzog aber gleichzeitig in den Brennpunkt der europäischen Politik manövriert. Die Führung bei den Verhandlungen, die auf die Forderung eines horrenden Lösegeldes für Richard hinausliefen, übernahm alsbald König Heinrich VI., dem der englische Gefangene in der Folge von Leopold übergeben wurde. Wie hoch die Summe wirklich war, die dem österreichischen Herzog aus dem Lösegeld zufloss, lässt sich nicht mehr mit Sicherheit feststellen. Die Rede ist von 50 000 Mark Silber. In den österreichischen Quellen hat sich jedenfalls die Erinnerung an den englischen Geldsegen, auf den der Ausbau von Wien, die Gründung von Wiener Neustadt und etlicher anderer österreichischer bzw. steirischer Städte zurückgeführt wurde, über Jahrhunderte tief eingegraben. Herzog Leopold V. starb am 31. Dezember 1194 an den Folgen eines Reitunfalls, nachdem er auf dem Totenbett noch die Lösung vom Bann durch den Salzburger Erzbischof erwirkt hatte.

Entgegen den Georgenberger Vereinbarungen teilten die Söhne Leopolds V. das Erbe, der ältere Friedrich I. übernahm die Herrschaft in Österreich, der jüngere Leopold VI. in der Steiermark. Friedrich starb aber schon 1198 auf dem Heimweg von einem als Sühne für den Vater gelobten Kreuzzug, so dass die beiden Herzogtümer bald erneut in einer Hand lagen. Die Nachwelt hat Leopold VI. (reg. 1195/98–1230) den Beinamen »der Glorreiche« verliehen, nicht zu Unrecht, denn mit ihm erreichte das Geschlecht der Babenberger tatsächlich den Höhepunkt an Geltung und Glanz. Späteren Generationen galt seine Herrschaft im freilich bewusst verklärenden Blick auf die Vergangenheit geradezu als goldene Zeit. Politisch gewandt, bei Verhandlungen ebenso zäh wie geschmeidig, verstand es Leopold, in einer Zeit schärfster Gegensätze zwischen Papst und Kaiser strenge Kirchlichkeit mit kaiserlich-staufischer Gesinnung zu vereinbaren und dabei die Interessen des mächtig aufstrebenden babenbergischen Landesfürstentums nie aus dem Auge zu verlieren. Wie sein Großvater Heinrich Jasomirgott war Leopold VI. seit 1203 mit einer byzantinischen Prinzessin, Theodora, einer Enkelin des Kaisers Isaak II. Angelos, verheiratet. Weite des politischen Horizonts zeichnete den Babenberger nicht nur bei seiner eigenen Ehe aus, für eine seiner Töchter stand eine Heirat mit dem englischen König 1224/25 zumindest in Verhandlung.

Als unerschütterlichen Glaubenskämpfer sehen Leopold VI. die zeitgenössischen Quellen. 1208 nahm er erstmalig das Kreuz. An der Durchführung des Vorhabens durch die unübersichtliche Situation im Reich zunächst gehindert, folgte er 1212 dem päpstlichen Aufruf zur Kreuzfahrt gegen die Albigenser nach Südfrankreich, um, weil bei seinem Eintreffen dort die heftigsten Kämpfe bereits vorbei waren, gleich nach Spanien weiterzuziehen. Bis ins kastilische Calatrava ist er dabei gekommen, ohne freilich in den Krieg gegen die Mauren noch einzugreifen. 1217 rüstete sich Herzog Leopold dann ein zweites Mal zum Kreuzzug, jetzt ins Heilige Land, von wo das christliche Heer den Krieg bald weiter nach Ägypten lenkte. Bei der Belagerung der Hafenstadt Damiette tat sich der österreichische Herzog, Kosten und Mühen nicht scheuend, hervor und kehrte erst nach fast zweijähriger Abwesenheit im Herbst 1219 in seine Länder zurück. Nicht allein als frommer Kreuzritter indes empfahl sich

Herzog Leopold der Kirche. Sein religiöser Eifer fand ebenso Ausdruck, so scheint es, in der strengen Verfolgung von häretischen Bewegungen. Über die engeren Grenzen seines Herrschaftsgebietes hinaus drang der Ruf Leopolds als eines Fürsten, der »die Ketzer sieden kann«, wie es Thomasin von Zerclaere, der päpstlich gesinnte Verfasser des *Welschen Gastes*, ausdrückte.

Nächst dem König von Böhmen der mächtigste Fürst im Reich, hielt Leopold VI. im deutschen Thronstreit zur staufischen Partei, nur eine kurze Phase (ab 1208) sieht ihn an der Seite des Welfen Otto IV., ehe er 1211 schon wieder unter den Wählern Friedrichs II. auftritt. Die Ehe seiner Tochter Margarethe mit dem Kaisersohn Heinrich (VII.) 1225 lässt seinen Einfluss auf die Reichspolitik als Schwiegervater des römisch-deutschen Königs zeitweilig deutlich anwachsen. Den Höhepunkt seiner reichspolitischen Bedeutung erreichte der Babenberger aber unzweifelhaft in seinem Todesjahr 1230 als Vermittler zwischen *Imperium* und *Sacerdotium*, zwischen Kaiser Friedrich II. und Papst Gregor IX., in Italien.

Mit Kirchen- und Reichspolitik eng verwoben erscheint Leopolds Arbeit am Ausbau der landesherrlichen Macht in Österreich und in der Steiermark. Das Landesfürstentum hat er tatsächlich auf ganz neue Grundlagen gestellt, die am besten mit den Schlagworten römisches Recht, Monetarisierung, rationale Verwaltung und Städtewesen zu charakterisieren sind. Auf römischrechtliche Argumentation im Dienst der landesfürstlichen Machtpolitik stößt man, wenn der Herzog etwa 1210 den reichen Grundbesitz eines ohne Erben verstorbenen Grafen, mit der Begründung, dieser liege in seinem Herzogtum, für sich beanspruchte. Die neue geldwirtschaftliche Fundierung der Landesherrschaft äußert sich in zahlreichen Güterankäufen, die zu einer bedeutenden Erweiterung des landesherrlichen Kammergutes beitrugen. Alles hängt hier aufs engste zusammen. Das Geld für die Ankäufe wurde mit Hilfe einer leistungsfähigen, auf Schriftlichkeit gegründeten Verwaltung erwirtschaftet. Leopold VI. ließ die ersten großen landesfürstlichen Urbare (Abgabenverzeichnisse) in Österreich und der Steiermark erstellen. Aus ihnen tritt uns eine verhältnismäßig entwickelte, in Ämtern strukturierte Organisation des herzoglichen Besitzes entgegen. Absetzbare Amtsträger bestimmten das Bild, wobei die Ämter hauptsächlich pachtweise vergeben wurden. Für das Städtewesen ist die Ära Leopolds VI. eine echte »Gründerzeit«. Zahlreiche österreichische und steirische Städte führen ihren urbanen Charakter auf den »glorreichen« Babenberger zurück. Enns erhielt 1212 sein Stadtrecht. Vor allem Wien aber, das 1221 von ihm ein auf älterer Grundlage fußendes Stadtrechtsprivileg empfing, erfuhr Leopolds tatkräftige und umfassende Förderung. Die wirtschaftliche und bevölkerungsmäßige Entwicklung dieser Stadt, die Leopold wohl doch als Residenz galt, obgleich er ab und an in Klosterneuburg am Ort des heiligen Vorfahren Quartier nahm und dort die elegante *Capella speciosa* erbauen ließ, war so außerordentlich, dass man Wien 1207 schon in einem Atemzug mit Köln unter den bedeutendsten urbanen Zentren des Reichs nennen konnte. Das Bemühen Leopolds, einen Bischofssitz in Wien einzurichten, fand dank der guten Beziehungen des Babenbergers zur Kurie zwar in Rom Gehör, scheiterte dann letztlich aber doch am entschiedenen Widerstand des Passauer Bischofs, der einen schweren Bedeutungsverlust für sich befürchtete. Immerhin sah sich der Salzburger Erzbischof Eberhard II. bald darauf, 1218, veranlasst, im steirischen Seckau ein Salzburger Eigenbistum zu gründen, um Plänen Leopolds VI. zu einem babenbergischen Landesbistum zuvorzukommen.

Um den *wünneclichen hof ze Wiene* warb auch der große Walther von der Vogelweide, aus der Ferne jedoch, wie es den Anschein hat. Er, der in Österreich *singen unde sagen* gelernt haben will und den Tod von Leopolds VI. älterem Bruder Friedrich tief betrauerte, dürfte nach 1198 am Babenberger Hof trotz eifrigen Bemühens längerfristig keine Förderung mehr erfahren haben. Überhaupt zweifelt die Forschung heute am früher hoch gelobten Mäzenatentum Herzog Leopolds VI. Das Nibelungenlied, dessen Aufzeichnung lange Zeit mit dem Babenberger Hof in Zusammenhang gebracht wurde, erhielt seine »klassische« Form ziemlich sicher kurz nach 1200 in Passau beim literaturbeflissenen Bischof Wolfger, jenem Wolfger (von Erla), dessen Reiserechnungen wir auch das einzige außerliterarische Lebenszeugnis Walthers von der Vogelweide verdanken.

Über der Vermittlungsarbeit zwischen Papst und Kaiser ist Leopold VI. am 28. Juli 1230 im süditalienischen San Germano gestorben. Sein Leichnam wurde nach deutscher Gewohnheit ausgekocht, sein Fleisch im nahe dem Sterbeort gelegenen Kloster Montecassino bestattet, die Knochen nach Österreich in das von Leopold 1206 gegründete Zisterzienserkloster Lilienfeld gebracht. Leopolds einziger überlebender Sohn Friedrich II. (reg. 1230–1246), der letzte männliche Babenberger, wird von der Historiographie seit jeher als dunkles Gegenbild zum strahlenden Vater stilisiert, allein die zeitgenössischen Dichter rühmten – vielleicht formelhaft – seine ritterlichen Tugenden und seine Freigebigkeit. Als Kaiser Friedrich II. im Juni 1236 den jungen babenbergischen Namensvetter in die Acht tat und seiner Länder für verlustig erklärte, stürzte die schon zwei Jahrhunderte überdauernde Herrschaft der Babenberger an der Donau in eine existentielle Krise. Wie es so weit kommen konnte und welche der unerhörten dem Herzog Friedrich II. seitens des Kaisers zur Last gelegten Verfehlungen eine reale Grundlage besaßen, lassen die einseitig dem Babenberger feindlichen Quellen nicht mehr erkennen. Das meiste wissen wir nur aus dem sogenannten Manifest, einem in schwärzester Rhetorik von der kaiserlichen Kanzlei formulierten und an den böhmischen König adressierten Schreiben, Propaganda und Anklageschrift für den Prozess gegen den Herzog gleichermaßen. Tatsache ist, dass der Babenberger durch seine eigenwillige, bisweilen rücksichtslose Politik nach wenigen Jahren eine breite Front von Feinden gegen sich aufgebracht hatte. Dazu zählten der böhmische König Wenzel, Herzog Otto von Bayern und die Bischöfe von Passau und Bamberg. Auf ein Bündnis mit ihnen konnte der Stauferkaiser bei der Exekution der Reichsacht gegen den Babenberger bauen. Dieser sah sich binnen kurzem auf ein kleines Gebiet rund um Wiener Neustadt, wo er beim lokalen Adel Rückhalt fand, zurückgedrängt. Die steirischen Ministerialen ebenso wie die Stadt Wien nahmen den Kaiser, der um den Jahreswechsel 1236/37 aus Italien kam, mit offenen Armen auf. Mehrere Monate verbrachte Kaiser Friedrich II. in Wien, machte die Stadt zur Reichsstadt, ehe er wieder unter Zurücklassung von kaiserlichen Statthaltern nach Süden abzog. Rasch konnte der Babenberger daraufhin Terrain zurückgewinnen, denn die gegen ihn aufgebotene Koalition begann zu zerbröckeln. Mit Zähigkeit und Ausdauer brachte sich der Babenberger wieder zurück ins Spiel. Als die Aussöhnung mit dem Kaiser Ende des Jahres 1239 zustande kam, gab auch Wien, das lange der Belagerung durch den Herzog getrotzt hatte, den Widerstand auf. Der Babenberger saß nun fester im Sattel denn je und ließ nach den Erfahrungen der Vergangenheit in die Georgenberger Handfeste den Passus einfügen, dass das steirische Herzogtum auch dann seines bleibt, wenn er »die Gnade des Reiches verliere«. Zähneknirschend mochte der steirische Adel dem zugestimmt haben.

Einmal mehr offenbarte sich 1241 die Skrupellosigkeit des Babenbergers in Sachen Politik. Als der ungarische König Bela IV. in schlimmster Bedrängnis durch die Tataren, die ganz Ungarn zu überrollen drohten, die Hilfe Herzog Friedrichs erbat, zwang dieser ihn in erpresserischer

Manier zur pfandweisen Abtretung dreier westungarischer Grenzkomitate, kümmerte sich dann aber nicht im geringsten um die dem ungarischen König gemachten Hilfszusagen. Dabei konnte Friedrich die Bedrohung der eigenen babenbergischen Länder nicht als Entschuldigung dienen, denn diese wurden von der tatarischen Flut allenfalls gestreift. König Bela sollte dem österreichischen Herzog die erlittene Demütigung nicht vergessen.

Das Verhältnis des Babenbergers zum Kaiser gestaltete sich in den folgenden Jahren indessen zunehmend enger und rückte schließlich als Höhepunkt sogar die Königswürde für den Herzog in greifbare Nähe. Der Dichter Tannhäuser sah die Krone schon über dem Haupt des Babenbergers schweben. Gleichsam um sie abzuholen, kam der Herzog im Juni 1245 zum kaiserlichen Hoftag nach Verona. Die Verhandlungen waren bereits in einem fortgeschrittenen Stadium, derart, dass ein bis in die Einzelheiten ausgefeilter Urkundenentwurf vorlag. Die beiden Herzogtümer Österreich und Steiermark sollten zu königlichem Rang und der bisherige Herzog zum König erhoben werden. Krönung und Weihe würden am Kaiserhof stattfinden. Ein Wahlrecht sollte es nicht geben, sondern die Krone nach Primogeniturerbfolge dem jeweils ältesten aus der Nachkommenschaft zukommen. Überraschenderweise blieb es in Verona beim Entwurf, und Herzog Friedrich II. brachte anstelle der Krone von dort nur eine Bestätigung des *Privilegium minus* nach Hause mit. Ob das Scheitern des Königreichsplans tatsächlich an der Weigerung der Nichte des Babenbergers lag, den Kaiser zu heiraten, lässt sich nicht beweisen. Es fällt aber doch auf, dass Gertrud, die der Kaiser als seine zukünftige Gemahlin nach Verona eingeladen hatte, ihren herzoglichen Onkel nicht dorthin begleitete.

Im Zeichen des böhmischen Löwen: *König Ottokars Glück und Ende*

Am 15. Juni 1246 fand der letzte männliche Babenberger Herzog Friedrich II. in siegreicher Schlacht gegen den ungarischen König den Tod. Das tragische Ende des kinderlosen Herzogs ließ ein Machtvakuum zurück, in das bald Kräfte von allen Seiten zu stoßen versuchten. Während Kaiser Friedrich II. das schon 1236/37 Begonnene vollenden und die babenbergischen Herzogtümer unter seine unmittelbare Herrschaft bringen wollte, erhoben Schwester und Nichte des letzten Babenbergers, gestützt auf das im *Privilegium minus* verankerte weibliche Erbrecht, Anspruch auf die Nachfolge. Darin bestärkte sie Papst Innozenz IV. Er favorisierte die Nichte des Babenbergers, Gertrud, die sich 1248 mit Markgraf Hermann von Baden vermählte. In den babenbergischen Ländern blieb die Lage jedenfalls unübersichtlich, denn weder die vom Kaiser eingesetzten Statthalter noch das Herzogspaar Hermann und Gertrud konnten sich durchsetzen. Als 1250 der Stauferkaiser und Hermann von Baden fast gleichzeitig starben, schob sich der Adel der Herzogtümer Österreich und Steiermark endgültig in den Vordergrund der politischen Bühne. Die großen Landesministerialen sahen sich in beiden Ländern faktisch in den Stand versetzt, über ihren zukünftigen Landesfürsten zu entscheiden. Ja die Steirer zögerten nicht, diesen Anspruch in die alte Georgenberger Handfeste hineinzuschreiben. Das war die Stunde des jungen Markgrafen von Mähren Přemysl Otakar II. (geb. 1233). Eine Gruppe österreichischer Ministerialen trug 1251 dem Sohn König Wenzels von Böhmen in Prag die Herrschaft im Herzogtum Österreich an. Der Markgraf fand auf seinem Zug über Enns nach Wien rasch allgemeine Anerkennung. Im Februar 1252 heiratete er, zur Stärkung seiner Legitimität, die wesentlich ältere Margarethe, Schwester des letzten Babenbergers Friedrich. Die größte Gefahr für Otakar ging vom ungarischen König Bela aus, der sich zum Anwalt der jüngeren Babenbergerin Gertrud machte und in Teilen des steirischen Adels Anklang fand. Unter päpstlicher Vermittlung teilten sich der ungarische König Bela und Přemysl Otakar, seit 1253 böhmischer König, schließlich im Ofener Friedensvertrag (3. April 1254) das babenbergische Erbe auf. Für den böhmischen König sollte dies keinen endgültigen Verzicht auf die Steiermark bedeuten. Schon wenige Jahre später brach die ungarische Herrschaft dort nämlich zusammen, und eine siegreiche Schlacht gegen König Bela von Ungarn bei Groißenbrunn am Marchfeld öffnete Přemysl Otakar die Tore der Steiermark (1261). Das folgende Jahrzehnt sieht den böhmischen König im Zenit seiner Macht. In den Bann des mittlerweile weitaus mächtigsten Fürsten des Reiches geriet bald auch das Erzstift Salzburg, wo mit Herzog Wlodizlaus (Ladislaus) von Schlesien 1265 ein Vetter Otakars zum Metropoliten gewählt wurde. Als der Kärntner Herzog Ulrich III. 1269 kinderlos starb, nahm der böhmische König mit Berufung auf eine testamentarische Verfügung des Spanheimers (Poděbrader Vermächtnis) auch Kärnten in Besitz. Bis an die Adria schien sich die

Die Reichsbildung König Přemysl Otakars II. 1251–1276

Herrschaft des Böhmenkönigs zu erstrecken, nachdem er auch im Patriarchat Aquileia als Generalstatthalter Herrschaftsrechte ausüben konnte.

Und doch war die außerböhmische Herrschaft des Přemyslidenkönigs auf schwachen Fundamenten gebaut. Nur um den Preis weitreichender Zugeständnisse, die im Landfrieden von 1254 niedergeschrieben wurden, hatte Otakar die österreichischen Ministerialen für sich gewinnen können. Als der König nach 1260 versuchte, diese Zugeständnisse teilweise zurückzunehmen, ließ dies die Zahl der adeligen Unterstützer Otakars rasch wieder zusammenschmelzen. Hartes Durchgreifen des Königs gegen vermeintliche und tatsächliche Verschwörer aus dem Adel tat ein Übriges. Gleichzeitig wurde die Legitimität der otakarischen Herrschaft in Österreich durch die Trennung von der Babenbergerin Margarethe erheblich beschädigt. Obwohl noch mit dieser verheiratet, vereinbarte Otakar im Wiener Friedensvertrag von 1261 eine Eheschließung mit Kunigunde, einer Enkelin des ungarischen Königs Bela IV., die ihm den von der Babenbergerin nicht mehr zu erhoffenden Erben schenken sollte. Die Ehe mit Margarethe ließ Otakar daraufhin annullieren.

Freilich erst die Wahl des Grafen Rudolf von Habsburg zum römisch-deutschen König am 1. Oktober 1273 veränderte alles. Zum ersten Mal seit zwei Jahrzehnten gab es wieder ein handlungsfähiges Reichsoberhaupt, das sich nicht nur als Zuflucht für sämtliche oppositionellen Kräfte im Herrschaftskomplex des böhmischen Königs anbot, sondern auch die unzureichende reichsrechtliche Legitimation der außerböhmischen Herrschaft Otakars offenbar werden ließ. Tatsächlich besaß der böhmische König nur eine schriftliche und ohne die erforderliche Zustimmung der Reichsfürsten ausgesprochene Belehnung mit Österreich und der Steiermark durch Richard von Cornwall aus dem Jahre 1262. So dürfte sich der Přemyslide schon bald mit Revindikationsforderungen König Rudolfs konfrontiert gesehen haben. Doch erst, als Rudolf die formelle Anerkennung seines Königtums durch den Papst erreicht hatte und der böhmische König damit zusehends in politische Isolation geriet, setzte der Habsburger das reichsrechtliche Verfahren gegen Otakar 1274 in Gang. Die Klage lautete dann nicht mehr nur auf widerrechtliche Inbesitznahme der Herzogtümer Österreich, Steiermark und Kärnten, sondern auch auf unterlassene Lehensnahme im Falle Böhmens und Mährens. Da Přemysl Otakar im Vertrauen auf seine Machtstellung Rudolf weiterhin die Anerkennung verweigerte und alle Fristen des reichsrechtlichen Verfahrens verstreichen ließ, stand am Ende der Entwicklung schließlich 1276 die Verhängung der Aberacht und des Kirchenbanns über den Přemysliden. König Rudolf konnte den Reichskrieg beginnen. Fast kampflos fielen die Herzogtümer Kärnten und Steiermark dem Reichsoberhaupt zu, und auch im Herzogtum Österreich leistete nur die von Otakar privilegierte Stadt Wien Widerstand. Vom Tempo der Ereignisse offenkundig überrascht, musste der Přemyslide in Verhandlungen mit Rudolf einwilligen. Im Wiener Frieden vom 21. November 1276 verzichtete er auf Österreich, die Steiermark, Kärnten und Krain. König Rudolf erteilte ihm im Gegenzug die Belehnung mit Böhmen und Mähren. Eine habsburgisch-přemyslidische Doppelheirat sollte die Aussöhnung der beiden Dynastien verbürgen.

Es scheint, dass der Wiener Frieden dennoch von beiden Seiten nicht als endgültig angesehen wurde. Immer weitergehende Forderungen des römisch-deutschen Königs ließen bei Otakar bald den Entschluss reifen, nochmals die Entscheidung auf dem Schlachtfeld zu suchen. Schon die Zeitgenossen haben den Feldzug Otakars nach Österreich im Sommer 1278 als missglückt angesehen. Der Přemyslide hielt sich mehrere Wochen mit der Belagerung kleiner Städte im nördlichen Niederösterreich auf und gab Rudolf so die Möglichkeit, seine Kräfte im Marchfeld zu sammeln und auf die große Auseinandersetzung vorzubereiten. Am 26. August 1278 trafen die beiden Heere bei Dürnkrut und Jedenspeigen aufeinander. Nicht zuletzt durch den Einsatz einer taktischen Reserve entschied Rudolf den gewaltigen Kampf für sich. Otakar wurde zu Ausgang der Schlacht von persönlichen Feinden, wohl aus dem österreichischen Adel, gestellt und ermordet. Nach Wien gebracht, wurde der Leichnam des böhmischen Königs im Kapitelsaal des Wiener Minoritenklosters fast dreißig Wochen lang öffentlich zur Schau gestellt, ehe Rudolf die Überführung nach Mähren gestattete.

Gesellschaft im Aufbruch

Schon seit dem späteren 11. Jahrhundert nahmen die Bevölkerungszahlen kontinuierlich zu, doch zwischen 1170 und 1250 erreichte die demographische Entwicklung eine bis dahin unbekannte Dynamik. Mit dem kräftigen Zuwachs der Bevölkerung gingen Rodung und Binnenkolonisation Hand in Hand. Das Gebiet des heutigen Österreich hatte maßgeblich Anteil an der epochalen hochmittelalterlichen Kolonisationsbewegung. Bis zum 13. Jahrhundert war die Siedlung in die entlegensten Teile des Waldviertels oder der Oststeiermark, aber auch im alpinen Tirol auf Höhen von über 2000 Metern vorgestoßen. Während die Siedler anfänglich überwiegend aus dem bayerischen Altsiedelland gekommen sein dürften – geistliche und adelige Grundherren förderten die Migration ihrer Untertanen –, machte die Bevölkerungszunahme schon bald Rodung durch Leute aus der näheren Umgebung möglich. Die ethnischen Verhältnisse haben durch den hochmittelalterlichen Rodungsvorgang namentlich in Kärnten und in der Steiermark erhebliche Veränderungen erfahren. Im 13. Jahrhundert überlagerte die bayerische Kolonisation die bis dahin überwiegend slawisch besiedelten Gebiete Oberkärntens und der Obersteiermark. Um dieselbe Zeit setzte im westlichen, noch kaum erschlossenen Grenzsaum des Königreichs Ungarn, jenem Gebiet, welches heute das österreichische Bundesland Burgenland bildet, die Einwanderung deutschsprachiger Siedler ein.

Parallel zur Endphase der Kolonisationsbewegung erfolgte die große Welle der Städtegründungen, nach außen fassbar im planmäßigen Ausbau mit regelmäßigen Grundrissen und großen, meist rechteckigen Platzanlagen. Reine Gründungsstädte wie Wiener Neustadt waren eher die Ausnahme, zumeist gingen ältere Burg- oder Marktsiedlungen voraus, die planmäßig erweitert wurden. Endpunkt der um 1190 beginnenden Städtegründungsphase war die Herrschaft König Otakars von Böhmen, während der Stadtanlagen wie Marchegg, Leoben oder Bruck an der Mur entstanden. Kennzeichnend für die im Hochmittelalter ausgebildete österreichische Städtelandschaft ist das Vorherrschen kleiner Städte. Nur Wien, das in der späten Babenbergerzeit schon 10 000 Einwohner gezählt haben dürfte, ragt hier heraus. Insgesamt ist der Urbanisierungsgrad in den alpinen Regionen Tirols, Salzburgs, der Steiermark oder Kärntens als niedrig einzustufen, etwas höher war er im Donauraum. Für den Status einer urbanen Siedlung war die Stellung des Gründers entscheidend. Fürstliche Gründungen entwickelten sich fast immer zu Städten, Bürgersiedlungen in adeliger Hand blieben dagegen vorwiegend Märkte. Was die Ausbildung kommunaler Strukturen betrifft, tun sich bei den Bürgersiedlungen im Ostalpen- und Donauraum große Unterschiede auf. Die ältesten Stadtrechte von Enns (1212) und Wien (1221) lassen bereits ratsähnliche Führungsgremien als Organe einer rechtlich handlungsfähigen Bürgergemeinde erkennen. Vielfach erfolgte die Ausformung einer kommunal verfassten Bürgerstadt freilich erst gegen Ende des 13. Jahrhunderts, und manchen Städten mit bischöflichem Stadtherrn blieben städtische Magistrate bis weit ins Spätmittelalter hinein überhaupt verwehrt.

Auf die Landwirtschaft wirkten im Hochmittelalter verschiedene Veränderungen ein, von welchen die wichtigste die Zurückdrängung der sogenannten Villikationsverfassung (Meierhofwirtschaft) darstellte. An die Stelle der großen, durch unfreie Knechte und Mägde bewirtschafteten Fronhöfe traten kleine Wirtschaftseinheiten, Hufen oder Huben, die vom Grundherrn gegen jährliche Abgaben in Naturalien und/oder Geld an bäuerliche Hintersassen verliehen wurden. Dieser agrarstrukturelle Wandlungsprozess, der einen mehr oder minder einheitlichen Bauernstand entstehen ließ, zeichnet sich aus den wenigen verfügbaren zeitgenössischen Quellen freilich nur bruchstückhaft ab. Es hat den Anschein, dass das Villikationssystem beim Siedlungsausbau des 12. Jahrhunderts kaum noch angewandt wurde, zumal im alpinen Gelände, wo große Fronhöfe in Eigenregie des Herrn aufgrund der naturräumlichen Bedingungen unzweckmäßig erscheinen mussten. Nur im Altsiedelland lassen sich Villikationen vereinzelt noch bis ins 13. Jahrhundert nachweisen, ehe sie auch dort aufgegeben wurden. Dem allgemeinen Zug zur Grundherrschaft folgten selbst die Zisterzienser, die bei ihren ersten Niederlassungen im Ostalpenraum ihrer Ordenspraxis entsprechend auf große Eigenwirtschaften (Grangien) gesetzt hatten, bald aber zum grundherrschaftlichen System übergingen und ihre Gutsbetriebe in bäuerliche Hufen zerteilten. Die soziale und wirtschaftliche Situation des einzelnen Bauern im System »Grundherrschaft« hing ganz wesentlich von den Bedingungen ab, unter denen ihm ein Grundherr seine Hufe übertragen hatte. Schrittweise kommen im Hochmittelalter für den Bauern günstigere Leiheformen auf, wenngleich das Freistiftrecht, das es dem Grundherrn erlaubte, das Leiheverhältnis nach Jahresfrist aufzukündigen, noch weit verbreitet gewesen sein dürfte. Freiere Leiheformen (Bergrecht, Burgrecht) begünstigte insbesondere der Weinbau. Das zeigt ganz deutlich die seit dem 12. Jahrhundert entstehende »donauländische marktorientierte Weinbaulandschaft« (Roman Sandgruber).

Der Handel kam im Ostalpenraum seit dem 12. Jahrhundert erst langsam in Schwung. Zollstellen, aber auch Hospize für Reisende dokumentieren den wachsenden Nord-Süd-Verkehr über die Alpenpässe. Noch bleiben die Kontakte zwischen den babenbergischen Ländern und Venedig freilich spärlich. Einen größeren Aufschwung erlebte der Donauhandel. Das bezeugt die 1191 vom steirischen Herzog Otakar erlassene

Marktordnung für Enns, in der Kaufleute aus Maastricht, Köln, Aachen und Ulm genannt werden. Aus Russland bezog man Pelze und Wachs, aus Nordwesteuropa kamen Tuche. Führend waren im Donauhandel die Regensburger Kaufleute, deren Hansgrafen 1191 in Enns auch die organisatorische Leitung des Marktverkehrs übertragen wurde. Um diese Vorherrschaft der Regensburger zu brechen und die einheimischen Kaufleute am Zwischenhandel verdienen zu lassen, gewährte der Babenberger Herzog Leopold VI. den Wienern 1221 ein Stapelrecht, das fremden Kaufleuten den Warenverkehr nach Osten über Wien hinaus untersagte.

Ein unschätzbares Kapital des Ostalpenraums stellten die reichen Vorkommen an Eisenerz, Silber, Buntmetall und Salz dar. Eisengewinnung ist am steirischen Erzberg seit dem 12., im Kärntner Hüttenberg seit dem 13. Jahrhundert nachweisbar. Bei Friesach (Kärnten) gab es einen bedeutenden Silberbergbau, dem die Stadt ihre führende Stellung im hochmittelalterlichen Münzwesen verdankte. Am wichtigsten war aber das Salz. Die wachsende Bevölkerung ließ die Nachfrage nach Salz rasant steigen. Um die Mitte des 12. Jahrhunderts begann man mit dem Abbau im steirischen Aussee. 1191 wurde der Abbau am Salzburger Dürrnberg aufgenommen. Die Erzbischöfe von Salzburg haben hier alles unternommen, um diese Salzvorkommen optimal zu nutzen und dem Salz vom Dürrnberg Absatzmärkte zu erschließen. Das verkehrsmäßig günstig an der Salzach gelegene Hallein war Sitz der Saline, die binnen weniger Jahrzehnte zur größten Mitteleuropas ausgebaut wurde. Fast ein Jahrhundert nach der Aufschließung des Dürrnbergs ließ der Tiroler Graf Meinhard II. mit dem Salzsieden in den Pfannhäusern von Hall im Inntal beginnen.

Spezialisierte metallverarbeitende Gewerbe, die sich mit den Zentren an der Maas oder in Köln hätten messen können, gab es damals im Ostalpenraum nicht. Das Stift Klosterneuburg gab den berühmten Verduner Altar, ursprünglich eigentlich die Verkleidung eines Kanzel-Ambos, bei dem aus Lothringen stammenden Goldschmied und Emailmaler Nikolaus von Verdun in Auftrag. In dessen Werkstatt, vielleicht in Köln, werden die 45 Kupferemailtäfelchen entstanden und dann 1181 in Klosterneuburg zusammengefügt worden sein. Für den hohen Stand des Baugewerbes im Ostalpenraum fehlt es dagegen nicht an eindrucksvollen Zeugnissen. Der Burgenbau machte rasch Fortschritte, und Klosteranlagen entstanden verbreitet im Land. Alles übertraf der neue von Erzbischof Konrad III. 1181 begonnene Salzburger Dom, der in seinen Dimensionen an Alt St. Peter in Rom Maß nahm. Durchaus Beachtung verdienen aber auch bautechnische Leistungen wie der später so genannte Salzburger Almkanal. Schon in der ersten Hälfte des 12. Jahrhunderts ließen das Salzburger Domkapitel und die Abtei St. Peter einen 370 Meter langen Stollen durch den Salzburger Mönchsberg schlagen, um Wasser in die Stadt zu leiten.

Aufbruch und Aufschwung kennzeichnen nicht nur die wirtschaftliche Entwicklung, sie prägen das gesamte gesellschaftliche Gefüge. Der Aufstieg der ursprünglich unfreien Ministerialen ist hier das ohne Zweifel bedeutsamste soziale Phänomen. Es lässt sich im 13. Jahrhundert überall in den Ländern des Ostalpenraums beobachten, dass Ministerialen und Hochfreie zu einer einheitlichen neuen Adelsschicht verschmelzen. Durch letzte, den Ministerialen anhaftende Relikte der Unfreiheit wurde dieses Zusammenwachsen nicht behindert, ja eigentlich müsste man fast von einem Aufgehen der wenigen gräflichen und freien Geschlechter im neuen durch die Ministerialität geprägten Adel sprechen. Die Ministerialen stehen im übrigen auch mit der zweiten dynamischen Entwicklung im hochmittelalterlichen Sozialgefüge, dem Aufstieg der städtischen Bevölkerung, in enger Verbindung. Die jüngere Forschung hat klar herausgestellt, dass die Ministerialität ein wichtiges Bindeglied zwischen Stadt und Herrschaft bildete. Gerade bei kleineren österreichischen Städten übernahmen Ministerialen häufig in einer ersten Phase die Führungsrolle im Auf- und Ausbau. Bei alten Burgsiedlungen wie Steyr oder Judenburg entwickelte sich dauernd oder zeitweilig eine von der Bürgergemeinde getrennte Organisation der stadtsässigen Ministerialen. Demgegenüber bildeten in Wien Ritter und Bürger zusammen die städtische Führungsgruppe.

Am Beginn jüdischen Lebens in Österreich steht der Name Schlom. Als Münzmeister des österreichischen Herzogs in mächtiger Stellung, konnte ihn dies dennoch nicht davor bewahren, samt seiner Familie von durchziehenden Kreuzfahrern 1196 ermordet zu werden. In der ersten Hälfte des 13. Jahrhunderts entstanden jüdische Gemeinden in den wichtigsten Städten des babenbergischen Herrschaftsbereiches, wobei Wien und Wiener Neustadt vorangingen. Mit den Städten Villach und Friesach erreichte die jüdische Ansiedlung dann bald auch den südalpinen Raum. Zu einer ersten Regelung der rechtlichen Stellung der jüdischen Bevölkerung in Österreich entschloss sich Herzog Friedrich II. im Jahre 1244. Vorausgegangen war eine Privilegierung der Wiener jüdischen Gemeinde durch Kaiser Friedrich II. 1238, von der sich die herzogliche Judenordnung aber deutlich absetzte. Vor allem suchte der Babenberger den Schutz der jüdischen Bevölkerung durch schärfere Strafen für Übergriffe und Zuwiderhandeln wirkungsvoller zu gestalten. Indem die herzogliche Gesetzgebung das Schwergewicht auf die Regelung des jüdischen Pfand- und Kreditgeschäftes legte, kommt freilich das vorwaltend fiskalische Interesse des Babenbergers zum Ausdruck, der für sich das Judenregal beanspruchte, auch wenn er es in der Ordnung vermied, die Juden ausdrücklich als »herzogliche Kammerknechte« zu bezeichnen. Weit über die Grenzen Österreichs hinaus hat diese Judenordnung von 1244 Vorbildwirkung besessen.

Vom Herzogtum Österreich zum Haus Österreich (1278–1519)

Von Christian Lackner

Epochenüberblick

Die spätmittelalterliche Geschichte Österreichs wurde vom Wirken einer Dynastie geprägt, jener der Habsburger. Mit dem Aufstieg dieses Hauses, das an der Schwelle zur Neuzeit Weltgeltung erlangen sollte, rückte das Gebiet, welches heute die Republik Österreich bildet, zusehends in das Zentrum der europäischen Politik. Als eine der drei königsfähigen Großdynastien des spätmittelalterlichen Reichs verknüpften die Habsburger die Geschicke der Territorien des Ostalpenraums unauflöslich mit dem römisch-deutschen Königtum, auch wenn das Geschlecht zwischen 1330 und 1438 für mehr als ein Jahrhundert von der Königswürde ausgeschlossen blieb. Der alte Allodialbesitz der Grafen von Habsburg lag im Aargau am Zusammenfluss von Aare, Reuss und Limmat sowie im Oberelsass. Als König Rudolf I. 1282 seine beiden Söhne Albrecht und Rudolf gemeinschaftlich mit den Herzogtümern Österreich und Steiermark belehnte, stieß er einen dynamischen territorialen Konzentrationsprozess an, der zur Formierung der österreichischen Erblande führte. Dem Sog der habsburgischen Macht konnte sich auch die territorialpolitisch in engem Anschluss an die Habsburger erfolgreiche Dynastie der Meinhardiner Grafen von Görz, welche mit Tirol und Kärnten um 1300 den zweiten bestimmenden Länderkomplex im Ostalpenraum beherrschte, bald nicht mehr entziehen. Unter Herzog Albrecht II. gelang den Habsburgern 1335 die Erwerbung von Kärnten; Tirol, seit 1335 zwischen Luxemburgern und Wittelsbachern umkämpft, wurde 1363 habsburgisch. Maßgeblichen Anteil am außergewöhnlichen Erfolg der habsburgischen Dynastie hatte deren rasche Einwurzelung in den Herzogtümern Österreich und Steiermark, verbunden mit einer fundamentalen Schwerpunktverlagerung des Geschlechts in den Osten. Bald schon galt das Herzogtum Österreich den Habsburgern als Namen und Identität vermittelndes Hauptland. Die Bezeichnung *domus Austrie* ist erstmals 1326 für die Dynastie belegt. Breitere Anwendung scheint der »Haus Österreich«-Begriff indes nicht vor 1438/39 gefunden zu haben, als die Habsburger mit Albrecht II. wieder in den Besitz der römisch-deutschen Königswürde gelangten. Im späteren 15. Jahrhundert geriet der Name »Haus Österreich« sodann bisweilen auch zum Ersatz für den fehlenden Gesamtnamen des habsburgischen Territorienkomplexes, überwiegend war damit aber weiterhin die Dynastie gemeint.

Ihren ersten Höhepunkt erreichte die habsburgische Territorialmacht unter Rudolf IV. (1339–1365), dem wohl bedeutendsten Mitglied der Dynastie im späteren Mittelalter. Vom königsgleichen Rang seines Hauses und seiner Länder zutiefst überzeugt, setzte er alles daran, diesen im Wettstreit mit Luxemburgern und Wittelsbachern durch verschiedene Maßnahmen, nicht zuletzt durch den berühmten Fälschungskomplex des sogenannten *Privilegium maius*, sichtbar zur Geltung zu bringen.

Mit der Neuberger Teilung 1379 begann eine fast hundert Jahre andauernde Phase der Krise und Schwäche der habsburgischen Dynastie. Anders wird man die Folgen der dynastischen Teilungsvorgänge, die 1411 schließlich drei einigermaßen stabile habsburgische Herrschaftsgebilde (Österreich, die innerösterreichische Ländergruppe und Tirol mit den Vorlanden) hervorbrachten, nicht qualifizieren können. Am deutlichsten lässt sich die prekäre Stellung der Habsburger daran ermessen, dass die großen politischen Ausrichtungen der drei herzoglichen Linien in den Jahrzehnten nach 1400 häufig quer zueinander lagen und sich alle drei mit einem kräftigen Machtzuwachs der Stände in ihren Herrschaftsgebieten konfrontiert sahen. Der Weg der habsburgischen Dynastie zurück zur Einheit war lang und steinig. Zu schweren Konflikten mit den mächtigen Ständen der betroffenen Länder führte der Versuch Kaiser Friedrichs III., nach dem Prinzip des Seniorats und gegründet auf die Stellung als Vormund der minderjährigen Erbberechtigten das Herzogtum Österreich und Tirol samt den Vorlanden möglichst lang in der Hand zu behalten. Auch nach dem Aussterben der albertinischen Linie verlangte der Rückerwerb des Herzogtums Österreich dem Kaiser größte Kraftanstrengungen ab. Die Reintegration Donauösterreichs in den Gesamtkomplex der Erblande blieb überaus problematisch, zumal die Herausforderung des ungarischen Königs Matthias Corvinus seit 1477 das Land erneut in Atem hielt und Österreich unter der Enns dem Kaiser 1484/85 sogar ganz verlorenging. Auf den Tiefpunkt habsburgisch-erbländischer Politik folgte 1490 die Wende zum Positiven. Erstmals seit mehr als einem Jahrhundert waren alle habsburgischen Länder wieder in einer Hand vereint.

Mit Friedrichs III. Sohn Maximilian I. trat das Haus Habsburg endgültig aus der Enge mitteleuropäischer Bezüge heraus. Der Handlungsrahmen der Dynastie weitete sich zu einem universalen. Zwischen 1477 und 1515 verwirklichte die Familie drei große Eheprojekte – davon zwei Doppelhochzeiten – in drei Generationen, die die Habsburger zur mächtigsten Dynastie des europäischen Kontinents aufsteigen ließen. Die burgundische und die spanische Heirat veränderten den Horizont Maximilians, der nun längst nicht mehr auf die österreichischen Erblande fokussiert war, wenngleich diese nach wie vor den Löwenanteil der Ressourcen für Krieg und Expansion bereitstellten. Nicht zuletzt um die finanzielle Leistungsfähigkeit dieser seiner Erblande zu stärken, leitete Maximilian dort einen politisch-administrativen Innovationsschub ein. In den knapp drei Jahrzehnten seiner Regierung erhielten die österreichischen Länder die erste institutionell-bürokratische Verklammerung durch übergreifende Behörden. So hat Maximilian viel getan, um das lockere österreichische Länderkonglomerat, das hauptsächlich durch die Person des Landesfürsten zusammengehalten wurde, enger zusammenzubinden. Der Weg zum frühmodernen »Gesamtstaat« war eingeschlagen, dessen Realisierung lag freilich noch in weiter Ferne.

Dynastien und Länderverbindungen

1282	Belehnung der Söhne Rudolfs von Habsburg mit Österreich, Steiermark und Krain
1286	Graf Meinhard II. von Görz-Tirol wird Herzog von Kärnten.
1308	Ermordung König Albrechts I.
1335	Tod Herzog Heinrichs von Kärnten; Belehnung der Habsburger Albrecht II. und Otto mit Kärnten
1358–1365	Herzog Rudolf IV. (der Stifter)
1358/59	Fälschung des *Privilegium maius*
1363	Übergang Tirols an die Habsburger
1365–1395	Herzog Albrecht III.
1379	Teilung der habsburgisch-österreichischen Länder zwischen Albrecht III. und Leopold III. (Neuberger Teilung)
1386	Tod Leopolds III. in der Schlacht von Sempach
1411–1439	Herzog Albrecht V.
1415	Reichsacht über Herzog Friedrich IV.
1420/21	Wiener Gesera

Die Habsburger als Herzöge von Österreich und der Steiermark

Kurz vor Weihnachten 1282 belehnte König Rudolf auf einem Hoftag in Augsburg seine beiden Söhne Albrecht und Rudolf gemeinschaftlich mit den Herzogtümern Österreich und Steiermark sowie der Herrschaft Krain und erhob sie – wie die Belehnungsurkunde vom 27. Dezember 1282 ausdrücklich betont – in den Reichsfürstenstand. Als die Verleihungsform »zur gesamten Hand« schon bald auf Widerstand stieß, gab Rudolf diese in der sogenannten Rheinfeldener Hausordnung vom 1. Juni 1283 auf und ließ an ihre Stelle die Alleinherrschaft des ältesten Sohnes Albrecht treten. Der jüngere Rudolf sollte in geeigneter Weise abgefunden werden. Schwierig gestalteten sich die Anfänge habsburgischer Herrschaft in den neugewonnenen Herzogtümern. Einer als landfremd wahrgenommenen Dynastie angehörig, sah Herzog Albrecht I. sich zusätzlich mit der schweren Hypothek konfrontiert, dass sein Vater in den vorangegangenen Jahren als römischer König über die ehemals otakarischen Länder großzügig das Füllhorn königlicher Gnadenverleihungen ausgeschüttet hatte. Zur Konsolidierung seiner Stellung verfolgte Albrecht von Anbeginn an eine energische Revindikationspolitik, die darauf abzielte, das gesamte ehemals babenbergische Gut dem Landesfürsten zurückzugewinnen. Mit Hilfe von loyalen, meist aus den habsburgischen Stammlanden im Westen mitgebrachten Adeligen wie den Herren von Wallsee oder geistlichen Ratgebern wie dem Benediktinerabt Heinrich von Admont, der als Landschreiber und Hauptmann die wichtigste Stütze von Albrechts Herrschaft in der Steiermark war, baute der neue habsburgische Landesfürst seine Stellung konsequent aus. Aufstände des freiheitsgewohnten Adels beider Herzogtümer, aber auch der Stadt Wien, die sich mit aller Wucht gegen Albrechts Politik wandten, vermochten ihn nicht aufzuhalten, zumal der Adel der beiden Länder nicht zu einem gemeinsamen und koordinierten Handeln gegenüber dem Landesfürsten fand. Die Steirer glaubten 1292 ihre Stunde gekommen, der österreichische Adel 1295/96. Schon 1287/88 hatte Wien den Aufstand geprobt und dem neuen habsburgischen Landesherrn damit den Vorwand geliefert, die von König Rudolf der Stadt gewährten Privilegien zu kassieren. Albrechts Sieg fiel insgesamt so vollständig und eindeutig aus, dass an dem dauerhaften Erfolg der habsburgischen Landesherrschaft in Österreich und der Steiermark künftig nicht mehr zu zweifeln war. Nicht geringen Anteil an diesem Erfolg hatte wahrscheinlich der Umstand, dass der neue habsburgische Landesfürst alles unternahm, um sein Haus in den östlichen Herzogtümern heimisch zu machen. Diesem Ziel diente namentlich das demonstrative Anknüpfen an die babenbergische Tradition der Länder Österreich und Steiermark. Drei Söhne Albrechts I. erhielten Babenbergernamen: Friedrich (geb. 1289), Leopold (geb. 1290) und Heinrich (geb. 1299). In dieses ideologische Programm, das wie der Versuch einer dynastischen Ansippung an die Babenberger anmutet, reiht sich nahtlos die Ausgestaltung babenbergischer Memoria in dem niederösterreichischen Stift Heiligenkreuz zu Ausgang des 13. Jahrhunderts ein. Die Zisterze stand damals unter der Leitung Benzos, des Kanzleileiters Herzog Albrechts I.

König Rudolf hielt sich in den Angelegenheiten der östlichen Herzogtümer seit 1283 durchaus im Hintergrund. Bis zuletzt hing er dem Prinzip einer personellen Trennung zwischen Königtum und territorialer Hausmacht an, in letzterer offenkundig noch nicht die existentiell notwendige Kernsubstanz des römisch-deutschen Königtums erblickend. Wie sehr Reich und Hausmacht dennoch in Rudolfs Zeitalter konstitutiv zusammengehörten, wurde beim Tod des ersten habsburgischen Königs im Jahre 1291 deutlich. Rudolfs Tod und das Scheitern von Albrechts Thronkandidatur stürzten die Habsburger in eine veritable Krise. Die vom Verlust der Königswürde ausgehenden Erschütterungen erreichten sämtliche habsburgischen Besitzungen von den Stammlanden im Westen bis zu den östlichen Herzogtümern. Erst in einem zweiten Anlauf gelang es Albrecht sodann, die römisch-deutsche Königswürde für sein Haus zurückzugewinnen. Im Juni 1298 wurde er als Gegenkönig zu Adolf von Nassau erhoben, den er am 2. Juli dieses Jahres in der Schlacht bei Göllheim besiegen konnte. Dem vom Vater verfolgten Grundsatz der zumindest formellen Trennung von Hausmacht und Königtum blieb auch Albrecht treu. Ende November 1298 erteilte er seinen Söhnen zu gesamter Hand die Belehnung mit den Herzogtümern Österreich und Steiermark. Auf die Führung des österreichischen Herzogstitels hatte er bereits unmittelbar nach der Wahl verzichtet, faktisch gab freilich Albrecht weiterhin die großen Linien der Politik auch in den östlichen Herzogtümern vor.

Fast ebenso lang wie die Geschichte der Habsburger in Österreich ist jene des Ausgreifens der Dynastie auf die Königreiche Ungarn und Böhmen. Kaum war die habsburgische Herrschaft in den Herzogtümern Österreich und Steiermark einigermaßen konsolidiert, richteten sich die

Blicke des Geschlechts auch schon auf den benachbarten Norden und Osten. Wohl gab eine regionale Auseinandersetzung, jene mit den im österreichisch-steirisch-ungarischen Grenzraum begüterten Grafen von Güssing, den Anlass, doch König Rudolf zögerte nicht lange, den Konflikt auf eine große politische Ebene zu heben. Als der ungarische König Ladislaus IV. ermordet wurde, ohne erbberechtigte Nachkommen zu hinterlassen, erklärte Rudolf das Königreich Ungarn kurzerhand für ein erledigtes Reichslehen und übertrug es am 31. August 1290 seinem Sohn Albrecht, der das Projekt des Vaters unverzüglich zu verwirklichen unternahm. Dass dieser erste habsburgische Versuch zur Erwerbung der Stephanskrone sehr bald in einen Ausgleich mit dem Arpaden Andreas III., der sich als ungarischer König durchsetzen konnte, mündete, lag wahrscheinlich weniger an mangelnder Entschlossenheit Albrechts als an dem 1291 eingetretenen Tod König Rudolfs. Einem Erfolg sehr nahe kam Albrecht I. sodann 1306/07 als römischer König bei dem energisch betriebenen Unterfangen, das Přemyslidenerbe in Böhmen und Mähren seinem Haus zu sichern. Am 4. August 1306 war König Wenzel III. von Böhmen in Olmütz ermordet worden. Mit ihm starb das böhmische Herrscherhaus der Přemysliden im Mannesstamm aus, und Albrecht erkannte sofort die einzigartigen Möglichkeiten, die sich ihm hier im Zusammenspiel von römischem Königtum und habsburgischer Hausmacht boten. Auf die Nachricht vom Olmützer Königsmord rückte er mit Heeresmacht in Böhmen ein. Nachdem Albrecht seinen ältesten Sohn Rudolf (III.) mit dem Königreich Böhmen als heimgefallenem Reichslehen belehnt, dessen Wahl durch die böhmischen Barone durchgesetzt und schließlich die Anrechte des habsburgischen Hauses noch durch eine Eheverbindung zwischen Rudolf und Elisabeth, der Witwe des verstorbenen Königs Wenzel II. von Böhmen, abgesichert hatte, schien die Erwerbung der böhmischen Länder für die Habsburger geglückt. Da starb Rudolf erst 26jährig im Juli 1307 an der Ruhr. Die Opponenten einer habsburgischen Herrschaftsübernahme in Böhmen konnten sich neu formieren. König Albrecht war indes nicht gewillt nachzugeben. Erst seine Ermordung brachte die Entscheidung – am 1. Mai 1308 fiel Albrecht in der Nähe der habsburgischen Stammburg einem Mordanschlag seines Neffen Johann, genannt Parricida (d.h. Vatermörder), und einiger adeliger Mitverschwörer zum Opfer.

Um die Habsburger wurde es in der Folge merklich stiller. Albrechts ältester überlebender Sohn Friedrich – der Beiname »der Schöne«

stammt aus dem 16. Jahrhundert – unternahm nach der Ermordung des Vaters anscheinend keine größeren Anstrengungen in Richtung einer Thronkandidatur und ließ sich auch gefallen, dass der neu gewählte luxemburgische König Heinrich VII. seinem Haus die von den Habsburgern so sehr erstrebte böhmische Krone 1310 sicherte. Das Bewusstsein, einer königsfähigen Dynastie anzugehören, ging freilich den Habsburgern zu keinem Zeitpunkt verloren und fand schon bald sichtbaren Ausdruck in der Ehe Friedrichs mit Isabel (Elisabeth), der Tochter von König Jayme (Jakob) II. von Aragón. Als der Luxemburger Heinrich VII. sodann überraschend 1313 starb, schien Friedrich der Versuch, die römisch-deutsche Königskrone für das habsburgische Haus zurückzuholen, aussichtsreich und auch den zu gewärtigenden Kostenaufwand lohnend. Tatsächlich war viel Geld im Spiel, allein dem Erzbischof von Köln versprach der Habsburger die enorme Summe von 44 000 Mark Silber. Im Oktober 1314 kam es dann zur Doppelwahl. Sowohl Friedrich wie sein Kontrahent Ludwig von Bayern konnten für sich in Anspruch nehmen, von einer Mehrheit der Kurfürsten gewählt worden zu sein. Nicht zuletzt weil der Wittelsbacher einem militärischen Aufeinandertreffen der beiden Parteien immer wieder auswich, zog sich der Thronkampf über fast acht Jahre hin, ehe bei Mühldorf am Inn am 28. September 1322 die Entscheidungsschlacht geschlagen wurde, die nach anfänglichen Vorteilen für die Habsburger mit einer vernichtenden Niederlage Friedrichs des Schönen und seiner Gefangennahme endete. Wie »ein Ehrenhandel nach Ritterart« (Peter Moraw) klang der Kampf um die römisch-deutsche Krone aus. Nach zweijähriger Inhaftierung auf Burg Trausnitz in der Oberpfalz wurde dem Habsburger von Ludwig dem Bayern im Münchener Vertrag 1325 ein nominelles Mitkönigtum zugestanden, das es Friedrich erlaubte, sein Gesicht zu wahren. Realen Gehalt hatte diese königliche Mitherrschaft des Habsburgers indes nicht, die Entscheidung von Mühldorf blieb unverrückbar. Für die habsburgische Dynastie, die nach dieser Niederlage von 1322 tatsächlich für mehr als ein Jahrhundert von der römisch-deutschen Königswürde ausgeschlossen bleiben sollte, war Mühldorf ohne Zweifel die folgenschwerste Schlacht seit der Marchfeldschlacht im Jahre 1278. Weit weniger bedeutet sie dagegen für die Geschichte der Herzogtümer Österreich und Steiermark. Allenfalls beschleunigte sich nun, was schon längst eingesetzt hatte, nämlich die epochale Schwerpunktverlagerung der Habsburger vom Westen in den Osten. Wie der Name »Österreich«, der als erster und vornehmster in der offiziellen Titulatur der habsburgischen Herzöge aufschien, »Habsburg« als Bezeichnung der Dynastie ablöste, so verdrängte der österreichische Bindenschild als Leitwappen den habsburgischen Löwen fast vollständig. Mochten die österreichischen Adeligen Albrecht I. noch vorwerfen, er hätte anders als seine babenbergischen Vorgänger in den östlichen Herzogtümern keine Klöster gegründet, konnte die nächste habsburgische Generation bereits auf eine stattliche Bilanz geistlicher Stiftungen in Österreich und der Steiermark verweisen. König Friedrich gründete die Kartause Mauerbach und förderte die Niederlassung der Augustinereremiten in Wien, seine Brüder Otto und Albrecht stifteten die Klöster Neuberg an der Mürz bzw. Gaming, welche sie jeweils auch für sich als Grablege bestimmten. Wien, wo jetzt eine beeindruckende Bautätigkeit einsetzte, hat überhaupt am meisten von der Entwicklung profitiert. Die mit fast 20 000 Einwohnern für spätmittelalterliche Begriffe sehr große Stadt nahm jetzt für die Habsburger vermehrt Residenzcharakter an.

Nur ein Habsburger, der umtriebige Leopold I. (gest. 1326), stemmte sich mit einer engagierten westorientierten Territorialpolitik gegen diesen großen Trend. Er stieß indessen in den habsburgischen Stammlanden auf einen zunächst nur lokal begrenzt agierenden Gegner in Gestalt eines Landfriedensbündnisses dreier Innerschweizer Talschaften (Uri, Schwyz und Unterwalden), welches 1291 nach dem Tod König Rudolfs I. erstmals zutage getreten war. Diese sogenannten Waldstätte, die nach der Doppelwahl von 1314 zu einer ernstlichen Bedrohung der habsburgischen Herrschaft in den Stammlanden werden sollten, fügten dem von Leopold angeführten schwerfälligen österreichischen Ritterheer im Herbst 1315 mit leichten beweglichen Fußtruppen und unter geschickter Ausnützung topographischer Gegebenheiten eine vernichtende Niederlage zu (Schlacht am Morgarten). Die Eidgenossenschaft war im Entstehen und die habsburgische Herrschaft hierdurch in der Stammheimat des Geschlechts nachhaltig herausgefordert.

Die Meinhardiner, Herzöge von Kärnten und Grafen von Tirol

Aus der politischen Neuordnung, welche König Rudolf I. nach dem Tod Přemysl Otakars II. im Ostalpenraum vornahm, ging neben dem aus Österreich und Steiermark gebildeten Länderverband noch ein weiterer vom Arlberg im Westen in weitem Bogen bis nach Krain sich erstreckender Territorialkomplex hervor. Der mit Rudolf eng verbündete Graf Meinhard II. von Görz-Tirol, der eigentliche Schöpfer des Landes Tirol, empfing vom römischen König nach einer mehrjährigen provisorischen Statthalterschaft 1286 das Herzogtum Kärnten als Reichslehen. Mit dem neu erwachsenen Land Tirol, das in den letzten Jahrzehnten des 13. Jahrhunderts endgültig Gestalt angenommen hatte, dem Herzogtum Kärnten und einer auf Pfandrechte gegründeten Herrschaft in Krain gebot Herzog-Graf Meinhard zu Ende seines Lebens über eine territoriale Machtkonzentration, die der habsburgischen kaum nachzustehen schien. Die folgenden Jahrzehnte sollten allerdings sehr bald die Brüchigkeit der meinhardinischen Herrschaft offenbaren. Als Meinhard II. im Jahre 1295 starb, vermochten seine gemeinsam regierenden Söhne Otto, Ludwig und Heinrich zunächst wohl einige Erfolge zu verbuchen. Der Ausgleich mit dem Bischof von Trient, der damals zustande kam, bestimmte die Mündung des Avisio in die Etsch knapp nördlich der Bischofsstadt als Grenze zwischen der Grafschaft Tirol und dem Territorium des Bischofs, eine Grenze, die ein halbes Jahrtausend – bis zum Beginn des 19. Jahrhunderts – in Geltung blieb. Rückhalt gab den Meinhardinern die enge politische Gefolgschaft zu den Habsburgern – in der Schlacht von Göllheim 1298 führte Herzog Heinrich seinem Schwager Albrecht ein Kontingent von mehr als 1000 Panzerreitern zu. Auch später engagierten sich die Tiroler Landesfürsten noch bisweilen aufseiten der Habsburger, etwa bei der Doppelwahl 1314, als Herzog Heinrich zu den Wählern seines Neffen Friedrich des Schönen zählte. Die von Meinhard II. gelegten finanziellen Fundamente der Görzer Macht waren verglichen mit anderen Territorialfürsten der Zeit überaus solide. Dennoch ließen übermäßige Repräsentationsausgaben der drei Brüder, die sich in einer verschwenderischen Hofhaltung förmlich überboten, die Meinhardiner zu Beginn des 14. Jahrhunderts in eine tiefe Krise schlittern. Zum Niedergang des Geschlechts trug maßgeblich bei, dass Herzog Heinrich sich mehrfach auf kostspielige politische Unternehmungen mit höchst unsicherem Ausgang einließ. Kläglich scheiterte der Versuch, aufgrund einer ehelichen Verbindung mit einer böhmischen Prinzessin die Königswürde in diesem Land zu erlangen. Dem Meinhardiner blieb nur der böhmische Königstitel, den er zeit seines Lebens führte. Als krasser Fehlschlag erwies sich auch das Engagement Heinrichs als Reichsvikar in Padua und Schutzherr von Treviso gegen den Veroneser Signore Cangrande della Scala in den 1320er Jahren. Infolge massiver Überschuldung war Heinrich zu großflächigen Verpfändungen gezwungen, was dem als Geldgeber begehrten Adel Tirols, dem Meinhard II. einst feste Zügel angelegt hatte, neue, ungewohnte Machtchancen eröffnete. Die territoriale Integrität des noch jungen Landes Tirol wurde durch diese krisenhafte Entwicklung indes, so scheint es, nicht substantiell gefährdet. Prekärer war die Situation allemal in Kärnten, das für Heinrich zusehends in die Rolle eines Nebenlandes geriet. In den Jahren 1307/08 gelang es dem österreichischen Herzog Friedrich dem Schönen im Zuge der habsburgisch-meinhardinischen Konkurrenz um die böhmische Königskrone fast mühelos, zentrale Teile des Landes in Besitz zu nehmen. Herzog Heinrich wollte oder konnte dem habsburgischen Vorstoß nach Kärnten kaum etwas entgegensetzen.

Die Formierung der österreichischen Erblande (1335–1365)

Die Jahrzehnte zwischen 1335 und 1365 stellen die entscheidende Phase für die Formierung der österreichischen Erblande dar. Es war der Zerfall des aus Tirol und Kärnten gebildeten meinhardinischen Länderverbundes, der den Weg freimachte für die Habsburger. Dass es diesen schlussendlich gelingen würde, das gesamte Erbe der Meinhardiner ihrer Hausmacht einzuverleiben, war freilich nicht abzusehen, als Herzog Heinrich von Kärnten am 2. April 1335 starb. Heinrich hatte drei Ehen geschlossen, ohne dass einer der Verbindungen ein Sohn entsprossen wäre, weshalb die Tochter Margarethe – die zweite Tochter Adelheid galt als unheilbar krank – als Erbin des meinhardinischen Länderkomplexes in den Mittelpunkt intensivster territorial- und dynastiepolitischer Operationen und Allianzen rückte. Die Anwartschaft auf die beiden Länder Tirol und Kärnten weckte Begehrlichkeiten bei allen drei Großdynastien des Reichs, den Luxemburgern, den Habsburgern und den Wittelsbachern. Wohl war das alte meinhardinisch-habsburgische Bündnis nicht gänzlich zerbrochen. Auf Vermittlung der Habsburger ging Heinrich 1328 mit Gräfin Beatrix von Savoyen (gest. 1331) eine dritte Ehe ein, und sicherlich nicht zufällig ließ der Meinhardiner um 1325 seine großzügige Klosterstiftung, die Kartause im Südtiroler Schnalstal, vom niederösterreichischen Mauerbach, der Stiftung Friedrichs des Schönen, besiedeln. Das Rennen um die Hand der Erbtochter Margarethe machten indes die böhmischen Luxemburger, die damals gerade an dem Aufbau eines eigenen Territoriums in Oberitalien arbeiteten. Große finanzielle Versprechungen des böhmischen Königs an Heinrich gaben den Ausschlag, dass die zwölfjährige Margarethe 1330 mit dem um vier Jahre jüngeren Prinzen Johann Heinrich, Bruder des nachmaligen Kaisers Karl IV., vermählt wurde.

Die Heirat der Tiroler Erbtochter Margarethe mit dem Luxemburger ließ Wittelsbacher und Habsburger zur Wahrung ihrer Interessen in der Kärnten-Tiroler Sukzessionsfrage zusammenrücken. Nachdem Friedrich der Schöne im Jänner 1330 gestorben war, vertraten dessen Brüder Albrecht II. und Otto (»der Fröhliche«), die letzten überlebenden Söhne König Albrechts I., die Interessen des habsburgischen Hauses. Der ältere der beiden, Albrecht (geb. 1298), war zunächst für den geistlichen Stand bestimmt gewesen, besaß auch bereits eine Passauer Domherrenpfründe, heiratete aber dann 1324 Johanna, die Erbtochter des Grafen Ulrich von Pfirt (im Oberelsass). In den Vordergrund rückte der politisch Begabte nach dem Tod des Bruders Leopold I. (1326). Doch schon 1330 sah sich Albrecht infolge einer schweren Erkrankung, die zu Lähmungserscheinungen an Armen und Beinen führte, an den Lehnstuhl gefesselt und in vielen Belangen auf die Hilfe des jüngeren Bruders Otto angewiesen. Dieser übernahm denn auch die Federführung bei der Annäherung zwischen Habsburgern und Wittelsbachern. Weil weder Albrecht II. noch Otto ernstlich an eine römisch-deutsche Thronkandidatur denken konnten, gelang der Ausgleich der beiden Häuser rasch, und die Verhandlungen mündeten im November 1330 sogar in ein geheimes Bündnis. Kaiser Ludwig versprach, die Habsburger Albrecht und Otto nach dem Tod des Meinhardiners Herzog Heinrich mit dem Herzogtum Kärnten zu belehnen. Im Sinne dieser habsburgisch-wittelsbachischen Absprache wurde Ludwig der Bayer sodann nach dem Tod Herzog Heinrichs tatsächlich aktiv. Mit dem Argument, dass beide Länder ohne legitimen Erben an das Reich heimgefallen seien, belehnte er die Habsburger Albrecht II. und Otto am 2. Mai 1335 in Linz mit dem Herzogtum Kärnten und dem südlichen Teil der Grafschaft Tirol, deren nördlichen Teil – jenseits von Franzensfeste im Pustertal, dem Jaufenpass und Finstermünz – er seinem, dem wittelsbachischen Haus zuzuwenden gedachte. Das war nun allerdings ein auf dem politischen Reißbrett gezirkeltes Programm. Die Pfandherrschaft Herzog Heinrichs in Krain kam gar nicht zur Sprache, dieses Land fiel scheinbar problemlos an die Habsburger, die seit 1282 nominell damit belehnt waren. In Kärnten hatten die Herzöge Albrecht und Otto einer Herrschaftsübernahme durch Vereinbarungen mit den im Herzogtum reich begüterten Kirchenfürsten von Salzburg und Bamberg erfolgreich vorgearbeitet. Und auch die bereits bestehenden engen personellen Verflechtungen des Kärntner Adels mit dem der benachbarten habsburgischen Steiermark erleichterten die Etablierung der neuen habsburgischen Herrschaft in Kärnten. Kluger politischer Respekt vor den wirkmächtigen Symboltraditionen des Herzogtums ließ es Otto geboten erscheinen, sich unverzüglich am 2. Juli 1335 den Zeremonien der Herzogseinsetzung am Kärntner Fürstenstein in Karnburg zu unterziehen, obgleich das eigenwillig archaische Ritual beim habsburgischen Gefolge Ottos hauptsächlich auf Unverständnis stieß.

Fand also die habsburgische Herrschaft in Kärnten rasche Zustimmung, so reagierte man in Tirol ganz anders auf die Entscheidungen Kaiser Ludwigs. Der Adel des Landes, der in diesen Jahren immer mehr in die Rolle des »Königsmachers« hineinwuchs, hielt zur Meinhardiner Erbin Margarethe und deren luxemburgischem Ehemann. Dem jungen Paar stand Markgraf Karl von Mähren, der ältere Bruder Johann Heinrichs, tatkräftig zur Seite, derart, dass Wittelsbacher und Habsburger nicht dazu kamen, ihre Ansprüche auf Tirol zu verwirklichen. Von habsburgischer Seite wurde die ohnedies halbherzig geführte militärische Auseinandersetzung im Frieden von Enns (9. Oktober 1336) beendet. Die Herzöge Albrecht II. und Otto verzichteten gegenüber König Johann von Böhmen auf sämtliche Rechte in Tirol, und schließlich erklärte sich auch Kaiser Ludwig zur Anerkennung der Herrschaft Margarethes und Johann Heinrichs über Tirol bereit. In Tirol selbst begann sich indes alsbald Widerstand gegen die rigide Personalpolitik der Luxemburger zu regen. Markgraf Karl von Mähren, der spätere Kaiser, der in seiner Autobiographie eine anschauliche, wenngleich durchaus subjektive Schilderung seines damaligen Wirkens in Tirol hinterlassen hat, sorgte für die Einsetzung von luxemburgischen Gefolgsleuten als Bischöfen von Trient (Nikolaus von Brünn) und Brixen (Matthäus). Auch andere wichtige Posten im Land wurden mit Böhmen besetzt. Um vermeintlichen oder auch tatsächlichen Verschwörungsneigungen im Tiroler Adel zu begegnen, installierte Karl zuletzt sogar eine böhmische Besatzung auf Schloss Tirol. Der ob dieser Maßnahmen sich weiter verstärkenden Adelsopposition blieb indes nicht verborgen, dass die Landesfürstin Margarethe ihrem luxemburgischen Ehemann mit wachsender Abneigung begegnete. Ein Zusammenspiel von Adel und Fürstin, in das vielleicht der Wittelsbacher Kaiser

Ludwig bereits von Beginn an einbezogen wurde, zeichnete sich ab. Am Allerseelentag des Jahres 1341 suchte Johann Heinrich von Luxemburg auf der Rückkehr von der Jagd vergeblich Einlass in Schloss Tirol. Diese in die Tiroler Geschichte eingegangene Szene war das Signal zum Sturz der Luxemburger Herrschaft. Johann Heinrich wurde von seiner Frau verstoßen und samt der böhmischen Besatzung aus dem Land gejagt. In den letzten Novembertagen 1341 verhandelten führende Repräsentanten des Tiroler Adels schon in München über eine Ehe Margarethes mit dem soeben verwitweten ältesten Sohn des Kaisers, dem Markgrafen Ludwig von Brandenburg. Der Preis, den die Wittelsbacher für die Gewinnung Tirols zu zahlen hatten, war eine umfassende Urkunde, in der Ludwig von Brandenburg sich dazu bekannte, die seit den Tagen Meinhards II. üblichen Rechte des Landes zu achten, die gegenwärtigen Amtsträger zu belassen, keine ungewöhnlichen Steuern zu erheben, keine Burgen an Landfremde zu übertragen und die Erbfürstin Margarethe nicht außer Landes zu führen. Unschwer sind hinter den Versprechungen die Interessen des Tiroler Adels erkennbar, und ganz sicher verrät diese von der Landesgeschichtsschreibung zur »Magna Charta« Tirols hochstilisierte Urkunde vom 28. Jänner 1342 noch nichts über eine Landstandschaft der Tiroler Bauern. Im Februar 1342 heiratete Margarethe in einem höchst problematischen Verfahren – die Ehe mit dem Luxemburger Johann Heinrich war nicht rechtsgültig geschieden – Markgraf Ludwig von Brandenburg. Anschließend erteilte Kaiser Ludwig dem Paar die Belehnung mit Tirol und Kärnten. Letzteres sorgte bei den Habsburgern, die die Tiroler Vorgänge bisher mit Zurückhaltung verfolgt hatten, immerhin für so viel Unruhe, dass es Herzog Albrecht II. angeraten schien, sich der Kärntner Herrschaft durch einen neuerlichen Vollzug der Herzogseinsetzungszeremonien zu versichern – Otto der Fröhliche, der sich 1335 dem Ritual am Fürstenstein unterzogen hatte, war 1339 gestorben. Die Zeremonien fanden mit Rücksicht auf Albrechts körperliche Behinderung in entsprechend abgewandelter Form statt.

Zu einer schärferen Frontstellung gegenüber den Wittelsbachern war Herzog Albrecht II. nicht geneigt. Seine vorsichtige Politik zielte auf gleichermaßen gute Beziehungen zu beiden damals den Habsburgern klar überlegenen großdynastischen Konkurrenten, Wittelsbachern und Luxemburgern. Die Annäherung an die Luxemburger fand 1344 in einer Heiratsabrede ihren Ausdruck. Der älteste Sohn Albrechts, der 1339 geborene Rudolf (IV.), wurde mit Katharina, der Tochter des Luxemburgers Karl, verlobt. Die Hochzeit fand 1353 in Prag statt. Herzog Albrecht hielt aber auch zum gebannten Wittelsbacher Kaiser Ludwig bis zu dessen Tod 1347 Kontakt und, weil er Tirol lieber in der Hand der Wittelsbacher als in der der Luxemburger sah, setzte sich an der Kurie für Ludwig den Brandenburger und Margarethe ein, um eine Annullierung der ersten Ehe der Tiroler Erbfürstin zu erwirken. Kriegerischen Auseinandersetzungen ging Albrecht nach Möglichkeit aus dem Weg, einzig der sogenannte »Alte Zürichkrieg« (1351–1355) nötigte den Habsburger in den westlichen Stammlanden der Familie zu einem kostspieligen militärischen Kräftemessen mit der werdenden Eidgenossenschaft. Die eigentlichen Interessen Albrechts galten der Konsolidierung des habsburgischen Länderkomplexes nach innen. Diesem Ziel diente das vom Luxemburger Karl IV. bald nach dessen Königswahl erwirkte *Privilegium de non evocando* für alle habsburgischen Territorien. Es untersagte die Ladung habsburgischer Untertanen vor auswärtige Gerichte, auch die des Königs. Ein stärkerer Zusammenhalt der bisher nur durch die Dynastie verklammerten Länder sollte durch die sachte Angleichung der Landrechte in der Steiermark, Kärnten und Krain erreicht werden. 1355 gab Albrecht eine Hausordnung, die die drei Söhne Rudolf (IV.), Albrecht (III.) und Leopold (III.) zu gemeinsamer Regierung verpflichtete, jede Teilung der habsburgischen Länder ausschloss und die Landherren, den hohen Adel, der Länder Österreich, Steiermark und Kärnten zu Garanten der Einheit der habsburgischen Herrschaft berief. Man vermeint in diesen Jahren schon so etwas wie ein Zusammengehörigkeitsgefühl aller habsburgischen Länder erkennen zu können. Der bedeutende Geschichtsschreiber Johann von Viktring beschwor in seinem von Herzog Albrecht angeregten historiographischen Hauptwerk, dem von ihm selbst so genannten *Liber certarum historiarum* (*Buch gewisser Geschichten*), ein gemeinschaftliches auf die Habsburger ausgerichtetes Landesbewusstsein. Wenngleich sich eine direkte Wirkung solcher intellektueller Propagierung schwer fassen lässt, mag Johann doch einem wachsenden Gemeinschaftsgefühl in den habsburgischen Ländern Ausdruck verliehen haben.

Als Herzog Albrecht II. am 20. Juli 1358 annähernd sechzigjährig in Wien starb, hielt sich der älteste Sohn Rudolf IV. in den habsburgischen Vorlanden im Westen auf, deren Verwaltung ihm der Vater 1357 übertragen hatte. Dass der junge Fürst nicht gesonnen war, die auf Ausgleich bedachte Politik Albrechts II. fortzusetzen, konnte man schon an seinen ersten Regierungshandlungen in Schwaben und Elsass unschwer ablesen.

Nach dem Tod des Vaters entließ er unverzüglich, so wird uns berichtet, dessen Räte und umgab sich mit einem gänzlich neuen Beraterstab. Das Urteil über Rudolf IV., von dem der österreichische Historiograph Thomas Ebendorfer (gest. 1464) meinte, hätte der Herzog länger gelebt, er würde Österreich bis in den Himmel erhoben oder in den Abgrund gestürzt haben, fällt bis heute in der Forschung zwiespältig aus. Die markanteste Herrschergestalt seines Hauses im Spätmittelalter, kreativ, ja bisweilen genial, rastlos, machtgierig, eitel, ein Meister der Selbstinszenierung, so oder so ähnlich wird die Persönlichkeit jenes Habsburgers beschrieben, dem nur eine kurze Regierungszeit von sieben, freilich ereignisdichten Jahren bis zu seinem Tod in noch jugendlichem Alter 1365 gegönnt war. Unbestreitbar ist: Rudolf IV. besaß ein klar konturiertes Herrschaftsprogramm. Dieses war ganz darauf ausgerichtet, den vermeintlich königsgleichen Rang und die »fürstliche Majestät« der habsburgischen Dynastie und ihrer Länder zur Geltung zu bringen. Die unerschütterliche Überzeugung von der einzigartigen Sendung seines Hauses trieb Rudolfs Handeln an. Dazu trat ein übersteigertes Selbstwertgefühl, das sich geradezu in einem Kult um die eigene Person äußerte. Sein Geburtszimmer in der Wiener Hofburg ließ der siebzehnjährige Rudolf 1356 zu einer Kapelle umgestalten, die er nach seinem Geburtstag, dem 1. November, allen Heiligen weihte. Auf seinem Siegel erscheint sein Geburtsjahr 1339, und, ganz ungewöhnlich für die Zeit, Rudolf ließ in seinen feierlichen Urkunden nicht nur, dem Vorbild der Königsurkunde folgend, nach Herrscherjahren, sondern auch nach seinen eigenen Lebensjahren datieren.

Mit bemerkenswerter Entschlossenheit ging Rudolf an die Realisierung seiner politischen Pläne. Wahrscheinlich doch als habsburgische Antwort auf die reichsrechtliche Regelung der Goldenen Bulle von 1356 gedacht, entstand im Auftrag des österreichischen Herzogs im Winter 1358/59 das großangelegte Fälschungswerk der sogenannten »österreichischen Freiheitsbriefe«. Es handelt sich um angebliche Urkunden der Kaiser und Könige Heinrich IV., Friedrich I., Heinrich (VII.), Friedrich II. und Rudolf. In das Diplom Heinrichs IV. wurden zudem vorgebliche Urkunden Caesars und Neros inseriert. Das Kernstück des Fälschungskomplexes bildete das auf Friedrich I. gefälschte Diplom, von der historischen Forschung seit dem 19. Jahrhundert – zur Unterscheidung vom echten *Privilegium minus* – als *Privilegium maius* bezeichnet. Über die Umstände, unter welchen die Falsifikate entstanden, wissen wir bis heute nicht im Detail Bescheid. Sicher ist, dass die Fälscher mit beachtlichem technischem Geschick und unter Benützung echter Vorlagen ans Werk gingen – die an der gefälschten Friedrich-Urkunde angebrachte Goldbulle etwa wurde dem echten Original entnommen, das damals vernichtet wurde. Weniger Klarheit besteht indes darüber, wer als eigentlicher Kopf der Fälschungsaktion zu gelten hat. Der Name von Rudolfs Kanzler Johann Ribi von Lenzburg wird hier immer wieder genannt. Im 19. und 20. Jahrhundert hat man sich oftmals schwergetan mit der Beurteilung der Fälschungen Rudolfs, und insbesondere die österreichische Historiographie fühlte sich verpflichtet, das Tun des Herzogs zu exkulpieren. Möglicherweise führt es zu einem besseren Verständnis der Falsifikate, wenn diese an ihren Zeitbedingungen gemessen werden. Das im europäischen Vergleich späte Entstehungsdatum der rudolfinischen Fälschungen hängt jedenfalls, wie zuletzt bemerkt wurde, aufs engste mit der »geringen Dichte« der Staatlichkeit im spätmittelalterlichen Reich zusammen.

Was bezweckte Rudolf mit den Fälschungen? Nach Peter Moraw war das Ziel, »sich nach oben zu fälschen«, die Stellung des Hauses Österreich innerhalb des Reiches aufzuwerten, gleichsam nebenbei sei dann noch der eine oder andere kleine aktuelle Vorteil »mitgenommen« worden. Dem umfassenden Charakter des rudolfinischen Programms, wie es in den Fälschungen zusammengefasst erscheint, dürfte eine derartige Einschätzung nicht ganz gerecht werden. Zeremonielle Forderungen Rudolfs, wie jene, die Belehnung in Österreich zu empfangen oder bei königlichen Hoftagen gleich nach den Kurfürsten zur Rechten des Kaisers zu sitzen, ordnen sich zwanglos in die gemäß den Spielregeln der aristokratischen Gesellschaft ausgetragene Rangkonkurrenz im spätmittelalterlichen Reichsgefüge ein. Und hierher gehören auch die in den Fälschungen von Rudolf reklamierten Titel (Pfalzerzherzog, *palatinus archidux*), Würden und Insignien (Zackenkrone mit Kreuz). Keineswegs nebensächlich sind indessen all jene Rechtspositionen des Fälschungskomplexes, die die habsburgischen Länder betrafen und auf eine weitere Intensivierung der Landesherrschaft abzielten: Das Reich darf in Österreich keine Lehen haben, und alle weltlichen Gerichte im Land gehen vom Herzog zu Lehen. Gleich wie für die Kurfürstentümer gelten ein Teilungsverbot und die Primogeniturerbfolge. Von zentraler Bedeutung ist schließlich der im Fälschungskomplex arrogierte Anspruch, alle Rechte des Herzogtums Österreich auf die übrigen habsburgischen Länder zu transferieren. Deutlich zeichnet sich hier Rudolfs Vorstellung von einem unteilbaren Großterritorium ab, in welchem dem Herzogtum Österreich die tragende Rolle zugedacht war und die übrigen habsburgischen Länder eine Art Erweiterung dieses Kernlandes bilden sollten. Es war ein maximaler Forderungskatalog, den Rudolf mit den gefälschten Urkunden vorlegte, und als solchen scheint ihn der direkt herausgeforderte Schwiegervater Karl IV. auch begriffen zu haben. Denn obwohl der vom Kaiser 1361 mit einer Prüfung der Urkunden betraute Humanist Francesco Petrarca ein vernichtendes Urteil über die pseudoantiken Texte des Fälschungskomplexes abgab, verwarf Karl die Falsifikate nicht rundweg, sondern ließ ein begrenztes Verhandeln über einzelne Punkte zu.

Das meiste von den im Maius-Fälschungskomplex ausgebreiteten politischen Ideen kehrt in Rudolfs Regierungspraxis wieder. Den in den gefälschten Urkunden geschaffenen Titel eines Pfalzerzherzogs hat er tatsächlich geführt, und zwar so lange, bis ihm Kaiser Karl dies scharf untersagte, befürchtend, dass Rudolf die Pfalzwürde zu einem Reichsvikariat in den habsburgischen Ländern ausbauen könnte. Behalten durfte der Habsburger allein den politisch harmlosen Erzherzogstitel. Auch die im Fälschungskomplex beanspruchte Krone hat ihren Platz in der politischen Realität; auf Siegelstempeln und dem berühmten Porträtbildnis, das über Rudolfs Hochgrab im Stephansdom hing, trägt der Fürst ein kronenartiges Insigne samt Bügel. Wahrscheinlich hat Rudolf sich ein solches Diadem auch anfertigen lassen. Die in den Falsifikaten postulierte Lehenshoheit über alle Gerichte in seinen Ländern brachte Rudolf unter anderem gegenüber den Grafen von Schaunberg in Oberösterreich machtvoll zur Geltung. Nur das in den gefälschten Urkunden angepeilte Primogeniturprinzip vermochte er seinen beiden jüngeren Brüdern gegenüber nicht durchzusetzen. Die Hausordnung von 1364 räumte, der tatsächlichen Vormachtstellung Rudolfs Rechnung tragend, dem Ältesten zwar eine klare Vorrangstellung in der Regierung der Länder ein, hielt aber an der grundsätzlichen Teilhabe aller Familienmitglieder an der Herrschaft fest.

Von den wirtschaftspolitischen Maßnahmen Rudolfs hat nur eine langfristig Bedeutung erlangt, die Einführung des sogenannten Ungeldes, einer zehnprozentigen Getränkesteuer. Vom Herzog gegen den Verzicht auf den jährlichen Münzverruf (eine in regelmäßigen Abständen vorgenommene Münzverschlechterung) seit 1359 im Herzogtum Österreich eingehoben, wurde diese Steuer dank einer dynamischen Aufkommensentwicklung bald schon zum wichtigsten Finanzträger des Landesfürstentums.

Breiten Raum nahm in den Plänen Rudolfs die Stadt Wien ein, deren Entwicklung zur Residenzstadt in den Jahren von 1358 bis 1365 eine unerhörte Dynamik und einen ersten vorläufigen Höhepunkt erlebte. Das Bild der Königsstadt Prag vor Augen, ging Rudolf planmäßig an den Ausbau Wiens zum ideellen und wirtschaftlichen Zentrum des habsburgischen Länderkomplexes. Im März 1359 legte der Herzog den feierlichen Grundstein zu einem domartigen Erweiterungsbau der Pfarrkirche St. Stephan, eine demonstrative bauliche Vorwegnahme der am Widerstand des Passauer Diözesanbischofs scheiternden Erhebung Wiens zum Bistum. In diese Kirche, die Rudolf zur habsburgischen Familiengrablege erkor und die er zu einem sakral-symbolischen Mittelpunkt Österreichs, zu einer *capella regia Austriaca*, machen wollte, ließ er weitum zusammengetragene Reliquien transferieren, ein Reliquienschatz, der dem Heil von Land und Dynastie dienen sollte. Nachdem ursprünglich die Wiener Hofburg als Standort vorgesehen war, erhielt in der Wiener Stephanskirche dann auch das von Rudolf IV. nach Prager Vorbild gestiftete vornehme Allerheiligenkapitel mit einem gefürsteten Propst und 24 Chorherren seinen Sitz. Erst knapp vor seinem Tod gelang es Rudolf, sein Residenz-Programm für Wien mit einem aus der Sicht der Zeitgenossen wahrhaft königlichen Projekt, der Gründung einer Universität, zu krönen. Der feierliche Stiftbrief der Wiener Alma mater datiert vom 12. März 1365, die päpstliche Genehmigung, die nur ohne theologische Fakultät gewährt wurde, vom 18. Juni dieses Jahres. Rudolf orientierte sich am Modell der Pariser Universität, von wo auch der Wiener Gründungsrektor Albert von Sachsen kam. Mit der Bestellung des Propstes von St. Stephan zum Universitätskanzler unterstrich der Herzog den Wunsch nach einer engen und dauerhaften Verbindung seiner beiden bedeutendsten Stiftungen. Großzügige Vorsorge traf Rudolf für ein weiträumiges an die Burg anschließendes Studentenviertel, dessen Realisierung der vorzeitige Tod des Herzogs indes verhinderte.

Der größte territorialpolitische Erfolg Rudolfs IV., die Erwerbung Tirols für die Habsburger, stellte sich im Jahre 1363 ein. Langjährige, geduldige Vermittlungsarbeit von Herzog Albrecht II. an der Kurie hatte das Tiroler Fürstenpaar Ludwig und Margarethe ganz ins habsburgische Fahrwasser gebracht, und noch ehe der päpstliche Bann, der auf den beiden wegen ihrer kirchenrechtswidrigen Ehe lag, 1359 endlich gelöst wurde, kam eine Heirat zwischen Meinhard III., dem einzigen Sohn und präsumtiven Erben des Tiroler Fürstenpaares, und der Habsburgerin Margarethe, einer Tochter Albrechts II. und Schwester Rudolfs, zustande. Doch als Markgraf Ludwig von Brandenburg 1361 überraschend starb und der junge Erbe Meinhard sich tief in innerfamiliäre Interessenkonflikte des wittelsbachischen Hauses verstrickte, drohte Tirol den Habsburgern wieder gänzlich zu entgleiten. In dieser Situation gelang es Tiroler Adels- und Städtevertretern, Meinhard III. mit einem drängenden Schreiben dazu zu bringen, aus München nach Tirol zu kommen. Herzog Rudolf könnte bei dieser Aktion seine Hände im Spiel gehabt haben – sie kam dem Habsburger jedenfalls gelegen. Freilich schon drei Monate später, Mitte Jänner 1363, war Meinhard tot, und seine Mutter Margarethe geriet in eine Art Kuratelverhältnis zum Tiroler Adel, der die Macht im Lande an sich riss und sich im großen Stil Güter und Privilegien zuschanzte. Nun griff der österreichische Herzog zu. Bereits auf dem Wege nach Tirol, als sein Schwager Meinhard starb, bewog er Margarethe in Bozen am 26. Jänner 1363, Tirol unter Vorbehalt der Regentschaft ihm und seinen Brüdern als nächsten Verwandten zu übertragen. Das Einverständnis des Tiroler Adels zu dieser folgenschweren Entscheidung gewann Rudolf durch entsprechende Zugeständnisse, möglicherweise auch unter Einsatz gefälschter Urkunden. Noch drohte der habsburgischen Herrschaft in Tirol indes Gefahr, insbesondere durch die Wittelsbacher. Eine Erhebung des heimischen Adels, bei welcher Rudolf offenbar persönlich in Lebensgefahr geriet, scheiterte im Sommer 1363 an der Entschlossenheit der Bürger von Innsbruck und Hall. Nun erst verzichtete Margarethe endgültig auf alle ihre Rechte. Sie zog sich nach Wien zurück, wo sie 1369 starb. Vonseiten der Wittelsbacher sollten noch mehrere militärische Vorstöße nach Tirol erfolgen, der massivste im Jahre 1368, der Übergang des Landes an die Habsburger war jedoch irreversibel geworden. Dies lag nicht zuletzt daran, dass Rudolf die beiden Hochstifte Trient und Brixen eng an das Haus Österreich zu binden vermochte. Im Falle Trients geschah dies durch ein Abkommen, das den Habsburgern als Tiroler Landesfürsten ein weitgehendes Durchgreifen im Gebiet dieses Hochstifts erlaubte. Der Brixner Bischofsstuhl entwickelte sich in den folgenden Jahrzehnten überhaupt zu einem »Hausbistum« der Habsburger, das diese als Versorgungspfründe für ihre Kanzler zu benützen sich angewöhnten. Die Reihe dieser Kanzler-Bischöfe eröffnete 1364 Rudolfs Kanzleichef Johann Ribi.

Am 8. Februar 1364 erteilte Kaiser Karl IV. den Habsburgern in Brünn die Belehnung mit Tirol. Um diese zu erlangen, hatte Rudolf IV. eine radikale Wende in seiner Politik gegenüber dem kaiserlichen Schwiegervater vollzogen. Seit Rudolfs Herrschaftsantritt waren die Zeichen unausgesetzt auf Konfrontation gestanden, und der Schwiegersohn hatte den Schwiegervater herausgefordert bis hin zur offenen Ankündigung eigener Thronambitionen, worauf Karl IV. die in Nürnberg anwesenden Kurfürsten am 13. März 1362 dazu verpflichtete, bei seinem Tod keinem Habsburger die Krone zu übertragen. Die Brünner Belehnung Rudolfs und seiner Brüder mit Tirol flankierte der Abschluss eines gegenseitigen Erbvertrages zwischen Habsburgern und Luxemburgern unter Einschluss der ungarischen Anjous. Als Nutznießer dieses Vertrags wähnte sich vermutlich der Kaiser. Dass es ein Lebensalter später die Habsburger sein sollten, die die Luxemburger beerben, dürfte damals kaum jemand erwartet haben.

Dynastische Teilungen (1365–1439)

Durch den kinderlosen Tod Rudolfs IV. in Mailand am 27. Juli 1365 fiel die Herrschaft in den habsburgischen Ländern den überlebenden Brüdern, dem sechzehnjährigen Albrecht III. und dem erst vierzehnjährigen Leopold III., zu. Die beiden Herzöge meisterten die entstandene schwierige Situation, indem sie die Ambitionen der Dynastie auf allen Linien zurücknahmen und ihre Kraft auf die Sicherung des Erreichten verwandten. Vom *Privilegium maius*, das in den Tiefen des habsburgischen Hausarchivs verschwand, war nicht mehr die Rede. Die Lage gebot einen engen Anschluss an Kaiser Karl IV., der 1366 seine Tochter Elisabeth mit Herzog Albrecht III. verheiratete. Mit dem Frieden von Schärding erreichten die habsburgischen Brüder 1369 den endgültigen Verzicht der Wittelsbacher auf Tirol, freilich um den Preis sehr hoher Entschädigungszahlungen (116 000 Gulden), die die ohnehin schon angespannten Finanzen der Dynastie weiter belasteten, derart, dass 1370 der finanzielle Zusammenbruch fast unausweichlich schien. Die Fürsten griffen zu außergewöhnlichen Maßnahmen wie der pachtweisen Überantwortung der gesamten Finanzverwaltung an ein gemischt adelig-bürgerliches Konsortium. Aber auch der fiskalische Druck auf die jüdischen Gemeinden Österreichs wurde massiv erhöht und nahm allenthalben erpresserische Züge an.

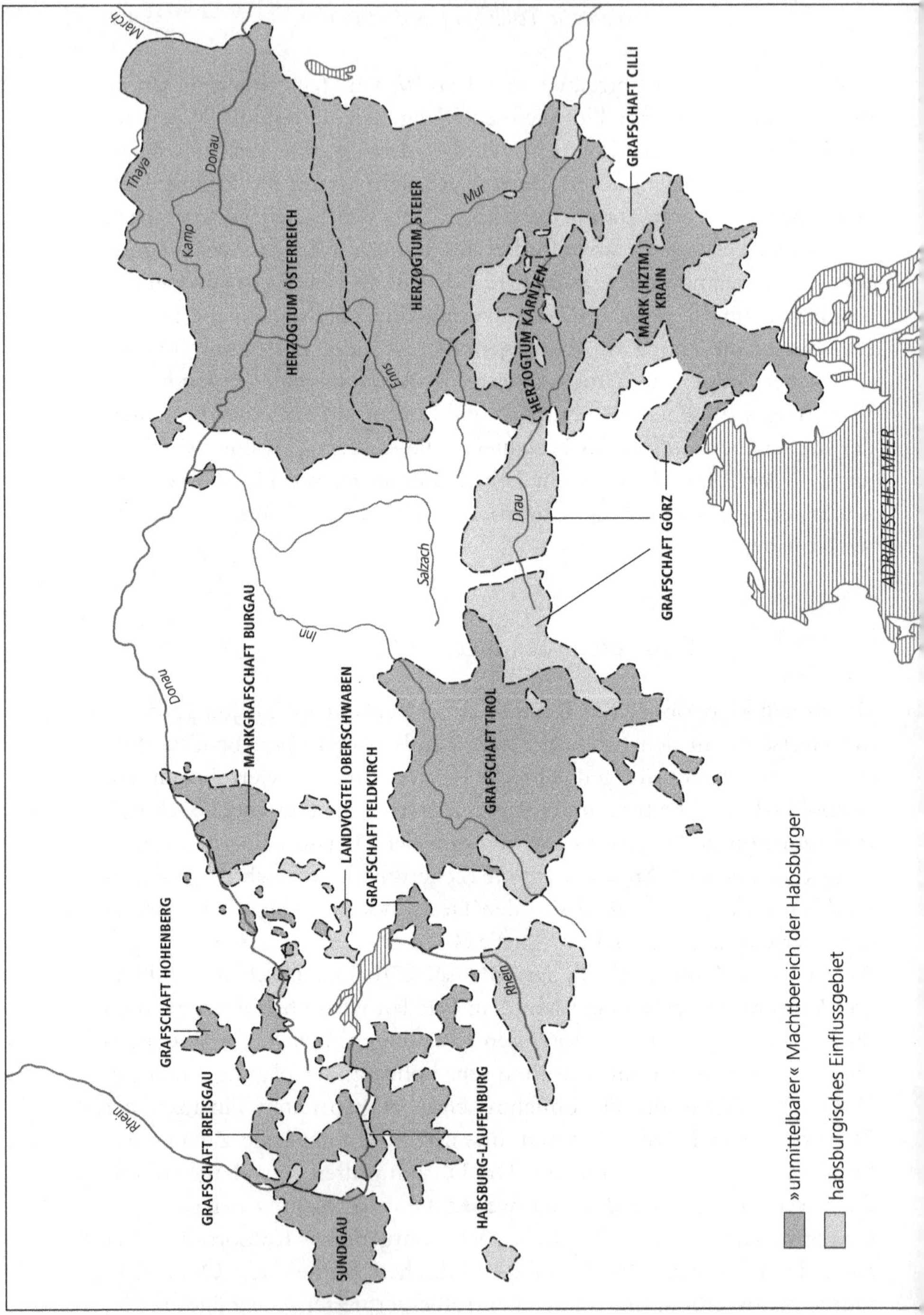

Länder und Machtbereich der Habsburger um 1400

Zu Anfang der 1370er Jahre zeigten sich erste Spannungen und Risse im Verhältnis der Brüder Albrecht und Leopold. Immer deutlicher wurde, dass der jüngere Bruder Leopold sich auf Dauer nicht mit der zweitrangigen Rolle abfinden wollte, die ihm durch die Senioratsverfassung zugewiesen wurde. Die Entwicklung steuerte – für jedermann erkennbar – auf eine Teilung der Herrschaft zu. Von 1373 bis 1379 folgten einander in immer kürzeren Abständen Hausverträge, wobei Albrecht III. seinem jüngeren Bruder Schritt um Schritt entgegenkam. Alles, was die Logik dynastischer Konflikte damals an Teilungsverfahren zuließ, wurde dabei durchgespielt bis hin zu Losentscheidungen und ganz haarsträubenden Szenarien, die in einem Fall sogar die Zweiteilung der Stadt Wien vorsahen. Widerstand aus den betroffenen habsburgischen Ländern regte sich dennoch kaum. Im Adel der einzelnen Länder selbst ergaben sich unterschiedliche Interessenkonstellationen, die den Aufteilungswünschen Leopolds durchaus entgegenkamen. Während Donauösterreich sich durch wirtschaftliche und politische Verbindungen eher nach Böhmen und Ungarn hin orientierte, sah der Adel der Alpenländer und insbesondere Tirols seine Interessen traditionell im Süden und Westen. Offenkundig fehlte es dem durch die Dynastie geschaffenen Länderkomplex nach wie vor an innerem Zusammenhalt, und selbst Länder wie Österreich und die Steiermark mit langer gemeinsamer Geschichte blieben einander letztlich fremd. Nur insoweit scheint der Adel seinen Einfluss geltend gemacht zu haben, als bei der endgültigen Herrschaftsteilung die historisch gewachsenen Länder in ihrem Bestand nicht angetastet wurden und man nach Möglichkeit entlang der Ländergrenzen teilte.

Der Neuberger Teilungsvertrag vom 25. September 1379 schuf zwei vollkommen voneinander unabhängige habsburgische Herrschaftskomplexe. Albrecht erhielt das Herzogtum Österreich (heute Nieder- und Oberösterreich), sein jüngerer Bruder Leopold die Herzogtümer Steiermark, Kärnten und Krain, die Grafschaft Tirol und den habsburgischen Streubesitz im Westen, dazu noch eine einmalige Kompensationszahlung von 100 000 Gulden, welche die gegenüber dem Herzogtum Österreich geringere Finanzkraft der leopoldinischen Länder ausgleichen sollte. Wie bei anderen spätmittelalterlichen Landesteilungen versuchten die Habsburger durch das gemeinsame Führen von Titeln und Herrschaftssymbolen sowie durch Bündnisse, Erb- und Vormundschaftsvereinbarungen wenigstens die Fiktion der Einheit aufrechtzuerhalten. Indes konnte dies kaum darüber hinwegtäuschen, dass der Teilungsgedanke nun auch bei den Habsburgern den Sieg davongetragen hatte und die weitere Zersplitterung der Herrschaft lediglich eine Frage der Zeit bzw. des biologischen Zufalls war (siehe Stammtafel S. 619).

An eine gemeinsame Politik des Hauses Habsburg war nun nicht mehr zu denken, ja die maßgeblichen politischen Ausrichtungen der beiden Brüder lagen schon bald quer zueinander. Im großen abendländischen Schisma 1378 entschied sich Albrecht III., dem luxemburgischen Königshaus folgend, für die römische Obödienz, während Leopold III. das avignonesische Papsttum anerkannte und rasch zur wichtigsten Stütze desselben im Reich wurde. Um ihn scharten sich die Clementisten (so benannt nach dem avignonesischen Gegenpapst Clemens VII.), das seit 1368 österreichische Freiburg im Breisgau wurde zu deren wichtigster propagandistischer Operationsbasis. Albrecht wich dagegen nicht von seiner einmal zugunsten Roms getroffenen Entscheidung ab. Der römische Papst Urban VI. dankte ihm dies 1384 durch die Genehmigung der noch fehlenden theologischen Fakultät für die Universität Wien. Und die römische Obödienz Albrechts machte die rudolfinische Universitätsgründung, die bisher nicht so recht in Schwung gekommen war, plötzlich attraktiv für Professoren, die die Pariser Universität wegen deren clementistischer Ausrichtung zu verlassen sich gezwungen sahen. So kamen Universitätslehrer von höchstem Rang wie Heinrich von Langenstein nach Wien und bewirkten, dank der begleitenden finanziellen Absicherung der Wiener Alma mater durch Herzog Albrecht, den ersten Take-off der Wiener Universität.

In allen Bereichen der Politik traten nach der Neuberger Teilung die durch die unterschiedlichen Charaktere der habsburgischen Brüder noch verstärkten Gegensätze offen zutage. Der sprunghafte, bisweilen zum Aktionismus neigende Leopold ließ sich durch die labilen politischen Verhältnisse in Oberitalien anlocken, die ihm leichte Beute in Gestalt territorialer Gewinne zu versprechen schienen. Schon vor der Neuberger Teilung hatte sich die habsburgische Politik hier mit der Inbesitznahme der Städte Feltre und Belluno (1373) engagiert. Leopold erhöhte nun den Einsatz, indem er 1381 in den Krieg eingriff, der zwischen Venedig und Genua tobte und die Markusrepublik bis in ihre Grundfesten erschütterte. Kurzfristig brachte das kostspielige Unterfangen dem österreichischen Herzog den Besitz des venezianischen Treviso und der Grafschaft Ceneda ein. Eine Konsolidierung der habsburgischen Herrschaft war in diesem Teil Oberitaliens indes nicht zu erreichen. Das musste sich auch Leopold nach drei Jahren kräfteraubender Söldnerkampagnen eingestehen. Bis zum Frühjahr 1386 war das italienische Abenteuer Vergangenheit. Leopold hatte nicht nur Treviso, sondern auch Feltre und Belluno wieder geräumt. Einzig die adriatische Hafenstadt Triest, die 1382 unter nicht mehr genau rekonstruierbaren Umständen in die Hände Leopolds gelangte, sollte habsburgisch bleiben, und zwar für mehr als ein halbes Jahrtausend.

Das besondere Augenmerk Leopolds galt den habsburgischen Stammlanden im Westen. Trotz aller Bruchstückhaftigkeit deutet vieles auf eine planmäßige Erwerbungspolitik des Herzogs in diesem Raum, die auf die Herstellung einer möglichst kontinuierlichen Verbindung zwischen Tirol und dem Elsass abzielte. Dazu gehört auch der 1375 mit den Grafen von Montfort vereinbarte Kauf der Grafschaft Feldkirch im heutigen Land Vorarlberg, dessen habsburgisch-österreichische Geschichte damals ihren Anfang nahm. Das verstärkte Engagement Leopolds im Westen rief bald die Gegner auf den Plan, allen voran die Eidgenossen. Es ist die aggressive Expansionspolitik der Stadt Luzern gewesen, die den Konflikt im Winter 1385/86 schließlich eskalieren ließ. Am 9. Juli 1386 kam es auf einer Anhöhe oberhalb Sempachs zum Zusammenstoß des habsburgisch-österreichischen Ritterheeres mit den vereinigten Luzernern, Urnern, Schwyzern und Unterwaldnern. Nach anfänglichen Vorteilen der österreichischen Ritter endete der Kampf für diese mit einer Katastrophe. Leopold ist in der Schlacht gefallen. In der späteren österreichischen Chronistik und Propaganda fand sein Tod eine geradezu mythische Überhöhung, die indes wenig mit der politischen Realität der ersten Jahre nach der Schlacht zu tun hat.

Unter dem Eindruck der Sempacher Ereignisse übertrug der älteste Sohn des gefallenen Herzogs, der sechzehnjährige Wilhelm, im Wiener Vertrag vom 10. Oktober 1386 die leopoldinischen Länder auf Lebenszeit an seinen Onkel Albrecht III. Noch einmal kam es so zu einer temporären Aufhebung der Neuberger Länderteilung. Als der vorländisch-österreichische Adel bei Näfels 1388 eine weitere schwere Schlappe gegen die Eidgenossen erlitt, brachte Herzog Albrecht den Krieg zu einem raschen Ende. Seine Pläne gingen in eine gänzlich andere Richtung. Mit der wieder in einer Hand vereinigten habsburgischen Territorialmacht im Rücken fühlte sich Albrecht 1394 stark genug, als erster Habsburger nach mehr als einem halben Jahrhundert wieder nach der Reichskrone zu greifen. Die offenkundige Schwäche des Luxemburgers Wenzel schien wie eine Einladung. Doch die rheinischen Kurfürsten waren nicht gewillt, das Königtum Wenzels gegen das eines Habsburgers einzutauschen, und stützten den König vorläufig noch. Herzog Albrecht III. stand mitten in den Rüstungen für den Entscheidungskampf um die römisch-deutsche Krone, als ihn am 29. August 1395 der Tod ereilte.

Die folgenden zwei Jahrzehnte waren gekennzeichnet von immer erbitterter geführten innerdynastischen Kämpfen. Noch hatte es eine Zeitlang den Anschein, als würde das Seniorats- gegenüber dem Teilungsprinzip die Oberhand behalten. Es gelang nämlich Wilhelm, dem ältesten Sohn Herzog Leopolds und Senior des Gesamthauses, entgegen den Bestimmungen des Neuberger Vertrages am 22. November 1395 seinem Cousin Albrecht IV. die Mitregentschaft im Herzogtum Österreich abzutrotzen. Doch letztlich scheiterte Wilhelm an den eigenen jüngeren Brüdern Leopold, Friedrich und Ernst. Als Wilhelm, der im Herzogtum Österreich nach dem Tod Albrechts IV. als Vormund von dessen Sohn Albrecht V. zuletzt alleine regiert hatte, im Jahre 1406 starb, traten die habsburgischen Länder in eine Phase hässlichster innerer Zerfleischung ein. Im Untergrund schwelende soziale Konflikte wurden in diesen Jahren an die Oberfläche gespült und führten insbesondere in Wien zu heftigen Ausbrüchen. Schon im Herbst 1395 hatten die Wiener Handwerker Wilhelm zum Sieg über seinen Cousin Albrecht IV. verholfen. Der Leopoldiner dankte es ihnen durch eine Reform der Stadtverfassung, welche der Vorherrschaft des erbbürgerlichen Patriziats ein Ende setzte. 1407/08 wiederholten sich die Frontstellungen, auf der einen Seite die Handwerker, die für Leopold IV. eintraten, auf der anderen der für Ernst votierende, patrizisch dominierte Stadtrat. Dieses Mal war der Ausgang blutig. Fünf Handwerker wurden auf Befehl des Wiener Bürgermeisters Konrad Vorlauf hingerichtet, ehe diesen nach einem brüsken Umsturz der Machtverhältnisse auf Anordnung Herzog Leopolds das gleiche Schicksal ereilte.

Das Eingreifen des ungarischen und römisch-deutschen Königs Sigismund beendete die innerdynastischen Auseinandersetzungen. Seit 1411 gab es drei einigermaßen stabile habsburgische Länderblöcke. Im Herzogtum Österreich regierte Albrecht V., die innerösterreichische Ländertrias Steiermark, Kärnten und Krain lag in den Händen Herzog Ernsts, und dessen jüngerer Bruder Friedrich IV. beherrschte Tirol und die Vorlande. Während Herzog Albrecht ganz eigene Wege ging, blieben die Verbindungen zwischen den beiden Leopoldinern Ernst und Friedrich enger. Man stimmte in wichtigen Fragen überein, und nicht zuletzt teilten die Brüder die politische Gegnerschaft zum Luxemburger Sigismund. Dessen Intervention in die habsburgischen Familienkonflikte hatte Ernst nur mit Mühe verwunden, und er begegnete dem Reichsoberhaupt zeitlebens mit allergrößtem Misstrauen. Der Gegensatz zu Sigismund veranlasste ihn auf der Suche nach Verbündeten 1412 zu einer Ehe mit Cimburgis von Masowien, einer Nichte des polnischen Königs Wladislaw II. Jagiełło, die ihm den späteren Kaiser Friedrich III. gebar. Besonderes Konfliktpotential zwischen König Sigismund und Herzog Ernst ergab sich durch den Aufstieg der Grafen von Cilli. Die intensive Förderung, welche der römisch-deutsche König dem in den innerösterreichischen Ländern reich begüterten Grafenhaus angedeihen ließ, empfand Ernst als Bedrohung seiner landesfürstlichen Stellung. Tatsächlich nutzte Sigismund alle ihm als Reichsoberhaupt zu Gebote stehenden Mittel, um die Cillier aus der habsburgischen Landesherrschaft herauszulösen. 1423 musste Ernst auf die Lehenshoheit über die Grafen verzichten. Das habsburgische Landesfürstentum war in den innerösterreichischen Ländern massiv unter Druck geraten, obgleich Ernst sich nach Kräften um Schadensbegrenzung bemühte.

Um vieles dramatischer noch als im Falle Herzog Ernsts verlief die Auseinandersetzung zwischen dem Reichsoberhaupt und dem Tiroler Landesfürsten Herzog Friedrich IV. Durch ungeschicktes Verhalten – Friedrich ermöglichte dem Pisaner Papst Johannes XXIII. auf dem Konstanzer Konzil zum Ärgernis des Reichsoberhaupts die Flucht aus der Konzilsstadt ins österreichische Schaffhausen – war dieser in schärfsten Gegensatz zu Sigismund geraten, der über ihn am 30. März 1415 die Reichsacht verhängte und ihn seiner Länder für verlustig erklärte. Als Gefangener in Konstanz sah sich Herzog Friedrich vor den Ruinen seiner Herrschaft. Während die sofort zur Exekution der Reichsacht herbeigeeilten Eidgenossen die aargauischen Stammgüter der Habsburger besetzten, griff Herzog Ernst zum Schutz der habsburgischen Interessen in Tirol ein, wo der Zerfall des Landes in einzelne reichsunmittelbare Adelsherrschaften drohte. Mehr als ein Jahrzehnt sollte Friedrich IV. um die Wiederherstellung seiner landesfürstlichen Stellung in Tirol kämpfen müssen. Seine Kontrahenten aus dem Tiroler Adel, unter ihnen der berühmte Dichter Oswald von Wolkenstein, sympathisierten mit dem römisch-deutschen König, suchten und fanden bei diesem Rückhalt gegen ihren Landesfürsten. Noch einmal verhängte König Sigismund 1423 die

Acht über Friedrich. Erst nach dieser Krise, die die letzte für das Tiroler Landesfürstentum Friedrichs war, besserten sich die Beziehungen zwischen dem Habsburger und dem Reichsoberhaupt.

Im Gegensatz zu den Leopoldinern Ernst und Friedrich hatte Albrecht V. seit 1411 den engen politischen Anschluss an König Sigismund gesucht. Der Luxemburger verlobte den 14jährigen Habsburger schon am 7. Oktober 1411 in Pressburg mit seiner erst zweijährigen Tochter Elisabeth. Am 26. April 1422 fand in Wien die Hochzeit statt, die Albrecht zum Erben des Hauses Luxemburg machen sollte. Die Aussicht auf das luxemburgische Erbe band Herzog Albrecht V. in der Folge denn auch auf das engste an Sigismund, dessen einziger wirklich verlässlicher Bündnispartner er war. Zu einer schweren Hypothek von Albrechts Herrschaft im Herzogtum Österreich wurde der seit 1419 von König Sigismund geführte Kampf gegen den Hussitismus in den böhmischen Ländern, in den sich Albrecht V. tief verstrickte. Als Pfandherr, dann Statthalter und zuletzt seit 1423 förmlich belehnter Markgraf von Mähren stand der österreichische Herzog an vorderster Front gegen die »böhmischen Ketzer«, die seit 1425 ihrerseits in die Offensive gingen und die nördlich der Donau gelegenen Gebiete Nieder- und Oberösterreichs bis 1432 fast jährlich mit Krieg überzogen. Um der hussitischen Einfälle Herr zu werden, erließ Albrecht mehrere Aufgebotsordnungen, die eine Rekrutierung von Bauern und die Nachahmung der bewährten hussitischen Kampftechniken zum Ziel hatten. Erfolge sind dieser Reform der Landesverteidigung nicht abzusprechen. Ein durch Bauern verstärktes Aufgebot fügte den Hussiten im Oktober 1431 im nördlichen Niederösterreich bei Waidhofen an der Thaya erstmals eine vernichtende Niederlage zu.

Der Krieg gegen die Hussiten hatte für Albrecht neben der Allianzverpflichtung gegenüber dem Schwiegervater auch eine starke kirchenpolitisch-religiöse Komponente. In der Person des Habsburgers verbanden sich realpolitischer Sinn und echte Frömmigkeit zu einer rigiden Landeskirchenpolitik. Albrecht fühlte sich für den Zustand des Klerus verantwortlich, und maßgebliche Theologen bestärkten ihn auch in dieser Anschauung. Noch bevor das Konstanzer Konzil entsprechende Dekrete erlassen hatte, nahm er die Reform der österreichischen Klöster in die Hand. Der renommierte Wiener Universitätslehrer Nikolaus von Dinkelsbühl lieferte die reformtheoretischen Konzepte, und Albrecht sorgte für deren Durchsetzung mittels landesfürstlicher Klostervisitationen, zu welchen Papst Martin V. den österreichischen Herzog im Jahre 1418 ausdrücklich ermächtigte. Als »Melker Reform« hat diese von Herzog Albrecht angestoßene monastische Reformbewegung, der viele österreichische Klöster im 15. Jahrhundert eine kulturelle Blüte und wirtschaftliche Gesundung verdanken, überregionale Geltung erlangt.

Überschattet wird die Regierungstätigkeit Albrechts V. durch die auf Befehl des Herzogs mit äußerster Grausamkeit ins Werk gesetzte Vernichtung der österreichischen Judengemeinden in den Jahren 1420/21 (Wiener Gesera). Man beschuldigte die Juden, mit den Hussiten gemeinsame Sache gemacht zu haben, später wurde, wahrscheinlich um die Brutalität des herzoglichen Vorgehens zu rechtfertigen, auch der Vorwurf der Hostienschändung erhoben. Verfolgung, Güterkonfiskationen und Vertreibungen hielten fast ein Jahr an. Zuletzt gingen am 12. März 1421 die in Wien noch verbliebenen Juden – es sollen mehr als 200 Männer und Frauen gewesen sein – in den Feuertod. Danach bestanden jüdische Gemeinden nur noch in der Steiermark und in Kärnten bis ans Ende des Mittelalters. Die Ausweisung der dort ansässigen Juden ließ sich Maximilian I. im Jahre 1496 von den Ständen der beiden Länder durch beträchtliche Zahlungen abkaufen.

Trotz einer im Zeitalter der habsburgischen Teilungen sehr unterschiedlichen äußeren Geschichte weisen die einzelnen österreichischen Länder in ihrer inneren Entwicklung etliche gemeinsame Strukturmerkmale auf. Überall nahmen die Landstände in der ersten Hälfte des 15. Jahrhunderts feste Gestalt an. Es ist gleichsam die Formationsphase für den frühneuzeitlichen Dualismus von Landesfürst und Ständen in den österreichischen Erblanden. Wohl hatte es ständische Mitwirkung schon früher gegeben, doch erst jetzt wurden der Kreis der zur Mitbestimmung Berechtigten beziehungsweise Ort, Form und Gegenstand des Verhandelns mit dem Fürsten normiert. Die innerhabsburgischen Konflikte haben diesen Prozess der institutionellen Verstetigung ohne Zweifel begünstigt. Als erster nachweisbarer Landtag gilt eine am Dreikönigstag 1397 nach Wien zur Beratung der Türkengefahr einberufene Ständeversammlung. Über den Charakter dieses Tages besteht bis heute eine gewisse Unsicherheit. Obgleich nur Ladungen für Ständemitglieder aus dem Herzogtum Österreich bekannt sind, könnte es sich doch um eine Versammlung der Stände mehrerer habsburgischer Länder gehandelt haben. In diesem Fall wären die Ländertage der Ausbildung der Einzellandtage zeitlich vorausgegangen. In der Steiermark trat der erste Landtag nämlich wahrscheinlich 1412 zusammen, in Tirol lässt sich eine Konsolidierung ständischer Versammlungsformen frühestens um 1417/20 nachweisen. Die unterschiedliche Geschichte und Struktur der Länder schlug sich in der Zusammensetzung der landständischen Vertretungen nieder. Während in Österreich, der Steiermark und Kärnten Prälaten, Adel und landesfürstliche Städte bzw. Märkte die Landstände ausmachten, erreichte in Tirol auch die bäuerliche Bevölkerung in Form der sogenannten Täler und Gerichte die Landstandschaft. Dies hatte mit der prekären Situation des Tiroler Landesfürstentums im frühen 15. Jahrhundert zu tun; Herzog Friedrich IV. dankte im Konflikt mit dem Reichsoberhaupt tatsächlich nicht zuletzt den Bauern sein politisches Überleben. Vor allem aber gründete die bäuerliche Vertretung auf den Landtagen seit den 1420er Jahren in der Geschichte des Landes. Mehr als in anderen österreichischen Ländern bestand in Tirol seit den Tagen Herzog Meinhards II. eine direkte Beziehung zwischen den bäuerlichen Untertanen und den Landesfürsten. Die adelige Grundherrschaft erlangte hier nie die Bedeutung wie in den östlichen Ländern der Habsburger.

Der lange Weg zurück zur dynastischen Einheit (1439–1490)

1435/39–1493	Friedrich III. (als Herzog V.)
1440	Königswahl Friedrichs III.
1452	Kaiserkrönung Friedrichs III.
1457	Tod des Ladislaus Postumus; Ende der albertinischen Linie
1463	Tod Albrechts VI.
1477	Heirat Maximilians mit Maria von Burgund
1485–1490	Matthias Corvinus Herzog von Österreich
1490	Erzherzog Sigmund dankt als Tiroler Landesfürst zugunsten Maximilians ab.
1491	Vertrag von Pressburg
1493–1519	Maximilian I.
1495	Spanische Doppelhochzeit
1508	Maximilian »Erwählter Römischer Kaiser«
1508–1516	Krieg Maximilians gegen Venedig
1515	Wiener Doppelhochzeit
1518	Erster Ausschusslandtag aller österreichischen Länder in Innsbruck

Der Weg der habsburgischen Dynastie zurück zur Einheit war mühevoll und von vielen Rückschlägen gekennzeichnet. Die Wiedervereinigung der Länder in einer Hand ist vornehmlich das Werk des nachmaligen Kaisers Friedrich III. Dieser benötigte fast seine gesamte sechs Jahrzehnte umspannende Regierungszeit, um den schon in der Jugend als Fernziel ins Auge gefassten Einheitsgedanken zu verwirklichen. Als persönliches Vorbild diente dem 1415 geborenen, als still und in sich gekehrt beschriebenen Sohn des innerösterreichischen Habsburgers Ernst und der Cimburgis von Masowien Herzog Rudolf IV., aus dessen politischem Vermächtnis er nicht nur den Erzherzogstitel, den schon Friedrichs Vater seit 1414 geführt hatte, sondern vor allem das Bewusstsein von der besonderen Größe und Majestät des Hauses Österreich übernahm. Der Gegensatz zwischen Anspruch und Wirklichkeit konnte für den jungen Herzog Friedrich (V.) größer nicht sein, waren doch seine Voraussetzungen denkbar schlecht. Erst 1435 endlich aus der Vormundschaft Friedrichs IV., des Tiroler Onkels, in dessen Obhut er sich seit dem frühzeitigen Tod des Vaters 1424 befunden hatte, mit Mühe freigekommen, stand er diesem und mehr noch Albrecht V., dem designierten Nachfolger Kaiser Sigismunds, an Macht und Möglichkeiten weit nach und hatte zudem Ansprüche auf Mitherrschaft seitens seines um drei Jahre jüngeren Bruders Albrecht VI. zu gewärtigen.

Als der Luxemburger Kaiser Sigismund 1437 starb, trat Herzog Albrecht V. mühelos die Nachfolge des Schwiegervaters als König von Ungarn an. Die böhmischen Stände machten Schwierigkeiten. Eine Minderheit wollte einen polnischen Jagiellonen zum König. So konnte sich Albrecht auch nach seiner Krönung in Prag am 29. Juni 1438 Böhmens, das immer noch durch den Hussitismus tief gespalten war, nicht ganz sicher sein. Fast wie ein Erbgang vollzog sich dagegen die Rückkehr der Habsburger an die Spitze des Heiligen Römischen Reichs. Durch die Wahl der Kurfürsten am 18. März 1438 nur noch bestätigt, fiel Albrecht V. als Ehemann der einzigen Kaisertochter Elisabeth die römisch-deutsche Krone gleichsam zu. Das Jahr 1438 brachte so eine gewaltige Herrschaftskonzentration, die wie eine Präfiguration der frühneuzeitlichen Habsburgermonarchie anmutet. Die historisch erste österreichisch-böhmisch-ungarische Länderunion hatte freilich nur wenige Monate Bestand. Im Begriff, Truppen für einen Feldzug gegen die Türken in Südungarn zu sammeln, starb Albrecht am 27. Oktober 1439. Sein Leichnam wurde auf Betreiben ungarischer Adeliger in Stuhlweißenburg bestattet. Albrecht hinterließ zwei minderjährige Töchter und eine schwangere Frau, die im Februar 1440 mit Ladislaus, genannt Postumus, einen Sohn und Thronfolger gebar.

Wenige Monate vor König Albrecht II., am 24. Juni 1439, starb der Tiroler Habsburger Herzog Friedrich IV. Dessen einziger Sohn Sigmund zählte beim Tod des Vaters zwölf Jahre und war damit noch unmündig. Binnen weniger Monate wurde so Herzog Friedrich V. als Senior des Hauses Habsburg zur Schlüsselfigur des politischen Geschehens. Im Reich war er der einzige ernstlich in Frage kommende Kandidat für die Nachfolge König Albrechts II. Die Kurfürsten, deren Spielraum sich immer mehr verengte, wählten am 2. Februar 1440 Friedrich zum römisch-deutschen König. Friedrichs jüngerer Bruder Albrecht VI. stellte hier keine Konkurrenz für ihn dar, anders in innerhabsburgischen Angelegenheiten. Als es um die Vormundschaftsregierung im Herzogtum Österreich ging, bot sich Albrecht den Ständen des Landes als Alternative zu Friedrich an, und ebenso hielt er es in Tirol und den Vorlanden in Sachen der Vormundschaft für Sigmund. Friedrich seinerseits erblickte in der Vormundschaftsführung ein Instrument, um dem gewünschten Ziel einer dynastischen Einheit wenigstens temporär näher zu kommen, und setzte deshalb alles daran, kraft seiner Position als Senior des Hauses alle Vormundschaftsrechte in seiner Hand zu vereinigen. Dass er diese Rechte dann auch so lange als irgend möglich auszuüben entschlossen war, sollte sich bald erweisen. Als die Friedrich von den Tiroler Ständen zugestandene Vormundschaft über Sigmund vertragsgemäß 1443 auslief und Friedrich keine Anstalten machte, sein Tiroler Mündel herauszugeben, bedurfte es einer massiven ständischen Bewegung in Tirol, um Sigmund schließlich 1446 als selbständigen Landesfürsten zu installieren. Die Vorlande gelangten damals übrigens unter die Herrschaft Herzog Albrechts VI. Am stärksten waren die gesellschaftlichen Verwerfungen, die die Vormundschaftsfrage im Herzogtum Österreich auslöste. Hier erwuchs König Friedrich in der Person des Ulrich (von) Eytzing ein gefährlicher Gegner, der es verstand, die österreichischen Stände gegen den königlichen Vormund des Ladislaus Postumus zu mobilisieren. Gestützt auf ein Adelsbündnis (Mailberger Bund) drängte Eytzing die Landstände, die er ohne die Einwilligung Friedrichs am 13. Dezember 1451 in Wien versammelte, zur offenen Konfrontation. Auf die ultimative Forderung zur Herausgabe seines Mündels reagierte Friedrich, indem er Ladislaus auf seine Romreise zur Kaiserkrönung (19. März 1452) mitnahm. Bei seiner

Rückkehr sah sich der Kaiser in Österreich einer gerüsteten ständischen Macht gegenüber, der er schließlich nach harten Verhandlungen nachgab. Im Herbst 1452 wurde der noch nicht volljährige Ladislaus den österreichischen Ständen übergeben. Diese, so wird berichtet, unterzogen den jungen Fürsten unmittelbar nach der Auslieferung durch Kaiser Friedrich III. einem symbolischen Bad, um ihm den Makel seiner »steirischen« Erziehung abzuwaschen.

Für die erbländische Politik Friedrichs III. markiert das Jahr 1452 einen schweren Rückschlag. Als 1457, kaum achtzehnjährig, Ladislaus Postumus starb und mit ihm die albertinische Linie des Hauses Habsburg erlosch, stand das Herzogtum Österreich freilich erneut zur Disposition. Im Zuge des erbitterten Kampfes, den sich der Kaiser mit seinem Bruder Albrecht in der Folge über Jahre um das Herzogtum Österreich lieferte, verwüsteten Adelsfehden und plündernde Söldnerhaufen das Land und brachten das wirtschaftliche Leben fast ganz zum Stillstand. Es war die große Zeit von Söldnerführern vom Schlage eines Andreas Baumkircher, Fachleuten des Krieges, welchen die innerhabsburgischen Konflikte zu spektakulären Karrieren, großem Besitz und Vermögen verhalfen. Im Jahre 1458 einigten sich Friedrich und Albrecht zunächst darauf, das Herzogtum Österreich zu teilen. Friedrich sollte das Land unter der Enns (Niederösterreich), Albrecht dagegen das Land ob der Enns (Oberösterreich) regieren. Die Teilung knüpfte an eine Entwicklung an, welche auf der Basis älterer Voraussetzungen im Verlauf des 14. Jahrhunderts zur langsamen Herausbildung einer eigenen obderennsischen Landesgemeinde geführt hatte. Indem Albrecht VI. nun in Linz sein Quartier aufschlug und dort einige Jahre residierte, gab er dem Verselbständigungsprozess des Landes ob der Enns einen kräftigen Impuls. Darin liegt die eigentliche Bedeutung der Vereinbarung von 1458, die im übrigen nur einen kurzen Waffenstillstand ermöglichte. Denn schon 1461 eröffnete Albrecht erneut die Feindseligkeiten, um dem Kaiser auch das Land unter der Enns abzujagen. Während militärisch keine Seite in der Lage war, eine Entscheidung herbeizuführen, wurde die Stadt Wien immer mehr zum Dreh- und Angelpunkt des Geschehens. Sie war Schauplatz der heftigsten Kämpfe, gleichzeitig übernahm die Stadt die Führungsrolle innerhalb der österreichischen Landstände. Angetrieben von ihrem Bürgermeister, dem ehemaligen Viehhändler Wolfgang Holzer, gingen die Wiener im Herbst 1462 so weit, ihren Kaiser und Landesherrn Friedrich III. in der Wiener Hofburg, in der er sich mit seiner Familie und einer geringen

Mannschaft verschanzt hatte, zu belagern. Nach zäher Gegenwehr gab Friedrich die Sache schließlich verloren und trat seinem Bruder Albrecht gegen eine jährliche Rente die Regierung in Niederösterreich ab. Kaum war Albrecht in Wien eingezogen, zerbrach auch schon wieder die Interessengemeinschaft des (Erz-)Herzogs mit Bürgermeister Holzer. Letzterer schwenkte zu dem zuvor heftig bekämpften Kaiser um und versuchte, diesem die Stadt Wien erneut in die Hände zu spielen. So leicht war Albrecht indes nicht zu düpieren. Holzer wurde dem (Erz-)Herzog ausgeliefert und auf dessen Befehl als Hochverräter gevierteilt (15. April 1463). Der Kaiser erklärte die Wiener daraufhin zwar in die Reichsacht, die Wirkung der Maßnahme blieb aber aus. Im Wiener Umland hausten nach wie vor die Söldnerbanden, als Albrecht VI. zu Jahresende 1463 plötzlich, ohne Leibeserben zu hinterlassen, starb.

Kaum ruhiger als in Nieder- und Oberösterreich verlief die Entwicklung in den innerösterreichischen Ländern. Langjährige Verwicklungen hatte hier die Erhebung der Cillier Grafen in den Reichsfürstenstand durch Kaiser Sigismund 1436 nach sich gezogen. Friedrich ließ nicht ab, gegen die Rangerhöhung des Grafenhauses anzukämpfen, bis es ihm 1443 als römischem König gelang, die Stellung der Cillier nachhaltig zu beschränken. Diese sollten zwar weiterhin Fürsten sein, doch ohne Fürstentum und ohne landesherrliche Regalrechte. Der Erbvertrag, den Friedrich damals mit den Cillier Grafen abschloss, wurde 1456 zugunsten der Habsburger schlagend, als der letzte männliche Cillier Graf Ulrich in Belgrad einem Mordanschlag zum Opfer fiel. Ein zäher Kleinkrieg um das Erbe des Grafengeschlechts setzte ein, und es kostete Friedrich noch einige militärische Anstrengungen, um die Ansprüche anderer Erbaspiranten, wie der Grafen von Görz, abzuweisen. Waren diese Konflikte den innerösterreichischen Ländern schon eine schwere Belastung gewesen, so litten die Steiermark, Kärnten und Krain ab dem Jahre 1469 zunehmend unter verheerenden Einfällen türkischer Streifscharen. Die innerösterreichische Bevölkerung hatte es in erster Linie mit *Akıncı* zu tun, irregulären Truppen des osmanischen Staates, die leicht bewaffnet und höchst mobil im Vorfeld des eigentlichen Heeres Schrecken und Verwirrung verbreiteten. »Renner und Brenner« nannte man sie in der zeitgenössischen österreichischen Chronistik. Brand und Zerstörung trafen vor allem das flache Land schwer. Adel und Bürger, die sich hinter die schützenden Mauern ihrer Burgen und Städte zurückziehen konnten, kamen dagegen vergleichsweise glimpflich davon. Angesichts der

Unfähigkeit des Adels, die Schutzpflicht gegenüber den bäuerlichen Untertanen zu erfüllen, griffen diese zur Selbsthilfe. Kärntner Bauern gründeten 1478 einen Bund, der innerhalb weniger Wochen im ganzen Land Verbreitung fand. Allein gegenüber der akuten Türkengefahr versagte die bäuerliche Selbstorganisation kläglich. Die Bauern und Bergarbeiter, welche der Bund den durch das Kanaltal nach Kärnten vorstoßenden Türken entgegenstellte, wurden vernichtend geschlagen, und in der Folge wurden gerade die Zentren der bäuerlichen Erhebung furchtbar verwüstet.

Die letzte große Herausforderung der erbländischen Regierung Kaiser Friedrichs III. ging von Matthias Corvinus und dem Königreich Ungarn aus. Seit der 1438/39 für wenige Monate verwirklichten großen Länderunion im Donauraum waren Böhmen und Ungarn nicht mehr aus der Geschichte der habsburgisch-österreichischen Länder wegzudenken, sie wurden zu einem integralen Bestandteil derselben. Ganz zu schweigen vom Haus Habsburg, in dessen dynastiepolitischem Programm der dauerhafte Erwerb der Wenzels- wie der Stephanskrone das gesamte 15. Jahrhundert hindurch als Ziel seinen festen Platz behauptete. Obgleich die österreichischen Stände sich nach dem Tod König Albrechts II. gegen eine einheitliche Vormundschaftsregelung für den Thronerben Ladislaus in Österreich, Ungarn und den böhmischen Ländern sperrten, blieb Friedrich als Vormund des Ladislaus mit der Entwicklung insbesondere in Ungarn aufs engste verbunden. Am sinnfälligsten kommt dies im Besitz der Stephanskrone zum Ausdruck. Die Königinwitwe Elisabeth hatte das symbolträchtige ungarische Kroninsigne nach Albrechts Tod auf abenteuerliche Weise aus Ungarn weggebracht, und von ihr gelangte die Krone in den Besitz Friedrichs als Vormund des Ladislaus Postumus. Der Kaiser gab sie auch nicht heraus, als ihm sein Mündel von den österreichischen Ständen abgezwungen wurde. So konnte es geschehen, dass der noch immer die Stephanskrone in seinem Besitz haltende Friedrich III. nach dem Tod des Ladislaus von einigen westungarischen Magnaten 1459 in Güssing (heute Burgenland) zum ungarischen König gewählt wurde. Die Krönung am traditionellen ungarischen Krönungsort Stuhlweißenburg verwehrte dem Kaiser freilich der von der Mehrheit der ungarischen Großen zum König gewählte Matthias Corvinus. Dieser setzte sich gegen Friedrich, der nur in Westungarn einige Anhänger fand, durch, musste die Auslieferung der Stephanskrone im Vertrag von Wiener Neustadt am 19. Juli 1463 aber um einen hohen Preis erkaufen. Neben der dem

Habsburger zugebilligten lebenslangen Führung des ungarischen Königstitels wog vor allem schwer, dass das Abkommen Friedrich und seinen Erben die Nachfolge in Ungarn zusicherte, sollte König Matthias ohne legitimen Sohn sterben. Diese Bestimmung war dem König ein besonderes Ärgernis. Darum strebte er in den folgenden Jahren vehement eine Revision des Wiener Neustädter Vertrages an. Die antikaiserliche Politik des Corvinen griff aber darüber hinaus. Seit den 1470er Jahren zeichnete sich immer deutlicher das Ziel einer Neuauflage der Länderunion König Albrechts II. ab, diesmal jedoch unter ungarischen Vorzeichen. 1477 und neuerlich ab 1482 gab es Krieg zwischen dem Kaiser und dem König von Ungarn. Den militärischen Höhepunkt erreichte der Konflikt in den Jahren 1484/85. Am 1. Juni 1485 hielt Matthias in Wien feierlichen Einzug, während der militärisch unterlegene Kaiser Friedrich III. ganz Niederösterreich preisgeben musste. Selbst die Lieblingsresidenz des Kaisers, Wiener Neustadt, fiel 1487 in die Hände ungarischer Truppen.

Noch nie war die Position Friedrichs in den Erblanden so prekär gewesen. Als der Tiroler Landesfürst Sigmund, dessen Herrschaft zuletzt bedrohliche Erosionserscheinungen gezeigt hatte, unter dem Einfluss einer prowittelsbachischen Rätegruppe gar noch daranging, Herzog Albrecht von Bayern eine Anwartschaft auf Tirol zu eröffnen, kam der alte Kaiser zu Anfang 1488 selbst nach Innsbruck und erzwang im Zusammenwirken mit den Tiroler Ständen eine weitgehende Entmachtung seines habsburgischen Vetters. Das Jahr 1490 brachte dann für Friedrich eine Wende zum Positiven. Im März dieses Jahres konnte Sigmund durch große Pensionsversprechen zum endgültigen Verzicht auf die Herrschaft in Tirol zugunsten des Kaisersohnes Maximilian bewogen werden. In Wien starb am 6. April 1490 ohne legitimen Erben Matthias Corvinus. Nahezu kampflos fiel daraufhin Niederösterreich wieder an die Habsburger, die nun ihrerseits Anspruch auf den ungarischen Thron erhoben. Freilich, der ungarische Adel war gegen einen habsburgischen König und entschied sich für den böhmischen König Wladislaw. Dieser übertrug dann 1491 im Pressburger Frieden für den Fall, dass er ohne männlichen Erben bleiben sollte, das Erbrecht an Maximilian. Die habsburgischen Erbansprüche waren für die Zukunft gewahrt.

Am 19. August 1493 verstarb Kaiser Friedrich III. in Linz im hohen Alter von 78 Jahren. In den fünf Jahrzehnten, die er die römische Krone getragen hatte, waren tiefgreifende Veränderungen in der Stellung der

Habsburger im Reich, aber auch im Verhältnis von Erblanden und Reich zueinander eingetreten. Wie kein römisch-deutscher Herrscher vor ihm betrieb Friedrich dynastische Politik. Dass er zwischen 1444 und 1471 das Binnenreich überhaupt nicht betrat, ist die Folge einer radikalen Abwendung von diesem. Nur eine starke Hausmacht schien dem Habsburger Garant für ein starkes Königtum im Reich zu sein. Wenn Friedrich das gefälschte *Privilegium maius* Herzog Rudolfs IV. in den Jahren 1442 und 1453 bestätigte bzw. erweiterte, so tat er dies, um die Sonderstellung der Erblande zu befestigen. Gleichzeitig unterstrich er damit aber auch die Exklusivität des habsburgischen Hauses, der Kaiserdynastie. Das Neue im Verhältnis von Reich und Erblanden kommt am sichtbarsten darin zum Ausdruck, dass Friedrich ständig zwei Kanzleien unterhielt, nämlich eine österreichische Kanzlei für die Erblande und eine römische Kanzlei für das übrige Reichsgebiet. Eindeutig ging die Entwicklung in Richtung auf einen Dualismus Reich/Erblande.

Salzburg: ein geistliches Territorium im Spannungsfeld zwischen Habsburgern und Wittelsbachern

Die Erzbischöfe von Salzburg geboten am Ende des 13. Jahrhunderts als Reichsfürsten über eine ausgedehnte Territorialherrschaft, die mit ihren südöstlichsten Vorposten bis nach Pettau/Ptuj und Rann/Brežice (heute Slowenien) reichte, freilich nur im Gebiet um die Stadt Salzburg, im Pongau, Pinzgau und Lungau eine größere Geschlossenheit aufwies. Im Wesentlichen blieb der territoriale Besitzstand im Spätmittelalter unverändert, bedeutendere Erwerbungen wie der Ankauf des Gasteinertales von den bayerischen Wittelsbachern im Jahre 1297 gelangen nur noch vereinzelt, obgleich die Salzburger Erzbischöfe dank der Gewinne aus der Saline Hallein und aus dem Edelmetallbergbau in den Tauern zu den finanzkräftigsten geistlichen Fürsten des Reiches zählten. Ein Land war das in den Händen der Erzbischöfe vereinigte Konglomerat von unterschiedlichen Herrschafts- und Gerichtsrechten am Ende des 13. Jahrhunderts noch nicht zu nennen, wie die ganz selbstverständliche Einbeziehung des Erzstifts Salzburg durch König Rudolf in den bayerischen Landfrieden 1281 deutlich macht. Die erzbischöflichen Herrschaften nördlich des Tauernkammes galten damals noch als Teil Bayerns. Erst in einem längeren Prozess, der nicht vor dem späten 14. Jahrhundert zum

Abschluss gelangte, begann sich ein eigenständiges Land »Salzburg« von Bayern abzulösen. Wichtige Marksteine in diesem Prozess waren 1328 eine umfassende Rechtskodifizierung durch Erzbischof Friedrich III., welche die erzstiftischen Herrschaften bewusst gegenüber dem Geltungsbereich des bayerischen Landrechts abgrenzte, sowie ein Menschenalter später 1387 das erste machtvolle Auftreten der aus Vertretern von Prälaten, Adel und Städten gebildeten Salzburger Landstände, die angesichts der Gefangennahme ihres Landesfürsten Erzbischof Pilgrim durch die Wittelsbacher gemeinsam mit dem Dompropst die Regierung und Verteidigung des Landes übernahmen. In diese Entwicklung fügt sich nahtlos ein, dass in einer Bergwerksordnung für Gastein 1342 zum ersten Mal in Bezug auf die erzstiftischen Herrschaften von einem Land die Rede ist. Bezüglich der Grenzen dieses Landes Salzburg bestand freilich noch bis ins 16. Jahrhundert eine gewisse Unsicherheit. Während das Gebiet um Itter und Hopfgarten in Tirol oder die Stadt Mühldorf am Inn, die nicht in Verbindung zum geschlossenen Territorialbesitz der Erzbischöfe stand, zu Teilen des Landes Salzburg wurden, blieben große erzstiftische Herrschaften wie Gmünd in Oberkärnten, deren Vertreter noch bis 1555 Salzburger Landtage besuchten, letztlich außerhalb und bildeten fortan den sogenannten auswärtigen Besitz der Salzburger Kirche.

Infolge der geographischen Lage Salzburgs zwischen den Machtkomplexen der Wittelsbacher und der Habsburger engte sich der politische Handlungsspielraum der Erzbischöfe im Spätmittelalter zusehends ein. Zu Ende des 13. Jahrhunderts konnte Erzbischof Friedrich von Walchen (reg. 1270–1284), der König Rudolf im Kampf gegen Přemysl Otakar machtvoll unterstützte, immerhin noch das ganze Gewicht seiner geistlichen Autorität als Metropolit der bayerischen Kirchenprovinz in die Waagschale werfen. Seine Nachfolger traten dem österreichischen Herzog Albrecht I. in territorialpolitischen Streitfragen entschlossen entgegen, bis 1297 ein Ausgleich zustande kam. Erzbischof Konrad schwenkte in der Folge auf einen prohabsburgischen Kurs ein, an dem auch die nachfolgenden Salzburger Kirchenfürsten festhielten. Erzbischof Friedrich von Leibnitz (reg. 1315–1338) stand 1322 bei Mühldorf an der Seite Friedrichs des Schönen gegen Ludwig den Bayern und unterstützte 1335 nach Kräften die Erwerbung Kärntens durch die Habsburger. Ganz in dieser Tradition agierte Erzbischof Ortolf von Weißeneck (reg. 1343–1365). Gegen seine energische Parteinahme zugunsten der Habsburger im Kampf um Tirol begann sich indes Widerstand im Salzburger Domkapitel zu regen, wo eine bayerisch gesinnte Fraktion gegen die prohabsburgische Politik opponierte. Fortan standen einander im Domkapitel eine österreichische und eine bayerische Partei gegenüber. Mit Pilgrim von Puchheim (reg. 1366–1396) setzte sich in Nachfolge Ortolfs nach kurzer Sedisvakanz der Angehörige eines österreichischen Adelsgeschlechts durch. Seine Regierung gilt als letzter Höhepunkt in der mittelalterlichen Geschichte des Erzstifts. Kirchenrechtlich gebildet, zugleich ein tüchtiger Heerführer und geschickter Finanzmann, war Pilgrim der letzte Erzbischof, der eine weitgehend selbständige Salzburger Politik betreiben konnte. Gewiss, mancher kühne politische Plan scheiterte. Mit seiner persönlichen Präferenz für die avignonesische Obödienz im großen abendländischen Schisma vermochte Pilgrim im mehrheitlich dem römischen Papsttum zuneigenden Salzburger Metropolitanverband nicht durchzudringen. Bedeutende Erfolge verbuchte der Erzbischof aber als Landesfürst. Das Fürstentum Salzburg erreichte jetzt mit der Inkorporierung des Stifts Berchtesgaden seine größte territoriale Ausdehnung.

Pilgrims Nachfolger Gregor von Osterwitz konnte die Stellung Salzburgs dann noch einige Jahre auf hohem Niveau halten, ehe das Erzstift in eine lange Phase des Niedergangs eintrat. Den Salzburger Landständen gelang es nicht, die Schwäche der Erzbischöfe, die im 15. Jahrhundert mit Ausnahme Eberhards III. (reg. 1403–1427) durchwegs nur kurze Regierungszeiten aufwiesen, für sich zu nutzen. Wie im Jahre 1403, als sich die Stände im sogenannten »Igelbund« zusammenschlossen und Mitregierung und regelmäßige Landtage einforderten, scheiterten sie durchwegs daran, die den Erzbischöfen bei Antritt der Regierung abgetrotzten Zusagen in die Realität umzusetzen. Seinen Einfluss vermochte nur das Domkapitel durch die seit 1427 bezeugten Wahlkapitulationen in eine echte Mitregierung umzumünzen, so dass sich in Salzburg anstelle des verbreiteten Dualismus Landesfürst/Stände faktisch ein dreipoliges System aus Erzbischof, Domkapitel und Landständen ausbildete. Eine große Gefahr für Friede und Ordnung waren die zahlreichen Adelsfehden, unter denen das Land Salzburg im 15. Jahrhundert zu leiden hatte. Vor dem Hintergrund einer sich verschlechternden Finanzlage schlitterte das Erzstift immer tiefer in die Krise. Symptomatisch für die Entwicklung ist die Regierungszeit Burkhards von Weißpriach (1461–1465). Dem kaiserlichen Diplomaten und Kardinal schlug nach der Ausschreibung einer überhöhten Weihesteuer im Sommer 1462 ein Aufstand der Bauern im Pongau und Pinzgau entgegen, der die kurze Regierungszeit des Erzbischofs völlig überschattete. Es sollte freilich für das Erzstift noch schlimmer kommen. Als Kaiser Friedrich III. 1479 Erzbischof Bernhard von Rohr zur Abdankung drängte, um den Weg freizumachen für seinen Günstling, den aus Ungarn geflohenen Erzbischof von Gran Johann Beckenschlager (Beckensloer), widersetzten sich die Salzburger Landstände und eine bayerisch gesinnte Partei im Domkapitel vehement. Während der Kaiser mit einer Handelssperre gegen Salzburg vorging und die erzstiftischen Besitzungen im Ennstal besetzen ließ, suchte man in Salzburg Rückhalt beim ungarischen König Matthias Corvinus. Das Erzstift drohte in einem Kleinkrieg zwischen kaiserlichen und ungarischen Söldnern zerrieben zu werden. Angesichts der totalen Erschöpfung des Landes gaben die Salzburger Landstände die Sache 1481 schließlich verloren und rieten zum Ausgleich mit Kaiser Friedrich III. Dieser nutzte die Situation zu einem umfassenden Zugriff auf das Erzstift, das in vollkommene Abhängigkeit von den Habsburgern geriet. Johann Beckenschlager übernahm als Administrator und Koadjutor mit Nachfolgerecht die Regierung des Erzstifts Salzburg, musste den Kaiser als obersten Vogt des Erzstifts anerkennen und zusehen, wie der Kaiser der Stadt Salzburg Privilegien nach Art einer freien Reichsstadt erteilte.

Einen signifikanten Aufschwung des Erzstifts führte nach einer langen Periode des Verfalls erst Erzbischof Leonhard von Keutschach (reg. 1495–1519) herbei. Dass dieser Salzburg aus allen Konflikten der an Kriegsläufen nicht armen Zeit Kaiser Maximilians I. herauszuhalten verstand, war eine wesentliche Voraussetzung für den Erfolg. Man fand den Erzbischof nicht mehr als unbedingt nötig auf den Schauplätzen der großen Politik. Leonhard konzentrierte all seine Kräfte auf die ökonomische Konsolidierung des Erzstifts und war dabei so erfolgreich, dass der Salzburger Kirchenfürst nach dem glaubwürdigen Bericht des venezianischen Gesandten Querini mit jährlichen Einnahmen von 90 000 Gulden im Jahre 1507 an vierter Stelle im Reich nach den habsburgischen Erblanden, Bayern und Köln rangierte. Nach innen zeigte sich Erzbischof Leonhard unbeugsam, namentlich gegenüber der Bürgerschaft der Stadt Salzburg, deren Freiheitsbestrebungen er durch die Gefangennahme des Stadtrates und die erzwungene Auslieferung der von Kaiser Friedrich III. ehemals 1481 verliehenen Privilegien ein Ende bereitete. Verbunden bleibt der Name des Erzbischofs bis heute mit der großzügigen Erweiterung und Modernisierung der gotischen Burganlage Hohensalzburg zur prunkvollen Fürstenresidenz.

Die große Krise und ihre Überwindung: Wirtschaft und Gesellschaft im Spätmittelalter

Als der entscheidende Einschnitt in der spätmittelalterlichen Wirtschafts- und Sozialgeschichte gilt die katastrophale Pestepidemie, die in den Jahren 1348/49 den gesamten europäischen Kontinent heimsuchte und der seit dem 12. Jahrhundert ungebrochenen Konjunktur- und Wachstumsperiode ein Ende setzte. Wohl hatten sich Krisensymptome schon seit dem ausgehenden 13. Jahrhundert eingestellt. 1317 herrschte eine europaweite Hungersnot, eine der schlimmsten, die jemals verzeichnet wurden. Es häuften sich extreme Wetterereignisse, Vorboten der »kleinen Eiszeit«. Der radikale Umschlag in eine Depressionsphase kam indes erst mit der Großen Pest 1348. Die Bevölkerungszahl auf dem Gebiet der heutigen Republik Österreich betrug vor der Pest schätzungsweise etwa 1,5 Millionen, ein Wert, der erst gegen 1600 mit ungefähr 1,7 Millionen wieder deutlich überschritten wurde. Die Binnenkolonisation, die im alpinen Gelände große Höhen erfasst und teilweise auch Grenzertragslagen erschlossen hatte, kam um etwa 1300 weitgehend zum Stillstand, von wenigen erst im frühen 14. Jahrhundert angelegten Höhensiedlungen der Walser in Vorarlberg oder im Tiroler Paznauntal einmal abgesehen. Auch die große Städtegründungswelle, die das 13. Jahrhundert maßgeblich geprägt hatte, ebbte ab. Es gab innerhalb der heutigen österreichischen Staatsgrenzen um 1300 71 Städte, bis 1400 wuchs die Zahl gerade noch auf 79 an.

Ab dem Frühjahr 1348 zog die Beulenpest eine Spur des Todes entlang der Verkehrs- und Transitwege von Süden nach Norden. In Trient brach die Seuche Anfang Juni aus, im September wütete sie im Südtiroler Vinschgau. Der Osten des heutigen Österreich wurde später erfasst, zuerst die Steiermark, schließlich im Frühjahr 1349 Wien. Nach modernen Schätzungen fiel ein Viertel bis ein Drittel der Bevölkerung der Katastrophe zum Opfer. Städte wurden insgesamt stärker betroffen. Aber auch vom dünnbesiedelten Salzburger Pongau wissen wir, dass bis zu 80 % der Bauerngüter durch die Pest ihren Bewirtschafter verloren haben. Nicht überall hielt die demographische Depression gleich lange an. Im Westen scheinen die Bevölkerungsverluste schneller wieder ausgeglichen worden zu sein als im Osten. So zeigte die Bevölkerungskurve in der mittleren Steiermark noch das gesamte 15. Jahrhundert hindurch nach unten, wohingegen für einzelne Gebiete Tirols zuverlässig nachgewiesen ist, dass die Zahl der Haushalte zwischen 1312 und 1427 um etwa die Hälfte zugenommen hat, also schon bald nach der Pestepidemie die Bevölkerungszahl wieder anstieg.

Unmittelbare Konsequenz des Massensterbens war ein Überschuss von Land, für das die zur Bearbeitung nötigen Menschen fehlten. Es kam zur zeitweiligen und dauerhaften Verödung von Kulturlandschaft, zu sogenannten Wüstungen. Man schätzt, dass das Veröden von Fluren und ganzen Ortschaften im Gefolge der Pest in Niederösterreich 15 bis 45 % des kultivierten Landes betroffen hat. Häufiger war die Aufgabe von einzelnen Höfen, aber es verschwanden auch ganze Dörfer aus dem Siedlungsbild. In der Siedlungsstruktur schlug sich die Pest in den dünnbevölkerten alpinen Höhenlagen Tirols und Salzburgs relativ am stärksten nieder. Die Siedlungsobergrenze rückte überall herab und sollte nie mehr ganz die Linie der ersten Hälfte des 14. Jahrhunderts erreichen.

Die wirtschaftlichen Auswirkungen der Pest sind unübersichtlich, zudem regional höchst unterschiedlich. Ein Teil der überlebenden Menschen konnte seine wirtschaftliche Situation ohne Zweifel deutlich verbessern. In Stadt und Land herrschte Arbeitskräftemangel. Das trieb die Löhne der städtischen Handwerker in die Höhe und zwang geistliche und weltliche Grundherren, ihren Bauern günstigere Bedingungen und bessere Leiheformen zu gewähren. Überall stieg die Mobilität der Bevölkerung an, Migrationsbewegungen kamen in Gang. Die durch die Pest ausgelöste Notsituation forderte die Landesherren zu wirtschaftspolitischen Ordnungsmaßnahmen heraus. In Tirol griff Markgraf Ludwig der Brandenburger 1349 unter dem Eindruck der Pest zu scharfen Maßregeln, die darauf abzielten, die Freizügigkeit der Bauern zu beschränken. Ausführlich wurden die Bestimmungen in der Tiroler Landesordnung Ludwigs aus dem Jahre 1352, die das Abzugsverbot der bäuerlichen Hintersassen noch schärfer formulierte und gleichzeitig die Löhne für Handwerker und Tagelöhner auf das Niveau vor der Pest herabzudrücken versuchte. Als Reaktion auf die wirtschaftlichen Spätfolgen der Pest lässt sich auch eine Reihe der von Herzog Rudolf IV. in Wien und anderen österreichischen Städten gesetzten Maßnahmen begreifen. Die Überschuldung der Wiener Bürger, in der der österreichische Herzog eine Hauptursache für die ruinöse Wirtschaftslage und die Verödung zahlreicher Häuser in der Stadt erblickte, sollte durch die zwangsweise Ablöse der sogenannten Überzinse (auf den Häusern lastende Zinsleistungen) verringert werden. Am 28. Juni 1360 dekretierte Rudolf IV. diese Entschuldungsaktion großen Stils gegen breiten Widerstand der vor allem geistlichen Inhaber der Überzinse. Gleichermaßen dem Ziel einer Konjunkturbelebung diente die 1361 von Herzog Rudolf für Wien verordnete Niederlassungs- und Gewerbefreiheit. Der Zuzug von Handwerkern sollte von allen Hemmnissen befreit werden. Zu diesem Zweck hob Rudolf sämtliche in Wien bestehenden Zünfte und Einungen auf und stellte Neuankömmlingen als zusätzlichen Anreiz eine dreijährige Steuerbefreiung in Aussicht. Neben Wien kamen auch etliche kleinere österreichische Städte wie Tulln oder Wiener Neustadt in den Genuss derartiger Wirtschaftsförderungsmaßnahmen des Herzogs. Nur ausnahmsweise hat Rudolf IV. dagegen im ländlichen Bereich eingegriffen, etwa wenn er 1361 dem steirischen Stift Seckau von den Gütern, die dem Kloster durch die Pestepidemie wüst geworden waren, sämtliche ihm zustehenden Vogteiabgaben erließ.

Von der Agrarkrise war der Getreidebau am stärksten betroffen. Jene Gebiete Ostösterreichs, wo der Weinbau als Monokultur vorherrschte, erlebten dagegen im Spätmittelalter geradezu eine Konjunktur. Anbauflächen wurden ausgedehnt und die Erträge gesteigert. Viel ging in den Export nach Süddeutschland, Böhmen und Polen. Im 15. Jahrhundert erreichte der Weinexport auf der Donau etwa 100 000 Hektoliter, was gegenüber dem 13. Jahrhundert schätzungsweise eine Steigerung auf das Fünffache bedeutet.

Gesamtwirtschaftlich kann dennoch von einer Überwindung der Krise nicht vor der Mitte des 15. Jahrhunderts gesprochen werden. Seit ca. 1470 machte sich in den meisten Teilen Europas eine Wirtschaftsbelebung bemerkbar, die wesentlich von Modernisierung und technischer Innovation in verschiedensten Gewerbezweigen getragen wurde. In dem an Bodenschätzen reichen Ostalpenraum bildete der Edel- und Buntmetallbergbau den eigentlichen Konjunkturmotor. Das Tiroler Schwaz, wo in der Blütezeit bis zu 4000 Menschen im Bergbau arbeiteten, zählte zwischen 1470 und 1535 zu Europas wichtigsten Lieferanten von Silber. Hier wurde etwa ein Sechstel der damaligen europäischen Silberproduktion gewonnen – mit 15,6 Tonnen Silber war 1523 das absolute Spitzenjahr. Mit Fug und Recht ist gesagt worden, dass ohne das Schwazer Silber die habsburgische Weltpolitik im frühen 16. Jahrhundert nicht hätte finanziert werden können. Dabei beschleunigte zweifellos der ungeheure Finanzbedarf Maximilians den schon seit längerem in Gang gekommenen Strukturwandel im Tiroler Bergbau. Heimische Gewerken wie die Tänzl und Fieger mussten schließlich dem oberdeutschen Kapital der Fugger Platz machen. Ein wenig im Schatten des Tiroler Silberbooms stand die dynamische Expansion des steirischen Eisenwesens im 15. Jahrhundert. Am Ausgang des Mittelalters hatte die Steiermark immerhin einen Anteil von 10 bis 15 % der europäischen Eisenerzeugung. Das Eisenwesen war für die habsburgischen Landesfürsten so wichtig, dass sie es seit der Mitte des 15. Jahrhunderts mit einer Unzahl von obrigkeitlichen Ordnungen, die Produktion und Absatz des Eisens, Zahl und Größe der Hämmer, aber auch die Höhe der Löhne und Preise regulierten, zu lenken versuchten. Im steirischen Eisenwesen konstituierte sich im übrigen 1415 auch die älteste Kapitalgesellschaft Österreichs als Zusammenschluss von Eisenhändlern aus Leoben. Um 1500 war die Steiermark drauf und dran, zur großen Waffenschmiede für Maximilians Heere zu werden. In Thörl und Aflenz hatte ein rühriger Unternehmer namens Sebald Pögl einen fabriksmäßigen Großbetrieb für Geschütze, Kanonenkugeln, Festungsgewehre und kleinere Handfeuerwaffen aufgezogen.

Österreich im Zeitalter Maximilians I. (1490/93–1519)

Mit der burgundischen Ehe Maximilians I. tat sich dem Haus Österreich eine neue politische Welt auf. Die Heirat des Habsburgers mit Maria, der Erbtochter des Herzogs Karl des Kühnen, veränderte Europa. Eigentlich wurde schon damals, 1477, das große habsburgische Jahrhundert eingeläutet. Es ging um den wertvollsten Territorialkomplex nördlich der Alpen mit Handelszentren wie Brügge, Gent oder Antwerpen und enormen ökonomischen und verwaltungstechnischen Ressourcen, ein unerhörter Zugewinn für die Habsburger, wenngleich der Preis hoch war, mündete der Streit um das Erbe Karls des Kühnen doch letztlich in einen über Jahrhunderte währenden französisch-habsburgischen Antagonismus. Im Jänner 1477 war der Burgunderherzog bei Nancy gefallen, ein halbes Jahr später, am 19. August 1477, schloss Maximilian, der sich gegen eine ganze Reihe von Mitbewerbern, namentlich den französischen Dauphin, durchgesetzt hatte, mit Karls Tochter in Gent die Ehe. Die Behauptung des durch Marias frühen Tod (1482), anhaltende französische Angriffe und innere Krisen bedrohten burgundischen Länderkomplexes band Maximilians Kräfte für mehr als ein Jahrzehnt und ließ ihn alle Höhen und Tiefen der Politik durchleben.

Das Heiratsglück blieb Maximilians dynastischer Politik auch in den folgenden Jahren treu, was später in dem bekannten, einem Ovid-Zitat aus den *Heroiden* nachgebildeten Spruch: *Bella gerant alii, tu felix Austria nube* (»Kriege führen mögen andere, du, glückliches Österreich, heirate!«) Ausdruck fand. Um ein breites Bündnis gegen die expansionistische Italienpolitik des französischen Königs Karl VIII. zu erreichen, trat der Habsburger der von den katholischen Königen Ferdinand und Isabella initiierten »Heiligen Liga« bei. Die spanische Doppelhochzeit stellt sich in Planung und Durchführung als ein Nebenprodukt der Versuche Maximilians dar, den Dauerfeind Frankreich in die Enge zu treiben. Dass mit der Heiratsabrede zwischen den Kindern Maximilians und jenen Ferdinands von Aragón und Isabellas von Kastilien im Jänner 1495 der Grundstein zum Weltreich Karls V. gelegt wurde, war zu diesem Zeitpunkt nicht im Entferntesten absehbar. Erst eine Kette von Todesfällen dreier Thronanwärter machte Maximilians Sohn Philipp schließlich zum Herrscher Kastiliens und versetzte Maximilians 1500 geborenen Enkel Karl nach dem frühen Tode Philipps (1506) in die Rolle des Erben eines werdenden Weltreiches. Gleichsam unter Erfolgszwang stand die dritte Generation habsburgischer Heiraten. Was mit größtem repräsentativem Aufwand und nach zähem diplomatischem Ringen am sogenannten Wiener Kongress im Juli 1515 als Doppelheirat zwischen Maximilians Enkeln und den Kindern des ungarischen und böhmischen Königs Wladislaw paktiert wurde, diente der Aufrechterhaltung der seit einem Jahrhundert aufgebauten und von Maximilian mit allen Mitteln behaupteten habsburgischen Ansprüche auf die benachbarten Königreiche Böhmen und Ungarn. Den Vollzug dieser 1515 vereinbarten beiden Ehen hat Maximilian nicht mehr erlebt, ebenso wenig wie den tatsächlichen Erbfall zugunsten der Habsburger mit dem Tod König Ludwigs von Ungarn in der Türkenschlacht von Mohács 1526.

Das Verhältnis von Reich und Erblanden nahm gegen das Jahr 1500 zusehends einen dualistischen Charakter an. Wiewohl Maximilian das unter seinem Vater institutionalisierte Nebeneinander von römischer und österreichisch-erbländischer Kanzlei neuerlich durch eine einheitliche zentrale Hofkanzlei für Reich und Erblande ersetzte und an dieser über die Reichsverfassungskämpfe hinweg bis zu seinem Tode festhielt, entfernten sich die österreichischen Erblande immer weiter von den Maximilian auf den Reichstagen gegenübertretenden Reichsständen. Bei deren anfänglich zum Teil gegen den Herrscher gerichteten Organisationsformen, wie etwa den 1500 eingerichteten Reichskreisen, wurden die österreichischen und burgundischen Länder (jedenfalls bis 1512) außen vor gelassen. Und auch zu einer Vertretung der Erblande auf den Reichstagen kam es zunächst nicht. Maximilian versuchte seine österreichischen Länder hier herauszuhalten, und im Grunde hätte eine solche Vertretung der Erblande auf den Reichstagen auch der Verfassungslogik widersprochen. Es ist für die Entwicklung höchst bezeichnend, dass die Ausschüsse der österreichischen Länder auf dem Innsbrucker Gesamtlandtag 1518 anlässlich der Verhandlungen über eine Reform des kaiserlichen Hofrates verlangten, dass dessen aus dem Reich stammende Mitglieder von der Erledigung erbländischer Angelegenheiten ausgeschlossen bleiben sollten, was Maximilian zur Replik veranlasste, »Österreich gehöre doch auch zum Reich«.

Das Erscheinungsbild der österreichischen Erblande hat sich in den drei Jahrzehnten maximilianeischer Herrschaft entscheidend und nachhaltig verändert. Territoriale Vergrößerungen sind dabei nicht das Wesentliche, wenngleich solche in geringerem Umfang erfolgten. Im Bayerischen Erbfolgekrieg von 1504 etwa gewann Maximilian die Herrschaften Kufstein, Rattenberg und Kitzbühel als Abrundung Tirols. Schon zuvor hatte er sich das Erbe des letzten Görzer Grafen Leonhard (Osttirol, Görz) gesichert. Bedeutsamer als diese territorialen Arrondierungen sind strukturelle Entwicklungen. Als Maximilian die Nachfolge seines Vaters antrat, waren die Bruchlinien, die das Jahrhundert der habsburgischen Teilungen gezogen hatte, noch allenthalben sichtbar. Um dem lockeren Verband der österreichischen Länder festere Gestalt zu geben, drängte Maximilian auf zentralisierende Vereinheitlichung. Zwei Ländergruppen, eine oberösterreichische (Tirol und die Vorlande) und eine niederösterreichische (Ober- und Niederösterreich, Steiermark, Kärnten und Krain), wurden gebildet und für jede der beiden kollegial verfasste ständige Behörden, sogenannte Regimente, eingesetzt. Trotz mancher Anfangsschwierigkeiten, Umstrukturierungen und auch Ortswechsel erwiesen sich diese jeweils für mehrere Länder zuständigen Regierungskörper letztlich als tragfähig und sollten über Jahrhunderte Bestand haben. Maximilians Politik baute aber nicht nur auf zentrale Verwaltung, auch die Stände der Länder band er in seine Politik der Vereinheitlichung ein. Unter seiner Regierung wurde die Entfaltung länderübergreifender

Ständeversammlungen bedeutend vorangetrieben. Kaum ein Jahr verging, in dem nicht wenigstens eine derartige Beratung stattfand. Vom innerösterreichischen über den niederösterreichischen bis hin zum großen, alle Erblande einbeziehenden Generalausschusstag reicht die Palette der Versammlungen, wobei das von Maximilian anscheinend schon von Beginn an mit einer gewissen Beharrlichkeit anvisierte Ziel gemeinsamer Ausschussberatungen aller erbländischen Stände freilich erst nach mehreren Fehlschlägen zum ersten und gleichzeitig einzigen Mal während der Herrschaft des Kaisers im Frühjahr 1518 in Innsbruck Wirklichkeit wurde. Die Bedeutung länderübergreifender Ständetagungen für die staatliche Integration und das Zusammengehörigkeitsbewusstsein der österreichischen Länder ist kaum zu überschätzen. Die ständischen Ausschusstage bilden gleichsam das Gegenstück zu den administrativen Integrationsbemühungen Maximilians.

Dass der enorme Finanzbedarf das eigentliche Movens für die Verwaltungsreformen und Zentralisierungsmaßnahmen Maximilians war, scheint klar. Ohne Zweifel ist Geldmangel ein allgemeines Strukturmerkmal frühneuzeitlicher Politik, verglichen mit anderen frühmodernen Staatswesen lagen Anspruch und Möglichkeiten der maximilianeischen Politik allerdings besonders weit auseinander. Auf Dauer musste die habsburgisch-österreichische Macht, so imposant sie sich mit dem römischen Kaisertum, den burgundischen und österreichischen Ländern auch darstellen mochte, der französischen Monarchie mit ihrer hohen Kohärenz unterlegen sein. In Kriegsjahren verschlangen die Militärausgaben Maximilians mehr als zwei Drittel des Staatshaushaltes, und eigentlich befand sich der Habsburger, nach dessen Überzeugung mit den Mitteln der Diplomatie allein nichts Dauerhaftes zu erreichen war, nahezu unausgesetzt im Krieg. Zwischen den gezählten 27 Kriegen seiner Regierung bildeten die kurzen Friedensphasen jeweils nur ein Intermezzo. So darf es nicht verwundern, dass trotz erheblicher Zuwächse bei den Einnahmen die Staatsschuld in bisher ungekannte Höhe stieg. Rund fünf Millionen Gulden an Schulden hinterließ der Kaiser seinen Erben. Das entspricht dem Zwanzigfachen des durchschnittlichen Jahreseinkommens aus den österreichischen Erbländern. Welches Ausmaß die finanzielle Misere gegen Ende der Regierung Maximilians angenommen hatte, ist daran ablesbar, dass 1518 bereits zehn Jahresproduktionen der Tiroler Silberbergwerke im Voraus verkauft waren. Hauptsächlich sind es die Erblande gewesen, die Maximilians Kriege finanzierten. Zur drückenden

Belastung wurde insbesondere der Venezianerkrieg (1508–1516), der die österreichischen Länder an die Grenzen ihrer Leistungskraft brachte und in der Untersteiermark, in Kärnten und Krain zu einem Aufstand der meistenteils slawischen Bauern (1514/15) führte, welcher mit aller Härte niedergeschlagen wurde.

Mit der weitgespannten Politik Maximilians eröffneten sich für die österreichischen Erblande freilich auch neue Möglichkeiten und Perspektiven. Im besonderen Maße gilt dies für eine kleine Gruppe von dem Herrscherhof nahestehenden Männern, die so wie der oberösterreichische Adelige Wolfgang von Polheim mit Maximilian 1477 den Schritt in die Niederlande wagten. Ebenso zur neuen großen Welt der Habsburger gehört der im Kanzleidienst aufgestiegene Matthäus Lang, 1519 Erzbischof von Salzburg, zuvor aber schon mit dem spanischen Bistum Cartagena bepfründet. Maximilians Regierung brachte – daran besteht kaum Zweifel – den österreichischen Ländern einen Innovationsschub, der mit Post, Buchdruck, Verwaltung und Universität weite Lebensbereiche erfasste. Seit 1490 sorgte Maximilian durch die Einrichtung von Postlinien zwischen den Niederlanden und Tirol sowie nach Rom und nach Frankreich für eine unerhörte Beschleunigung der Nachrichtenübermittlung, wobei dem von Maximilian bevorzugten Innsbruck von Beginn an die Rolle einer Verkehrs- und Kommunikationsdrehscheibe zugedacht war. Nicht minder bedeutsam ist der Fortschritt im administrativ-bürokratischen Bereich, gleichgültig ob man diesen als vom burgundischen Modell abgeleitet oder in den Erblanden gleichsam autochthon entstanden sehen möchte. Indem Maximilian das Druckmedium systematisch zur Erklärung und Legitimierung seiner Politik einsetzte, machte er die österreichischen Länder mit dieser technischen Innovation, die von Kaiser Friedrich III. noch sehr sparsam genutzt worden war, erst so recht vertraut. Dass die nordalpine humanistische Elite an der Universität Wien Quartier bezog, ist schließlich ebenfalls ganz wesentlich dem Eingreifen des Kaisers geschuldet. Das an oder besser neben der Wiener Universität als humanistische Bildungsstätte von Konrad Celtis konzipierte und 1501 ins Leben getretene *Collegium poetarum et mathematicorum* hat ihn zum Stifter und hauptsächlichen Förderer.

Das besondere Interesse Maximilians galt historischen bzw. literarisch-künstlerischen Projekten. All diese Pläne kreisen um den zentralen Begriff der *gedechtnus.* »Wer ime im leben kain gedachtnus macht, der hat nach seinem tod kain gedächtnus und desselben menschen wird mit dem glockendon vergessen«, ließ Maximilian im *Weißkunig* formulieren. Während die hier anklingende Vorstellung liturgischer Memoria noch auf das Spätmittelalter verweist, berührt sich Maximilians Wunsch nach einer überhöhten Darstellung der eigenen Taten in Text und Bild mit humanistischem Gedankengut. Zur *gedechtnus* gehörte das Bemühen um die Sicherung von Wissensbeständen. Maximilian gab Auftrag zur Anlage von Inventaren aller Art, die Erinnerungswürdiges für die Nachwelt bewahren sollten. Der Sicherung literarischer Tradition diente zuallererst die berühmte Sammelhandschrift des *Ambraser Heldenbuchs*. Im Mittelpunkt der *gedechtnus* stand freilich der Kaiser selbst. Nach anfänglichen Versuchen mit einer lateinischen Autobiographie fand Maximilian die ihm adäquate Ausdrucksform in verschlüsselten, fiktionalisierten autobiographischen Bilderchroniken in deutscher Sprache. Nach seinem Diktat von Mitarbeitern redigiert, lassen *Weißkunig*, *Freydal* und *Theuerdank* Elemente der Dietrichepik und des Artusromans erkennen. Das Bild steht in diesen Werken gleichrangig neben dem Text, ja manchmal ist es dem Text vorgängig. Vollends bilddominiert erscheinen die monumentalen Holzschnittfolgen *Triumphzug* und *Ehrenpforte*, an welchen Künstler vom Rang eines Albrecht Dürer oder Albrecht Altdorfer mitwirkten. Wie kein anderes Auftragswerk vereinigt die *Ehrenpforte* Maximilians autobiographische Ideenwelt, sein Interesse für Genealogie und seine Vorliebe für Allegorie und Bildersprache. Deutlich tritt auch im Falle der *Ehrenpforte* die Bedeutung der drucktechnischen Reproduktion für Maximilian hervor. Mit deren Hilfe sollte gleichsam ein »imaginäre(r) Hof für die kaiserliche *gedechtnus*« entstehen (Jan-Dirk Müller).

Noch ehe die Wahl des Enkels Karl (V.) zum römischen König erreicht und bevor die Nachfolge in den österreichischen Ländern eindeutig und einvernehmlich geregelt war, starb Maximilian I. am 12. Jänner 1519 in Wels. Bei all ihren Widersprüchlichkeiten markiert die Politik des »letzten Ritters«, in der Modernes und Altes gleichermaßen Platz fanden, den Eintritt des Hauses Österreich und seiner Länder in das sich formierende frühneuzeitliche europäische Mächtesystem. Der Name »Haus Österreich«, der zu Ausgang des 15. Jahrhunderts oftmals die Gesamtheit der österreichischen Länder bezeichnet hatte, ja zum Ersatz für den fehlenden Gesamtnamen des habsburgischen Territorienkomplexes geraten war, stand bald nur mehr für die habsburgische Dynastie, eine Familie, die innerhalb dreier Generationen zu Weltgeltung aufgestiegen war. Für Maximilian blieben dabei die Erblande, die er zunehmend als eine Einheit zu behandeln sich angewöhnt hatte, zeit seines Lebens unzweifelhaft das Herzstück seiner imperialen Herrschaft. 1515/16 brachte der Kaiser sogar den Plan, Österreich zum Königreich zu erheben, ins Gespräch, diesbezügliche Überlegungen gediehen dann freilich doch nicht über ein vages Konzeptstadium hinaus.

Die Habsburgermonarchie vom Tod Maximilians I. bis zum Aussterben der Habsburger in männlicher Linie (1519–1740)

Von Thomas Winkelbauer

Epochenüberblick

Die sieben Herrschergenerationen umspannende Zeit zwischen dem Tod Maximilians I. und jenem Karls VI. lässt sich nicht leicht auf einen gemeinsamen Nenner bringen. Als Schlüsseljahre erscheinen 1526, das Entstehungsjahr der aus den österreichischen Erbländern der Habsburger, den Ländern der Böhmischen Krone und Teilen der Königreiche Ungarn und Kroatien zusammengesetzten Habsburgermonarchie, das Jahr 1556, in dem das Kaisertum auf Dauer von der spanischen auf die österreichische Linie des Hauses Habsburg überging, das Jahr 1620, in dem sich auf dem Schlachtfeld (Schlacht am Weißen Berg) in den böhmischen und österreichischen Ländern endgültig die Macht der (katholischen) Landesfürsten gegen die politischen Partizipationsansprüche der (nichtkatholischen) Landstände durchsetzte, das Jahr 1648 (das Jahr des Westfälischen Friedens), in dem in den österreichischen und böhmischen Ländern mit Ausnahme Schlesiens der Sieg der habsburgischen Gegenreformation über die Idee der Koexistenz mehrerer christlicher Konfessionen besiegelt wurde, das Jahr 1687, in dem auch Ungarn zu einer Erbmonarchie der Habsburger wurde, das Jahr 1699, in dem Kaiser Leopold I. dem Osmanischen Reich im Vertrag von Karlowitz erstmals einen Frieden diktieren konnte und die Rückgewinnung des größten Teils der seit 1541 von den Osmanen besetzten Gebiete Ungarns vertraglich abgesichert wurde, sowie die Jahre 1713 (Friede von Utrecht) und 1714 (Friedensverträge von Rastatt und Baden), in denen die Teilung des Erbes der spanischen Habsburger völkerrechtlich geregelt wurde und die Entwicklung der Habsburgermonarchie zu einer europäischen Großmacht (im »Konzert der Mächte«) einen vorläufigen Abschluss erreichte.

Ab den 1520er Jahren breiteten sich auch in den habsburgischen Ländern die Lehren Luthers, Calvins und anderer Reformatoren rasch aus. Um 1600 dürften sich in der Habsburgermonarchie – ausgenommen nur das Königreich Kroatien, das Herzogtum Krain und die Grafschaft

Tirol – im Durchschnitt etwa acht von zehn Einwohnern zu einer anderen Konfession als der römisch-katholischen bekannt haben. Hundert Jahre später gab es, abgesehen von ein paar tausend mehr oder weniger im Untergrund lebenden »Geheimprotestanten«, in den österreichischen und böhmischen Ländern mit Ausnahme Schlesiens fast keine Nichtkatholiken mehr. Zeitlich parallel zum Triumph der Gegenreformation und zum Aufblühen der stark sinnlichen, kollektiven, theatralischen, zeremoniellen und demonstrativen barocken Volks- und Hochkultur ist es nach 1683 in mehreren Kriegen gelungen, das Osmanische Reich militärisch zu besiegen und die teilweise seit 1541 osmanisch beherrschten Teile des Königreichs Ungarn in die Habsburgermonarchie zu integrieren. Ernst Hanisch hat es überspitzt so zusammengefasst: »Österreich entstand in seiner modernen Form als Kreuzzug-Empire – im Kampf gegen den äußeren Feind, die Türken, und gegen den inneren Feind, den Protestantismus.« Ob die erzwungene Durchsetzung der katholischen Konfessionalisierung und die darauf aufbauende jahrhundertlange Dominanz einer vom Kaiserhof und der katholischen Kirche geprägten Kultur womöglich bis in die Zweite Republik beobachtbare Folgen für die österreichische politische Kultur und den vorherrschenden »Nationalcharakter« der Österreicher oder jedenfalls der Wiener und Ostösterreicher hatte, wie Hanisch und andere vermutet haben, kann hier nicht erörtert werden.

Die Entstehung der Habsburgermonarchie

1519	Tod Kaiser Maximilians I.
1519–1556	Kaiser Karl V.
1521/22	Verträge von Worms und Brüssel zwischen Karl V. und Ferdinand I.
1522	»Wiener Neustädter (Blut-)Gericht«
1526	Schlacht bei Mohács
	Wahl Ferdinands I. zum König von Böhmen und Doppelwahl Johann Szapolyais und Ferdinands I. zum König von Ungarn
1541	Dreiteilung Ungarns
1546/47	Antihabsburgischer Ständeaufstand in Böhmen
1558–1564	Kaiser Ferdinand I.
1564	Länderteilung nach dem Tod Ferdinands I.
1564–1576	Kaiser Maximilian II.
1564–1595	Erzherzog Ferdinand II. von Tirol

1564–1590	Erzherzog Karl II. von Innerösterreich
1576–1612	Kaiser Rudolf II.
1596	Regierungsantritt Ferdinands (II.) in Innerösterreich
1602–1618	Erzherzog Maximilian III. Regent bzw. Landesfürst von Tirol
1612–1619	Kaiser Matthias
1619–1637	Kaiser Ferdinand II.
1619–1632	Erzherzog Leopold V. Regent bzw. Landesfürst von Tirol
1632–1646	Claudia von Medici, Witwe Leopolds V., Mitregentin von Tirol
1637–1657	Kaiser Ferdinand III.
1646–1662	Erzherzog Ferdinand Karl Landesfürst von Tirol
1658–1705	Kaiser Leopold I.
1663–1665	Erzherzog Sigismund Franz Landesfürst von Tirol

Die Habsburgermonarchie ist 1526/27 als eine »monarchische Union von Ständestaaten« (Otto Brunner) entstanden und blieb bis zu ihrem Ende im Oktober/November 1918 eine »zusammengesetzte Monarchie«. Selbst die drei 1526 durch Personalunion verbundenen Ländergruppen – die österreichischen Erbländer der Habsburger, die böhmischen und die ungarischen Länder – waren keine einheitlich regierten und verwalteten Territorialstaaten, sondern seit unterschiedlich langer Zeit durch Personalunion verbundene Länderkonglomerate. Die frühneuzeitliche Habsburgermonarchie war also eigentlich eine monarchische Union monarchischer Unionen von Ständestaaten, eine aus zusammengesetzten Monarchien zusammengesetzte Monarchie. Das politische System der Donaumonarchie und die rechtliche Stellung der ihre Länder in vielfacher Personalunion beherrschenden Habsburger wurden zusätzlich dadurch kompliziert, dass der Landesherr mit Ausnahme der Regierungszeiten Karls V. (1519–1556) und Karls VII. (1742–1745) stets auch die Kaiserwürde innehatte und dass die österreichischen Länder und mit Einschränkungen auch die Länder der böhmischen Krone Territorien des Heiligen Römischen Reiches waren. Zur Schaffung eines aus den österreichischen und böhmischen Ländern bestehenden »Kernstaates« (Friedrich Walter) mit einheitlicher Rechtsordnung und gemeinsamen Zentralbehörden kam es erst in der zweiten Hälfte des 18. Jahrhunderts, beginnend mit der von Zeitgenossen als Revolution erlebten Staatsreform des Jahres 1749. Die insbesondere in den 1670er, 1780er und 1850er Jahren unternommenen Versuche, auch das Königreich Ungarn nach dem Muster der »deutschen« bzw. der »deutsch-slawischen« Erbländer von Wien aus zu regieren, schlugen hingegen fehl und mündeten schließlich in den staatsrechtlichen »Ausgleich« des Jahres 1867. Wichtige Weichenstellungen für diese Entwicklungen erfolgten im 16., 17. und frühen 18. Jahrhundert.

Die Anfänge der Herrschaft Ferdinands I. in den österreichischen Ländern

Nach dem Tod Kaiser Maximilians I. im Januar 1519 kam es in den fünf niederösterreichischen Erbländern – also in Österreich unter und ob der Enns, Steiermark, Kärnten und Krain – zu Manifestationen des Widerstands der Landstände. Der Adel, die landesfürstlichen Städte, insbesondere Wien, und teilweise sogar die Prälaten weigerten sich, die von Maximilian eingesetzte landesfürstliche Regierungsbehörde (»Regiment«) in Wien weiterhin anzuerkennen, da deren Befugnisse mit dem Tod des Monarchen erloschen seien. Unter Berufung auf ihre Privilegien fühlten sich die Stände dazu befugt, während der Vakanz, d. h. vom Tod des alten Herrschers bis zur Bestätigung der Landesprivilegien durch den neuen Landesfürsten und bis zur Erbhuldigung, interimistisch die Regierung ihrer Länder auszuüben. Auf einem Ausschusslandtag der Stände der fünf niederösterreichischen Länder in Bruck an der Mur wurde im März 1519 die Entsendung je einer Gesandtschaft nach Spanien zu König Karl und in die Niederlande zu seinem Bruder, dem Erzherzog und Infanten von Spanien Ferdinand, und seiner Tante, der Statthalterin Margarete, beschlossen.

Besonders exponiert haben sich in der ständischen Bewegung einige niederösterreichische Adelige und Wiener Bürger. Ihr entschiedenster Vertreter war Dr. Martin Kapp, genannt Siebenbürger, ein dem Professorenkollegium der Universität Wien angehörender rechtskundiger Humanist. Er wurde im September 1520 zum Bürgermeister gewählt und von Karl V. auch als solcher anerkannt. Die Stände des Landes Österreich unter der Enns konstituierten im Februar 1519 eine von den vier Kurien der Prälaten, der Herren, der Ritter und der landesfürstlichen Städte und Märkte paritätisch beschickte provisorische Landesregierung. Zur Erledigung der laufenden Geschäfte wurde ein sechzehnköpfiger Ausschuss (»Landrat«) gewählt. Das »alte« Regiment wich nach Wiener Neustadt aus. Auch die Stände der vier anderen niederösterreichischen Länder trafen Anstalten zur Bildung ständischer Landesregierungen, gingen jedoch nicht so weit wie die Unterderennser. In der Grafschaft Tirol und in den Vorlanden blieb ein Verfassungskonflikt zwischen den Ständen und dem Oberösterreichischen Regiment in Innsbruck aus.

Auf der Reise der Gesandtschaft der Stände der fünf niederösterreichischen Länder nach Spanien im Jahr 1519 offenbarten sich Auffassungsunterschiede zwischen der Mehrzahl der Gesandten von Österreich ob und unter der Enns und Kärnten auf der einen und der Steiermark und Krains auf der anderen Seite. Den von Martin Siebenbürger und Michael von Eitzing angeführten radikalen Verfechtern der ständischen Rechtsauffassung standen die Anhänger der monarchischen Interpretation der Rechtslage um Siegmund von Herberstein, den Autor der berühmten, bereits zu Lebzeiten des Verfassers in einer lateinischen, deutschen und italienischen Fassung erschienenen *Moscovia* (*Rerum Moscoviticarum commentarii*), und Trojan von Auersperg gegenüber.

In den Jahren 1521 und 1522 kam es in mehreren Schritten zur Klärung des Verhältnisses zwischen den von Kaiser Maximilian I. als Erben eingesetzten Brüdern, dem in den Niederlanden aufgewachsenen Karl (1500–1558) und dem drei Jahre jüngeren Ferdinand (1503–1564), der die ersten 15 Lebensjahre in Spanien und anschließend drei Jahre am Hof seiner Tante Margarete in den Niederlanden verbracht hatte. Karl war Ende Juni 1519 zum römisch-deutschen König gewählt und im Oktober 1520 in Aachen gekrönt worden. Im Sommer und Herbst 1520 vereinbarten die Brüder bei persönlichen Treffen, dass Ferdinand nunmehr Anna, die Schwester des ungarischen und böhmischen Königs Ludwig, mit der er bereits 1516 *per procurationem* »ferngetraut« worden war, wirklich heiraten solle. Vom Erbe Maximilians I. sollte der jüngere Enkel die fünf niederösterreichischen Länder – ausgenommen die Windische Mark, die Grafschaft Görz, die habsburgischen Teile Friauls und Istriens, die Seehäfen Triest und Fiume (Rijeka) sowie das Pustertal – erhalten. Im April 1521 wurde in Worms, wo sich die habsburgischen Brüder wegen des Reichstags aufhielten, die Teilung des Erbes ratifiziert.

Die infolge des Wormser Vertrags drohende Teilung der österreichischen Erbländer wurde schließlich doch nicht vollzogen. Wohl nicht zuletzt angesichts der Osmanengefahr, die eine Zersplitterung der habsburgischen Macht in Mitteleuropa nicht ratsam erscheinen ließ, einigten sich Karl und Ferdinand Ende Januar und Anfang Februar 1522 in Brüssel in insgesamt drei Verträgen auf einen für Ferdinand günstigeren

Modus der Erbteilung. Mit den zwei Abkommen vom 30. Januar 1522 verlieh Karl seinem Bruder auch die 1521 sich selbst vorbehaltenen Teile der niederösterreichischen Länder und ernannte ihn zu seinem Statthalter im Heiligen Römischen Reich. In einem bis zur Kaiserkrönung Karls durch den Papst, längstens jedoch sechs Jahre geheim zu haltenden Vertrag übergab Karl am 7. Februar 1522 seinem Bruder schließlich auch die ober- und vorderösterreichischen Territorien, also Tirol und die habsburgischen Besitzungen vor dem Arlberg, in Schwaben und im Elsass. Das Oberelsass, der Sundgau und die Landvogtei Hagenau sollten nach dem Tod Ferdinands an die spanische Linie fallen.

In Worms und Brüssel wurde die Begründung zweier Linien der Dynastie besiegelt. Die beiden Brüder wurden zu Ahnherren neuer »Häuser« mit gegenseitigem Erbrecht. Die ideell aufrechterhaltene Einheit des Gesamthauses wurde, besonders seit der Niederlegung der Kaiserwürde durch Karl V. im August 1556, aber mehr und mehr zur Fiktion.

Kehren wir noch einmal zum Beginn der Herrschaft Ferdinands I. in den österreichischen Ländern zurück. Am 26. Mai 1521 war der junge Erzherzog, von Worms kommend, in Linz eingetroffen, wo die feierliche Vermählung mit Anna von Ungarn stattfand. Drei Monate später wurde Belgrad, die bedeutendste der ungarischen Grenzfestungen an der Donau, von den Osmanen erobert, und das durch die Hochzeit besiegelte antiosmanische Bündnis erhielt wachsende Aktualität. Ferdinands an die Hochzeit anschließende Reise ins Reich und in die Niederlande mündete in die erwähnten Brüsseler Verträge. Nach seiner endgültigen Rückkehr in die Erbländer inszenierte Ferdinand im Juli 1522 in Wiener Neustadt einen Prozess gegen die »Rädelsführer« der Stände Österreichs unter der Enns, die nach dem Tod Kaiser Maximilians den Widerstand gegen das »alte« Regiment geleitet hatten – das »Wiener Neustädter (Blut-)Gericht«. Die Durchführung des Prozesses war auch von den Angeklagten selbst betrieben worden, die sich von dem Vorwurf des Hochverrats reinigen wollten. Von den Betroffenen, die sich keines Unrechts bewusst waren und die sich spätestens seit dem Herbst 1520 loyal verhalten hatten, ahnte vermutlich niemand den Prozessausgang. Der neunzehnjährige Landesfürst konstituierte einen aus zwölf landfremden Juristen und Hofleuten bestehenden Sondergerichtshof, dessen Vorsitz er persönlich führte. Knapp zwei Wochen nach Eröffnung des Prozesses wurde am 23. Juli 1522 das Urteil verkündet, ohne dass das Gericht auf die von den Angeklagten erhobenen Korruptionsvorwürfe gegen das »alte« Regiment eingegangen wäre. Die für die Politik der niederösterreichischen Stände im Jahr 1519 Verantwortlichen wurden des Aufruhrs für schuldig befunden. Am 9. August wurden auf dem Hauptplatz von Wiener Neustadt die adeligen Herren Michael von Eitzing und Hans von Puchheim standesgemäß enthauptet. Zwei Tage später wurden sechs Wiener Bürger mit Martin Siebenbürger an der Spitze hingerichtet. Vier weitere Wiener Bürger kamen nach längerer Haft mit hohen Geldstrafen davon, andere wurden auf freiem Fuß zu Geldbußen verurteilt.

Erzherzog Ferdinand trat den Ständen der zunächst nur durch Personalunion verbundenen österreichischen Erbländer von Beginn an mit einem Konzept der politischen Integration und der Stärkung der Machtposition des Monarchen gegenüber. In seiner Staatsauffassung war, wie er im Jahre 1532 an seine Schwester Maria schrieb, die Rolle der Stände darauf beschränkt, »als gute Untertanen« (»comme bons subgectz«) ihre Pflichten zu erfüllen. An der Herrschaftsausübung wollte er sie nur in beratender und ausführender Funktion teilhaben lassen.

Von den zersplitterten und disparaten habsburgischen Vorlanden im Südwesten des Heiligen Römischen Reichs sowie von den Herrschaften vor dem Arlberg abgesehen, gelang in der Regierungszeit Ferdinands I. der endgültige Abschluss des im Spätmittelalter bereits sehr weit gediehenen Prozesses der Umbildung der österreichischen Länder zu geschlossenen Territorien mit einheitlicher Landeshoheit. Mit dem Aussterben der Grafen von Cilli (1457) und Görz (1500) waren im Herrschaftsbereich der altösterreichischen Länder die letzten Enklaven anderer Dynastien verschwunden. Was die Besitzungen auswärtiger Hochstifte innerhalb des habsburgischen Länderkomplexes betrifft, so waren jene von Freising, Regensburg und Passau bereits vor 1500 landsässig geworden, die salzburgischen in Innerösterreich waren ernstlich bedroht, und die Reichsunmittelbarkeit der Hochstifte Trient und Brixen war de facto stark eingeschränkt. Vertraglich abgesichert wurde dieser Rechtszustand seitens der Hochstifte Bamberg und Salzburg erst 1535.

Seit den Teilungsverträgen von 1521/22 betrieb Erzherzog Ferdinand eine Neuordnung der landesfürstlichen Behördenorganisation in seinen Ländern. Die ständischen Ausschüsse forderten 1525/26 auf einem Generallandtag aller österreichischen Länder in Augsburg nicht nur die Entlassung Gabriels von Salamanca, des ihnen verhassten spanischen Vertrauten und Generalschatzmeisters Ferdinands, sondern auch die Ernennung eines Hofrats, dem im Unterschied zu Ferdinands Hofstaat weder Spanier noch Niederländer, sondern nur ›Einheimische‹ angehören sollten. Da dieser Hofrat, die Kanzlei und die Kammer der zu erwartenden Aufgabenfülle nicht gewachsen sein würden, möge in den nieder-, ober- und vorderösterreichischen Ländern je eine Regierung eingesetzt werden. Erst nach der Erwerbung der böhmischen und der ungarischen Krone wurden diese Forderungen zumindest teilweise realisiert: Unmittelbar nach seiner Wahl zum König von Böhmen und von Ungarn schuf Ferdinand mit der im Kern bis zur Mitte des 18. Jahrhunderts und teilweise sogar bis 1848 geltenden Hofstaatsordnung vom 1. Januar 1527 vier neue oder zumindest reorganisierte zentrale Regierungsgremien, die für sein gesamtes Herrschaftsgebiet zuständig waren, den Hofrat, den Geheimen Rat, die Hofkanzlei und die Hofkammer, denen er 1556 noch den Hofkriegsrat hinzufügte. Er bewirkte damit eine weitere Intensivierung der von seinem Großvater Maximilian I. eingeleiteten Bürokratisierung der fürstlichen Herrschaftsausübung.

Nach der 1525/26 erfolgten Ausschaltung Gabriel Salamancas und des Erzbischofs Matthäus Lang von Salzburg aus der politischen Führung der österreichischen Erblande stieg Bernhard von Cles, Bischof von Trient, zum einflussreichsten Ratgeber Ferdinands auf; er hielt sich in dieser Position im Wesentlichen bis 1538. Seit 1528 führte er den Titel »Oberster Kanzler«. Im März 1530 stieg der seit 1491 in habsburgischen Diensten stehende österreichische Adelige Wilhelm von Rog(g)endorf zum Obersthofmeister Ferdinands auf und vertrat seither Bernhard von Cles bei dessen Abwesenheit als Präsident des Geheimen Rates.

Die Herrschaftsübernahme Ferdinands I. in den böhmischen Ländern

In der Schlacht bei Mohács wurde am 29. August 1526 das etwa 25 000 Mann zählende Heer König Ludwigs II. von Ungarn und Böhmen von der aus rund 60 000 Mann bestehenden Armee Sultan Süleymans I. vernichtend geschlagen. Der Tod seines Schwagers in der Schlacht eröffnete Erzherzog Ferdinand die Chance, dessen Kronen wenn schon nicht zu erben, so doch durch Wahlen zu erwerben.

Die böhmischen Stände erkannten die auf dem »Wiener Kongress« des Jahres 1515 zwischen Kaiser Maximilian und dem ungarischen und böhmischen König Wladislaw, dem Vater Ludwigs, geschlossenen Familienverträge und damit das Erbrecht Ferdinands bzw. seiner Frau Anna nicht an. Ferdinand hielt aber an den Erbansprüchen Annas unbeirrt fest. Es blieb ihm allerdings schließlich nichts anderes übrig, als sich als einer von mehreren Kandidaten der Wahl zu stellen. Seine Hauptkonkurrenten waren zwei Wittelsbacher, die Herzöge Ludwig und Wilhelm von Bayern. Ferdinand konnte von Anfang an auf die Unterstützung des böhmischen Oberstkanzlers Adam von Neuhaus, der habsburgfreundlichen katholischen Rosenberger und des von König Ludwig zum Landesverweser ernannten schlesischen Herzogs Karl von Münsterberg zählen. Den geschickt agierenden Gesandten Ferdinands und den Wortführern der proösterreichischen Partei im böhmischen Adel gelang es, mit Adalbert von Pernstein auch einen der einflussreichsten Führer der utraquistischen Herren und Protektor der Brüderunität, die lutherischen Grafen von Schlick sowie einen großen Teil der Ritter und der königlichen Städte zu gewinnen. Zuletzt zogen sie auch den Führer der mächtigen katholischen und konservativ-utraquistischen Herrenpartei, den Oberstburggrafen Zdeněk Lev von Rožmitál, auf die habsburgische Seite. Daraufhin wurde Ferdinand am 23. Oktober 1526 in der Wenzelskapelle des Prager Veitsdomes von den 24 Wahlmännern (je acht Herren, Ritter und Vertreter der königlichen Städte) einstimmig zum König gewählt. Offensichtlich hatte sich die Einsicht durchgesetzt, dass zur Abwehr der nun auch die böhmischen Länder unmittelbar bedrohenden »Türkengefahr« ein starker König und eine Verbindung mit den österreichischen Ländern von Nutzen seien. Während die zum Prager Wahllandtag nicht geladenen Nebenländer der Wenzelskrone (Mähren, Schlesien, Ober- und Niederlausitz) Anna als »rechte und geborene Erbin« und ihren Gemahl Ferdinand im November und Dezember ohne Wahl als neuen König »annahmen«, hatten die böhmischen Stände dem neuen Herrscher immerhin die Konzession abgerungen, ihn wählen zu dürfen. Die Krönung Ferdinands im Prager Veitsdom erfolgte am 24. Februar 1527 unter zahlreicher Beteiligung des böhmischen Adels, der Prager Bürgerschaft, vieler österreichischer und ungarischer Adeliger sowie von Delegationen der Nebenländer der böhmischen Krone. Am folgenden Tag wurde auch Anna von Jagiełło gekrönt. Im April und Mai 1527 huldigten dem neuen Herrscher in Brünn und in Breslau die Stände Mährens und Schlesiens.

Beim Regierungsantritt Ferdinands I. waren Böhmen und Mähren territorial geschlossene, politisch vom hohen Adel beherrschte Länder mit jeweils für das ganze Land zuständigen Landesbeamten, Landesgerichten, Verwaltungs- und Finanzbehörden und Landtagen sowie einem ausgeprägten Rechts- und Landesbewusstsein, dessen Träger in erster Linie der Adel war. Schlesien hingegen, das Land zu beiden Seiten der Oder, war ein höchst komplexer, seit der Mitte des 14. Jahrhunderts durch Lehensbande an das Königreich Böhmen angeschlossener, aus rund einem Dutzend Fürstentümern und einer Reihe von Herrschaften unterschiedlicher Rechtsqualität zusammengesetzter Territorialverband. Die Markgrafschaft Oberlausitz war ein ausgesprochenes Städteland (Görlitz, Zittau, Bautzen, Kamenz, Löbau und Lauban bildeten seit 1346 den Sechsstädtebund) mit einem politisch und ökonomisch schwachen Adel. In der zersplitterten Niederlausitz hingegen, dem kleinsten der böhmischen Länder, besaß der hohe Adel ein deutliches Übergewicht über die Prälaten, Ritter und Städte. In der Regierungszeit Ferdinands I. wurden auch in der böhmischen Ländergruppe die Rechte der Stände schrittweise eingeschränkt und die Kompetenzen des Landesfürsten und der landesfürstlichen Behörden ausgebaut. Ferdinand fand bei den »Nebenländern«, die sich dem traditionellen Hegemoniestreben der böhmischen Stände widersetzten, Unterstützung für die monarchische Einheitspolitik. Gleichzeitig führte seine Politik aber langfristig zu einer Frontstellung zwischen dem König auf der einen und den Ständegemeinden der Länder der Wenzelskrone auf der anderen Seite. Auf diesem Nährboden konnte in der zweiten Hälfte des 16. Jahrhunderts ein länderübergreifendes ständisches Programm gedeihen, hinter dem die bisher dominierenden Regionalismen zurücktraten.

Zu Hauptträgern des vom Monarchen und vom Hof initiierten Bürokratisierungsprozesses in den böhmischen Ländern wurden die Böhmische Kammer, der königliche Rat und das 1547 errichtete Prager Appellationsgericht, drei rein landesfürstliche Organe. Die Selbständigkeit der Kronländer tastete Ferdinand aber nicht an. Die einzigen alle fünf Kronländer umfassenden echten Kroninstitutionen waren die Generallandtage und die Böhmische Kanzlei. Durch die in Prag angesiedelte Kanzlei konnten böhmische Ständepolitiker unmittelbaren Einfluss auf die inkorporierten Länder ausüben. Eng verbunden mit der Böhmischen Kanzlei, einem zugleich königlichen und ständischen Amt, dessen offizieller Titel Böhmische Hofkanzlei oder Hofkanzlei des Königreichs Böhmen lautete, war der königliche Rat, ja dieser besaß in jener sein Exekutivorgan. Der Vorsteher beider Institutionen war der Oberstkanzler des Königreichs Böhmen, der immer mehr zum wichtigsten Mittler zwischen dem König und den Ständen wurde. Die Bedeutung der unter Ferdinand I.

seit 1530 einberufenen Generallandtage der böhmischen Länder resultierte vor allem aus der großen Rolle der von den Ständen dieser Länder aufgebrachten Steuern und Truppenkontingente für die Abwehr der »Türkengefahr«.

Zwei Jahrzehnte nach der Krönung Ferdinands zum böhmischen König kam es 1546/47, im Zusammenhang mit dem Schmalkaldischen Krieg, zum ersten antihabsburgischen Ständeaufstand in Böhmen. Konflikte zwischen den Kronländern verhinderten damals ein gegen den gemeinsamen Landesfürsten gerichtetes Oppositionsbündnis der Nebenländer mit dem Hauptland. Seit der Jahreswende 1546/47 beschränkte sich die oppositionelle Ständebewegung weitgehend auf das Königreich Böhmen. Im Februar und März 1547 steigerte sich der Widerstand zur Rebellion, die jedoch defensiv und inkonsequent blieb und sich im Wesentlichen in der Verweigerung der Heerfolge erschöpfte. Der Sieg der Armee Karls V. bei Mühlberg an der Elbe über das Heer des Schmalkaldischen Bundes am 24. April 1547 ließ den Widerstand in Böhmen rasch zusammenbrechen. Der Großteil des böhmischen Adels unterwarf sich und nahm das Gnadenangebot König Ferdinands an, die meisten königlichen Städte mit den Prager Städten an der Spitze und eine kleine Adelsfraktion hingegen verfolgten noch rund einen Monat lang eine unnachgiebige Linie. Im Juni leisteten die meisten Herren, Ritter und Städte König Ferdinand in Leitmeritz eine neuerliche Huldigung. Von den anschließend verkündeten Strafmaßnahmen waren in erster Linie die königlichen Städte betroffen, die praktisch gezwungen wurden, die Kriegskosten Ferdinands zu bezahlen. Ohne Strafe blieben nur die während des Aufstands dem König treu gebliebenen, mehrheitlich katholischen Städte Pilsen, Budweis, Aussig, Brüx und Eger. In den Nebenländern hatten sich nur einige schlesische und die Oberlausitzer Städte dem Aufstand angeschlossen; nun teilten sie mit den königlichen Städten Böhmens die Strafmaßnahmen und die damit einhergehende politische und ökonomische Schwächung. Ein überwiegend aus Mitgliedern des königstreuen Adels der Nebenländer und den obersten Landesbeamten der Markgrafschaft Mähren gebildeter Sondergerichtshof fällte Urteile gegen 35 böhmische Herren und Ritter, die großteils mit Güterkonfiskationen belegt wurden. Von den zehn Todesurteilen konnten am 22. August 1547 nur vier vollstreckt werden, da die übrigen Delinquenten rechtzeitig geflüchtet waren.

Auf dem August- und September-Landtag 1547 mussten die böhmischen Stände ihren im März beschlossenen Forderungskatalog in aller Form zurücknehmen und die ungeteilte Macht (*plena potestas*) des Königs anerkennen. Sie mussten sowohl das Erbrecht der Habsburgerdynastie auf den böhmischen Thron anerkennen als auch ihre Zustimmung zur Errichtung des Prager Appellationsgerichts geben. Die Besetzung der böhmischen Landesämter und des Landrechts stand künftig allein dem König zu. Der Schmalkaldische Krieg wurde somit zu einem bedeutenden Katalysator der Entwicklung des Verhältnisses zwischen dem böhmischen König und den böhmischen Ständen.

Ungarn: Von der doppelten Königswahl zur Dreiteilung des Landes

Neben König Ludwig II. von Ungarn und Böhmen verloren in der Schlacht bei Mohács am 29. August 1526 etwa 10 000 Fußsoldaten, 4000 Reiter, 28 weltliche Magnaten und sieben hohe kirchliche Würdenträger, darunter auch die Erzbischöfe von Gran und Kalocsa, ihr Leben. Ähnlich wie die böhmischen erkannten auch die ungarischen Stände die 1463, 1491 und 1515 zwischen den Kaisern Friedrich III. und Maximilian I. auf der einen und den ungarischen Königen Matthias Corvinus und Wladislaw II. Jagiełło auf der anderen Seite geschlossenen dynastischen Erbverträge nicht an. Die magyarischen Adeligen beriefen sich auf die Beschlüsse des ungarischen Landtags auf dem Rákosfeld bei Pest im Jahre 1505, auf dem sich die Stände darauf eingeschworen hatten, niemals wieder einen Ausländer zum König zu wählen. Anders als in Böhmen war in Ungarn die Spaltung innerhalb des Adels so tief und unversöhnlich, dass es, nachdem das osmanische Heer bis Mitte Oktober 1526 das Land mit Ausnahme der südungarischen Grenzfestungen Peterwardein und Ilok in Syrmien (dem Gebiet zwischen der unteren Save und der Donau) wieder geräumt hatte, zu einer Doppelwahl kam.

Die magyarische »Nationalpartei« mit dem Erlauer Bischof Paul (Pál) Várday an der Spitze unterstützte Johann (János) Szapolyai, den Woiwoden von Siebenbürgen, Schwager des polnischen Königs Sigismund und reichsten Magnaten Ungarns. Im Oktober 1526 besetzten Szapolyais Truppen Ofen, Gran und Stuhlweißenburg, und der Woiwode berief einen Landtag in die alte ungarische Krönungsstadt Stuhlweißenburg ein. Dort wurde er am 10. November zum König von Ungarn und Kroatien gewählt und tags darauf von Bischof Stefan (István) Podmaniczky von

Neutra, dem ranghöchsten der nicht bei Mohács gefallenen ungarischen Bischöfe, mit der Stephanskrone gekrönt. Er beherrschte nach dem Abzug der Osmanen mit seinem etwa 12 000 Mann starken Heer, das nicht mehr in die Schlacht bei Mohács hatte eingreifen können und daher intakt war, den Großteil Ungarns. An dem Wahllandtag, der nicht vom Palatin einberufen worden war und daher von Ferdinand von Habsburg für ungesetzlich erklärt wurde, nahmen zahlreiche Magnaten, sieben Bischöfe und eine große Zahl von Vertretern des niederen Adels teil, weiters Abgeordnete von sieben königlichen Freistädten sowie die Vertreter der drei ständischen Nationen Siebenbürgens (ungarischer Adel, Sachsen und Szekler). Zum Dank für ihre Unterstützung ernannte der neue »nationale« König Bischof Paul Várday zum Erzbischof von Gran.

Die ungarische »Hofpartei« um die Königin-Witwe Maria von Habsburg, die Schwester Karls V. und Ferdinands I., und den Palatin Stefan (István) Báthory war bereits vor der Wahl und Krönung Johann Szapolyais zahlenmäßig viel kleiner als die »Nationalpartei«. Danach wurden sogar viele der relativ wenigen Anhänger, die Ferdinand unter den magyarischen Adeligen hatte, schwankend, und manche gingen offen in das Lager König Johanns über. So kam es, dass auf einem nach Pressburg (Bratislava) einberufenen Landtag im dortigen Franziskanerkloster nur zwei Bischöfe, einige Prälaten, wenig mehr als ein Dutzend Magnaten und Adelige sowie Vertreter der königlichen Städte Ödenburg (Sopron) und Pressburg erschienen und am 17. Dezember 1526 Ferdinand zum König wählten. Dieser hatte zunächst darauf bestanden, dass die Ständeversammlung sein Erbrecht anerkenne, hatte sich aber schließlich doch gezwungen gesehen, einen Wahlakt zuzulassen.

Mit Ausnahme von Kroatien, der Städte Pressburg und Ödenburg, der westungarischen Magnatenherrschaften sowie des von den Osmanen besetzten Syrmien wurde Johann Szapolyai im Frühjahr 1527 in ganz Ungarn als König anerkannt. Die relative Ruhe dauerte aber nur kurz. Im Juli marschierte eine Söldnerarmee Erzherzog Ferdinands in das Land ein, deren Siege eine neue politische Situation schufen. Nacheinander ergaben sich alle Burgen entlang der Donau. Am 20. August zog Ferdinand in Ofen, die alte Hauptstadt Ungarns, ein, und im Oktober wurde er allgemein als König anerkannt. Johann Szapolyai zog sich Ende September zunächst nach Siebenbürgen und schließlich im März 1528 nach Polen zurück. Am 3. November 1527 konnte Ferdinand in Stuhlweißenburg mit der Stephanskrone gekrönt werden, und zwar ebenfalls von

Bischof Stefan Podmaniczky, da Erzbischof Paul Várday als Parteigänger König Johanns der Zeremonie fernblieb.

Das seit dem Beginn des 12. Jahrhunderts mit Ungarn in Personalunion verbundene »dreieinige« Königreich Kroatien, bestehend aus Dalmatien, Kroatien im engeren Sinn und Slawonien, war seit der zweiten Hälfte des 13. Jahrhunderts endgültig in zwei administrative Einheiten gegliedert: das Königreich Slawonien nördlich und das Königreich Dalmatien und Kroatien südlich der Save. Als Vertreter des Königs und oberste politische, richterliche und militärische Autorität des Landes fungierte seit dem 15. Jahrhundert, seit dem Verlust fast ganz Dalmatiens an die Republik Venedig, in beiden Territorien je ein Ban(us), der auch, im Namen des Königs, die Landtage einberief und leitete. Seit 1542 gab es, von Ausnahmen abgesehen, nur noch einen gemeinsamen Banus für Kroatien und Slawonien. 1533 wurde in Agram (Zagreb) der erste gemeinsame kroatisch-slawonische Landtag (Sabor) abgehalten, und seit 1538 begannen die beiden Landtage regelmäßig gemeinsam zu tagen. Seit 1558 gab es nur noch gemeinsame kroatisch-slawonische Landtage.

In Kroatien im engeren Sinn, dessen Adel angesichts der Türkengefahr bereits vor der Schlacht bei Mohács eigene Wege gegangen war, stieß Erzherzog Ferdinand 1526/27 auf viel mehr Zustimmung als in Ungarn. Ohne große Probleme wurde er am 1. Januar 1527 vom kroatischen Landtag im Franziskanerkloster in Cetin (bei Slunj) zum König gewählt, nachdem die Kroaten sein und seiner Gemahlin Anna Erbrecht anerkannt hatten. Die kroatischen Stände hatten bereits seit Jahren in der Osmanenabwehr mit Ferdinand und den krainischen und steirischen Ständen zusammengearbeitet, und im Februar 1526 hatten sie sogar den Beschluss gefasst, ihr Land, da es seit Jahren vom ungarischen König im Stich gelassen werde, dem Schutz Ferdinands zu unterstellen. Gleichzeitig mit der Königswahl anerkannten die Kroaten das Erbrecht der Nachkommen Ferdinands und Annas, während Ungarn bis 1687 ein Wahlkönigreich blieb.

Der slawonische Landtag wurde von national gesinnten magyarischen und slawonischen Adeligen sowie von dem kroatischen Magnaten Christoph (Krsto, Kristóf) Graf Frankopan beherrscht. Dieser hatte seit September 1522 vorübergehend als Oberststallmeister Erzherzog Ferdinands und als Verbindungsmann zwischen dem kroatischen Adel und dem Hof des neuen Landesfürsten der österreichischen Länder fungiert. Nach der Krönung Johann Szapolyais zum König von Ungarn wandte er sich ebenso wie der Agramer Bischof Simon Erdődy von Ferdinand ab und wurde formell als Banus von Kroatien und Slawonien eingesetzt. Die in der bischöflichen Burg Dubrava versammelten slawonischen Stände erkannten die Krönung Johann Szapolyais als gültig an und riefen ihn am 6. Januar 1527 zum König aus. Nach dem militärischen Sieg Ferdinands über Johann Szapolyai im Sommer 1527 leisteten aber auch die Slawonier Ferdinand die Huldigung. 1528, vor dem Feldzug Sultan Süleymans I. im folgenden Jahr, der in der erfolglosen Belagerung Wiens gipfelte, und vor dem Wiederaufleben des Krieges zwischen Ferdinand und Johann Szapolyai in Ungarn, war der Habsburger nicht nur unbestrittener Landesfürst der österreichischen und böhmischen Länder, sondern für kurze Zeit zumindest formal auch Herr von ganz Ungarn (außer Syrmien) einschließlich Kroatiens, Slawoniens und Siebenbürgens.

Angesichts der militärischen Überlegenheit des habsburgischen Königs setzte König Johann auf die osmanische Karte und ersuchte den Sultan um Hilfe. Ende Februar 1528 wurde dem Botschafter Johann Szapolyais eine Vertragsurkunde des Sultans übergeben, durch die König Johann zum Vasallen des Großherrn wurde. Im Sommer 1529 zog Süleyman I. vom Sammelplatz Adrianopel (Edirne) aus mit einem riesigen, samt Tross und leichter Reiterei ungefähr 150 000 Mann zählenden Heer neuerlich gegen Ungarn. Er verhalf König Johann zur Rückkehr nach Ofen und zog die Donau entlang bis vor Wien. Am 26. September bezog er seine Zeltburg bei Kaiserebersdorf. Verteidigt wurde die Stadt von 12 000 Söldnern König Ferdinands unter dem Kommando des Grafen Niklas II. von Salm und 5000 Mann der im April vom Reichstag zu Speyer bewilligten »eilenden Reichshilfe«, die am 25. September, buchstäblich in letzter Minute, Wien erreicht hatten.

Den Osmanen mangelte es an schwerer Belagerungsartillerie. Sie verlegten sich daher in erster Linie auf den Minenkrieg. Es gelang den Mineuren, zu beiden Seiten des Kärntnertors Breschen in die Stadtmauer zu sprengen. Nach vier sehr verlustreichen Sturmangriffen fiel am 14. Oktober, knapp drei Wochen nach Beginn der Belagerung, im osmanischen Staatsrat (*Diwan*) die Entscheidung, wegen des frühen Wintereinbruchs den Feldzug abzubrechen und den Rückweg nach Konstantinopel anzutreten.

Nachdem es den Osmanen 1532 in einem neuerlichen Feldzug mehr als drei Wochen lang nicht gelungen war, die von Nikolaus (Nikola) Jurišić verteidigte kleine Festungsstadt Güns (Kőszeg) zu erobern und eine osmanische Armee im September dieses Jahres am Steinfeld bei Wiener Neustadt eine vernichtende Niederlage erlitten hatte, gelang es einem Gesandten Ferdinands, erstmals einen Waffenstillstand mit der Hohen Pforte zu vereinbaren. Im Februar 1538 schloss der kinderlose König Johann hinter dem Rücken des Sultans in Großwardein mit König Ferdinand einen geheimen Friedensvertrag, dem zufolge Ungarn weiterhin ungeteilt bleiben und nur vorübergehend von zwei Königen regiert werden sollte. Nach dem Tod Johann Szapolyais sollte die Einheit des Königreichs unter Ferdinand wiederhergestellt und die Familie Szapolyai entschädigt werden. Als Johann im Juli 1540 starb, beanspruchte Ferdinand das ganze Land für sich und wollte Ofen mit Waffengewalt in Besitz nehmen. Johann Szapolyais Witwe Isabella, eine Tochter des polnischen Königs Sigismund, wandte sich daraufhin an den Sultan um Hilfe. Süleyman erklärte sich damit einverstanden, dass Johanns Sohn Johann Sigismund, der zwei Wochen vor dem Tod seines Vaters geboren worden war, das Erbe antreten solle. Der Sultan zog an der Spitze eines Heeres nach Zentralungarn und fügte 1541 der von Wilhelm von Rog(g)endorf kommandierten Armee König Ferdinands vor Ofen eine schwere Niederlage zu. Anschließend machte er die alte Hauptstadt Ungarns zum Sitz eines Großstatthalters: Zentralungarn wurde eine Provinz des Osmanischen Reichs. Isabella und ihrem Sohn überließ der Sultan nur Siebenbürgen und die ostungarischen Komitate zwischen Siebenbürgen und der Theiß.

Die magyarischen Adeligen und ein großer Teil der deutschen und magyarischen Bürger und Einwohner der königlichen Freistädte verließen Zentralungarn und flohen entweder in das königliche Ungarn oder nach Siebenbürgen. Vor allem ärmere Stadtbewohner, für die sich soziale Aufstiegschancen boten, Handwerker, Kleinhändler und Bauern sowie die Bewohner der Marktflecken (*oppida*) der ungarischen Tiefebene blieben im Land. Die osmanischen Soldaten und Beamten, die größtenteils keine Türken, sondern muslimische Balkanslawen und Bosniaken waren, lebten in den Festungen und in den ummauerten Städten, die magyarischen und serbischen christlichen Bauern hingegen wohnten in den Dörfern und standen mit der osmanischen Staatsmacht meist nur durch das Bezahlen der Steuern in Kontakt. Vor allem in Grenznähe zahlten viele Dörfer weiterhin Abgaben an ihre nunmehr außerhalb des osmanischen Eroberungsgebiets lebenden Grundherren. Da sie aber auch an die osmanischen Behörden Steuern zahlen mussten, herrschte in einem etwa

50 bis 100 Kilometer breiten Grenzstreifen eine Art Kondominium, für das die Doppelbesteuerung charakteristisch war.

Infolge der 1541 erfolgten Dreiteilung Ungarns in das habsburgisch beherrschte »Königliche Ungarn« im Westen und Norden, Türkisch-Ungarn im Zentrum und Siebenbürgen im Osten lagen sowohl die alte Haupt- und Residenzstadt Ofen als auch die traditionelle Krönungsstadt Stuhlweißenburg und Gran, der Sitz des Primas, des höchsten kirchlichen Würdenträgers des Landes, im osmanischen Teil Ungarns. In der Folge wurde Pressburg zur Hauptstadt des Königreichs, zum Versammlungsort des Landtags, zum Zentrum der ungarischen Innenpolitik und zur Krönungsstadt. Der Graner Erzbischof und das Graner Domkapitel übersiedelten 1543 nach Tyrnau (Trnava) in Nordwestungarn, doch hielt sich der Erzbischof häufig in Pressburg auf. In den folgenden Jahrhunderten – von der Krönung Maximilians 1563 bis zur Krönung Ferdinands V. 1830 – fanden die Königskrönungen mit einer einzigen Ausnahme (Ferdinand III. wurde wegen der in Pressburg wütenden Pest 1625 in Ödenburg gekrönt) in der Pressburger Pfarr- und Propsteikirche zum heiligen Martin statt.

Die Länderteilungen der Jahre 1564 bis 1619 bzw. 1665

Nach dem Tod Ferdinands I. kam es 1564 in Ausführung seines Testaments noch einmal zu einer Teilung der österreichischen Erbländer unter seine drei Söhne. Der älteste Sohn, Maximilian, folgte dem Vater im Kaisertum, im ungarischen und böhmischen Königtum sowie als Landesfürst von Österreich ob und unter der Enns nach, Ferdinand erhielt von den althabsburgischen Ländern Tirol und die Vorlande, und an den jüngsten, Karl, fielen die innerösterreichischen Länder.

Die Steiermark, Kärnten, Krain, Görz, Triest, Habsburgisch-Istrien mit Fiume und Habsburgisch-Friaul bildeten von 1564 bis 1619 einen selbständigen Territorialstaat mit dem Zentrum in der Residenzstadt Graz, mit einer eigenen Apostolischen Nuntiatur und einer Hauptaufgabe, der Verteidigung der Südostgrenze des Heiligen Römischen Reichs und der nur 50 bis 150 Kilometer weiter östlich befindlichen Südostgrenze der habsburgischen Länder gegen die Expansionsbestrebungen des Osmanischen Reichs. 1578 verpflichteten sich Erzherzog Karl und die Stände der innerösterreichischen Länder ausdrücklich zur Verteidigung der nicht von den Osmanen besetzten Teile Kroatiens und Slawoniens. Bis zum Tod Erzherzog Karls im Jahr 1590 ermöglichte nicht zuletzt die Türkengefahr einen Modus vivendi zwischen dem streng katholischen Grazer Hof, an dem seit 1578/79 die Jesuiten, der päpstliche Sondergesandte Felician Ninguarda, Erzherzogin Maria, die bayerische Gemahlin des Landesfürsten, und seit 1580 der ständige Apostolische Nuntius auf die Ausrottung der »Ketzerei« drängten, auf der einen Seite und dem weitgehend lutherischen Adel der innerösterreichischen Länder auf der anderen Seite. Der nach Erlangung der Volljährigkeit 1596 persönlich die Herrschaft übernehmende neue Landesfürst Ferdinand, der spätere Kaiser Ferdinand II., fühlte sich an die Zusagen seines Vaters nicht gebunden. Kompromisslos ließ er 1598 bis 1600 in den landesfürstlichen Städten und auf dem flachen Land gewaltsam die Gegenreformation durchführen. Die persönliche Religionsfreiheit des Adels tastete er aber vorerst nicht an.

Tirol bildete (mit einer kurzen Unterbrechung von 1595 bis 1602) sogar rund ein Jahrhundert lang, von 1564 bis 1665, das Kernland eines selbständigen Herrschaftsbereichs mit einem landesfürstlichen Hof und eigenen Zentralbehörden in Innsbruck. Von einem ober- und vorderösterreichischen Territorialstaat zu sprechen wäre wegen der fehlenden territorialen Geschlossenheit der Vorlande und wegen der staatsrechtlichen Sonderstellung der innerhalb der Grenzen Tirols liegenden geistlichen Fürstentümer Trient und Brixen irreführend. Die Beziehungen zwischen dem Tiroler Landesfürstentum und den beiden Hochstiften waren im 16. und 17. Jahrhundert geprägt vom Ringen um »tirolische Superiorität« oder »stiftische Souveränität«, d.h. von Versuchen der faktischen Mediatisierung der Bistümer Trient und Brixen. Diese wurden trotz ihrer Reichsunmittelbarkeit in das Defensionswesen und in die Steuerleistungen Tirols einbezogen. Seit 1511 übernahmen die habsburgischen Landesfürsten die Reichssteuern der Hochstifte, diese mussten sich hingegen an den vom Tiroler Landtag bewilligten Steuern beteiligen. Sowohl die beiden Bischöfe als auch die Domkapitel entsandten schon seit dem 15. Jahrhundert Vertreter auf die Tiroler Landtage, und die im 16. Jahrhundert erlassenen Tiroler Landesordnungen sowie andere Landesgesetze waren auch in den Hochstiften in Geltung.

Nach dem Tod Erzherzog Ferdinands II. von Tirol, dessen Söhne aus der unebenbürtigen Ehe mit der Augsburger Patriziertochter Philippine Welser nicht erbberechtigt waren, fielen 1595 die ober- und vorderösterreichischen Länder an das habsburgische Gesamthaus zurück. 1602 einigten sich die Angehörigen der beiden noch existierenden Linien, die genannten Länder der Regentschaft Erzherzog Maximilians III. des Deutschmeisters, eines Bruders Kaiser Rudolfs II., zu überantworten (1602–1612 als Gubernator im Namen des Gesamthauses, 1612–1618 als Landesfürst). 1619 wurde Erzherzog Leopold V., der jüngere Bruder Kaiser Ferdinands II., Statthalter Tirols und der Vorlande, behielt aber zunächst auch seine bisherigen kirchlichen Ämter (er war u.a. Bischof von Passau und Straßburg) bei. Schließlich wurde er 1623 (endgültig 1630) erblicher Landesfürst – im Widerspruch zum Testament Ferdinands II., in dem dieser 1621 für alle seine Länder die ungeteilte Primogeniturerbfolge festgelegt hatte. Mit päpstlicher Dispens legte Leopold V. seine kirchlichen Ämter nieder und heiratete 1626 Claudia von Medici, eine Schwester Großherzog Cosimos II. von Toskana. Nach Leopolds Tod war Claudia von 1632 bis 1646, zusammen mit Kaiser Ferdinand II. bzw. Ferdinand III., Mitregentin. Die von Erzherzog Leopold begründete habsburgische Linie starb bereits 1665 mit seinem jüngeren Sohn Sig(is)mund Franz wieder aus. Seit diesem Jahr waren die 1564 geteilten österreichischen Erbländer wieder unter der Herrschaft der kaiserlichen Hauptlinie vereint – mit Ausnahme der alten habsburgischen Rechte im Elsass und im Sundgau, aller linksrheinischen Gebiete der Habsburger und der Festung Breisach, die 1648 im Westfälischen Frieden an Frankreich verlorengegangen waren, sowie der Hoheitsrechte im Prätigau und im Unterengadin, die zwischen 1648 und 1652 von Erzherzog Ferdinand Karl, dem älteren Bruder und Vorgänger von Erzherzog Sigismund Franz, an Graubünden verkauft worden waren.

Die Habsburgermonarchie auf dem Weg zur europäischen Großmacht

1618–1648	Dreißigjähriger Krieg
1619–1637	Kaiser Ferdinand II.
1620	Schlacht am Weißen Berg
1629	Friede von Lübeck
1631	Schlacht bei Breitenfeld
1632	Schlacht bei Lützen
1634	Schlacht bei Nördlingen

1635	Friede von Prag
1637–1657	Kaiser Ferdinand III.
1643	Schlacht bei Rocroi
1645	Schlacht bei Jankau
1648	Westfälischer Friede
1658–1705	Kaiser Leopold I.
1674–1678	Reichskrieg gegen Frankreich
1678/79	Friede von Nimwegen (Nijmegen)
1688–1697	Pfälzischer Erbfolgekrieg
1697	Friede von Rijswijk
1701–1714	Spanischer Erbfolgekrieg
1703	*Pactum mutuae successionis*
1705–1711	Kaiser Joseph I.
1711–1740	Kaiser Karl VI.
1713	Pragmatische Sanktion; Friede von Utrecht
1714	Friede von Rastatt; Friede von Baden
1733–1738	Polnischer Thronfolgekrieg

Die internationale Position der Habsburgermonarchie war vom ersten Viertel des 16. bis zur ersten Hälfte des 18. Jahrhunderts von zwei Konstanten geprägt: der Abwehr des Expansionsdrangs des Osmanischen Reichs einerseits und dem habsburgisch-französischen Dauerkonflikt andererseits. Die Gegnerschaft zwischen den Habsburgern und den Valois bzw. den Bourbonen bildete vom Burgundischen Erbfolgekrieg (1477–1493) und den Kriegen um die Herrschaft in Italien zwischen 1494 und 1559 bis zur »diplomatischen Revolution« des Jahres 1756 eine »stabile Feindschaftsachse« (Michael Hochedlinger). Bis zur Mitte des 17. Jahrhunderts stand im Zentrum dieses Konflikts aber nicht die österreichische, sondern die spanische Linie der Habsburger. Das Scheitern des Planes Karls V., Europa unter der Führung eines transnationalen Kaisertums (»Universalmonarchie«) neu zu ordnen, machte deutlich, »daß sich die aufbrechende europäische Staatenvielfalt nicht durch ein übergreifendes ideologisch begründetes Einheitskonzept ordnen ließ« (Heinz Schilling). Der Pluralismus der entstehenden frühmodernen Staatenwelt Europas wurde in den folgenden eineinhalb Jahrhunderten zwei Mal durch die politische und militärische Dominanz eines dieser Staaten bzw. einer Dynastie bedroht: in der zweiten Hälfte des 16. Jahrhunderts unter Philipp II. seitens Spaniens, in der zweiten Hälfte des 17. Jahrhunderts in der Regierungszeit Ludwigs XIV. seitens Frankreichs.

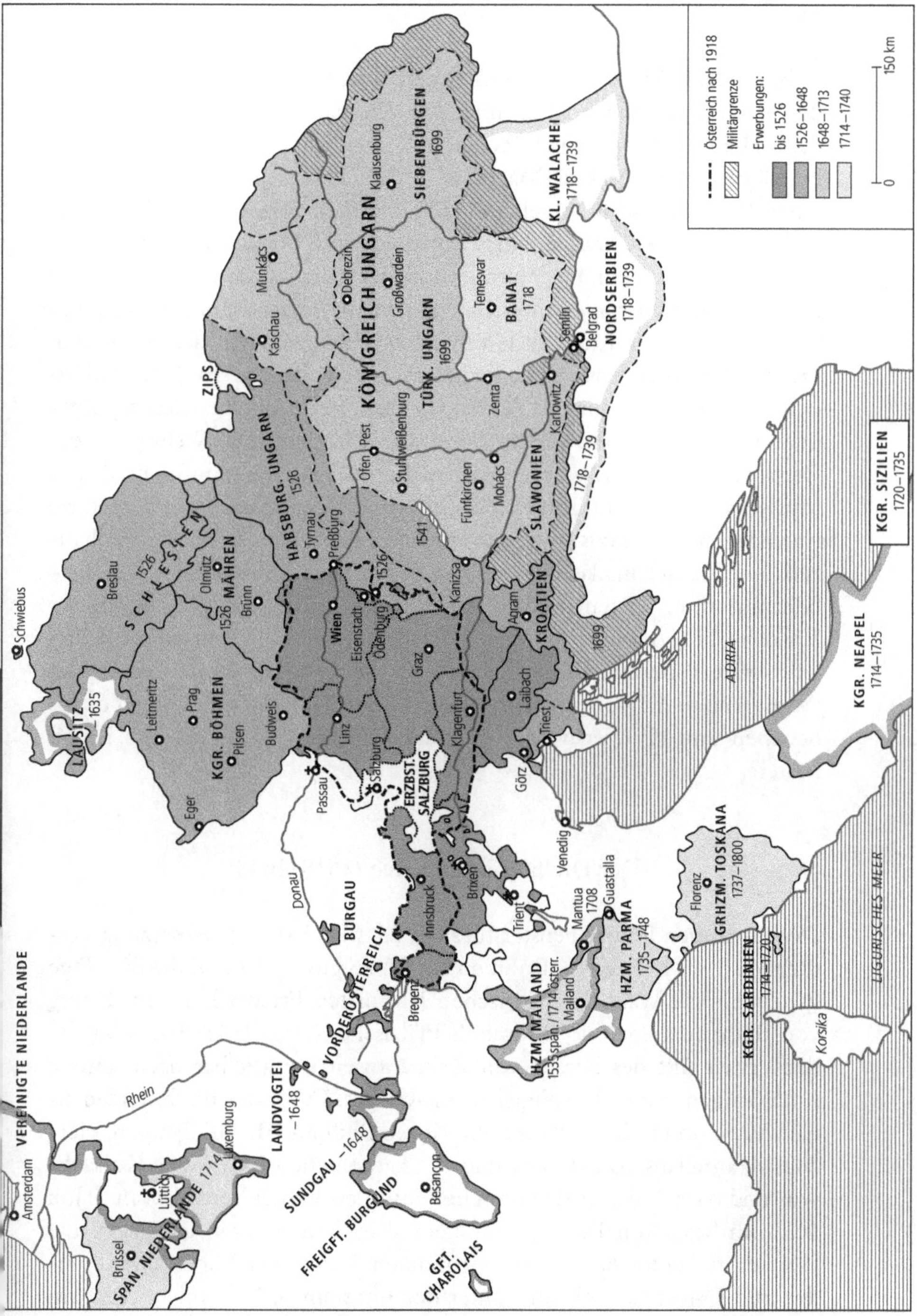

Die territoriale Entwicklung der Habsburgermonarchie 1526–1740

Nach dem Frieden von Münster zwischen Spanien und der Republik der Vereinigten Niederlande und dem Westfälischen Frieden zwischen dem Heiligen Römischen Reich und den am Dreißigjährigen Krieg beteiligten europäischen Mächten (1648), dem Pyrenäenfrieden zwischen Spanien und Frankreich (1659) und dem Frieden von Oliva zwischen dem Kaiser, Brandenburg, Schweden und Polen (1660) waren das Ende der spanischen Hegemonie und der kurzfristige oder dauerhafte Aufstieg der niederländischen Generalstaaten, Englands, Frankreichs und Schwedens zu europäischen Großmächten besiegelt. Mit den genannten Friedensverträgen endete auch die um die Mitte des 16. Jahrhunderts einsetzende konfessionelle Aufladung der europäischen Mächtepolitik oder wurde jedenfalls entscheidend abgeschwächt. Die Weltmacht des Osmanischen Reichs wurde von den Europäern weiterhin nicht als europäische Großmacht, sondern als exogener Machtfaktor betrachtet, sie war aber in der Praxis seit dem 16. Jahrhundert durch Verträge, Allianzen und Kriege in das europäische Mächtespiel einbezogen. Der Etablierung eines Systems »souveräner«, d.h. autonomer, aber durch das Völkerrecht (*ius gentium*) miteinander verbundener Staaten ging ein drei Jahrzehnte dauernder Krieg voraus, der sich seit der Mitte der 1630er Jahre zu einer Art von »totalem Krieg« entwickelte, der – vor allem durch Seuchen und Hungersnöte – mehrere Millionen Menschen das Leben kostete.

Der Dreißigjährige Krieg (1618–1648)

Der durch den Prager Fenstersturz am 23. Mai 1618, die Absetzung Ferdinands II. als König von Böhmen am 22. August 1619 und die fünf Tage später erfolgte Wahl des pfälzischen Kurfürsten Friedrich V. zum König von Böhmen ausgelöste Böhmisch-Pfälzische Krieg (1618–1623) bildete den ersten Akt des bereits von Zeitgenossen unmittelbar nach seinem Ende so genannten Dreißigjährigen Krieges. Dank der umfassenden finanziellen und militärischen Hilfe König Philipps III. von Spanien, Herzog Maximilians von Bayern und der katholischen Liga sowie Kursachsens und da sich die protestantische Union im Ulmer Vertrag vom 3. Juli 1620 im Streit um Böhmen für neutral erklärte, erlitten die gegen die Herrschaft Ferdinands II. aufbegehrenden Stände der böhmischen Länder und Österreichs ob und unter der Enns am 8. November 1620 am

Weißen Berg bei Prag gegen die Armee des Kaisers und der Liga eine vernichtende Niederlage.

Die militärischen und diplomatischen Ereignisse und Entwicklungen zwischen dem Prager Fenstersturz und dem Westfälischen Frieden lassen sich in insgesamt 13 Kriege und zehn Friedensschlüsse gliedern. Die militärischen Auseinandersetzungen entwickelten sich bereits in der ersten Phase aus einem regionalen Aufstand zu einem europäischen Krieg, der überwiegend auf dem Boden des Heiligen Römischen Reichs ausgetragen wurde. Seit dem offenen Kriegseintritt Frankreichs (1635) war der Krieg vom Ringen um die Vorherrschaft in Europa zwischen den Häusern Habsburg und Bourbon beherrscht.

In der zweiten Hauptphase, dem Niedersächsisch-Dänischen Krieg (1623–1629), verlagerte sich der Krieg nach Norden. Diese Jahre waren geprägt durch den Kriegseintritt König Christians IV. von Dänemark, der als Herzog von Holstein auch Reichsfürst war, und durch die Bildung einer neuen kaiserlichen Armee unter dem Kommando Albrechts von Wallenstein im Sommer 1625. Diese Armee wurde rasch zum stärksten militärischen Faktor in Mitteleuropa. Nach dem Zusammenbruch der militärischen Macht des dänischen Königs Ende 1627 beherrschten die Armeen Wallensteins und Tillys, des Feldherrn der katholischen Liga, das Heilige Römische Reich vom Bodensee bis zur Ostsee. Im Mai 1629 schlossen der Kaiser und der König von Dänemark in Lübeck einen Frieden auf der Basis des Status quo ante bellum.

Im Juli 1630 griff Schweden offensiv in den Krieg ein, der damit neuerlich zu einem europäischen Krieg wurde (Schwedischer Krieg, 1630–1635). Dem schwedischen König Gustav II. Adolf ging es zunächst vor allem darum, die maritimen Pläne Ferdinands II. und seines Generalissimus Wallenstein im Ostseeraum zu vereiteln. Auf Druck der Kurfürsten musste der Kaiser ausgerechnet in dieser militärisch überaus heiklen Situation Wallenstein entlassen (September 1630). Aus Angst vor der Aufrichtung einer kaiserlichen Alleinherrschaft im Reich verbündeten sich 1631 Kursachsen, Kurbrandenburg und andere protestantische Reichsstände mit Schweden gegen den Kaiser. In der Schlacht bei Breitenfeld erlitten die Kaiserlichen und die Armee der katholischen Liga im September 1631 eine schwere Niederlage gegen die Armee der neuen Verbündeten. Wallenstein, der unter dem Eindruck der Katastrophe von Breitenfeld vom Kaiser zurückberufen und an die Spitze einer neu aufgestellten kaiserlichen Armee beordert worden war, wurde am 17. November 1632 vom schwedischen König in der Nähe von Leipzig überrascht. Er musste in der blutigen Schlacht bei Lützen, in der Gustav Adolf fiel, das Schlachtfeld räumen und Sachsen verloren geben. Er nahm daraufhin Geheimverhandlungen mit Schweden, Frankreich und böhmischen Exulanten auf. Dieser ohne kaiserliche Vollmacht betriebenen Friedenspolitik ordnete er seine militärischen Aktionen zunehmend unter, was schließlich zu seiner Ermordung im Auftrag Ferdinands II. im Februar 1634 führte.

In diesem Jahr suchte der Kaiser im Bündnis mit Bayern und Spanien die militärische Entscheidung in Süddeutschland. Die unter dem nominellen Oberbefehl Ferdinands III., des Königs von Ungarn und Böhmen und künftigen Kaisers, stehenden kaiserlich-bayerischen Truppen vereinigten sich Anfang September 1634 vor der von einer schwedischen Besatzung verteidigten Reichsstadt Nördlingen mit der spanischen Armee, die der Kardinalinfant Don Fernando, der jüngere Bruder König Philipps IV. und neue Statthalter der Spanischen Niederlande, von Mailand nach Flandern führte. Die vereinigten katholischen Armeen besiegten am 6. September die Hauptarmee des Heilbronner Bundes, des im April 1633 geschlossenen Bündnisses Schwedens mit protestantischen Reichsständen, vernichtend. Schweden verlor mit einem Schlag seine Hegemonie in Oberdeutschland.

Am 30. Mai 1635 schlossen der Kaiser und der Kurfürst von Sachsen den Prager Frieden. Kurbayern und andere Reichsstände wurden aufgefordert, dem Friedensschluss beizutreten. Die Auflösung aller konfessionellen Bündnisse und die Rückkehr Kursachsens auf die Seite des Kaisers erwiesen sich als dauerhaft. Das System des Prager Friedens, das einen Höhepunkt der kaiserlichen Macht im Reich markierte, war allerdings zum Scheitern verurteilt, da es den mittlerweile europäischen Rahmen des Konflikts nicht ausreichend berücksichtigte.

In seiner letzten Hauptphase, dem Schwedisch-Französischen Krieg (1635–1648), wurde der Dreißigjährige Krieg endgültig zu einem europäischen Krieg. Im Mai 1635 erklärte Ludwig XIII. von Frankreich dem spanischen König Philipp IV. den Krieg, und im selben Jahr verbündete er sich mit den Generalstaaten der Vereinigten Niederlande mit dem Ziel, die Spanischen Niederlande zu erobern, sowie mit Savoyen, Mantua und Parma, um das spanische Herzogtum Mailand zu besetzen. Seither rückte der vor allem in Flandern, aber auch in den Pyrenäen, den Westalpen, Oberitalien und dem Raum zwischen dem Rhein und den Argonnen ausgefochtene Krieg zwischen Frankreich und Spanien in den Vordergrund. 1636 schlossen Schweden und Frankreich einen Beistandsvertrag, der den Wiederaufstieg der schwedischen Macht im Reich ermöglichte. In diesem Jahr lebte der Krieg in Deutschland wieder auf – vor allem von Frankreich und Schweden geführt, zumindest vorgeblich zum Schutz der »teutschen Libertet« vor der Übermacht des Kaisers. Kurbrandenburg, der neben Bayern und Sachsen dritte armierte reichsständische Bündnispartner des Kaisers nach dem Prager Frieden, schied bereits im Sommer 1641 aus dem Krieg aus. In der Schlacht bei Rocroi im Mai 1643 fügte die französische Armee den spanischen und flämischen Truppen eine vernichtende Niederlage zu. Nun erst, da er keinerlei Unterstützung durch spanisches Geld und spanische Truppen mehr erwarten konnte, reagierte Kaiser Ferdinand III. positiv auf die immer lauter werdenden Rufe nach einem Friedensschluss und gab seine Zustimmung zu Friedensverhandlungen mit Frankreich und Schweden. Anfang Dezember 1644 wurde der Friedenskongress in Münster und Osnabrück eröffnet.

Die Kriegsjahre 1644 und 1645 beseitigten auf kaiserlicher Seite die letzten Hoffnungen, einen »Siegfrieden« erzwingen zu können. Am 6. März 1645 erlitt die kaiserliche, um ein bayerisches Korps und eine sächsische Einheit verstärkte Armee bei Jankau in Südböhmen eine vernichtende Niederlage. Der vollständige Sieg der Schweden führte die Habsburgermonarchie und das habsburgische Kaisertum an den Rand des Abgrunds. Nach weiteren militärischen Niederlagen schloss Sachsen Anfang September 1645 einen Waffenstillstand mit Schweden, und Maximilian von Bayern drohte, bei mangelnder Friedensbereitschaft des Kaisers notfalls einen Separatfrieden mit Frankreich zu schließen. In dieser hoffnungslosen Situation verfasste Ferdinand III. Mitte Oktober 1645 eigenhändig eine Geheiminstruktion für seinen Obersthofmeister und engsten politischen Vertrauten Maximilian von Trauttmansdorff. Einen Monat später reiste dieser als neuer kaiserlicher Prinzipalgesandter zu den Verhandlungen in Münster und Osnabrück ab, wo er rasch zur Schlüsselfigur avancierte. Die Instruktion zeigt, dass man in Wien nunmehr zu fast allen Bedingungen zum Frieden bereit war.

Mit dem Eintreffen Trauttmansdorffs in Münster trat die Friedenskonferenz im November 1645 in die entscheidende Phase ein, in der fast alle offenen Streitfragen beigelegt werden konnten. Ferdinand III. zog sich aus der Reichspolitik zurück – nicht aus freien Stücken, sondern unter dem Eindruck, auch von den letzten noch kaisertreuen Reichsständen verlassen worden zu sein. Erst auf dem Regensburger Reichstag von 1653/54 sollte er wieder die Arena der Reichspolitik betreten. Er und seine Nachfolger widmeten sich in Hinkunft vor allem den österreichischen und böhmischen Erbländern sowie Ungarn.

Ferdinand III. und seine Ratgeber verfolgten spätestens seit 1645 konsequent zwei Hauptziele, denen alle anderen Zielsetzungen untergeordnet wurden, nämlich im Reich so viel wie möglich von der kaiserlichen Stellung zu retten und in den Erblanden den Status quo zu behaupten. Bis zur Niederlage bei Jankau bediente sich der Wiener Hof der Strategie, zunächst mit Schweden und Frankreich Frieden zu schließen, um dann aus einer gestärkten Position heraus die Angelegenheiten im Reich regeln zu können. Dieser Plan wurde von den beiden »Kronen« durchkreuzt, indem sie als Vorbedingung für substantielle Verhandlungen die gleichberechtigte Zulassung der Reichsstände verlangten. Schließlich gab Ferdinand III. nach und lud Ende August 1645 die Reichsstände zur Mitwirkung bei den Friedensverhandlungen nach Westfalen. Der Friedenskongress war also, insbesondere in Osnabrück bei den Verhandlungen mit Schweden, in seiner entscheidenden Phase gleichzeitig ein Quasi-Reichstag.

Im April 1646 sah sich Trauttmansdorff gezwungen, den Franzosen – auf Kosten der Innsbrucker Linie des Hauses Habsburg – den gesamten österreichischen Besitz im linksrheinischen Elsass und die damit verbundenen Rechte anzubieten. Schließlich musste er Frankreich auch noch die Festung Breisach am rechten Rheinufer überlassen. Im Februar 1647 unterzeichneten die Vertreter des Kaisers und Schwedens einen Vorvertrag. Am 6. August 1648 kamen die schwedischen und kaiserlichen Gesandten sowie jene des Mainzer Kurerzkanzlers überein, die Verhandlungen über den Osnabrücker Frieden zwischen Schweden und dem Reich als abgeschlossen anzusehen. Drei Wochen später akzeptierten die Reichsstände das von Frankreich geforderte Assistenzverbot für Spanien und stellten den Kaiser damit vor vollendete Tatsachen. In dieser Situation griff Trauttmansdorff, der im Juli 1647 nach Wien zurückgekehrt war, noch einmal entscheidend in die Verhandlungen ein. Eine von ihm geleitete Konferenz von kaiserlichen Geheimen Räten sprach sich Mitte September 1648 angesichts des Fehlens von Alternativen für die Annahme auch des Münsteraner Vertrags zwischen Frankreich und dem Reich aus. Politische und militärische Notwendigkeiten zwangen den Kaiser schließlich dazu, am 24. Oktober 1648 in Münster die Friedensverträge mit Frankreich und Schweden auch ohne den Einschluss Spaniens durch seine Gesandten unterzeichnen zu lassen. Ihre beiden Hauptziele – Behauptung der Stellung des Kaisers im Reich und Verteidigung des Status quo in den österreichischen und böhmischen Erbländern – konnte die kaiserliche Politik bei den Verhandlungen in Münster und Osnabrück erreichen.

Johannes Burkhardt hat den Dreißigjährigen Krieg als »Staatsbildungskrieg« interpretiert. Nicht ein funktionierendes Staatensystem habe in den Kriegen des 16. und 17. Jahrhunderts militärisch interagiert, sondern es seien »die Konstituierungskonflikte dieses Staatensystems und seine zeitbedingten Defizite« gewesen, »die sich zu den Kriegen der Frühen Neuzeit verdichteten«. Im Dreißigjährigen Krieg sei »die Organisationsebene künftiger Staatlichkeit« umkämpft gewesen, »bis sich eine mittlere Größenordnung durchsetzte. Dazu mußten Mächte mit universalen Herrschaftsprätentionen wie [die beiden Linien des Hauses] Habsburg, Frankreich und mit etwas Abstand auch Schweden ihre Ansprüche heruntersetzen, während einige ständisch-regionale Gewalten wie die Niederlande und Böhmen« – erstere mit, letztere ohne Erfolg – »Staatswerdungsansprüche erhoben. Alle mußten erst lernen, daß die eigene Stellung nicht mehr so sehr in einer hierarchischen Ordnung oder einer dualistisch-ständischen Kooperation als vielmehr von einem Nebeneinander souveräner Staaten bestimmt werden würde.«

Kriege in der zweiten Hälfte des 17. Jahrhunderts

Der Westfälische Frieden leitete in der Beziehung zwischen »Kaiser und Reich« eine Phase ein, in welcher der Kaiser dem Reich künftig stärker als vor dem Dreißigjährigen Krieg als Herrscher der österreichischen und böhmischen Länder und des Königreichs Ungarn gegenüberstand. Beim Abschluss des geheimen Vertrags zwischen Kaiser Leopold I. und dem französischen König Ludwig XIV. im Januar 1668 über die Teilung des spanischen Erbes nach dem zu erwartenden erbenlosen Tod König Karls II. von Spanien etwa ging es ausschließlich um österreichische Großmachtpolitik. Entscheidend für die Erhebung Braunschweig-Lüneburgs zum Kurfürstentum (»Kurhannover«) 1692 war die militärische Unterstützung des welfischen Herzogs Ernst August und seiner Söhne für den Kaiser. Diese Hilfe kam der werdenden Großmacht Österreich zugute, nicht dem Reich.

Ludwig XIV. hatte nach dem Tod des Kardinals Mazarin (1661) dessen behutsame Deutschlandpolitik nicht fortgesetzt, sondern eine auf gewaltsame Arrondierung des französischen Staatsgebiets auf Kosten des Reichs und der Spanischen Niederlande zielende militärische Eroberungspolitik begonnen. Im Mai 1667 griff eine französische Armee die Spanischen Niederlande an und eröffnete damit den sogenannten Devolutionskrieg. Im August 1668 löste sich der Rheinbund, der 1658 als gegen den Kaiser gerichtetes überkonfessionelles Defensivbündnis deutscher Reichsfürsten gegründet worden und seither zu einem wichtigen Instrument der französischen Außenpolitik geworden war, unter dem Eindruck der französischen Offensive auf. Als Ludwig XIV. 1672 die Vereinigten Niederlande überfiel, entwickelte sich daraus ein bis 1678 andauernder Krieg. Da Frankreich den Krieg auch ins Reich trug, entschloss sich Leopold I. zu militärischem Eingreifen und verbündete sich 1673 mit Spanien, den Vereinigten Niederlanden, Dänemark, Lothringen, Kursachsen, Kurtrier, Hessen-Kassel und den welfischen Herzögen in Wolfenbüttel und Celle zu einer antifranzösischen Koalition. Im Herbst 1673 gelang es dem kaiserlichen Feldherrn Raimondo Montecuccoli, die Armeen des Marschalls Turenne über den Rhein zurückzudrängen. Anfang Oktober 1674 wurde Wenzel Eusebius von Lobkowitz, ein Parteigänger Frankreichs und der bis dahin einflussreichste Mann am Wiener Hof, entmachtet und auf seine Güter verbannt, nachdem der Reichstag in Regensburg bereits im Mai den Reichskrieg gegen Frankreich erklärt hatte. Vor allem mit Hilfe holländischer Subsidien stellte der Kaiser eine Armee auf, zu der auch von den Reichskreisen formierte Reichstruppen stießen. Nachdem ihm seine Verbündeten Spanien und die Niederlande im August und September 1678 vorausgegangen waren, musste Anfang Februar 1679 auch Leopold I. in Nimwegen mit Frankreich Frieden schließen. Die spanische Freigrafschaft Burgund, Freiburg im Breisgau und die zehn Reichsstädte im Elsass gingen an Frankreich verloren. Andererseits versetzte der Friede von Nimwegen aber auch der Hegemonialpolitik der französischen Krone einen ersten Dämpfer. Nach dem Überfall Frankreichs auf Straßburg im September 1681 verpflichteten sich die drei nach dem Kaiser militärisch mächtigsten Reichsfürsten, die Kurfürsten von Brandenburg, Sachsen und Bayern, in Geheimverträgen mit Frankreich, künftig keinen Kaiser mehr aus dem Haus Habsburg zu wählen, sondern nur einen Frankreich genehmen Kandidaten. Leopold I. organisierte die Verteidigung des Reiches daraufhin auf der Basis der Reichskreise. Die Besetzung Straßburgs durch französische Truppen beschleunigte die Verhandlungen auf dem Immerwährenden Reichstag. Die 1681/82 ratifizierte Reichsdefensionsordnung sah eine Reichsarmee mit einer Friedensstärke von 20 000 Mann vor, die im Krieg auf das Zwei- bis Dreifache erweitert werden sollte.

Zur Bewährungsprobe der Reichsdefensionsordnung kam es 1688, als Ludwig XIV. das Reich Ende September ohne Kriegserklärung angriff und damit den Pfälzischen Erbfolgekrieg (1688–1697) auslöste. Das Reich wurde dadurch in einen Zweifrontenkrieg mit Frankreich und dem Osmanischen Reich verwickelt, was seine ohnehin beschränkten Machtmittel heillos überforderte. Eine von den Reichskreisen aufgestellte Reichsarmee konnte wenig ausrichten. Der Einfall der französischen Armeen zeigte deutlich die Grenzen des von den Kreisen getragenen Reichsdefensionswesens auf. In dieser kritischen Situation stellten Ende Oktober 1688 die sogenannten armierten Reichsstände Brandenburg, Sachsen, Braunschweig-Lüneburg und Hessen-Kassel eine Armee auf und drängten die Franzosen über den Rhein zurück. Der Reichskrieg wurde also wieder so geführt wie vor der Reichsdefensionsordnung von 1681/82, nämlich von Armeen großer Reichsstände. Die sogenannten nichtarmierten Reichsstände mussten Truppentransporte und Einquartierungen finanzieren. Die Armierten schlossen Subsidienverträge mit Holland und England, deren gemeinsamer Herrscher Wilhelm von Oranien seit Mai 1689 den Krieg gegen Ludwig XIV. organisierte. Nachdem Wilhelm III. einen Separatfrieden mit Frankreich geschlossen hatte, konnte Leopold I. den Krieg ohne Subsidien nicht weiterführen. Im Frieden von Rijswijk musste Ludwig XIV. 1697 zwar die meisten »Reunionen« in den Spanischen Niederlanden herausgeben, konnte aber Straßburg und die »Reunionen« im Elsass behaupten. Freiburg und Breisach fielen an Österreich zurück.

Die Reichskriege gegen das Osmanische Reich und gegen Frankreich stärkten den Reichsverband und innerhalb desselben die Stellung des Kaisers. Die gemeinsamen Anstrengungen zur Abwehr des Expansionsdrangs des Osmanischen Reiches und das damit verbundene Pathos des Türkenkampfes trugen zur Solidarisierung der Reichsstände mit dem Reichsoberhaupt bei. 1685 kehrte auch Kurfürst Friedrich Wilhelm von Brandenburg, der sich 1679 mit Ludwig XIV. verbündet hatte, an die

Seite des Kaisers zurück. Die Hegemonialansprüche und Eroberungskriege des französischen Königs hatten aus dem Garanten des Westfälischen Friedens eine bedrohliche Großmacht gemacht, die man im Reich inzwischen als viel gefährlicher ansah als den Kaiser in Wien.

Der Spanische Erbfolgekrieg

Am 9. November 1700 traf am französischen Hof die Nachricht vom lange erwarteten Tod Karls II. von Spanien, des letzten männlichen Vertreters der spanischen Linie des Hauses Habsburg, sowie vom Inhalt seines am 3. Oktober unterschriebenen Testaments ein. Diesem zufolge sollte nicht Erzherzog Karl, der in Erwartung des Erbes wie ein spanischer Prinz erzogene jüngere Sohn Kaiser Leopolds I., sondern Herzog Philipp von Anjou, der zweite Sohn des Dauphins Ludwig von Frankreich und Enkel König Ludwigs XIV. und der spanischen Infantin María Teresa, als Philipp V. Universalerbe der spanischen Kronen werden. (Der von den Seemächten und insbesondere Wilhelm III. als Erbe favorisierte und von Karl II. im November 1698 testamentarisch zum Alleinerben eingesetzte bayerische Kurprinz Joseph Ferdinand war im Februar 1699 im Alter von sechs Jahren gestorben.) Nach intensiven Beratungen fiel am 11. November in Versailles im erweiterten Obersten Rat (*Conseil d'en haut*) der Entschluss, das Erbe anzunehmen, da sonst die österreichischen Habsburger als Universalerben zum Zug gekommen wären. Dadurch brach Ludwig XIV. allerdings den 1699/1700 mit den Seemächten ausgehandelten, im März 1700 in London unterzeichneten (Dritten) Teilungsvertrag. Ein Krieg zwischen Frankreich und den österreichischen Habsburgern – insbesondere um die Herrschaft über Mailand und Mantua, Neapel und Sizilien – wurde dadurch unvermeidlich, ein Krieg, den Leopold I. ohne Verbündete eröffnete, denn die Seemächte wollten sich wegen der kriegsfeindlichen Haltung der englischen Öffentlichkeit, des Londoner Parlaments und der Generalstaaten zunächst heraushalten. Es scheint, dass erst »drei schwere taktische Fehler« Ludwigs XIV. »die Seemächte letztlich doch noch in eine Allianz mit Österreich« getrieben haben (Jörg Ulbert), nämlich 1. die Aufrechterhaltung der Ansprüche Philipps von Anjou auf den französischen Thron, 2. die Vertreibung der holländischen Garnisonen aus den Barrierefestungen in den Spanischen Niederlanden und 3. die Anerkennung des in Frankreich im Exil lebenden katholischen Stuart-Prinzen Jakob Eduard als König Jakob III. von England. Am 7. September 1701 schlossen sich England, die Generalstaaten und Leopold I. in Den Haag mit dem ausdrücklichen Ziel, das spanische Erbe unter die verschiedenen Prätendenten aufzuteilen, in der »Großen Allianz« zusammen. Im Frühjahr 1702 erklärte die Haager Allianz Frankreich, dem sich die wittelsbachischen Kurfürsten Max(imilian) II. Emanuel von Bayern und Joseph Clemens von Köln angeschlossen hatten, den Krieg, und die Nördlinger Assoziation der sechs Vorderen Reichskreise (Schwaben, Franken, Oberrhein, Kurrhein, Österreich und Niederrhein-Westfalen) trat der Großen Allianz bei. Anfang Oktober 1702 erfolgte die Reichskriegserklärung gegen Ludwig XIV. und den »Herzog von Anjou« (Philipp V.).

1703 wurde Erzherzog Karl mit Unterstützung der Seemächte als Karl III. zum König von Spanien proklamiert. Der Krieg um das spanische Erbe wurde vor allem in Oberitalien, den Spanischen Niederlanden, Süddeutschland und Spanien geführt. Kastilien stand dabei auf der Seite Philipps V., Katalonien auf jener Karls III. Nach anfänglichen Erfolgen der Franzosen und Bayern fügten Prinz Eugen von Savoyen, der »Feldherr dreier Kaiser«, und John Churchill, der erste Herzog von Marlborough, im September 1703 in der Ersten und im August 1704 in der Zweiten Schlacht von Höchstädt an der Donau der französisch-bayerischen Armee schwere Niederlagen zu. Kaiserliche Truppen besetzten Bayern, und Kurfürst Max Emanuel musste ins Exil nach Frankreich gehen, aus dem er erst zehn Jahre später zurückkehren konnte. In Bayern kam es 1705/06 zu einem Volksaufstand gegen die kaiserliche Besatzung, die hohen Steuerforderungen und die Zwangsrekrutierungen, der rücksichtslos niedergeschlagen wurde. Die englische Flotte eroberte Gibraltar und ermöglichte Karl III. die Landung in Barcelona, dessen Bewohner sich noch mit Schrecken und Zorn an die Belagerung und Eroberung durch die Franzosen im Jahr 1697 erinnerten und ihn und seinen Hof mit offenen Armen aufnahmen. Ohne Probleme folgte Karls älterer Bruder Joseph dem am 5. Mai 1705 verstorbenen Vater Leopold I. als Kaiser nach. Im Mai 1706 eroberte der Herzog von Marlborough durch den Sieg bei Ramillies den Großteil der Spanischen Niederlande, und Prinz Eugen von Savoyen verdrängte gemeinsam mit seinem Cousin zweiten Grades, Herzog Viktor Amadeus II. von Savoyen, nach dem spektakulären Entsatz von Turin im September 1706 die Franzosen aus Oberitalien. Weitere Niederlagen französischer Armeen (Oudenaarde 1708, Malplaquet 1709 – ein fürchterliches Gemetzel mit mehr als 35 000 Toten) führten zu Vorfriedensverhandlungen. Diese scheiterten »an den überzogenen Forderungen der Alliierten, die in Überschätzung ihrer militärischen Erfolge und der Notlage Frankreichs die Chance vertan haben, einen für sie sehr vorteilhaften Frieden zu erlangen« (Klaus Malettke).

Zwei Ereignisse veränderten die internationale Lage von Grund auf. Wegen der enormen Höhe der Subsidienzahlungen wurde der Krieg in England immer unpopulärer. Nach der Auflösung des Unterhauses gingen die Tories, die für einen raschen Friedensschluss eintraten, im Oktober 1710 aus den Neuwahlen als Sieger hervor, und am 17. April 1711 fiel Kaiser Joseph I. einer Pockenepidemie zum Opfer. Sein jüngerer Bruder folgte ihm als Kaiser Karl VI., König von Ungarn und Böhmen und Landesfürst der österreichischen Länder nach. Daraufhin stellten die Seemächte, die kein Interesse an der Vereinigung der »Monarchia Hispanica« mit der »Monarchia Austriaca« in der Hand des letzten noch lebenden Habsburgers haben konnten, ihre Unterstützung ein, und die 1701 geschlossene Große Allianz löste sich auf. Nachdem alle wichtigen Entscheidungen unter größtmöglicher Geheimhaltung in London und Versailles getroffen worden waren, wurden im April 1713 zwischen der Mehrzahl der am Spanischen Erbfolgekrieg beteiligten Staaten (Frankreich, Großbritannien, Brandenburg-Preußen, Portugal, Savoyen, Spanien, Niederlande) die Friedensverträge von Utrecht geschlossen. Nach längerem Zögern traten im März bzw. September 1714 auch der Kaiser, der gehofft hatte, durch eine Fortsetzung des Krieges wenigstens Straßburg zurückzugewinnen, im Frieden von Rastatt und das Reich im Frieden von Baden dem Friedensschluss bei. Die Herrschaft der Bourbonen in Spanien wurde allgemein anerkannt (von Karl VI., der den spanischen Königstitel auch weiterhin führte, zunächst nur stillschweigend), Österreich erhielt die südlichen Niederlande (das heutige Belgien und Luxemburg), Mailand, Mantua, Neapel und Sardinien, und Großbritannien bekam von Frankreich Kolonialbesitz in Nordamerika und von Spanien Gibraltar und die Insel Menorca.

Als Ergebnis ungeheuer blutiger, auch die Zivilbevölkerung enorm belastender Kriege gegen das Osmanische Reich und um die Aufteilung des spanischen Erbes wurde der dynastische Staat der österreichischen Habsburger zu einer europäischen Macht ersten Ranges und erlangte 1718 den größten territorialen Umfang seiner Geschichte. Die aus dem Erbe der spanischen Habsburger behaupteten Territorien – die nunmehr

Österreichischen Niederlande sowie die Herzogtümer Mailand und Mantua, von 1714 bis 1735 auch das Königreich Neapel, von 1714 bis 1720 das Königreich Sardinien und von 1720 bis 1735 das mit Savoyen gegen letzteres getauschte Königreich Sizilien – waren allerdings geographisch und administrativ »Außenposten«. Darauf bezogen sich die häufig zitierten Ratschläge, die Prinz Eugen 1725 und 1726 Kaiser Karl VI. erteilte, dass es unumgänglich notwendig sei, »ein Totum aus Euer Majestät weitläufiger und herrlicher Monarchie zu machen«. Neapel und Sizilien gingen als Folge des Polnischen Thronfolgekrieges 1735 an Spanien verloren bzw. wurden gegen das Herzogtum Parma und Piacenza eingetauscht. Die Bevölkerung der neuen Großmacht war um 1740 mit rund 18 Millionen (davon in den österreichischen, böhmischen und ungarischen Ländern knapp 13 Millionen, in den Österreichischen Niederlanden und den »italienischen Staaten« etwa 5 Millionen) nicht viel kleiner als jene der beiden anderen kontinentalen Großmächte Frankreich (ca. 23 Millionen) und Russland (ca. 24 Millionen), das unter Zar Peter dem Großen als Ergebnis des Großen Nordischen Krieges (1700–1721) zur – neben Großbritannien, Frankreich und Österreich – vierten europäischen Großmacht aufgestiegen war. Seit den 1740er Jahren wurde schließlich Preußen zur fünften Großmacht. Damit war die europäische Pentarchie (der Begriff ist nicht zeitgenössisch) vollendet, die, so die – vor allem in Großbritannien – seit dem Spanischen Erbfolgekrieg verfochtene Idee, durch das Verhindern der Dominanz einer aus ihrem Kreis das neue multipolare »Gleichgewicht der (großen) Mächte« (*Balance of Power*) in Europa auf Dauer sichern sollte, ein Grundsatz, der in den Augen der Briten ihrer Hegemonie auf den Weltmeeren und damit im Welthandel nicht widersprach.

Der Aufstieg der Habsburgermonarchie zu einer europäischen Großmacht spiegelte sich im rasanten Wachstum der Staatsausgaben. Halbwegs zuverlässige Zahlen über Höhe und Struktur der kaiserlichen Ausgaben liegen erst für die Zeit nach dem Ende des Dreißigjährigen Krieges vor, seit der Entstehung eines auch in Friedenszeiten unterhaltenen stehenden kaiserlichen Heeres. Von 1655 bis 1684 stiegen die jährlichen Gesamtausgaben im Zuge der Kriege gegen das Osmanische Reich und Frankreich von rund vier auf an die 15 Millionen Gulden, während des Großen Türkenkrieges (1683–1699) und der Kriege der Augsburger Allianz gegen Frankreich (1686–1697) überstiegen sie erstmals die 20-Millionen-Grenze, und im Spanischen Erbfolgekrieg (1701–1714) wurde die 30-Millionen-Grenze überschritten. Der Anteil der Militärausgaben an den Gesamtausgaben stieg im ersten Jahrzehnt des 18. Jahrhunderts auf über 90% an. In der Regierungszeit Karls VI. und in den ersten eineinhalb Jahrzehnten der Regierungszeit Maria Theresias bewegten sich die Staatsausgaben in Friedensjahren zwischen 20 und 30 Millionen Gulden; für die Kriegsjahre liegen keine verlässlichen Zahlen zur Gesamthöhe und zur Struktur der Staatsausgaben vor. Die verfügbaren Daten lassen immerhin den Schluss zu, dass es gelungen ist, die finanziellen Ressourcen der durch die Angliederung der ehemals zum Osmanischen Reich gehörenden Teile Ungarns, Kroatiens und Slawoniens sowie des Fürstentums Siebenbürgen vergrößerten Monarchie der österreichischen Linie des Hauses Habsburg in dem Vierteljahrhundert zwischen 1680 und 1705 ungefähr zu verfünffachen. Es ist der Habsburgermonarchie gelungen, den Abstand zwischen ihren finanziellen Ressourcen und jenen ihres europäischen Hauptrivalen Frankreich zwischen der Mitte des 17. und der Mitte des 18. Jahrhunderts deutlich zu verringern: Während sich die Staatsausgaben der Monarchia Austriaca zwischen 1680 und 1705 nominell verfünffacht haben, konnte die französische Krone ihre Jahresausgaben im selben Zeitraum nur verdoppeln.

Die Pragmatische Sanktion

Eine wichtige Voraussetzung für die Vertiefung des Prozesses der Integration der Länder der Habsburgermonarchie im Laufe des 18. Jahrhunderts waren Änderungen im dynastischen Erbfolgerecht des Hauses Österreich.

Am Hof Kaiser Leopolds I. fiel im Sommer 1703, drei Jahre nach dem Aussterben der spanischen Habsburger im Mannesstamm, die endgültige Entscheidung, eine neue spanische Linie des Hauses zu begründen. Am 5. September 1703 übertrugen Leopold und sein älterer Sohn Joseph in Anwesenheit von fünf Mitgliedern der Geheimen Konferenz das Recht auf das spanische Erbe an Josephs jüngeren Bruder Karl (*Cessio monarchiae Hispanicae*). Durch das *Pactum mutuae successionis* (»Vertrag über die wechselseitige Erbfolge«) vom 12. September 1703 wurde vor der Abreise Karls nach Spanien die Erbfolge zwischen den Nachkommen der beiden Brüder dergestalt geregelt, dass die legitimen männlichen Nachkommen in der Spanischen ebenso wie in der Österreichischen Monarchie nach dem Grundsatz der Primogenitur den weiblichen Mitgliedern stets vorgehen sollten und dass beim Erlöschen einer der beiden Linien deren Länder an das erbberechtigte männliche Mitglied der anderen Linie fallen sollten. Für den Fall, dass auch die zweite Linie im Mannesstamm aussterben sollte, fiel das Sukzessionsrecht – so war die missverständlich formulierte Passage vielleicht gemeint – an die älteste Tochter des letzten Throninhabers und deren Nachkommen. Wörtlich heißt es im *Pactum* über die weiblichen Nachkommen Josephs I. allerdings, dass sie den weiblichen Nachkommen Karls III. (VI.) unter allen Umständen vorangehen sollten.

Seit dem Tod Josephs I. im April 1711 war sein jüngerer Bruder Karl der einzige lebende männliche Vertreter der Dynastie und vereinigte alle habsburgischen Erbansprüche in seiner Hand. Seine eigene Ehe mit Elisabeth Christine von Braunschweig-Wolfenbüttel war zu diesem Zeitpunkt noch kinderlos. Die Bestimmungen des *Pactum mutuae successionis* waren nur den unmittelbar beteiligten Personen bekannt, nicht aber dem Hof, den Ständen der Länder der Habsburgermonarchie und der europäischen Öffentlichkeit. Der Anlass, hier Klarheit zu schaffen, war ein doppelter: Erstens äußerte der kroatische Landtag am 11. März 1712 den Wunsch, Kroatien und Slawonien mögen auch für den Fall des Erlöschens der Habsburger im Mannesstamm stets mit den österreichischen Ländern unter demselben Herrscher verbunden bleiben, und erkannte das Erbrecht der weiblichen Mitglieder des Hauses Habsburg an. Den zweiten Anlass bot ein Schreiben, das Wilhelmine Amalia, die Witwe nach Joseph I., am 25. März 1713 an den Kaiser richtete und in dem sie um eine Erläuterung des Ranges bei Hofe und somit der Sukzessionsrechte ihrer beiden Töchter Maria Josepha (seit 1719 vermählt mit Friedrich August, dem Sohn und seit 1733 Nachfolger des polnischen Königs und Kurfürsten von Sachsen Augusts »des Starken«) und Maria Amalia (seit 1722 vermählt mit Karl Albrecht, dem Sohn und seit 1726 Nachfolger des bayerischen Kurfürsten Max Emanuel) ersuchte. Auch die Frage des Ranges und der Erbrechte der beiden noch lebenden Töchter Leopolds I. und Schwestern Karls VI., Maria Elisabeth und Maria Magdalena Josepha, war zu (er)klären, da der Inhalt des *Pactum* von 1703 zehn Jahre danach nur Karl VI., dem Österreichischen Hofkanzler Johann Friedrich Graf Seilern, der den Text entworfen hatte, und zwei weiteren Aristokraten bekannt war (siehe die Nachfahrentafel Leopolds I. S. 620).

Zur Erstellung eines Gutachtens in diesen Fragen rief der Kaiser vier

Mitglieder der Engeren Konferenz unter dem Vorsitz des Prinzen Eugen von Savoyen Ende März und Anfang April 1713 zu mehreren Sitzungen zusammen. Es wurde beschlossen, dem Kaiser nach vorheriger Information der beiden Kaiserinwitwen die Verlesung des *Pactum mutuae successionis* und dessen feierliche Bekräftigung vor ausgewählten Würdenträgern vorzuschlagen. Nach den Empfehlungen der Engeren Konferenz fand am 19. April 1713 in Anwesenheit von 24 ihrer Verschwiegenheitspflicht entbundenen hohen Amtsträgern und Geheimen Räten in der Geheimen Ratsstube der Wiener Hofburg ein feierlicher Staatsakt statt. Hofkanzler Seilern persönlich las die Urkunden des Jahres 1703 über die Zession, deren Annahme sowie den Familienpakt über die wechselseitige Erbfolge vor, und der Kaiser erläuterte diesen. Die notarielle Protokollierung dieses Aktes ist die Originalurkunde der seit 1719 so genannten ›Pragmatischen Sanktion‹ im engeren Sinn. Die Deklaration des Kaisers enthält auch eine Interpretation der bereits zitierten strittigen Worte des *Pactum*.

Die Pragmatische Sanktion bekräftigte die Unteilbarkeit des habsburgischen Länderkomplexes und die Primogeniturerbfolge. Dabei legte sie ausdrücklich die Nachfolge der Nachkommen (also auch der Töchter) Karls VI., dessen Ehe damals noch kinderlos war, vor den Töchtern Josephs I. fest. Wahrscheinlich fand 1713 eine bewusste Abänderung der 1703 vereinbarten Erbfolge der weiblichen Nachkommen Josephs und Karls zugunsten der Töchter des letzteren statt. Diese Bestimmung erregte jedenfalls infolge der erwähnten, zumindest missverständlichen Formulierung im *Pactum* von 1703 Widerspruch und diente nach dem Tod Karls VI. als Argument für die Anfechtung der Pragmatischen Sanktion durch Sachsen und Bayern.

Der Text der Pragmatischen Sanktion wurde zunächst nicht veröffentlicht. Erst als sich abzeichnete, dass ihm kein Sohn mehr geboren werden würde, bemühte sich Karl VI. um Annahmeerklärungen durch die Stände seiner Königreiche und Länder gemäß der jeweiligen Landesverfassung sowie – mit dem Ziel, die 1713 fixierte habsburgische Erbfolgeordnung zu einem Bestandteil des Völkerrechts, des *Jus publicum europaeum* und somit der europäischen Friedensordnung zu machen – um Garantien seitens der europäischen Mächte. Die meisten Landtage nahmen die Erbfolgeregelungen noch 1720 an. Die Stände Siebenbürgens und Ungarns wurden erst 1722 einberufen und stimmten im März bzw. Juli dieses Jahres ebenfalls zu. 1723 und 1724 folgten die Stände der Österreichischen

Niederlande und zuletzt 1725 die Städte Konstanz und Fiume. Im Herzogtum Mailand wurde die Pragmatische Sanktion durch ein kaiserliches Reskript im März 1725 bekannt gemacht (›oktroyiert‹). Die Töchter Josephs I. mussten bei ihrer Heirat mit den Kurprinzen von Sachsen und Bayern Verzichtserklärungen (Renunziationen) abgeben. 1725 und neuerlich 1731 garantierte Spanien die Pragmatische Sanktion. 1731 wurde die Garantie der Pragmatischen Sanktion in den Bündnis- und Friedensvertrag mit Großbritannien aufgenommen, dem 1732 auch die Generalstaaten beitraten. Als Gegenleistung musste Karl VI. in die endgültige Auflösung der Handelskompanie von Ostende einwilligen und damit den aufblühenden Handel Flanderns und der Österreichischen Niederlande nach Ostasien seiner außenpolitischen Causa prima opfern. Im Frieden von Wien nach dem Polnischen Thronfolgekrieg erkannte 1738 auch Frankreich die Pragmatische Sanktion an. Außerdem wurde die Pragmatische Sanktion von Russland (1726), Brandenburg-Preußen (1728), Dänemark (1732) und Sachsen (1733) anerkannt. 1732 gab der Immerwährende Reichstag in Regensburg eine Garantieerklärung ab. 1740 sollte sich freilich zeigen, wie realistisch die Einschätzung des 1736 verstorbenen Prinzen Eugen gewesen war, der stets betont hatte, die einzigen Garantien für die Anerkennung der Pragmatischen Sanktion seien eine schlagkräftige Armee und ein gut gefüllter Staatsschatz.

Es scheint, dass die Garantie der Pragmatischen Sanktion durch das Reich und die europäischen Mächte »den Prozeß der österreichischen Staatsbildung in beträchtlichem Maße beschleunigt hat« (Johannes Kunisch). Die langfristige verfassungsrechtliche Bedeutung der Pragmatischen Sanktion wird durch den Umstand verdeutlicht, dass sie bis 1918 den Rang eines Grundgesetzes der Habsburgermonarchie bzw. (seit 1867) Österreich-Ungarns beanspruchen konnte. Alle österreichischen Verfassungen von 1848/49, das Oktoberdiplom von 1860 und das Februarpatent von 1861 verweisen, insbesondere bezüglich der Erbfolgeordnung, auf die Pragmatische Sanktion. In der staatsrechtlichen Literatur sowohl Cisleithaniens als auch Ungarns galt sie als die wichtigste rechtliche Grundlage der durch den »Ausgleich« von 1867 geschaffenen Realunion und der »Gemeinsamen Angelegenheiten« der beiden Reichshälften bzw. Staaten (Außenpolitik und Krieg), die deshalb als »Pragmatische Angelegenheiten« bezeichnet wurden.

Vorboten des theresianisch-josephinischen Reformabsolutismus

Mit dem Begriff »Josephinismus« wird heute meist die Gesamtheit der in den 1740er Jahren einsetzenden Reformen in der Österreichischen Monarchie bezeichnet, die im Jahrzehnt der Alleinregierung Josephs II. (1780–1790) ihren Höhepunkt erreichten und sich als »gesteuerter Zentralisierungs- und Verstaatlichungsprozess« charakterisieren lassen (Harm Klueting). Der um die Mitte des 18. Jahrhunderts massiv einsetzenden Welle von Reformen ging eine »Inkubationsphase« unter den Kaisern Joseph I. (reg. 1705–1711) und Karl VI. (reg. 1711–1740) voraus. Vor allem in der kurzen Regierungszeit Josephs I. kam es zu einigen Modernisierungen im Bereich der österreichischen Staatsfinanzen, ohne die es der Habsburgermonarchie wahrscheinlich nicht möglich gewesen wäre, wenigstens einen Teil ihrer Kriegsziele im Spanischen Erbfolgekrieg zu erreichen. Für das langfristige Wachstum der finanziellen Ressourcen der Habsburgermonarchie dürften die Neuerungen der Jahre um 1700 und im ersten Jahrzehnt des 18. Jahrhunderts eine kaum geringere Rolle gespielt haben als die im historischen Bewusstsein fester verankerten Reformen ab 1749. Einige der wichtigsten Elemente dieses Modernisierungsschubs um 1700 waren: 1. die im Vergleich zur Anwerbung von Söldnern billigere, seit den 1680er Jahren übliche »Landrekrutenstellung« durch die Landtage der österreichischen und böhmischen Länder zur Ergänzung der kaiserlichen Armeen; 2. die Verbesserung der Kooperation zwischen den mit der Kriegführung und der Aufbringung der dazu nötigen Finanzmittel betrauten kaiserlichen Zentralbehörden (Hofkriegsrat, Hofkammer, Generalkriegskommissariat, Österreichische und Böhmische Hofkanzlei) durch die Schaffung der »Deputation des Status publico-oeconomico-militaris«, einer Art »interministerieller Kommission«, im Dezember 1697; 3. die Verbesserung der Planungsgrundlagen durch die seit 1701 erfolgende Erstellung von Jahresbudgets in Gestalt einigermaßen systematischer Voranschläge der zu erwartenden Einnahmen und Ausgaben, getrennt nach zivilen und militärischen Ausgaben und verbunden mit einem Finanzplan für die Deckung des zu erwartenden Defizits; 4. die durch die Bündnisse mit den Vereinigten Niederlanden und England, den ökonomisch und finanziell fortschrittlichsten Staaten Europas, geförderten Anfänge einer »modernen«, entpersonalisierten Staatsschuld und der Anwendung »moderner« Kreditinstrumente in der Habsburgermonarchie bei der Aufnahme von Staatsanleihen, insbesondere auf den Finanzplätzen Amsterdam und London, ab 1695; 5. die Schaffung eines funktionstüchtigen, »modernen« Kapitalmarkts im Inland durch die Gründung der Wiener Stadtbank 1706, mit deren Hilfe es unter anderem gelang, die Zinssätze der habsburgischen Staatsobligationen von 12–20 auf 6–8 % zu senken; schließlich 6. der in den Jahren um 1700 einsetzende, zunächst allerdings nur in ersten Ansätzen erfolgreiche Auf- und Ausbau eines Systems indirekter Steuern und landesfürstlicher bzw. staatlicher Monopole (Tabakmonopol, Salzmonopol, Lottomonopol).

Die Reformen Maria Theresias und Josephs II. knüpften in manchen Bereichen an die Vorschläge und Gutachten an, die der aus Nordböhmen stammende, ab 1700 in Wien tätige Hofkammersekretär (seit 1705) bzw. Hofkammerrat (seit 1720) Christian Julius Schierl von Schierendorf zwischen 1705 und 1722 Joseph I. und Karl VI. bzw. deren Hofkammerpräsidenten unterbreitete. 1705 oder 1706 machte Schierl den Vorschlag der Einberufung eines »Generalkongresses« von Deputierten der böhmischen und der österreichischen Länder, der ständig oder in regelmäßigen Abständen in Wien tagen sollte. Schierl war vermutlich der erste, der in Österreich die Vertretung des »Gemeinen Mannes«, d. h. der Bürger und der Bauern, auf einem gesamtösterreichischen Länderkongress, einer Art Generallandtag, forderte. Eine Hauptaufgabe des Kongresses sollte die Vereinheitlichung der Steuerverfassungen der einzelnen Länder der Monarchie sein. Wiederholt machte der prononcierte Verfechter eines österreichischen Einheitsstaates auch den Vorschlag, die österreichischen und böhmischen Erbländer mit Ungarn staatsrechtlich zu einer Realunion zu verbinden. Schierl verfocht auch die Ansicht, dass sich die rechtliche Lage der Untertanen in den böhmischen Ländern von jener in den österreichischen Ländern nur graduell unterscheide und dass es jeder Rechtsgrundlage entbehre, wenn böhmische und mährische Grundherren die »Leibeigenschaft« über ihre Untertanen beanspruchten. Um 1720 regte er eine Reihe der späteren Maßnahmen der theresianisch-josephinischen Staatskirchenpolitik und der Toleranz gegenüber den Geheimprotestanten an. Er forderte die Gewährung des Rechtes auf freie Religionsausübung an die Nichtkatholiken, die staatliche Zivilehe für Mischehen, eine stärkere Heranziehung geistlicher Güter zur Finanzierung des Schul- und Armenwesens sowie eine verstärkte Kontrolle der Geistlichen.

Unter »dem ›spanischsten‹ aller deutschen Habsburger, dem verschlossenen Karl VI.« (Hans Schmidt) kam es zu einer Reihe von wirtschafts-

und sozialpolitischen Reformen, an die in der Regierungszeit Maria Theresias angeknüpft werden konnte. Auf Initiative und auf Kosten der niederösterreichischen Stände wurde 1721 mit dem Bau von Kasernen begonnen, zunächst in Wien, Stockerau, Krems und Ybbs. Ein entscheidender Schritt zur Standardisierung der Handfeuerwaffen der kaiserlichen Armeen wurde gesetzt, indem 1722 Musterflinten an alle für die Heeresverwaltung arbeitenden Gewehrfabrikanten verteilt wurden, nach denen diese sich bei allen weiteren Lieferungen zu richten hatten. In den 1720er und 1730er Jahren erfolgte in Zusammenarbeit landesfürstlicher Institutionen und der Stände der einzelnen Länder der chausseemäßige Ausbau von fünf von Wien ausgehenden Post- und Kommerzialstraßen (auch »Kaiserstraßen« genannt) Richtung Österreich ob der Enns, Böhmen, Mähren, Ungarn und Innerösterreich. Das eindrucksvollste Straßenprojekt der 1720er und 1730er Jahre war der Bau der 130 Kilometer langen »Via Carolina«, einer Kunststraße von Karlstadt (Karlovac) in Kroatien nach Buccari (Bakar) und Fiume (Rijeka), die dazu dienen sollte, für den Export gedachte Waren aus dem Banat und Südostungarn an die Adria zu transportieren.

Als nominellem König von Spanien und tatsächlichem Herrn über die Hafenstädte der Österreichischen Niederlande war Karl VI. die Bedeutung der Seefahrt und des Fernhandels für das Florieren seines Staates – und für seine eigene internationale Reputation – bewusst. Er erklärte daher 1719 Triest und Fiume zu Freihäfen – wegen der schlechten Erreichbarkeit der beiden Hafenstädte auf dem Landweg und wegen der Konkurrenz der übermächtigen Republik Venedig zunächst nur mit mäßigem Erfolg. Um 1750 bestand die Monarchie aus zehn Zollgebieten und den beiden Freihäfen, die nach dem Verlust Schlesiens dazu dienen sollten, den Außenhandel nach dem Süden umzulenken.

In der Regierungszeit Karls VI. wurden in der Habsburgermonarchie zwei Handelskompanien gegründet. Die Orientalische Handelskompanie wurde 1719, nach dem Frieden von Passarowitz, als Aktiengesellschaft mit kaiserlichem Privileg ins Leben gerufen. Sie importierte Rohstoffe und Halbfabrikate (Baumwolle, Garne, Farbstoffe, Pelze, Häute etc.) aus dem Osmanischen Reich und exportierte dorthin Fertigwaren – unter anderem Produkte der Schwechater Baumwollfabrik und der Linzer Wollzeugfabrik. Sie unterhielt Niederlassungen in Belgrad und Konstantinopel, musste aber 1740 nach einer Reihe von wirtschaftlichen Fehlschlägen den Bankrott erklären. Die bereits erwähnte Handelskompanie von Ostende, ebenfalls eine Aktiengesellschaft, erhielt 1722 ein kaiserliches Privileg für den Handel mit West- und Ostindien, China und Afrika. Sie agierte einige Jahre sehr erfolgreich und konnte Dividenden von 20 bis 40% ausschütten. 1727 gab Karl VI. dem Druck der Seemächte nach und suspendierte die Ostindien-Kompanie für sieben Jahre; 1731 wurde sie endgültig liquidiert.

Auf weitere Maßnahmen zur Förderung des Handels und der Wirtschaft und zur Erhöhung der Staatseinnahmen, wie die systematische Besiedlung des 1718 an die Monarchie gefallenen Banats von Temesvár (bis 1737 sollen bis zu 20 000 aus dem Reich stammende bäuerliche Kolonisten im Banat angesiedelt worden sein), die Privilegierung zahlreicher Manufakturen, erste Schritte zur Einschränkung der Binnenzölle und zur Verlegung der Zwischenzölle an die Landesgrenzen sowie die Verstaatlichung (»Inkamerierung«) der Post (1722), sei nur en passant hingewiesen. 1718 ordnete Karl VI. die Anlegung eines Grundsteuerkatasters für das 1714 aus dem spanischen Erbe an die Österreichische Monarchie gefallene Herzogtum Mailand an (*Censimento Milanese*). Wegen des französisch-piemontesischen Einfalls wurden die Arbeiten daran 1733 unterbrochen und erst um 1750 wieder aufgenommen und zu Ende geführt. Um die Bemessungsgrundlage für die Grundsteuer in Schlesien zu verbessern, ordnete Karl VI. 1721 und neuerlich 1733 an, einen neuen Kataster auszuarbeiten, »der – Ironie des Schicksals – 1740 in dem Jahr abgeschlossen wurde, als das Herzogtum weitestgehend von Preußen erobert wurde« (Peter Rauscher).

In die Regierungszeit Karls VI. fiel auch der Höhepunkt des nach 1683 einsetzenden barocken Baubooms in den österreichischen und böhmischen Ländern, der unter anderem mit den Namen der Architekten Domenico Martinelli, Johann Bernhard und seines Sohnes Joseph Emanuel Fischer von Erlach, Jakob Prandtauer, Johann Lucas von Hildebrandt, Kilian Ignaz Dientzenhofer und Johann Santini-Aichel (Giovanni Santini) verbunden ist. Neben zahllosen Kirchen (am berühmtesten: die vom Kaiser 1713, während der letzten Pestepidemie in Wien, gelobte Karlskirche in Wien), Klöstern (z.B. das Benediktinerstift Melk und das Chorherrenstift Klosterneuburg, das Karl VI. zu einer Klosterresidenz, einem »Österreichischen Escorial«, ausbauen ließ, ein Projekt, das beim Tod des Kaisers unvollendet abgebrochen wurde, in Niederösterreich, das Stift St. Florian in Oberösterreich oder das Benediktinerstift Braunau in Böhmen), Landschlössern und Stadtpalästen (vor allem in Wien und Prag) des

Adels, der kaiserlichen Hofbibliothek (mit dem berühmten Deckenfresko Daniel Grans), der Winterreitschule und der Hofstallungen in der Wiener Hofburg wurden auch Invalidenhäuser (in Pest und Prag), Fabriken und Kanzleigebäude wie die Böhmische Hofkanzlei, die Österreichische Hofkanzlei und der Reichskanzleitrakt der Wiener Hofburg errichtet.

Karl VI. war übrigens – nach seinem Großvater Ferdinand III., seinem besonders musikbegeisterten Vater Leopold I. und seinem Bruder Joseph I. – der letzte der komponierenden Kaiser der Barockzeit. Als Hofkapellmeister wirkte an seinem Hof seit 1715 der 1660 als Bauernsohn in Hirtenfeld bei Graz geborene Komponist und Musiktheoretiker (*Gradus ad Parnassum*, Wien 1725) Johann Joseph Fux, der 1698 zum kaiserlichen Hofkomponisten bestellt worden war.

Die Regierungszeit Karls VI. war nicht nur eine Zeit der höfischen Repräsentation und des Barockkatholizismus, in der in den habsburgischen Ländern erstaunliche und erstaunlich viele Sakral- und Profanbauten im Auftrag des Kaisers, der Prälaten und der Aristokraten nur so aus dem Boden schossen, sondern mit gewissen Einschränkungen auch eine Reformperiode, die im historischen Gedächtnis kaum präsent ist, weil sie durch den theresianisch-josephinischen Reformabsolutismus in den Schatten gestellt wurde.

Die Habsburgermonarchie und das Heilige Römische Reich

Kaiser und Reich

Das Heilige Römische Reich war spätestens seit der Goldenen Bulle Karls IV. von 1356 und bis zu seinem Ende (1806) eine Wahlmonarchie mit oligarchischen (Kurfürstenrat) und aristokratischen (Fürstenrat) Elementen. Seit 1519 musste jeder Römische König vor seiner Wahl in einer Wahlkapitulation den Kurfürsten ihr freies Wahlrecht verbriefen und das Bekenntnis ablegen, das Reich nicht in eine Erbmonarchie zu verwandeln. Trotzdem gelang es den Habsburgern, von 1438 bis zum Aussterben des Geschlechts im Mannesstamm (1740) die Königs- und Kaiserwürde zu behaupten. Nach dem Intermezzo des wittelsbachischen Kaisertums Karls VII. (reg. 1742–1745) wurde die habsburgische Tradition durch Kaiser Franz I. aus dem Hause Lothringen und nach dessen Tod 1765 von den Kaisern aus dem Hause Habsburg-Lothringen fortgesetzt.

Die österreichischen Erbländer lagen an der Peripherie des Reiches. Seit 1526 bildeten sie mit den böhmischen Ländern und mit dem nichtosmanischen Teil der ungarischen Länder einen »zusammengesetzten Staat«. Als Kaiser war der diese Länder in Personalunion regierende Habsburger seit 1558 gleichzeitig der oberste Lehnsherr und der oberste Richter aller reichsunmittelbaren Fürsten, Stände und Städte des Heiligen Römischen Reichs, das bis zu seinem Ende in erster Linie ein lehensrechtlich definierter Personenverband geblieben ist. Das Königreich Böhmen und seine Nebenländer waren in der Frühen Neuzeit mit dem Heiligen Römischen Reich lehensrechtlich nur lose verbunden. Die Belehnung des böhmischen Königs durch den Kaiser bezog sich nur auf die Kurwürde und auf das Erzschenkenamt des Heiligen Römischen Reichs sowie auf die außerhalb Böhmens und Mährens gelegenen böhmischen Reichslehen, nicht jedoch auf Böhmen und Mähren selbst. Die schlesischen Herzogtümer und die Lausitzen waren seit dem 14. Jahrhundert Lehen der böhmischen Krone und rechtlich nur mittelbar (als Afterlehen) mit dem Reich verknüpft.

Die Verfassungsgeschichte des Heiligen Römischen Reichs war in der Frühen Neuzeit geprägt von dem Grundkonflikt zwischen dem Kaiser und den Reichsständen um eine stärker monarchisch-zentralistische oder stärker ständisch-föderative Ausprägung der Reichsverfassung. Gleichzeitig war das Reich als Ganzes (»Kaiser und Reich«) aber nur auf der Grundlage des Konsenses und des Kompromisses zwischen dem Kaiser und den Reichsständen handlungsfähig. Das Wechselspiel von Konflikt und Konsens führte zu einem institutionellen Ausbau des Reichs und zu grundgesetzähnlichen Regelungen auf den Gebieten der Landfriedens-, Kriegs-, Gerichts- und Finanzverfassung sowie 1555 (Augsburger Religionsfriede) zur Bikonfessionalität und schließlich 1648 (Westfälischer Friede) zur Trikonfessionalität des Reichs. Die Ausbildung »moderner« Steuer- und Machtstaaten erfolgte aber auf der Ebene der Territorien, nicht auf jener des Reichs.

Der Ort des gemeinsamen Handelns von »Kaiser und Reich« war der Reichstag. Seit dem Wormser Reichstag von 1495 erhielt er eine erste strukturelle Ausformung. Begünstigt durch die langen Abwesenheiten Karls V. vom Reich und durch die ihm 1519 von den Kurfürsten abverlangte Wahlkapitulation, erfuhr der Reichstag zwischen 1520 und 1555 eine institutionelle Verfestigung. Er wurde zum eigentlichen »Forum des Reiches«, zu einem Instrument der Kommunikation, der Konfliktregelung, der Gesetzgebung und der Steuerbewilligung. Zwischen 1495 und 1576 wurde er in relativ dichter Abfolge versammelt, dann immer seltener, und mit dem Dreißigjährigen Krieg schien er, nachdem bereits die Reichsversammlungen von 1608 und 1613 gescheitert waren, ganz zu verschwinden und von Kurfürstentagen abgelöst zu werden. Seit dem Türkenreichstag 1663 aber tagte der Reichstag in Regensburg als Gesandtenkongress in Permanenz bis zum Ende des Alten Reichs (1806).

Kaiser Maximilian I. war bis 1500 der Partner eines Reichstags gewesen, auf dem seine Erbländer nicht vertreten waren. Infolge der Doppelrolle Erzherzog Ferdinands I. als Statthalter, ständiger Stellvertreter und seit seiner Wahl zum Römischen König 1531 designierter Nachfolger Kaiser Karls V. im Reich einerseits und als Herrscher der habsburgischen Erblande andererseits kam es zum dauerhaften »Einrücken Österreichs in den Reichstag«, zur Schaffung der österreichischen Reichstagsstimme. Österreich blieb den anderen Reichsständen gegenüber auch nach der Amtsniederlegung Karls V. im Hinblick auf die Belegung mit Reichssteuern privilegiert, da die Kaiser ihre Erbländer nicht als Kaiser, sondern als Landesfürsten um Steuern ersuchten. Um die Einheit des Hauses in der Vertretung gegenüber dem Reich zu wahren, führten die Habsburger auch nach der Linienteilung von 1564 auf den Reichstagen im Reichsfürstenrat nur eine gemeinsame Stimme.

1500 und 1512 wurde das Heilige Römische Reich in zwei Schritten in zehn Reichskreise eingeteilt, deren Aufgabe in erster Linie in der Wahrung bzw. Wiederherstellung des Landfriedens und der allgemeinen Sicherheit bestand. Mit der Schaffung des Österreichischen und des Burgundischen sowie des Kurrheinischen und des Obersächsischen Kreises im Jahr 1512 wurden auch die habsburgischen Erblande und die Kurfürstentümer in die Kreisverfassung des Reichs einbezogen. Das Königreich Böhmen mit seinen Nebenländern blieb auf Dauer außerhalb der Kreisverfassung, ebenso die Herrschaftsgebiete der Reichsritterschaft und die italienischen Reichslehen (mit Ausnahme des Herzogtums Savoyen, das in den Oberrheinischen Reichskreis einbezogen war). Vom territorialen Umfang her war das Gebiet der Reichskreise grosso modo mit jenem der auf dem Reichstag vertretenen Reichsstände identisch (»Reichstagsdeutschland«). Wiederholte Versuche, die böhmischen Länder zu einem eigenen Reichskreis zu machen, führten ebenso wenig zu einem Ergebnis wie die anlässlich der Readmission Kurböhmens in den Kurfürstenrat

(1708) unternommenen Bemühungen um die Einbeziehung Böhmens, Mährens und Schlesiens in den Österreichischen Reichskreis.

Neben der Wahrung des Landfriedens übernahmen die Kreise ab der zweiten Hälfte des 16. Jahrhunderts schrittweise und mit unterschiedlichem Erfolg auch die Aufgabe, das Reich nach außen zu verteidigen. Angesichts der doppelten Bedrohung des Reichs durch das Osmanische Reich im Südosten und Frankreich im Westen wurde 1681/82 eine Torso gebliebene Reichsdefensionsordnung vom Reichstag beschlossen und von Kaiser Leopold I. ratifiziert. In den folgenden Jahrzehnten der Reichskriege gegen das Osmanische Reich und gegen Frankreich sowie im Pfälzischen und im Spanischen Erbfolgekrieg kam es zu einer besonders engen Kooperation der vier bis sechs sogenannten »Vorderen Reichskreise« (Kurrheinischer, Fränkischer, Schwäbischer, Oberrheinischer, Bayerischer und Österreichischer Kreis) mit dem Kaiser, die sich in einer Reihe von Kreisassoziationen niederschlug. Ebenso wie im Burgundischen Kreis fanden auch im Österreichischen Kreis keine Kreistage statt. Das Haus Habsburg war der einzige mächtige Kreisstand, und der Österreichische Kreis war kein korporatives, regionales Verfassungsorgan, sondern nur ein zusätzliches Bindeglied zwischen dem Haus Österreich und dem Reich. Durch die Zusammenfassung der österreichischen Erbländer zu einem eigenen Reichskreis wurde deren Zusammengehörigkeit und innere Geschlossenheit auch in der Zeit der Linienteilung zwischen 1564 und 1665 gefestigt. Auch die in Schwaben und im Elsass und damit »eigentlich« im Schwäbischen und im Oberrheinischen Kreis liegenden österreichischen Vorlande gehörten als Exklaven zum Österreichischen Reichskreis, wodurch das Territorialprinzip, auf dem die Kreiseinteilung ansonsten beruhte, durchbrochen wurde.

Das 1495 eingerichtete Reichskammergericht entstand ebenso wie der Reichstag und die Reichskreise im Zuge der Reichsreform um 1500 und hatte ebenfalls bis zur Auflösung des Reichs Bestand. Das Gericht richtete seinen Sitz fern vom Königshof, dessen Einfluss entzogen, in einer Reichsstadt ein, seit 1527 auf Dauer in Speyer und ab 1689/90, nach der Verwüstung Speyers durch die Franzosen im Pfälzischen Erbfolgekrieg, in Wetzlar. Der Kammerrichter, der als Vorsitzender eher repräsentative Aufgaben hatte, wurde vom Kaiser ernannt, die ursprünglich 16, ab 1555 24 Beisitzer des Reichskammergerichts hingegen wurden großteils von den Kurfürsten und den Reichskreisen nominiert, zwei weitere wurden vom Reichstag auf Vorschlag der Kreise gewählt, und der Kaiser ernannte ebenfalls zwei Assessoren (für Österreich und Burgund). Seit 1648 war die Hälfte der nunmehr 50 Assessorenstellen (26 Katholiken und 24 Protestanten) für die Reichskreise reserviert. Das Reichskammergericht hatte als erste Instanz vor allem die Aufgabe, Landfriedensbruch zu ahnden und das Fehdewesen zu bekämpfen. Als Appellationsgericht war es für Berufungen gegen letztinstanzliche Entscheidungen landesherrlicher und reichsstädtischer Gerichte in Zivilsachen zuständig und verhinderte dadurch die vollständige Territorialisierung der Gerichtsbarkeit im Reich.

Seit der Mitte des 16. Jahrhunderts wurde die höchste Gerichtsbarkeit im Heiligen Römischen Reich zunehmend auch vom kaiserlich dominierten, die Tradition des kaiserlichen Hofgerichts fortsetzenden Reichshofrat wahrgenommen. Dieser hatte seinen Sitz stets am Aufenthaltsort des Kaisers, also vor allem in Wien und unter Rudolf II. in Prag. Unter König (seit 1531) und Kaiser (seit 1558) Ferdinand I. entwickelte sich der (Reichs-)Hofrat zu einem umfassenden Beratungsorgan des Herrschers und zu einer zentralen Regierungs-, Verwaltungs- und Justizbehörde, und zwar sowohl für die habsburgischen Erblande als auch für das Reich im engeren Sinn, mit einem Schwerpunkt auf der Funktion als Hofgericht. Mit der 1559 erlassenenen Reichshofratsordnung stellte Ferdinand I. endgültig die Weichen für die weitgehende Beschränkung des Reichshofrats auf die gerichtliche Tätigkeit. In der Regierungszeit Ferdinands II. (1619–1637) verlor der Reichshofrat seine territoriale Kompetenz für die österreichischen Erbländer und wurde im Wesentlichen zu einer Instanz für »Reichssachen« im engeren Sinn und für Angelegenheiten Reichsitaliens. Seit den 1620er Jahren wurde die neugeschaffene Österreichische Hofkanzlei an seiner Stelle zum obersten Appellationsgericht für die österreichischen Länder, desgleichen seit 1627 die Böhmische Hofkanzlei für die böhmischen Länder.

An der Spitze des Reichshofrats stand der Kaiser persönlich, vertreten durch den dem hohen Reichsadel entstammenden Reichshofratspräsidenten. Die im Westfälischen Frieden 1648 vorgesehene konfessionelle Parität in der Zusammensetzung der adeligen und der gelehrten Bank des Reichshofrats wurde niemals erreicht. In Religionsfragen galt eine sogenannte fiktive Parität, der zufolge das einhellige Votum aller evangelischen Reichshofräte gleich viel galt wie jenes der zahlenmäßig überlegenen katholischen Reichshofräte. Unter den 445 im Zeitraum von 1559 bis 1806 amtierenden Reichshofräten befanden sich nur etwa

50 Protestanten. Knapp 200 von ihnen kamen aus den habsburgischen Erblanden, eine etwas größere Zahl stammte aus dem Reich im engeren Sinn und einige wenige aus Italien und den Niederlanden.

Das »Reich« und »Österreich« zwischen 1648 und 1740

Für die Jahrzehnte um 1700 wurde zu Recht ein immer deutlicher werdendes Auseinandertreten der Reichspolitik des Kaisers auf der einen und der an den Interessen der Monarchia Austriaca, also der europäischen Großmacht Österreich, orientierten Politik des Wiener Hofes auf der anderen Seite konstatiert. Etwa seit dem Westfälischen Frieden sei es zu einer allmählichen »Herausentwicklung« bzw. einem »Herauswachsen Österreichs aus dem Heiligen Römischen Reich« gekommen. Diese Beobachtung ist sicherlich zutreffend, das »Herauswachsen« Österreichs aus dem Reich hat aber eine lange Vorgeschichte. Der Osnabrücker Friedensvertrag hat 1648, wie es Oswald Redlich bereits 1921 formuliert hat, auch in dieser Hinsicht »nur einen reichs-rechtlich formellen Abschluß längst schon bestehender Verhältnisse gebracht«. Die sich als Territorialstaat konsolidierende Monarchia Austriaca wurde spätestens im 17. Jahrhundert in für die Staatsbildung so wichtigen Bereichen wie der Weiterentwicklung der Zentralbehörden, der Kriegführung, der Finanzen und des Postwesens vom Heiligen Römischen Reich abgesondert. Seit der Ausbildung eines effektiven Reichssteuersystems, über das allein zwischen 1556 und 1607 an die 31 Millionen Gulden an Türkensteuern aufgebracht wurden, war die Kaiserwürde nicht zuletzt ein symbolisches Kapital, das dazu diente, die Ressourcen der nicht der habsburgischen Landesherrschaft unterstehenden Reichsterritorien und der Reichsstädte für Zwecke der habsburgischen Hausmachtbildung und der Verteidigung, Stärkung und Vergrößerung der Habsburgermonarchie zu mobilisieren. Auch das Postwesen, das von Wolfgang Behringer als »Blutkreislauf der frühmodernen Gesellschaft« bezeichnet worden ist, kann als Indikator für das »Herauswachsen« der Habsburgermonarchie aus dem Reich dienen. Die als Reichslehen in der Hand des Hauses Thurn und Taxis befindliche Reichspost, die ihr Monopol nach 1648 allerdings nur in Oberdeutschland und im Rheinland erfolgreich verteidigen konnte, einerseits und die Post in den österreichischen, böhmischen und ungarischen Ländern andererseits waren spätestens seit den frühen 1620er Jahren, seit der erblichen Belehnung Johann Christophs von Paar mit dem Obersthofpostmeisteramt und dem Obersterblandpostmeisteramt, unabhängig voneinander operierende Großbetriebe.

Im Zweifel wurde in Wien die Reichsräson der österreichischen Staatsräson untergeordnet, wobei unter Reichsräson die Aufrechterhaltung des 1648 fixierten Gleichgewichts zwischen dem Kaiser und den Reichsständen sowie zwischen den großen und den kleinen Reichsständen zu verstehen ist. Man kann darüber diskutieren, wann in Wien die österreichische Großmachtpolitik das Übergewicht über die Reichspolitik zu gewinnen begann, es war aber wahrscheinlich nicht erst unter Kaiser Joseph I. (reg. 1705–1711), wie Karl Otmar von Aretin urteilt. Andererseits ist ihm beizupflichten, dass erst in der kurzen Regierungszeit dieses sehr zielstrebigen Kaisers ein offener »Gegensatz zwischen kaiserlicher Reichspolitik und österreichischer Großmachtpolitik« entstanden ist.

Die Aussage, die Reichspolitik der Kaiser sei nach 1648 de facto zu einem integrierenden Bestandteil der Außenpolitik der Habsburgermonarchie geworden, wird durch die Tatsache gestützt, dass nach 1648 ein kaiserliches Gesandtschaftswesen im Reich aufgebaut wurde. Bereits seit etwa 1630/40 gab es ständige kaiserliche Residenten in den Hansestädten Hamburg und Bremen, seit 1665 in Dresden, seit 1673 in Mainz am Hof des Reichserzkanzlers, von 1674 bis 1685 in München und seit Ende der 1670er Jahre in Berlin. Vor allem in der Zeit der Reichskriege gegen Frankreich wirkten auch eigene ständige kaiserliche Vertreter bei den Ständen des Schwäbischen, des Fränkischen, des Oberrheinischen und des Kurrheinischen Reichskreises. Auf dem Immerwährenden Reichstag war der Kaiser durch ein Großaufgebot von Diplomaten vertreten, nämlich durch den Prinzipalkommissar und den Konkommissar sowie durch den österreichischen und seit 1708 den kurböhmischen Gesandten. Die kaiserlichen Residenten in den wichtigen Handelsstädten und Postzentren Hamburg, Nürnberg (ab 1674), Köln (ab 1688), Frankfurt (ab 1695) und Augsburg (ab 1704) hatten vor allem die Aufgabe der Nachrichtenbeschaffung.

Die Verselbständigung des habsburgischen Länderkomplexes zu einem möglichst zentral regierten Fürstenstaat wurde bereits von zeitgenössischen Beobachtern und politischen Akteuren im letzten Drittel des 17. Jahrhunderts konstatiert bzw. propagiert. Der 1680 gestorbene kaiserliche Feldherr und Geheime Rat Raimondo Montecuccoli meinte, wenn er vom »Staat« des Kaisers sprach, nicht das Heilige Römische Reich, sondern die österreichischen, böhmischen und ungarischen (Erb-)Länder des Hauses Habsburg. Sämtliche Pläne Montecuccolis, ob sie nun das Landesaufgebot, den Ausbau des ungarisch-kroatischen Festungsgürtels, den Aufbau einer Waffenindustrie in den Erblanden oder die Forderung nach konfessioneller Vereinheitlichung betrafen, bezogen sich darauf. Ähnliche Ideen verfocht auf wirtschaftspolitischem Gebiet der Merkantilist und Kameralist Philipp Wilhelm von Hörnigk. 1684, kurz nach dem Einfall der Franzosen in die Spanischen Niederlande und nach dem Entsatz der von den Osmanen belagerten Residenzstadt Wien, erschien seine wirtschaftspolitische Kampfschrift *Oesterreich uber alles, wann es nur will*, die bereits bei ihrer ersten Publikation großes Aufsehen erregte und in den folgenden 100 Jahren mindestens 24 weitere Ausgaben erlebte. Hörnigk verstand unter »Oesterreich« ausdrücklich den Gesamtkomplex der Länder »des Teutschen Oesterreichischen Erzhauses / es sey in- oder außerhalb des Röm(ischen) Reichs« unter Einschluss des Königreichs Ungarn. Hörnigk überging die verfassungsrechtlichen Eigenheiten der einzelnen Länder und deren Landstände mit Stillschweigen, in seinen Augen war die Monarchie ein zentral regierter fürstlicher Verwaltungs- und Beamtenstaat oder sollte jedenfalls zu einem solchen gemacht werden. Er propagierte eine ökonomische Arbeitsteilung zwischen den habsburgischen Ländern, die im Königreich Ungarn einen agrarischen, in den böhmischen und österreichischen Ländern einen gewerblich-industriellen Schwerpunkt ausbilden sollten. Spätestens nach der Unterzeichnung der Friedensverträge von Utrecht 1713 und Rastatt 1714 und nachdem der von Franz II. Rákóczi angeführte ungarische Unabhängigkeitskrieg 1711 im Vertrag von Szatmár mit einem Kompromiss beendet worden war, entstand die Idee einer Österreichischen Monarchie als Herzstück eines übernationalen Reichs. Die österreichischen und die böhmischen Länder bildeten den Kern dieses Reichs, um den sich gewissermaßen in konzentrischen Ringen als »Außenposten« das Königreich Ungarn, das deutsche »Restreich«, die österreichischen Besitzungen in Oberitalien und die Österreichischen Niederlande gruppierten.

Eine wichtige Klammer zwischen den habsburgischen Erblanden und dem Reich stellte das soziale »Amalgam« dar, das aus teilweise in den Reichsfürstenstand erhobenen Angehörigen der Aristokratie der böhmischen und österreichischen Länder (Liechtenstein, Dietrichstein, Kaunitz, Harrach, Auersperg, Lobkowitz) und Angehörigen katholischer Reichsgrafen- und neuer Reichsfürstengeschlechter (Schwarzenberg, Salm,

Schönborn, Fürstenberg, Oettingen, Fugger) entstand, die zum Teil ebenfalls in den habsburgischen Erblanden Güter erwarben. Das Gravitations- und Integrationszentrum dieser Aristokratie war der kaiserliche Hof in Wien, der für die Mehrzahl der kurfürstlichen und fürstlichen Residenzen im Reich um 1700 eine stärkere Vorbildfunktion besaß als der Versailler Hof Ludwigs XIV. In erster Linie aber war der Kaiserhof der Ort der Integration der adeligen Eliten der österreichischen und böhmischen Länder sowie Ungarns, also der Großmacht Österreich.

Die Habsburgermonarchie und das Osmanische Reich

Die Bevölkerung des Osmanischen Reichs dürfte sich zwischen 1520 und 1580 durch Eroberungen in Europa, Asien und Afrika sowie durch das natürliche Bevölkerungswachstum von 12 auf 24 Millionen Einwohner verdoppelt haben. Dem osmanischen Expansionsdrang konnten die habsburgischen Länder in Mitteleuropa nur durch die Vereinigung ihrer Kräfte und dank militärischer und finanzieller Unterstützung aus dem Heiligen Römischen Reich etwa seit der Mitte des 16. Jahrhunderts weitgehend standhalten.

Krieg und Frieden

1521	Eroberung Belgrads durch die Osmanen
1526	Schlacht bei Mohács
1529	Erste Türkenbelagerung Wiens
1547	Waffenstillstand von Konstantinopel
1568	Waffenstillstand (Friede) von Adrianopel
1593–1606	Langer Türkenkrieg
1606	Friede von Zsitvatorok
1664	Schlacht bei Mogersdorf; Friede von Eisenburg
1683	Zweite Türkenbelagerung Wiens
1683–1699	Großer Türkenkrieg
1699	Friede von Karlowitz
1716–1718	Erster Türkenkrieg Karls VI.
1718	Friede von Passarowitz
1737–1739	Zweiter Türkenkrieg Karls VI.
1739	Friede von Belgrad

In der zweiten Hälfte der 1580er und zu Beginn der 1590er Jahre nahm der Pascha von Bosnien, dem 1568 vereinbarten Waffenstillstand zum Trotz, mehrere unter habsburgischer Herrschaft stehende kroatische Städte und Festungen ein. 1592 eroberten die Osmanen die strategisch wichtige Grenzfestung Bihać. Als sie im Frühjahr 1593 die Festung Sisak erobern wollten, stellten sich ihnen der kroatisch-slawonische Banus Thomas (Tamás) Erdődy und eine Reihe weiterer kroatischer Adeliger entgegen und fügten ihnen mit tatkräftiger Hilfe der von Ruprecht von Eggenberg kommandierten innerösterreichischen Kontingente am 22. Juni eine Niederlage zu. Die Schlacht bei Sisak eröffnete den sogenannten Langen Türkenkrieg.

Der Kriegsverlauf kann hier nicht nachgezeichnet werden. Ein Schlüsselereignis war die Ende September 1594 erfolgte Übergabe der Festung Raab, die für die Verteidigung Wiens von zentraler Bedeutung war, an die osmanischen Belagerer. Dem Kommandanten Ferdinand Graf Hardegg wurde der Prozess gemacht, und im Juni 1595 wurde er in Wien auf dem Platz Am Hof hingerichtet. Der militärische Misserfolg konnte durch die Rückeroberung Raabs am 29. März 1598 durch Adolf von Schwarzenberg und Nikolaus (Miklós) Pálffy wieder wettgemacht werden. Der sich als Türkensieger stilisierende Kaiser Rudolf II. befahl am 25. April 1598 in einem Patent allen Obrigkeiten und Grundherren in Österreich unter der Enns, die alten Denksäulen, Kreuze und Marterl an den Straßen und Wegkreuzungen zu renovieren und mit folgender Inschrift zu versehen: »Sag Gott dem Herrn Lob und Danck / daß Raab wider kommen in der Christen Handt. Den 29. Martii / Im 1598. Jahr.« In Niederösterreich und im Burgenland haben sich mehrere »Raaberkreuze« bis heute erhalten.

Beendet wurde der Lange Türkenkrieg Anfang November 1606 durch den auf 20 Jahre abgeschlossenen Frieden von Zsitvatorok. Sultan Ahmed I. anerkannte darin zum ersten Mal die Gleichrangigkeit des Kaisers und billigte ihm den Kaisertitel zu, und beide Seiten einigten sich auf den Austausch der Gefangenen. Im Unterschied zu den Waffenstillstandsverträgen von Konstantinopel (1547) und Adrianopel (1568) war der Friedensvertrag von Zsitvatorok der erste echte Vertrag im völkerrechtlichen Sinn zwischen dem Habsburgerreich und dem Osmanischen Reich. Der Krieg endete praktisch mit einem Patt. Der Friede von Zsitvatorok erweist sich somit im Rückblick als Wendepunkt in den habsburgisch-osmanischen Beziehungen.

Von 1606 bis 1663 herrschte im Grenzgebiet zwischen den beiden Reichen zwar kein wirklicher Friedenszustand, es kam jedoch nur zu kleineren Scharmützeln und Raubzügen beider Seiten. Erst 1663 flammte der »Große Türkenkrieg« wieder auf. Im Sommer dieses Jahres drang der neue Großwesir Ahmed Köprülü mit mehr als 100 000 Mann bis Westungarn vor. Der kaiserliche Oberbefehlshaber, Generalfeldmarschall Raimondo Graf Montecuccoli, konnte ihm kaum mehr als 12 000 Mann regulärer Soldtruppen sowie die rund 15 000 Mann der ungarischen »Insurrektion« unter dem Kommando des Banus von Kroatien entgegenstellen. Im September eroberten die Osmanen die strategisch wichtige Festung Neuhäusel.

Nach der Verlegung der Truppen in die Winterquartiere rief Kaiser Leopold I. die deutschen Kurfürsten, den nach Regensburg einberufenen Reichstag und ganz Europa um Hilfe im neu aufgeflammten Kampf gegen das Osmanische Reich an. Die erbetene Unterstützung wurde tatsächlich in großem Ausmaß gewährt, so dass die riesige Armee des Großwesirs 1664 auf eine Koalitionsarmee unter dem Oberbefehl Montecuccolis traf. Diese bestand aus kaiserlichen Regimentern (gut 50 000 Mann, von denen aber ein beträchtlicher Teil als Festungsbesatzungen eingesetzt war), von ungarischen Magnaten aufgestellten Husaren- und Haiduckenregimentern, von den Kurfürsten von Bayern, Sachsen und Brandenburg entsandten Allianztruppen, einer Reichsarmee sowie einem französischen Hilfskorps von knapp 6000 Mann unter dem Kommando des Grafen Jean de Coligny-Saligny. Montecuccoli erwartete die zahlenmäßig überlegene Armee des Großwesirs in einer taktisch geschickt gewählten Stellung am linken Ufer der Raab in unmittelbarer Nähe des kleinen Ortes Mogersdorf (im heutigen Burgenland). Die aus Kaiserlichen (ca. 11 000 Mann), Reichsvölkern (7300 Mann), deutschen (knapp 900 Mann) und französischen Allianztruppen (etwa 5400 Mann, darunter einige hundert adelige Freiwillige) sowie einer unbekannten Zahl von Ungarn und Kroaten bestehende Koalitionsarmee errang zur Überraschung vieler Zeitgenossen am 1. August 1664 einen Sieg über die osmanische Armee, der es wegen des Hochwassers nur zum Teil gelungen war, über die Raab zu setzen. Bereits am 10. August wurde von einem kaiserlichen Bevollmächtigten im Frieden von Eisenburg (Vasvár) ein zwanzigjähriger Waffenstillstand geschlossen. Dieser Friedensschluss »hinter dem Rücken« der Ungarn und Kroaten wurde zum Auslöser der sogenannten ungarisch-kroatischen Magnatenverschwörung, von der weiter unten die Rede sein wird.

1682 wurde der oberungarische Magnat Emmerich (Imre) Thököly, der 1678 an die Spitze der aufständischen »Kuruzzen« (von lat. *cruciatus*, in der Bedeutung von Kreuzfahrer) getreten war, von der Hohen Pforte als Fürst von Oberungarn anerkannt, so dass das Königreich Ungarn für einige Jahre (1682–1685) nicht nur drei-, sondern sogar viergeteilt war. Ende Juli 1682 proklamierte Thököly den allgemeinen Aufstand Ungarns gegen die habsburgische Herrschaft. Mit osmanischer Hilfe eroberte er fast ganz Oberungarn, und im Rahmen einer Krönungszeremonie überreichte ihm der Ofener Pascha Mitte September die Urkunden, die ihn zum König von Ungarn erklärten. Thököly lehnte den Königstitel ab, bekannte sich aber zu seiner Vasallenrolle gegenüber dem Sultan. Bei einem Treffen mit Großwesir Kara Mustafa bestärkte er diesen in seiner Absicht, Wien anzugreifen. Am 31. März 1683 schloss Kaiser Leopold I. mit dem polnischen König Johann III. Sobieski ein antitürkisches Bündnis. Nach dem Beginn des osmanischen Feldzugs gegen Wien verhielt sich Thököly vorsichtig abwartend. Im Anschluss an die vernichtende osmanische Niederlage vor Wien verlor er die Herrschaft über Oberungarn.

Die siegreiche Entsatzschlacht vor den Mauern des seit Mitte Juli belagerten Wien am 12. September 1683 war der in ganz Europa aufmerksam registrierte Anfang vom Ende der osmanischen Herrschaft über große Teile des Königreichs Ungarn. Das Kommando über die kaiserlichen Truppen führte Herzog Karl V. von Lothringen, der Schwager des Kaisers, den Oberbefehl über die gesamte Entsatzarmee hatte der König von Polen. Geistlichen Beistand leistete der charismatische Kapuzinerpater Marco d'Aviano. Er begleitete die Armee als päpstlicher Legat und trug durch sein diplomatisches Geschick viel zum guten Einvernehmen zwischen den Heerführern bei. Zum Stadtkommandanten von Wien war Ernst Rüdiger Graf Starhemberg ernannt worden. Verteidigt wurde die Stadt von etwa 11 200 Söldnern und rund 5000 Bürgern, Studenten, Hofbediensteten, Jägern und Freiwilligen. Leopold I., der mit dem Hofstaat Wien am 7. Juli verlassen hatte, residierte bis zum 25. August in Passau.

Am 3. September geriet der 23 Tage lang umkämpfte Burgravelin bzw. das, was nach wochenlangem Artilleriebeschuss und Minensprengungen davon noch übrig war, in die Hände der Belagerer. Tags darauf riss eine Hauptmine eine ungefähr zehn Meter breite Bresche in die Flanke der Burgbastei, und am 6. September schlug eine gewaltige Mine eine zwölf Meter breite Bresche in die Mauer der Löwelbastei. Die Eroberung der Stadt schien unmittelbar bevorzustehen. Wahrscheinlich aus diesem

Grund störte Kara Mustafa nicht ernsthaft den am 6. und 7. September durchgeführten Donauübergang der fast 70 000 Mann umfassenden Entsatzarmee bei Tulln und Krems sowie deren Aufstellung auf dem Kahlengebirge. Das Entsatzheer bestand, neben den Kaiserlichen und den Polen, aus einem sächsischen Kontingent mit Kurfürst Johann Georg III. an der Spitze, einer bayerischen Armee unter dem Kommando des Kurfürsten Max Emanuel und aus Reichstruppen des Schwäbischen und des Fränkischen Reichskreises, die dem Kommando des Fürsten Georg Friedrich von Waldeck unterstanden, sowie aus kroatischen und ungarischen Einheiten. Die Entsatzschlacht endete mit einer vollständigen Niederlage der osmanischen Belagerer.

Im Frühjahr 1684 kam auf Initiative Innozenz' XI. die Heilige Liga zwischen dem Papst, dem Kaiser, Polen und Venedig zustande. Im Frühjahr 1686 gelang der päpstlichen Diplomatie die Beendigung des polnisch-russischen Krieges. Der Moskauer Zar Peter der Große schloss sich der Heiligen Liga an und band in Hinkunft die Kräfte der Krimtataren. Ebenfalls 1686 trat auch Kurfürst Friedrich Wilhelm von Brandenburg dem antiosmanischen Bündnis bei, und im selben Jahr schloss sich ihm in einem Geheimvertrag sogar der osmanische Vasallenstaat Siebenbürgen an.

Die Eroberung Ofens am 2. September 1686 artete in ein Massaker aus, in dessen Verlauf nicht nur rund 3000 Muslime niedergemetzelt und die überlebenden 2000 versklavt wurden, sondern auch die jüdische Gemeinde Ofens weitgehend vernichtet wurde. Rund 300 überlebende Ofener Juden wurden von dem Wiener »Hofjuden« und Heereslieferanten Samuel Oppenheimer freigekauft. Im November 1687 erkannte der in Pressburg tagende ungarische Landtag die Erblichkeit der ungarischen Krone im Haus Habsburg im Mannesstamm an und verzichtete nicht nur auf das bisher unter Berufung auf die Goldene Bulle Andreas' II. von 1222 beanspruchte Widerstandsrecht (*jus resistendi*), sondern sogar auf das Widerspruchsrecht (*jus contradicendi*). Am 9. Dezember 1687 wurde Joseph, der damals neunjährige Sohn Leopolds I., als erster erblicher König von Ungarn mit der Stephanskrone gekrönt. Im Oktober 1687 hatte eine kaiserliche Armee unter dem Kommando Karls von Lothringen das Fürstentum Siebenbürgen besetzt. In dem am 27. Oktober 1687 zwischen Herzog Karl und Vertretern Siebenbürgens geschlossenen und im November vom siebenbürgischen Fürsten Michael I. Apafi und vom siebenbürgischen Landtag ratifizierten Vertrag von Blasendorf verpflichtete sich das Fürstentum gegen Zusicherung seiner Privilegien zu umfangreichen Subsidienzahlungen und Naturalienlieferungen an das kaiserliche Heer. Nach der im Januar 1688 erfolgten Kapitulation von Munkács, der letzten Festung des mit den Osmanen verbündeten Grafen Emmerich Thököly, sagten sich Fürst Michael und die Stände Siebenbürgens von der osmanischen Oberhoheit los und begaben sich unter den Schutz des Kaisers.

Am 6. September 1688 eroberten die kaiserlichen Truppen Belgrad – und seit dem 26. September marschierten die Truppen König Ludwigs XIV. in das Rheinland ein. In den folgenden Wochen besetzten die Franzosen die Pfalz und eroberten die Festung Philippsburg. Trotz des damit verbundenen Risikos fiel am Kaiserhof um die Jahreswende 1688/89 die Entscheidung für ein militärisches Engagement im Westen, und im Juni 1689 entschied man sich für den Zweifrontenkrieg. 1691 wurde, nach zwei Jahren militärischer Rückschläge im Kampf gegen das Osmanische Reich, der größte Teil der kaiserlichen Truppen wieder am östlichen Kriegsschauplatz eingesetzt. Tatsächlich gelang es dem Markgrafen Ludwig Wilhelm von Baden (»Türkenlouis«), dem kaiserlichen Oberkommandierenden in Ungarn, am 19. August 1691 in der Schlacht von Slankamen einen wichtigen Sieg zu erringen. Nach dem Tod Michael Apafis im April 1690 hatte Sultan Süleyman II. den »Kuruzzenkönig« Emmerich Thököly zum Fürsten von Siebenbürgen ernannt. Nach militärischen Siegen über die in Siebenbürgen stationierten kaiserlichen Einheiten erkannte der siebenbürgische Landtag Thököly am 22. September 1690 als Fürsten an, dieser wurde aber bereits fünf Wochen später von kaiserlichen Truppen aus Siebenbürgen vertrieben. Leopold I. erließ zur Regelung des staatsrechtlichen Status von Siebenbürgen im Oktober 1690 das sogenannte »Diploma Leopoldinum«, das im Januar 1691 vom siebenbürgischen Landtag in Fogarasch grundsätzlich anerkannt wurde. Nach weiteren Verhandlungen wurde ein Kompromiss erzielt, und am 4. Dezember 1691 wurde in Wien eine feierliche endgültige Fassung des »Leopoldinischen Diploms« ausgefertigt. Diese Urkunde bildete fortan die Grundlage der siebenbürgischen Verfassung. Durch sie wurden die Rechte der vier »rezipierten« Religionen (Katholizismus, Luthertum, Calvinismus, Unitarismus), die Privilegien der drei im siebenbürgischen Landtag vertretenen Nationen (ungarischer Adel, Szekler, Sachsen) sowie die gesamte bisherige Rechts- und Verwaltungsordnung bestätigt. Die Militärhoheit in Siebenbürgen ging auf den Kaiser und den

Wiener Hofkriegsrat über, Siebenbürgen wurde zu einer habsburgischen Provinz.

Die endgültige Entscheidung des Großen Türkenkrieges fiel am 11. September 1697 in der Schlacht bei Zenta. Am 5. Juli dieses Jahres war Prinz Eugen von Savoyen zum Oberbefehlshaber der in Ungarn operierenden kaiserlichen Hauptarmee ernannt worden, und zwar mit dem ausdrücklichen Befehl, »auf die Conservation« dieser Armee »euffrig [zu] reflectiren«, ohne vorhergehende Beratschlagung mit den Generälen keine Schlacht zu beginnen »und, nachdeme man anjezo sich in einen solchen Standt befindet, daß von einen glickh- oder unglickhlichen Straich das Totum dependiret und dahero nichts zu hazardiern ist, sicher [zu] gehen und sich mit dem Feindt, ausser mit einen großen Vorthl [= Vorteil] und fast sichern Hoffnung zu einer glickhlichen Reuscita [= Erfolg], in khein Treffen [= auf keine Schlacht] ein[zu]lassen«. Als dem Prinzen gemeldet wurde, dass Sultan Mustafa II. bei Zenta eine Brücke über die Theiß habe schlagen lassen und mit einem Teil seiner Armee, die etwa doppelt so groß war wie die kaiserliche und die mit dieser verbündeten sächsischen und brandenburgischen Truppen, bereits auf das linke Ufer des Flusses übergesetzt habe, galoppierte er mit der Kavallerie zum Ort des Geschehens und ließ die Infanterie im Eilmarsch folgen. Gerade noch rechtzeitig vor Einbruch der Dunkelheit griff der kaiserliche Feldherr den noch auf seiner Seite des Flusses stehenden, vom Großwesir Elmas Mehmed Pascha befehligten Teil der osmanischen Armee an. Es gelang den im Sold des Kaisers und der Kurfürsten von Sachsen und Brandenburg stehenden Männern, den Brückenkopf im Sturm zu nehmen und Teile der Osmanen in den Fluss zu treiben. Der Großwesir fiel, und der Sultan musste vom anderen Flussufer aus untätig zusehen, wie die Janitscharen niedergemetzelt wurden. Wahrscheinlich wurden an die 20 000 osmanische Soldaten getötet, beinahe weitere 10 000 ertranken in der Theiß, und nur 2000 sollen ans andere Flussufer entkommen sein, während die Sieger nicht mehr als ungefähr 500 Mann verloren.

Unter Vermittlung Englands und Hollands wurde am 26. Januar 1699 in Karlowitz der Friedensvertrag zwischen dem Kaiser und dem Sultan unterzeichnet. Durch den Frieden von Karlowitz, in dem sich das Osmanische Reich erstmals von einer christlichen Macht Friedensbedingungen diktieren lassen musste, wurden ganz Siebenbürgen und fast ganz Ungarn mit Ausnahme des Banats von Temesvár, weiters große Teile Kroatiens und Slawoniens habsburgisch. Der Friede wurde auf 25 Jahre geschlossen, er hielt jedoch nur bis 1716. In diesem Jahr trat Kaiser Karl VI. in den 1714 ausgebrochenen Krieg zwischen dem Osmanischen Reich und der Republik Venedig ein. Die bekanntesten militärischen Ereignisse dieses Ersten Türkenkriegs Karls VI. sind der spektakuläre Sieg der vom Prinzen Eugen kommandierten Armee über das osmanische Heer bei Peterwardein im August 1716 und die Einnahme der Stadt und der Festung Belgrad durch die kaiserliche Armee im August 1717, nachdem sie unter scheinbar aussichtslosen Umständen (mit der Festung im Rücken!) die riesige, etwa 150 000 Mann zählende Entsatzarmee angegriffen und besiegt und die gesamte osmanische Artillerie, das reiche Lager und die Kanzlei erbeutet hatte.

Nachdem das Osmanische Reich durch den Frieden von Karlowitz, mit Ausnahme des Banats von Temesvár, im großen und ganzen auf die Donau-Save-Linie zurückgedrängt worden war, gelang der Habsburgermonarchie in dem 1718 mit dem Frieden von Passarowitz beendeten Türkenkrieg die Erwerbung des Banats von Temesvár auf Dauer, jene Belgrads und seines Hinterlandes sowie der westlichen Hälfte der Walachei bis zum Fluss Alt (Kleine Walachei, Oltenien) hingegen nur zeitweilig, nämlich bis zum Zweiten Türkenkrieg Karls VI. (1737–1739). Wenige Tage nach der Unterzeichnung des Friedensvertrags von Passarowitz wurde erstmals auch ein Handelsvertrag zwischen dem Kaiser und dem Sultan geschlossen, in dem den Untertanen des Kaisers auf dem Gebiet des Osmanischen Reichs alle Rechte zugebilligt wurden, die bis dahin nur französische und holländische Kaufleute genossen hatten.

Das Osmanische Reich – Feindbild und Vorbild

Rund drei Jahrhunderte lang – von der katastrophalen Niederlage des vom ungarischen König und späteren Kaiser Sigismund angeführten Kreuzritterheers in der Schlacht bei Nikopolis an der unteren Donau 1396 bis zum Frieden von Karlowitz 1699 – waren unterschiedliche Formen von Türkenfurcht und Türkenhass wesentliche Elemente der abendländischen Geisteswelt. Dies hinderte das außerhalb der Reichweite osmanischer Armeen gelegene Königreich Frankreich nicht daran, aus Staatsräson im Rahmen seiner Auseinandersetzungen mit den Habsburgern von Zeit zu Zeit auf die »türkische Karte« zu setzen. Am stärksten ausgeprägt waren Türkenfurcht und Türkenfeindschaft in dem von den Osmaneneinfällen unmittelbar bedrohten Grenzraum der italienischen Staaten, Ungarns, Kroatiens, der österreichischen Länder, Mährens, Schlesiens, Polens und Russlands.

Das insbesondere in Mitteleuropa gängige »Türkenbild« war im Wesentlichen ein durch zahlreiche Schreckens-Stereotype – massenhaftes Abschlachten und Pfählen kleiner Kinder und schwangerer Frauen, Entmannen, Vierteilen und Sieden wehrloser Männer etc. – gekennzeichnetes Feindbild. Große Grausamkeit und unkontrollierte physische Gewalt in der Kriegführung waren freilich keine osmanische Spezialität. Im 16. und 17. Jahrhundert florierte überdies, und zwar ebenfalls auf beiden Seiten der osmanisch-habsburgischen Grenze, ein regelrechter Handel mit praktisch als Sklaven traktierten Kriegsgefangenen. In der zweiten Hälfte des 17. Jahrhunderts, als nach fast sechs Jahrzehnten des Waffenstillstands bzw. des »Kleinen« Grenzkriegs im Jahr 1663 in Ungarn und Kroatien der »Große« Krieg mit dem Osmanischen Reich wieder aufflammte, trat auf den meisten darauf bezüglichen illustrierten Flugblättern die Schilderung der Türkengreuel hinter ausführlichen Informationen und detailgetreuen Beschreibungen von Schlachten und Belagerungen zurück. Während des Siegeszugs der kaiserlichen Truppen in Ungarn nach 1683 spielten Spott über die unterlegenen Osmanen, den auf Befehl des Sultans hingerichteten Großwesir Kara Mustafa und den mit der Hohen Pforte verbündeten Emmerich Thököly als neue Themen der Flugblätter eine wachsende Rolle. Gleichzeitig wurde Kaiser Leopold I. – »der unmilitärischste Herrscher seiner Epoche« (Karl Otmar von Aretin) – als Türkensieger verherrlicht. Ende des Jahrhunderts erreichte die Popularität Leopolds I. auch im traditionell eher kaiser- und reichsfernen protestantischen Norden und Nordosten des Reichs einen Höhepunkt.

Neben den in unübersehbarer Masse publizierten antitürkischen Streitschriften, neben der Beschwörung der Türkengefahr als Strafe Gottes für die Sündhaftigkeit der Christen und neben Kreuzzugsaufrufen finden sich, besonders im 16. Jahrhundert, vereinzelt auch Stimmen der Bewunderung für die politische und militärische Macht und Effizienz des Osmanischen Reiches. Der Osmanenstaat war im 16. Jahrhundert eine Weltmacht. Respekt, ja Bewunderung wurde ihm von christlichen Beobachtern insbesondere in dreierlei Hinsicht gezollt: Erstens war man beeindruckt vom stehenden Heer, vor allem von der Elitetruppe der Janitscharen (türk. *yeni çeri* ›neue Truppe‹). Zweitens schätzten in einem

Zeitalter der Religionskriege lebende Europäer die vom osmanischen Staat seinen nichtmuslimischen Untertanen, sofern sie sich zu einer der monotheistischen Offenbarungs- und Buchreligionen (Judentum und Christentum) bekannten, gewährte religiöse Toleranz. Drittens fanden manche Autoren auch die Sozialstruktur des Osmanischen Reichs vorbildhaft, da es keinen Geburtsadel gab und da, zumindest idealiter, niemand seine gehobene soziale Position der Geburt verdankte, sondern ausschließlich seinen dem Staat geleisteten Diensten. Letzteres galt freilich nur bis zur Regierungszeit Sultan Süleymans I. (1520–1566), der den Söhnen und in manchen Fällen sogar den Enkeln der Lehens- und Pfründeninhaber zwar kein ausdrückliches Erbrecht, aber doch ein Anspruchsrecht verbriefte. Der Flame Oghier Ghislain de Busbecq, der 1555 bis 1562 als Gesandter Ferdinands I. in Konstantinopel weilte und schließlich 1568 den bereits erwähnten achtjährigen Waffenstillstand von Adrianopel ausverhandeln konnte, hebt in seinen *Vier Briefen der Türkischen Legation* die »strenge Kriegszucht« und die, im Unterschied zum Abendland, nicht von Standesdünkeln eingeschränkten Aufstiegsmöglichkeiten der Tüchtigen im Osmanischen Reich hervor.

Nach dem endgültigen Verblassen des Nimbus der Unbesiegbarkeit setzte ab dem späten 17. Jahrhundert, ausgehend von Westeuropa, ein Prozess der »Verniedlichung« der Türken ein. Die Turquerie wurde im 18. Jahrhundert zu einer Modeerscheinung auf dem Theater, in der Literatur, in der bildenden Kunst und in der Musik.

Die Kroatisch-Slawonische Militärgrenze

Ansätze einer grenzüberschreitenden Türkenabwehr auf dem Boden des Königreichs Kroatien sowie der zwischen Save und Drau gelegenen slawonischen Komitate Agram, Kreuz und Warasdin gab es bereits in den Jahren vor 1526. Den Kroaten wurden seitens der innerösterreichischen Länder und Erzherzog Ferdinands Hilfeleistungen in Form von Geld und Truppen gewährt. Seit der Eroberung Belgrads durch die Osmanen Ende August 1521 bemühte sich Erzherzog Ferdinand, der soeben erst von seinem Bruder die österreichischen Erbländer übertragen bekommen hatte, durch den Aufbau einer auf Kroatien und Slawonien übergreifenden Grenzverteidigung die österreichischen Länder gegen osmanische Angriffe zu sichern. Die Stände der innerösterreichischen Länder schlugen nach dem Fall Belgrads vor, im angrenzenden kroatisch-slawonischen Gebiet zwischen den Flüssen Una und Kulpa österreichische Truppen zu stationieren und die Befestigungsanlagen von Fiume und Möttling auszubauen. Der kroatische Adel unterstützte diesen Vorschlag, und im März 1522 ersuchte Graf Christoph Frankopan Erzherzog Ferdinand um die Entsendung von Soldaten und die Lieferung von Kriegsmaterial. Im September 1524 wurde Ferdinand in Wien von einer kroatischen Gesandtschaft die Herrschaft angeboten, und in einer Huldigungsadresse vom November desselben Jahres wird der österreichische Landesfürst als *dominus naturalissimus* (»allernatürlichster Herr«) Kroatiens apostrophiert. In einem Vertrag vom 23. September 1525 verpflichteten sich Ferdinands kroatische Vertragspartner zur Wacht an der Grenze. Für die Organisation der Türkenabwehr auf kroatischem Boden sagte ihnen Ferdinand 1000 Dukaten jährlich zu. Kroatien wurde dadurch praktisch zu einem Vorposten des Abwehrsystems der österreichischen Erblande.

Nach der Schlacht bei Mohács entstand in der östlichen und südlichen Grenzzone des habsburgischen Länderkomplexes in Ostmitteleuropa allmählich ein Abwehrraum, der durch in mehrere Verteidigungslinien gestaffelte, seit der Mitte des 16. Jahrhunderts auf Kosten der innerösterreichischen Länder ausgebaute und modernisierte Festungswerke sowie durch Siedlungen von Wehrbauern markiert war – die sogenannte Militärgrenze (s. Karte auf S. 179).

Es gibt kein eindeutiges Gründungsdatum der Militärgrenze. Von den Habsburgern nach dem Vorbild irregulärer Soldaten in Diensten des Osmanischen Reiches privilegierte Wehrbauern schufen allmählich ein besonderes Grenzterritorium. Ausgangspunkt des ältesten Teils der Militärgrenze, der Kroatisch-Slawonischen Grenze, war der kleine, zwischen Krain und Kroatien gelegene sogenannte Sichelburger Distrikt, in dem in den 1530er Jahren die ersten Wehrbauern angesiedelt wurden. Auf der gebirgigen, wenig fruchtbaren und weitgehend verwüsteten landesfürstlichen Pfandherrschaft Sichelburg (Žumberak) wurden bis Juni 1535 ungefähr 70 aus Bosnien kommende Uskokenfamilien (Uskoken, serb./kroat. *uskoci* ›Flüchtlinge‹, von *uskočiti* ›entspringen, entfliehen‹) angesiedelt und mit Privilegien versehen. Durch schrittweise Vergrößerung und Arrondierung der Herrschaft Sichelburg entstand bis zur Mitte des 16. Jahrhunderts der Sichelburger Distrikt, in dem sich bis zum Jahr 1549 etwa 140 Uskokenfamilien niederließen. 1535 wurden zwei verschiedene Arten von landesfürstlichen Privilegien ausgestellt: einerseits für gewöhnliche Uskokenfamilien und andererseits für deren militärische Anführer (Woiwoden) und Dorfrichter (Knesen). Alle erhielten gegen die Verpflichtung unbesoldeten Kriegsdiensts 20 Freijahre, also Befreiung von Abgaben und Steuern. 1555 wurden die Privilegien stillschweigend verlängert, so dass die Uskoken auf Dauer abgabenfreie, keinem Grundherrn unterworfene Wehrbauern blieben. Aus den ursprünglich zwei Gruppen von Uskoken wurde mit der Zeit eine relativ homogene Schicht von zu militärischen Diensten verpflichteten Wehrbauern. Die Militärlehen wandelten sich allmählich de facto zu echtem Eigentum.

In der Windischen Grenze (im späteren Oberslawonien) zwischen Save und Drau war die Zahl der Ansiedler wesentlich größer als im Sichelburger Distrikt. Das lag an dem viel größeren Umfang des betroffenen Gebiets und dem großen Reservoir an rodungsfähigen Grundstücken. Es handelte sich ursprünglich nicht um ein räumlich abgegrenztes Territorium, sondern um ein System von Festungen. Erst im Zusammenhang mit der Wiederbesiedlung kam es zu einer Territorialisierung der Windischen Grenze bzw. des sogenannten Warasdiner Generalats. Auf dem mit Ausnahme der unmittelbar am Fluss gelegenen Herrschaften wüsten Gebiet südlich der Kulpa entstand allmählich die Kroatische und die Meergrenze, das sogenannte Karlstädter Generalat. Nachdem der finanziell überforderte kroatische und slawonische Adel seit der Mitte des 16. Jahrhunderts zahlreiche Festungen in die Hand des Königs übergeben hatte, traf der 1578 in Bruck an der Mur tagende Ausschusslandtag der innerösterreichischen Länder wichtige Entscheidungen hinsichtlich der Organisierung und Finanzierung der Militärgrenze. Die Folge war eine bürokratische Verstetigung der Grenzadministration mit dem neugeschaffenen Hofkriegsrat in Graz an der Spitze. Aufgrund der geographischen Gegebenheiten legten die Kärntner und Krainer Stände ihr Augenmerk eher auf das kroatische, die steirischen hingegen auf das slawonische Grenzgebiet. Die Steirer stellten bereits seit 1522 ständig Mittel für die Türkenabwehr zur Verfügung, die Kärntner und Krainer seit 1536. Den Brucker Beschlüssen von 1578 zufolge sollte die Steiermark künftig die Windische Grenze finanzieren, Kärnten und Krain hingegen die Kroatische Grenze.

Der Lange Türkenkrieg löste eine umfangreiche Migration von ungefähr 10 000 Vlachen (Walachen) aus dem osmanischen in den habsburgischen Teil des slawonischen Grenzgebiets aus, deren Höhepunkt in den Jahren 1597 bis 1600 erreicht wurde. Die im Osmanischen Reich lebenden, wahrscheinlich von ehemals romanisierten Bevölkerungsgruppen abstammenden Vlachen verloren seit dem Ende des 16. Jahrhunderts ihre alten Privilegien. Dies dürfte die Hauptursache der Fluchtbewegung auf die habsburgische Seite der Grenze gewesen sein. Während die Slawonier (»Windischen«) Katholiken waren, handelte es sich bei den Vlachen um Griechisch-Orthodoxe. Erzherzog Ferdinand II. sicherte als innerösterreichischer Landesfürst durch ein am 26. Februar 1597 erlassenes Dekret den Vlachen die Freiheit von Abgaben und Frondiensten zu. Als Gegenleistung mussten sie sich im Bedarfsfall vom Grenzobristen zum Kriegsdienst heranziehen lassen. Entgegen den Bestimmungen des Vlachengesetzes des kroatisch-slawonischen Landtags vom 21. Februar 1629 erließ Ferdinand II. in seiner Funktion als König von Ungarn und Kroatien am 5. Oktober 1630 weitreichende Privilegien für die Vlachen des Warasdiner Generalats. Diese unter dem Namen *Statuta Valachorum* bekannt gewordenen Privilegien bildeten die rechtliche Grundlage für die Herausbildung einer Gesellschaft freier Grenzer. Durch die Herauslösung der Vlachen und ihrer Dörfer aus der Jurisdiktionsgewalt der Grundherren entstand allmählich »ein ziemlich deutlich umrissenes und beinahe geschlossenes Militärgrenzterritorium« (Karl Kaser).

Durch die seit 1683 erfolgende Eroberung der osmanischen Teile von Ungarn, Kroatien und Slawonien und endgültig durch die territorialen Veränderungen nach dem Friedensvertrag von Karlowitz (1699) wurde das Warasdiner Generalat vom Grenzgebiet zum Hinterland. Obwohl Leopold I. den ungarischen Ständen 1687 die Aufhebung des Generalats zugesichert hatte, war der Widerstand der innerösterreichischen Behörden und der steirischen Stände, aber auch der privilegierten Vlachen schließlich erfolgreich, und das Generalat blieb fast unverändert bestehen. Die Warasdiner Militärgrenze trennte künftig Slawonien von Zivilkroatien. Im Bereich der Kroatischen Grenze, des Karlstädter Generalats, war die Entvölkerung weniger gravierend als im Warasdiner Generalat, und die Herrschaftsgrundlage der mächtigsten Grundherren in diesem Bereich, der Zrinski und der Frankopan, wurde nicht entscheidend geschwächt. Daneben wurden aber schon früh vom König Güter eingezogen und an Flüchtlingsfamilien übergeben.

Seit 1544 wurde Graz zur Hauptfestung Innerösterreichs und zum Kommandozentrum und Hauptwaffenplatz für die Festungen und Burgen in der Steiermark, in Kroatien und Slawonien ausgebaut. Die Waffenvorräte der steirischen Stände wurden zunächst in dem 1557 begonnenen

Neubau des Landhauses in der Grazer Herrengasse untergebracht. 1642 bis 1644 erbauten die Stände neben dem Landhaus ein geräumiges eigenes Zeughaus, das bis heute samt Inventar bestehende, seit dem Ende der Türkenkriege zum Denkmal und Museum gewordene Landeszeughaus.

Im Gegensatz zum Warasdiner Generalat verlief die Wiederbesiedlung des Karlstädter Generalats, in dem es freie, halbfreie und unfreie Grenzerdörfer gab, sehr langsam. Erst nach der Niederschlagung der ungarisch-kroatischen Magnatenverschwörung 1670/71, den darauffolgenden Hinrichtungen und den damit einhergehenden Enteignungen der riesigen Güterkomplexe der Zrinski und der Frankopan zwischen der Mur und der Adria kamen die auf den konfiszierten Gütern liegenden halbfreien Grenzerdörfer unter die Jurisdiktion des Generalats und wurden zu freien Grenzerdörfern. Durch den Frieden von Karlowitz wurde die südöstliche Grenze des Karlstädter Generalats zum Osmanischen Reich bis zur Glina vorgerückt, und 1712 wurde das Generalat schließlich im Süden um die ebenfalls wiedereroberten ehemaligen Grafschaften Lika und Krbava, den sogenannten Likaner Distrikt, erweitert. Die neueroberten Gebiete fielen unter die Administration der Wiener Hofkammer, die die Verwaltung jedoch den Militärbehörden überließ. Diese bevorzugten die Anlage von Streusiedlungen. Bis zu der von 1685 bis 1718 andauernden großen Besiedlungswelle war das Karlstädter Generalat sehr dünn besiedelt. Danach war es jedoch relativ dicht bevölkert, zum Teil sogar überbevölkert.

Die sogenannte Banalgrenze war ein Gebietsstreifen mit etwa sechs bis acht Grenzburgen entlang der Kulpa, über den seit der Mitte des 16. Jahrhunderts der kroatisch-slawonische Banus (also nicht der Grazer Hofkriegsrat) den Befehl innehatte. Allerdings erfolgte im 17. Jahrhundert keine formelle Abgrenzung zum Karlstädter und Warasdiner Generalat. Neben der Festung Sisak, die vom Bischof von Agram erhalten und versorgt wurde, hatte die neuerbaute Festung Petrinja große strategische Bedeutung. 1596 übernahmen die steirischen Stände die Finanzierung, Erhaltung und Versorgung von Petrinja, weshalb in der Folge die Festung und ihre Umgebung der Jurisdiktion des Warasdiner Generalats unterworfen wurden. Die Banalgrenze unterschied sich vom Warasdiner und vom Karlstädter Generalat vor allem in drei Punkten: Erstens wurde sie vom Banus, der dem Wiener Hofkriegsrat unterstand, verwaltet und blieb Teil des Königreichs Kroatien, was die Windische und die Kroatische Grenze nur noch auf dem Papier waren. Zweitens wurde sie bis etwa

1700 ausschließlich von unfreien Untertanen bewohnt. Erst in den Jahren nach 1683 wurden aus Bosnien flüchtende Vlachenfamilien zum Teil von den Militärbehörden und zum Teil von adeligen und geistlichen Grundherren im Gebiet der Banalgrenze angesiedelt. 1703 wurde das von den Vlachen besiedelte Territorium in Zivilangelegenheiten dem Königreich Kroatien unterworfen, in militärischen Angelegenheiten jedoch dem Wiener Hofkriegsrat bzw. dem Banus. In den 1780er Jahren gab es bereits mehr als doppelt so viele Militärdörfer als Zivildörfer. Drittens schließlich wurde die Besoldung der Soldaten der Grenzburgen in der Banalgrenze nicht aus der Türkenhilfe der innerösterreichischen Länder, sondern aus der von den kroatischen Ständen bewilligten Kriegssteuer (*dica*) und, falls nötig, aus anderen Einnahmen Kroatiens und Ungarns finanziert.

Das Grenzverteidigungssystem in West- und Oberungarn

Die Kroatisch-Slawonische Militärgrenze war im 16. und 17. Jahrhundert ein Bestandteil des Grenzverteidigungssystems, das die österreichischen und böhmischen Länder vor militärischen Einfällen aus dem Osmanischen Reich schützen sollte. Die kroatische und die ungarische Grenzverteidigung stellten, zumindest idealiter, eine Einheit dar. So arbeiteten beispielsweise die Grenzobristen in Warasdin und in Kanizsa im 16. Jahrhundert regelmäßig zusammen.

Zwischen der Niederlage bei Mohács 1526 und der Eroberung Ofens 1541 kam es zum völligen Zusammenbruch des auf zwei Linien von Grenzburgen beruhenden Verteidigungssystems an der Südgrenze Ungarns. Der Verlust der Grenzburgen an der unteren Donau und der Save machte es nötig, ein neues Grenzverteidigungssystem aufzubauen, wobei die zeitgenössischen Entwicklungen im Festungsbau berücksichtigt werden mussten. Das neue Verteidigungssystem bildete eine auf kroatischem, slawonischem und ungarischem Boden gelegene Pufferzone zwischen dem habsburgischen und dem osmanischen Machtbereich. Nach dem Fall Ofens und nachdem die Osmanen in den Feldzügen der Jahre 1543 und 1544 einen Keil in das Innere Ungarns getrieben hatten, wurde seit der Mitte der 1540er Jahre, vor allem aber seit der Gründung des Wiener Hofkriegsrats (1556) und verstärkt seit dem Waffenstillstand von Adrianopel (1568) mit finanzieller Unterstützung der Stände Österreichs ob und unter der Enns, Böhmens, Mährens und Schlesiens das ungarische Defensionssystem von der Drau bis Siebenbürgen ausgebaut. Nach und nach gingen viele Burgen, deren adelige und geistliche Eigentümer nicht über die für die Modernisierung der Befestigungen und für die Ausrüstung, Verpflegung und Besoldung der Besatzungen nötigen Geldmittel verfügten, in die Hand des Königs über. Die Herrschaft über die strategisch besonders wichtige Festungsstadt Raab beispielsweise war ursprünglich zwischen dem Bischof und dem Domkapitel von Raab geteilt, bevor nach der Mitte des 16. Jahrhunderts der Einfluss des Bischofs nahezu beseitigt wurde und das Domkapitel seine Herrschaft mit der wachsenden Macht des Königs teilen musste.

Ferdinand I. band den Bau von Burgen grundsätzlich an eine königliche Erlaubnis. Der Wiener Hof beauftragte vor allem italienische Festungsbaumeister und Ingenieure wie zum Beispiel Carlo Theti, Francesco de Spazio, Pietro Ferabosco und Ottavio Baldigara mit den Planungsarbeiten. Alle ungarischen Schlüsselfestungen wurden nach der neuen italienischen Art der Bastionärsbefestigung um- und ausgebaut. Die Burgen und Festungen in dem 50 bis 150 Kilometer breiten habsburgischen Teil des Königreichs Ungarn dienten einerseits dazu, osmanische Hauptarmeen einige Tage oder sogar Wochen aufzuhalten und so die den »Türken« für Kriegsoperationen und Belagerungen (zum Beispiel der Stadt Wien) verbleibende Zeit zu verkürzen. Andererseits hatten sie die Aufgabe, Raubzüge kleinerer Einheiten zu unterbinden und einfallende osmanische Kräfte zu bekämpfen.

Die 1576 vom Regensburger Reichstag bewilligte »harrige« Türkenhilfe ermöglichte 1579/80 den Bau der nach dem innerösterreichischen Landesfürsten benannten Grenzfestung Karlstadt in Kroatien und die Fertigstellung der Festung Neuhäusel in Ungarn. Im August und September 1577 fand in Wien eine sogenannte Hauptgrenzberatschlagung statt, eine von kaiserlichen Kriegsräten geleitete Art Ausschusslandtag der nieder- und innerösterreichischen und der böhmischen Länder. Erzherzog Ernst, ein Bruder Kaiser Rudolfs II., wurde zum General der Ungarischen Grenze ernannt und Erzherzog Karl von Innerösterreich zum General der Kroatischen und der Slawonischen Grenze. Die Zahl der in den Grenzburgen von der Adria bis Siebenbürgen stationierten Soldaten stieg zwischen 1556 und 1576 um etwa 50 % an. 1576 waren in den insgesamt 123 Grenzfestungen und Wachthäusern, von denen 51 im königlichen Ungarn und 72 in Kroatien und Slawonien lagen, insgesamt

22 500 Reiter und Fußsoldaten stationiert. Der Wiener Hofkriegsrat bezifferte die jährlichen Ausgaben für die ungarischen Grenzfestungen 1577 mit knapp 1,7 Millionen Gulden und jene für die slawonischen und kroatischen Festungen mit 543 000 Gulden. Insgesamt erforderte die Aufrechterhaltung des Grenzverteidigungssystems in den 1570er Jahren jährlich mehr als 2 Millionen Gulden, die zum Großteil aus den Steuern der böhmischen und österreichischen Länder, aus der Türkenhilfe des Heiligen Römischen Reichs, aus den ungarischen Einnahmen und mit Hilfe von Krediten aufgebracht werden mussten. Weitere Kosten verursachte der Ausbau der Festungswerke der Stadt Wien.

In militärischen Fragen musste Wien mit den ungarischen Ständen verhandeln und zusammenarbeiten. Das Ergebnis war ein Kompromiss zwischen der Zentralmacht und den ungarischen Ständen, der in der doppelten Natur der Struktur und Verwaltung des neuen Verteidigungssystems zum Ausdruck kam. Es entstanden zwei Arten von militärischen Organisationseinheiten, die einerseits vom Wiener Hofkriegsrat als Vertreter der kaiserlichen Zentralgewalt und andererseits von den Militärbeauftragten der ungarischen Stände kontrolliert wurden. Wohl nach dem Vorbild der Kroatischen und der Slawonischen Grenze wurde das Land zwischen der Drau und der Grenze zu Siebenbürgen in den 1560er Jahren in vier Grenzoberhauptmannschaften oder Grenzgeneralate aufgeteilt. Der jeweils zuständige Grenzoberhauptmann hatte die Hauptfestung, die von der Zentralmacht erhalten wurde, sowie untergeordnete kleinere Festungen und Burgen zu kontrollieren. Gleichzeitig operierten im selben Gebiet sogenannte Kreisoberhauptleute. Dem Kreisoberhauptmann oblag das Kommando über die zu seiner Verfügung stehenden Truppen, die sich aus Angehörigen des adeligen Aufgebots (»Insurrektion«), Kontingenten der Komitate und der Freistädte sowie einigen hundert Reitern (Husaren) und Fußsoldaten (Haiducken), die aus den vom ungarischen Landtag bewilligten Kriegssteuern besoldet wurden, zusammensetzten. Während das Amt eines Grenzoberhauptmanns mit Zustimmung des Hofkriegsrats sowohl Vertreter des Adels der österreichischen und böhmischen Länder als auch ungarische Magnaten innehaben konnten, war für das Amt des weniger bedeutenden Kreisobersten ungarische Herkunft bzw. das ungarische Indigenat Voraussetzung.

Ein wesentlicher Unterschied zum Kroatischen und zum Slawonischen Grenzgeneralat bestand darin, dass in der Umgebung der ungarischen Festungen viel weniger »freie« Soldatenbauern angesiedelt wurden.

Die Dominanz der grundherrschaftlichen Struktur des Landes wurde ebenso wenig angetastet wie die Zuständigkeit der ungarischen Stände, des Landtags und der Komitatsbehörden. In Ungarn entwickelte sich also keine territorialisierte Grenzergesellschaft wie im Karlstädter und im Warasdiner Generalat.

Durch die Rückeroberung Ofens 1686 und später fast des gesamten Landes wurde das Verteidigungssystem zwischen der Drau und Siebenbürgen überflüssig. Nach den Friedensschlüssen von Karlowitz (1699) und Passarowitz (1718) ging der Wiener Hofkriegsrat daran, ein völlig neues Grenzverteidigungssystem entlang der Flüsse Save, Donau, Theiß und Maros aufzubauen, in dessen Verwaltung den ungarischen Ständen keinerlei Einfluss zugestanden wurde.

Die Besoldung der Soldaten der einzelnen Grenzoberhauptmannschaften und die Kosten der Festungsbauten wurden, soweit sie nicht durch die Einkünfte der Burgherrschaften gedeckt waren, großteils von den jeweils benachbarten österreichischen und böhmischen Ländern bestritten, fallweise unterstützt durch Türkenhilfen des Reiches. Die Grenzgebiete südlich der Drau wurden von den Ständen der innerösterreichischen Länder unterhalten. Die Kosten der Raaber Grenze wurden in erster Linie von den Ständen Österreichs unter der Enns getragen. Die Bergstädtische Grenze und die in Komorn stationierten Nassadisten (zu Patrouillendiensten eingesetzte und mit den Aufgaben der späteren Pioniere betraute Donauschiffer) wurden aus dem Steueraufkommen Mährens, Böhmens und Ungarns finanziert. Die Mittel für die Verteidigung der Oberungarischen Grenze stammten aus dem Steueraufkommen Schlesiens und der nordöstlichen Regionen Ungarns. Für die Kanisische und später, nach dem Verlust der Festung Kanizsa, die gegenüber von Kanizsa liegende Grenze hatten die Ungarische Kammer, die Steuern der Steiermark und Österreichs unter der Enns sowie die Reichssteuern aufzukommen.

Die Militärgrenze im 18. Jahrhundert

Im Laufe des 18. Jahrhunderts baute die Wiener Regierung an der Südgrenze Ungarns ein neues Wehrbauernsystem auf, zunächst in Mittel- und Unterslawonien sowie in Syrmien und im Banat. Im Unterschied zu den Wehrbauern-Streusiedlungen des Warasdiner und des Karlstädter

Generalats entstanden im Slawonischen Generalat an der Save-Donau-Linie systematisch angelegte geschlossene Wehrdörfer. Im gesamten Gebiet der Militärgrenze war der Kaiser gleichzeitig Landesherr und alleiniger Grundherr. Hier war es ihm bis zur 1881 abgeschlossenen Auflösung der Militärgrenze im Kriegsfall möglich, ohne Zustimmung der ungarischen, kroatischen oder siebenbürgischen Stände rasch schlagkräftige und vergleichsweise billige Regimenter aufzustellen.

Die 1702 eingerichtete Militärgrenze in Mittel- und Unterslawonien sowie in Syrmien, das bis vor Belgrad reichende sogenannte Slawonische Generalat, wies Elemente der alten Grenzteile des Karlstädter und Warasdiner Generalats auf, sie wurde aber auch mit völlig neuen Elementen ausgestattet, »die Modellcharakter für die weitere soziale und wirtschaftliche Entwicklung der alten wie auch der neuen Teile der Militärgrenze bekamen« (Karl Kaser). Nach den Friedensschlüssen von Passarowitz (1718) und Belgrad (1739) wurde die Militärgrenze territorial weiter vergrößert.

Im Laufe der ersten Hälfte des 18. Jahrhunderts wurden den innerösterreichischen Behörden (insbesondere dem Grazer Hofkriegsrat) immer mehr Kompetenzen durch die Wiener Zentralbehörden entzogen, bis schließlich der Wiener Hofkriegsrat um die Mitte des Jahrhunderts die Leitung und Organisation auch der in Kroatien und Slawonien gelegenen Teile der Militärgrenze zur Gänze übernahm. Mit den im Jahr 1754 erlassenen Militärgrenzrechten wurde die von der Adria bis zu den Grenzen der Moldau und der Bukowina reichende Militärgrenze vollständig militarisiert und zu einem Rekrutierungsreservoir regulärer Regimenter der kaiserlichen Armee umfunktioniert. Infolge der theresianischen Reformen kam es zu einer verstärkten Bürokratisierung der Grenze. Künftig bildeten die Regimenter Bezirke, in denen die politische Verwaltung und die Gerichtsbarkeit in den Händen der militärischen Vorgesetzten lagen. Die Dörfer wurden zu Kompanien zusammengefasst. Ab dem Siebenjährigen Krieg (1756–1763) kämpften die kroatischen und serbischen (bzw. katholischen und orthodoxen) Grenzer auf allen Kriegsschauplätzen der Habsburgermonarchie in eigenen Regimentern. In Friedenszeiten war die wichtigste Aufgabe der Militärgrenze nun nicht mehr die Abwehr von militärischen Einfällen aus dem Osmanischen Reich, sondern sie diente in erster Linie als »Kordon« zur Verhinderung der Einschleppung von Seuchen und zur Bekämpfung des Schmuggels.

Reformation und Gegenreformation

Mit dem Augsburger Religionsfrieden von 1555 wurde im Heiligen Römischen Reich die Kirchenspaltung reichsrechtlich verankert. Gleichzeitig wurde die Tendenz zur Territorialisierung der Konfession verstärkt. Immerhin wurde im Religionsfrieden allen Untertanen, die nicht zur Konfession ihres Landesherrn übertreten wollten, das Auswanderungsrecht (*ius emigrandi*) garantiert. Im Westfälischen Frieden von 1648 wurde die Regelung von 1555 bestätigt und auf den Calvinismus ausgedehnt. Gleichzeitig wurde das sogenannte Normaljahr 1624 festgelegt und bestimmt, dass Landstände und Untertanen, die einer anderen Konfession anhingen als der Landesherr, ihren Glauben weiter ungestört öffentlich und privat ausüben durften, wenn sie dies bereits 1624 getan hatten. Allen nicht durch die Normaljahrsregelung geschützten Untertanen sollten die Fürsten persönliche Gewissensfreiheit und Gottesdienste innerhalb der Häuser gewähren. In der politischen Praxis setzten sich nach 1648 aber tendenziell das im Friedensvertrag ebenfalls bestätigte Auswanderungsrecht der Untertanen und das Recht der Landesfürsten zur Anwendung des Auswanderungszwangs gegenüber der Gewissensfreiheit durch.

Die verschiedenen Strömungen der Reformation des 16. Jahrhunderts, die an die von Luther, Zwingli, Calvin und ihren Zeitgenossen und Schülern mündlich und schriftlich an der »alten Kirche« geübte Kritik anknüpften, wiesen in dem von habsburgischen Landesfürsten regierten österreichisch-böhmisch-ungarischen Länderkomplex eine Reihe von Besonderheiten auf. Die Reformation hatte in zwei Ländern, nämlich in Böhmen und Mähren, durch das folgenreiche Wirken von Jan Hus und seiner Anhänger rund ein Jahrhundert früher begonnen als in Deutschland und Westeuropa, und sie erfuhr bereits im Laufe des 15. Jahrhunderts in Gestalt des Utraquismus und der Unität der Böhmischen Brüder eine institutionelle Verfestigung. Andererseits setzte sich die Reformation erst relativ spät, nämlich nicht vor etwa 1560, mehr oder minder allgemein durch. Diese Verspätung ist insbesondere darauf zurückzuführen, dass die Reformationsbewegungen hier mit »altgläubig« bleibenden Landesfürsten konfrontiert waren. Seit 1555 entwickelte sich die Religionsfrage zu einem zentralen Element des Ringens zwischen dem Landesfürsten und seinen zentralisierenden Bestrebungen einerseits und den so gut wie überall vom Adel dominierten Landtagen andererseits. Um 1580 bekannte sich in den habsburgischen Ländern im Durchschnitt nur noch etwa ein Fünftel der Bevölkerung zur römisch-katholischen Kirche. Dies ist in erster Linie auf die starke Stellung der Landstände und der vielfach über Patronatsrechte verfügenden Adeligen, die sich großteils von der katholischen Kirche abwandten, innerhalb des politischen Systems der einzelnen Länder zurückzuführen. Gleichzeitig setzten um 1580 die ersten konsequenten gegenreformatorischen Maßnahmen ein, zunächst vor allem in Innerösterreich und Tirol sowie in den landesfürstlichen Städten und Märkten.

Die geradezu explosionsartige Verbreitung der Reformation in den frühen 1520er Jahren hängt wesentlich mit den neuen Möglichkeiten des Buchdrucks zusammen. In Form von zahllosen, zum Teil in sehr hohen Auflagen gedruckten Flugschriften überwanden die neuen religiösen Ideen in kurzer Zeit weite Strecken. Mindestens ebenso wichtig war die intensive Predigttätigkeit früher Anhänger Luthers, die bald die Selbstbezeichnung »evangelisch« verwendeten. Haupteinfallstore der Reformation waren überall die Städte und Märkte, insbesondere die Handelsstädte mit Verbindungen ins Reich und höherer Mobilität der Bevölkerung, konkret der Kaufleute, Handwerker und Studenten. Ähnliches gilt für die Bergbaureviere und für die Kontaktmöglichkeiten, die der Adel auf seinen Studien- und Bildungsreisen vorfand.

Die Konfessionsbildung in den österreichischen und böhmischen Ländern sowie in Ungarn entwickelte sich außerordentlich vielfältig, unterschiedlich und konfliktreich. Die Entwicklung führte aber, mit Ausnahme der österreichischen Vorlande und Tirols, bis zum letzten Viertel des 16. Jahrhunderts überall zur faktischen Bekenntnisfreiheit, die allerdings hinsichtlich des begünstigten Personenkreises und der eingeschlossenen Konfessionen große Unterschiede aufwies. Viele hofften bis in die 1570er Jahre auf eine »endliche christliche Vergleichung«, d. h. auf die Überwindung der Kirchenspaltung. Erst danach trennten sich die Wege der organisatorisch vor allem von den evangelischen Landständen getragenen Konfessionsbildungen endgültig. Sowohl ihre politische Umsetzung als auch ihre Unterdrückung nahmen in den einzelnen habsburgischen Ländern unterschiedliche Formen an.

Am stärksten ausgeprägt waren die Gegensätze zwischen den nichtkatholischen Ständen und dem katholischen Landesfürsten in Böhmen und seinen Nebenländern, in Österreich ob der Enns und in Ungarn. In den böhmischen und ungarischen Ländern wurde die ständische Opposition durch den Gegensatz von Teilen des nichtkatholischen tschechischen und magyarischen Adels zum »deutschen« Herrscherhaus zusätzlich verstärkt, indem der Kampf um Bekenntnisfreiheit auch einen nationalen bzw. antideutschen und ausländerfeindlichen Akzent erhielt. Aber auch in den – mit Ausnahme der slowenischen Bauern in Krain, der Untersteiermark und Südkärnten – weitgehend deutschsprachigen nieder- und innerösterreichischen Erbländern stärkte die religiöse Opposition zum Landesfürsten das Selbstbewusstsein und das historisch fundierte Landesbewusstsein der Stände und des Adels.

Die Reformation des 16. Jahrhunderts war auch in den österreichischen Ländern anfänglich in erster Linie eine Manifestation der Unzufriedenheit von um das Heil ihrer Seele nach dem Tod besorgten Menschen mit Autoritäten und Repräsentanten der Kirche. Sie stießen sich an ihrer ökonomischen und politischen Macht, ihrem säkularen Lebensstil und ihren finanziellen Praktiken, nämlich am Verkauf seelsorglicher Dienste als Waren mit Monopolpreisen. Die Reformatoren haben den Antiklerikalismus nicht erfunden, sondern nur aufgegriffen. Er war sicher nicht die einzige Ursache der Reformation. Die These, Antiklerikalismus (»Pfaffenhass«) sei zwar nicht die Essenz der Reformation, aber gewissermaßen der kleinste gemeinsame Nenner eines sehr vielgestaltigen Phänomens, besitzt jedoch auch für die habsburgischen Länder eine starke Plausibilität. Die reformatorischen Impulse Luthers und anderer Reformatoren knüpften auch in dieser Hinsicht an Reformkonzeptionen und kirchlich-gesellschaftliche Idealvorstellungen an, die bereits seit dem Spätmittelalter wirksam waren.

Zu den Ursachen des Großen Bauernkriegs von 1525/26 gehörten der Funktions- und Legitimitätsverlust des Grundherrschaft ausübenden Klerus infolge des Reichtums und Lebenswandels des hohen Klerus sowie eine daraus resultierende Entfremdung zwischen dem Klerus auf der einen und den bürgerlichen und bäuerlichen Mittelschichten auf der anderen Seite. Der Antiklerikalismus war ein »Bindeglied« zwischen den sozialen Forderungen der Bauern und der Anziehungskraft, die reformatorische Losungen auf sie ausübten. Die Führer der Bauern adaptierten in Flugschriften, Predigten oder Gesprächen aufgeschnappte theologische Äußerungen führender Reformatoren zu Kampfparolen, um ihre sozialen, ökonomischen und politischen Forderungen zu legitimieren. Das sozialkritische, stärker ethisch als theologisch orientierte Ziel der aufständischen Bauern und später insbesondere der Täufer war eine nicht durch

Herrschaft und Eigennutz, sondern im Gegenteil durch Brüderlichkeit und Gemeinnutz gekennzeichnete Gesellschaft.

Die Reformation setzte sich in ihren unterschiedlichen Formen in den habsburgischen Ländern beinahe allgemein durch. Nachdem mindestens zwei Generationen in der evangelischen religiösen Kultur groß geworden waren, erfolgte eine erzwungene katholische Konfessionalisierung. Das Eindringen der Reformation, ihre Rezeption und Transformation sowie der Widerstand dagegen, die katholische Reform und die letztlich gewaltsame Gegenreformation verliefen in den einzelnen Ländern unterschiedlich. Nach der Schlacht am Weißen Berg (1620), in der die Niederlage der evangelischen Stände der böhmischen und österreichischen Länder besiegelt wurde, triumphierte in fast allen habsburgischen Ländern die Gegenreformation. In den folgenden Abschnitten wird kursorisch geschildert, wann und wie die Gegenreformation in den einzelnen Ländern mehr oder weniger »erfolgreich« abgeschlossen wurde und wo und unter welchen Bedingungen zwischen dem Westfälischen Frieden (1648) und den Toleranzpatenten Kaiser Josephs II. (1781) evangelische Christen weiterhin legal leben durften.

Nicht nur für nichtkatholische Christen waren die Existenzmöglichkeiten in den einzelnen Ländern der Habsburgermonarchie unterschiedlich und veränderlich, sondern auch für Juden. Im letzten Drittel des 16. Jahrhunderts ließen sich erstmals seit der 1420/21 auf Befehl Herzog Albrechts V. erfolgten Vernichtung der jüdischen Gemeinden im Herzogtum Österreich wieder Juden mit ihren Familien in Wien nieder und bildeten eine Gemeinde. Diese übersiedelte 1624/25 auf der Grundlage kaiserlicher Privilegierung in das Ghetto im »Unteren Werd« (im heutigen zweiten Bezirk). Parallel zur Entwicklung der Wiener Judenstadt ließen sich in Niederösterreich in rund 50 kleineren Ortschaften jüdische Familien nieder. Während die Wiener Judenschaft dem kaiserlichen Obersthofmarschallamt unterstand, waren die »Landjuden« der Gerichtsbarkeit der lokal zuständigen Grundherren unterworfen, die eine Art Schutzherrschaft über »ihre« Juden ausübten. Wie prekär die jüdische Existenz war, zeigt der Umstand, dass die damals rund 5000 Juden und Jüdinnen bereits in den Jahren 1669 bis 1671 aus Wien und Niederösterreich wieder vertrieben wurden. Kaiser Leopold I. gab mit der Ausweisung der Juden antijüdischen Forderungen und Demonstrationen der Wiener Studentenschaft und von Bürgermeister und Rat der Stadt Wien nach, aber auch seiner Gemahlin, der Kaiserin Margarita Teresa, die (unter dem Einfluss ihres Beichtvaters?) den Tod des Thronfolgers Ferdinand Wenzel im Jahr 1668 als Strafe Gottes für die Duldung »der Feinde des Kreuzes Christi« in unmittelbarer Nähe der Residenzstadt interpretierte. Die Flüchtlinge fanden in Mähren, Böhmen und Ungarn Aufnahme, also in habsburgischen Territorien, in denen ihre Existenz, vor allem im Herrschaftsbereich mancher Adeliger, weiterhin möglich war, sowie im Reich (etwa in Fürth bei Nürnberg und in Berlin). Ab den 1680er Jahren kamen wieder einzelne Juden als kaiserliche Hoffaktoren (Heereslieferanten und Kreditgeber) nach Wien.

Auf Druck des Bürgertums der königlichen Städte, des katholischen Klerus, der böhmischen Statthalterei und der Böhmischen Hofkanzlei – und gegen das Votum der Böhmischen Kammer, der Hofkammer und des böhmischen Adels – verordnete Karl VI. 1726, dass in Hinkunft in Böhmen und Mähren nur der älteste Sohn eines Juden heiraten darf. Im selben Jahr limitierte er die Zahl der jüdischen »Familiantenstellen« für Böhmen mit 8541 und für Mähren mit 5106.

Tirol

In Tirol blieben die Ansätze einer lutherischen Reformation, die das Ende des Bauernkriegs 1525/26 überdauerten, im Wesentlichen auf die Städte und die Bergwerksreviere beschränkt. Wohl in erster Linie wegen der traumatischen Erfahrungen des Bauernkriegs scharten sich hier der hohe Klerus, der Adel, die landesfürstlichen und hochstiftischen Beamten und große Teile der städtischen Oberschicht eng um den katholischen Landesfürsten. Besonders deutlich zeigte sich dieses Bündnis der Eliten bei der gemeinsamen Bekämpfung des Täufertums, das in Tirol die ländlichen Massen zu ergreifen drohte. Langfristig erfolgten sowohl die blutigen Täuferverfolgungen – die Hinrichtung Jakob Hutters, des Namensgebers der Hutterer, 1536 in Innsbruck war nur eine von hunderten alleine in Tirol – als auch die Durchsetzung der vom Konzil von Trient ausgehenden katholischen Reform und der Gegenreformation in enger Kooperation zwischen der landesfürstlichen Regierung in Innsbruck und den Hochstiften Trient und Brixen sowie auf der Plattform der Landtage.

Vor allem wegen der Landesunmittelbarkeit eines großen Teils der Tiroler Bauern und Bürger, die ihre gewählten Vertreter zu den Landtagen schickten, einerseits und da die adeligen Grundherren der übrigen, nicht der Grundherrschaft des Landesfürsten unterstehenden Bauern bis auf wenige Ausnahmen katholisch blieben andererseits, konnte in Tirol der Protestantismus langfristig nur in einigen wenigen Zentren Fuß fassen. Um 1560/70 war er in Tirol im Wesentlichen auf die Bergwerksorte im Unterinntal (Schwaz, Rattenberg, Jenbach, Kitzbühel, Hall), das obere Eisacktal um Sterzing, das Etschtal und das mittlere Pustertal um Bruneck beschränkt. Erzherzog Ferdinand II. (reg. 1564–1595) ließ sich bei seiner auf konfessionelle Homogenität abzielenden Religionspolitik von der Maxime leiten, dass »kein strenger[es] oder fester[es] Band, so die Menschenherzen zusammenhaltet, nit ist, als die Einigkeit in der Religion«. Um 1600 scheint in Tirol die Kooperation der herrschenden Kräfte die katholische Konfessionalisierung erheblich rascher als anderswo vorangebracht zu haben. Da auch die letzten Täufer und die noch verbliebenen lutherischen Gewerken, Faktoren und Bergknappen im ersten Drittel des 17. Jahrhunderts das Land verlassen mussten, war in Tirol spätestens um 1650 in konfessioneller Hinsicht »das zeitgenössische Ideal des Territorium clausum im Wesentlichen erreicht« (Heinz Noflatscher). Um die Mitte des 17. Jahrhunderts lässt sich auch bei der bäuerlichen Bevölkerung ein deutliches katholisches Sonder- und Selbstbewusstsein beobachten. Wahrscheinlich waren die Tiroler Untertanen dadurch auch »obrigkeitsfrommer« und leichter regierbar geworden. Der Mythos vom ohne Unterbrechung erzkatholischen »Heiligen Land Tirol« entstand freilich erst im 19. Jahrhundert.

Innerösterreich

Wegen der um 1600 erfolgten raschen Restauration des Katholizismus als einzige vom Landesfürsten zugelassene Konfession kam in den innerösterreichischen Ländern (Steiermark, Kärnten und Krain) die weit fortgeschrittene, von den evangelischen Landständen getragene protestantische Konfessionsbildung nicht zu einem endgültigen Abschluss. Als Vorbild für die von Erzherzog Karl (reg. 1564–1590) initiierte Gegenreformation in Innerösterreich diente das wittelsbachische Herzogtum Bayern. Als erster Schritt erfolgte 1572 die Berufung der Jesuiten in die Residenzstadt Graz. Dem Aufbau eines Gymnasiums seit 1573 folgte 1585, nach dem Muster des bayerischen Dillingen, die Errichtung der Universität. Schon seit der Münchner Geheimkonferenz im Oktober

1579, an der die Landesfürsten von Bayern, Innerösterreich und Tirol sowie der päpstliche Nuntius für Süddeutschland, der Dominikaner Felician Ninguarda, teilnahmen, war das Ende der evangelischen Religionsausübung in Innerösterreich nur eine Frage der Zeit. Man kam in München grundsätzlich überein, dass die vom Landesfürsten 1572 und 1578 gewährten Religionskonzessionen in der Steiermark, Kärnten und Krain »fein tacite et per indirectum absorbiert, cassiert und aufgehebt« werden sollten. 1580 wurde in Graz zur Unterstützung der Gegenreformation und der katholischen Reform in Innerösterreich eine ständige Apostolische Nuntiatur eingerichtet. 1587 beauftragte Erzherzog Karl die ersten »Religionsreformationskommissionen« mit der Wiederherstellung des katholischen Kirchen- und Schulwesens in den landesfürstlichen Herrschaften und Städten und mit der Einsetzung katholischer Stadträte. Unter Karls in Ingolstadt von Jesuiten erzogenem Sohn und Nachfolger Ferdinand ging es seit der Ausweisung der Landschaftsprediger aus Graz im Sommer 1598 Schlag auf Schlag. Ferdinand übernahm 1596 die Regierung und lehnte gegenüber den Ständen eine Bestätigung der Religionszusagen von 1572/78 vor der Erbhuldigung entschieden ab. Die steirischen Stände gaben nach und huldigten im Dezember 1596 dem neuen Landesfürsten. Die Kärntner und Krainer Stände folgten dem Beispiel der Steirer und huldigten im Januar und Februar 1597 ebenfalls.

Vom Landesfürsten eingesetzte und von mehreren hundert Soldaten begleitete »Religionsreformationskommissionen« führten in den Jahren 1599 bis 1601 unter der Leitung des Seckauer Bischofs Martin Brenner regelrechte »Feldzüge gegen protestantische Bürger und Bauern« durch, in deren Verlauf zahlreiche evangelische Kirchen, Predigerhäuser und Friedhöfe zerstört und Zehntausende »ketzerische« Bücher öffentlich verbrannt wurden. Zunächst waren von der Gegenreformation nur die Bürger und die Bauern betroffen. Wer nicht innerhalb einer Frist von wenigen Wochen das katholische Glaubensbekenntnis ablegte, musste seinen Besitz verkaufen und das Land verlassen, wobei der Landesfürst ein Zehntel des Vermögens der Abziehenden als »Abfahrtsgeld« kassierte. Die bürgerliche Auswanderung (nach Oberdeutschland, Österreich ob und unter Enns sowie Ungarn) dürfte allein aus der Steiermark etwa 2500 Personen umfasst haben. Ins Reich sollen zwischen 1598 und 1605 aus ganz Innerösterreich ungefähr 11 000 Menschen emigriert sein. Zwischen 1613 und 1628 kam es zur Vertreibung der nicht den Landständen angehörenden nobilitierten Protestanten. Durch ein landesfürstliches Generalmandat vom 1. August 1628 wurde die Gegenreformation in den innerösterreichischen Ländern schließlich auch auf den ständischen Adel ausgedehnt. Die nichtkatholischen Herren und Ritter der innerösterreichischen Länder wurden von Ferdinand II. vor die Alternative gestellt, entweder binnen Jahresfrist katholisch zu werden oder das Land zu verlassen. Aus der Steiermark emigrierten ab Herbst 1628 etwa 750 Adelige, aus Kärnten mehr als 160. Viele Adelsfamilien waren nun in einen im Land bleibenden katholischen und einen emigrierten evangelischen Zweig gespalten.

In Krain ist die Beseitigung der »Ketzerei« so gut wie vollständig gelungen. In der Steiermark (unter anderem im oberen Murtal und im oberen Ennstal, vor allem aber im Gebiet um Grimming) und in Oberkärnten (insbesondere im Gurktal, zwischen Millstättersee und Ossiacher See sowie in einigen Seitentälern südlich der Drau mit dem Schwerpunkt um Paternion) konnten sich hingegen in Dörfern und Streusiedlungen beachtliche Reste des Protestantismus im Untergrund bis zum Toleranzpatent Josephs II. von 1781 halten.

Zu einem landesweiten Wiederaufleben der Protestantenverfolgungen kam es erst in der Regierungszeit Karls VI. nach der als Alarmsignal wirkenden »Großen Salzburger Emigration« von 1731/32. Zwischen 1734 und 1736 wurden aus Kärnten mindestens 180 sich allen Bekehrungsversuchen widersetzende Lutheraner nach Siebenbürgen »transmigriert«, d.h. deportiert. Zusammen mit den in evangelische Reichsstädte und Territorien geflohenen Angehörigen, zum Militär zwangsrekrutierten Männern und etwa 250 zurückgelassenen unmündigen Kindern betrug die Zahl der von den karolinischen Transmigrationen aus Kärnten betroffenen Personen etwa 570. Von den Deportierten dürfte innerhalb eines einzigen Jahres ungefähr ein Viertel gestorben sein. Unter Maria Theresia wurden aus Kärnten zwischen 1752 und 1756 rund 850 Menschen nach Ungarn und Siebenbürgen deportiert. Ein Drittel von ihnen starb bereits bis 1758, ein großer Teil in den folgenden Jahren. Aus der bevölkerungsmäßig dreimal so großen Steiermark wurden im selben Zeitraum nur 82 Personen »transmigriert«, von denen in den ersten Jahren etwa 38% verstarben. 1773 bis 1776 schließlich wurden aus der Pfarre Stadl im oberen Murtal in der Steiermark 188 Personen deportiert.

Österreich unter und ob der Enns

Im Gegenzug zur Übernahme von 2,5 Millionen Gulden »Hofschulden« durch die Stände gewährte Maximilian II. 1568 den evangelischen Herren und Rittern der Länder Österreich unter und ob der Enns die sogenannte Religionskonzession, die 1571 nur für Österreich unter der Enns bestätigt wurde (Religionsassekuration). Trotzdem gelang es, anders als in Innerösterreich, den evangelischen Ständen in den Donauländern nicht, einen Superintendenten und ein Konsistorium einzusetzen, so dass kein organisatorischer Abschluss des evangelischen Kirchenwesens zustande kam. In den 1580er Jahren bildeten die landesfürstlichen Städte und Märkte die ersten Ziele der Gegenreformation. Die evangelische Kirche blieb in erster Linie eine Kirche von adeligen Patronatsherren. Der »Aufbau einer katholischen Konfessionskirche« erfolgte in Österreich ob und unter der Enns später als in den ober- und innerösterreichischen Ländern und in Bayern. Eine Schlüsselrolle spielte dabei seit 1580 Melchior Klesl, der Offizial und Generalvikar des Bischofs von Passau in Wien und spätere Wiener Bischof, der seit 1590 gleichzeitig als landesfürstlicher Generalreformator für Österreich fungierte.

Als Folge des habsburgischen »Bruderzwists« genossen die Protestanten in Österreich unter und ob der Enns eine letzte Ruhepause. Nach der politischen und militärischen Katastrophe des protestantischen Adels der böhmischen und niederösterreichischen Länder im Jahre 1620, dem 1627 für Österreich ob der Enns ausgesprochenen landesfürstlichen Befehl zur Konversion oder Emigration des Adels und der im selben Jahr erfolgten Ausweisung der evangelischen Pfarrer, Prädikanten und Schulmeister aus Österreich unter der Enns war die Einheit von weltlicher und geistlicher Gewalt weitgehend erreicht. Alle im Besitz von Patronatsrechten befindlichen adeligen »Landleute« mussten für ihre Pfarr- und Filialkirchen dem zuständigen Bischof taugliche katholische Priester zur Investitur namhaft machen. Die endgültige Durchsetzung der Gegenreformation auch in Gebieten protestantischer Grundherren erfolgte in Niederösterreich aber erst nach 1650.

Die meisten bürgerlichen, aber auch die adeligen Exulanten verließen Österreich unter und ob der Enns sowie die innerösterreichischen Länder in den 1620er Jahren. Ein Teil der überwiegend bäuerlichen »neuen Katholiken« blieb hingegen weiterhin evangelisch, und nicht wenige von ihnen verließen in den folgenden Jahren die Heimat und siedelten sich vorwiegend in Franken, das im Dreißigjährigen Krieg besonders hohe Bevölkerungsverluste erlitten hatte, in den Territorien von evangelischen Reichsfürsten und Reichsrittern an, wo sie dem lutherischen Glauben treu bleiben konnten. Tausende Exulanten aus dem niederösterreichischen Waldviertel, der Eisenwurzen im steirisch-österreichischen Grenzgebiet und aus sämtlichen oberösterreichischen Landesvierteln wanderten zwischen 1625 und 1675 nach Mittelfranken in die Umgebung von Nürnberg, in den Raum Altdorf, Fürth, Erlangen, Neustadt an der Aisch und Ansbach, nach Oberfranken in den Raum von Kulmbach sowie in die westliche Oberpfalz in den heutigen Landkreis Neumarkt aus.

Insbesondere im landesfürstlichen Salzkammergut (mit dem Zentrum in der Pfarre Goisern) sowie in den diesem benachbarten Regionen im Land ob der Enns (besonders im Dreieck Gmunden–Vöcklabruck–Wels) gelang es nicht, das Luthertum völlig »auszurotten«. Im Sommer 1733 bekannten sich im Salzkammergut rund 270 Familien als Evangelische. Aus bevölkerungspolitischen Gründen sowie zwecks Abschreckung von »Nachahmungstätern« beschloss die Regierung, diese Protestanten – ebenso wie in Kärnten – nicht des Landes zu verweisen, sondern sie zwangsweise in habsburgische Länder zu übersiedeln, in denen das evangelische Bekenntnis geduldet war, und zwar nach Ungarn und Siebenbürgen. Zwischen 1734 und 1737 wurden in sieben Transporten mehr als 620 Bewohner des Salzkammerguts nach Siebenbürgen gebracht, von denen ein Viertel die ersten eineinhalb Jahre nicht überlebte. Den Überlebenden gelang die Gründung der »Landlergemeinden« Neppendorf und Großau.

Während die Transmigranten in der Regierungszeit Karls VI. in Siebenbürgen noch freien Grund und Boden und somit Existenzmöglichkeiten vorfanden, funktionierte unter Maria Theresia das System der Transmigrationen nicht mehr. Erstens hatten die etwa 800 zwischen 1734 und 1737 aus dem Salzkammergut und Kärnten Deportierten in Siebenbürgen den Boden knapp werden lassen, und zweitens stellte man in der Regierungszeit Maria Theresias den Transmigranten die Transport- und Verpflegungskosten in Rechnung, was ihre finanziellen Möglichkeiten ebenso stark reduzierte wie die großen Schwierigkeiten, von den Käufern ihrer verlassenen Güter die ausständigen Kaufpreisraten einzutreiben. Die soziale und humanitäre Katastrophe wurde noch durch die 1752 von der Regierung angeordnete Maßnahme verschärft, die unmündigen Kinder im Land zurückzubehalten. Erst ab 1754 ließ man die Kinder mit den Eltern mitziehen. Zwischen 1752 und 1758 wurden aus dem Land ob der Enns rund 2000 Männer, Frauen, Jugendliche und Kinder nach Siebenbürgen deportiert. Von den Transmigranten der 1750er Jahre, die in der Heimat vielfach große Bauernhöfe besessen hatten oder aus wohlhabenden Bauernfamilien stammten, verstarb bis 1758 ein Drittel, ein Drittel konnte »hausansässig« angesiedelt werden, und ein Drittel war gezwungen, sich mit Gelegenheitsarbeiten und als Taglöhner mehr schlecht als recht durchzuschlagen. Während im Zuge der Theresianischen Transmigrationen das Land ob der Enns, die Steiermark und Kärnten mehr als 1000 Bauernfamilien verloren, konnten in Siebenbürgen nur 283 »hausansässig« angesiedelt und nach zehn Steuerfreijahren zu im Durchschnitt eher armen »Kontribuenten« gemacht werden. Allen Zwangsmaßnahmen zum Trotz konnte sich der österreichische Kryptoprotestantismus bis zum Toleranzpatent Josephs II. (1781) halten.

Böhmen und Mähren

In Böhmen und Mähren standen nach 1620 die Nichtkatholiken, die in Böhmen etwa neun Zehntel und in Mähren ungefähr zwei Drittel der Bevölkerung ausmachten, vor der Alternative Konversion oder Emigration. 1621/22 wurden zunächst die nichtkatholischen Geistlichen ausgewiesen. Bauern und ihren Familien wurde das Emigrationsrecht verwehrt. Seit 1624 durften in den königlichen Städten nur noch Katholiken im Besitz des Bürgerrechts sein. 1627 bzw. 1628 wurden durch die den Ländern Böhmen und Mähren vom Wiener Hof oktroyierte »Verneuerte Landesordnung« alle nichtkatholischen Konfessionen für ungesetzlich erklärt. Im Juli 1627 (in Böhmen) bzw. im März 1628 (in Mähren) wurde den Adeligen für ihre Bekehrung eine Frist von sechs Monaten gesetzt und weitere sechs Monate für den Verkauf ihrer Güter und die Auswanderung. Der Zeitgenosse Wilhelm Slavata schätzte, dass zwischen 1620 und 1628 ungefähr 36 000 Familien, das entspräche etwa 200 000 Menschen, Böhmen verließen. Anton Gindely hingegen hielt um 1890 eine Zahl von etwa 100 000 Personen für realistischer. Unter den Emigranten befanden sich Vertreter aller sozialen Schichten. Die Lutheraner emigrierten bevorzugt nach Kursachsen und in die seit 1620 an Sachsen verpfändeten Lausitzen sowie nach Oberungarn, wohin sich auch zahlreiche (tschechische) Utraquisten und Angehörige der Böhmischen Brüderunität wandten. Johann Amos Comenius, der berühmte Theologe, Philosoph und Pädagoge sowie (seit 1648) Bischof der Brüderunität, emigrierte 1628 zunächst nach Polen.

Zum wichtigsten Promotor der Regenerierung der katholischen Kirche, der Pfarrseelsorge und katholischer Frömmigkeitsformen in Böhmen wurde Kardinal Ernst Adalbert von Harrach, der mehr als vier Jahrzehnte (1623–1667) als Fürsterzbischof von Prag regierte. Nach dem Ende des Dreißigjährigen Krieges wurden die Grundherren verpflichtet, die Untertanen mit allen Mitteln zum Katholizismus zu bekehren. Kirchliche und weltliche Macht schritten zu konzertierten Aktionen. Besonders in den nördlichen und nordwestlichen Grenzgebieten Böhmens und Mährens hielten sich trotzdem vor allem unter der deutschen Bevölkerung starke Reste des Luthertums. Bis ins 18. Jahrhundert schrumpfte die Zahl der Nichtkatholiken rapid, so dass die Bevölkerung Böhmens und Mährens spätestens beim Regierungsantritt Maria Theresias (1740), abgesehen von den wenigen Juden, bis auf eine geringe Zahl von Kryptoprotestanten fast ausschließlich katholisch war.

Schlesien

Im territorial zersplitterten Herzogtum Schlesien konnte sich das Luthertum bis in die 1590er Jahre ziemlich ungehindert ausbreiten. Andererseits setzte die kirchliche Erneuerung und Konsolidierung im Sinne des Trienter Konzils im Bistum Breslau relativ früh ein und erreichte schon in den 1580er Jahren einen ersten Höhepunkt. Im ersten Jahrzehnt des 17. Jahrhunderts wurden von Rudolf II. und einzelnen katholischen Herrschaftsinhabern die ersten Maßnahmen zur (Re-)Katholisierung Schlesiens gesetzt. Mit Unterstützung ihrer böhmischen Verbündeten erreichten die evangelischen Schlesier am 20. August 1609 beim Kaiser den Erlass eines eigenen Majestätsbriefes. Als Rudolf II. sich anschickte, die Konzessionen zu verletzen oder gar zu widerrufen, schlugen sich die schlesischen Stände nach dem Vorbild der böhmischen auf die Seite von Rudolfs Bruder Matthias. Nach der Schlacht am Weißen Berg traten die schlesischen Stände Ende 1620 in Friedensverhandlungen mit dem vom Kaiser mit der Unterwerfung Schlesiens und der Lausitzen beauftragten Kurfürsten Johann Georg von Sachsen ein und schlossen mit ihm am 28. Februar

1621 den Dresdner Akkord. Darin sagte der Kurfürst den Schlesiern zu, beim Kaiser die Bestätigung ihrer Landesfreiheiten sowie eine Generalamnestie für alle am Aufstand Beteiligten erwirken zu wollen.

Am Wiener Hof setzte man für die (Re-)Katholisierung Schlesiens besonders auf die Konversion angesehener Adeliger und auf die Übertragung schlesischer Fürstentümer an Katholiken. Seit 1628 besaßen die Katholiken auf dem schlesischen Fürstentag in der Fürstenkurie die Stimmenmehrheit (5 : 4). Von 1628 bis 1630 kam es in Niederschlesien vor allem in den habsburgischen Erbfürstentümern sowie in Oberschlesien in den Städten Troppau, Jägerndorf und Leobschütz zum berüchtigten Schreckensregiment der als »Seligmacher« verschrienen Liechtensteinischen Dragoner, die die Protestanten gewaltsam zum (äußerlichen) Glaubenswechsel zwangen. Tausende gingen ins Exil nach Polen oder in die Oberlausitz. Großteils verschont blieben von gewaltsamen Katholisierungsmaßnahmen nur die piastischen und podiebradischen Mediatfürstentümer Liegnitz-Brieg-Wohlau, Münsterberg und Oels sowie das Fürstentum Breslau, denen als einzigen im Prager Frieden 1635 die freie Religionsausübung zugestanden wurde. Schließlich wurde auch 1648 in Artikel V des Osnabrücker Friedensinstruments den Herzögen von Liegnitz, Brieg, Wohlau, Münsterberg und Oels und ihren Untertanen sowie der Landeshauptstadt Breslau freie Religionsausübung gemäß dem Augsburger Bekenntnis gewährt. Den Untertanen der anderen Mediatfürstentümer sowie der Erbfürstentümer machte man das Zugeständnis, sie nicht zur Auswanderung um des Glaubens willen zu zwingen und vor den Mauern der gleichnamigen Hauptstädte der Erbfürstentümer Schweidnitz, Jauer und Glogau sogenannte »Friedenskirchen« errichten zu dürfen. Durch den Westfälischen Frieden wurden die Rechte der schlesischen Protestanten reichsrechtlich verankert. Die drei Kirchen wurden in den Jahren 1652 bis 1657 errichtet, und zwar in Fachwerktechnik aus Holz und Lehm, da den vom Wiener Hof auferlegten Restriktionen zufolge der Einsatz von Stein und Ziegeln ebenso verboten war wie Türme und Glocken. Die Glogauer Friedenskirche fiel 1758 dem großen Stadtbrand zum Opfer. Die beiden anderen Kirchen sind bis heute erhalten und wurden 2001 in die Weltkulturerbeliste der UNESCO aufgenommen.

Nach einigen ruhigen Jahren machte Ferdinand III. 1653/54 von seinem Recht Gebrauch, in den königlichen Erbfürstentümern und den vier freien Standesherrschaften den Katholizismus wieder einzuführen.

Kaiserliche Reduktionskommissionen entzogen den Protestanten die bis dahin noch verbliebenen 656 Gotteshäuser. 1666 wurde auch die Schließung aller evangelischen Schulen verfügt, und die evangelischen Schulmeister und Lehrer mussten das Land verlassen. Jenseits der polnischen Grenze wurden mehrere Exulantenstädte gegründet. 1668 kam es auch im Herzogtum Sagan, wo Wenzel Eusebius von Lobkowitz zunächst aus Rücksicht auf seine evangelische Gemahlin auf die Durchführung des kaiserlichen Reduktionserlasses von 1653 verzichtet hatte, und nach dem Tod des letzten piastischen Herzogs 1675 auch in dem an die Krone heimgefallenen Herzogtum Liegnitz-Brieg-Wohlau zur Wegnahme der evangelischen Kirchen.

Um 1700 schien die Existenz des Protestantismus in großen Teilen Schlesiens ernsthaft gefährdet. Abgesehen von Breslau und den drei Friedenskirchen konnten die evangelischen Schlesier ein religiöses Leben, das über private Hausandachten hinausging, nur dank der fast 100 sogenannten Zufluchtskirchen und der rund 25 zwischen 1644 und 1668 erbauten sogenannten Grenzkirchen aufrechterhalten. Die Grenz- und Zufluchtskirchen, deren Besuch den habsburgischen Untertanen außerhalb der Mediatfürstentümer seit 1669 bei Strafe verboten war, befanden sich entlang schlesischer Binnengrenzen in den 1648 privilegierten Mediatfürstentümern (Zufluchtskirchen) sowie jenseits der Landesgrenzen in der seit 1620 sächsischen Oberlausitz, in Brandenburg und Polen (Grenzkirchen).

Die Intervention Karls XII. von Schweden, der 1706 während des Großen Nordischen Krieges Sachsen besetzt hatte, führte am 1. September 1707 zum Abschluss der Konvention von Altranstädt, in der Kaiser Joseph I. die Zusicherung der freien Religionsausübung der Lutheraner in Schlesien erneuerte. Den Evangelischen wurden 125 Kirchen, die ihnen in den Fürstentümern Liegnitz, Brieg, Wohlau, Münsterberg und Oels sowie in vier Dörfern bei der Stadt Breslau entzogen worden waren, zurückgegeben. Nach weiteren Verhandlungen bewilligte der Kaiser 1709 in dem in Breslau geschlossenen Ausführungsvertrag (»Exekutionsrezess«) zur Altranstädter Konvention außerdem den Neubau evangelischer Kirchen in den sechs Städten Freystadt, Hirschberg, Landeshut, Militsch, Sagan und Teschen. Diese Kirchen wurden später Gnadenkirchen genannt. Das lutherische Kirchenwesen konnte durch die Wiedererrichtung von drei Konsistorien in Liegnitz, Brieg und Wohlau restituiert werden, bei den Friedenskirchen durften evangelische Schulen eingerichtet und beliebig viele Geistliche angestellt werden, und in den schlesischen Erbfürstentümern wurde das private evangelische Religionsexerzitium noch einmal ausdrücklich bestätigt.

In den letzten drei Jahrzehnten der österreichischen Herrschaft über Schlesien standen den evangelischen Schlesiern im Land etwa 140 Kirchen sowie jenseits der Landesgrenzen ungefähr ebenso viele Grenz- und Zufluchtskirchen zur Verfügung. Karl VI. betrieb in Schlesien eine restriktive, die Protestanten vielfach benachteiligende Religionspolitik, die die Hinwendung der Lutheraner zu Brandenburg-Preußen nach dem Einmarsch der Truppen Friedrichs II. sehr erleichterte. Von 1740, also von der Eroberung des Großteils Schlesiens durch Preußen, bis zum Toleranzpatent von 1781 war die Teschener Gnadenkirche in Österreichisch-Schlesien – mit ihren 8000 Plätzen die größte aller Gnadenkirchen – die einzige protestantische Kirche in den böhmischen und österreichischen Ländern.

Salzburg

Im Erzstift Salzburg ließ Fürsterzbischof Marcus Sitticus von Hohenems von 1613 bis 1617 eine Generalvisitation durchführen. Die zur Ausmerzung der »Häresie« in die Gebirgsgaue entsandten Kapuzinermissionare wurden von Soldaten begleitet. Von den fast 11 000 Verdächtigen legten knapp 9500 einen Eid auf den katholischen Glauben ab, während rund 1200 den Gehorsam verweigerten. Knapp 1000 »Halsstarrige«, die fast alle den ärmeren Bevölkerungsschichten entstammten, wurden des Landes verwiesen. Marcus Sitticus' Nachfolger Paris Graf Lodron schaffte es nicht nur, 1619/20 neutral zu bleiben und das Erzstift aus dem Dreißigjährigen Krieg herauszuhalten, sondern er setzte in kirchlicher Hinsicht die Linie seines Vorgängers konsequent fort und führte in seiner Diözese mehrere Generalvisitationen durch.

Insbesondere im Pongau und im Pinzgau, Hauptzentren des Bauernkriegs von 1525/26, lebten weiterhin zahlreiche Geheimprotestanten. Seit Anfang der 1670er Jahre versuchte Erzbischof Max Gandolf von Kuenburg eine rigorose Überwachung der zu landwirtschaftlichen Saisonarbeiten nach Schwaben und Württemberg ziehenden Untertanen des Erzstifts einzuführen. Es sollte verhindert werden, dass sie bei ihrer Rückkehr »ketzerische« Schriften mitbrachten. Unter Max Gandolfs

Nachfolger Johann Ernst Graf Thun durfte um 1700 das Erzstift legal nur verlassen, wer Zweck, Ziel und Dauer der Reise genau angeben konnte. Im Ausland Arbeit Suchenden wurde verboten, sich an nichtkatholischen Orten aufzuhalten. Erzbischof Franz Anton Fürst Harrach untersagte 1714 das Arbeiten seiner Untertanen im Ausland gänzlich.

Die gegenreformatorische Gesinnungsschnüffelei weckte, salopp formuliert, ›schlafende Hunde‹. Im salzburgischen Teil des Defereggentals in Osttirol, einem bitterarmen Hochgebirgstal, spitzte sich in der ersten Hälfte der 1680er Jahre die Lage zu. Nachdem im Juli 1684 eine Abordnung von 70 Defereggern sich protestierend vor dem Salzburger Pfleggerichtsgebäude in Windisch-Matrei versammelt hatte, entschloss sich Erzbischof Max Gandolf im Oktober zur Vertreibung der etwa 600 sich deklarierenden »protestantischen Inklinanten«. Die Vertriebenen mussten alle Kinder unter 15 Jahren zurücklassen. Diese wurden katholischen Bauern zur Erziehung übergeben. Erst 1691, nach Interventionen des Corpus Evangelicorum auf dem Immerwährenden Reichstag, wurde den Eltern endlich erlaubt, ihre zurückgehaltenen Kinder zu sich zu holen.

Auf Initiative des Fürstpropstes von Berchtesgaden kam es auch auf dem Dürrnberg bei Hallein zu Untersuchungen. Zwischen 1686 und 1691 wurden der Bergmann und spätere Laienprediger Joseph Schaitberger und rund 70 weitere in der Saline arbeitende Männer und Frauen, die sich ebenso wie er offen zu ihrem lutherischen Glauben bekannten, des Landes verwiesen. Schaitbergers im Druck verbreitete *Sendbriefe* übten in den folgenden Jahrzehnten starken Einfluss auf die Geheimprotestanten nicht nur in Salzburg, sondern auch im Salzkammergut, im Land ob der Enns, in Kärnten und der Steiermark aus. Durch die Lektüre dieser Erbauungsschriften wurden sich viele in Salzburg und den habsburgischen Ländern lebende Lutheraner der Unwürdigkeit ihrer Situation erst bewusst.

Unter Fürsterzbischof Johann Ernst Graf Thun waren die Methoden zur Aufspürung der Geheimprotestanten verschärft worden. Schon im ersten Jahr seiner Regierung (1687) verlangte er von allen hausgesessenen Bewohnern des Erzstifts die Ablegung eines feierlichen römisch-katholischen Glaubenseids. Bei wem in Zukunft beispielsweise ein lutherisches Buch gefunden wurde, der wurde als »meineidiger Eidbrecher« mit sofortiger Landesverweisung bestraft, oder er musste, um Verzeihung zu erlangen, den Landesfürsten kniefällig um Vergebung anflehen und wurde nach Kerkerhaft und Bezahlung einer hohen Geldstrafe an einem oder mehreren Sonntagen mit einer Tafel mit der Aufschrift »Falscher Eidschwörer« um den Hals öffentlich in oder vor der Kirche zur Schau gestellt. Der Gesinnungsterror, das damit verbundene Spitzelwesen und Denunziantentum, Hausdurchsuchungen im Beisein des Gerichtsdieners etc. erzielten aber kaum eine abschreckende Wirkung. Sie verschärften vielmehr die Entfremdung zwischen dem Landesfürsten und seinen Untertanen im Gebirge, zwischen Klerus und Volk, und bewirkten insbesondere im Pongau eine Intensivierung der konfessionellen Identität und des Bekennermutes der Protestanten.

Als die Salzburger Regierung unter Erzbischof Leopold Anton Graf Firmian um 1730 Jesuitenmissionare einsetzte, um die »Ketzerei« im Lande endlich »auszurotten« und die staatliche und kirchliche Autorität im Erzstift wiederherzustellen, kam es im Pongau zu einer Solidarisierung von etwa 19 000 Untertanen, die sich mit einer Bittschrift an das Corpus Evangelicorum wandten. Darin forderten sie die Gewährung der freien Religionsausübung oder die ungehinderte Auswanderung. Im Juli 1731 deklarierten sich vor einer ins Gebirge entsandten Untersuchungskommission knapp 20 700 Personen als evangelisch, davon 18 500 im Pongau. Am 31. Oktober 1731 (dem Reformationstag!) erließ Fürsterzbischof Firmian sein folgenschweres Emigrationspatent. Im Winter 1731/32 mussten zunächst 4200 »Unangesessene«, also Knechte, Mägde und Taglöhner, das Land verlassen. Den 16 300 »Angesessenen« wurde, abgestuft nach der Größe des Besitzes, eine Frist von ein bis drei Monaten gewährt, damit sie vor dem Abzug ihr Hab und Gut verkaufen konnten.

Die Exekution des Emigrationspatents mitten im Winter wurde auf Befehl Karls VI., der ein Übergreifen der Bewegung der Selbstdeklarierung auf Österreich ob der Enns, Kärnten und die Steiermark befürchtete, von kaiserlichem Militär erzwungen. Der preußische König Friedrich Wilhelm I. erließ am 2. Februar 1732 ein Patent, das den Salzburger Emigranten günstige Ansiedlungsbedingungen in dem durch Seuchen entvölkerten Ostpreußen und Preußisch-Litauen garantierte. Unter den rund 20 000 Emigranten überwogen Kleinbauernfamilien, Tagelöhner, Handwerker, Knechte und Mägde, die vermutlich auch in der Hoffnung auf ein materiell besseres Leben die Strapazen und Risiken des Exulantenschicksals auf sich nahmen. Die Großbauern hingegen blieben großteils in der Heimat. Immerhin etwa 2000 Bauerngüter blieben verwaist zurück. Sie wurden innerhalb weniger Jahre durch einheimische Käufer sowie durch Zuwanderer aus Tirol, Bayern und Schwaben wiederbesiedelt. Spät, aber doch gelang es den vereinten Bemühungen des Seelsorgeklerus und der Missionare, barocke Frömmigkeitsformen auch in den Gebirgsgauen populär zu machen und das Erzstift Salzburg zu einem einheitlich katholischen Konfessionsstaat zu machen.

Ungarn

Zeitgenössische katholische und protestantische Beobachter stimmen darin überein, dass um 1600 nicht viel mehr als ein Zehntel der Bevölkerung des Königreichs Ungarn katholisch war. Im Unterschied zu Siebenbürgen galt im königlichen Ungarn auf dem Papier der Katholizismus weiterhin als Staatsreligion. Allerdings war die geschwächte königliche Zentralgewalt lange Zeit nicht imstande, der alten Kirche die nötige Hilfe zu leisten, und die Adeligen bzw. die Komitate, die seit der Mitte des 16. Jahrhunderts die religiöse Toleranz als einen der Eckpfeiler ihrer Privilegien betrachteten, weigerten sich, die Gegenreformation zu unterstützen.

Ein besonderer Charakterzug der Reformation in Ungarn war die Verbindung der konfessionellen Gruppenbildung mit den Sprachgrenzen. Das Luthertum festigte sich hauptsächlich unter den deutschen Bürgern und den slowakischen Bauern, der Calvinismus hingegen fand unter der magyarischen Bevölkerung die meisten Anhänger. In Siebenbürgen hielten nach 1568 nur die Sachsen am Luthertum fest, die magyarischen Adeligen und die Szekler hingegen wandten sich dem Calvinismus oder dem Antitrinitarismus (Unitarismus) zu. Allerdings entstanden zum Beispiel in Nordostungarn auch einige slowakisch-calvinistische Gemeinden, was in erster Linie auf den Einfluss calvinistischer Grundherren zurückzuführen sein dürfte.

Im frühen 17. Jahrhundert, während des Langen Türkenkriegs, startete der Kaiserhof den ersten ernsthaften Versuch, Oberungarn und Siebenbürgen mit militärischer Gewalt wieder in den Schoß der katholischen Kirche zu führen. 1603 und 1604 gingen die katholischen Bischöfe mit Hilfe der kaiserlichen Truppen daran, die evangelischen Kirchen in den oberungarischen königlichen Freistädten zu beschlagnahmen, »häretische« Bücher zu verbrennen, nichtkatholische Pfarrer zu vertreiben und an ihrer Stelle katholische Priester zu installieren. In einem von dem calvinistischen oberungarischen Magnaten und siebenbürgischen Fürsten Stefan Bocskai geführten Aufstand (1604–1606) kämpften die ungarischen und siebenbürgischen Calvinisten und Lutheraner erfolgreich gegen die gegenreformatorischen Gewaltmaßnahmen der kaiserlichen Partei in Siebenbürgen und im königlichen Ungarn, insbesondere gegen die berüchtigte Schreckensherrschaft des kaiserlichen Feldherrn Giorgio Basta in Siebenbürgen und die Raubzüge seiner marodierenden Söldner. Rudolf II. blieb im September 1606 schließlich nichts anderes übrig, als den von seinem Bruder Matthias geschlossenen Frieden von Wien zu ratifizieren und den ungarischen Ständen das im Friedensvertrag garantierte Recht der freien Wahl ihrer Konfession aus der Trias Katholizismus, Luthertum und Calvinismus zu bestätigen. Während der Wiener Friede zunächst nur dem Adel, den königlichen Städten, den privilegierten Marktflecken (*oppida*) und den Soldaten der Grenzburgen die freie Religionsausübung garantiert hatte, gewährten die vom ungarischen Landtag in Pressburg 1608 verabschiedeten Religionsgesetze diese auch den Dörfern (*villis*), also den Bauern. Für die Bevölkerung der untertänigen Dörfer blieb die Gewährung der Religionsfreiheit aber in der Praxis weitgehend wirkungslos: Sowohl die katholischen als auch die evangelischen Grundherren setzten bei den Kirchen und Schulen in ihrem Machtbereich weiterhin Pfarrer und Lehrer ihrer eigenen Konfession ein.

Insbesondere dank der rastlosen missionarischen Tätigkeit des durch sein Studium in Rom geprägten Graner Erzbischofs (reg. 1616–1637) und führenden katholischen Kontroverstheologen Péter Pázmány, eines Konvertiten, unter dessen Einfluss der Großteil des ungarischen Hochadels konvertierte, gerieten Luthertum und Calvinismus im königlichen Ungarn unter wachsenden Druck. Dass sie das Zeitalter der Gegenreformation in beträchtlicher Zahl überleben konnten, hatten sie nicht zuletzt der Unterstützung durch das Fürstentum Siebenbürgen zu verdanken. Durch antihabsburgische Feldzüge und die darauf folgenden Friedensschlüsse konnten die siebenbürgischen Fürsten Stefan Bocskai (Friede von Wien 1606), Gabriel Bethlen (Friede von Nikolsburg 1622, Zweiter Wiener Friede 1624, Friede von Pressburg 1626) und Georg I. Rákóczi (Friede von Linz 1645) den Protestanten in Ungarn rechtliche Duldung sichern.

Nach der Niederschlagung der ungarisch-kroatischen »Magnatenverschwörung« (1670/71) behandelten Wien und die ungarische kirchliche Hierarchie Ungarn als militärisch eroberte Provinz, die alle Privilegien verwirkt habe. Leopold I. und seine Berater starteten gemeinsam mit dem ungarischen Episkopat einen weiteren Versuch, die Gegenreformation flächendeckend durchzusetzen. Als unmittelbare Reaktion auf den durch die wachsende Verbitterung der Protestanten ausgelösten »Kuruzzenaufstand« des Jahres 1672 beschlossen Leopold von Kollonitsch, der Bischof von Wiener Neustadt und Präsident der Ungarischen Kammer, und der Graner Erzbischof Georg (György) Szelepcsényi, der von 1670 bis 1681 als königlicher Statthalter Ungarns fungierte, mit Billigung des Wiener Hofes die Ausrottung der »Wurzel der Häresie« in Ungarn. In dem von den Protestanten so genannten »Trauerjahrzehnt« (1671–1681) erreichte die gewaltsame Gegenreformation in Ungarn ihren Höhepunkt. 1673 und 1674 wurden insgesamt rund 760 lutherische und calvinistische Geistliche und Lehrer in Pressburg vor einem Sondergericht, als dessen Präsident Primas Szelepcsényi fungierte und dem als eigentlicher Motor Bischof Kollonitsch angehörte, des Majestätsverbrechens und des Landesverrats angeklagt. Weniger als die Hälfte der Beschuldigten leisteten der Vorladung Folge. Von den Erschienenen blieben mehr als 90 ihrer Überzeugung treu und lehnten es ab, zu konvertieren oder zu versprechen, das Land zu verlassen. Sie wurden zum Tod verurteilt, das Urteil wurde aber nicht vollstreckt. 42 magyarische, deutsche und slowakische Prediger, die sich weigerten, sich als Rebellen zu bekennen und um Gnade zu bitten, wurden zur Galeerenstrafe verurteilt und im März 1675 nach Italien getrieben. Drei von ihnen konnten fliehen, sieben starben an den Folgen der Strapazen. Die übrigen 32 wurden in Neapel als Galeerensklaven an den spanischen Vizekönig verkauft, was einen Sturm der Entrüstung in der protestantischen Öffentlichkeit Europas und eine Welle der Hilfsbereitschaft auslöste. 27 Geistliche konnten im Februar 1676 im Auftrag des Residenten der Vereinigten Niederlande am Kaiserhof freigekauft und von Admiral Michiel de Ruyter an Bord genommen werden. Fünf weitere Gefangene wurden im Mai 1676 mit Hilfe des sächsischen Kurfürsten Johann Georg II. befreit.

Angesichts des militärisch erfolgreichen Widerstands der von dem Lutheraner Emmerich Thököly geführten »Kuruzzen« gegen Militärdiktatur und Gegenreformation in Ungarn sah sich Leopold I. gezwungen, auf dem Reichstag von Ödenburg 1681 einzulenken. Unter Rückgriff auf die Vereinbarungen von 1606, 1608 und 1645 wurde dem Adel, den königlichen Freistädten, den privilegierten Marktflecken und den Grenzsoldaten freie Religionsausübung versprochen, aber die Rechte der Grundherren wurden ausdrücklich über das damit widerrufene Recht der Bauern auf Religionsfreiheit gestellt. Während der auf die Zweite Wiener Türkenbelagerung (1683) folgenden Feldzüge zur Rückeroberung ganz Ungarns machte der Kaiser in der *Explanatio Leopoldina* von 1691 einen in den ungarischen Gesetzen bisher unbekannten Unterschied zwischen öffentlicher und privater Religionsausübung für die Protestanten, wobei erstere nur in jenen zwei sogenannten »artikularen Orten« (*loca articularia*) pro Komitat, die in Gesetzesartikel XXVI des Jahres 1681 aufgezählt waren, erlaubt wurde.

Erst nach dem Frieden von Karlowitz (1699) konnten gegenreformatorische Initiativen in Ungarn wieder mit mehr Aussicht auf Erfolg gestartet werden. Ein deutliches katholisches Übergewicht wurde erzielt, indem die durch die Türkenkriege entvölkerten Regionen mit katholischen Siedlern wiederbesiedelt wurden und ein Teil der orthodoxen Serben, Rumänen und Ruthenen (Ukrainer) zur Union mit der römisch-katholischen Kirche veranlasst wurde. Seit 1701 war in eroberten Gebieten nur das katholische Bekenntnis erlaubt, in den ehemaligen Grenzorten, die nunmehr im Binnenland lagen und als Grenzorte automatisch »artikulare Orte« gewesen waren, wurde die Freiheit des öffentlichen Kultus für die Protestanten aufgehoben, und von der katholischen Kirche zum Protestantismus Übertretende wurden als eidbrüchige Apostaten mit gerichtlicher Verfolgung bedroht. Die ungarischen Protestanten erhielten erst nach einem neuerlichen Freiheitskrieg, an dessen Spitze sich der Katholik Franz (Ferenc) II. Rákóczi stellte, im Frieden von Szatmár 1711 wenigstens ein Mindestmaß an Religionsfreiheit garantiert – diesmal auf Dauer.

Siebenbürgen

Nachdem 1564 auf dem Landtag in Thorenburg der Calvinismus neben der katholischen und der bereits 1557 durch einen Landtagsbeschluss offiziell zugelassenen Augsburgischen Konfession im Fürstentum Siebenbürgen als dritte »rezipierte« Religion (*religio recepta*) anerkannt worden war, wurde 1571 auf dem Landtag zu Neumarkt die Gleichberechtigung der nunmehr vier gesetzlich anerkannten Konfessionen (Katholiken, Lutheraner, Reformierte und Unitarier/Antitrinitarier) beschlossen, während den Orthodoxen, die im siebenbürgischen Landtag nicht vertreten waren, nur allgemeine Duldung zugebilligt wurde. Um 1580, in der Regierungszeit des Fürsten Christoph Báthory, ging die kurze Blütezeit des Antitrinitarismus in Siebenbürgen zu Ende, und zahlreiche Geistliche und Gläubige traten aus den antitrinitarischen in die calvinistischen Gemeinden über.

Siebenbürgen blieb auch unter der 1690 beginnenden habsburgischen Herrschaft vom Königreich Ungarn administrativ getrennt, und die Rechte der vier »rezipierten« Religionen wurden nicht angetastet.

Kroatien

Das seit dem frühen 12. Jahrhundert mit Ungarn in Personalunion verbundene dreieinige Königreich Kroatien, Slawonien und Dalmatien oder vielmehr dessen nicht von Venedig und dem Osmanischen Reich beherrschte Reste genossen in der Frühen Neuzeit eine weitgehende territoriale und administrative Autonomie gegenüber dem Königreich Ungarn. Hier und auf der von Kroaten bewohnten Murinsel im ungarischen Komitat Zala verbreitete sich die Reformation seit den 1530er Jahren. Während Slawonien, Nordkroatien und die Murinsel starke reformatorische Impulse aus dem Herzogtum Krain, Ungarn und Württemberg erhielten, konnte die Reformation in Südkroatien und Dalmatien kaum Fuß fassen.

Die kroatischen Bischöfe und der kroatische Adel erhofften sich von Rom, Wien und Graz die dringend nötige Hilfe im Kampf gegen das Osmanische Reich. Die Förderung der Reformation durch kroatische und slawonische Magnaten beschränkte sich auf das 16. Jahrhundert. Teilweise noch vor ihren Standeskollegen im Königreich Ungarn wandten sie sich wieder der katholischen Kirche zu. Früher als bei der Hocharistokratie ging die Aufnahmebereitschaft für die reformatorische Mission in Kroatien beim niederen Adel zurück. Viele Adelige hatten ihre nunmehr im Türkengebiet gelegenen Güter verloren und waren daher auf Ämter im Verwaltungs- und Militärapparat in den von den Habsburgern beherrschten Teilen Kroatiens und Slawoniens sowie im königlichen Ungarn angewiesen. Der Umstand, dass die Kroaten mit überwiegend protestantischen innerösterreichischen Adeligen um die militärischen

Kommandostellen konkurrieren mussten, förderte ihre Neigung, katholisch zu bleiben oder zu werden und sich dadurch den Habsburgern besonders zu empfehlen. Der Bischof von Agram und Banus von Kroatien Georg (Juraj) Draskovich erließ 1567 eine Verordnung, wonach Lutheraner in Kroatien und Slawonien künftig keine Güter besitzen und keine Ämter bekleiden durften. Während des Bocskai-Aufstands verabschiedete der kroatische Landtag 1604 ein Gesetz, durch das alle »Häretiker« des Landes verwiesen wurden, und 1606 erließ er eine Verordnung, durch die Protestanten in Kroatien mit der Konfiskation ihrer Güter bedroht wurden. Im selben Jahr rief der Landtag die Jesuiten ins Land, die sich sogleich in Agram niederließen und ein Gymnasium gründeten. Die kroatischen Stände lehnten auch die 1608 vom ungarischen Landtag bekräftigten und von König Matthias II. in seinem Krönungsdiplom den Protestanten gewährten Freiheiten ab und erklärten, sie würden eher aus dem Verband der Länder der Stephanskrone austreten, als den Protestantismus in ihrem Land zuzulassen. König Matthias bestätigte daraufhin die antiprotestantischen Religionsbestimmungen des kroatischen Landtags aus dem Jahr 1604.

»Österreichische Aristokratie« und »Österreichische Frömmigkeit«

Bereits im Spätmittelalter waren Fürstenhöfe Heiratsmärkte, Orte, an denen Konnubien zwischen im Fürstendienst engagierten Adelsfamilien angebahnt wurden, an denen also Allianzbildungen zwischen Männern durch »Frauentausch« bekräftigt wurden. In zusammengesetzten Monarchien wie jener der Habsburger kam im Umkreis des Hofes geschlossenen oder direkt vom Monarchen und/oder der Monarchin gestifteten Ehen zwischen Angehörigen der adeligen Eliten und dem allmählich entstehenden überregionalen Adel eine besondere Bedeutung für die Staatsbildung zu, und zwar gerade dadurch, dass dieser dem Hof nahestehende Adel die Bindung an ein Land oder an mehrere Länder nicht aufgab, sondern die Vermittlung zwischen den Ländern, dem Monarchen, dessen Hof und den Zentralbehörden übernahm. Die Bedeutung der in Ansätzen seit der Mitte des 16. Jahrhunderts entstehenden und zwischen 1620 und 1740 im Zeichen des Barockkatholizismus und der Integration in den Kaiserhof ihre Blütezeit erlebenden »österreichischen Aristokratie« (benannt nach dem »Haus Österreich«) für die Staatsintegration kann kaum überschätzt werden.

Seit etwa 1600 identifizierten sich viele Angehörige der in kaiserlichen Diensten stehenden Familien des hohen Adels der böhmischen und österreichischen Länder nicht mehr primär mit einem der Länder, sondern mit der Dynastie. Im Schmelztiegel des Wiener Hofes trat die Bedeutung der regionalen und nationalen Herkunft der in den Obersten Hofämtern, in den Zentralbehörden und im Geheimen Rat tätigen Aristokraten in den Hintergrund, sie spielte aber weiterhin eine große Rolle für die Gewährleistung der Herrschaft der Habsburger in den Ländern und Regionen.

Die Habsburger der Barockzeit von Ferdinand II. bis zu Karl VI. und ihre zeitgenössischen Biographen und Lobredner hoben besonders die spezifisch »österreichische«, d.h. habsburgische, Ausprägung der Tugend der Frömmigkeit (*Pietas Austriaca*) hervor, der beispielsweise die militärischen Siege gegen das Osmanische Reich zu verdanken gewesen seien. So widmete etwa der Jesuit Nikolaus von Avancini sein 1659 aus Anlass der Kaiserkrönung Leopolds I. in Wien vor 3000 Zusehern mit großem maschinellen Aufwand aufgeführtes Drama dem Thema der *Pietas victrix*, also der »siegreichen Frömmigkeit« oder dem »Sieg der Pietas«.

Das Verhältnis zwischen den Heiligen im Himmel und den sie um Fürbitte bei Gott Anrufenden auf Erden stellte man sich in der Frühen Neuzeit in Analogie zu politisch-sozialen Vorbildern vor. Die diesbezüglichen mentalen Bilder waren vom Muster des Lehenswesens und anderer personaler und patriarchalischer Herrschaftsformen geprägt. Auf dieser Grundlage kulminierte in der Zeit der Gegenreformation als Antwort auf die protestantische Ablehnung der Heiligenverehrung dank intensiver Bemühungen der habsburgischen Dynastie, des katholischen Adels und der klerikalen Eliten die »politische Heiligenverehrung«.

Die Hauptrolle im barocken Heiligenhimmel der Habsburgermonarchie spielte die »Jungfrau und Gottesmutter« Maria, die von Ferdinand II., Ferdinand III. und Leopold I. unter anderem als »Generalissima« ihrer Heere verehrt wurde. In der verzweifelten militärischen und finanziellen Lage, in der sich der Wiener Hof im Frühjahr 1645 befand, hoffte man, das Waffenglück durch Gebete beeinflussen zu können. Ferdinand III. legte das Gelübde ab, für den Fall, dass Wien der schwedischen Armee standhalten würde, nach dem Vorbild der 1637/38 errichteten Münchner Mariensäule in Wien ebenfalls eine Mariensäule zu errichten.

Im Mai 1647 wurde auf dem Platz Am Hof vor der Jesuitenkirche eine Säule zu Ehren der Maria Immaculata errichtet und feierlich eingeweiht. Dabei wiederholte der Kaiser die Erwählung Marias zur Patronin Österreichs und weihte ihr sich, seine Kinder, Völker, Heere und Provinzen. 1667 ließ Leopold I. die steinerne Mariensäule durch eine aus Erz ersetzen. Zum Dank für die »wunderbare Errettung« der Prager Altstadt vor den Schweden in der Schlussphase des Dreißigjährigen Krieges stiftete Ferdinand III. 1648 eine weitere Mariensäule, die 1650 auf dem Altstädter Ring enthüllt und zwei Jahre später feierlich eingeweiht wurde.

Weitere länderübergreifend propagierte Heilige waren Joseph, Leopold und Johannes von Nepomuk. 1653 ersuchte Ferdinand III. den Erzbischof von Prag und die Bischöfe von Passau und Wien sowie die böhmischen und österreichischen Stände um ihre Zustimmung zur Erhebung Josephs zum Landespatron von Böhmen und Österreich. Im folgenden Jahr unterstellte er nach erfolgter Zustimmung der Landtage das Königreich Böhmen und die österreichischen Länder dem Patrozinium des hl. Joseph – mit dem neuen Titel eines Bewahrers des Friedens (*Conservator pacis*). 1675 proklamierte Leopold I. den Heiligen – nach Maria – zum zweiten Schutzpatron *aller* seiner Königreiche und Länder. Bereits 1663 hatte er seinen Namenspatron, den Markgrafen Leopold III. von Österreich, zum Patron der österreichischen Länder erhoben.

An die Seite der Landes- und Nationalpatrone trat spätestens seit den 1720er Jahren ein neuer »Staatsheiliger«: Johannes von Nepomuk. Nachdem sein Grab im Veitsdom bereits im 15. Jahrhundert zum Mittelpunkt eines Kults geworden war, wurde der erst 1721 selig- und 1729 heiliggesprochene Johannes von Nepomuk im 17. Jahrhundert zunächst in Böhmen und später in der gesamten Habsburgermonarchie und in Bayern als Märtyrer des Beichtgeheimnisses verehrt. Seit 1648 wurde er rasch zu dem nach dem heiligen Wenzel populärsten Schutzheiligen Böhmens, und im 18. Jahrhundert wurde er zu einem wichtigen Symbol der Verbindung Böhmens mit den österreichischen Ländern. Mit der erfolgreichen Propagierung des Nepomuk-Kultes gelang »die Installierung eines allgemein akzeptierten und von allen Bevölkerungsschichten der Kronländer verehrten integrativen ›Staatsheiligen‹« (Franz M. Eybl).

Ähnlich wie die Heiligenverehrung oder die Verehrung der Eucharistie (Fronleichnamsprozessionen, Vierzigstündige Gebete) und der Göttlichen Dreifaltigkeit (Pestsäulen) waren auch Flurumgänge und Wallfahrten (von dem Berliner Aufklärer Friedrich Nicolai als »geistliche Lustreisen« bezeichnet) sowie der damit verbundene Wunderglaube zentrale Elemente der von kirchlichen und weltlichen Obrigkeiten, alten und neuen Orden, Kaiserhaus und Aristokratie im Zuge der Gegenreformation und der katholischen Reform forcierten *Demonstratio catholica*, der Propagierung spezifisch katholischer Frömmigkeitsformen. Das Wallfahrtswesen erlebte in den habsburgischen Ländern im Zuge der Gegenreformation und der Katholischen Reform einen gewaltigen Aufschwung. Im Laufe des 17. und 18. Jahrhunderts entstanden zahllose größere und kleinere Wallfahrtsorte. Den Landesfürsten lag nichts daran, die mittelalterlichen Fernwallfahrten wieder aufleben zu lassen, vielmehr sollten, schon aus merkantilistischen Motiven, die Wallfahrer innerhalb der Habsburgermonarchie bleiben. Eine Sonderstellung nahm dabei Mariazell in der Steiermark ein, das sich zum religiösen Zentrum des zusammengesetzten Staates der Habsburger entwickelte.

Ähnlich wie in Bayern, Spanien oder Italien waren auch in den habsburgischen Ländern die religiösen Laienbruderschaften die wichtigsten Träger der Heiligenverehrung, der Eucharistie- und Dreifaltigkeitsverehrung, der Prozessionen und des Wallfahrtswesens in den zwei Jahrhunderten nach dem Konzil von Trient. Zu Recht sind die Bruderschaften als das Rückgrat des sozialen, religiösen und staatlichen Lebens in der Barockzeit bezeichnet worden. Die bei Pfarrkirchen errichteten Bruderschaften wurden der Leitung der Pfarrer unterstellt, die in vielen Fällen auch als Initiatoren der Errichtung von Bruderschaften eine zentrale Rolle spielten. Daneben gab es zahlreiche auf Initiative von Orden, insbesondere Bettelorden, gegründete Bruderschaften, die ihren sakralen und sozialen Bezugs- und Treffpunkt vor einem Seitenaltar oder in einer Kapelle in einer Klosterkirche hatten. Der große Aufschwung und die eigentliche Blütezeit des Bruderschaftswesens fallen in die Zeit der triumphierenden Gegenreformation und der Vertiefung und Internalisierung der Katholischen Reform ab dem letzten Drittel des 17. Jahrhunderts. Die größte Gründungswelle dürfte in der ersten Hälfte des 18. Jahrhunderts erfolgt sein. Um 1740 waren die habsburgischen Länder von einem flächendeckenden Netz von Bruderschaften überzogen, das im Unterschied zum Spätmittelalter, als das Bruderschaftswesen weitgehend ein städtisches Phänomen gewesen war, auch das »flache« Land umfasste. Der große Erfolg der Bruderschaften war vermutlich gerade darauf zurückzuführen, dass sie sowohl die sozialen und spirituellen Bedürfnisse ihrer Mitglieder – Repräsentation, Integration und Geselligkeit in dieser, Sorge für das Seelenheil in jener Welt – erfüllten als auch als Instrumente der katholischen Konfessionalisierung und der religiösen Disziplinierung in den Händen der geistlichen und weltlichen Obrigkeiten dienen konnten.

Politische und soziale Konflikte

Die wichtigsten politischen und sozialen Konfliktfelder der frühneuzeitlichen Habsburgermonarchie betrafen die Beziehungen zwischen Landesfürsten und Landständen einerseits und zwischen Grundherren und Untertanen andererseits.

Adeliges Widerstandsrecht und Ständebündnisse

1546/47	Ständeaufstand in Böhmen
1604–1606	»Bocskai-Aufstand«
1606–1611	»Bruderzwist« zwischen Rudolf und Matthias
1618–1620	»Böhmischer Aufstand«
1670/71	Niederschlagung der ungarisch-kroatischen »Magnatenverschwörung«
1671–1685	»Kuruzzenkrieg« in Ungarn
1703–1711	»Rákóczi-Aufstand«

Bis zum Ende des 16. Jahrhunderts überwog bei den Konflikten, die in erster Linie über Fragen der Religionsausübung zwischen den katholischen Landesfürsten und den großteils protestantischen Ständen der österreichischen und böhmischen Länder sowie Ungarns ausgetragen wurden, die grundsätzliche Überzeugung aller Beteiligten, im Kampf gegen das Osmanische Reich aufeinander angewiesen zu sein und daher Kompromisse schließen zu müssen. Die Berufung auf das Widerstandsrecht der Stände gegen Maßnahmen der Landesfürsten, durch die die Privilegien der Länder und der Stände verletzt wurden, und die Versuche zur Bildung von Ständebündnissen blieben bis etwa 1600 im Rahmen des Konsensprinzips. Gefördert durch den Beginn der Gegenreformation, drang im letzten Viertel des 16. Jahrhunderts allmählich das Modell der Adelskonföderation, das seit den polnischen Interregna nach 1572 einen festen Bestandteil des Verfassungslebens der polnischen Adelsrepublik bildete, in das politische Denken der Stände der habsburgischen Länder ein.

1598 wurde Melchior Klesl zum Bischof von Wien ernannt. Er war die Schlüsselfigur der (Re-)Katholisierung der niederösterreichischen Städte und Märkte und der künftige Leiter der Politik von Erzherzog Matthias. Er war seit 1598 Mitglied des Herrenstandes von Österreich unter der Enns und wurde rasch zum Führer der sich innerhalb dessen formierenden katholischen Partei.

Im Frühjahr 1604 brach in Ungarn ein von dem calvinistischen Magnaten Stefan (István) Bocskai angeführter Aufstand aus, der aber nicht zum unmittelbaren Auslöser einer Konföderation aller habsburgischen Länder wurde. Noch überwog das gemeinsame Interesse der Stände der österreichischen und böhmischen Länder und des Landesfürsten an der Abwehr der Türkengefahr die konfessionelle Solidarität, zumal Bocskai sich zunehmend an das Osmanische Reich anlehnte und seine Haiducken bei ihren Einfällen nach Mähren und Österreich und in die Steiermark übel hausten. Die Ereignisse des Jahres 1606, in dem der Bocskai-Aufstand von Erzherzog Matthias durch einen Kompromiss mit den ungarischen Ständen beigelegt werden konnte (Friede von Wien), bildeten jedoch das unmittelbare Vorspiel des »Bruderzwists im Hause Habsburg«, in dessen Verlauf es den Ständen der habsburgischen Länder gelang, die Brüder Rudolf und Matthias gegeneinander auszuspielen und sich die Unterstützung eines der beiden durch Zugeständnisse in der Konfessionsfrage honorieren zu lassen.

Am 26. April 1606 wurde Erzherzog Matthias von einem in Wien tagenden habsburgischen Familienrat wegen der Regierungsunfähigkeit seines Bruders, Kaiser Rudolfs II., in einem Geheimvertrag als Oberhaupt der deutschen Linie des Hauses Österreich anerkannt. Nach den von Matthias im selben Jahr ausgehandelten Friedensschlüssen mit Bocskai in Wien und dem Sultan in Zsitvatorok steuerte der innerhabsburgische Machtkampf zwischen Matthias und Rudolf auf einen ersten Höhepunkt zu. Am 21. Juni 1607 wurde Matthias zum »Gubernator« des Königreichs Ungarn ernannt. In diesem Jahr traten die evangelischen Stände von Österreich ob und unter der Enns mit der Bitte um die Einführung eines im Geiste der Religionskonzession von 1568 freien Religionsexerzitiums als ein einheitliches »Corpus« auf. Diese Vereinigung der ober- und der niederösterreichischen Ständeopposition bildete den Kern des großen Adelsbundes, der sich Ende des Jahres abzuzeichnen begann. Die durch den innerdynastischen Streit und die Regierungsunfähigkeit Rudolfs II. ausgelöste Schwäche der Landesherrschaft brachte den Durchbruch zu einem länderübergreifenden »gesamtständischen Handeln«: Am 1. Februar 1608 besiegelten die Stände Ungarns sowie Ober- und Niederösterreichs in Pressburg mit Matthias eine Konföderation, deren Hauptzweck die gemeinsame Abwehr der neuerlich rebellierenden Haiducken und die Bestätigung der Friedensverträge des Jahres 1606 war. Auch der Beitritt Mährens in Eibenschitz am 18. April 1608 änderte nichts am defensiven Charakter des Bündnisses. Der Versuch, auch Böhmen in die Konföderation einzubeziehen und Rudolf II. mittels militärischer Gewalt abzusetzen, scheiterte am Veto der böhmischen Stände. In dem am 25. Juni 1608 abgeschlossenen Vertrag von Lieben trat Rudolf aber die Herrschaft über Ungarn, Mähren und die beiden österreichischen Erzherzogtümer an Matthias ab. Vier Tage später beschlossen die Vertreter der künftig unter der Landesherrschaft Matthias' stehenden Stände im Feldlager zu Sterbohol in Böhmen zusätzlich einen geheimen Zusatz zu den Konföderationsverträgen: Sie verpflichteten sich, Matthias in den einzelnen Ländern erst zu huldigen, wenn er sich zuvor ausdrücklich bereit erklärte, unumschränkte Religionsfreiheit zuzulassen. Die mährischen Stände huldigten am 30. August 1608 König Matthias und verzichteten unter dem mäßigenden Einfluss Karls d. Ä. von Žerotín auf allgemeine Religionsfreiheit. Die Herren, Ritter und Städte des Landes ob der Enns und die Herren und Ritter von Österreich unter der Enns hingegen schlossen zur gleichen Zeit ein Bündnis und einigten sich darauf, erst nach der Bestätigung der Landesfreiheiten zu huldigen.

In diesen Jahren wurde der oberösterreichische Calvinist Georg Erasmus von Tschernembl zur »unbestrittenen Integrationsfigur der Ständeopposition« (Joachim Bahlcke) in den österreichischen und böhmischen Ländern sowie Ungarns und Siebenbürgens. Er vertrat in der politischen Theorie und Praxis die Lehre vom Widerstandsrecht des Volkes und seiner Repräsentanten (im Falle der habsburgischen Länder waren das seiner Überzeugung nach die Landstände) gegen unrechte Fürstengewalt. Er berief sich dabei sowohl auf die traditionellen Rechtsauffassungen des Adels vom beide Seiten bindenden Treueverhältnis zwischen Fürst und Ständen und auf das Naturrecht als auch auf die Schriften der sogenannten Monarchomachen, aber auch auf Niccolò Machiavelli und Jean Bodin. Nicht zuletzt unter dem Einfluss Tschernembls erfolgte am 14. September 1608 durch die Sezession der evangelischen Herren und

Ritter des Landes unter der Enns von Wien in die den Herren von Puchheim gehörende Stadt Horn auch in Niederösterreich der entscheidende Bruch. »Horn« wurde zum Inbegriff der ständischen Politik, und Tschernembl wurde zum Haupt der Horner Bewegung. Am 3. Oktober 1608 schlossen die in Horn versammelten Herren und Ritter ein Bündnis (»Horner Bund«). Der von 166 niederösterreichischen Adeligen unterschriebene und besiegelte »Horner Bundbrief« entspricht nicht nur inhaltlich dem Bund der oberösterreichischen Stände vom 30. August 1608, sondern er übernimmt diesen im Wortlaut und lässt nur jene Stellen weg, die die Städte betreffen, da in Horn nur Herren und Ritter anwesend waren. Die in Wien gebliebenen Vertreter der katholischen Stände Niederösterreichs und die landesfürstlichen Städte und Märkte huldigten Matthias am 8. Oktober 1608.

Die Ausgleichsverhandlungen in Niederösterreich traten in ein entscheidendes Stadium, als sich die Horner entschlossen, dem Wunsch der Mährer nachzukommen und eine Gesandtschaft zu direkten Verhandlungen mit Matthias nach Wien zu senden. Nach schwierigen Verhandlungen kam schließlich ein Vergleich zustande. In der »Kapitulationsresolution« vom 19. März 1609 bestätigte Matthias die Religionskonzession des Jahres 1568 und bewilligte überdies, dass die Herren und Ritter künftig nicht mehr verpflichtet sein sollten, jemanden von der Teilnahme am Gottesdienst in ihren Schlosskapellen auszuschließen. Dadurch wurde insbesondere das von der landesfürstlichen Regierung bisher vehement bekämpfte »Auslaufen« der Bürger der landesfürstlichen Städte und Märkte legalisiert. Ende April und Anfang Mai 1609 fanden in Wien und Linz in der herkömmlichen Form die Erbhuldigungen statt.

1608/09 kam es zur Formierung zweier Bündnissysteme innerhalb des bisherigen Herrschaftsbereichs Kaiser Rudolfs II. und parallel dazu zu einer Spaltung des politischen Systems der böhmischen Länder (mit Österreich ob und unter der Enns, Mähren und Ungarn auf der einen und Böhmen und Schlesien auf der anderen Seite), die erst durch die vollständige Entmachtung Rudolfs und die Wahl und Krönung seines Bruders Matthias zum König von Böhmen im Jahr 1611 wieder überwunden wurde.

Der Prager Fenstersturz am 23. Mai 1618, bei dem auf Initiative einiger Wortführer der böhmischen Stände mit Heinrich Matthias Graf Thurn an der Spitze prominente Vertreter der »spanischen« Partei im böhmischen Statthaltereirat, die Grafen Jaroslav Bořita von Martinitz und Wilhelm (Vilém) Slavata von Chlum und Koschumberg, gemeinsam mit dem Sekretär Philipp Fabricius, aus einem Fenster der Prager Burg geworfen wurden, war als Fanal gedacht. Damit begann der große böhmische Ständeaufstand. Zwei Monate später, am 20. Juli 1618, ließen die Erzherzöge Ferdinand von Innerösterreich, der 1617 vom böhmischen Landtag als König angenommen worden war, und Maximilian III. der Deutschmeister Kardinal Klesl verhaften und nach Tirol bringen. Damit war der einer friedlichen Lösung der böhmischen Frage das Wort redende Berater Kaiser Matthias' ausgeschaltet, und die »Hardliner« unter Führung Ferdinands bestimmten künftig die Politik des Wiener Hofes.

Der Tod von Matthias am 20. März 1619 beschleunigte die Bewegung gegen das Haus Österreich. Die von Tschernembl angeführten oberösterreichischen Stände wollten vor allem die Nachfolge Ferdinands von Innerösterreich verhindern, der nicht nur in ihren Augen eine enge Verbindung absoluter landesfürstlicher Machtansprüche und eines kämpferischen Katholizismus im Geiste der Gesellschaft Jesu verkörperte. Um Zeit zu gewinnen, beharrten die Stände darauf, dass Erzherzog Albrecht VII., der seit 1598 gemeinsam mit seiner Gemahlin, der Infantin Isabella Clara Eugenia, die Spanischen Niederlande regierte, erbberechtigt sei; dieser hatte freilich bereits im Februar 1619 Ferdinand ermächtigt, in seinem Namen vom Land ob der Enns Besitz zu ergreifen. Die Stände ließen sich dadurch aber nicht davon abhalten, am 23. März 1619 das Linzer Schloss zu besetzen, und am 9. April übernahmen sie unter Berufung auf alte Rechte bis zur Huldigung die Landesverwaltung. In den folgenden Monaten bemühte sich Tschernembl unermüdlich darum, eine Konföderation der Stände der böhmischen Länder, Österreichs ob und unter der Enns sowie Ungarns zustande zu bringen. Im Juni 1619 zeigte er sich überzeugt, dass man in die Regierungsübernahme Ferdinands nur einwilligen dürfe, wenn man durch eine »starke Konföderation wohl stabiliert und versichert« sei.

Der Großteil der protestantischen Adeligen Österreichs unter der Enns trennte sich am 5. Juni 1619 endgültig von den katholischen Ständen. An diesem Tag unternahm eine Deputation der protestantischen Stände im Rahmen einer stürmisch verlaufenden, aber keineswegs in Handgreiflichkeiten ausartenden Audienz (»Sturmpetition«) in der Wiener Hofburg den vergeblichen Versuch, Erzherzog Ferdinand zu einem Kompromiss mit den rebellierenden Ständen der böhmischen Länder und zu einem Entgegenkommen in Glaubensfragen zu bewegen. Ende Juni 1619 übersiedelten die protestantischen Stände Niederösterreichs neuerlich von Wien nach Horn, richteten eine Kriegskasse ein, wählten ein Direktorium und begannen Söldner anzuwerben und eigene Regimenter aufzustellen. Sie blieben jedoch weiterhin mit Wien und dem Kaiserhof in Kontakt.

Die aufständischen Stände Böhmens, Schlesiens, Mährens und der beiden Lausitzen beschlossen am 31. Juli 1619 auf einem Generallandtag in Prag die *Confoederatio Bohemica*, eine neue Verfassung der Länder der Böhmischen Krone auf ständisch-föderativer Grundlage und zugleich ein gegen das Haus Habsburg gerichtetes Verteidigungsbündnis. Zwei Wochen später wurden in Prag feierlich die Instrumente unterzeichnet und beschworen, mit denen sich die protestantischen Stände von Österreich ob und unter der Enns diesem Bündnis anschlossen. Das primäre Ziel der Konföderation zwischen den böhmischen Ländern und den österreichischen Erzherzogtümern war die Sicherung der Religionsfreiheit. Am 15. Januar 1620 schlossen die Abgesandten Friedrichs V. von der Pfalz, der nach der Absetzung Ferdinands II. vom Prager Generallandtag am 26. August 1619 zum neuen König von Böhmen gewählt worden war, und der nichtkatholischen Stände Böhmens, Mährens, Nieder- und Oberösterreichs, Schlesiens und der Lausitzen in Pressburg ein Verteidigungsbündnis mit dem siebenbürgischen Fürsten Gabriel Bethlen, der am 8. Januar vom ungarischen Landtag einstimmig zum »Fürsten von Ungarn« gewählt worden war, und den ungarischen Ständen. Bethlen einigte sich allerdings bereits am folgenden Tag mit Ferdinand II. auf einen Waffenstillstand, in dem der Kaiser faktisch auf den Besitz Ungarns verzichtete.

Die protestantischen Stände Österreichs unter der Enns waren bei der Eröffnung des Huldigungslandtags am 11. April 1620 in zwei Lager gespalten. Ende Mai erklärte sich Ferdinand II. bereit, den gesamten Ständen ihre Freiheiten und Gewohnheiten *vor* der Erbhuldigung zu bestätigen und das Augsburgische Religionsexerzitium zuzugestehen, was am 8. Juli tatsächlich erfolgte. Der Kaiser verlangte aber kategorisch von den Ständen, vorher alle Bündnisse und Konföderationen zu widerrufen. Mit dieser Politik gelang es ihm, einen Keil in den Bund der protestantischen Herren und Ritter zu treiben. Der kompromisslose Teil der »Horner« übersiedelte aus Furcht vor einem Überfall kaiserlicher Truppen nach Retz und beschloss am 20. Juni, die kaiserliche Resolution nicht anzunehmen. Am selben Tag erklärte Ferdinand alle, die nicht zur Huldigung erscheinen würden, zu Rebellen und Hochverrätern. Am 13. Juli 1620 huldigten in Wien 19 Prälaten, 32 katholische und 39 protestantische Herren, 30 katholische und 47 protestantische Ritter sowie die Vertreter der 18 landesfürstlichen Städte und Märkte. Ungefähr 130 protestantische Herren und Ritter blieben der Erbhuldigung fern; mehr als die Hälfte davon holte die Huldigung in den nächsten Wochen nach und wurde vom Kaiser wieder in Gnaden aufgenommen. Der in Retz versammelte radikale Teil der »Horner« leistete am 3. August einen feierlichen Eid (»Retzer Jurament«), in dem sich 29 Herren und 33 Ritter verpflichteten, die »zwischen dem Künigreich Hungarn, Böhmen und inkorporierten Landen wie auch Oestreich under und ob der Enns Anno 1619 zu Prag geschlossene undt zu Erhaltung der politischen und Religions-Freiheiten, auch zu Steuerung aller turbatorum pacis patriaeque tranquillitatis [Störer des Friedens und der Ruhe des Vaterlandes] böslichem Beginnen aufgerichte [...] Conföderation nun und zu künfftigen Zeiten standthafftig undt unverbrüchlich« zu halten.

Von Bedeutung für den schließlichen Sieg des Kaisers über die aufständischen Stände war nicht zuletzt, dass die innerösterreichischen Erbländer Ferdinands II. (Steiermark, Kärnten, Krain und Görz), die oberösterreichischen Länder (Tirol und die Vorlande) sowie Kroatien und Slawonien sich von der Konföderations- und Aufstandsbewegung der Jahre 1618 bis 1620 ebenso fernhielten wie fast alle katholischen und ein Teil der protestantischen Stände der böhmischen Länder, Österreichs ob und unter der Enns sowie Ungarns, dass also keine antimonarchische ›Einheitsfront‹ zustande kam. Die in die Defensive gedrängte ständische Politik wurde vom Feldzug der katholischen Liga und Ferdinands II. gegen die aufständischen Stände der böhmischen und österreichischen Länder überschattet. Auf dem Rückweg aus Frankfurt von der Kaiserwahl hatte Ferdinand II. in München Station gemacht und dort am 8. Oktober 1619 mit Herzog Maximilian als Haupt des oberländischen Direktoriums der katholischen Liga den für den weiteren Verlauf des Feldzuges hochbedeutsamen Münchner Vertrag abgeschlossen. Der Kaiser verpflichtete sich darin, mit seinem gesamten Besitz für alle dem Herzog entstehenden Schäden zu haften und die über Maximilians Ligabeiträge hinausgehenden Feldzugskosten zu ersetzen – unter anderem durch Verpfändung jener österreichischen Provinzen, die Maximilian dem Feind entreißen würde. Auf dem Würzburger Ligatag schließlich wurde im Dezember 1619 die Verbindung des unter bayerischer Führung stehenden oberländischen Direktoriums mit dem unter kurmainzischer Führung stehenden rheinischen Direktorium besiegelt.

Das unter dem Oberbefehl Herzog Maximilians und dem militärischen Befehl des Generalleutnants Johann Tserclaes Graf Tilly stehende Heer der katholischen Liga umfasste im Sommer 1620 insgesamt 24 500 Mann zu Fuß und 5500 Reiter. Nach der Eroberung des Landes ob der Enns nahm Maximilian am 20. August 1620 in Linz stellvertretend die Huldigung eines Großteils der oberösterreichischen Stände gegenüber Ferdinand II. entgegen. Oberösterreich blieb bis 1628 zur Abzahlung der Kriegskosten an Bayern verpfändet. Am 8. September traf das Heer der Liga bei Neupölla im Waldviertel mit der von Karl Bonaventura de Longueval Graf von Bucquoy kommandierten, damals ungefähr 15 400 Mann zu Fuß und 4800 Mann Reiterei umfassenden kaiserlichen Armee zusammen. Am 20. September überschritten die vereinigten Armeen die böhmische Grenze. Die militärische Entscheidung fiel am 8. November 1620, einem Sonntag, in der Schlacht am Weißen Berg westlich von Prag. Als an diesem Tag die etwa 28 000 Mann umfassende vereinigte Armee des Kaisers und der Liga auf die höchstens 21 000 Mann starke Armee der Stände der böhmischen Länder traf, stand letztere strategisch günstiger als die Angreifer, nämlich mit dem Rücken gegen den Hügel. Schlachtentscheidend war wahrscheinlich die Demoralisierung und Unzufriedenheit der ständischen Truppen, die seit Monaten keinen Sold mehr erhalten hatten. Teile der vom Oberkommandierenden, dem Fürsten Christian von Anhalt, relativ locker aufgestellten Ständearmee desertierten, ohne gekämpft zu haben. Die Schlacht dauerte nur etwa zwei Stunden und endete mit der vollständigen Niederlage der Armee der Stände.

Durch die Schlacht am Weißen Berg und da Ferdinand II. sich durch den böhmischen Aufstand legitimiert fühlte, Böhmen, Mähren und Schlesien als eroberte Länder zu behandeln, wurde die Entwicklung der Habsburgermonarchie zu einem monarchischen Länderbund statt zu einer adelig-ständischen Union endgültig entschieden. Während der zweieinhalb Kriegsjahre zwischen dem Prager Fenstersturz und der Schlacht am Weißen Berg standen aber nicht ›bloß‹ die Regierungsform und die Herrschaft des Hauses Habsburg in den Ländern der Wenzelskrone, in Österreich ob und unter der Enns sowie in Ungarn auf dem Spiel. Der Sturz der habsburgischen Herrschaft in Mitteleuropa hätte auch die

Machtverhältnisse im Heiligen Römischen Reich von Grund auf zugunsten der protestantischen Fürsten verändert und auch die Herrschaft der spanischen Habsburger, zumindest in den Spanischen Niederlanden, gefährdet. Daraus erklärt sich die insgesamt gewaltige Hilfe, die insbesondere König Philipp III., Erzherzog Albrecht als Regent der Spanischen Niederlande, Herzog Maximilian von Bayern und Papst Paul V. dem Kaiser gewährten.

Bereits im September 1620 setzte das Strafgericht gegen jene niederösterreichischen Adeligen ein, die im Juli die Huldigung verweigert und sich der Armee der Stände der böhmischen Länder angeschlossen hatten. Mit Generalpatenten vom 12. September und 14. Oktober 1620 wurden insgesamt 63 Personen als Rebellen geächtet. Bemerkenswert ist die – im Unterschied zu dem blutigen Vorgehen gegen die Anführer der böhmischen Stände, in dessen Verlauf am 21. Juni 1621 unter dem Vorsitz des Statthalters, des Fürsten Karl von Liechtenstein, auf dem Altstädter Ring in Prag 27 Hinrichtungen vollstreckt wurden – relative Mäßigung der beiden kaiserlichen Patente: Die 54 betroffenen Adeligen und neun Bürger wurden nicht zum Tod, sondern nur zum Verlust ihres liegenden und beweglichen Besitzes und zum Verlassen des Landes verurteilt. Dem loyal gebliebenen Teil des protestantischen Adels Österreichs unter der Enns wurde zwar das persönliche Religionsexerzitium weiterhin zugestanden, die Möglichkeit eines grundsätzlichen Oppositions- oder gar Konfrontationskurses der Stände gegenüber dem Landesfürstentum war aber für immer vorbei. Gegen Ende des 17. Jahrhunderts lichteten sich die Reihen des niederösterreichischen protestantischen Adels durch die Emigration und das Aussterben protestantischer Familien sowie durch Konversionen.

Ein halbes Jahrhundert später versuchte der Wiener Hof, auch »den Ungarn böhmische Hosen anzuziehen«. Der am 10. August 1664, zehn Tage nach der Schlacht bei Mogersdorf, mit dem Osmanischen Reich geschlossene Friede von Eisenburg wurde zum Auslöser der sogenannten ungarisch-kroatischen Magnatenverschwörung. Sowohl die ungarischen als auch die kroatischen Adeligen waren über den »Schandfrieden« empört, der ohne Beiziehung der Stände geschlossen worden war und in dem Wien nicht nur dem Sultan die Festungen Großwardein und Neuhäusel überlassen und die osmanische Oberhoheit über Siebenbürgen bekräftigt, sondern sich sogar zur Zahlung eines einmaligen »Ehrengeschenks« im Wert von 200 000 Gulden verpflichtet hatte. Palatin Franz Wesselényi protestierte am 5. Januar 1665 feierlich gegen die Ratifizierung des Friedensvertrags. Er hoffte wie viele seiner Standesgenossen nach wie vor auf eine militärische Befreiung Ungarns von der osmanischen Herrschaft. Die vehement auf eine Fortsetzung des Türkenkriegs dringenden Adeligen und Magnaten wollten nicht anerkennen, dass wegen des prekären Zustands der habsburgischen Finanzen, der nach wie vor bestehenden militärischen Überlegenheit der Osmanen sowie der drohenden Kriegsgefahr gegen Frankreich ein rascher Friedensschluss mit dem Osmanischen Reich unumgänglich war.

Bereits im Frühjahr 1664 hatten die Brüder Nikolaus und Peter Zrínyi (Zrinski) Geheimverhandlungen mit Frankreich, Polen, Venedig und Siebenbürgen angeknüpft. Nach dem Friedensschluss von Eisenburg zog sich Peter Zrínyi nach Tschakathurn (Čakovec), dem Zentrum seiner Güter auf der Murinsel, zurück. Sein älterer Bruder Nikolaus, der Banus von Kroatien, wurde, bevor er die geplanten Aktivitäten einer Verschwörung gegen den Wiener Hof entfalten konnte, im November 1664 auf der Jagd von einem Wildschwein getötet. Peter Zrínyi folgte ihm im Amt des Banus nach und führte die Pläne weiter. Da es ihm nicht gelang, auch nur mit einem der erwähnten Staaten eine Abmachung zu treffen, wandte er sich schließlich an das Osmanische Reich. Er und seine Mitverschwörer spielten ernsthaft mit dem Gedanken, das königliche Ungarn, Kroatien und Slawonien dem Sultan zu unterstellen und, nach dem Vorbild des innenpolitisch selbständigen Fürstentums Siebenbürgen, zu tributpflichtigen Vasallenstaaten der Pforte zu machen.

Nicht zuletzt infolge der großen religionspolitischen Unzufriedenheit unter den traditionell antihabsburgischen oberungarischen Protestanten war das königliche Ungarn für Zrínyis und Wesselényis konspirative Tätigkeit ein fruchtbarerer Boden als das weitgehend katholische Kroatien. Neben dem überwiegend calvinistischen magyarischen Kleinadel, dem lutherischen Bürgertum der oberungarischen Freistädte und den protestantischen Geistlichen waren es allerdings vor allem »malkontente« katholische Magnaten, die sich dem Werben Peter Zrínyis zugänglich zeigten. Unter ihnen befanden sich auch die höchsten ungarischen Landesbeamten, zu denen Zrínyi als Banus von Kroatien ja auch selbst gehörte: sein Schwager Franz Christoph Frankopan, sein Schwiegersohn Franz I. Rákóczi, der Erzbischof von Gran Georg Lippay, der Oberste Landesrichter Franz Nádasdy, ja sogar der ungarische Palatin Franz Wesselényi, der ursprünglich ein Gegner Lippays und Nádasdys gewesen war. Dem weiteren Kreis der Verschwörer gehörten auch zwei innerösterreichische Adelige an, der in der Untersteiermark begüterte Grazer Regimentsrat Johann Erasmus Graf Tattenbach und der Landeshauptmann von Görz, Karl Graf Thurn. Auch drei politisch und diplomatisch sehr aktive Frauen gehörten zu den Schlüsselfiguren der »Magnatenverschwörung«: Katharina Zrínyi (Zrinska), die Schwester Franz Christoph Frankopans und Gemahlin Peter Zrínyis, des Letztgenannten Tochter Helene, die 1666 Franz I. Rákóczi und nach dessen Tod 1682 Emmerich Thököly heiratete, sowie Maria Széchy, die zweite Frau des Palatins Wesselényi.

Der Palatin war der politisch fähigste Kopf der Verschwörer. Er starb aber bereits Ende März 1667. Die seit seinem Tod dilettantisch agierenden Verschwörer entwickelten zunächst den Plan, Kaiser Leopold I. als König abzusetzen, alle »Deutschen« aus Ungarn und Kroatien auszuweisen und, mit finanzieller Hilfe Frankreichs oder Venedigs, den Krieg gegen das Osmanische Reich zu eröffnen. Georg Szelepcsényi, der Wien gegenüber loyale Nachfolger des Anfang 1666 gestorbenen Erzbischofs Lippay, scheint dem Kaiserhof im Sommer 1669 Details der geplanten Verschwörung mitgeteilt zu haben, nachdem Überläufer bereits im Winter 1668/69 nach Wien gereist waren und Enthüllungen gemacht hatten. Im Laufe des Jahres 1669 beschuldigten sich Zrínyi und Nádasdy öffentlich gegenseitig der Urheberschaft der verschwörerischen Pläne und Handlungen. Im November 1669 nahmen sie die Konspiration gegen den Hof wieder auf. Sie konnten aber weder von Frankreich noch von Venedig, Polen, Schweden oder dem Osmanischen Reich Hilfe erwarten. Wegen ihrer diplomatischen Isolierung und angesichts der anlaufenden militärischen und politischen Gegenmaßnahmen des Wiener Hofes und der Grazer Regierung verließen Zrínyi und Frankopan Mitte April 1670 die Festung Tschakathurn und ritten nach Wien, um sich dem Kaiser auf Gnade und Ungnade zu unterwerfen. Sie wurden verhaftet und als Gefangene nach Wiener Neustadt überstellt. Anfang September wurde auch Nádasdy, der sich bis dahin unbehelligt auf seinem Schloss Pottendorf bei Wiener Neustadt aufgehalten hatte, inhaftiert und nach Wien gebracht. Ein unterdessen in Oberungarn unter der Führung von Franz I. Rákóczi ausgebrochener Aufstand konnte niedergeworfen werden.

Leopold I. scheint von Anfang an entschlossen gewesen zu sein, an den Rädelsführern der »Magnatenverschwörung« ein Exempel zu statuieren und sie wegen Hochverrats aburteilen und hinrichten zu lassen. Bereits am 26. März 1670 berichtete er seinem Gesandten am spanischen Hof über die Unruhen in Ungarn und Kroatien. Er hoffe, Gott werde ihm beistehen, »und [ich] will sie schon ad mores bringen und auf die Finger klopfen, dass die Köpf wegspringen sollen«.

Die Grafen Zrínyi, Frankopan und Nádasdy wurden der Rebellion und des Hochverrats angeklagt. Nach Abschluss der Voruntersuchungen wurde ein Sondergericht (*iudicium delegatum*) unter dem Vorsitz des österreichischen Hofkanzlers Dr. Johann Paul Hocher eingesetzt, dem kein einziger Ungar oder Kroate angehörte. Die Angeklagten, aber auch der ungarische Hofkanzler Thomas Pálffy bestritten die Zuständigkeit des Gerichtshofes. Leopold I. war davon überzeugt, durch den Verrat sei der Vertrag zwischen der ungarischen Nation und dem Haus Österreich gebrochen worden und er sei daher berechtigt, seinen Interessen und dem Naturrecht gemäß zu handeln (»Verwirkungstheorie«).

Im Dezember 1670 war auch in Pressburg ein außerordentlicher Gerichtshof eingesetzt worden, der gegen die Beteiligten des Aufstands in Ober- und Westungarn die Untersuchung zu führen und die Urteile zu fällen hatte. Den Vorsitz führte Johann Graf Rottal, ein mährischer Adeliger, der auch das ungarische Indigenat besaß, den magyarischen Adeligen aber als »Deutscher« galt; die übrigen zwölf Mitglieder waren Ungarn. Am 8., 11. und 18. April 1671 wurden die Grafen Nádasdy, Frankopan und Zrínyi vom Wiener Tribunal einstimmig des Majestätsverbrechens (*crimen laesae maiestatis*), des Hochverrats (*perduellio*) und der Rebellion für schuldig befunden und zum Tod sowie zur Einziehung sämtlicher Güter verurteilt. Am 25. April wurden die Urteile vom Kaiser bestätigt. Das Pressburger Tribunal fällte mehrere Todesurteile, von denen aber nur zwei vollstreckt werden konnten. Am 30. April wurden Zrínyi und Frankopan im inneren Hof des Kaiserlichen Zeughauses in Wiener Neustadt, Nádasdy in der Bürgerstube des (Alten) Rathauses in Wien und Franz Bónis, der ehemalige Hofmeister Wesselényis und Führer der »Malkontenten« des Komitats Zemplin, in Pressburg mit dem Schwert hingerichtet. Am 1. Dezember 1671 wurde schließlich auch Graf Tattenbach im großen Saal des Grazer Rathauses enthauptet. Die innerösterreichische Regierung als erste Instanz hatte ihn für nicht vollständig des Hochverrats überführt beurteilt, aber der Grazer Geheime Rat als zweite Instanz hatte ihn am 1. April 1671 zum Tod und zum Verlust aller Güter verurteilt. Der Görzer Landeshauptmann Karl von Thurn verlor seine Güter und wurde zu lebenslanger Haft verurteilt. Nur Franz I. Rákóczi, neben dem Anfang Dezember 1670 gestorbenen Stephan Thököly der wichtigste Anführer des antihabsburgischen Aufstands in Oberungarn, wurde gegen Bezahlung von 400 000 Gulden begnadigt, was er der Fürsprache der Jesuiten und seiner Mutter, der Fürstin Sophia Báthory, zu verdanken hatte, die als eifrige Katholikin am Hof und beim ungarischen Episkopat in hoher Gunst stand.

Nach der Niederschlagung der Magnatenverschwörung nützte Leopold I. die günstige Gelegenheit und suspendierte unter Berufung auf die »Verwirkungstheorie« die ungarische Verfassung. Nach dem ausdrücklichen Vorbild der Brechung der Ständemacht in Böhmen und Mähren nach 1620 installierte er im königlichen Ungarn ein absolutistisches Regime. Er bediente sich dabei nicht zuletzt der Dienste hoher böhmischer und mährischer Adeliger und Würdenträger wie des Obersthofmeisters Wenzel Eusebius von Lobkowitz, des Prager Oberstburggrafen Bernhard Ignaz Graf Martinitz, des böhmischen Oberstkanzlers Johann Hartwig von Nostitz, des böhmischen Statthalters Franz Ulrich Kinsky und des bereits genannten Mährers Johann Rottal.

Von 1671 bis 1681 wurde das Amt des Palatins von Ungarn nicht besetzt und jenes des Bans von Kroatien und Slawonien nur durch einen Verwalter, einen hoftreuen Magnaten, versehen. Im Februar 1673 wurde Johann Caspar von Ampringen, der Hochmeister des Deutschen Ordens, als Gubernator des Königreichs Ungarn eingesetzt. Ihm stand ein aus je drei Ungarn und Österreichern (»Deutschen«) zusammengesetztes Gubernium zur Seite. Die eigentliche Seele der Gewaltherrschaft und der damit verbundenen brutalen Gegenreformation in Ungarn während des »Trauerjahrzehnts« war Leopold von Kollonitsch, der Bischof von Wiener Neustadt und seit Februar 1672 Präsident der Ungarischen Kammer. Neue Steuern wurden ohne Zustimmung des Landtags ausgeschrieben, die durchziehenden bzw. einquartierten kaiserlichen Soldaten hausten in Ungarn wie in Feindesland, und sich der Konversion widersetzende Prädikanten wurden zum Tod verurteilt und zur Galeerenstrafe »begnadigt«. All diese Maßnahmen entfachten unter den protestantischen ungarischen Kleinadeligen, Bürgern und Bauern einen ungeheuren Hass, der sich gegen den Kaiser und König, die Wiener Regierung und die »Deutschen« im Land wandte und der die zu blutigen Guerillakriegen ausartenden Aufstände der »Kuruzzen« hervorrief.

Die Forcierung der Besteuerung des in Ungarn besonders zahlreichen Adels hatte das politische Zusammenwirken mit diesem aufs Spiel gesetzt, ohne durch wirksamen Bauernschutz dessen Untertanen gewonnen zu haben. Die Wiener Regierung entschloss sich daher, die Zusammenarbeit mit den ungarischen Ständen wieder aufzunehmen. Auf dem Ödenburger Landtag des Jahres 1681 löste der Hof das Gubernium auf und erlaubte die Wahl eines Palatins. König Leopold schlug vier Kandidaten vor, zwei katholische und zwei evangelische, und der Landtag wählte fast einstimmig den katholischen Grafen Paul Esterházy. Den Ständen, den königlichen Freistädten und Märkten sowie den ungarischen Soldaten in den Grenzfestungen wurde das im Wiener Frieden von 1606 zugestandene und am Landtag von 1608 sowie im Linzer Frieden von 1645 bekräftigte Recht der freien Religionsausübung erneuert. Alles in allem ist es nicht übertrieben, von einem Sieg der ständischen Restauration zu sprechen, der aber infolge der zwei Jahre später beginnenden und mit der Eroberung Türkisch-Ungarns und Siebenbürgens endenden Türkenkriege nicht zum Beginn einer neuen Epoche der Geschichte Ungarns wurde. Die großen militärischen Erfolge der Krone verschafften dieser schließlich eine viel mächtigere Stellung im Land als zuvor.

Wenige Jahre nach dem Frieden von Karlowitz (1699), als dessen Ergebnis sich trotz des Zweifrontenkrieges der Habsburgermonarchie gegen Frankreich und das Osmanische Reich mit Ausnahme des Banats von Temesvár ganz Ungarn und Siebenbürgen unter habsburgischer Herrschaft befanden, brach in Ungarn 1703 neuerlich ein Aufstand aus. An die Spitze des Aufstands stellte sich Franz II. Rákóczi, der 1704 von den siebenbürgischen und oberungarischen Ständen zum Fürsten von Siebenbürgen und 1705 zum »Fürsten von Ungarn« proklamiert wurde. Auslöser des in Form eines Guerillakriegs geführten Aufstands waren die Verschärfung der gegenreformatorischen Maßnahmen und die hohen Steuerlasten. Auf dem Landtag von Ónod wurde 1707 Kaiser Joseph I. als König von Ungarn für abgesetzt erklärt. Erst der im Vertrag von Szatmár 1711 geschlossene Kompromiss zwischen dem Wiener Hof und einem großen Teil der ungarischen Magnaten und Adeligen, mit dem der ungarische Aufstand bzw. Unabhängigkeitskrieg beendet wurde, ermöglichte langfristig die endgültige Integration Ungarns in die Habsburgermonarchie. Das Land bzw. seine politischen Eliten konnten sich ein – im Vergleich zu den böhmischen und österreichischen Ländern – relativ hohes Maß von Autonomie bewahren.

Überregionale Bauernaufstände

1525/26	»Großer« Deutscher Bauernkrieg
1573	»Windischer Bauernaufstand« in Kroatien, Krain und der Untersteiermark
1595–1597	Bauernkriege in Österreich ob und unter der Enns
1625	»Frankenburger Würfelspiel«
1626	Oberösterreichischer Bauernkrieg
1680	Bauernaufstände in Böhmen

Vom 14. bis ins frühe 16. Jahrhundert nahm in vielen Territorien des Heiligen Römischen Reichs der bäuerliche Protest an Häufigkeit und Intensität zu. Im Spätmittelalter waren Aufstände meist auf das Gebiet nur einer Grundherrschaft beschränkt. Das änderte sich bereits am Vorabend der Reformation, und 1525 rotteten sich nicht Untertanen *eines* adeligen Herrn oder *eines* Klosters zusammen, sondern es erhoben sich ganze Dorfgemeinden, Täler und Landschaften. Die Forderungen der Aufständischen wurden in den Jahrzehnten um 1500 auch zunehmend radikaler. Sie beriefen sich nicht mehr nur auf das lokale oder regionale »alte Recht« und forderten dessen Wiederherstellung, sondern auch auf das »göttliche Recht«, auf die »göttliche Gerechtigkeit«, die es zu verwirklichen gelte. Insbesondere während des »Großen Bauernkriegs« der Jahre 1525 und 1526 wurde offenbar, dass die Bauernaufstände durch die Reformation zusätzlich verschärft wurden.

Die aufständischen Bauern hatten 1525 wirtschaftliche, rechtliche, politische und religiöse Ziele. Sie forderten einen höheren Anteil am Produkt ihrer Arbeit (bessere Leiheformen, geringere Abgaben), sie wollten die Rechte der Gemeinden erweitern, und sie zielten auf die Beseitigung etwa noch vorhandener leibherrlicher Bindungen. Die Ursachen für den Bauernkrieg in Tirol, jenem habsburgischen Erbland, das bei weitem am stärksten von ihm erfasst wurde, sind in erster Linie in der Unzufriedenheit der Landbevölkerung mit ihrer wirtschaftlichen und rechtlichen Lage, mit in den vergangenen Jahren neu eingeführten Abgaben, Zöllen und Steuern und in der Fiskalisierung der Strafrechtspflege und der Seelsorge zu suchen. Dass sich der Aufstand primär gegen geistliche Fürsten und geistliche Grund- und Gerichtsherren richtete, hängt wohl nicht zuletzt mit dem durch die Reformation verstärkten »Pfaffenhass« des

»gemeinen Mannes« in Stadt und Land zusammen. Der Aufstand der Tiroler Bauern war »ein prinzipieller Angriff auf die staatstragenden Stände Adel und Prälaten« (Peter Blickle), er richtete sich also nicht gegen den Landesfürsten.

Zum unmittelbaren Auslöser des Bauernkriegs in Tirol wurde die Fehde, die Peter Päßler aus Antholz im Pustertal wegen eines von ihm beanspruchten Fischrechts mit dem Fürstbischof von Brixen führte. Als er am 9. Mai 1525 hingerichtet werden sollte, wurde er auf dem Weg zur Richtstätte in Brixen von etwa 300 Bauern und einigen Handwerkern befreit. Der daraufhin ausbrechende allgemeine Aufstand erfasste weite Teile Tirols. Burgen, Klöster und Pfarrhöfe wurden geplündert, und die Untertanen versuchten, die Urbare, in denen die Abgabepflichten dokumentiert waren, zu zerstören.

Zum theoretisch und strategisch versierten Anführer der Tiroler Aufständischen avancierte Michael Gaismair, der zunächst Schreiber des Tiroler Landeshauptmanns gewesen und 1524 Sekretär des Bischofs von Brixen geworden war, sich seit 1514 als Gewerke am Sterzinger Bergbau beteiligte, in den Jahren 1525/26 eine Wandlung vom Reformer zum radikalen Republikaner und Revolutionär durchmachte und 1532 im Exil in Padua durch die Hand von Meuchelmördern starb. In seiner zwischen Januar und März 1526 verfassten »Landesordnung« forderte er unter anderem die Abschaffung sämtlicher Privilegien (»Freyhaitten«), die Aufhebung der rechtlichen Unterschiede zwischen Stadt und Land, Bürgern und Bauern, die Abschaffung des Adels und sämtlicher Herrschaftsrechte des Klerus, die Ein- und Absetzung der Pfarrer durch die Gemeinden, die Verstaatlichung (»zu gemains Lannds Handen einziehen«) der Bergwerke, Bank- und Handelsgesellschaften sowie die Umwandlung der Klöster und der Häuser des Deutschen Ordens in öffentliche Alten-, Waisen- und Krankenhäuser.

Landesfürsten und adelige Grundherren warfen die Aufstände mit vereinten Kräften blutig nieder. Von den habsburgischen und nichthabsburgischen Zentren des Bauernkriegs in Schwaben, im Allgäu, im Elsass, im Rheingau und in Franken sowie im Erzstift Salzburg, wo das Heer des Schwäbischen Bundes bei der Niederwerfung der Aufständischen eine zentrale Rolle spielte, einmal abgesehen, gab es 1525 in Südtirol, und zwar vor allem in den Territorien der Fürstbischöfe von Brixen und Trient, langwierige Kampfhandlungen. Im Sommer 1525 fanden auch in Österreich ob und unter der Enns sowie in der Obersteiermark gewaltsame »Befriedungsaktionen« statt. Im Morgengrauen des 3. Juli eroberten aus Salzburg eingedrungene aufständische Bauern und Bergknappen, die von einheimischen Knappen unterstützt wurden, die Bergstadt Schladming. Der steirische Landeshauptmann Siegmund von Dietrichstein erlitt mit seinem steirisch-kärntnerischen Heer eine demütigende Niederlage. Im darauffolgenden Herbst kommandierte Niklas II. Graf Salm als Feldhauptmann die zur Niederschlagung des Aufstands von Erzherzog Ferdinand und den Ständen der innerösterreichischen Länder gemeinsam angeworbenen Truppen. Im Zuge eines Straffeldzugs ins steirische Ennstal wurden Schladming und später auch Johnsbach völlig zerstört. Der Aufstand des Jahres 1526 blieb im Wesentlichen auf Salzburg beschränkt. Die Aufständischen erlitten vor Radstadt eine schwere Niederlage. Anschließend wurde ein fürchterliches Strafgericht abgehalten. 27 Hauptleute und andere führende Mitglieder des »Bundes« der Aufständischen wurden hingerichtet. Im Pinzgau wurden ebenfalls 27 Rädelsführer exekutiert. Ähnliche Blutgerichte fanden in Stadt und Land Salzburg statt. Insgesamt fielen im Erzstift Salzburg etwa 100 Männer dem Schwert des Henkers zum Opfer.

Nach den für Obrigkeiten und Untertanen traumatischen Erfahrungen des Bauernkriegs blieben, von Ausnahmen wie dem Aufstand im Salzburger Pongau 1564/65 und dem kroatisch-slowenischen Bauernaufstand in Kroatien, Krain und der Untersteiermark 1573 (»Windischer Bauernaufstand«) abgesehen, größere gewaltsame Aktionen bis gegen Ende des 16. Jahrhunderts aus. Im allgemeinen schlugen Untertanen im Konfliktfall nunmehr den Beschwerde- und Prozessweg ein, sofern ihnen das Recht dazu nicht von den Behörden bestritten wurde; offener Aufstand war nur die Ultima Ratio. Die größten Aufstände, denen mit Recht der Name »Bauernkrieg« gegeben wurde (Oberösterreich 1626, Schweiz 1653, Bayern 1705/06), waren in erster Linie Aufstände gegen konfessionellen Gewissenszwang oder gegen Fremdherrschaft und Kriegslasten.

Nach der Überwindung des spätmittelalterlichen Bevölkerungsrückgangs stiegen im 16. Jahrhundert wegen der steigenden Nachfrage auch in Österreich unter und ob der Enns die Preise für Agrarprodukte stark an. Die Einkünfte der Bauern erhöhten sich zunächst, jene der Herren, die ihre wirtschaftlichen Eigenbetriebe im Spätmittelalter wegen Unrentabilität aufgegeben hatten, stagnierten oder sanken. Die in der zweiten

Hälfte des 16. Jahrhunderts zu beobachtende Intensivierung der Abhängigkeit der Bauern diente den Grundherren vor allem dazu, ihre eigene wirtschaftliche Lage zu verbessern. Sie begannen, neue Meierhöfe, Schafhöfe, Teiche, Getreide-, Papier- und Sägemühlen, Glashütten, Kalk- und Ziegelöfen, Bierbrauereien, Schmieden und Tavernen zu errichten oder in Eigenregie zu übernehmen. Als Folge davon weiteten sie gegen den wachsenden und in den Bauernkriegen von 1595 bis 1597 in Oberösterreich und von 1596/97 in Niederösterreich kulminierenden Widerstand der Bauern die Frondienste (Robot) aus und führten den Waisendienst (Zwangsarbeit der Waisenkinder für die als Obervormund fungierende Grundherrschaft), den Gesindezwangsdienst der Untertanenkinder, ein Vormietrecht für Arbeitskräfte (Dienstboten und Taglöhner) sowie verschiedene herrschaftliche Monopole ein (Anfeilzwang, Mühlenbann, Tavernenbann, Bannschankrecht), durch die die Grundherren unter Ausschaltung des Marktes auf Kosten ihrer Untertanen Monopolgewinne realisieren konnten. Eine weitere bedeutende neue Einnahmequelle der Grundherren war das sogenannte Frei- oder Pfundgeld, eine Abgabe von meist 10 % des Schätzwertes an die Grundherrschaft bei jedem Besitzwechsel eines untertänigen Anwesens, die in Oberösterreich nach Auskunft der bäuerlichen Beschwerdeschriften des Jahres 1597 bei den meisten Herrschaften zwischen 1550 und 1590 eingeführt wurde. Zu den wachsenden Anforderungen der Grundherren an die Untertanen kamen die Belastungen durch die Türkenkriege (Steuern, Proviantlieferungen, Aushebungen für das Landesaufgebot), die Mitte der 1590er Jahre, also während der ersten Jahre des Langen Türkenkriegs, unerträglich und zu einem wichtigen Auslösefaktor der Bauernkriege wurden.

Selbst diese Bauernkriege, die das ganze Land ob der Enns und die beiden westlichen Landesviertel von Österreich unter der Enns erfassten, waren im Großen und Ganzen Konflikte im Rahmen des bestehenden politischen, rechtlichen und sozialen Systems. Der Widerstand der Untertanen richtete sich kaum gegen die Institution der Grundherrschaft als solche, sondern gegen die Erhöhung der feudalen Lasten und gegen Verletzungen des Gewohnheitsrechts. Das Hauptziel der Aufständischen, unter deren Obristen, Pfarrhauptleuten und Rottmeistern sich neben Bauern auch zahlreiche Handwerker und einige Wirte befanden, war die Wiederherstellung der Verhältnisse, die um 1550 geherrscht hatten. Dass in der Hitze des Gefechts vereinzelt der Ruf nach der »schweizerischen

Freiheit« erscholl und dass die Ehre einiger Prälaten und Adeliger gröblich verletzt wurde, trug sicherlich zur Verschärfung der Grausamkeit der Rachejustiz während und nach der Unterdrückung der Aufstände bei.

In der Frage der Naturalrobot (Frondienste) konnten die oberösterreichischen Bauern trotz der militärischen Niederlage immerhin einen langfristigen Verhandlungserfolg verbuchen. 1596 hatten die beiden adeligen Stände des Landes ob der Enns die Nivellierung der ordentlichen Robot auf 24 Tage pro Jahr vorgeschlagen. Bei den Verhandlungen in Prag zielten die kaiserlichen Kommissare auf eine bedeutende Verminderung der Robottage ab. Auch Versuche der Bestechung der kaiserlichen Beamten durch die Gesandten der oberösterreichischen Stände konnten nicht verhindern, dass Kaiser Rudolf II. am 8. Mai 1597 eine Interims-Resolution (»Interimale«) publizieren ließ, durch die für alle Untertanen des Landes ob der Enns die Robot auf maximal 14 Tage im Jahr begrenzt wurde und die bis 1848 in Kraft blieb. In Österreich unter der Enns hingegen blieb es bis zum Robotpatent des Jahres 1772 beim Recht der Grundherren auf grundsätzlich »ungemessene« Robotdienste ihrer Untertanen.

Die ungeheure Erbitterung und Todesverachtung, mit der die oberösterreichischen Untertanen im Bauernkrieg des Jahres 1626 kämpften, hängt sicherlich damit zusammen, dass sie ihr Leben nicht in erster Linie zur Verteidigung wirtschaftlicher Interessen aufs Spiel setzten, sondern zur Bekämpfung der Gegenreformation, also zur Verteidigung der evangelischen Religion, zu der sich damals noch mindestens 80 % der Einwohner Oberösterreichs bekannt haben dürften. Verstärkend kam hinzu, dass der Kampf auch für die Abschüttelung der bayerischen Fremdherrschaft geführt wurde. Als Gegenleistung für die erhoffte Wiederzulassung der evangelischen Religion durch Kaiser Ferdinand II. boten Gesandte der oberösterreichischen Bauern sogar an, das Land aus eigener Tasche aus der Verpfändung an Bayern auszulösen.

Anfang Mai 1625 war es in Frankenburg am Hausruck zu einer Rebellion von etwa 5000 bewaffneten Untertanen gegen die Einsetzung eines katholischen Pfarrers gekommen. Der bayerische Statthalter Adam Graf Herberstorff befahl daraufhin den Bewohnern der beteiligten Pfarren, sich am Haushamerfeld bei Frankenburg zu versammeln. Im berüchtigten »Frankenburger Würfelspiel« (diese Bezeichnung kam erst im

19. Jahrhundert auf) ließ er, nach dem Vorbild eines kriegsrechtlichen Usus, am 15. Mai die Gemeindevertreter paarweise um ihr Leben würfeln und anschließend 17 von ihnen hängen.

Der Aufstand des Jahres 1626 wurde unter der Führung des Hausruckviertler Bauern Stefan Fadinger und seines Schwagers, des Wirts Christoph Zeller, von langer Hand geplant. Der zündende Funke fiel aber früher als vorgesehen in das Pulverfass, als am 17. Mai 1626 in dem Mühlviertler Markt Lembach bei einer eskalierenden Wirtshausrauferei sechs bayerische Soldaten erschlagen wurden. Dieses Ereignis wurde zum Fanal, auf das hin sich fast das ganze Land erhob. Die soziale Basis des Aufstands war sehr breit. Neben Bauern waren auch Kleinhäusler und Inleute sowie Ackerbürger und Handwerker maßgeblich daran beteiligt. Dem Aufstand schlossen sich auch einige Vertreter der städtischen Intelligenz an wie der frühere Stadtrichter von Steyr, Wolf Madlseder, und der Steyrer Advokat Dr. Lazarus Holzmüller, ja sogar drei Adelige, darunter Achaz Wiellinger, der nach dem Tod Fadingers zu dessen Nachfolger als Oberhauptmann gewählt wurde.

Während des Aufstands waren zwar nie mehr als maximal 40 000 Bauern, Inleute, Knechte, Bauernsöhne und Handwerker gleichzeitig unter Waffen, aber ihre Kampfstärke war trotz der zum Teil improvisierten Bewaffnung so groß, dass sie die Söldner Herberstorffs und deren kaiserliche Kampfgefährten wiederholt besiegen und die Landeshauptstadt Linz belagern konnten. Auch für die »Elitetruppen« des zu Hilfe gerufenen Feldherrn der katholischen Liga Gottfried Heinrich Graf Pappenheim bildeten sie einen ernstzunehmenden militärischen Gegner. Eine Vorentscheidung fiel am 9. November 1626 in der von beiden Seiten mit äußerster Erbitterung geführten Schlacht bei Emling (»Schlacht im Emlinger Holz«) in der Nähe von Eferding. Die zweite Entscheidungsschlacht fand am 15. November bei Pinsdorf in der Nähe von Gmunden statt, und sie endete wie die erste mit einem Blutbad.

Insgesamt dürften in den Kämpfen ungefähr 12 000 Aufständische gefallen sein. Seit Dezember 1626 wurden mehr als 100 Anführer der oberösterreichischen Bauern, die dem Schlachtgetümmel lebend entkommen waren, gefangen gehalten. Acht von ihnen wurden am 26. März 1627 auf dem Linzer Hauptplatz hingerichtet. Am 23. April wurden zehn weitere »Rädelsführer« in Linz teils enthauptet und teils gehenkt, weitere sieben zum Tode Verurteilte wurden begnadigt. Die Hinrichtungen zogen sich bis in den Juli 1628 hin. Die in Eferding beigesetzten Leichen Fadingers und Zellers mussten vom Scharfrichter ausgegraben und in einem Moor verscharrt werden.

In Böhmen und Mähren verschlechterten sich im Laufe des Dreißigjährigen Krieges und in der Zeit danach die Lebensbedingungen der bäuerlichen Untertanen deutlich. Dies kommt besonders in der auf vielen Dominien durchgeführten starken Erhöhung der Robotlasten zum Ausdruck sowie in den Bemühungen der Grundherren, die rechtliche Bindung der Untertanen an den Boden bzw. an die Herrschaft und die Beschränkungen der Rechtsfähigkeit, insbesondere der Freiheiten der Eheschließung, eine Schule zu besuchen oder ein Handwerk zu erlernen, tatsächlich durchzusetzen. Bereits die Zeitgenossen benützten in diesem Zusammenhang den Begriff »Leibeigenschaft«. Die Lasten und die Freizügigkeitsbeschränkungen der Untertanen in den böhmischen und österreichischen Ländern dürften sich aber nur graduell unterschieden haben. Der Unterschied war wohl weniger ein rechtlicher als vor allem ein praktischer: In den österreichischen Ländern mit ihren im Allgemeinen kleineren und stärker zersplitterten Grundherrschaften dominierte auch im 17. und 18. Jahrhundert bei der Feudalrente meist die Geldform, während in Böhmen und Mähren wegen des im Laufe des 17. Jahrhunderts erfolgten Übergangs zur Gutswirtschaft auf der Basis von Robotleistungen der Untertanen die Arbeitsrente zur wichtigsten Form der Feudalrente wurde.

Im August 1679 floh Kaiser Leopold I. mit dem Hof vor der Pest aus Wien und verlegte seine Residenz nach Prag. Im Mai 1680 begab er sich mit dem Großteil des Hofstaats nach Brandeis an der Elbe. Von dort ging es nach 14 Tagen weiter nach Pardubitz in Ostböhmen. In der ersten Juliwoche wurde die Residenz schließlich nach Linz verlegt, und im April 1681 traf der Hof wieder in Wien ein. Die Anwesenheit des Kaisers in Böhmen wurde zum Auslöser der größten Welle von bäuerlichem Widerstand und Bauernaufständen in der Geschichte des Landes. Zwischen November 1679 und Mai 1680 kam es in Böhmen zu mehr als 130 kollektiven, von den Gemeinden getragenen Protest- und Widerstandsaktionen, Rebellionen und Aufständen. Die meisten und schwersten Auseinandersetzungen ereigneten sich im Bunzlauer Kreis nordöstlich von Prag, gefolgt von den Kreisen Leitmeritz und Saaz in Nord- und Nordwestböhmen, den Kreisen Pilsen, Elbogen und Rakonitz in West- und Mittelböhmen sowie den Kreisen Chrudim und Königgrätz in Ostböhmen.

Südböhmen und der Großteil Mittelböhmens sowie Mähren, Schlesien und die Grafschaft Glatz blieben weitgehend ruhig.

Im Bunzlauer Kreis gelang es im Januar 1680 durch das Eingreifen des Militärs und der Kreishauptmänner, die Aufstandsbewegungen durch das den Untertanen gegebene Versprechen, der Kaiser werde ihre Beschwerden untersuchen lassen, zunächst zu ersticken. Die zahlreichen daraufhin verfassten Bitt- und Beschwerdeschriften richteten sich mehrheitlich gegen konkrete Neuerungen und Verletzungen des »alten Rechts« durch die Obrigkeiten. Konfessionelle Fragen spielten offenbar nirgendwo eine Rolle. An den Aufständen beteiligten sich sowohl deutsche als auch tschechische Untertanen, letztere allerdings offenbar nur in gemischtsprachigen Herrschaften. Im April und Mai kam es zu einem neuen, heftigen Ausbruch zahlreicher lokaler Bewegungen, und zwar auch in Gebieten, die bisher ruhig geblieben waren. Bei Zusammenstößen mit Soldaten dürften an die 200 Untertanen getötet worden sein.

Ende Mai war die Ruhe wiederhergestellt. Zwei landesfürstliche Kommissionen untersuchten die Vorfälle und machten sich an die Bestrafung der »Schuldigen«, insbesondere der »Rädelsführer«. Insgesamt wurden mehr als 100 Untertanen wegen Rebellion, Bruch des Huldigungseids und des Landfriedens zum Tod verurteilt, 60 wurden tatsächlich hingerichtet, Hunderte weitere wurden zu Zwangsarbeit verurteilt.

Mit dem Ziel, neuen Bauernunruhen vorzubeugen, erließ Leopold I. Ende Juni 1680 in Pardubitz ein landesfürstliches Robotpatent für Böhmen. Die zulässige Robotlast wurde auf maximal drei Tage pro Woche begrenzt. Ausdrücklich ausgenommen davon wurden allerdings die Zeiten der landwirtschaftlichen Arbeitsspitzen (»Erntezeit, Heumachen, Aufbrechung der Teucht [d.h. Teiche] […]«). Zu diesen Zeiten waren die Untertanen verpflichtet, bei Bedarf »beständig« zu roboten, also sechs Tage pro Woche.

Seit 1705 rebellierten auf fünf liechtensteinischen Herrschaften in Nordmähren insgesamt 178 Dorf- und Marktgemeinden gegen ihren Grundherrn, den Fürsten Johann Adam von Liechtenstein, der mit dem Ziel der Steigerung der Erträge der Herrschaften gewaltsam Roboterhöhungen und andere die Untertanen belastende Maßnahmen durchzusetzen versuchte, und wandten sich mit Bitt- und Beschwerdeschriften an Kaiser Joseph I. Karl VI. entschied nach dem Tod seines Bruders in allen wesentlichen Punkten gegen die liechtensteinischen Untertanen und dehnte 1712/13 die Gültigkeit des böhmischen Robotpatents von 1680 in zwei Schritten auf Mähren aus. In den 1720er und 1730er Jahren kam es in Ostböhmen wiederholt zu weiteren Unruhen, unter deren Wortführern sich auch Geheimprotestanten befanden, die vor allem konfessionelle Fragen betreffende Forderungen erhoben. Gerüchte über ein angeblich verheimlichtes kaiserliches Robotpatent lösten 1775 den letzten großen Bauernaufstand in Böhmen aus.

Kaiserhof und Landstände

Der Kaiserhof in Wien – bzw., unter Rudolf II., in Prag – war sowohl der Hof des Kaisers des Heiligen Römischen Reichs als auch der Hof des Landesfürsten der Königreiche und Länder der Habsburgermonarchie. Er war der Ort der alltäglichen Versorgung des Kaisers und seiner Familie, das Zentrum der politischen Macht in der Habsburgermonarchie und die Residenz zahlreicher Diplomaten mit dem päpstlichen Nuntius und dem spanischen Botschafter an der Spitze, Bindeglied zwischen den Regionen (Ländern) und dem Zentrum, zentraler Patronagemarkt und adeliger Heiratsmarkt der Habsburgermonarchie sowie kulturelles Zentrum und Bühne für das Hofzeremoniell. Aus der Perspektive der Staatsbildung war der Kaiserhof der wichtigste Ort der Kommunikation, Interaktion und Integration der politischen Eliten sowohl der habsburgischen Länder als auch des Heiligen Römischen Reichs und daher das mit Abstand wichtigste Integrationszentrum der werdenden Habsburgermonarchie. Hof, Regierung und Verwaltung waren bis zu den 1749 beginnenden maria-theresianischen Reformen keine scharf getrennten Bereiche. Viele der hohen Hofbeamten verbanden ihren Hofdienst mit der Ausübung eines Regierungsamtes, sei es als aktives Mitglied des Geheimen Rates bzw. der Geheimen Konferenz, also des höchsten Beratungsgremiums des Kaisers, oder in einer der Zentralbehörden.

Die wichtigsten und quantitativ umfangreichsten Möglichkeiten zur Integration in den Kaiserhof standen dem Adel seit dem frühen 17. Jahrhundert in der Verleihung eines der hierarchisch gestuften Hofehrenämter zur Verfügung. Die Ritter des – 1430 von Herzog Philipp dem Guten von Burgund gestifteten – Ordens vom Goldenen Vlies, des exklusiven habsburgischen Hausordens, bildeten die Crème de la crème der »gesamthabsburgischen« adeligen Elite. Der Vliesorden konnte seine Exklusivität bewahren, da er nicht von der Inflation erfasst wurde, der im Laufe des 17. Jahrhunderts am Kaiserhof die Würden des Geheimen Rates und des Kämmerers unterlagen.

An der Entwicklung des Kämmereramtes lässt sich zeigen, dass sich der Kaiserhof im Laufe des 17. Jahrhunderts, pointiert formuliert (mit den Worten von Mark Hengerer), aus einem Treffpunkt, an dem die Mitglieder des Adels der habsburgischen Länder und des Heiligen Römischen Reichs Zugang zum Kaiser und Landesfürsten hatten, in eine Organisation verwandelte, in die bedeutende Teile des hohen Adels der österreichischen und böhmischen Länder, Angehörige des Adels des Heiligen Römischen Reichs und in geringerem Maße auch Ungarns durch Mitgliedschaft eingebunden waren. Mit dem Ablegen des Kämmerereides und der Übergabe des Kämmererschlüssels war das Eingehen eines persönlichen Dienstverhältnisses gegenüber dem Kaiser verbunden. 1576 ist erstmals explizit die Unterscheidung zwischen tatsächlich diensttuenden Kämmerern und solchen, die weiterhin den Kämmerertitel führten, aber keinen Dienst (mehr) versahen, belegt. Seit 1600 taucht als weitere Differenzierung jene zwischen besoldeten und nichtbesoldeten Kämmerern auf. Damit war der Weg frei zur Entwicklung des Kämmereramts zu einem unbesoldeten Ehrenamt, dem für die Rangordnung am Hof eine wichtige Rolle zukam.

Zum Hofstaat des Kaisers Matthias gehörten 1615 etwa 30 Kämmerer, eine Zahl, die im Laufe des 17. Jahrhunderts kontinuierlich anstieg. 1705, im Todesjahr Leopolds I., wurden 423 Kämmerer gezählt. Joseph I. und Karl VI. ernannten in ihren unterschiedlich langen Regierungszeiten jeweils mehr als 380 neue Kämmerer. Zahlreiche Adelige wurden durch die Verleihung des Kämmererschlüssels an den Hof gebunden. Überdies wurde es seit Ferdinand II. üblich, die Chefs der beim Hof ansässigen Behörden sowie kaiserliche Botschafter spätestens bei Amtsantritt zu Kämmerern zu ernennen.

Die vier aus dem Mittelalter überkommenen obersten Hofämter waren Marschall, Kämmerer, Schenk und Truchsess. Ursprünglich war der Marschall der wichtigste Hofbeamte an den deutschen Fürstenhöfen, im Spätmittelalter wurde er jedoch vom Hofmeister »überholt«. Im Frühjahr 1526 erfüllte Erzherzog Ferdinand die 1525 auf dem Generallandtag der österreichischen Länder in Augsburg von den Ständen erhobenen Forderungen; unter anderem ersetzte er seinen 1518 von seinem Bruder Karl eingerichteten spanisch-niederländischen Hofstaat durch einen »deutschen Hofstaat«. In den am 1. Jänner 1527 und am 1. Jänner 1537 erlassenen Hofordnungen Ferdinands I. erhielten die Hofämter im Wesentlichen jene Form, die sie in den folgenden knapp vier Jahrhunderten bis 1918 beibehalten sollten. Die Chefs der vier Obersten Hofämter oder Hofstäbe waren künftig der Obersthofmeister, der Obersthofmarschall, der Oberstkämmerer und der Oberststallmeister.

Auf den Landtagen der österreichischen und böhmischen Länder sowie Salzburgs waren in der Frühen Neuzeit die folgenden Stände vertreten, um mit dem Landesfürsten über dessen (Steuer-)Forderungen, über ihre Beschwerden (Gravamina) und ganz allgemein über die öffentlichen Angelegenheiten des jeweiligen Landes zu beraten und zu verhandeln: Prälaten, Herren, Ritter und (landesfürstliche bzw. königliche) Städte (und Märkte) bildeten die Landstände in Österreich unter und ob der Enns, Steiermark, Kärnten, Krain, Görz, Böhmen und Mähren, also im Großteil der österreichischen und der böhmischen Länder (in der Steiermark, Kärnten, Krain und Görz traten Herren und Ritter auf den Landtagen als einheitlicher Adelsstand auf); in Tirol waren Prälaten, Adel, Städte und (bäuerliche) Täler und Gerichte auf dem Landtag vertreten, in Vorarlberg hingegen nur die gewählten Ammänner der ca. 20 bäuerlichen Gerichte und Vertreter der drei landesfürstlichen Städte Feldkirch, Bregenz und Bludenz; im Erzstift Salzburg schließlich bestanden die Stände aus den Prälaten, der Ritterschaft (d. h. dem landsässigen Adel) und den landesfürstlichen Städten.

In der Habsburgermonarchie haben sich keine Generalstände ausgebildet. Nur fallweise wurden sogenannte Ausschusslandtage der österreichischen (und böhmischen) Länder einberufen, so (zum ersten Mal) 1518 in Innsbruck, 1525/26 in Augsburg, 1541/42 in Prag und (letztmals) 1614 in Linz.

Unter Berufung auf das Naturrecht, wonach der Eroberer im eroberten Land nicht an frühere Rechtszustände gebunden sei, und auf die Verwirkungstheorie, der zufolge die Stände der böhmischen Länder durch den Aufstand der Jahre 1618 bis 1620 ihre Rechte und Privilegien verwirkt hatten, stellte Ferdinand II. in Böhmen und Mähren nach der Schlacht am Weißen Berg die Macht des Landesfürsten auf eine neue rechtliche Grundlage, die er in den *Verneuerten Landesordnungen* für Böhmen (1627) und Mähren (1628) kodifizieren ließ. In Schlesien hingegen blieben die älteren Landesordnungen in Kraft, und die beiden Lausitzen gingen bald an Sachsen verloren. Wie in Schlesien kam es auch in Österreich ob und unter der Enns zu keiner Totalrevision der alten Landesverfassung und der gewohnheitsrechtlich fixierten Rechte der Stände.

Die Existenz der Stände und der Institution der Landtage wurde von Ferdinand II. nach 1620 nicht grundsätzlich in Frage gestellt, die Stände der österreichischen Länder spielten künftig aber ebenso wie jene der böhmischen Länder nur eine untergeordnete politische Rolle. Die adeligen Stände der österreichischen Länder hatten nach den Konfiskationen und Emigrationen der 1620er Jahre keine machtpolitischen Ambitionen mehr, die auf eine grundsätzliche Änderung des politischen Systems zu ihren Gunsten abgezielt hätten. Die Stärke der Stände lag nun nicht mehr in den häufig sehr schwach besuchten Landtagen und der dort stattfindenden politischen Meinungsbildung, sondern vor allem in den besoldeten Exekutivorganen der Landschaften (den Verordnetenkollegien etc.), die eine Entwicklung in Richtung wachsender Bürokratisierung und Professionalisierung durchmachten.

Die Landesfreiheiten mit dem Steuerbewilligungsrecht und dem Beschwerderecht an der Spitze wurden von den Landesfürsten weiterhin anerkannt, und die landesfürstlichen Regierungen rührten nicht an den ständischen Behördenapparaten der einzelnen Länder. Gerichtswesen, Steueraufteilung und Steuereinhebung, Straßenwesen, Sanitätsangelegenheiten, Militäreinquartierungen und Landesdefensionswesen blieben in der Kompetenz der Stände und ihrer Behörden, d.h. in erster Linie des Adels und der Prälaten. Die Exekutivorgane der Stände standen allerdings den landesfürstlichen Regierungen immer weniger als gleichberechtigte Partner gegenüber, sondern wurden von diesen tendenziell als Befehlsempfänger und Ausführungsorgane behandelt, wogegen sich die Stände aber immer wieder verwahrten.

Stadt und Land

Unbeschadet des gemeinsamen Interesses des weitgehend protestantischen landsässigen Adels und der ebenfalls überwiegend protestantischen Bürger der Städte der österreichischen Länder an der Durchsetzung und Aufrechterhaltung einer von den Landesfürsten zu gewährenden Duldung von Nichtkatholiken war das Verhältnis zwischen dem Adel und den landesfürstlichen Städten spätestens seit der Mitte des 16. Jahrhunderts von ökonomischer Konkurrenz und Konflikten dominiert, in den böhmischen Ländern bereits seit der Mitte des 15. Jahrhunderts. Die adeligen Grundherren beeinträchtigten das Gewerbe und den Handel der landesfürstlichen Städte einerseits durch den Ausbau feudaler gewerblicher Betriebe, insbesondere in Gestalt von Bierbrauereien, und andererseits durch die Förderung grundherrlicher Patrimonialstädte und -märkte sowie des Land- und Dorfhandwerks – nach Ansicht der Bürger der landesfürstlichen Städte unter Verletzung ihrer Marktmonopole, d.h. ihrer Jahr- und Wochenmärkte. In der Praxis scheinen jedoch die bäuerlichen Untertanen im 17. und 18. Jahrhundert ihr Getreide und andere Agrarprodukte nicht selten nur zum Teil in der nächstgelegenen Patrimonialstadt verkauft zu haben, sondern in einer der landesfürstlichen bzw. königlichen Städte, wo es offenbar eine stärkere Nachfrage gab, sowie an direkt ins Dorf kommende Kaufleute.

Von den 78 als »Stadt« bezeichneten Orten der Länder Österreich unter und ob der Enns, Steiermark und Kärnten hatten gegen Ende des 16. Jahrhunderts 60, also etwa drei Viertel, weniger als 2000 Einwohner und gehörten damit im Grunde einer Art Grauzone zwischen Stadt und Land an (»Ackerbürgerstädte«), 15 besaßen zwischen 2000 und 5000 Einwohner, und nur drei hatten mehr als 5000 Einwohner: Wien, Graz und Steyr. In den österreichischen Ländern gab es also in der Frühen Neuzeit eine große Zahl von überwiegend (sehr) kleinen und mittleren Städten. Neben den Städten gab es viele Märkte, die sich in rechtlicher und wirtschaftlicher Hinsicht oft kaum von gleich großen Städten unterschieden, deren Privilegierung aber häufiger als bei diesen auf die Initiative weltlicher und geistlicher Grundherren (also nicht der Landesfürsten) zurückging. Zwischen 1500 und 1700 stieg die Zahl der Märkte in Österreich unter der Enns von 157 auf mehr als 210 und in der Steiermark von 86 auf 98, im Land ob der Enns wuchs sie bis 1800 von 62 auf 94.

Einer von Otto Brunner vorgeschlagenen, am Beispiel Niederösterreichs entwickelten Kategorisierung zufolge lassen sich die Städte und Märkte der österreichischen Länder in einer ersten Annäherung nach ihrer Größe folgendermaßen klassifizieren: in Dorfstädte mit weniger als 300 Einwohnern, kleine Ackerbürgerstädte bzw. kleine Weinbaustädte mit 300 bis 1000, größere Ackerbürger- bzw. Weinbaustädte mit 1000 bis 2000, kleine Mittelstädte mit 2000 bis 3000, große Mittelstädte mit 3000 bis 10 000 sowie Großstädte mit über 10 000 Einwohnern. Aussagekräftiger ist eine Kategorisierung der Städte nach ihren überwiegenden ökonomischen und sozialen Funktionen. Die von Max Weber vorgeschlagenen Typen der Konsumentenstadt – in den österreichischen Ländern in der Erscheinungsform der Residenzstadt (Wien, Graz, Innsbruck) – und der Produzentenstadt, repräsentiert vor allem durch die Exportgewerbestadt Steyr und die Bergbausiedlung (de facto, wenngleich nicht de jure Bergstadt) Schwaz, in großem Abstand gefolgt von den Salinen- und Salzhandelsstädten Hall in Tirol und Hallein im Erzstift Salzburg, korrelierten mit hohen Einwohnerzahlen. Mit deutlichem Abstand folgen die Händlerstädte (die Messeplätze Bozen und Linz oder die Doppelstadt Krems und Stein). Quantitativ dominierten bei weitem die (kleinen) Ackerbürgerstädte. Die Entwicklung der Feuerwaffen und insbesondere von immer leistungsfähigerer Belagerungsartillerie hatte, in Verbindung mit der permanenten Bedrohung durch das Osmanische Reich, den Bau von Festungsstädten (z.B. 1579–1581 Karlstadt in Kroatien) sowie die Befestigung alter Städte (Wien, Graz, Radkersburg, Fürstenfeld etc.) mit modernen, außerordentlich kostspieligen Befestigungsanlagen zur Folge. Mit der Anlage von Zeughäusern, Pulver- und Munitionsmagazinen sowie ab der ersten Hälfte des 18. Jahrhunderts auch Kasernen entwickelten sich manche Städte zu Garnisonstädten.

Unter verfassungsrechtlicher Perspektive lassen sich im Wesentlichen drei durch den Stadtherrn definierte Haupttypen feststellen: 1. landesfürstliche Städte (und Märkte), die in der Regel über die Landstandschaft verfügten, 2. Städte von Reichsbischöfen (d.h. von geistlichen Reichsfürsten) und 3. Patrimonialstädte (»Untertanenstädte«), in denen sich häufig auch ein adeliger Herrschaftssitz (Stadtburg, Stadtschloss) befand.

Die Zahl der Städte blieb in den österreichischen Ländern und in Salzburg vom Spätmittelalter bis ins frühe 19. Jahrhundert weitgehend konstant. Die größte Städtedichte wies Österreich unter der Enns auf (um 1800 eine Stadt je 570 km^2 Landesfläche), gefolgt von Krain, Österreich ob der Enns, Kärnten, der Steiermark und Tirol (eine Stadt je 1270 km^2) sowie, mit großem Abstand, dem Erzstift Salzburg (eine Stadt auf 1870 km^2). In den böhmischen Ländern war der Urbanisierungsgrad deutlich höher. Um 1600 gab es in Böhmen etwa 40 königliche Städte sowie rund 450 grundherrliche Städte und »Städtchen« (*městečka*), was im Schnitt einer städtischen Siedlung auf etwa 125 km^2 entspricht. In Mähren, wo die Zahl der königlichen Städte zwischen der ersten Hälfte des 15. und der ersten Hälfte des 16. Jahrhunderts von zwölf auf sechs fiel, aber jene der grundherrlichen Städte und Marktflecken auf etwa 230 stieg, kam eine städtische Siedlung sogar auf knapp 100 km^2. In den österreichischen Ländern dürften im 16. Jahrhundert im Durchschnitt etwa 20 % der Bevölkerung in städtischen Siedlungen gelebt haben, in den böhmischen Ländern deutlich mehr, nämlich zwischen 25 und 30 %, in Ungarn hingegen nur ungefähr 15 %.

Im europäischen Vergleich als Großstädte ansprechen kann man nur drei Städte der Habsburgermonarchie: Prag dürfte um 1600 etwa 60 000 Einwohner gezählt haben, Wien und Breslau je 30 000. Die größten Städte des Heiligen Römischen Reichs nach Prag waren um 1600 Danzig und Augsburg mit knapp 50 000, gefolgt von Hamburg, Köln, Nürnberg und Magdeburg mit etwa 40 000 Einwohnern. Die nach Prag, Wien und Breslau größten Städte der böhmischen und österreichischen Länder waren die innerösterreichische Haupt- und (1564–1619) Residenzstadt Graz mit mindestens 12 000, der (erst 1899 zur Stadt erhobene) Silbermarkt Schwaz mit etwa 10 000 Einwohnern (um 1500, am Höhepunkt des Bergsegens, waren es sogar an die 20 000 gewesen) und das führende Eisengewerbe- und Eisenhandelszentrum Steyr mit rund 9000 Einwohnern. Knapp 9000 Einwohner zählte auch Görlitz, die größte Stadt des Oberlausitzer Sechsstädtebundes, gefolgt von Zittau mit rund 6700 und Bautzen mit knapp 6000 Einwohnern. Die mährischen Städte Olmütz und Iglau hatten um diese Zeit ungefähr 7000 Einwohner und waren damit etwa gleich groß wie die fürsterzbischöfliche Residenzstadt Salzburg. Brünn, das erst 1645 zur alleinigen Hauptstadt Mährens erklärt wurde, und die Tiroler bzw. oberösterreichische Haupt- und (1564–1665) Residenzstadt Innsbruck zählten etwa 5000, Wels ungefähr 4500, Krems und Klagenfurt rund 4000 Einwohner. In Ungarn war die größte Bevölkerungskonzentration nicht in einer der königlichen Freistädte anzutreffen, sondern in Debrecen. 1552 hatte Debrecen, das bis 1693 den rechtlichen Status eines Marktfleckens (seit 1618 im Besitz der Fürsten von Siebenbürgen) und erst seither den einer königlichen Freistadt hatte, wahrscheinlich etwa 10 000 Einwohner. Im 17. und 18. Jahrhundert blieb es die bevölkerungsreichste Stadt Ungarns mit 12 000 Einwohnern gegen Ende des 17. Jahrhunderts und wahrscheinlich an die 20 000 Einwohnern um 1720. Debrecen verdankte seinen ökonomischen Aufstieg der günstigen Lage an zwei Handelsstraßen von Konstantinopel nach Wien und nach Krakau. Im 16. und 17. Jahrhundert spielte der Export der berühmten, auf den ausgedehnten Weideflächen um den großen Marktort gezüchteten hellgrauen ungarischen Schlachtochsen (vor allem nach Wien, Nürnberg und Venedig) eine Schlüsselrolle. Die größten königlichen Städte im habsburgischen Teil Ungarns waren um 1600 Kaschau mit etwa 5000, Pressburg mit 4500 und Ödenburg mit 4000 Einwohnern. Die größte Stadt des Fürstentums Siebenbürgen war Klausenburg mit circa 5500 Einwohnern.

Die wichtigsten Fäden der habsburgischen Staatsbildung liefen im 16. und 17. Jahrhundert in der jeweiligen Residenzstadt des Kaisers und vielfachen Landesfürsten zusammen. Als Sitz der Zentralbehörden und Ort der höfischen Repräsentation und Patronage war die betreffende Stadt das politisch-administrative und kulturelle Zentrum der Habsburgermonarchie. Man könnte metaphorisch davon sprechen, dass die Staatsbildung seit dem 16. Jahrhundert entlang der Achse Prag–Wien verlaufen ist.

Seit den 1530er Jahren war Wien die bevorzugte Residenzstadt Ferdinands I. und seines Sohnes, Maximilian II. Die Stadt wurde mit den vereinten finanziellen Kräften der Monarchen, der Wiener Bürgerschaft, der niederösterreichischen Landstände sowie der von den Reichstagen bewilligten Türkensteuern seit den 1540er Jahren zu einer mächtigen Festungsstadt ausgebaut. Nach der Niederschlagung des ersten böhmischen Ständeaufstands gegen die habsburgische Herrschaft residierte von 1547 bis 1566 Erzherzog Ferdinand II., der zweitgeborene Sohn Ferdinands I. und spätere Landesfürst von Tirol, als Statthalter in Prag. Rudolf II. verlegte den Sitz des Kaiserhofs in die Stadt an der Moldau. Wien blieb Sitz eines erzherzoglichen Statthalters und seines Hofes sowie der für Österreich unter und ob der Enns zuständigen Behörden, insbesondere der Niederösterreichischen Regierung und der Niederösterreichischen Kammer. Nachdem bereits Kaiser Matthias zu Beginn seiner kurzen Regierungszeit auf Anraten Kardinal Klesls Ende 1612 den Beschluss gefasst hatte, den Kaiserhof nach Wien zurückzuverlegen, befand sich jedenfalls seit der Übersiedlung Ferdinands II. aus Graz im Jahr 1619 die Hauptresidenz wieder in Wien.

Im Verlauf des 17. Jahrhunderts kam es zu einer markanten Verschiebung des politischen und kulturellen Schwerpunkts des habsburgischen Länderkonglomerats von der Hauptstadt des Königreichs Böhmen in die Hauptstadt des Erzherzogtums Österreich unter der Enns. Diese Verschiebung kommt sehr deutlich in der Bevölkerungsentwicklung zum Ausdruck. Zwischen 1500 und 1600 dürfte die Einwohnerzahl Wiens und seiner Vorstädte von ungefähr 20 000 auf etwa 30 000 gestiegen sein, also um die Hälfte. Im folgenden Jahrhundert hat sich die Bevölkerung

Wiens mehr als verdreifacht. Um 1700 gehörte die Reichshaupt- und Residenzstadt, die im Dreißigjährigen Krieg im Unterschied zu Prag weitgehend ohne direkte Kriegszerstörungen geblieben war, als einzige Großstadt im deutschsprachigen Raum zu jenen europäischen Städten, deren Bevölkerungszahl 100 000 übertraf. Bis 1750 stieg die Einwohnerzahl Wiens und seiner Vorstädte auf rund 175 000 (innerhalb der heutigen Stadtgrenzen: 191 000) und bis 1800 weiter auf 230 000 (in den heutigen Grenzen: 272 000) an. Wien war damals, wenn man von Konstantinopel absieht, nach London, Paris, Neapel, Amsterdam und Lissabon und noch vor Moskau, Venedig und Rom die sechstgrößte Stadt Europas. Mit dieser Entwicklung überholte Wien die Bevölkerungszahl Prags bei weitem: Während Prag um 1600 mit etwa 60 000 Einwohnern etwa doppelt so groß wie Wien gewesen war, hatte Wien um 1750 ungefähr dreimal so viele Einwohner wie Prag.

»Prag« – das ist bis 1784 ein Kürzel für eine Agglomeration von mehreren rechtlich selbständigen Städten. Seit dem 14. Jahrhundert bestand Prag aus den drei königlichen Städten Altstadt, Neustadt und Kleinseite, zu denen 1598 als vierte die Burgstadt (Hradschin) hinzukam. Vyšehrad war eine Patrimonialstadt des Vyšehrader Kapitels. Eine Sonderstellung nahm die große, zwischen der Altstadt und der Moldau gelegene Judenstadt ein, die um 1600 mit ihren wahrscheinlich rund 8000 Einwohnern die größte jüdische Gemeinde Europas war. Im Verlauf des 16. Jahrhunderts stieg die Zahl der Einwohner der Metropole der böhmischen Länder auf ungefähr 60 000. Am Vorabend des Dreißigjährigen Krieges war Prag mit etwa 50 000 Einwohnern noch immer deutlich größer als Wien. Seit der Mitte des 17. Jahrhunderts blieb die Bevölkerungsentwicklung der Prager Städte mit knapp 27 000 um 1650, etwa 40 000 um 1700 und knapp 60 000 Einwohnern um 1750 immer weiter hinter jener der neuen Haupt- und Residenzstadt Wien zurück, ja Prag erreichte erst nach mehr als 150 Jahren wieder jene Einwohnerzahl, die es als Residenzstadt Rudolfs II. besessen hatte, während die Bevölkerungszahl Wiens im selben Zeitraum auf das Sechsfache anwuchs.

Die Verlegung der Hauptresidenz des Kaiserhofs von Prag nach Wien bildete die Voraussetzung dafür, dass sich die österreichische Landeshauptstadt endgültig aus einer Bürgerstadt in eine Stadt des Hofes, des Adels, des Klerus und der Beamtenschaft, die Residenzstadt des Kaisers und Hauptstadt des Habsburgerreiches verwandelte. Während sich 1566, als Wien bereits seit einer Generation die bevorzugte königliche und seit einem Jahrzehnt kaiserliche Residenzstadt war, erst 26% der Häuser in nichtbürgerlichem Besitz befunden hatten, waren es 1664 bereits etwa 44%, die nicht weniger als rund drei Viertel des gesamten Bauareals der Stadt (d.h. des heutigen Ersten Bezirks) einnahmen. Im Hoch- und Spätbarock erreichte die Entwicklung ihren Höhepunkt: 1779 waren nur mehr 45% der Häuser und bloß ein Achtel der Stadtfläche im Besitz von Bürgern.

Der für das Hofquartierwesen, also für die Zwangseinquartierung des »Hofgesindes«, von Beamten und Mitgliedern des Hofstaats, zuständige langjährige (1637–1671) kaiserliche Obersthofmarschall Heinrich Wilhelm Graf Starhemberg und seine Amtsnachfolger verwendeten die Gewährung von Quartierfreijahren als Anreiz für die Vergrößerung der Wohnfläche Wiens. Zwischen 1660 und 1730 wurden rund 400 Wiener Häuser umgebaut und aufgestockt. Von der Mitte des 16. bis zur Mitte des 17. und von der Mitte des 17. bis zum Ende des 18. Jahrhunderts stieg die durchschnittliche Geschosszahl der bürgerlichen Häuser in der Wiener Innenstadt jeweils um rund ein Geschoss: 1566 waren die meisten Häuser zwei- oder dreistöckig, 1664 drei- oder vierstöckig und 1795 vier- oder fünfstöckig. Wegen der Aufstockungen und durch die Ausdehnung der Quartierpflicht auf einige Vorstädte gelang es dem Obersthofmarschallamt, die Summe der im Wege der Hofquartierpflicht einquartierten Mietparteien zwischen 1644 und 1709 von 672 auf 1200 zu erhöhen – obwohl zunehmend mehr Häuser von der Hofquartierpflicht durch ein Privileg befreit waren. Gleichzeitig wohnten immer mehr bürgerliche Händler, Handwerker und Angehörige von Dienstleistungsberufen nicht mehr in eigenen oder in anderen Bürgern gehörenden Häusern, sondern waren Mieter in einem Adelshaus, und viele ließen sich außerhalb der Festungsanlagen in einer der Vorstädte nieder. Nur Mitglieder der obersten Schicht der Aristokratie mit eigener Hofhaltung konnten es sich leisten, je einen Palast in der Stadt und – namentlich seit dem Ende der Türkengefahr durch die siegreiche Entsatzschlacht im Jahre 1683, auf die eine regelrechte aristokratische »Gründerzeit« folgte – in einer der Vorstädte (»Gartenpalast«, »Palazzo in villa«) zur Gänze für sich, Familienangehörige, Dienerschaft und Hofstaat zu reservieren. Nicht nur durch ihre Palastbauten, sondern auch durch ihre Grabdenkmäler prägten die Hofadeligen über ihren Tod hinaus der Haupt- und Residenzstadt ihren Stempel auf: Im Laufe des 17. und frühen 18. Jahrhunderts kam es zu einer regelrechten »Durchdringung der Wiener Kirchen mit [Grab-]Denkmälern verdienter Höflinge« (Mark Hengerer). Die Wohnbevölkerung Wiens innerhalb der Festungsanlagen stieg zwischen 1563 und 1730 von etwa 18 000 auf rund 40 000. Im selben Zeitraum stieg der Anteil des Hofpersonals, des Adels und der Beamten sowie der Stadtguardia, eines landesfürstlichen, 1741 aufgelösten Truppenkörpers, an der Bevölkerung von etwa 35 auf wahrscheinlich ungefähr 60 %. Wien blieb zumindest bis zur Mitte des 19. Jahrhunderts, bis zur Industrialisierung und der mit ihr einhergehenden Veränderung der Sozialstruktur der Vorstädte und Vororte, eine in allen Lebensbereichen vom Hof, dem Hofadel, dem Klerus, dem Militär und der Beamtenschaft und deren Bedürfnissen geprägte Stadt.

Im Zuge der Rezession des 17. Jahrhunderts verloren die österreichischen Städte weitgehend ihre Rolle innerhalb der internationalen Handelsnetzwerke. »Gleichsam im Gegenzug«, so Herbert Knittler, »erfuhren neben Wien die (Landes-)Hauptstädte eine erhebliche Anreicherung ihrer zentralörtlichen Funktionen, sowohl hinsichtlich der Administrationssphäre als auch als Punkte der Akkumulation, sei es von lokal produzierten Gütern, von Geld, insbesondere auch Feudalrenten, und Informationen.«

Die wachsende Bedeutung der Landeshauptstädte, der Zentren der landesfürstlichen und der landständischen Verwaltung, in der Epoche des Ausbaus des bürokratischen Steuer- und Machtstaates im 17. und 18. Jahrhundert erhellt nicht zuletzt aus der Entwicklung der Einwohnerzahlen. Zwischen 1600 und 1750 stiegen die Bevölkerungszahlen der Landeshauptstädte wie folgt: in Graz von 8000 auf 20 000, in Linz von 3000 auf 10 000, in Innsbruck (bis 1761) von 5000 auf 9500, in Klagenfurt von 4000 auf 6000, in Brünn von 5000 auf 15 000 und in Breslau von etwa 30 000 auf 55 000. Olmütz, das bis 1645 als gleichberechtigte zweite Landeshauptstadt Mährens fungiert hatte, war um 1600 mit etwa 7000 Einwohnern noch deutlich größer als Brünn gewesen, fiel aber dann zurück und hatte um 1800 nicht mehr als 9000 Einwohner. Die spätere Kärntner Landeshauptstadt Klagenfurt war übrigens 1518 durch Schenkung seitens Kaiser Maximilians I. in den Besitz der Kärntner Stände übergegangen und hatte daraufhin die Herzogsstadt St. Veit an der Glan als Verwaltungszentrum des Landes abgelöst. Die Einwohnerzahl Salzburgs stieg bis 1771 auf mehr als 16 000. Steyr hingegen stagnierte nach der im frühen 17. Jahrhundert einsetzenden Krise der Eisenerzeugung, der Eisengewerbe und des Eisenhandels sowie als Folge der von der Gegenreformation ausgelösten Emigration gerade der bedeutendsten Eisenhändler und schrumpfte bis 1750 auf 7000 Einwohner. Die böhmische Silberstadt Kuttenberg allerdings konnte ihre Einwohnerzahl zwischen 1600 und 1700 von 4000 auf 12 000 verdreifachen.

Anders als die königlichen Städte in Böhmen und Mähren, verfügten die Städte der österreichischen Länder in der Frühen Neuzeit in der Regel nicht über bäuerliche Untertanen in ihrer Umgebung. Die einzige Ausnahme bildeten die sieben landesfürstlichen Städte Österreichs ob der Enns, die am Ende des 16. Jahrhunderts grundherrliche Rechte über 564 Untertanen besaßen, eine Zahl, die bis 1750 auf ca. 300 gesunken ist. Sehr wohl aber hatten Stadt- und Marktbürger, Bürgerspitäler, Zechen und Bruderschaften zum Teil ausgedehnten ländlichen Grundbesitz, traditionellerweise vor allem Weingartenbesitz, der sich im Fall einiger Städte im östlichen Niederösterreich (Wiener Neustadt, Bruck an der Leitha, Hainburg) und in der Oststeiermark bis nach Ungarn erstreckte. In der ersten Hälfte des 18. Jahrhunderts waren in den böhmischen Ländern fast 50 % aller Weingärten und 43 % aller Hopfenfelder im Besitz von Bürgern. In Niederösterreich wurden in der zweiten Hälfte des 16. Jahrhunderts jährlich im Schnitt etwa 820 000 Hektoliter Wein erzeugt, davon rund 16 % in landesfürstlichen Städten und Märkten und allein 7 % von Wiener Bürgern. Im Laufe des 17. Jahrhunderts zog sich in Niederösterreich das städtische Bürgertum aus dem Weinbau zurück. Mitte des 18. Jahrhunderts wurden von der durchschnittlichen jährlichen Weinproduktion von ca. 935 000 Hektolitern nur mehr 6 % von Bürgern der landesfürstlichen Städte und Märkte erzeugt. Parallel zu dieser Entwicklung entstanden seit dem 18. Jahrhundert die Kellergassen außerhalb der Weinhauerdörfer.

Handwerk und Handel konzentrierten sich auch in der Frühen Neuzeit weiterhin auf die mit entsprechenden Privilegien ausgestatteten Städte, es entstanden aber auch in wachsendem Umfang ländliche Gewerbezonen, die durch interregionale Arbeitsteilung charakterisiert waren und von den lokalen Grundherren gefördert wurden. Während der sogenannten »Krise des 17. Jahrhunderts«, einer von etwa 1600 bis zur Mitte des 18. Jahrhunderts dauernden, von zwischenzeitlichen Erholungsphasen unterbrochenen langen Phase der Depression, die große Teile der Ökonomie erfasste, kam es zu einem weiteren Wachstum und einer Verdichtung der grundherrlichen Märkte und des Landhandwerks.

Der Bevölkerungsrückgang infolge der Kriege war im Schnitt in den Städten höher als auf dem Land.

Als Beispiel einer ländlichen Gewerberegion kann die Eisenwurzen genannt werden, ein geographisch nicht scharf abgegrenztes länderübergreifendes Gebiet in Niederösterreich, Oberösterreich und der Steiermark zwischen den Polen Leoben (Steiermark) und Steyr (Oberösterreich) als den Zentren des Vordernberger und des Innerberger Reviers. Die Eisenwurzen entwickelte sich zur bedeutendsten eisenverarbeitenden und Eisenwaren exportierenden Gewerbezone der Habsburgermonarchie. Die eisen- und stahlverarbeitenden Handwerke breiteten sich seit dem Spätmittelalter vom steirischen Erzberg und von den Städten auf das »flache« Land aus – an die Ufer der für die Hammerwerke unentbehrlichen Flüsse (Steyr, Enns, Ybbs, Krems u.a.), die nicht nur die Antriebskraft für die Hämmer zur Verfügung stellten, sondern auf denen auch Holz geflößt werden konnte, das anschließend von Köhlern zu Holzkohle weiterverarbeitet wurde. Die Eisenverhüttung erfolgte – in den sogenannten Radwerken – am und um den Erzberg, die Eisenverarbeitung hingegen in ländlichen Regionen, z.B. durch die Sensenschmiedezunft in Kirchdorf und Micheldorf im oberösterreichischen Kremstal. Die bedeutendsten Eisenhändler saßen in den landesfürstlichen Städten Steyr und Leoben, etliche auch in der bischöflich freisingischen Stadt Waidhofen an der Ybbs (Niederösterreich). Die Radmeister und die Hammermeister des Innerberger Reviers und die Steyrer Eisenhändler schlossen sich 1625 zur Innerberger Hauptgewerkschaft zusammen. In Steyr amtierte seit 1584 der Eisenobmann als landesfürstliche Aufsichtsbehörde. Die Versorgung der Arbeiter mit Nahrungsmitteln (Getreide bzw. Mehl, Schmalz, Käse, Speck, Schlachtvieh, Most, Bier, Branntwein, Essig etc.) wurde über ein System von Widmungsbezirken sichergestellt, das erst 1782 von Joseph II. aufgehoben wurde. Die wichtigsten Zentren des Nahrungsmittelhandels im Innerberger Widmungsbezirk waren Waidhofen an der Ybbs und die drei sogenannten Proviantmärkte Scheibbs, Purgstall und Gresten. Ähnliche Widmungsbezirke gab es seit der ersten Hälfte des 16. Jahrhunderts in Oberösterreich zur Versorgung der Arbeiter in den Salinen von Hallstatt, Ischl und Ebensee im Salzkammergut.

Das oberösterreichische Mühlviertel nördlich von Linz entwickelte sich seit dem 16. Jahrhundert zum wichtigsten Zentrum der Leinenweberei in den österreichischen Ländern. Die Produktion war in Webermärkten wie beispielsweise Haslach konzentriert. Die Erzeugung des nötigen Garns erfolgte, gefördert von den Grundherren, im Bereich der Grundherrschaften im sogenannten Verlagssystem. Im Laufe des 17. und 18. Jahrhunderts wurden die von ihren Grundherren geschützten Landweber in ein überregionales Produktionsmuster integriert. Zu Zentren der Leinenerzeugung für den Export in den böhmischen Ländern entwickelten sich Schlesien, die Oberlausitz und Nordböhmen. Das Verhältnis zwischen den städtischen Weberzünften und den Landwebern blieb von Konkurrenz und Konflikt geprägt. Anders als viele böhmische, oberlausitzische und mährische Städte, agierten die schlesischen Städte vor allem als Zentren des Leinenhandels, nicht der Leinenerzeugung. Die Produktion von wollenen Tuchen für den Export konzentrierte sich seit dem Spätmittelalter in vielen Städten in Schlesien, aber auch in Böhmen (Braunau, Neuhaus), Mähren (Iglau) und der Oberlausitz.

Werfen wir abschließend einen Blick auf die Entwicklung von Handwerk, Manufaktur und Luxusgewerbe in der kaiserlichen Residenzstadt Wien im späten 17. und in der ersten Hälfte des 18. Jahrhunderts – unter besonderer Berücksichtigung der Rolle, die der Hof dabei gespielt hat. 1718, acht Jahre nach der Meißener Manufaktur und ein Jahrzehnt nach der Erfindung des europäischen Porzellans durch Tschirnhaus und Böttger, wurde durch den kaiserlichen Hofkriegsagenten Claudius Innocentius Du Paquier in der Vorstadt Rossau die Wiener Porzellanmanufaktur gegründet, für die Spezialisten in Meißen abgeworben wurden. Eingefädelt wurden diese Abwerbungen durch österreichische Diplomaten, die sich im Zuge der Verhandlungen über eine Allianz zwischen Kurfürst August dem Starken und Kaiser Karl VI. in Dresden aufhielten. 1744 wurde die Manufaktur in kaiserlichen Besitz übernommen. Sie produzierte bereits in der ersten Hälfte des 18. Jahrhunderts nicht nur für einige Dutzend exklusive Auftraggeber im Umkreis des Hofes, sondern für einen relativ großen Kundenkreis.

Eine größere wirtschaftliche, soziale und kulturelle Rolle als die Arbeiter und Künstler der Manufakturen – die eigentliche Manufakturperiode setzte in Wien erst in der zweiten Hälfte des 18. Jahrhunderts ein – spielten im barocken Wien nach wie vor die zünftigen Handwerker, die, etwa bei der Fronleichnamsprozession, im öffentlichen Raum der Stadt sehr präsent waren, aber auch die nichtzünftigen Hofhandwerker und »Störer« wie etwa die Militärhandwerker. 1742 gab es in Wien etwas mehr als 4600 bürgerliche Handwerksmeister. Die Diversifizierung und Spezialisierung der Wiener Gewerbe, die im Spätmittelalter einen ersten

Höhepunkt erreicht hatte, setzte sich in der zweiten Hälfte des 17. Jahrhunderts und im 18. Jahrhundert bis zum Verbot von Innungsneugründungen durch Maria Theresia 1755 fort. Die Gewerbezählung des Jahres 1736 ergab eine Zahl von knapp 12 000 Handwerkern (Haushaltsvorstände), die sich wie folgt zusammensetzte: 3345 (wenig mehr als ein Viertel) bürgerliche Handwerker, 3126 Dekretisten, 301 hofbefreite Handwerker, 1116 Militärhandwerker, 40 Universitätshandwerker, 2941 registrierte Störer sowie 976 Livreebedienstete (livrierte Dienstboten am Kaiserhof und in Adelspalästen, die im ›Nebenberuf‹ einem Handwerk nachgingen).

Gut Bescheid wissen wir dank der Forschungen von Herbert Haupt über das Hofhandwerk und das hofbefreite Handwerk in Wien zwischen 1620 und 1770. Neben den Hofhandwerkern im engeren Sinn mit den Kammer- und Leibhandwerkern (Leibbarbiere, Leibschneider, Kammergoldschmiede etc.) als Kern, die über einen Arbeitsvertrag mit dem Hof verfügten und als Mitglieder des »inneren« Hofstaats in rechtlicher Hinsicht dem Obersthofmarschall unterstanden, gab es die vom Hof nicht ständig besoldeten hofbefreiten Handwerker. Diese waren vom Hof durch Frei- und Schutzbriefe vom Zunftzwang befreite Spezialisten, die dem »äußeren« Hofstaat angehörten. Theoretisch schlossen sich Hoffreiheit und Bürgerrecht aus, eine Bestimmung, die in der Praxis aber häufig umgangen wurde.

Vom Tod Karls VI. bis zum Wiener Kongress (1740–1815)

Von Brigitte Mazohl

Epochenüberblick

Das Jahr 1740 brachte für die Geschichte des Alten Reiches und Österreichs eine neue Weichenstellung mit sich – in seiner Folge zeichnete sich immer klarer die Schwerpunktverlagerung der habsburgischen Herrschaftsinteressen zugunsten einer »österreichischen« Hausmachtpolitik ab, während das Reich zum politischen Nebenschauplatz herabsank. Die seit Friedrich III. ununterbrochene Reihe von habsburgischen Kaisern wurde durch den unerwartet frühen Tod Karls VI. im Jahr 1740 überraschend beendet, wobei zu diesem Zeitpunkt noch keine Wahl eines designierten Nachfolgers erfolgt war. In den habsburgischen Erbländern konnte zwar Karls Tochter Maria Theresia (reg. 1740–1780), damals 23 Jahre alt, auf der Grundlage der Pragmatischen Sanktion von 1713 als legitime Nachfolgerin gelten, auf der Ebene des Reichs hingegen bedeutete der Tod Karls VI. aus Wiener Perspektive ein Interregnum, das fünf Jahre dauerte, ehe im Jahr 1745 mit dem Ehemann Maria Theresias, Franz Stephan von Lothringen (reg. 1745–1765), neuerlich ein »habsburgischer« Kaiser die Reichskrone trug.

In der kurzen Zeit dieses Interregnums, da Wien (bzw. unter Rudolf II. Prag) seit Jahrhunderten erstmals nicht mehr der Sitz des römisch-deutschen Kaisers war, vollzog sich ein entscheidender Wandel hin zu einem habsburgisch-österreichischen Staatsbewusstsein, das von der Eigenständigkeit und Unabhängigkeit der *Monarchia Austriaca* gegenüber dem Reich ausging, auch wenn der habsburgische bzw. habsburg-lothringische Anspruch auf die Herrschaft im Reich in Theorie und Praxis nach wie vor weiterbestand. Die mangelnde Unterstützung seitens der Reichsstände in der Frage ihrer Nachfolge auch in den habsburgischen Erbländern veranlasste die junge Regentin Maria Theresia, ihr Augenmerk verstärkt auf den »österreichischen« Herrschaftsraum zu richten. Sowohl die Erbfolgekriege (1741–1748), die sie um die Durchsetzung der Pragmatischen Sanktion (d. h. ihrer Erbansprüche) führte, als auch die Schlesischen Kriege (1740–1763), welche ihr von ihrem lebenslangen Gegner, dem preußischen König Friedrich II., aufgezwungen wurden, hatten eine Reihe von Reformmaßnahmen in den Erbländern zur Folge, welche der Regentin vor allem in finanzieller und militärischer Hinsicht den Zugriff auf die Ressourcen in ihren Territorien sichern sollten. Ihr Sohn Joseph II. (Mitregent in Österreich 1765–1780, Kaiser 1765–1790) setzte diese Politik noch sehr viel konsequenter und kompromissloser fort.

Im Reich hingegen, dem die österreichischen und böhmischen Erbländer (nicht hingegen die Länder der ungarischen Krone) angehörten, führte die Doppel- bzw. Vielfachfunktion der Habsburger (Habsburg-Lothringer) als römisch-deutsche Kaiser einerseits und als Landesfürsten der verschiedenen habsburgischen Herrschaften andererseits zu einer rechtlich unscharfen Gemengelage, die längerfristig zwar den österreichischen Staatsbildungsprozess vorantrieb, dabei jedoch das Reich als politisch-rechtliche Ordnungsmacht aushebelte. Da »die Kaiserwürde gleichsam mit einer Familie verheiratet« war (Samuel von Pufendorf), wurde sie mehr und mehr in den Dienst habsburgischer Hausinteressen gestellt, während umgekehrt das Reich und seine Rechtsordnung vielfach bedenkenlos übergangen wurden – dies freilich nicht nur von den habsburgischen Kaisern, sondern auch von den anderen mächtigen Ständen des Reichs. Bis zum Ende des Heiligen Römischen Reichs im Jahr 1806 lässt sich diese kaiserliche Schaukelpolitik zwischen Reichsverpflichtung und erbländischen Eigeninteressen erkennen; auf sie ist letztlich die verzögerte Staatswerdung sowohl im Reich als auch in Österreich – und nicht zuletzt auch in Italien, da die habsburgische (Reichs-)Herrschaft bis Mittelitalien reichte – zurückzuführen.

Die in diesem Kapitel behandelte Epoche, zwischen dem Tod Karls VI. und dem Ende des Wiener Kongresses, ist von den Bemühungen gekennzeichnet, durch gezielte Reformen vom Zentrum aus die heterogenen habsburgischen Königreiche und Länder zu einem einheitlichen Rechtsraum zusammenzuschließen, was freilich nur zum Teil gelang. Die unterschiedlichen Rechtstraditionen bzw. der Widerstand der verschiedenen lokalen Herrschaftsträger waren durch die, insbesondere von Kaiser Joseph II. angestoßene, »Revolution von oben« nicht einfach zu brechen. Umgekehrt scheiterte auch der (letzte) Versuch des »Reformkaisers«, die kaiserlich-staatliche Macht im Reich zu stärken und damit die Rechtsordnung des »Reichs-Staats« (Georg Schmidt) auf neue Grundlagen zu stellen, an der Oppositionspolitik des preußischen Königs Friedrich II. und anderer norddeutsch-protestantischer Reichsstände, aber auch an der Gegnerschaft der damals noch mächtigen Reichskirche. Aufgrund dieser an unterschiedlichen Schauplätzen ausgetragenen Konflikte zwischen lokalen Eliten, Reichs- und Landständen einerseits und kaiserlichem Reformabsolutismus andererseits waren die politischen Verhältnisse sowohl im Reich als auch in der *Monarchia Austriaca* am Vorabend der Französischen Revolution äußerst instabil, woran auch die Versuche von Josephs II. Bruder und Nachfolger Leopold II. (reg. 1790–1792), mit den lokalen Herrschaftsträgern in den einzelnen Ländern gemeinsame Kompromisslösungen zu finden, wenig änderten. Insbesondere in Ungarn und in den Österreichischen Niederlanden, wo der Konflikt eskalierte, wurde von Wien aus mit Waffengewalt vorgegangen. Das neuerliche Interregnum, das zwischen dem unerwarteten Tod Leopolds II. und der Wahl seines Sohnes Franz (reg. 1792–1806, als österreichischer Kaiser 1804–1835) zum römisch-deutschen Kaiser eingetreten war, verschärfte die Situation insbesondere gegenüber Frankreich zusätzlich.

Als infolge der französischen Verfassungsrevolution die Frage der künftigen Herrschaftsorganisation (ständische Ordnung versus Volksrepräsentation) die in Frankreich gelegenen Reichsterritorien unmittelbar in Mitleidenschaft zog, als überdies in Wien zu Recht befürchtet wurde, die revolutionären politischen Forderungen würden auch im Reich auf fruchtbaren Boden fallen, wurde der verhängnisvolle Weg in den Krieg beschritten, der mit kurzen Unterbrechungen nahezu 25 Jahre andauerte und erst mit dem Wiener Kongress und dem Zweiten Pariser Frieden von 1815 zum Abschluss kam. In diesem von manchen Zeitgenossen bereits als »Weltkrieg« bezeichneten militärischen Konflikt, der ganz Europa und, wenn man die Kolonien mit einbezieht, auch außereuropäische Gebiete wie Nordafrika und Südamerika umfasste, ging es zunächst um die Durchsetzung bzw. Bekämpfung des aus dem Aufklärungsdenken abgeleiteten Prinzips von Volksherrschaft und Volkssouveränität. Denn dieses Prinzip stand im Gegensatz zum bisherigen Herrschaftsmodell von hierarchisch gegliederter politischer Partizipation auf ständischer Grundlage, auch wenn in den österreichischen Erbländern und in zahlreichen Territorien des Reichs der Alleinherrschaftsanspruch des jeweiligen Fürsten/Monarchen den Rechtsanspruch der Stände seit langem einzuschränken versucht hatte.

Naturgemäß waren bereits in der ersten Phase der später so genannten Koalitionskriege auch außenpolitische Machtinteressen ein entscheidendes Motiv für den Krieg, wobei allerdings immer auch, wenn man etwa an die Teilungen Polens denkt, die politisch-rechtlichen Grundsatzfragen nach der »richtigen« Herrschaft eine wesentliche Rolle spielten.

Der Export des französischen Revolutionsmodells dank der militärischen Erfolge der Grande Armée kennzeichnete die zweite Phase der kriegerischen Auseinandersetzungen, ehe sich – auf dem Höhepunkt der französischen Kontrolle über nahezu ganz Europa – das Blatt wendete und in der letzten Phase, jener der sogenannten »Befreiungskriege«, der französischen Expansionspolitik ein Ende gesetzt wurde. Nach einem Vierteljahrhundert von Kriegen und Krisen standen alle entscheidenden politisch-rechtlichen Strukturfragen erneut auf der Agenda – nachdem das Alte Reich und seine Rechtsordnung zerschlagen waren, nachdem eine ganze Reihe von neuen Staaten aus dessen Konkursmasse (darunter auch Österreich) hervorgegangen waren, konnte zum Status quo ante nicht mehr zurückgekehrt werden. Auf dem Wiener Kongress wurde die Quadratur des Kreises versucht: eine Neuordnung des europäischen Mächtegleichgewichts auf der Grundlage eines verfassungsrechtlichen Kompromisses, der die Entscheidung zwischen Fürstenherrschaft, Ständeherrschaft und Volksherrschaft de jure weitgehend offenließ, dabei allerdings de facto die jeweilige Fürstenherrschaft favorisierte. Der Zündstoff für künftige innere Konflikte war damit grundgelegt, auch wenn außenpolitisch für einige Jahrzehnte ein gesamteuropäischer Friede gesichert war.

Die europäische Stellung der *Monarchia Austriaca* vom Tod Karls VI. bis zum Wiener Kongress

1740–1742	Erster Schlesischer Krieg
1741–1748	Österreichische Erbfolgekriege
1742	Vorfriede von Breslau
	Friede von Berlin
1742–1745	Wittelsbachisches Kaisertum: Karl VII.
1744–1745	Zweiter Schlesischer Krieg
1745	Friede von Füssen
	Friede von Dresden
1745–1765	Franz Stephan I. von Lothringen römisch-deutscher Kaiser
1748	Friede von Aachen
1756	*Renversement des Alliances* (Umkehrung der Bündnisse)

1756–1763	Siebenjähriger Krieg (Dritter Schlesischer Krieg)
1763	Friede von Paris
	Friede von Hubertusburg
	Wahl Josephs II. zum römisch-deutschen König
1765	Tod Kaiser Franz Stephans I.
1765–1790	Joseph II. römisch-deutscher Kaiser
1772	Erste Teilung Polens: Erwerbung von Galizien und Ruthenien
1775	Erwerbung der Bukowina
1778–1779	Bayerischer Erbfolgekrieg: Erwerbung des Innviertels
1780–1790	Kaiser Joseph II. Alleinherrscher
1788–1791	Krieg gegen das Osmanische Reich
1790–1792	Leopold II. römisch-deutscher Kaiser
1792–1806	Franz II. römisch-deutscher Kaiser
1792–1814	Europäische Koalitionskriege
1795	Dritte Teilung Polens: Erwerbung Westgaliziens
1796	Eroberung der Lombardei durch Napoleon
1797	Friede von Campoformio
1801	Friede von Lunéville
1803	Reichsdeputationshauptschluss
1804–1835	Franz I. österreichischer Kaiser
1805	Schlacht bei Austerlitz
	Friede von Pressburg
1806	Souveränitätserklärung der Rheinbundstaaten
	Ende des Heiligen Römischen Reiches Deutscher Nation
1809	Krieg gegen Frankreich und Aufstand in Tirol
	Aufstand und Kämpfe in Tirol (u. a. Bergisel)
	Schlacht bei Aspern (21./22. Mai) und Schlacht bei Wagram (5./6. Juli)
	Friede von Schönbrunn
1812	Russlandfeldzug Napoleons
1813	»Völkerschlacht« bei Leipzig
1814	Erster Pariser Friede
1814–1815	Wiener Kongress
1815	Schlacht bei Waterloo
	Zweiter Pariser Friede

Nach dem plötzlichen Tod von Kaiser Karl VI. am 20. Oktober 1740 stellte sich in Wien die drängende Frage, ob die Erbfolgeregelungen der Pragmatischen Sanktion, um deren politische Anerkennung sich Karl VI. sein Leben lang bemüht hatte, auch tatsächlich respektiert werden würden. Kritisch war die Lage insbesondere im Reich: Hier war noch kein präsumtiver Nachfolger gewählt worden, auch hatten zwei mächtige Reichsstände, nämlich Bayern und Sachsen, der Pragmatischen Sanktion die Anerkennung verweigert. Überdies war mit Friedrich II. in Preußen ein junger und dynamischer Herrscher im selben Jahr (1740) an die Macht gekommen. Es bedeutete für Maria Theresia eine besondere Hypothek, dass das Reichsvikariat, das im Falle eines Interregnums wirksam wurde, ausgerechnet bei Bayern (Kurpfalz) und Sachsen lag. So stand sie gleich zu Beginn drei mächtigen Gegnern im Reich gegenüber. Die beiden Kurfürsten Karl Albrecht von Bayern aus dem Hause Wittelsbach und Friedrich August von Sachsen (zugleich als August III. König von Polen), die beide mit Töchtern des vormaligen Kaisers Josephs I. verheiratet waren (Karl Albrecht mit Maria Amalia, Friedrich August mit Maria Josepha), bestritten unter Berufung auf das geheime habsburgische Erbabkommen von 1703 (*Pactum mutuae successionis*), das der Pragmatischen Sanktion vorausgegangen war, die legitime Nachfolge Maria Theresias und forderten diese für die Töchter Josephs I. ein, da im Rahmen des damaligen Geheimvertrags die wechselseitige Nachfolge der Nachkommen der kaiserlichen Prinzen Joseph und Karl vorgesehen gewesen war. König Friedrich II. von Preußen nutzte seinerseits die Gunst der Stunde und machte in den schlesischen Herzogtümern ebenfalls Erbansprüche geltend. Ein am 11. Dezember 1740 überreichtes preußisches Ultimatum sollte Maria Theresia zur Abtretung Schlesiens zwingen, im Gegenzug sagte Friedrich die Anerkennung der Pragmatischen Sanktion und die Unterstützung von Maria Theresias Ehemann Franz Stephan von Lothringen bei der zu erwartenden Wahl zum römisch-deutschen Kaiser zu. Ohne die Reaktion auf das Ultimatum abzuwarten, rückten preußische Truppen bereits am 16. Dezember in Schlesien ein – Maria Theresia freilich hätte die vorgeschlagenen Bedingungen ohnehin nicht akzeptiert.

Österreichische Erbfolgekriege und Schlesische Kriege (1740–1756)

Der Krieg, der bald europäische Dimensionen annahm, traf die junge Regentin in jeder Hinsicht unvorbereitet. Insbesondere in militärischer Hinsicht war – aufgrund des engen Zusammenhangs mit der Reichskriegsverfassung – eine ausreichend gerüstete und einsatzfähige »österreichische« Armee, auf deren Einrichtung Prinz Eugen von Savoyen seit Jahren gedrängt hatte, nicht vorhanden, zumal auch die vorangegangenen

Kriege gegen das Osmanische Reich ihren Tribut gefordert hatten. Auf diese Weise konnte Friedrich II., gestützt auf eine unter seinem Vater, dem »Soldatenkönig« Friedrich Wilhelm I., nach modernstem Kenntnisstand aufgerüstete Armee, im Januar 1741 nahezu ungehindert bis Breslau, der größten und reichsten Stadt Schlesiens, vorstoßen. Dazu hat wohl auch die Tatsache beigetragen, dass die mehrheitlich protestantische Bevölkerung mit dem jungen Preußenkönig die Möglichkeit der Befreiung von der katholisch-habsburgischen Herrschaft durchaus begrüßte. Im Frühjahr 1741 errang Friedrich II. in der Schlacht von Mollwitz (10. April 1741) einen entscheidenden Sieg, nicht nur in militärischer, sondern auch in politischer Hinsicht. Seine europäischen Verbündeten, insbesondere Frankreich, waren nun zu aktiver militärischer Unterstützung bereit, umgekehrt stellte das englische Parlament für den Wiener Hof zwar eine beträchtliche Summe in Aussicht, doch auf militärische Hilfe hoffte man vergebens. England wollte sich traditionsgemäß aus einem europäischen Konflikt heraushalten und auf dem Verhandlungswege eine Einigung herbeiführen. Zudem wurden die verbündeten Reichsstände, denen sich der Kurfürst von Köln angeschlossen hatte, auch von Spanien, das ebenfalls Erbansprüche anmeldete, und Neapel unterstützt – die Möglichkeit einer Zerschlagung der habsburgischen Länderunion stand damals bereits zum ersten Mal im Raum.

Während Maria Theresias wichtigste außenpolitische Berater, Johann Christoph Freiherr von Bartenstein, Philipp Ludwig Wenzel Graf Sinzendorf und Gundaker Thomas Graf Starhemberg, im Reich und an den europäischen Höfen auf die Respektierung der Pragmatischen Sanktion hinarbeiteten und auf einer Position der Stärke gegenüber Friedrich II. beharrten – kein »Zollbreit Land« sollte abgetreten werden –, rückten französische Truppen im Reich ein, und der bayerische Kurfürst Karl Albrecht marschierte mit seiner Armee nach Österreich ob der Enns, ließ sich im September in Linz von den Ständen huldigen und machte seine Ansprüche auf Tirol, Österreich und Böhmen geltend. Am 19. Dezember 1741 wurde er in Prag zum böhmischen König gekrönt. Vergeblich hatte Franz Stephan von Lothringen, der Gatte Maria Theresias, dazu geraten, die englischen Vermittlungsbemühungen anzunehmen, weil er eine Ausweitung des Krieges verhindern wollte.

Maria Theresia, die in der Zwischenzeit (am 13. März 1741) ihren Sohn Joseph zur Welt gebracht hatte, setzte angesichts der mangelnden Unterstützung durch das Reich auf ihren außerhalb des Reichs gelegenen Herrschaftsbereich, nämlich auf das Königreich Ungarn. Beim ungarischen Landtag im Mai 1741 sagten ihr die ungarischen Stände militärische Hilfe zu, einen Monat später (25. Juni 1741) wurde sie zum ungarischen König (*Rex Hungariae*) gekrönt. In der österreichischen Historiographie geriet das Ereignis dieser »Rettung« Österreichs durch Ungarn zum emotional hochgespielten Erinnerungsort, was dessen reale Bedeutung reichlich überhöht – immer wieder wurden, auch in zeitgenössischen Stichen und späteren Gemälden, diese Szenen künstlerisch gestaltet, oft historisch wenig korrekt, denn der wenige Monate alte Joseph, den die Künstler Maria Theresia gern auf den Arm setzten, war weder bei ihrem öffentlichen Auftritt im Landtag noch beim traditionellen Krönungsumritt tatsächlich anwesend.

Angesichts der militärischen Niederlagen stimmte Maria Theresia zwar in einem Geheimvertrag mit Preußen im Oktober 1741 der Abtretung Niederschlesiens zu, doch es war beiden Seiten klar, dass es sich hierbei nur um einen kurzfristigen Waffenstillstand handelte. In Wien hofften die Falken an der Seite Maria Theresias nach wie vor auf die Möglichkeit, sich vor allem politisch gegenüber den Ansprüchen Friedrichs II. durchsetzen zu können. Mit der Wahl Karl Albrechts von Bayern zum römisch-deutschen Kaiser (als Karl VII.) am 24. Januar 1742 – die Krönung durch den Erzbischof von Köln, Karls Bruder, erfolgte am 12. Februar – fielen diese Hoffnungen allerdings in sich zusammen, denn nun gab es einen rechtmäßig gewählten Kaiser, dem gegenüber auch ein habsburgischer Landesfürst für seine im Reich gelegenen Herrschaften zur Loyalität verpflichtet war. Dass Maria Theresia und ihre Berater dies anders sahen und den Rechtsstandpunkt vertraten, mit Karl Albrecht sei ein Vertragsbrecher zu Unrecht auf den Kaiserthron gekommen, mag aus der zeitgenössischen Situation heraus verständlich gewesen sein. Weniger verständlich ist es freilich, dass in der späteren Historiographie diese Problematik des Loyalitätsbruchs, den Maria Theresia gegenüber einem legitimen Kaiser mehr oder weniger bewusst beging, kaum thematisiert wurde.

Jedenfalls bedeutete diese Wahl einen entscheidenden Schritt in Richtung des österreichischen Staatsgedankens: Nachdem die Reichskanzlei mit ihren Organen nach München übersiedelt war, gestaltete Maria Theresia den Reichskanzleitrakt der Hofburg um (die Eigentumsfrage wurde ohne genauere rechtliche Klärung im österreichischen Sinne entschieden); im Gegenzug wurde (durch Verselbständigung der außenpolitischen

Abteilung der Hofkanzlei) eine (österreichische) Staatskanzlei eingerichtet, die auch über das wittelsbachische Kaisertum hinaus nun bleibend die zentrale Behörde für außenpolitische Belange wurde. Zum ersten Mal war es nun von größtem politischen Interesse, eine klare Trennungslinie zwischen kaiserlicher Reichsherrschaft und habsburgisch-österreichischen Machtansprüchen zu ziehen, was ja bislang – zum Vorteil Habsburgs – nicht nötig gewesen war. Jetzt aber musste historisch exakt nachgewiesen werden, dass »Österreich«, auch wenn es sich hierbei ursprünglich nur um das kleine (Erz-)Herzogtum im heutigen Niederösterreich gehandelt hatte, seit den Zeiten Friedrich Barbarossas zahlreiche Freiheitsprivilegien genossen hatte, »Österreich« also, in der Sprache des 18. Jahrhunderts ausgedrückt, ein nahezu selbständiger »Staat« war, der dem Reich gegenüber kaum noch Verpflichtungen wahrzunehmen hatte.

Das Jahr 1742 bedeutete daher auch die Geburtsstunde der modernen österreichischen Staatsrechtslehre und Historiographie, denn ab diesem Zeitpunkt bemühten sich Staatsrechtler wie Franz Ferdinand Schrötter und Geschichtsschreiber wie Gottfried Philipp Spannagel in ihren Schriften darum, die politisch nun so wichtige österreichisch-habsburgische Unabhängigkeit vom Reich historisch-rechtlich zu untermauern. Erst ein knappes Jahrhundert später wurde eine der entscheidenden Rechtsgrundlagen für diese These, das sogenannte *Privilegium maius*, als Fälschung entlarvt.

Schlesische Kriege (gegen Preußen) und Erbfolgekriege (gegen Bayern und Sachsen) griffen nun unmittelbar ineinander. Mit Hilfe der ungarischen Truppen konnten zwar Linz zurückerobert und München eingenommen werden, doch eine preußische Armee rückte zur Unterstützung Karl Albrechts nach Böhmen und Mähren vor, belagerte Brünn und drohte Richtung Wien zu marschieren. Auf englische Vermittlung kam in Berlin mit Preußen ein Friedensschluss zustande (28. Juli 1742), der die Abtretung nahezu ganz Schlesiens an Friedrich II. vorsah, dafür aber – vorübergehend – einen entscheidenden Gegner ausschaltete. Gegenüber Bayern und Frankreich hingegen wurde der Kampf – auch in Böhmen – fortgeführt, im November rückten überdies spanische Truppen in Italien ein; als im Reich das Kurfürstentum Hannover unmittelbar bedroht wurde, war nun auch England, dessen König Georg II. ja in Personalunion zugleich Kurfürst von Hannover war, zum militärischen Einsatz bereit – eine »Pragmatische Armee«, der sich neben Hannover auch Hessen und Piemont anschlossen, kam zustande.

Damit schien sich das Blatt zugunsten der jungen Königin zu wenden: Böhmen war wieder in österreichischer Hand, so dass Maria Theresia am 12. Mai 1743 nun auch in Prag zur böhmischen Königin gekrönt werden konnte. Der bayerisch-französische Vormarsch in Süddeutschland wurde durch Karl von Lothringen gestoppt, die spanischen Hilfstruppen in Italien besiegt, eine französische Belagerung Hannovers abgewendet. Es kam zu verschiedenen Vereinbarungen zwischen den kriegführenden Mächten, da vor allem England längerfristig nicht mehr an einem weiteren militärischen Einsatz interessiert war. Als großer Vorteil für Österreich erwies es sich, dass der sächsische Kurfürst Friedrich August II., wohl unter dem Einfluss seiner Ehefrau Maria Josepha und weil er ein weiteres Anwachsen der preußischen Macht verhindern wollte, Ende des Jahres 1743 die Seiten wechselte und militärische Hilfe im Falle eines neuerlichen preußischen Angriffs zusagte. Tatsächlich sah sich Friedrich II. genötigt, aufgrund der militärischen Erfolge der Pragmatischen Armee zur Wahrung der »Teutschen Libertät« und zur Sicherung Schlesiens am 14. August 1744 erneut in Böhmen (und Sachsen) einzufallen, nachdem sich Frankreich und Preußen auf Drängen Karls VII. bereits im Mai zur Frankfurter Union zusammengeschlossen hatten.

Der Ausbruch dieses Zweiten Schlesischen Krieges, der in Böhmen selbst für Friedrich II. wenig erfolgreich verlief, kam zunächst vor allem der bayerischen Position zu Hilfe, denn er ermöglichte Karl VII. die Rückkehr nach München und die Rückgewinnung Bayerns. Mittlerweile war nahezu ganz Europa in die Auseinandersetzungen verstrickt – und, was oft übersehen wird, der englisch-französische Gegensatz wurde gleichzeitig auch in einem verlustreichen Seekrieg um die Kolonien ausgetragen. Zu Beginn des Jahres 1745 ergab sich insofern ein verändertes Bild der politischen Frontstellungen, als sich dem Bündnis zwischen England, den Generalstaaten und »Österreich« mittlerweile auch der sächsische Kurfürst angeschlossen hatte (Warschauer Quadrupelallianz vom 8. Januar 1745).

Wenige Wochen später trat ein Ereignis ein, das die politische Lage von Grund auf änderte: Am 20. Januar 1745 starb der glücklose Wittelsbacher Kaiser, 48jährig, an der schweren Gicht, die ihn während seiner letzten Lebensjahre bereits gequält hatte. Er hinterließ ein neuerliches Interregnum, in dem nun allerdings Franz Stephan von Lothringen weitgehend konkurrenzlos als präsumtiver Kaiser im Raume stand, zumal Friedrich II. angesichts der Mehrheit der katholischen Kurfürsten als möglicher protestantischer Kaiser nach wie vor kaum Chancen hatte, gewählt zu werden.

Karls Sohn und Nachfolger in Bayern Maximilian III. Joseph leitete umgehend Friedensverhandlungen mit Wien ein, die im »Familienfrieden« von Füssen (22. April 1745) zum Abschluss kamen. Für die Anerkennung der Pragmatischen Sanktion und das Versprechen, die bayerische Kurstimme bei der bevorstehenden Kaiserwahl Franz Stephan von Lothringen zu geben, wurde österreichischerseits auf alle bislang erfolgten bayerischen Eroberungen verzichtet. Auf diese Weise war Bayern in seinem bisherigen territorialen Umfang bestätigt, auch gab es keine Reparationsforderungen.

Der Krieg im Osten hingegen war in der Zwischenzeit weitergeführt worden, und auch im Westen sah sich die Pragmatische Armee neuerlichen französischen Angriffen ausgesetzt. Trotzdem erfolgte die Kaiserwahl zugunsten des habsburgisch-lothringischen Kandidaten. Mit sieben von neun Kurstimmen (nur Friedrich II. für Brandenburg-Preußen und Karl Theodor von der Pfalz votierten dagegen) wurde Franz Stephan von Lothringen am 13. September 1745 zum römisch-deutschen Kaiser gewählt und am 4. Oktober in Frankfurt feierlich gekrönt.

Die erfolgreiche Kaiserwahl verstärkte zwar Maria Theresias politische Position gegenüber Frankreich und Preußen, doch in militärischer Hinsicht half sie wenig. Weitere Niederlagen im Laufe des Jahres 1745 (im Westen bei Fontenoy gegen die Franzosen, im Osten bei Hohenfriedberg und Kesselsdorf), vor allem aber die schwankende Politik Englands, das eine Verständigung zwischen Friedrich II. und Maria Theresia herbeizuführen wünschte, brachen den Widerstand der Königin und ihrer Ratgeber. Im Frieden von Dresden (25. Dezember 1745) musste Maria Theresia auf Schlesien verzichten, dafür war Friedrich II. zur Anerkennung von Franz Stephan I. als römisch-deutschem Kaiser sowie der Pragmatischen Sanktion bereit. Es war dieser Friede das entscheidende Startsignal für jene weitreichenden Reformen in den österreichischen und böhmischen (»teutschen«) Erbländern, die Maria Theresia künftig sehr viel mehr »auf das Innerliche deren Länder« achten ließ, »umb die erforderlichen Maaßreguln zu ergreifen«, wie diese »bey ermangelnden Festungen und baaren Geldes, auch geschwächten Armeen noch zu erhalten und zu beschützen wären«.

Außenpolitisch wurde der Krieg in den Niederlanden und in Italien noch für weitere drei Jahre ohne kriegsentscheidende Schlachten fortgesetzt: Es ging vor allem um die im Spanischen Erbfolgekrieg gewonnenen Besitzstände in den südlichen Niederlanden und in Oberitalien, die – mit kleinen Abstrichen, insbesondere in Mittelitalien – im großen und ganzen gehalten werden konnten. In dem seit Monaten bereits vorverhandelten Frieden von Aachen (18. Oktober 1748) zwischen den Hauptkontrahenten Frankreich, Spanien, Modena und Genua auf der einen und »Österreich«, England, den Generalstaaten und Sardinien auf der anderen Seite wurden für den niederländischen und den italienischen Raum Friedensregelungen getroffen, die bis zu den »Franzosenkriegen« der Jahrhundertwende halten würden. Die seit Jahrzehnten umstrittenen oberitalienischen Herzogtümer Parma, Piacenza und Guastalla fielen an den spanischen Infanten Philipp und damit an die spanische Krone, während die Lombardei (das ursprüngliche Herzogtum Mailand) nun als *Lombardia austriaca*, d.h. als habsburgisches Herrschaftsterritorium, bestätigt wurde.

Es muss hier in Erinnerung gerufen werden, dass die »österreichischen« Herrschaftsansprüche in Oberitalien (einschließlich der Vasallität vonseiten Genuas, das sich allerdings als selbständige Adelsrepublik behaupten konnte) in der politischen Argumentation stets aus Reichstraditionen abgeleitet wurden, ohne dass diese umgekehrt in der politischen Praxis dann auch tatsächlich respektiert worden wären. Im Laufe des 18. Jahrhunderts wurde die Lombardei von Wien aus sehr viel mehr als habsburgisches Muster-Reformland behandelt, wobei traditionelles Reichsrecht zunehmend aus dem Blickfeld geriet. Ebenso konnten die südlichen Niederlande – auch hier spielte die vormalige Reichszugehörigkeit eine Rolle – gehalten werden; der Großteil des reichen und in wirtschaftlicher Hinsicht weitentwickelten Schlesien (einschließlich der heftig umkämpften Grafschaft Glatz) fiel an Preußen, was für die Monarchie in jeder Hinsicht einen großen Verlust bedeutete. Umgekehrt wurde neuerlich – und diesmal bleibend – die Pragmatische Sanktion anerkannt und Franz Stephan I. als Kaiser bestätigt.

Nach acht Jahren Krieg waren damit sowohl die ersten beiden Schlesischen als auch die Österreichischen Erbfolgekriege beendet. Das ernüchternde Ergebnis ließ damals bereits die Frage aufkommen, ob nicht ein rechtzeitiges Einlenken der jungen Königin politisch klüger gewesen wäre, doch legte sich der spätere Mythos Maria Theresias über diese ihre damalige »Standhaftigkeit«, hinter der auch der größere Weitblick ihres Gatten verblasste.

Die kurzen Friedensjahre zwischen 1748 und 1756, als es mit Preußen zu neuerlichen militärischen Auseinandersetzungen kam, dienten weitreichenden innenpolitischen Reformen, die auf den engeren administrativen Zusammenschluss der habsburgischen Erbländer, insbesondere zur staatlichen Ressourcensteigerung in finanzieller und militärischer Hinsicht zielten, von denen noch ausführlicher die Rede sein wird.

Renversement des Alliances und Siebenjähriger Krieg

Doch auch außenpolitisch bahnte sich ein entscheidender Kurswechsel an: Als mit Wenzel Anton Graf Kaunitz (1711–1794) ein fähiger junger Diplomat, der als Gesandter maßgeblich an den Aachener Friedensverhandlungen beteiligt gewesen war, am Wiener Hof zunehmend an Einfluss gewann, zeichnete sich bald eine stärkere Hinwendung zu Frankreich ab, die Kaunitz als österreichischer bevollmächtigter Minister in Paris bereits systematisch betrieben hatte. Um das nach wie vor aktuelle politische Ziel, Schlesien zurückzugewinnen, erfolgreich verfolgen zu können, musste, den Vorstellungen von Kaunitz entsprechend, die bisherige Allianz mit England aufgegeben werden, da diese außer Vermittlungsbemühungen wenig konkrete Unterstützung gebracht hatte.

Diese neue Tendenz der österreichischen Politik irritierte neben England insbesondere den Preußenkönig Friedrich II., der umgekehrt und im Gegensatz zur bisherigen Tradition die Annäherung an England suchte. Als Wien – unter dem Einfluss von Kaunitz – entgegen dem englischen Wunsch nicht bereit war, seine Truppen in den Niederlanden zu verstärken, den bisherigen Bündnisvertrag mit England aufkündigte und stattdessen mit Frankreich im März 1756 eine formelles Defensivbündnis abschloss, das französische Truppenhilfe im Falle eines preußisch-österreichischen Konfliktes vorsah, war für Friedrich II. der Zeitpunkt gekommen, erneut in Sachsen einzumarschieren, um einem österreichischen Militärschlag zuvorzukommen. Dies bedeutete den Beginn des Dritten Schlesischen Krieges (1756–1763), der sieben Jahre dauerte und der – im Gegensatz zu den bisherigen Konflikten um Schlesien – unter völlig neuen politisch-diplomatischen Konstellationen geführt wurde. Angesichts des sogenannten *Renversement des Alliances*, der Umkehrung der bisherigen Bündnisse – im Vertrag von Versailles vom Mai 1756 wurde das französisch-österreichische Bündnis bestätigt –, kämpfte nun

Frankreich an der Seite Maria Theresias, während England Friedrich II. von Preußen unterstützte. Auf diese Weise weitete sich dieser Krieg allerdings auch, wie in der jüngeren Forschung zum Siebenjährigen Krieg vermehrt betont wird, zu einem der ersten weltweit geführten Kolonialkriege aus, da im Verlauf der Auseinandersetzungen der Kampf um Schlesien immer mehr zum Nebenschauplatz geriet und zwischen den beiden Hauptkontrahenten Frankreich und England (und ihren jeweiligen Verbündeten und Gegnern) hauptsächlich um die koloniale Vorherrschaft, insbesondere in Nordamerika, gerungen wurde. Russland hingegen, das – wie bereits im Ersten Schlesischen Krieg – den Machtansprüchen Preußens mit Misstrauen gegenüberstand, positionierte sich wiederum an der Seite Österreichs.

Für die Wiener Politik bedeutete der Siebenjährige Krieg einen weiteren Schritt zur Abkehr vom Reich. Trotz aller Bemühungen scheiterte der Versuch des kaiserlichen Hofs, über Friedrich II. wegen Landfriedensbruchs die Reichsacht verhängen zu lassen – zum einen am Widerstand des Reichstags selbst, der sich zu einem gemeinsamen Vorgehen nicht durchringen konnte, zum anderen aber auch an der zögerlichen Haltung der beiden Garantiemächte Frankreich und Schweden. Eine zweite Phase gezielter erbländisch-österreichischer innenpolitischer Reformen setzte im Anschluss an den – letztlich erfolglos geführten – Siebenjährigen Krieg ein.

Der Krieg selbst brachte trotz anfänglicher militärischer Erfolge – insbesondere die Schlacht bei Kolin (18. Juni 1757) spielte im kollektiven Gedächtnis eine entscheidende Rolle, stiftete Maria Theresia doch damals den begehrten Maria-Theresien-Orden als höchste militärische Auszeichnung – nicht das gewünschte Ergebnis: die Rückgewinnung Schlesiens.

Letztlich kriegsentscheidend war allerdings nicht nur die vielbeschworene militärische Überlegenheit der preußischen Armee, wenngleich dieser Topos ein gewichtiges Argument für die künftige Reformpolitik darstellte, sondern auch der Seitenwechsel Russlands nach dem Tod der Zarin Elisabeth. Ihr Nachfolger, Peter III., ein Bewunderer Friedrichs II., schloss mit Preußen in St. Petersburg einen Separatfrieden und stellte sogar Hilfstruppen zur Verfügung. Ebenso hielt Peters Ehefrau und Nachfolgerin Katharina II. an dieser preußenfreundlichen Politik fest. Katharina, die als deutsche Prinzessin (sie war die Tochter des Fürsten Christian August von Anhalt-Zerbst und der Herzogin Johanna Elisabeth von Holstein-Gottorf) dem preußischen König persönlich verbunden war, sah sich wie er als Anhängerin der französischen Aufklärung – auch sie distanzierte sich daher von einem gemeinsam mit Österreich geführten Krieg gegen Preußen.

Die militärischen Erfolge, welche die österreichische Armee im Verlauf des Krieges durchaus zu verzeichnen hatte – in der Schlacht bei Kunersdorf am 12. August 1759 beispielsweise erlitt Friedrich II. durch Feldmarschall Gideon Ernst von Laudon eine schwere Niederlage –, waren infolge des russischen Rückzugs aus dem Krieg vergeblich gewesen. Seit dem Sommer 1762 zeichnete sich die preußische Überlegenheit immer deutlicher ab: Am 21. Juli konnte Friedrich II. (mit russischer Hilfe) einen entscheidenden Sieg über die von Feldmarschall Leopold Joseph Graf Daun angeführten Österreicher verzeichnen, das letzte große Gefecht zwischen Preußen und einer für Österreich kämpfenden Reichsarmee wurde am 29. Oktober 1762 bei Freiberg in Sachsen geschlagen. Auch für Frankreich (und das mit ihm verbündete Spanien) brachten die letzten Kriegsjahre eine ganze Reihe von militärischen Niederlagen, auf dem Kontinent ebenso wie in den Kolonien, zudem führte der Mehrfrontenkrieg Frankreich an den Rand des wirtschaftlichen Ruins, so dass es gezwungen war, noch Ende des Jahres 1762 einen Präliminarfrieden mit England abzuschließen und damit aus dem Krieg auszuscheiden. Doch auch Österreich war am Ende seiner militärischen und wirtschaftlichen Kraft und konnte, angesichts des Ausscheidens seiner Verbündeten, den Krieg nicht weiter fortsetzen.

Es kam daher relativ rasch zum Abschluss von Friedensverhandlungen: Auf den Frieden von Paris (10. Februar 1763), der den Kolonialkrieg zwischen England und Frankreich (und ihren jeweiligen Verbündeten Portugal und Spanien) beendete, folgte am 15. Februar 1763 der zwischen Preußen und Österreich unter der Vermittlung Sachsens geschlossene Friede von Hubertusburg, mit welchem letztlich der Status quo ante wiederhergestellt wurde: Das so erbittert umkämpfte Schlesien blieb bei Preußen, einschließlich der Grafschaft Glatz, um deren Besitz seit dem Beginn der Schlesischen Kriege immer wieder gekämpft worden war.

Die längerfristigen Folgen dieses für alle Beteiligten überaus verlustreichen Krieges brachten für die geopolitische Lage Europas und seine Kolonien einschneidende Veränderungen mit sich. Für Frankreich bedeutete er den Verlust der kolonialen Vormachtstellung und eine innenpolitische Krisensituation, mit welcher bereits die entscheidenden Weichen für die spätere Revolution gestellt wurden. England ging als unbestrittene Siegermacht aus dem Krieg hervor: Es konnte damit, nicht zuletzt dank seiner kolonialen Weltherrschaft, seine bisherige Rolle als politische Vermittlerinstanz auch auf dem Kontinent weiter stärken. Die *Monarchia Austriaca* hatte sich zwar als *Totum*, wie es die Pragmatische Sanktion vorgesehen hatte, behaupten können, doch war Schlesien – mit Ausnahme des Herzogtums Teschen sowie von Teilen der Herzogtümer Troppau und Jägerndorf und des Fürstentums Neisse – bleibend verloren. Was Kaunitz sich vom *Renversement des Alliances* und vom Krieg erhofft hatte – Schlesien wiederzugewinnen und dafür die österreichischen Niederlande an Frankreich abzutreten –, war als Plan nicht aufgegangen. Stattdessen gab es innerhalb des Reichs und innerhalb Europas eine neue »Großmacht«: Der Kurfürst von Brandenburg und König in Preußen, Friedrich II., verdankte dem Krieg seine erstarkte Position als mächtigster (protestantischer) Reichsstand, der künftig reichsintern ein nicht zu unterschätzendes Gegengewicht zum (katholischen) Kaiser bildete, der aber auch unabhängig vom Reich, wie der Kaiser selbst, eine eigenständige Politik in der Pentarchie der europäischen Mächte verfolgen konnte.

Die Außenpolitik Josephs II. bis zur Französischen Revolution

Der Tod von Kaiser Franz I. (Franz Stephan war am 18. August 1765 gestorben) machte früher als erwartet seinen präsumtiven Nachfolger, Joseph II., der bereits im März 1764 von den Kurfürsten zum römisch-deutschen König gewählt worden war, zum Kaiser des Heiligen Römischen Reichs. Der Herrschaftsverbund zwischen dem Reich und den österreichischen Erbländern gestaltete sich in dieser Konstellation noch viel schwieriger als zuvor. Joseph II. war in den österreichischen Erbländern zwar »Mitregent«, doch die eigentliche Macht lag in den Händen Maria Theresias; umgekehrt war Joseph II. nun Kaiser des Reichs, seine Mutter als Landesfürstin sämtlicher Reichsterritorien (mit Ausnahme ihrer Funktion als König von Ungarn) hatte ihn daher gemäß Reichsrecht, wie alle anderen Reichsstände auch, als »obersten Lehensherrn« anzuerkennen. Wie auch bereits Maria Theresias Ehemann Franz Stephan, der zumindest Großherzog der Toskana gewesen war, konnte Joseph II. als Kaiser auf keine eigene Territorialmacht als Herrschaftsgrundlage zurückgreifen. Der Titel eines Grafen von Falkenstein, unter welchem er oft inkognito auf seinen zahlreichen Reisen auftrat, verdankte sich einer in den vorderösterreichischen Reichsgebieten gelegenen kleinen Grafschaft, die ihm sein Vater hinterlassen hatte und die sein einziges eigenrechtliches Herrschaftsgebiet darstellte. Diese Gemengelage dauerte bis zum Tod Maria Theresias im Jahr 1780 an – dann erst konnte Joseph II. als »Alleinherrscher« sowohl in Österreich als auch im Reich auftreten. Eine derart komplexe Überschneidung von Verantwortlichkeiten und Herrschaftsbefugnissen – erschwert durch die persönliche Bindung zwischen Mutter und Sohn – hatte unklare Entscheidungsverhältnisse zur Folge, zumal Maria Theresia und Joseph II., insbesondere in außenpolitischen Belangen, häufig durchaus unterschiedliche Positionen vertraten.

Umgekehrt sah Joseph II. angesichts seiner eingeschränkten »Mitregentschaft« innerhalb der österreichischen Länder zunächst vor allem in der Reichs- und Kaiserpolitik einen gewissen Handlungsspielraum. Seine Versuche, das Reich im Sinne eines modernen Staates umzugestalten und dem Kaiser mehr Machtbefugnisse einzuräumen, schlugen allerdings fehl. Immerhin konnte Joseph II., von Kaunitz gut beraten, territoriale Gebietsgewinne an den östlichen Grenzen verbuchen, ohne dass dafür größere militärische Auseinandersetzungen nötig gewesen waren. Die Expansionsbestrebungen Preußens und Russlands gegenüber dem innenpolitisch geschwächten Polen gezielt nutzend, wurden auf diese Weise zunächst die Zipser Städte annektiert und wenig später im Zuge der sogenannten ersten Teilung Polens große Teile Kleinpolens, nämlich Galizien und Ruthenien mit der Stadt Lemberg, den habsburgischen Territorien zugeschlagen (Petersburger Vertrag vom 5. August 1772). Damit war – in der offiziellen Wiener Lesart: als Ersatz für Schlesien – ein neues Kronland, das Königreich Galizien und Lodomerien, geschaffen und die Expansion der Monarchie nach Osten weiter vorangetrieben worden. Nur drei Jahre später (1775) kam, von Joseph II. bewusst als Landbrücke zwischen Siebenbürgen und Galizien angestrebt, die Bukowina hinzu, ein ursprünglich unter osmanischer Verwaltung stehendes, im Zuge des russisch-osmanischen Krieges (1768–1774) von Russland okkupiertes Gebiet, dessen Besitz sich Joseph II. als Dank für seine »Vermittlerdienste« im Frieden von Küçük Kaynarca (10. Juli 1774) von beiden kriegführenden Parteien hatte bestätigen lassen.

Weniger erfolgreich erwiesen sich des Kaisers Bemühungen im Zusammenhang mit dem von Kaunitz bereits seit langem verfolgten »bayerischen Tauschprojekt«, das einmal mehr die Konfliktlinien zwischen

Reichs- und Österreichpolitik bzw. zwischen Joseph II. und Maria Theresia sichtbar machte. Nach dem Aussterben der bayerischen Linie der Wittelsbacher (Kurfürst Maximilian III. Joseph war im Dezember 1777 gestorben) wollte Joseph II. die in den wittelsbachischen Erbverträgen vorgesehene Übertragung Bayerns an den pfälzischen Kurfürsten Karl Theodor von Pfalz-Sulzbach verhindern und Bayern für sich gewinnen. Als Entschädigung bot er Karl Theodor die österreichischen Niederlande an, ein Plan, den Kaunitz bereits seit der Zeit der Schlesischen Kriege verfolgt hatte. Ohne vorherige Absprache mit den Reichsständen wurde die Vereinbarung zwischen Karl Theodor und Joseph II. in der Wiener Konvention vom 3. Januar 1778 besiegelt, was allerdings den Protest der Reichsstände, insbesondere des preußischen Königs Friedrich II., hervorrief. Nachdem österreichische Truppen in Bayern eingerückt waren, erklärte Friedrich II., getragen von einer breiten Opposition gegen Joseph II. im Reich, dem Kaiser den Krieg (3. Juli 1778), und preußische Truppen marschierten in Böhmen ein. Da allerdings beide Seiten weitere militärische Auseinandersetzungen scheuten und Maria Theresia auf diplomatischem Wege und hinter dem Rücken ihres Sohnes bei Friedrich II. im Sinne baldiger Friedensregelungen intervenierte, kam es im Zuge dieses »Kartoffelkrieges« oder »Zwetschkenrummels« zu keinerlei größeren Gefechten. Im Frieden von Teschen (13. Mai 1779) musste Joseph II. das Tauschprojekt begraben, beide Seiten garantierten einander kleinere Gebietsgewinne: Österreich ob der Enns wurde um das »Innviertel« erweitert, Preußen konnte sich durch den Gewinn von Ansbach und Bayreuth in den süddeutschen Raum hinein ausdehnen. Für Joseph II. hingegen wog der territoriale Zugewinn bei weitem nicht den Schaden auf, den sein Ansehen als römisch-deutscher Kaiser erlitten hatte.

Das Reich und Österreich vor den Herausforderungen der Französischen Revolution

Die Nachricht von der Französischen Revolution traf daher im Reich und in Österreich auf eine alles andere als stabile Situation, denn die Reformpolitik Josephs II. hatte bereits zu offenem, z.T. mit Gewalt ausgetragenem Widerstand geführt. In den Österreichischen Niederlanden wurde unter dem Eindruck der Ereignisse in Frankreich 1790 die Republik ausgerufen; in Ungarn drohte die ständische Opposition im Kampf um ihre Freiheitsrechte mit der Absetzung des habsburgischen Königs. Inmitten dieser Turbulenzen starb der Kaiser, 49jährig, am 20. Februar 1790 in Wien.

Josephs jüngerer Bruder, Großherzog Leopold II., der am 12. März 1790 aus der Toskana kommend in Wien eintraf, stellte den opponierenden Ständen der österreichischen und böhmischen Länder die Rückkehr zur alten Ordnung in Aussicht. Angesichts der bedrohlichen Lage in Frankreich wurde Leopold II. im Reich einstimmig zum römisch-deutschen Kaiser gewählt (30. September 1790) und wenige Tage später gekrönt; im November erfolgte nach intensiven Verhandlungen mit Ungarn die Krönung zum König von Ungarn. Auch mit den Niederlanden, deren Recht auf Selbstverwaltung weitgehend anerkannt wurde, kam es zur friedlichen Einigung, die habsburgische Herrschaft wurde vorerst bestätigt.

Kaiser Leopold II. sah zunächst die Entwicklungen in Frankreich nicht als Bedrohung an. Erst als das revolutionäre französische Recht die Besitzstände deutscher Reichsfürsten im Elsass und in Lothringen infolge der Einziehung von Kirchenbesitz gefährdete, gab es auch für den Kaiser unmittelbaren Handlungsbedarf. Nach der Flucht der königlichen Familie im Sommer 1791 und unter dem Druck französischer Emigranten unterzeichnete der Kaiser gemeinsam mit dem preußischen König Friedrich Wilhelm II., dem Nachfolger Friedrichs II., am 27. August 1791 die sogenannte Erklärung von Pillnitz, in welcher der Revolutionsregierung in Paris zum Schutz der Monarchie militärisches Eingreifen angedroht wurde. Zehn Tage später verkündigte die französische Nationalversammlung die neue französische Verfassung. Der österreichische Botschafter in Frankreich, Graf Florimond Claude von Merci-Argenteau, ein enger Vertrauter von Königin Marie Antoinette, der Schwester Leopolds II., warnte vor der neuerlichen Aufstandsgefahr in den Österreichischen Niederlanden.

Auf diese Nachrichten hin wuchs in Wien die Bereitschaft, militärisch gegen Frankreich vorzugehen. Kaunitz ließ im Einvernehmen mit dem preußischen Hof Truppen gegen die Niederlande mobilisieren, was in Paris naturgemäß für Irritationen sorgte. Nach gescheiterten diplomatischen Bemühungen forderte die französische Nationalversammlung am 25. Januar 1792 ultimativ ein Bekenntnis Leopolds II. zu den österreichisch-französischen Bündnisvereinbarungen aus dem Jahr 1756. Statt einer Antwort wurde am 7. Februar 1792 ein preußisch-österreichisches Militärbündnis für den Fall eines französischen Angriffskrieges ratifiziert. Mitten in dieser schwierigen Lage starb Kaiser Leopold II., 45jährig, nach zweitägiger Krankheit, was für die Wiener Politik zunächst neue Prioritäten mit sich brachte: Möglichst rasch musste in dieser Situation eines drohenden Krieges mit Frankreich für eine reibungslose Kaiserwahl gesorgt werden. Tatsächlich konnte Kaunitz, trotz aller vorangegangener Spannungen im Reich, die Wahl von Leopolds Sohn Franz so erfolgreich vorbereiten, dass der junge Habsburger am 5. Juli 1792 einstimmig von den Kurfürsten zum römisch-deutschen Kaiser gewählt und am 14. Juli (dem dritten Jahrestag des »Sturmes auf die Bastille« in Paris) auch gekrönt wurde.

Nicht unerwartet erfolgte jedoch in dieser Zeit des »Interregnums« – am 20. April 1792 – die französische Kriegserklärung, gerichtet an Erzherzog Franz als König von Böhmen und Ungarn und an den preußischen König Friedrich Wilhelm II. Damit begann eine nahezu 25 Jahre währende Epoche von kriegerischen Auseinandersetzungen, die ganz Europa (und über Europa hinaus auch die europäischen Kolonien) in Mitleidenschaft zogen und die erst mit dem Wiener Kongress in den Jahren 1814/1815 beendet wurden. Die Zeitgenossen sprachen damals bereits von einem »Weltkrieg« und davon, dass mit ihm alles, »was seit einem Jahrtausend« Gültigkeit gehabt habe, zutiefst erschüttert worden sei. Insgesamt forderte dieser Krieg etwa 4,7 Millionen Kriegstote und mehr als eine Million zivile Opfer. Er erfolgte in mehreren Phasen, an denen sich der strukturelle Wandel von der Tradition der europäischen Kabinettskriege zu den »Nationalkriegen« des 19. Jahrhunderts deutlich erkennen lässt.

Die erste Koalition und die preußisch-österreichischen Eigeninteressen

Kaunitz versuchte zunächst noch, im Windschatten des Krieges, seinen lange gehegten Plan eines niederländisch-bayerischen Tausches im Reich durchzusetzen, während der preußische König auf Gebietserweiterungen im Osten hoffte. Es war unverkennbar, dass es beiden Alliierten vor allem darum ging, ihre jeweiligen Eigeninteressen auf territoriale Arrondierung in diesem Krieg zu verfolgen – das vorgeschützte Eingreifen zugunsten der königlichen Familie in Frankreich wirkte daher bei den ohnehin misstrauischen Reichsständen wenig überzeugend.

Im Laufe des Sommers 1792 zeigte es sich jedoch, dass die Ära Kaunitz in Wien abgelaufen war. Der junge Kaiser setzte auf eine jüngere Generation von Beratern, welche endgültig die Interessen des Reichs zugunsten einer offensiven österreichischen Politik aufzugeben bereit waren. Kaunitz' Demission leitete eine neue Phase in der österreichischen Außenpolitik ein. Bis zum glanzvollen Auftritt Metternichs auf der Bühne der österreichischen Staatskanzlei wurde diese ausgerechnet in den schwierigen Kriegsjahren von wenig befähigten Staatsmännern geleitet, die mit gutem Grund im österreichischen kollektiven Gedächtnis und in der historischen Tradition so gut wie vergessen sind. So der unmittelbare Nachfolger von Kaunitz, Johann Philipp Graf Cobenzl, dessen diplomatischem Ungeschick es zu danken war, dass die preußisch-österreichischen »Entschädigungsverhandlungen« in einer Sackgasse endeten, wofür freilich auch die mittlerweile erfolgten militärischen Niederlagen am Rhein verantwortlich waren. Ende März 1793, als sich Preußen mit Russland bereits informell über eine Teilung Polens geeinigt hatte, ohne Kaiser und Reich in dieses »Geschäft« einzubeziehen, musste Cobenzl die Leitung der Staatskanzlei an einen der erfolglosesten Staatsmänner jener Jahre überhaupt abtreten, an Johann Amadeus Franz von Thugut, einen erklärten Preußengegner, der dem Bündnis mit Preußen von Anfang an skeptisch gegenübergestanden war.

Die französische Revolutionsarmee war im Verlauf des ersten Kriegsjahres erfolgreich nach Osten vorgedrungen, im November 1792 wurden die Österreichischen Niederlande durch siegreiche französische Truppen besetzt. Diese militärischen Erfolge Frankreichs gingen jedoch Hand in Hand mit einer Radikalisierung im Innern: Nach der Ausrufung der Republik (21. September 1792) wurde König Ludwig XVI. des Hochverrats angeklagt und am 21. Jänner 1793 hingerichtet. Dieses Ereignis wiederum verstärkte in anderen europäischen Ländern die Kriegsbereitschaft. Eine unter englischer Führung zustande gekommene Koalition erwies sich für die österreichische Lage in den Niederlanden als günstig – mit englischer Hilfe kam es dort zunächst zu einigen erfolgreichen Gefechten. Im Reich allerdings war der Rückhalt für den Krieg nach wie vor gering, zu sehr wurde die militärische Auseinandersetzung mit Frankreich als preußisch-österreichischer »Eroberungskrieg« angesehen. Während der preußische Hof in aller Ruhe und im Einverständnis mit

Russland die zweite Teilung Polens ohne Einbeziehung Wiens vertraglich regelte (5. Jänner 1793), konnte man sich in Wien nicht darüber einigen, in welcher Form die Reichsstände für eine Beteiligung am Krieg gewonnen werden konnten (und welche Rolle dabei das »Tauschprojekt« spielen sollte).

Trotz anfänglicher militärischer Erfolge, die vor allem dem strategischen Geschick von Erzherzog Karl, des Kaisers jüngerem Bruder, zuzuschreiben waren, mussten sich die verbündeten Armeen Anfang des Jahres 1793 hinter den Rhein zurückziehen, was den bisher zögernden Reichstag in Regensburg nun ebenfalls zur Aufstellung einer »Reichsdefensionsarmee« veranlasste. Weiterhin belastete die Frage der Teilung Polens nicht nur das Verhältnis zwischen Berlin und Wien, sondern auch die Koalition insgesamt. Oppositionelle Kräfte in Wien, allen voran der bisherige niederländische Kanzler Ferdinand Graf Trauttmansdorff, forderten vergeblich die Beendigung des wenig populären Krieges und Thuguts Rücktritt. Letzterer hingegen hielt weiterhin am erfolglosen Krieg fest, nicht ohne mit dem russischen Hof wegen weiterer polnischer Teilungspläne Verhandlungen aufzunehmen. Bei künftigen Teilungen sollte auch Österreich mit territorialem Gewinn (Westgalizien) bedacht werden. In einer Geheimklausel wurden Österreich außerdem zusätzliche Gebietsgewinne (Bayern, Venetien) in Aussicht gestellt. Ungehindert rückten zur gleichen Zeit die siegreichen französischen Truppen weiter Richtung Osten vor. In Holland wurde als erste französische Tochterrepublik die Batavische Republik ausgerufen. Angesichts der erreichten Kriegsziele im Osten scherte Preußen aus der Koalition aus und vereinbarte in Basel einen Sonderfrieden (5. April 1795), dem sich auch andere norddeutsche Reichsstände anschlossen. Da Thugut weiterhin zu Friedensverhandlungen mit Frankreich nicht bereit war und auf der Fortführung des Krieges beharrte, sahen sich die Reichsstände nun vollends zwischen preußischer Friedens- und österreichischer Kriegspolitik aufgerieben.

Ein einheitliches Vorgehen im und mit dem Reich war dadurch nicht mehr möglich. Stattdessen wurde im Oktober 1795 in Petersburg definitiv die dritte Teilung Polens vertraglich geregelt. Nachdem sich auch Hannover (im September 1795) der preußischen Neutralität angeschlossen hatte, war Deutschland nunmehr in einen neutralen Norden und einen halbherzig kampfbereiten Süden geteilt.

Zudem weitete sich Ende des Jahres 1795 der Krieg auch auf den Süden aus. Nach dem Einmarsch in Piemont, das daraufhin ebenfalls aus der Koalition ausschied, zog der junge General Napoleon Bonaparte im Mai 1796 siegreich in Mailand ein. Das Vorrücken französischer Truppen im Sommer 1796 nach München und in die Oberpfalz bewirkte am süddeutschen Kriegsschauplatz zudem den Frontwechsel Bayerns, was den Zusammenhalt im Reich noch tiefer erschütterte.

Das rasche Vorrücken Bonapartes von Süden her – im April 1797 drangen französische Truppen in die Steiermark vor – machte schließlich Waffenstillstandsverhandlungen unumgänglich. Im Präliminarfrieden von Leoben (18. April) wurde ein Waffenstillstand beschlossen, in dem der Kaiser der Abtretung der südlichen Niederlande (Belgiens) zustimmte, aber auf der vollständigen Integrität des Reiches beharrte. Auf einem eigenen Kongress sollten die wesentlichen Fragen der künftigen Reichsgrenzen geklärt werden. Kompensationen für Belgien waren in Italien vorgesehen. Der Friede von Campo Formio vom 17. Oktober 1797 sah demgegenüber bereits in einem Geheimartikel die Abtretung des linken Rheinufers vor, was nichts anderes bedeutete, als dass der Kaiser und seine Ratgeber Reichsterritorium zugunsten österreichischer Gebietsgewinne in Italien abzutreten bereit waren.

Neuerliche Entscheidung für den Krieg: die zweite Koalition

Im November 1797 begannen in Rastatt die Friedensverhandlungen zwischen Frankreich und dem Heiligen Römischen Reich. Da die kaiserlichen Vertreter wenig Interesse an diesen Beratungen signalisierten, kam Napoleon als Repräsentanten der französischen Republik sehr bald die eigentliche Führungsrolle zu. Sein Ansehen bei den Reichsständen wuchs, während die Loyalität gegenüber dem Kaiser zusehends abnahm. Als die schwierige Position Wiens immer deutlicher wurde, setzte Thugut auf eine Wiederaufnahme des Krieges, zumal Napoleon anderweitig militärisch gebunden war: Nach Bonapartes Ägyptenfeldzug, der Ausrufung der Römischen Republik und der Gefangennahme von Papst Pius VI. im Jahre 1798 konnte Thugut auf die Unterstützung weiterer europäischer Verbündeter (Russland, England) hoffen. Im März 1799 erfolgte – während des noch tagenden Friedenskongresses in Rastatt – die neuerliche französische Kriegserklärung an den Kaiser. Der Zweite Koalitionskrieg (1799–1801) führte zur Auflösung des Kongresses, ohne dass die Fragen der künftigen Reichsstruktur und Reichsverfassung gelöst worden wären. Dennoch schlugen sich die süddeutschen Reichsstände ein letztes Mal auf die Seite des Kaisers, sie erneuerten den Reichskrieg und riefen zur allgemeinen Volksbewaffnung auf, während sich Preußen und die meisten norddeutschen Stände nach wie vor neutral verhielten.

Der Feldzug des Jahres 1799 brachte zunächst einige militärische Erfolge. Die russisch-österreichischen Verbündeten gewannen Oberitalien zurück, die französischen Truppen wurden im Laufe des Sommers 1799 in die Schweiz zurückgedrängt, erst Ende September wendete sich das Blatt, und es kam bei Zürich (26./27. September 1799) zur entscheidenden Niederlage der verbündeten österreichisch-russischen Armeen, was den unmittelbaren Rückzug der russischen Truppen zur Folge hatte.

In Wien brachen daraufhin die Meinungsverschiedenheiten (pro und contra Weiterführung des Krieges) zwischen den verschiedenen Gruppierungen erneut in aller Schärfe aus. Thugut hielt jedoch nach wie vor – trotz des Ausscheidens Russlands – an der Koalition mit England fest, obwohl im Winter 1799 die Chancen für einen ausgewogenen Frieden nicht schlecht gestanden wären. Erst nach der schweren Niederlage von Marengo (14. Juni 1800) erklärte sich der Kaiser zu einem befristeten Waffenstillstand bereit und ließ durch einen Bevollmächtigten in Paris vorläufige Friedensverhandlungen einleiten, die Thugut allerdings heimlich zu hintertreiben suchte.

Dass sich Napoleon in der Zwischenzeit zum Ersten Konsul der Republik ausgerufen hatte (November 1799), erschwerte die Lage insofern, als Thugut in diesem Schritt lediglich die beginnende Auflösung der französischen Revolutionsregierung zu erkennen glaubte und umso starrer an der Fortführung des Krieges festhielt.

Erst im September 1800 geriet der Kaiser durch die Oppositionspartei in Wien so stark unter Druck, dass er Thugut fallenließ und zu ernsthaften Friedensverhandlungen bereit war. Mittlerweile stellten sich freilich die Voraussetzungen sehr viel schlechter dar: Im Frieden von Lunéville (9. Februar 1801) musste das linke Rheinufer definitiv abgetreten werden, die Frage der Entschädigungen sollte unter Aufsicht Frankreichs abgewickelt werden, wobei die seit langem geplante Säkularisation der geistlichen Fürstentümer dafür die Grundlage bildete. Die in Campo Formio noch vorgesehenen Kompensationen (Salzburg, das östliche

Bayern) wurden fallengelassen. Die Frage nach den Entschädigungen im Reich nach Abtretung der linksrheinischen Gebiete und nach dessen Umgestaltung stand nach wie vor ungelöst im Raum.

Von der »territorialen Revolution« bis zum Ende des Alten Reiches: die dritte Koalition

Um über die Entschädigungen und ihre Folgen für das Reich zu beraten, wurde im Oktober 1801 unter russisch-französischer Kontrolle eine »Reichsdeputation« eingerichtet. Der Wiener Hof hatte in diesen Verhandlungen kaum noch Gewicht: Der Kaiser konnte der Verabschiedung des Reichsdeputationshauptschlusses (24. März 1803) nur noch zustimmen. Mit diesem letzten Reichsabschied wurde auf die seit langem »inoffiziell« besprochenen Pläne der Säkularisation der geistlichen Fürstentümer und der Mediatisierung der kleinen und kleinsten Herrschaften sowie der Reichsstädte zurückgegriffen. Die Entscheidung hatte eine zu Recht so genannte »territoriale Revolution« (Volker Press) zur Folge, die einerseits die territoriale Arrondierung der mittleren und größeren Reichsstände zu modernen Territorialstaaten nach sich zog, andererseits aber auch das Ende der bisherigen Reichsverfassung bedeutete.

Die Machtverhältnisse im Reich waren dadurch ungleich verteilt: Die vergrößerten Stände/Staaten konnten auf Kosten der kleineren nun ihre eigene »souveräne« Politik betreiben. Vor allem die mittleren und süddeutschen Stände waren die eigentlichen Gewinner von Säkularisation und Mediatisierung, während die kleineren Herrschaften, die Reichsritterschaft, die Reichskirche, die Reichsstädte und Reichsdörfer ihre bisherige, von der Reichsverfassung garantierte Selbständigkeit einbüßten. Von den Zeitgenossen wurden diese territorialen Verschiebungen durchaus als Bruch mit der bisherigen Ordnung erlebt. Dennoch arbeitete die Reichsdeputation bis zuletzt an einer Erneuerung der Reichsverfassung. Neue Kurwürden wurden geschaffen (Salzburg, Würzburg, Baden, Hessen-Kassel) und Entwürfe für die Umgestaltung des Reichstags von einem bisher rein ständischen Organ zu einer erweiterten »Volksvertretung« erstellt. In Wien blieb das Interesse an Reformüberlegungen solcher Art weiterhin gering. Akuten Handlungsbedarf gab es erst, nachdem sich Napoleon in einem Staatsstreich durch Plebiszit am 18. Mai 1804 zum erblichen Kaiser der Franzosen ausrufen ließ – eine

Provokation gegenüber dem erwählten Kaiser des Reiches, der sich zwecks Wahrung der Gleichrangigkeit nun ebenfalls selbst – freilich ohne Plebiszit – mit kaiserlichem Patent (11. August 1804) zum erblichen Kaiser von Österreich ernannte. Der neue Staat setzte sich aus allen bisherigen österreichischen Erbländern, den Ländern der ungarischen Krone und den neu »acquirierten« Provinzen zusammen, einschließlich jener Territorien, die bisher zum Heiligen Römischen Reich gezählt hatten. Der römisch-deutsche Kaiser Franz II. trug nun eine weitere Kaiserwürde und nannte sich als Kaiser von Österreich Franz I. Gegenüber den Reichsständen bedeutete diese Maßnahme einen klaren Rechtsbruch: Diese sahen sich daher noch mehr veranlasst, an der Loyalität des Kaisers gegenüber dem Reich zu zweifeln und sich der französisch-napoleonischen Politik anzuschließen.

Freilich trug das mühsam ausverhandelte Ranggleichgewicht zwischen den beiden Kaisern nicht zur Befriedung der Lage bei. Während russisch-englische Verhandlungen die dritte europäische Koalition gegen Napoleon vorbereiteten, ließ sich Napoleon in Mailand mit der Eisernen Krone der Lombardei zum König von Italien krönen (28. Mai 1805), ein deutliches Signal dafür, dass der Anspruch auf die europäische Vorherrschaft nun an Frankreich und Napoleon übergegangen sei. Die diplomatischen Beziehungen verschlechterten sich noch zusätzlich, als Österreich dem Bündnis zwischen Russland und England beitrat (9. August 1805) und österreichische Truppen Anfang September die österreichisch-bayerische Grenze überschritten. Politisch war dieser Richtungswechsel schon seit längerem dadurch vorbreitet worden, dass die »Kriegspartei« in Wien wieder mehr Einfluss gewonnen hatte. Überdies war es in der Zwischenzeit zu Bündnisvereinbarungen zwischen Frankreich und einzelnen süddeutschen Staaten gekommen, denen Napoleon Rangerhöhungen, Territorialgewinne und Unterstützung in allen offenen Reichsfragen angeboten hatte.

Am 23. September 1805 erfolgte eine weitere französische Kriegserklärung an Österreich, zwei Tage später überschritt Napoleon mit der französischen Hauptarmee den Rhein. Auf eine Unterstützung aus »Deutschland« war in diesem Krieg nicht mehr zu hoffen: Preußen blieb weiterhin neutral, ebenso die Mehrzahl der Reichsstände. Selbst der Reichserzkanzler und Fürsterzbischof von Mainz, Karl Theodor Freiherr von Dalberg, nahm mit dem Kaiser der Franzosen bereits Verhandlungen hinsichtlich der Zukunft des Reiches auf, die süddeutschen Staaten (Bayern, Württemberg, Baden) kämpften diesmal bereits offen an der Seite Napoleons.

Nur wenige Monate waren – trotz vereinzelter Siege durch Erzherzog Karl an der Südfront – nötig, um den österreichisch-russischen Verbündeten eine vernichtende Niederlage zuzufügen. Napoleon zog am 14. November in Wien ein, am 2. Dezember 1805 erfolgte bei Austerlitz der endgültige Sieg der französischen Truppen, Franz II./I. und der russische Zar Alexander I. (reg. 1801–1825) waren gezwungen, Waffenstillstandsverhandlungen aufzunehmen, die schließlich in den Frieden von Pressburg (26. Dezember 1805) mündeten.

Austerlitz bedeutete für Napoleon den endgültigen Sieg über Österreich und damit freie Hand für die Neugestaltung »Deutschlands« und des europäischen Kontinents (nachdem England zur See nicht niederzuringen war). Der Krieg trat damit in eine neue Phase – nunmehr strebte Frankreich nach der Hegemonie über Europa. Österreich verlor seine Position in Italien und musste auch im süddeutschen Raum entscheidende Verluste hinnehmen: Tirol mit Trient und Brixen sowie Vorarlberg fielen an Bayern, der Breisgau, einige Städte am Bodensee und das österreichische Schwaben wurden zwischen Bayern, Baden und Württemberg aufgeteilt. Darüber hinaus waren 40 Millionen Francs an Kriegsentschädigung zu zahlen. Die bescheidenen Entschädigungen (Salzburg und Berchtesgaden) konnten diese Verluste nicht aufwiegen. Auch für das Reich zeichnete sich nach der Niederlage von Austerlitz bereits das künftige Ende ab. Nachdem sich 16 süddeutsche Staaten am 12. Juli 1806 unter dem Protektorat Napoleons zum sogenannten Rheinbund zusammengeschlossen und am 1. August ihren Austritt aus dem Reichsverband erklärt hatten, sah sich der Kaiser gezwungen, die Reichskrone niederzulegen, um deren Übernahme durch Napoleon zuvorzukommen. Am 6. August 1806 erfolgte – vorbereitet durch den neuen Leiter der Außenpolitik, Johann Philipp Graf Stadion – die diesbezügliche offizielle kaiserliche Erklärung, die das endgültige Ende des Alten Reichs bedeutete.

Die Phase der »Befreiungskriege«: Die vierte und fünfte Koalition

Angesichts der fortdauernden kriegerischen Ereignisse war an eine politisch-rechtliche Neuordnung in der Nachfolge des Reichs vorerst nicht zu denken. Napoleons Truppen rückten ungehindert Richtung Osten vor.

Auch Preußen, das sich nach den Erfahrungen des Sommers 1806 Russland angenähert hatte und damit vom so lange geübten neutralen Kurs abgegangen war, erlitt bei Jena und Auerstedt (14. Oktober 1806) im Zuge des Vierten Koalitionskrieges eine vernichtende Niederlage. Napoleon zog siegreich in Berlin ein und konnte sich nun tatsächlich als Herrscher über Deutschland betrachten. Daraufhin mehrten sich auch in Wien wiederum die Stimmen, die erneut den Krieg gegen Frankreich forderten.

Als es im Jahr 1808 in Spanien nach der erzwungenen Abdankung der Bourbonendynastie – mit englischer Unterstützung – zu bewaffneten Aufständen gegen die Franzosen kam, sah in Wien die »Kriegspartei«, angeführt von Außenminister Stadion, den Zeitpunkt für gekommen, in einem neuerlichen Krieg, der ein vom »Volk« getragener gesamtdeutscher »Nationalkrieg« werden sollte, der französischen Hegemonie über Kontinentaleuropa Widerstand entgegenzusetzen.

Obwohl Erzherzog Karl davor warnte, sich ohne ausreichende Unterstützung durch Verbündete in ein militärisches Abenteuer zu stürzen, entschied sich Stadion für die Wiederaufnahme des Krieges. Entgegen den Erwartungen war Russland nicht bereit, sich einer Koalition anzuschließen, und England bot lediglich Subsidienzahlungen, insbesondere für die zu organisierenden »Volksaufstände«, an. Strenggenommen beruhte daher dieser Krieg nicht auf einer fünften Koalition (mit England), sondern er bestand tatsächlich in einem österreichischen »Alleingang«, der denn auch in einer Katastrophe endete. Die Hoffnung auf einen gesamtdeutschen »Nationalkrieg« ging nicht auf, lediglich in einigen österreichischen Ländern, allen voran in Tirol (unter dem Kommando von Andreas Hofer), kam es zu Volksaufständen, die militärische Niederlage konnte durch sie aber nicht aufgehalten werden. Hatte man in Wien zu Beginn noch darauf gehofft, die Truppen der Rheinbundstaaten würden reumütig unter das Banner des Kaisers zurückkehren, so sah man sich auch darin bald getäuscht. Trotz anfänglicher Erfolge der österreichischen Armee rückte die französische Armee bis Wien vor, das am 13. Mai kapitulierte: Zum zweiten Mal zog Napoleon als Sieger in der österreichischen Hauptstadt ein.

In Wien verlor Philipp Graf Stadion infolge der militärischen Niederlagen mehr und mehr das Vertrauen des Kaisers, der den Ideen von »Nationalkrieg« und »Volksbewaffnung« ohnehin stets skeptisch gegenübergestanden war. Obwohl Stadion bis zuletzt davon abriet, sich weitere demütigende Friedensbedingungen von Napoleon diktieren zu lassen und stattdessen den Krieg fortzusetzen, war offenbar mittlerweile der Einfluss des bisherigen Gesandten in Paris, Clemens Wenzel Graf Metternich, der zur Annahme der Friedensbedingungen riet, stark genug, dass die Entscheidung zugunsten des Friedens fiel.

Stadion trat zurück, und am 8. Oktober 1809 übernahm Metternich die Leitung der Außenpolitik, was einen klaren Kurswechsel in Richtung einer künftigen Annäherung an Frankreich bedeutete. Am 14. Oktober 1809 wurde der Friede von Schönbrunn geschlossen. Die Friedensbedingungen waren hart und bedeuteten für Österreich den Verlust seiner bisherigen Stellung als europäische Großmacht: An Kriegsentschädigung waren sofort 30 Millionen Gulden, weitere 55 Millionen später zu bezahlen, die Armee musste auf 150 000 Mann reduziert werden, ganz zu schweigen von weiteren großen Territorialverlusten.

Der Staat Österreich verlor infolge dieses Krieges mehr als 3,5 Millionen Einwohner, und die Zahlung der Kriegsentschädigungen führte ihn an den Rand des finanziellen Ruins. Es kam in den Jahren 1810/11 zu massiver Geldentwertung und hoher Staatsschuld, vermehrt musste Papiergeld in Umlauf gesetzt werden, was schließlich zum Staatsbankrott des Jahres 1811 führte.

Die sechste Koalition und das Ende Napoleons

Außenpolitisch entscheidend war jedoch die durch Metternich veranlasste Kehrtwendung der österreichischen Politik und Diplomatie, die nun ganz im Zeichen der Versöhnung und Verständigung mit Frankreich stand. Metternich kehrte zum Primat der Diplomatie zurück und versuchte Österreich damit gesamteuropäisch neu zu positionieren. Dieses Ziel vor Augen, arrangierte er in bester habsburgischer Tradition ein diplomatisches »Ehegeschäft«, die Hochzeit zwischen Erzherzogin Marie Louise, einer Tochter von Franz I., und Napoleon, die am 2. April in Paris feierlich vollzogen wurde.

Metternichs Politik, der freilich am Wiener Hof wenig Sympathie entgegengebracht wurde, bewährte sich: Bald nach der Hochzeit begann Napoleon, wie erwartet, mit den Vorbereitungen für seinen Feldzug gegen Russland, während der österreichische Außenminister so lange wie möglich den Abschluss eines – aufgrund der Verständigungspolitik nun notwendig gewordenen – Allianzvertrags mit Frankreich hinauszögerte.

Mit diplomatischem Geschick präsentierte er Österreich Napoleon gegenüber zwar als »Auxiliarmacht«, ohne sich jedoch England (und Russland) gegenüber als ernsthafter Verbündeter Napoleons verdächtig zu machen. Mit dem Stichwort einer »aktiven Neutralität« versuchte er – trotz der Verpflichtung zu einer Hilfsarmee von 30 000 Mann – den Schaden für Österreich möglichst gering zu halten.

Nach den Schlachten an der Beresina (26.–28. November 1812) war es klar, dass die Grande Armée gegenüber Russland chancenlos war. Dies war der Augenblick, auf den Metternich gewartet hatte, denn nun konnte von Wien aus eine neue gesamteuropäische Politik in die Wege geleitet werden.

Zunächst sah der Minister seine Hauptaufgabe darin, Österreichs führende Rolle in einer künftigen europäischen Friedenspolitik wiederzugewinnen, an ein militärisches Vorgehen gegen Frankreich dachte er zu Beginn des Jahres 1813 noch nicht, wiewohl gesamteuropäisch die Zeichen wieder auf Krieg standen. Preußen, das bereits im Dezember mit Russland einen Sonderfrieden abgeschlossen hatte, erklärte Frankreich im März 1813 den Krieg, und auch England bot wiederum Subsidien an. Metternich erreichte jedoch mit seiner Politik der »bewaffneten Vermittlung« im Sommer 1813 zunächst die Zusicherung eines Waffenstillstands – zur Klärung aller offenen Fragen sollte ein Friedenskongress in Prag zusammentreten. Gleichzeitig sicherte der österreichische Minister aber im Vertrag von Reichenbach (27. Juni 1813) den Gegnern Frankreichs bereits die österreichische Bündnisbereitschaft für den Fall zu, dass Frankreich die Friedensbedingungen nicht akzeptieren sollte.

Napoleon war allerdings noch siegessicher genug, um beim Prager Friedenskongress auf sich warten zu lassen. Auch ließ er die Metternichsche Aufforderung ungenutzt verstreichen, zu den Friedensbedingungen noch innerhalb des andauernden Waffenstillstands (bis 10. August) Stellung zu beziehen. Als aus Paris kein versöhnungsbereites Zeichen kam, löste Metternich den Friedenskongress, bevor dieser noch zu konkreten Ergebnissen führen hätte können, auf und überreichte dem französischen Geschäftsträger die österreichische Kriegserklärung (11. August). In diesem letzten großen Krieg wurde der französischen Hegemonie über Europa ein Ende gesetzt. Die militärischen Erfolge der Verbündeten verschlechterten im Laufe des Herbstes 1813 die Verhandlungsgrundlagen für Napoleon erheblich: In einem weiteren Allianzvertrag einigten sich die Verbündeten (Preußen, Russland, Österreich) bereits auf die Auflösung des

Rheinbunds und auf die Wiederherstellung der territorialen Verhältnisse für Österreich und Preußen gemäß der Situation des Jahres 1805. Im Laufe des Herbstes traten England und 29 deutsche Staaten den Verträgen bei.

Eine wichtige militärische Entscheidung fiel in der sogenannten Völkerschlacht bei Leipzig (16.–19. Oktober 1813), bei welcher Napoleon und die französische Armee nach anfänglichen Erfolgen entscheidend geschlagen wurden. Napoleon musste die Stadt räumen, Zar Alexander I., Franz I. und Friedrich Wilhelm III. zogen siegreich in der eroberten Stadt ein. Metternich wurde – zum Dank für seine erfolgreiche Politik – noch im Oktober in den Fürstenstand erhoben. An der Südfront gingen die Kämpfe allerdings weiter, auch am Rhein wurde weitergekämpft. Friedensangebote seitens der Verbündeten schlug Napoleon weiterhin aus.

Obwohl sich bereits im Spätherbst des Jahres 1813 abzeichnete, dass der Krieg für Frankreich nicht mehr zu gewinnen war, hoffte Napoleon immer noch auf einen militärischen Entscheidungsschlag, der ihm bessere Friedenskonditionen verschaffen hätte können. Noch im Kongress von Châtillon-sur-Seine Anfang Februar 1814 wurden ihm – nicht zuletzt dank der versöhnungsbereiten Politik Metternichs – seitens der Verbündeten die Grenzen von 1792 und die Garantie seiner Kaiserwürde angeboten, doch Napoleon setzte nach wie vor auf Zeit.

In einer Quadrupelallianz verbündeten sich England, Russland, Österreich und Preußen erneut gegen Frankreich, um das Gleichgewicht in Europa wiederherzustellen. Im März 1814 konstituierte sich eine provisorische französische Regierung, und obwohl der Kaiser zugunsten seines Sohnes abdankte, erzwang die Regierung die Rückkehr der Bourbonen: Am 6. April wurde Ludwig XVIII., der Bruder des hingerichteten Königs, zum französischen König proklamiert.

Beim Ersten Pariser Frieden (30. Mai 1814) wurde beschlossen, für Frankreich die Grenzen vom 1. Januar 1792 anzuerkennen und bei einem gesamteuropäischen Kongress die künftige politisch-rechtliche Ordnung Europas – auf der Grundlage der Prinzipien von Legalität und Legitimität – neu zu regeln. Dank des wiederhergestellten Ansehens des Kaisers gelang es Metternich, Wien als Verhandlungsort durchzusetzen. Anfang September trafen die ersten Delegierten der europäischen Staaten in Wien zu den Kongressverhandlungen ein – am 18. September wurde der Kongress, wenig feierlich, da die Frage der Einbeziehung Frankreichs noch nicht geklärt war, eröffnet. Eine Reihe von offenen Fragen (u.a. der Gegensatz zwischen Preußen und Sachsen um polnische

Besitzstände) drohte die Verhandlungen immer wieder zum Scheitern zu bringen, was Napoleon zu seinem »Feldzug der 100 Tage« im März des Jahres 1815 veranlasste.

Doch die neuerlichen Kriegshandlungen beschleunigten eher die Verhandlungen des Kongresses: Er begründete am 8. Juni mit der Deutschen Bundesakte (als deutscher Verfassungskongress) den Deutschen Bund und verabschiedete am 9. Juni die Schlussakte des Kongresses (als europäischer Friedenskongress). Deutschland wurde zu einem föderativen Bundesstaat umgestaltet, der Vorsitz dem österreichischen Kaiser angetragen, Bundessitz war die vormalige kaiserliche Krönungsstadt Frankfurt am Main.

Nach dem endgültigen Sieg über Napoleon (Waterloo, 18. Juni) wurde Paris zum zweiten Mal von den Alliierten erobert und Napoleon als Kriegsgefangener nach St. Helena gebracht.

Am 28. September 1815 unterzeichneten die Monarchen von Russland, Österreich und Preußen den Allianzvertrag von Paris, die sogenannte Heilige Allianz, um sich im Falle künftiger »Revolten« im Innern gegenseitig zu schützen. Alle europäischen Staaten (mit Ausnahme Englands und des Kirchenstaats) traten diesem Bündnis bei, mit dem man eine künftige europäische Friedensordnung auf christlicher Grundlage begründen und sichern wollte.

Im Zweiten Pariser Frieden (20. November 1815) wurde Frankreich auf die Grenzen von 1790 reduziert und zur Zahlung von 700 Millionen Francs als Kriegsentschädigung verpflichtet. Beim Wiener Kongress war Frankreich als gleichberechtigter Partner anerkannt worden: Der französische Bevollmächtigte Fürst Charles-Maurice de Talleyrand-Périgord hatte damit argumentiert, dass das bourbonische Frankreich seinerseits das »erste Opfer« von Revolution und napoleonischem Staatsstreich gewesen sei.

Trotz der scheinbaren »Rückkehr« zur vorrevolutionären »Legitimität« ließen sich allerdings die Bewegungen, die durch die Französische Revolution und die anschließenden »Freiheitskriege« in Gang gesetzt worden waren, mit den Mitteln der traditionellen Fürstenpolitik nicht mehr eindämmen. Die demokratischen und die nationalen Bestrebungen der »Völker«, die aus dem Ringen von mehr als zwanzig Jahren Krieg hervorgegangen waren, wiesen in eine neue Zeit und erforderten auf die Fragen von Herrschaft und Recht, nach dem Verhältnis zwischen Monarch und Untertan, zwischen Staat und Bürgern neue politische Antworten.

Von der »monarchischen Union von Ständestaaten« zum Kaisertum Österreich

1740	Tod Karls VI., Regierungsantritt Maria Theresias
1741	Geburt Josephs II.
	Landtag von Pressburg, Maria Theresia König(in) von Ungarn
1743	Maria Theresia Königin von Böhmen
1749	Beginn der Staatsreform: *Directorium in publicis et cameralibus*
1760	Gründung des Staatsrats
1774	*Allgemeine Schulordnung*
1776	Abschaffung der Folter
1781–1789	Reformpatente Josephs II.
1811	Staatsbankrott
	Allgemeines Bürgerliches Gesetzbuch

Die Epoche Maria Theresias und Josephs II. gilt in der österreichischen Historiographie bis heute als das große »Zeitalter der Reformen«, in welchem die entscheidenden Grundlagen für die Herausbildung des modernen Staates geschaffen wurden. Angesichts der Heterogenität der zahlreichen Königreiche und Länder mit ihren unterschiedlichen Rechtstraditionen konnte allerdings deren Umbau und Zusammenschluss zu einem »Totum« nicht so durchgreifend erfolgen wie in anderen europäischen Ländern, wo der moderne Staatsbildungsprozess bereits zu einem früheren Zeitpunkt eingesetzt hatte. Die *Monarchia Austriaca* blieb daher auch über die Reformära hinaus ein aus einer »monarchischen Union von Ständestaaten« (Otto Brunner) zusammengesetztes Kompositum, das vor allem durch die Dynastie und nicht durch gemeinsame Rechtstraditionen zusammengehalten wurde. Bis zum Ende der Monarchie lag hierin – verbunden mit der im 19. Jahrhundert hinzukommenden Nationalitätenfrage – eine der schwersten Hypotheken, an denen der Staat letzten Endes dann auch zerbrach.

Das entscheidende Charakteristikum des österreichischen »Reformzeitalters« lag darin, dass, von wenigen Ausnahmen abgesehen, sämtliche Reformen von oben, von den zentralen Behörden in Wien ausgingen und dank landesfürstlicher Machtvollkommenheit (»Reformabsolutismus«) auch durchgesetzt wurden. Dagegen formierte sich in den einzelnen Ländern vielfach Widerstand, der wiederum zur Stärkung der je ei-

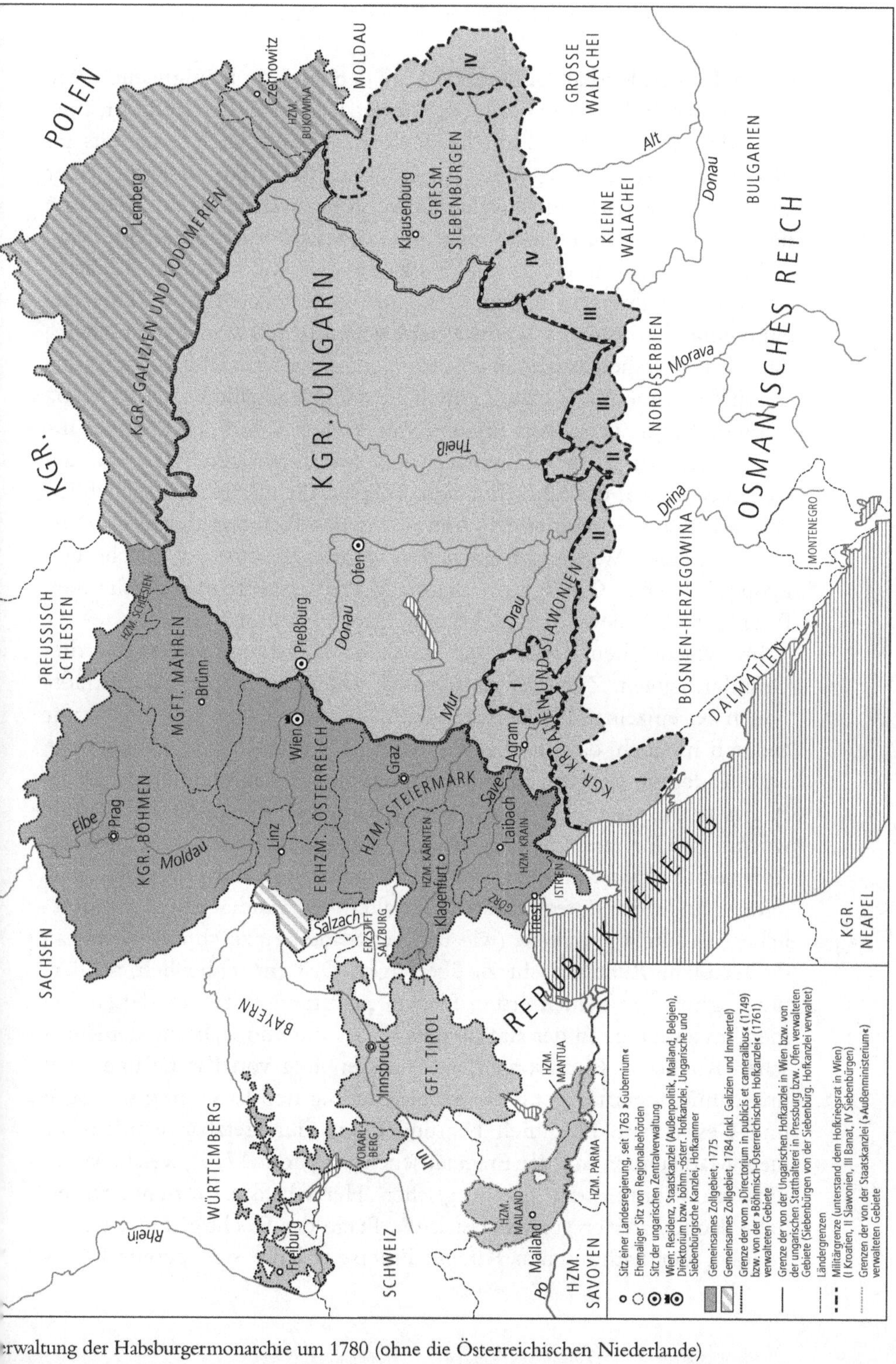

erwaltung der Habsburgermonarchie um 1780 (ohne die Österreichischen Niederlande)

genen Landesidentität, insbesondere in den großen Königreichen wie Ungarn und Böhmen, beitrug. Nicht zuletzt dieser Widerstand, der, ähnlich wie die staatlich verordneten Reformen selbst, auch seinerseits im Namen von »Aufklärung« und »Allgemeinwohl« auftrat, verstärkte daher paradoxerweise jene zentrifugalen Kräfte, gegen welche die Stoßrichtung der Reformen – die Homogenisierung des Staatskörpers – gerichtet war.

Es lassen sich unterschiedliche Phasen von Reformschüben unterscheiden, die ihrerseits eng mit der außenpolitischen Entwicklung zusammenhingen, denn es bedurfte der Friedensjahre zwischen den jeweiligen kriegerischen Auseinandersetzungen, um sie tatsächlich auch umsetzen zu können. Die ersten entscheidenden Maßnahmen setzte Maria Theresia bereits nach dem Frieden von Aachen (1748), eine zweite intensive Reformphase folgte nach dem Siebenjährigen Krieg in den sechziger Jahren, das Jahrzehnt von Josephs Alleinherrschaft schließlich (1780–1790) ist von einer geradezu hektischen Reformtätigkeit gekennzeichnet, deren Wirkung freilich dazu führte, dass Josephs Nachfolger Leopold II. einen Großteil der allzu radikalen Eingriffe in die bisherigen Rechte der Stände wieder rückgängig machen musste.

Im Wesentlichen beruhte das staatliche Reformprogramm auf drei Grundprinzipien: Zunächst mussten die unterschiedlichen Rechtstraditionen der einzelnen Länder vereinheitlicht werden. Dies war freilich nur dadurch möglich, dass die Landesfürstin als Regentin aller Königreiche und Länder die Gesetzgebungskompetenz an sich zog und sich damit das Recht nahm, staatliche Anordnungen (Gesetze) von oben zu erlassen, wozu sie im Rahmen der Länderrechte allein nicht befugt gewesen wäre. Aufs engste damit verbunden war das Bemühen, die Herrschaftsbefugnisse der Stände, der »intermediären Gewalten« auf Landesebene bzw. sämtlicher »Partikulargewalten« (wie u.a. der Städte) einzuschränken und an die staatliche Zentralmacht zu übertragen. Drittens schließlich, wiederum eng mit den beiden ersten Prinzipien verknüpft, zielten die Reformen, insbesondere in der Ära Josephs II., auf die Entmachtung der römischen Kirche als Rechtsträger, auf die Trennung von Kirche und Staat und damit längerfristig auf die Säkularisierung und Laisierung von Staat und Gesellschaft. Rechtlich begründet und durchsetzbar wurden alle diese Maßnahmen mit der Pragmatischen Sanktion (1713), welche ja bereits ein »Totum« der habsburgischen Herrschaftsterritorien anvisiert hatte. Komplizierter gestaltete sich die Frage der Rechtsgrundlagen gegenüber der katholischen Kirche: Einerseits hatte sich bereits Friedrich III. 1446 vom Papst die landesfürstliche Kontrolle über die Besetzung der in den österreichischen Ländern gelegenen Bistümer sowie von 100 niederen Kirchenämtern (Pfründen) zusichern lassen, andererseits war zwei Jahre später mit dem Wiener Konkordat von 1448 umgekehrt der Einfluss des Papstes gegenüber der Reichskirche bestätigt worden, so dass der Handlungsspielraum des Kaisers in Kirchenfragen – außerhalb der österreichischen Länder – begrenzt war. Gerade von der Reichskirche gingen daher auch massive Widerstände gegen die von Joseph II. gesetzten kirchenpolitischen Maßnahmen aus.

Verwaltungsreform als Umbau der Verfassung

Jenseits aller Aufklärungsrhetorik vom »allgemeinen Nutzen« zielten die Reformen zunächst auf sehr viel Prosaischeres, denn die Niederlagen in den Erbfolgekriegen und den Schlesischen Kriegen hatten zweierlei sichtbar gemacht: die militärische Unterlegenheit gegenüber Preußen und die unzureichende Hilfestellung vonseiten einer von der Zustimmung der Reichsstände abhängigen Reichsarmee. Es war daher ein Gebot der Stunde, eine schlagkräftige und konkurrenzfähige »österreichische« Armee aufzubauen. Um dieses Ziel zu erreichen, brauchte es vor allem Geld, und auch davon war zu wenig vorhanden, insbesondere nach den verlorenen Kriegen und dem Verlust Schlesiens, eines der reichsten Länder der Monarchie.

Die bisherige Länderautonomie war infolge des Steuerbewilligungsrechts der Stände ein Hemmschuh bei der Auffüllung einer gemeinsamen Staatskasse, daher musste zunächst eine zentrale Behörde geschaffen werden, welche das schwierige Geschäft der Steuereinhebung – mittels subsidiärer Verwaltungsorgane, die der Zentrale zuarbeiteten – durchführen konnte. Dies geschah 1749 mit der Einführung des *Directorium in publicis et cameralibus* als oberster zentraler Verwaltungs- und Finanzbehörde, der Einziehung von gouvernementalen Strukturen auf einer mittleren Verwaltungsebene (zunächst Repräsentationen und Kammern, später Gubernien genannt) und der Schaffung von Kreisbehörden auf der untersten Ebene, mit denen der Arm des Staates bis in die Peripherie hineinreichte. An die Seite der Stände, denen (zunächst) noch die Rechtsprechung verblieb, trat auf diese Weise ein hierarchisch gegliederter staatlicher Verwaltungsapparat, der als Vollzugsorgan staatlicher Willensbildung die Kontrolle über die traditionellen Grund- und Stadtherrschaften ausübte und damit einen tendenziell einheitlich gedachten Untertanenverband – unter Aushöhlung bisheriger grundherrlicher Rechte – bereits direkt dem Staat unterstellte.

Sosehr dieser Eingriff in die bisherige Rechtshoheit der Stände, der letztlich einem Verfassungsumbau mittels Verwaltung gleichkam, ein massives Konfliktpotential zwischen staatlicher Bürokratie und traditionellen Eliten bedeutete, so sehr brachte er umgekehrt ein neues Verständnis von moderner Staatlichkeit, von interesseloser Amtsträgerschaft, von klar definierten und reglementierten Aufgabenbereichen und damit auch die Möglichkeit sozialen Aufstiegs für bisher unterprivilegierte gesellschaftliche Schichten mit sich. Dass es bei dieser Reform um sehr viel mehr als um reine Verwaltungsfragen ging, war den Zeitgenossen und den handelnden Personen durchaus bewusst. Vergeblich versuchten die Repräsentanten der alten Ordnung, federführend unter ihnen der letzte böhmische Kanzler Friedrich Graf Harrach, die Staatsreform zu verhindern. Gegen alle Widerstände ließ die junge Regentin die vom Landespräsidenten Restschlesiens, Friedrich Wilhelm Graf Haugwitz, vorgelegten Reformkonzepte innerhalb weniger Jahre umsetzen. Haugwitz avancierte zum ersten Präsidenten des neugeschaffenen *Directoriums*, wenige Jahre später stieg er zum Obersten Kanzler der mittlerweile wiedererrichteten, aber dabei miteinander vereinigten Böhmischen und Österreichischen Hofkanzlei auf. Die sogenannten Dezennalrezesse schrieben den Ständen (mit Ausnahme Ungarns) für zehn Jahre im Voraus zu bewilligende Steuern vor, mittels »Steuerrektifikation« wurde die Steuerfreiheit von adeligem und geistlichem Grundbesitz aufgehoben, mittels neuer »Konventionsmünze« zur Vereinheitlichung der Währung ein neuer Münzfuß bestimmt; zugleich setzten die ersten Vorarbeiten zur Vereinheitlichung des Rechts ein, ein Vorhaben, das über ein halbes Jahrhundert währen sollte.

Als weitere Zentralbehörde war künftig für die auswärtigen Angelegenheiten neben der Reichskanzlei eine »österreichische« Haus-, Hof- und Staatskanzlei zuständig (samt neugeschaffenem Geheimen Hausarchiv); mit der Einrichtung der Obersten Justizstelle wurde – neben dem weiterhin bestehenden Reichshofrat – ein für die österreichischen Länder zuständiges staatliches Appellationsgericht geschaffen. Entscheidend war als künftiges richtungsweisendes Prinzip die Ablösung des bisherigen Territorialprinzips durch sachliche Ressortzuständigkeit: Nicht mehr die (ständischen) Landesvertretungen (Böhmen, Mähren, z.T. auch Italien etc.) vertraten die Länder in der Zentrale in Wien, stattdessen waren die vereinigten zentralen Behörden (ressortmäßig gegliedert) von der Zentrale aus für alle Länder mit Ausnahme Ungarns gemeinsam zuständig.

Eine zweite Phase intensiver Reformtätigkeit folgte während und nach dem Siebenjährigen Krieg. Sie trug vor allem die Handschrift von Staatskanzler Kaunitz, der in dieser Zeit eine nahezu unbeschränkte Machtvollkommenheit erreichte; dies insbesondere durch die Schaffung des Geheimen Staatsrats im Jahr 1760, eines allen Behörden übergeordneten und unter der Leitung des Staatskanzlers stehenden, auch für Ungarn zuständigen Gremiums, dem wenige Personen angehörten. Im Zuge dieser Reformphase wurde 1761 das *Directorium in publicis et cameralibus* wieder aufgelöst und eine Trennung von Administration und Finanzverwaltung vollzogen. Die administrativen Aufgaben gingen an die Vereinigte böhmisch-österreichische Hofkanzlei (als eine Art Innenministerium) über, wobei als Unterbehörde der Hofkanzlei speziell für Bildungsangelegenheiten, einschließlich der Universitäten, die neuerrichtete Studienhofkommission zuständig war.

Getrennt von der politischen Verwaltung wurde auch die Finanzverwaltung durch die Ausdifferenzierung ihrer Behördenstruktur modernisiert: Die Allgemeine Hofkammer regelte die Einnahmenverwaltung, die Generalkasse war für die Auszahlung der Gelder verantwortlich, mit dem General-Rechnungsdirektorium wurde erstmals auch eine staatliche Rechnungskontrolle institutionalisiert. Die Leitung des Militärwesens lag weiterhin in den Händen des Hofkriegsrats, und für die öffentliche Sicherheit und Bücherzensur wurde eine Polizei- und Zensurhofstelle eingerichtet, womit auch bereits die Stoßrichtung der Reformen deutlich wurde: Die Verantwortung für geistige und kulturelle Belange sowie für Bildungsfragen sollte der bisherigen Vorherrschaft der Kirche entzogen werden und in den staatlichen Aufgabenbereich übergehen.

Mit dieser neuerlichen Reform der Zentralbehörden und der ihnen zuarbeitenden Mittel- und Unterbehörden wurde die zentrale politische Zielsetzung, nämlich die Entmachtung der Stände, der regionalen Herrschaftsträger auf Landesebene, ein gutes Stück vorangebracht – zumindest für die böhmischen und österreichischen Länder, denn die niederländischen, italienischen und ungarischen Territorien blieben davon weitgehend unberührt. Die in dieser Zeit eingerichtete Behördenstruktur bildete im Wesentlichen bis 1848 die Basis der politischen Verwaltung.

Die noch weiter reichenden Zentralisierungsbestrebungen Josephs II. in der Zeit seiner Alleinherrschaft riefen, insbesondere in Ungarn und in den Niederlanden, aber auch in den österreichischen Kernländern wie beispielsweise in Tirol, so massiven Widerstand hervor, dass Josephs Nachfolger Leopold – nicht zuletzt aufgrund der außenpolitischen Konstellationen – gezwungen war, mit den Ständen Kompromisse einzugehen. Es wurde daher die von Joseph verfügte Reduzierung der Gouvernementsbezirke ebenso wie die Ausdehnung der Kompetenzen der staatlichen Kreisämter wieder rückgängig gemacht. Lediglich die Appellationsgerichte zweiter Instanz – in den Hauptstädten der Länder bzw. Gouvernementsbezirke – wurden beibehalten, womit der Einfluss der Landstände auf die Rechtsprechung bleibend zurückgedrängt war. Auch die Einführung des Deutschen als obligatorische Amtssprache stieß, vor allem in Ungarn, wo man nicht bereit war, auf das Lateinische zu verzichten, auf heftige Ablehnung. Diese Regelung brachte Joseph II. – nicht zu Unrecht – den Vorwurf eines »Germanisierers« ein, obwohl ihm nationalpolitische Bestrebungen im modernen Sinn völlig fern lagen und die Sprachregelung vor allem der Vereinheitlichung und Effizienzsteigerung des Verwaltungshandelns dienen sollte. Auch hier mussten seine Nachfolger Leopold II. und Franz II./I. zunächst Entgegenkommen signalisieren, was freilich nichts daran änderte, dass sich längerfristig die deutsche Sprache in der Verwaltung durchsetzte, eine schwere Hypothek für die Zukunft, deren politische Brisanz in der zweiten Hälfte des 19. Jahrhunderts vollends zum Durchbruch gelangte.

Eng verbunden mit der Behördenorganisation war die Professionalisierung und Bürokratisierung der politischen Verwaltung insgesamt: Gehälter, Dienstklassen und Aufgabenbereiche der Beamten wurden systematisiert, einheitliche staatliche Uniformen sollten die Staatsmacht auch symbolisch sichtbar machen, in »Hirtenbriefen« wandten sich Joseph II. und Leopold II. direkt an ihre Beamten, um ihnen die aufgeklärte Ethik des »reinen Staatsdienstes« ohne persönliche Eigeninteressen darzulegen. Auf diese Weise ermöglichte der »Beruf« des Beamten zukunftsweisend eine neue Art von Prestige und sozialen Aufstieg für gebildete Schichten und degradierte umgekehrt adelige Herrschaftsträger zu Dienstnehmern eines staatlichen Auftraggebers – ein nicht zu unterschätzender Prozess sozialen und verfassungsrechtlichen Wandels, der sich, nur von aufmerksamen Beobachtern in ganzer Tragweite erkannt, jenseits und unterhalb der Verwaltungsreformen vollzog.

In ähnlicher Weise brachte die Einführung einer Art allgemeiner Wehrpflicht (Konskription) unter Joseph II. ein neues Verständnis des obrigkeitsstaatlichen Zugriffs auf die Untertanen und zugleich neue Möglichkeiten des sozialen Aufstiegs für letztere mit sich. Ein Teil der männlichen Jugend, dem auf diese Weise bei entsprechender Tüchtigkeit militärische Aufstiegschancen offenstanden, wurde mittels Los zum Dienst in der Armee herangezogen, was vielfach (wie etwa in Tirol) im Gegensatz zu den einzelnen Landwehrordnungen stand und daher zunächst massiven Widerstand hervorrief. Das Vorbild Frankreichs und der Erfolg der französischen »Volksheere« während der Revolutionskriege brachten aber auch in Österreich mit dem (von Erzherzog Johann verfassten) kaiserlichen Landwehrpatent (1808) einen fundamentalen Wandel der bisherigen Armeeorganisation mit sich. Das Vorrecht des Adels als alleiniger »Wehrstand« und mit ihm die Tradition der adeligen Regimentsinhaber ging zu Ende, und an seine Stelle trat ein von (professionell ausgebildeten) Offizieren, auch bürgerlicher Provenienz, zusammengesetztes und angeführtes Heer, dessen Basis durch staatlicherseits rekrutierte Soldaten garantiert wurde. Ganz in diesem Sinne diente die schon unter Maria Theresia errichtete Militärakademie in Wiener Neustadt als zielgerichtete Ausbildungsstätte für künftige »Berufsoffiziere«. Die sowohl für Beamte als auch für Offiziere von Joseph II. normierten Uniformen brachten das neue staatliche Verständnis eines einheitlichen »Staatsdienstes« auch symbolisch zum Ausdruck. Für diese beiden Berufsgruppen, die für Joseph II. den eigentlichen Dienst am »Allgemeinen Wohl« verkörperten, war auch das Interesse Josephs II. besonders ausgeprägt. Für sie wurde erstmals ein geregeltes Besoldungs- und Versorgungssystem entwickelt, nicht zuletzt auch hinsichtlich der jeweiligen Ehefrauen und Töchter als Witwen und Waisen. Mit dem »Pensionsnormale« von 1781 wurde ein nach der Zahl der Dienstjahre gestaffelter Pensionsanspruch der Staatsbeamten (und ihrer Witwen und Waisen) gesetzlich garantiert. Auch in der Einrichtung der ersten staatlichen Mädchenerziehungsanstalten (das k. k. Offizierstöchterinstitut 1775 und das k. k. Zivilmädchenpensionat 1786), in denen Offiziers- und Beamtentöchter u.a. auf den Beruf der Gouvernante und Erzieherin vorbereitet werden sollten, spiegelt sich diese Sorge des Kaisers auch für das weibliche Pendant zum männlichen »Staatsdienst« deutlich wider.

Die Vereinheitlichung des Rechts

Ein weiterer entscheidender Reformschritt zielte auf die Vereinheitlichung des Rechts. Angesichts der historisch gewachsenen Vielfalt von unterschiedlichen Landesordnungen, Stadtrechten, Sonderprivilegien für Kirchen und adelige Grundherrschaften, infolge derer regelmäßige und berechenbare Steuereinnahmen für den Staat kaum möglich waren, ging es zunächst darum, systematisch die verschiedenen Rechtsgrundlagen zusammenzutragen und auf deren Grundlage ein einheitliches, neues »allgemeines« Recht für alle Länder und Territorien zu schaffen, das die »intermediären Gewalten«, d.h. adelige, kirchliche, städtische Rechtsträger, in ihren Herrschaftsrechten beschränkte und alle Untertanen unmittelbar der staatlichen Obrigkeit unterstellte. Es war dies ein Reformvorhaben, das mehr als fünfzig Jahre in Anspruch nahm und erst mit dem *Allgemeinen Bürgerlichen Gesetzbuch* (ABGB) von 1811 zum Abschluss gebracht wurde. Ausgehend von der ersten Rechtskodifikation dieser Art, dem *Codex Theresianus* (1766), arbeiteten Staatsrechtler und Juristen (u.a. Karl Anton von Martini und Franz von Zeiller) ein für die gesamte Länderverbindung (mit Ausnahme Ungarns und Siebenbürgens) Geltung beanspruchendes »Zivilrecht« aus: 1786 als *Josephinisches Gesetzbuch* erlassen und als *Westgalizisches Gesetzbuch* ab 1797 zunächst in Galizien voll in Kraft gesetzt, bildeten diese Kodifikationen die – auch verfassungsrechtlich – entscheidende Grundlage für die veränderte Rechtsbeziehung zwischen dem Staat und seinen Bürgern. Das ABGB von 1811 ging wie seine Vorgänger von einheitlich gedachten Untertanen aus, die einer gemeinsamen Staatsgewalt unterstanden, wodurch »intermediäre« Herrschaftsverhältnisse beseitigt wurden. Überdies nahm die Staatsgewalt das alleinige Recht für sich in Anspruch, Gesetze zu erlassen und damit Recht zu setzen. Die bisher geltenden Rechtstraditionen, um deren Erhalt bisher privilegierte Gruppen (vergeblich) kämpften, wurden auf diese Weise sukzessive ausgehebelt, ein Vorgang, der indirekt einer Verfassungsrevolution gleichkam und längerfristig bedeutsame Folgen auch für den gesellschaftlichen Wandel nach sich zog.

In diesen Kontext sind auch die Reformen des Strafrechts – von der 1768 erlassenen *Allgemeinen Peinlichen Gerichtsordnung* (*Constitutio Criminalis Theresiana*) bis zum Strafgesetz von 1803 – einzuordnen, die im historischen Bewusstsein sehr viel mehr mit dem »aufgeklärten Absolutismus« in Österreich in Verbindung gebracht werden als die Rechtskodifikationen: die Abschaffung der Folter (1776) und der Todesstrafe (1787), letzteres allerdings nur vorübergehend, da sie mit dem Strafgesetzbuch von 1803 für politische Verbrechen wieder eingeführt wurde. Insbesondere die humanitären Reformmaßnahmen Josephs II., die einerseits auf die Verbesserung der bäuerlichen Lebensverhältnisse, andererseits aber auch auf die effizientere und rationalere Nutzung der menschlichen Arbeitskraft (u.a. in Strafanstalten) zielten, gelten bis heute in der Historiographie als die eigentlich entscheidenden Schritte hin zu einer modernen bürgerlichen Gesellschaft. Hatten bereits die ersten sogenannten Robotpatente durch die Reduzierung oder jedenfalls Limitierung der Robotleistungen (Frondienste) eine Verbesserung der bäuerlichen Lebensverhältnisse mit sich gebracht, so setzte Joseph II. mit dem Untertanenpatent für die böhmischen Länder von 1781 überhaupt der bäuerlichen »Leibeigenschaft«, sofern eine solche noch bestand, ein Ende. Ähnliche Patente erließ er in den folgenden Jahren auch für die Steiermark, Kärnten und Krain, Galizien, Siebenbürgen und Ungarn. Das Steuer- und Urbarialpatent von 1789, welches für die Bauern auch in wirtschaftlicher und finanzieller Hinsicht entscheidende Verbesserungen mit sich gebracht hätte, war allerdings nicht durchsetzbar, so dass es noch von Joseph II. selbst kurz vor seinem Tod wieder zurückgenommen werden musste. Dass Joseph II. bereits von den Zeitgenossen, aber auch in der späteren Historiographie bevorzugt als »Volkskaiser« angesehen wurde, der auf seinen Reisen auch selbst den Pflug in die Hand nahm, um sich als Freund der Bauern zu inszenieren, geht vor allem auf diese letzteren Reformen zurück. Insgesamt kann Joseph II. eine starke Affinität zum »einfachen« Volk und ein ausgeprägter Widerwille gegen Adelsprivilegien und Adelsdünkel nicht abgesprochen werden, wovon auch zahlreiche »sozialpolitische« Maßnahmen, wie die Gründung des Wiener Allgemeinen Krankenhauses, die Einrichtung von Armen- und Waisenhäusern, die zahlreichen Schulgründungen und nicht zuletzt auch die Öffnung der Hofgärten für das »Publikum« ein eindrucksvolles Zeugnis ablegen. Im Gegensatz zu seinem unmittelbaren Nachfolger Leopold II., dessen kurze Regierungszeit eine stärkere Konsensbereitschaft mit den traditionellen Eliten erkennen lässt, verstand sich Franz II./I. ebenfalls als bürgernaher Monarch, der in vielem dem Vorbild des von ihm stets verehrten Onkels folgte.

Die Grundlagen für einen in rechtlicher und administrativer Hinsicht vereinheitlichten Gesamtstaat waren durch all diese Reformen geschaffen, auch wenn dessen föderative Struktur (und damit die Einrichtung der Landstände) nach wie vor erhalten blieb. Das 1804 proklamierte österreichische »Kaiserthum« konnte auf diesen Grundlagen aufbauen und mittels einer etablierten, in »josephinischem Geist« agierenden zentralen Bürokratie die Modernisierung von Staat und Gesellschaft vom Zentrum aus vorantreiben. Was angesichts dieser Grundvoraussetzungen freilich unterblieb, das war die zeitgemäße Verankerung politischer Partizipationsrechte der Staatsbürger auf Gesamtstaatsebene, wie im nächsten Kapitel noch genauer ausgeführt werden wird.

Die Bildungsreform

Eine der bedeutendsten und wirkungsvollsten Reformmaßnahmen, die bereits in der Zeit Maria Theresias erfolgte, lag in der gesetzlichen Durchsetzung der allgemeinen Schulpflicht (bzw. Unterrichtspflicht) für beide Geschlechter zwischen dem sechsten und dem zwölften Lebensjahr. Mit der *Allgemeinen Schulordnung für die deutschen Normal-, Haupt- und Trivialschulen in sämmtlichen Kaiserl. Königl. Erbländern* von 1774, die der Augustiner Chorherr (ab 1758 Abt) Johann Ignaz von Felbiger nach den in Schlesien bereits erprobten Grundsätzen ausgearbeitet hatte, wurde erstmals ein einheitliches staatliches Schulsystem eingeführt, das der Kirche in diesem Bereich künftig eine subsidiäre Rolle zuwies, auch wenn zunächst auf die kirchliche Erfahrung und Infrastruktur notwendigerweise zurückgegriffen werden musste. Neben der elementaren Grundausbildung in den Trivialschulen der Landgemeinden (Lesen, Schreiben, Rechnen, Kenntnisse in der katholischen Religion) vermittelten die Hauptschulen in den größeren Orten und Städten auch darüber hinausgehende Kenntnisse (Sprachlehre, landwirtschaftliches und handwerkliches Grundwissen, Haushaltsführung, Latein) für die Kinder bürgerlicher Schichten. Die Normalschulen, die in jeder Provinzhauptstadt eingerichtet wurden, dienten mit der Vertiefung jener Gegenstände, die in den Hauptschulen gelehrt wurden, sowie mit der methodischen Heranführung an den praktischen Unterricht der Ausbildung der Lehrer in den anderen beiden Schularten. Auch wenn sich die allgemeine Schulpflicht nur langsam und gegen große Widerstände durchsetzen ließ, wurde mit ihr die entscheidende Grundlage für eine breite Alphabetisierung der Bevölkerung in den österreichischen Ländern gelegt. Dass sich das

System durchaus bewährte, zeigt die Tatsache, dass bis zum Vorabend der Revolution von 1848 – zumindest in den westlichen Ländern – fast alle Gemeinden »eingeschult« waren. Umgekehrt war für die längerfristigen Folgen des Anstiegs an alphabetisierter Bevölkerung nicht hinreichend gesorgt worden – auf der Grundlage einer immer breiter werdenden Basis des Primarschulbereichs baute, jedenfalls bis zur *Politischen Schulverfassung* von 1805, keine weiterführende Sekundarschule auf, die den gewandelten Bedürfnissen einer bürgerlichen Gesellschaft gerecht werden konnte, dienten doch die Normalschulen lediglich der Lehrerausbildung, während die traditionellen Lateinschulen bzw. Gymnasien den künftigen Universitätsstudenten vorbehalten waren. Mit der Einführung von sogenannten Realschulen durch die *Schulverfassung* von 1805 wurde diesem Bedarf zwar einigermaßen Rechnung getragen, doch blieb die mangelhafte Berücksichtigung des Sekundarschulbereichs bis weit ins 19. Jahrhundert hinein eine entscheidende Strukturschwäche des österreichischen Bildungssystems, die sich nicht zuletzt dem politischen Willen verdankte, soziale Unterschiede mittels Bildung festzuschreiben: rudimentäre Kenntnisse für die bäuerlichen Unterschichten, bedarfsorientierte Ausbildung für das städtische Bürgertum – gebildetes Elitenwissen ausschließlich für die kleine Schicht von Gymnasial- und Universitätsabsolventen, die als Juristen, Mediziner, Theologen und Gymnasiallehrer für Staat und Gesellschaft von Nutzen waren.

Die Universitäten ihrerseits waren ebenfalls ein wesentliches Element der Reformpolitik, wobei auch hier der Nützlichkeitsaspekt im Vordergrund stand. Ausgehend von der Reform der medizinischen Fakultät in Wien, für welche der Leibarzt Maria Theresias, Gerard van Swieten, verantwortlich zeichnete, sollten auch an den anderen Fakultäten, insbesondere der Juristenfakultät, Rationalisierung und Professionalisierung der Ausbildung für die künftige Berufspraxis im Vordergrund stehen – »gelehrtes Wissen« um seiner selbst willen wurde, insbesondere von Joseph II., als wenig förderlich für die Mehrheit der Studenten angesehen. In diesem Sinne reduzierte Joseph II. auch die Zahl der Universitäten, indem beispielsweise die Universitäten von Innsbruck und Graz (1782/83) zu Lyzeen herabgestuft wurden, eine Maßnahme, die Kaiser Franz I. 1826/27 wieder rückgängig machte.

Das Verhältnis zwischen Staat und Kirche

Mit dem staatlichen Eingriff in das Schul- und Bildungswesen, das bisher, abgesehen von einzelnen Stadtschulen, fast ausschließlich in der Hand von Kirchen und Klöstern gelegen hatte, verschärfte sich der Konflikt zwischen Kirche und Staat im »Kampf um die Seelen«, der als die entscheidende Signatur der Epoche überhaupt gelten kann.

Noch zur Zeit Maria Theresias war der Jesuitenorden aufgehoben worden, was angesichts der beherrschenden Stellung dieses Ordens im Gymnasial- und Universitätsbereich nicht nur eine deutliche Signalwirkung hatte, sondern auch dringenden Ersatzbedarf schuf. Noch sehr viel durchgreifender im Bemühen um die Laisierung des Staates war die kirchliche Reformpolitik Josephs II.: Zwischen 700 und 800 Klöster wurden im Jahrzehnt seiner Alleinherrschaft aufgehoben, die verbleibenden zu karitativen bzw. schulischen Aufgaben verpflichtet. Mit einer Reihe von Patenten versuchte Joseph II., die Monopolstellung insbesondere der katholischen Kirche zu brechen: Das Ehepatent von 1783 definierte die Ehe – unabhängig von ihrem sakramentalen Charakter – als bürgerlichen Vertrag, der auch wieder gelöst werden konnte; die zwischen Oktober 1781 und Mai 1782 für alle Teile der österreichischen Monarchie erlassenen Toleranzpatente proklamierten – mit Einschränkungen – die religiöse und bürgerliche Gleichberechtigung für Lutheraner, Calvinisten und Angehörige der orthodoxen Kirche; weitere Patente ermöglichten auch Juden die Zulassung zu verschiedenen Gewerben, die ihnen bisher nicht zugänglich waren, das Studium an den Universitäten, die Aufhebung von Kleidungsvorschriften. Auch in das Alltagsleben der Menschen griff die josephinische Kirchenpolitik ein: Zur effizienteren Nutzung der Arbeitszeit reduzierte Joseph II. die kirchlichen Feiertage von vormals 25 auf 13 (bereits 1754 waren 24 Feiertage zu sogenannten Halbfeiertagen gemacht worden, an denen nach dem Besuch der Messe »knechtliche« Arbeiten verrichtet werden durften), er schränkte Wallfahrten und Prozessionen ein und versuchte mit der Aufhebung der überaus beliebten Bruderschaften und z.T. wenig populären Verboten, den Traditionen religiösen »Aberglaubens« ein mit Verstand und Vernunft vereinbares Christentum entgegenzusetzen. Diesem Ziel dienten zum einen die bereits erwähnten Klosteraufhebungen und die teilweise Verstaatlichung kirchlichen Eigentums verbunden mit der Gründung eines »Religionsfonds«, aus dessen Mitteln künftig die mit der Seelsorge betrauten Priester besoldet werden sollten. Zum anderen unterwarf Joseph II. durch die Einrichtung von staatlichen Generalseminarien (1783) auch die Priesterausbildung der staatlichen Kontrolle, womit tatsächlich in die Substanz des kirchlichen Lehramts eingegriffen wurde. Auch die staatliche Zensurhofstelle, jene Behörde, deren Wirken im späteren Vormärz als eigentliches Instrument von Reaktion und Unterdrückung angesehen wurde, war als Reformmaßnahme gegen das bisherige Monopol der kirchlichen Zensur gerichtet und sollte ebenfalls die Laisierung des Staates vorantreiben.

Am heftigsten bekämpft wurden – insbesondere seitens der Reichskirche – die Einrichtung neuer Pfarreien und die administrative Umgestaltung der Diözesangrenzen, die das Ziel verfolgte, kirchliche und staatliche Verwaltungsbereiche miteinander in Einklang zu bringen. Gegründet auf das Wiener Konkordat, das seit der Zeit Friedrichs III. für die habsburgischen Erbländer eine Art landesfürstlicher Oberhoheit über die Bistümer vorgesehen hatte, sah sich Joseph II. berechtigt, auch als Kaiser die Unterordnung der Kirche(n) unter die Staatsgewalt umzusetzen. Mit der Schaffung neuer Bistümer, so beispielsweise in Linz und St. Pölten, griff er damit allerdings in die Herrschaftsrechte von Fürstbischöfen des Reiches ein, im Falle von Linz und St. Pölten in jene des Fürstbischofs von Passau, was der Position des Kaisers im Reich als Schutzherr der Reichskirche wenig förderlich war. Vergleichbares vollzog sich mit der Eingliederung der Diözese Gurk, durch welche der Fürsterzbischof von Salzburg in Kärnten zum Teil seine Herrschaftsrechte verlor. Insbesondere auch in der Lombardei mit ihrer starken katholischen Tradition trafen die Eingriffe des Kaisers in die bisherigen kirchlichen Strukturen auf massiven Widerstand. Vergeblich reiste Papst Pius VI. im Jahr 1781 nach Wien – eine Art umgekehrter »Canossa-Gang« –, um den Kaiser von seinem kirchenpolitischen Kurs abzubringen, wovon sich dieser freilich nicht beeindrucken ließ. Insbesondere das sogenannte *Placetum regium*, dem zufolge keine kirchliche Anordnung ohne kaiserliche Genehmigung erfolgen durfte, traf den Autoritätsanspruch der römischen Kirche zutiefst. Nach Josephs II. Tod kehrte sein Nachfolger Leopold II. zu einer etwas versöhnlicheren Kirchenpolitik zurück (so wurden beispielsweise die Generalseminare wieder aufgehoben, nicht aber das *Placetum regium*).

Erst Franz II./I. profilierte sich – mitten in den Turbulenzen der Koalitionskriege – demgegenüber ein letztes Mal als »Schutzherr« der römischen Kurie, eine Rolle, die ihm als römisch-deutschem Kaiser seit dem

Mittelalter zukam. Nachdem Napoleon im Namen der französischen Republik (1798) Papst Pius VI. (den »letzten«, wie er in der revolutionären Propaganda genannt wurde) abgesetzt und in Rom die Tibertinische Republik ausgerufen hatte, ermöglichte der Kaiser im Jahr 1800 in Venedig ein Konklave, das allen revolutionären Prophezeiungen vom Ende des Papsttums zum Trotz einen neuen Papst, Pius VII., zum Oberhaupt der römischen Kirche erhob. Es war derselbe Pius VII., der vier Jahre später von Napoleon zur feierlichen Segnung seines neuen Kaisertums nach Paris eingeladen wurde.

Doch auch der Kaiser konnte die Säkularisation, d. h. den Entzug der weltlichen Machtbefugnisse der Reichskirche, nicht aufhalten. Ohne seine Schutzfunktion wahrnehmen zu können, musste Franz II. nach dem Frieden von Lunéville im Reichsdeputationshauptschluss von 1803 der Aufhebung aller geistlichen Fürstentümer als weltliche Herrschaftsträger zustimmen. Im österreichischen Kaiserstaat allerdings wurde der römisch-katholischen Kirche als »moralischer« Instanz nach der Revolutionserfahrung wieder sehr viel mehr Einfluss – vor allem im Bildungswesen – eingeräumt, als »Staatskirche«, der unter der Oberhoheit des Staates auch ohne unmittelbare »weltliche« Herrschaftsbefugnis eine nach wie vor privilegierte Position zukam. Diese Entwicklung zeichnete sich bereits in den ersten Jahren nach der Säkularisation ab und führte ein halbes Jahrhundert später zum Konkordat von 1855, einem der Höhepunkte der kirchlichen Machtposition in Österreich.

Die Entdeckung von »Gewerbefleiß und Industrie«

Der ausgedehnte Länderkomplex der habsburgischen Herrschaften war um die Mitte des 18. Jahrhunderts auch in wirtschaftlicher Hinsicht ein inhomogenes Gebilde. Trotz vereinzelter Bestrebungen, die ökonomisch unterschiedlich entwickelten und zum Teil weit voneinander entfernten Territorien durch gezielte wirtschaftspolitische Maßnahmen stärker aneinander zu binden, entsprach die Wirtschaftskraft der Monarchie nach dem Tode Karls VI. im europäischen Vergleich nicht dem machtpolitischen Anspruch, mit dem Maria Theresia ihre Herrschaft antreten wollte. Dem drohenden Zerfall des Länderkomplexes in den Jahren 1740 bis 1745, als die Pragmatische Sanktion durch einzelne europäische Mächte in Frage gestellt worden war, konnte mangels staatlicher Einheit auch in finanzieller und wirtschaftlicher Hinsicht wenig entgegengesetzt werden – die unzureichende militärische Verteidigung war nicht zuletzt auch der ökonomischen Schwäche des »Staates« als einheitlichen Wirtschaftsraums geschuldet.

Diese Schwäche lag zum einen in den geopolitischen Voraussetzungen selbst begründet. Die reichen niederländischen Provinzen waren ebenso wie die Lombardei nicht unmittelbar mit den österreichischen Kernländern verbunden: Ausgedehnte Reichsterritorien und die Nordalpen bzw. das Gebiet der Republik Venedig und die Südalpen schoben sich jeweils dazwischen. Das Fürsterzbistum Salzburg ragte weit in die Territorien der Kernlande herein und erschwerte damit die direkte Anbindung von Tirol. Das böhmische Becken und die schlesischen Gebiete waren aufgrund der Wasserscheide durch keinen Fluss mit dem Zentrum verbunden, und auch der Landweg gestaltete sich angesichts der notwendigen Überwindung des böhmisch-mährischen Höhenzuges als schwierig. Die Donau als einziger länderübergreifender Verkehrsstrom traf erst nach langem Lauf durch süddeutsches Reichsgebiet (u.a. durch Bayern) kurz vor Linz auf »österreichisches« Territorium – durch Untiefen und Stromschnellen wurde die Schifffahrt auf ihr überdies erschwert. Die im Osten hinzugewonnenen – aus der Sicht Wiens – wirtschaftlich unterentwickelten Gebiete (Galizien, Bukowina) konnten nur über Ungarn erreicht werden, mit Schlesien wurde überdies eines der wirtschaftlich ertragreichsten Länder der Monarchie verloren.

Dies alles bedeutete sowohl das Fehlen eines geschlossenen Wirtschaftsraumes als auch den Mangel an verkehrstechnischer Infrastruktur, welche die verstreuten Territorien stärker miteinander verbunden und die ungehinderte Zulieferung von für die industrielle Entwicklung nötigen Rohstoffen (wie Kohle und Eisen), insbesondere aus dem böhmisch-mährisch-schlesischen Raum, ermöglicht hätte. Hinzu kam die unterschiedliche Beschaffenheit von Landschaften und Bodenkultur und damit der Wirtschaftsformen: Von den Alpen bis zu den Karpaten erstreckte sich ein ausgedehnter Bereich von Berglandwirtschaft und Viehzucht, in den Tiefebenen Ungarns und der Lombardei wurden vor allem Getreide und Futtergut angebaut; nur im böhmischen Becken, in der Umgebung von Wien und in der Steiermark entstanden – nicht zuletzt dank der dort vorhandenen Rohstoffe – erste Ansätze von industrieller Entwicklung. Die politische Zersplitterung des Territoriums zog in der Folge auch eine Vielzahl von Binnenzöllen nach sich, welche sehr viel mehr den verschiedenen Einzelinteressen als dem Gesamtinteresse der Monarchie zugutekamen und daher ebenso wenig zur Konsolidierung des Wirtschaftsraumes beitrugen. Die von Karl VI. in die Wege geleiteten Bemühungen, die *Monarchia Austriaca* als wirtschaftliche und politische Seemacht zu etablieren, waren nach dem Verlust Süditaliens und am Widerstand Englands gescheitert, für dessen Zustimmung zur Pragmatischen Sanktion sogar die erfolgreiche Kaiserliche Ostendische Handelskompanie für den Handel nach Indien und China geopfert worden war; nur dank Triest und Fiume hatte Wien Zugang zur Adria und damit zu den Handelswegen in den Nahen Osten.

Die anhaltende, aus dem 17. Jahrhundert ererbte wirtschaftliche Krise, die infolge des Dreißigjährigen Krieges, der sogenannten Türkenkriege, des Spanischen Erbfolgekrieges, der immer noch grassierenden Seuchen (zu Beginn des 18. Jahrhunderts war es zu neuerlichen Krankheitsepidemien gekommen) und nach wie vor auftretenden Hungersnöte sogar zu einem vorübergehenden Bevölkerungsrückgang geführt hatte, gefährdete die politische Stabilität der Monarchie und erzwang seitens der staatlichen Obrigkeit durchgreifende ökonomische und soziale Reformen. Die Reformpolitik Maria Theresias und Josephs II., die ja zur Sicherung der Staatseinnahmen auf die Hebung des Wohlstands in den habsburgischen Ländern zielte, war nicht zuletzt auch wirtschaftspolitisch begründet.

»Fürstliche Kammer« und »Peuplierung«

Merkantilistisches Gedankengut, aus Frankreich und in seiner kameralistischen Ausprägung auch aus einzelnen deutschen Staaten des Reiches importiert, bildete in Wien nach wie vor die Grundlage wirtschaftspolitischer Maßnahmen. Die wirtschafstheoretischen Schriften von Philipp Wilhelm von Hörnigk, Johann Joachim Becher und Wilhelm von Schröder aus dem letzten Drittel des 17. Jahrhunderts, die allesamt auf die Schaffung eines einheitlichen Wirtschaftsraumes zielten, waren hier auf fruchtbaren Boden gefallen. Ganz in diesem Sinne lehrte seit 1763 auch der zum Katholizismus konvertierte Enkel des Landesrabbiners von Brandenburg Joseph (später: von) Sonnenfels als Professor für »Polizey- und Kameralwissenschaften« an der Universität Wien. Die Hebung des Wohlstands sollte naturgemäß auch der »fürstlichen Kammer« zugutekommen, daher setzte vor allem Wilhelm von Schröder auf den vermehrten Einsatz von Papiergeld und Banknoten, um den Geldumlauf und damit die Staatseinnahmen zu beleben. Mit der um 1750 begonnenen Vereinheitlichung der Währung zur Conventionsmünze war ein erster entscheidender Schritt getan, 1762 – mitten im Siebenjährigen Krieg – erfolgte die erste Ausgabe von Papiergeld; die bereits 1706 als »Stadt-Banco« begründete Wiener Stadtbank entwickelte sich ab diesem Zeitpunkt mehr und mehr zu einer eigenen Institution der Hofkammer, die mit der Emission von Wertpapieren die steigenden Staatsschulden zu verwalten hatte. Im Zuge dieses Prozesses bildete sich allmählich anstelle der höfischen »Kammer« ein »staatliches« Finanzsystem heraus, von dessen integrativer Kraft die merkantilistischen Wirtschaftstheoretiker überzeugt waren.

Einer der wichtigsten Grundsätze bestand dabei angesichts des als nachteilig angesehenen Bevölkerungsschwundes (um 1700 lebten auf dem Gebiet des heutigen Österreich, wie vor dem Dreißigjährigen Krieg, nur ca. 2,5 Millionen Einwohner) zunächst in »Peuplierungsmaßnahmen«. Einwanderungen wurden gefördert und aktiv betrieben, so vor allem Ansiedlungen in den östlichen Gebieten der Monarchie, Auswanderungen waren nur erschwert möglich. Erst mit dem »Freizügigkeitspatent« des Jahres 1785 lockerte Joseph II. die diesbezüglichen strengen Regelungen, und fortan musste im Falle eines Wegzugs kein »Abfahrtsgeld« mehr an die bisherige Grundherrschaft entrichtet werden. Das Phänomen der »Transmigranten«, eine euphemistische Bezeichnung für die von Maria Theresia zwangsweise verordnete Umsiedlung, also Deportation, von Protestanten in wirtschaftlich unterentwickelte Gebiete wie in das Banat und nach Siebenbürgen, erklärt sich aus diesem Bemühen, ausreichende »Humanressourcen« zur Bewirtschaftung des dünnbesiedelten ländlichen Raumes im Osten zur Verfügung zu haben – und zugleich, ganz im Sinne der Rekatholisierung, die Kernlande selbst von Andersgläubigen freizuhalten. Besonders in den östlichen »kolonisierten« Territorien zeigte sich das Aufeinanderprallen von zweckrationaler Ökonomie, die auf die optimale Nutzung von natürlichen Gegebenheiten zielte, und traditionellen Bewirtschaftungsformen, welche auf einer völlig anders gearteten Beziehung zwischen Mensch und Natur gegründet waren und die daher aus der Sicht Wiens einer unkontrollierten »Wildnis« gleichkamen, besonders deutlich.

Die bessere Nutzung der Arbeitskraft

Ein zweiter wichtiger Aspekt bestand in der Förderung von »Commerzien und Manufacturen« im »Inland« durch Vermehrung und bessere Nutzung der menschlichen Arbeitskraft. Wohlstand, so die Devise, war durch Arbeit zu erreichen, vor allem durch Arbeit, die sich »gewerblichem Fleiß« verdankte und die daher über den unmittelbaren Bedarf hinaus Produkte lieferte, die sich verkaufen ließen, den Handel beflügelten und Kapital in Umlauf brachten. In einem Herrschaftsgebiet, in welchem um die Mitte des 18. Jahrhunderts – trotz des einsetzenden Wachstums einzelner Städte und trotz aller regionalen Unterschiede – nach wie vor 85 % der Bevölkerung von der Landwirtschaft lebten, brachte dieser Grundsatz weitreichende Konsequenzen sowohl für die Agrar- als auch für die Industriepolitik mit sich, wurde doch unter »Industrie« zunächst vor allem »Gewerbefleiß« verstanden. Die kirchenpolitischen Maßnahmen Josephs II. erweisen sich vor diesem Hintergrund ebenso wirtschaftspolitisch motiviert wie die anderen sozialpolitischen Reformen, die vor allem der Besserstellung der Bauern und der Steigerung ihrer Arbeitskraft dienen sollten. Beten, Wallfahrten, die zahlreichen Feiertage stellten sich – so gesehen – als reine Zeitverschwendung dar, Zeit, welche für die produktive Arbeit verloren war. Traditionellen Wirtschaftsformen, wie beispielsweise der – vorwiegend der Selbstversorgung dienenden und nicht gewinnorientierten – Landwirtschaft in manchen kirchlichen Grundherrschaften wurde daher der Kampf angesagt, durch die Besteuerung des grundherrlichen Besitzes eine effizientere Bewirtschaftung des Bodens angeregt. Auch die Reduzierung der bäuerlichen Robotleistungen und Naturalabgaben sollte dazu beitragen, den Bauern mehr eigenständige Bewirtschaftung und Einnahmequellen zu ermöglichen.

Zwischen vermehrt besteuerter Grundherrschaft und zugleich Schritt für Schritt aus der Untertänigkeit entlassenen Bauern entwickelte sich freilich ein Spannungsfeld, das zur Verschlechterung der Beziehung zwischen Grundherren und Untertanen führte. Während seitens der Grundherren versucht wurde, die Steuerlast auf die Bauern abzuwälzen, diese jedoch zunehmend auf ihre Rechte pochten, wurde das Verhältnis zwischen Grundherr und Bauer immer distanzierter. Pächter und Verwalter verfolgten meist (neben der eigenen Bereicherung) die alleinigen Interessen des Grundherrn, was vielfach den Verlust der sozialen Verantwortung für die Bauern nach sich zog. Mangels jeglicher Form von staatlicher Sozialfürsorge entstanden auf diese Weise neue Erscheinungsformen von armutsgefährdeten Landarbeitern, welche die vormaligen Netze kirchlichen oder grundherrlichen Schutzes nicht mehr auffangen konnten, und die dann – als billige Arbeitskräfte – in die Städte drängten, wo sie dem »industriellen Fleiß« protokapitalistischer Unternehmer zugutekamen. In dieses Bild fügt sich auch die Zurückdrängung der Allmenden und der gemeinsamen Nutzung von landwirtschaftlichem Grund in den ländlichen Gemeinden, wo die Kapitalisierung von Grund und Boden eine ertragreichere Bewirtschaftung versprach.

Die Melioration und Ertragssteigerung von Grund und Boden sollte durch verschiedene Maßnahmen bewirkt werden: Einschränkung der Brache, Einführung neuer Früchte wie Klee und Kartoffel, künstliche Bewässerung und effizientere Düngung – und vor allem: rationeller eingesetzte und vermehrte bäuerliche Arbeitsleistung. Die theoretischen Kenntnisse zur Verbesserung von Land-, Forst- und Viehwirtschaft wurden in obrigkeitlich geförderten sogenannten Ackerbau-Gesellschaften weiterentwickelt – Vorbild dafür waren englische, deutsche und italienische Gründungen ähnlicher Art, wie beispielsweise die 1753 unter Leopold, damals noch Großherzog der Toskana, errichtete *Accademia dei Georgofili* in Florenz. Nachdem Maria Theresia die Landesstellen der österreichischen und böhmischen Länder 1764 zur Gründung von Landwirtschaftsgesellschaften in den einzelnen Ländern aufgerufen hatte, wurden in den folgenden Jahren in allen Ländern derartige »Societäten« errichtet. Als Nachfolgerin der 1765 eingerichteten und 1783 wieder aufgehobenen Niederösterreichischen Oekonomischen Gesellschaft wurde in Wien im Jahr 1807 unter dem Protektorat von Erzherzog Johann die k. k. Landwirtschaftsgesellschaft gegründet. 1797 wurde von den ungarischen Magnaten Ferenc Széchényi und György Festetics in Keszthely am Plattensee das *Georgikon* ins Leben gerufen, die älteste landwirtschaftliche Fachschule Ungarns. Von diesen »Agrarsocietäten« bzw. »Landwirtschaftsgesellschaften«, wie sie später unter verstärkter bürgerlicher Beteiligung genannt wurden, gingen wichtige innovative Impulse auch für die anderen Gebiete der Monarchie aus, lag doch eines der Hauptziele ihrer Träger in der Vermittlung neuer Kenntnisse und Techniken direkt an die bäuerliche Bevölkerung. Nicht zuletzt bewirkten auch die zunächst in Böhmen entstandenen »Industrieschulen«, in denen Mädchen und Knaben in protoindustriellen Fertigkeiten wie Spinnen, Stricken, Nähen, Wollekrempeln (Kardieren) bzw. Obst- und Gemüsebau, Bienen- und

Seidenraupenzucht unterrichtet wurden, die Förderung des »Gewerbsfleißes« bei den Kindern bäuerlicher Unterschichten. Dass sich durch alle diese Maßnahmen zur Förderung der »Industriosität« vermehrt soziale Probleme ergeben würden, wie beispielsweise die Ausbeutung von Kindern und Jugendlichen, unkontrollierbare Arbeitsbedingungen für Männer und Frauen sowie mangelnde Fürsorgeeinrichtungen im Krankheitsfall, zeigte sich gegen Ende des Jahrhunderts, als erstmals mittels Hofdekret Josephs II. die Arbeit von Kindern unter neun Jahren (mit der Einschränkung: »ohne Not«) untersagt wurde. Das Janusgesicht der Bemühungen um staatliche »Wohlfahrt« zeigt sich im Falle der Kinderarbeit besonders deutlich. Während moderne pädagogische Konzepte und schulische Förderung Kinder und Jugendliche vom schädlichen »Müßiggang« abhalten und ihnen zugleich neue Verdienstmöglichkeiten bieten sollten, gab es umgekehrt keinerlei Regelungen, um sie vor der Willkür und Ausbeutung von Fabrikanten und protoindustriellen Verlegern zu schützen. Als gesamteuropäisches Phänomen wurde diese Schattenseite des ökonomischen Aufschwungs von der Geschichtswissenschaft auch als Prozess des Sozialdisziplinierung bezeichnet, der durch den radikalen Wandel bisheriger Lebens- und Arbeitswelten die Voraussetzungen für die im 19. Jahrhundert so erfolgreiche Industrialisierung und Kapitalisierung (samt ihren Folgen) geschaffen hat.

Zur gleichen Zeit stieg infolge der vermehrten Produktion und des steigenden Konsums von Luxusgütern im weitesten Sinne der Kapitalbedarf bei den ökonomisch potenteren Adelshäusern, nicht zuletzt auch bei den zahlreichen – infolge Staats- oder Militärdienst – nobilitierten Häusern an. Zunächst aus dem Ausland importierte Luxuswaren (Seide und andere feine Stoffe, Porzellan, Glas), deren Produktion vermehrt auch im Inland gefördert werden sollte, dienten der sozialen Distinktion und mussten teuer erwirtschaftet werden, wozu die untertänige Bauernschaft vielfach nicht mehr bereit war. Sie reichten über die unmittelbare »Notdurft« des Grundherrn weit hinaus und waren ihrerseits Anlass zur weiteren Entfremdung zwischen Adel und Bauern, was wiederum die »Landflucht« bäuerlicher Unterschichten – in der Hoffnung auf bessere Lohn- und Arbeitsmöglichkeiten – in die wachsenden Städte zur Folge hatte.

Staatlicherseits wurde vor allem die produktive menschliche Arbeitskraft, wenn möglich in innovativer und ertragssteigernder Produktionsweise, besonders gefördert – bis mit dem vermehrten Einsatz von Dampfkraft und Maschinen Ende des 18. Jahrhunderts eine neue Ära von industrieller Produktion begann. Privilegien des Herrschers für die arbeitstechnisch rationalisierte Herstellung von Konsum- und Luxusgütern hatten bereits im späten 17. und frühen 18. Jahrhundert zur Entstehung einiger weniger »Fabriken« geführt – als bekannteste Beispiele seien die Linzer Wollzeugfabrik (1672 von Christian Sind begründet und 1754 von Maria Theresia als »k. k. Aerarial-Wollzeug-, Tuch- und Teppichfabrik zu Linz« in staatliches Eigentum überführt, wobei hier neben Strafgefangenen auch »Bettler und Vagabunden« zur Arbeit eingesetzt wurden), die Wiener Porzellanmanufaktur (1718 mit 25jährigem kaiserlichem Privileg von Claudius Innocentius Du Paquier errichtet und 1744 ebenfalls »verstaatlicht«), die Pottendorfer Baumwollspinnerei (1801 gegründet) oder auch die Schwechater »Zitz- und Kottonmanufactur« angeführt, deren Grundlegung 1724 erfolgte und die Mitte des 18. Jahrhunderts im Werk selbst ca. 500 Personen und – über Subunternehmen, sogenannte Faktoreien – mehr als 25 000 Weber und Spinner (auch weiblichen Geschlechts) in Heimarbeit beschäftigte. Die Privilegierungen mehrten sich im Laufe des 18. Jahrhunderts (im Zeitraum zwischen 1669 und 1780 wurden allein in den habsburgischen Kernländern 63 Fabriksprivilegien vergeben), was in der Folge auch zu wirtschaftlich begründeten Nobilitierungen führte – in den Jahren zwischen 1781 und 1790 entfielen 18 % der Nobilitierungen auf erfolgreiche Wirtschaftstreibende. Eine wesentliche staatliche Einnahmequelle bildete auch das für die österreichischen Länder 1784 von Joseph II. erlassene staatliche Tabakmonopol durch die Gründung der »Tabakregie«, die über die Einkünfte der Staatskasse hinaus auch der Arbeitsbeschaffung für Kriegsinvalide und verarmte Beamte diente. Der vermehrte Bedarf an Papier infolge von Papiergeld, dem Anstieg der Zahl der Zeitungen und der Broschürenliteratur (samt wachsender Leserschaft) führte zum Ausbau von Papiermühlen und zu technischen Innovationen in der Papierproduktion. Sogenannte Holländer beschleunigten die Zerstampfung von Hadern als traditionellem Rohstoff der Papierproduktion – im nächsten Schritt wurden anstelle von alten Stofflumpen Holzabfälle und Sägespäne verwendet, was wiederum Auswirkungen auch auf eine vermehrte Holzverarbeitung hatte.

Letztlich waren alle Maßnahmen zur Förderung von »Gewerbefleiß und Industrie« vor allem auf die Beseitigung jener traditionellen zünftischen Schranken gerichtet, welche für die vormoderne Produktion in handwerklichen Betrieben charakteristisch gewesen waren. Staatliche

Privilegierung von innovativen Ideen und Kapital trat an die Stelle selbstregulierender Kontrolle durch etablierte »Meister«-Organisationen und Befähigungsnachweise. Sowohl in der Landwirtschaft als auch in der gewerblichen protoindustriellen Produktion sollte durch staatliche Lenkung mehr Wohlstand für eine besser ernährte und fleißigere Bevölkerung erzielt werden. Kennzeichnend für diesen neuen Weg obrigkeitlicher Wirtschaftspolitik war die 1754 erfolgte Trennung zwischen Polizei- und Kommerzialgewerben, auf welche 1762 die Gründung eines eigenen Kommerzhofrats folgte, der ausschließlich für den Handel (»Kommerz«) mit en gros (und nicht für den lokalen und den Eigenbedarf) erzeugten Waren zuständig war, während die Verwaltung von Polizeigewerben (also dem lokalen Bedarf dienenden Gewerben) weiterhin der Hofkanzlei oblag.

Diesen Grundsätzen entsprechend wurde daher auch die protoindustrielle Herstellung von zur Ausfuhr geeigneten Gütern staatlicherseits gefördert, die Einfuhr von Konsumgütern zugunsten des Exports eingeschränkt. Im Laufe des 18. Jahrhunderts wurden zwar die zahlreichen Binnenzölle weitgehend beseitigt, man zog aber streng bewachte Zollgrenzen um die Gesamtheit der Länder. Ende des Jahrhunderts gab es – abgesehen von den Niederlanden und den italienischen Territorien – nur noch drei relativ unabhängige Zollgebiete: Tirol und die Vorlande, was wiederum durch das dazwischen liegende Fürsterzbistum Salzburg begründet war, die anderen österreichischen Kernländer (also die östlich von Salzburg gelegenen österreichischen Länder, Böhmen, Mähren, Österreichisch-Schlesien und Galizien) sowie Ungarn. Besonders für letzteres waren diese Regelungen von Nachteil, durften doch beispielsweise ungarische Weine nicht in die anderen Erbländer importiert werden. Erst zu Beginn des 19. Jahrhunderts kam es allmählich zur Lockerung der rigorosen Einfuhrbeschränkungen und des staatlichen Protektionismus. Neuere wirtschaftstheoretische Ansätze wie die »Klassische Nationalökonomie« von Adam Smith wiesen in die zukunftsträchtige Richtung von freiem Markt und freiem Handel. In Österreich, das bis 1814/15, wie gezeigt wurde, in beinahe ununterbrochene Kriege verwickelt war, begann diese Entwicklung allerdings erst im Laufe des 19. Jahrhunderts, vollends dann nach 1848, zu greifen.

Der Ausbau von Verkehrswegen

Ein dritter, nicht minder wesentlicher Grundsatz lag im Ausbau der verkehrstechnischen Infrastruktur, was vor allem die bessere Nutzung der Wasserwege, aber auch den Ausbau von befahrbaren Straßen bedeutete. Freilich gilt es hier zu bedenken, dass vor dem Einsatz von Dampfschiffen (der erste Dampfer wurde auf der Donau 1812 in Betrieb genommen) der Warenverkehr auf den Flüssen flussaufwärts nur mittels Schiffziehens, des sogenannten Treidelns (durch Tiere und Menschen), erfolgte und daher ebenso mühsam war wie der Transport auf den »knopperichten Strassen« (Wolfgang Amadeus Mozart). Dass unter Joseph II. zum Treideln vielfach Strafgefangene eingesetzt wurden – als Alternative zur abgeschafften Todesstrafe –, zeigt einmal mehr die inhumane Seite der im Namen der Aufklärung durchgeführten humanitären Reformen auf.

Der Straßenbau selbst erlebte erst Ende des 18. Jahrhunderts durch die Verwendung von Schotter (anstelle der bisher verwendeten gehauenen Steine) nach dem Vorbild Frankreichs einen bedeutenden Innovationsschub, mit dem auch die Verbesserung des Wagenbaus korrespondierte. Die Strapazen des Reisens mit der Postkutsche und der Zustand der Straßen wurden von den Zeitgenossen immer wieder beklagt, wobei es auch hier bemerkenswerte regionale Unterschiede mit klarem Ost-West- und Nord-Süd-Gefälle gab. Am besten ausgebaut war das Straßennetz der Lombardei, weil hier auch die dicht aneinandergrenzenden Gemeinden für ausreichende Verbindungswege Sorge trugen. Joseph II. selbst zog es vor, auf seinen zahlreichen Reisen (u. a. in den Osten seines Reiches) selbst zu reiten, statt in einer unbequemen Kutsche durchgeschüttelt zu werden. Für die verkehrstechnische Anbindung der Länder und Provinzen an das Zentrum war der Ausbau eines spezifisch österreichischen Straßen- und Kommunikationsnetzes erforderlich. Mit der Schaffung einer erbländisch-österreichischen Post in den Händen der gräflichen Familie Paar in den frühen 1620er Jahren und endgültig mit deren »Incamerierung« (»Verstaatlichung«) im Jahr 1722 war systematisch der Weg zu einer habsburgisch-österreichischen Kommunikationsstruktur beschritten worden. Im Laufe des 17. Jahrhunderts hatten die Grafen von Paar als erbländisch-österreichische Postmeister – vergleichbar den Entwicklungen in anderen Ländern des Reiches – ein von Kärnten bis Böhmen und Ungarn reichendes Kommunikationsnetz aufgebaut, das seit der »Incamerierung« dem Staat beträchtliche Einnahmen brachte. Lediglich die Vorlande und die Österreichischen Niederlande gehörten weiterhin der Thurn und Taxischen Reichspost an. Das Tiroler Postwesen war in den Händen einer in Innsbruck residierenden Nebenlinie der Thurn und Taxis, bevor es 1769 ebenfalls »incameriert« und 1774 endgültig der Wiener Postverwaltung unterstellt wurde. Der spätere Zerfall des Heiligen Römischen Reiches wurde wohl auch durch diesen Ausbau von eigenen landesfürstlichen Post- und Kommunikationsstrukturen mit verursacht, wofür das Haus Habsburg selbst geradezu als Vorbild diente.

Eine Möglichkeit zur Beschleunigung und Erleichterung des Warentransports wurde auch im Ausbau von Kanälen gesehen, wo ebenfalls Frankreich (neben England und Preußen) eine Vorreiterrolle spielte. Führend im Rahmen der habsburgischen Territorien war hier wiederum die Lombardei, wo die zahlreichen Flüsse durch ein Netz von Kanälen miteinander verbunden waren. Es gab verschiedene Projekte zur Errichtung von Wasserstraßen, so sollte nach den Plänen des aus Lothringen stammenden Ingenieurs François Joseph Maire Wien durch acht Kanäle mit allen Meeren Europas verbunden werden. Tatsächlich realisiert wurde als besonders bekanntes Beispiel der Wiener Neustädter Kanal von ca. 60 km Länge, 1803 nach langwierigen Vorbereitungsarbeiten in Betrieb genommen, um den Gütertransport aus dem Süden nach Wien zu beschleunigen. Ursprünglich als künstliche Wasserstraße bis zur Adria konzipiert, verlor der Kanal wie andere vergleichbare Projekte (u.a. in Böhmen) angesichts des Siegeszugs der Eisenbahn im Laufe des 19. Jahrhunderts an Bedeutung – 1871 wurde sein Betrieb ganz eingestellt.

So wichtig all diese von oben getroffenen wirtschaftspolitischen Maßnahmen auch waren, der entscheidende wirtschaftliche Modernisierungsschub erfolgte erst nach dem Ende der Kriegsjahre und dank der nun tatsächlich einsetzenden technischen Innovationen infolge von mit Dampfkraft angetriebenen Maschinen. Es zählt zu den Curiosa der österreichischen Wirtschaftsgeschichte, dass die erste Wattsche Dampfmaschine der Habsburgermonarchie 1803/04 im Garten des Schlosses Esterházy in Eisenstadt zur Betreibung von Wasserspielen aufgestellt wurde und keinerlei industriellen Zwecken diente. Die Jahre zwischen 1780 und 1814/15 brachten in wirtschaftspolitischer Hinsicht – abgesehen von den wenig erfolgreichen Versuchen Josephs II., die steigenden Staatsausgaben durch neue (indirekte) Steuern zu decken – kaum einschneidende Veränderungen mit sich, wobei freilich mit in Rechnung gestellt werden muss, dass diese Zeit insgesamt in der Geschichtsforschung zu den am wenigsten durch Grundlagenforschung erschlossenen Perioden der österreichischen Geschichte zählt.

Der Staatsbankrott von 1811 war wohl sehr viel mehr den verlorenen Kriegen und deren Kosten als einer verfehlten Finanz- und Wirtschaftspolitik geschuldet, auch wenn die galoppierende Inflation und die überhöhte Ausschüttung von Papiergeld in den Krisenjahren ihrerseits diese Entwicklung beschleunigt hatten. Die Gründung der »Privilegierten Oesterreichischen Nationalbank« im Jahr 1816, durch welche die Geldvermehrung gestoppt werden konnte, steht so gesehen auch symbolisch für den Beginn einer neuen wirtschaftspolitischen Ära.

Die österreichische Signatur des »Zeitalters der Aufklärung«

Die Hebung des Wohlstands und das Allgemeinwohl, auf welches die wirtschaftspolitischen Maßnahmen in den Jahren zwischen 1740 und 1814/15 zielten, wirkten als Leitmotive nicht minder für die geistes- und kulturgeschichtliche Entwicklung jener Epoche, die auch in den Ländern der *Monarchia Austriaca* als Zeitalter der Aufklärung gilt. Allerdings wurde das europäische Phänomen einer philosophischen Aufklärung, verstanden im Sinne Immanuel Kants als das Heraustreten des Menschen »aus seiner selbstverschuldeten Unmündigkeit«, im Zusammenhang mit der österreichischen Geschichte gern mit dem Begriff des »aufgeklärten Absolutismus« gleichgesetzt, in welchem gemäßigt aufklärerische Tendenzen von oben, vor allem im Bereich des Rechts, der Stellung von Religion und Kirche(n), partiell auch in der Bildungspolitik, in konkrete Praxis umgesetzt wurden. Zum Teil wurde die österreichische Spielart der Aufklärung überhaupt mit Josephinismus und Reformabsolutismus gleichgesetzt, Joseph II. galt als der »Revolutionär auf dem Kaiserthron« und Leopold II. als dessen gemäßigter und pragmatischer Nachfolger. Tatsächlich stand, wie Karl Vocelka richtig feststellt, das »Jahrhundert der großen geistigen Veränderungen« als Elitenphänomen auch in den österreichischen Ländern ganz im Zeichen der Vernunft, und es waren vor allem die Regenten selbst, die seit der Mitte des 18. Jahrhunderts der Tradition von barocker Frömmigkeit und »Aberglauben« den Kampf ansagten.

Dennoch wurde die Monarchie der Habsburger (der Name »Lothringer« hat sich trotz Kaiser Franz Stephan nicht durchgesetzt) bereits von den Zeitgenossen als eine Art Gegenmodell zur »eigentlichen« Aufklärung protestantischer Prägung gesehen, vielfach sogar als »Hort der Finsternis«, wo die Machtposition der katholischen Kirche eine »wahre« Aufklärung im Sinne Kants verhindert habe und die Lehren westeuropäischer und deutscher Aufklärer, wenn überhaupt, viel zu spät durchdringen konnten. Diese Lesart hält sich bis zum heutigen Tag, auch wenn mittlerweile, nicht zuletzt dank verfeinerter Analysen des Phänomens Aufklärung an sich und seiner Rezeption und Umdeutung in der Folgezeit, eine plakative Polarisierung solcher Art zunehmend in Frage gestellt wird.

Facetten von Aufklärung in den österreichischen Ländern

Nun hat es in der Tat in den österreichischen Ländern keine Philosophen vom Range der bekannten westeuropäischen und deutschen Denker wie Voltaire, David Hume oder Immanuel Kant gegeben. Richtig ist auch, dass es weder dem Philosophen und »Universalgelehrten« Gottfried Wilhelm Leibniz zu Beginn des Jahrhunderts noch, eine Generation später, dem Dichter und Sprachforscher Johann Christoph Gottsched gelungen ist, auch in Wien eine gelehrte Akademie einzurichten (in der von ihm ebenfalls angeregten Königlich Preußischen Akademie der Wissenschaften in Berlin war Leibniz deren erster Präsident). Hier ist freilich mitzudenken, dass sowohl die föderative Struktur der monarchischen Union als auch die enge Verbindung mit dem Reich in der ersten Hälfte des 18. Jahrhunderts noch einen völlig anderen Bezugsrahmen schufen, in welchem sich der gelehrte Austausch bewegte. Eine »zentrale« Einrichtung solcher Art schien Maria Theresia daher vor dem großen Verwaltungsumbau wohl verfrüht und angesichts der politischen Herausforderungen bis zum Ende des Siebenjährigen Krieges von untergeordneter Bedeutung. Unbestritten ist auch die Abneigung Josephs II. gegen Gelehrsamkeit um ihrer selbst willen, wenn sie nicht einem praktischen Zweck diente.

Dennoch gingen zum einen vom Wiener Hof – gerade durch die Heranziehung innovativer Köpfe aus den am weitesten entwickelten Ländern der Monarchie, wie der Lombardei oder den Niederlanden – entscheidende Impulse zur Modernisierung konkreter Lebensbereiche in durchaus aufgeklärtem Sinne aus. In der Geschichtswissenschaft wurde vielfach von drei Strängen von aufgeklärten Einflüssen gesprochen, die sich in Wien in befruchtender Weise mischten: aus dem Süden die italienische, aus dem Westen die lothringische (mit Einschluss der Niederlande) und aus dem Norden die preußisch-sächsische Aufklärung.

Zum anderen darf der Blick nicht nur auf den Hof allein beschränkt werden, weil es – der Struktur der Monarchie entsprechend – gerade auch abseits vom Zentrum verschiedene Ausformungen des Phänomens Aufklärung durch lokale Eliten gegeben hat, deren Bedeutung für die Gesamtmonarchie nicht hoch genug eingeschätzt werden kann, wie etwa die 1746 im mährischen Olmütz gegründete *Societas incognitorum eruditorum in terris Austriacis* (»Gesellschaft unbekannter Gelehrter in den österreichischen Ländern«).

Von der Reform der medizinischen Fakultät durch den aus Leiden stammenden Leibarzt Maria Theresias Gerard van Swieten war bereits die Rede: Dank Einführung des klinischen Unterrichts wurde mit dieser Reform der Ruf der älteren Wiener Medizinischen Schule begründet. Eng damit verbunden war auch die Sorge für ein öffentliches Gesundheitswesen insgesamt, beispielsweise durch die Gründung des Allgemeinen Krankenhauses in Wien (1784), das im Sinne der »medizinischen Polizey« des deutsch-lothringischen Arztes Johann Peter Frank zu einer sozialmedizinischen Pionieranstalt ersten Ranges ausgebaut wurde. Von größtem Einfluss auf die Reformen des Rechts waren die aus der Lombardei bzw. im Gefolge Leopolds II. auch aus der Toskana stammenden Italiener, so z.B. der Mailänder Cesare Beccaria, dessen Schriften gegen Folter und Todesstrafe (und für die Verhältnismäßigkeit des Strafvollzugs überhaupt) sich entscheidend auf die österreichische Strafrechtsreform auswirkten. Der ursprünglich aus dem Trentino stammende, anschließend in der Toskana (u.a. als Rechtslehrer Leopolds) und in der Lombardei tätige Jurist Carl Anton von Martini war, wie bereits erwähnt, der wichtigste Berater Josephs II. und Leopolds II. in allen Fragen der Justizreform und zeichnete für das 1797 erlassene Westgalizische Gesetzbuch verantwortlich. Auf dem Umweg über Florenz kamen auch die naturwissenschaftlichen Sammlungen Franz Stephans von Lothringen und damit wesentliche Impulse für die naturwissenschaftliche Forschung nach Wien. Auch auf diesem Feld waren es vor allem die Niederländer, denen die Weiterentwicklung naturwissenschaftlicher Kenntnisse zu danken war: Der Botaniker Nikolaus Joseph von Jacquin organisierte im Auftrag Franz Stephans eine große Forschungsreise nach Amerika (und führte das Linnésche System in Österreich ein). Weitere Expeditionen folgten;

unter der Leitung des aus Siebenbürgen stammenden Ignaz von Born wurde die wissenschaftliche Aufarbeitung der Sammlungen eingeleitet, ab Mitte der fünfziger Jahre gab es auch an der Universität neue naturwissenschaftliche Fächer wie Botanik und Chemie. Ähnliche, vor allem wissenschaftsgeschichtlich bedeutsame Impulse gingen von der systematischen Katalogisierung und Bearbeitung der Bücher- und Handschriftenbestände in der Hofbibliothek, der Gemälde- und Kunstsammlungen und des Münzkabinetts aus. Die Einrichtung des »Geheimen Hausarchivs« im Jahre 1749 und die Notwendigkeit der staatsrechtlichen Legitimierung der berühmten babenbergisch-habsburgischen »Privilegien« schufen die Grundlagen für eine neue Form von quellenbasierter Geschichtsschreibung und Staatsrechtslehre. Die politische Krise im Zusammenhang mit dem Verlust der Kaiserwürde brachte eine Vielzahl von literarischen Produktionen hervor, die sich mit der »österreichischen« Geschichte und ihrer angeblich seit dem Mittelalter bestehenden »Unabhängigkeit« gegenüber dem Reich befassten – die Beschäftigung mit der Geschichte war auf diese Weise ein politisches Desiderat geworden.

Richtet man überdies den Blick über den Wiener Hof hinaus an die Peripherie, in die einzelnen Länder hinein, so zeigt sich, dass das Phänomen Aufklärung in der *Monarchia Austriaca* – neben seiner Praxisorientierung – auch eine Vielfalt von regionalen Facetten aufzuweisen hat. In »josephinischem Geist« sozialisierte und amtierende Beamte und lokale Würdenträger verkörperten in den kleineren regionalen Zentren der Monarchie eine Art von »österreichischer« Aufklärung, die trotz aller Unterschiede auch eine gemeinsame Signatur erkennen lässt. Beispielhaft sei hier auf den Siebenbürger Sachsen Samuel von Brukenthal hingewiesen: Als langjähriger Berater Maria Theresias, Leiter der Siebenbürgischen Hofkanzlei, schließlich (1777) Gouverneur von Siebenbürgen mit Sitz in Hermannstadt war Brukenthal an deutschen Universitäten mit Aufklärungsphilosophie und Naturrechtsdenken in Berührung gekommen, wurde, wie viele aufgeklärte Beamte seiner Zeit, Mitglied verschiedener Freimaurerlogen und legte bereits in Wien den Grundstein einer reichhaltigen Sammlung an Büchern, Gemälden und Münzen, die er nach seinem Tod der Sächsischen Nationsuniversität stiftete. In seinem repräsentativen Stadtpalais in Hermannstadt und in seiner Sommerresidenz (mit Barockgarten) fanden gesellige und gelehrte Veranstaltungen statt, die das geistige Klima von Stadt und Umfeld nicht minder prägten als seine Tätigkeit als verlängerter Arm des josephinischen Staates. Das kaiserliche Reformprogramm war Brukenthal im übrigen – als Angehöriger der siebenbürgischen Oberschicht – nur partiell umzusetzen bereit. Ähnliche Beispiele ließen sich auch aus den ungarischen und böhmischen Ländern anführen: Ferenc Széchényi, der Vater des späteren, im Vormärz so wirkmächtigen Reformpolitikers István, legte, wie Brukenthal, eine bedeutende Bibliothek und Pinakothek sowie eine Karten- und Kupferstichsammlung an, welche die Grundlage für die spätere ungarische Nationalbibliothek und das ungarische Nationalmuseum bildeten. Hinsichtlich seiner sozialen Herkunft als Angehöriger des ungarischen Magnatenadels einer noch höher stehenden Elite angehörend als Brukenthal, verweigerte sich auch Széchényi, trotz langjähriger Loyalität und wichtiger politischer Ämter im Dienste des habsburgischen Königshauses, zuletzt der Reformpolitik Josephs II., während er umgekehrt (zusammen mit seinem Schwager) mit dem *Georgikon* die erste landwirtschaftliche Fachschule der Monarchie begründete. Als im »josephinischen Geiste« wirkende Aufklärer haben sich wohl auch die böhmischen Grafen von Thun-Hohenstein in Tetschen verstanden, beispielsweise Wenzel Joseph, der zur Zeit Maria Theresias »Peuplierungsmaßnahmen« in neu gegründeten Dörfern vornahm und ebenfalls eine umfassende Bibliothek anlegte, oder dessen Sohn Franz Anton, den ein Nachfahre als »Volkserwecker« und Industriepionier bezeichnet hat.

Aufklärer solcher Art, die als Angehörige und Vertreter ungarischer, böhmischer, polnischer, italienischer Eliten den österreichischen Staatsbildungsprozess mittrugen, ja überhaupt erst ermöglichten, finden sich vielfach in den Ländern der Monarchie. Besonders die Lombardei galt als Musterland der Aufklärung: Hier wurden erstmals – durchaus mitgetragen von den lokalen Eliten – Kataster und Grundbesteuerung eingeführt, hier entwickelten sich, unterstützt und mitgetragen vom bevollmächtigten Minister Karl Grafen Firmian, gelehrte Gesellschaften, wie die *Accademia dei Trasformati* oder die *Accademia dei Pugni*, der zahlreiche Intellektuelle wie die Brüder Pietro und Alessandro Verri oder der bereits genannte Cesare Beccaria angehörten; hier wurden auch erstmals und vorbildhaft für die anderen Länder der Monarchie die richtungsweisenden Verwaltungsreformen durchgeführt. Als weiteres eindrucksvolles Beispiel kann der ursprünglich aus dem sächsisch-protestantischen Aufklärungsmilieu stammende Gouverneur von Triest, Karl Graf Zinzendorf, angeführt werden, aus dessen umfangreichen Schriften das weitgestreute europäische Netzwerk erkennbar ist, in welches die höheren politischen Beamten an der Peripherie vielfach eingebunden waren.

Nicht zuletzt orientierten sich auch Erziehung und Ausbildung in hochadeligen Häusern im Laufe des 18. Jahrhunderts mehr und mehr an aufgeklärten Idealen, wie neuere Untersuchungen am Beispiel der Familien Dietrichstein, Windischgrätz und Chotek anschaulich aufgezeigt haben.

Katholische Aufklärung

Darüber hinaus zeichnet sich die »österreichische« Aufklärung vor allem dadurch aus, dass sie auch eine innerkatholische Reformbewegung war, ein Aspekt, der in der Historiographie bis heute oft übersehen und unterschätzt wird. Auch hier spielt wiederum das wohlwollende Interesse bereits der zeitgenössischen Gelehrtenwelt gegenüber agnostischen und kirchenfeindlichen Denkern eine Rolle, womit sich auch erklärt, dass das Phänomen Aufklärung allzu vorschnell in eine kontinuierliche Traditionslinie mit dem protestantischen Widerstand gegen die römische Kurie gestellt wurde. Erscheinungsformen wie katholische Aufklärung und Reformkatholizismus fanden daher auch in der nachfolgenden Historiographie nicht den ihnen gebührenden Stellenwert. Was darunter zu subsummieren ist, reicht weit über die – verkürzt »Josephinismus« genannten – kirchenpolitischen Reformen Josephs II., die im übrigen bereits zur Zeit Maria Theresias begonnen hatten, hinaus. Vielmehr muss der bedeutende Anteil katholischer Ordenskleriker und Laien an der *res publica litteraria* betont werden – in den habsburgischen Ländern insbesondere der der Benediktiner –, bei denen eine neue Form wissenschaftlichen Denkens und Arbeitens durch die Abkehr von der reinen Schriftgläubigkeit hin zur kritischen Textanalyse zu beobachten ist. Nach dem Vorbild und in regem Austausch mit den französischen Maurinern entstand auf diese Weise auch in österreichischen Benediktinerklöstern, wie z.B. in Melk, ein breitgespanntes Korrespondenznetz zwischen katholischen (aber auch protestantischen) Gelehrten, denen die Weiterentwicklung der Wissenschaften und das wissenschaftliche Arbeiten nach systematischen Regeln zum wachsenden Anliegen wurde. Vielfach auch in kontroverser Auseinandersetzung mit der jesuitischen Tradition entstand hier eine neue Form von kritischer Gelehrsamkeit und evidenzbasierter Weltdeutung, welche ihrerseits durch die Weitergabe dieses Wissens und Könnens in den klösterlichen Lehranstalten weit in die Gesellschaft hineinwirkte.

Daneben gab es aber auch eine, wenn man so will, innerreligiöse Distanzierung von der römischen Kurie, die nicht zuletzt auch vom Herrscherhaus selbst mitgetragen wurde und die ebenfalls eine Abkehr von der Tradition barocker Frömmigkeit und bedingungsloser Papsttreue mit sich brachte. Über ihren Ehemann Franz Stephan und die Männer ihrer engsten Umgebung war bereits Maria Theresia mit den Ideen des französischen Jansenismus in Berührung gekommen. Generell breitete sich diese ursprünglich in Frankreich – gegen die absolute Macht von König und Kirche – entstandene religiöse Bewegung über die Niederlande und Italien rasch auch in den österreichischen Ländern aus. Von der römischen Kurie als Irrlehre verboten, kam ihr in den habsburgischen Ländern eine wichtige Rolle im Kampf gegen die Vorherrschaft der Jesuiten und den Machtanspruch des Papsttums zu, wobei sich in dieser Bewegung zahlreiche Elemente erkennen lassen, die offensichtliche Parallelen mit der (protestantischen) Aufklärung aufweisen: die antikuriale Einstellung, die Betonung religiöser Toleranz und Innerlichkeit, der Vorrang ethischer Grundhaltungen gegenüber ritualisierter »Frömmelei«, die Betonung der menschlichen Vernunft sowie die Notwendigkeit des Staatskirchentums, d.h. der Unterordnung der Kirche(n) unter die staatliche Gewalt. Erst unter dem Eindruck der Französischen Revolution und ihrer Folgen vollzog sich zu Beginn des 19. Jahrhunderts der Umschwung zurück zum »ultramontanen« Katholizismus (wie erinnerlich, hat Franz II. durch ein Konklave in Venedig nach dem Tod Pius' VI. eine neuerliche Papstwahl ermöglicht) – die Spuren freilich, die durch die langen Jahre »katholischer Aufklärung« gelegt wurden, ließen sich nicht mehr einfach auslöschen. In den reformkatholischen Ansätzen eines Bernard Bolzano in Prag oder eines Antonio Rosmini in Norditalien wirkten sie weiter auch ins 19. Jahrhundert hinein, als Wegbereiter eines (später so genannten) »liberalen« Katholizismus, welcher Glaube und Vernunft zu vereinen hoffte.

Lässt man also das geistige Klima Revue passieren, das die Epoche zwischen dem Tod Karls VI. und dem Ende des Wiener Kongresses kennzeichnet, so tut man gut daran, die traditionellen Maßstäbe von (west)europäischer und protestantischer Aufklärungsforschung für die österreichischen Länder zu relativieren und stattdessen deren andersgeartete, zum Teil paradox anmutende Ausgangsbedingungen (Katholizismus als Staatsreligion *und* religiöse Toleranz, Pluralität der Länder *und* Schwäche des Zentrums, ethnische Vielfalt *und* »deutsche« Dominanz) stärker ins Bewusstsein zu rufen. Nur auf diese Weise können die unterschiedlichen Formen von Aufklärungen in den Blick genommen werden, welche trotz Mangels eines österreichischen Kant oder Voltaire auch in der *Monarchia Austriaca* ihren Ort gefunden haben.

Aufklärungsimpulse in den Künsten

Verglichen mit anderen europäischen Metropolen waren es daher auch nicht die aufgeklärten revolutionären Ideen, nicht Gelehrsamkeit und Wissenschaft, welche in der zweiten Hälfte des 18. Jahrhunderts die Zeitgenossen in die Hauptstadt des Reiches gelockt haben. Intellektuelle Debatten fanden wohl sehr viel mehr in den gelehrten Gesellschaften und Akademien (später in den Kaffeehäusern) an der Peripherie (von den Niederlanden über Böhmen und Mähren bis Italien) sowie in den Klöstern und Ordensgemeinschaften statt. Erst gegen Ende des Jahrhunderts öffneten sich in Wien und in anderen größeren Städten der Monarchie auch die Salons von Adels- und Großbürgerhäusern zum kulturellen und intellektuellen Austausch.

Es waren auch nicht die großen Literaten, welche die Dichter und Schreiber Europas angezogen hätten – weder Wien noch eine andere österreichische Stadt hat eine Weimar vergleichbare Klassik hervorgebracht. Dichter wie Goethe, Schiller, Kleist und Hölderlin wird man in den österreichischen Ländern nicht finden, was nicht bedeutet, es habe überhaupt keine literarische Kultur gegeben. 1761 wurde von dem aus Freiburg stammenden Juristen und Staatsrechtler Paul Josef (von) Riegger die erste Sprach- und Literaturgesellschaft begründet, die sich – gegen das Gelehrtenlatein und die Frankophilie des Hofes – für die Kultur der deutschen Sprache einsetzte. Es waren auch hier vorwiegend im Umfeld des Hofes tätige Beamte, die zur Feder griffen, ohne damit allerdings ein größeres überregionales Publikum zu erreichen. Bekannt sind die satirischen und historisch-politischen Schriften des späteren Biographen Maria Theresias Johann Rautenstrauch, auch die Romane von Kaunitz' Bibliothekar Johann Pezzl, allesamt von aufgeklärtem und antiklerikalem Duktus, genossen eine gewisse Popularität. Vor allem der langjährige k. k. »Bücher-Censor« Aloys (von) Blumauer, Freund von Sonnenfels' und van

Swietens, erlangte mit seinem Musenalmanach, seinem – damals gefeierten – Drama *Erwine von Steinheim*, zahlreichen Gedichten und der *Wiener Realzeitung* begrenzten literarischen Ruhm. Ein besonderes Wiener Curiosum, dessen heutiger Quellenwert in den darin vermittelten zeitgenössischen Momentaufnahmen besteht, stellen die sogenannten Eipeldauer-Briefe (*Briefe eines Eipeldauers an seinen Herrn Vetter in Kakran über d' Wienstadt*) dar, mit welchen der kaufmännische Angestellte und später im Dienste der josephinischen Polizei tätige Joseph Richter die Figur eines nach Wien reisenden Bauern fingiert, der die Zustände in der Hauptstadt beschreibt. Die Blätter erschienen – über den Tod ihres Erfinders hinaus – zwischen 1785 und 1821 und besaßen insbesondere in der josephinischen Zeit große Breitenwirkung. Insgesamt nahm die literarische Produktion und auch die Nachfrage durch das gebildete Lesepublikum im Laufe des 18. Jahrhunderts wie überall in Europa rapide zu; insbesondere im Jahrzehnt Josephs II. wurde dank der lockerer gehandhabten Zensur eine Fülle von Broschüren, Zeitschriften, Bühnenstücken u.a. herausgebracht, die freilich ihre Zeit nur in Ausnahmefällen überlebten.

Dennoch darf die Bedeutung dieser literarischen Produktion, die sich durchwegs im Dienste der Aufklärung verstand, nicht unterschätzt werden, wurde dadurch doch der Boden für spätere bedeutendere Dichter und Schriftsteller aufbereitet. Aus ihm heraus konnte sich die nächste Generation von vormärzlichen Literaten (wie Ferdinand Raimund, Johann Nestroy, Nikolaus Lenau, Franz Grillparzer, Adalbert Stifter) entwickeln, deren Werke bis heute von Bedeutung sind.

Bemerkenswert war auch der Wandel innerhalb des Schrifttums selbst: Machten zu Beginn des Jahrhunderts theologische und religiöse Schriften noch den Löwenanteil aller Publikationen aus, so wurden bis zu seinem Ende immer mehr weltliche Themen wie pädagogische, philosophische, naturwissenschaftliche und historische Schriften herausgebracht; seit der Jahrhundertwende begann der Siegeszug von Romanen und sogenannter schöner Literatur, welche von einer immer größeren (vor allem weiblichen) Leserschaft nachgefragt wurden. Es versteht sich von selbst, dass in diesem Prozess die staatlichen Maßnahmen zur Förderung der Lese- und Schreibfähigkeit, die einen raschen Anstieg der Alphabetisierungsrate zur Folge hatten, eine entscheidende Rolle spielten.

Auch die Verbreitung von Zeitungen nahm insbesondere in den achtziger Jahren des 18. Jahrhunderts zu. Mit der (unter dem Namen *Wienerisches Diarium*) 1703 begründeten *Wiener Zeitung* gab es seit damals ein regelmäßig erscheinendes Regierungsblatt, bald folgten entsprechende Zeitungen in allen anderen Provinzhauptstädten. Metternich, der die Bedeutung der Presse für die Politik scharfsichtig erkannte, schuf sich mit dem *Österreichischen Beobachter*, den sein Sekretär Friedrich (von) Gentz seit dem Jahr 1810 herausbrachte, ein zusätzliches Organ der öffentlichen Meinungsbildung.

Trotz dieser durchaus vorhandenen literarischen Produktion (die sich im übrigen auch an der Peripherie, in anderen Provinzhauptstädten und bei anderen allmählich sich selbst über die Sprache bewusst werdenden »Nationen« vorfand) waren es nicht Literatur und Dichtkunst, welche für das Zeitalter der Aufklärung in der *Monarchia Austriaca* kennzeichnend sind.

Es war vor allem die Musik, die in dieser Zeit eine wirkliche Hochblüte erlebte und die Wien zum kulturellen Zentrum der damaligen Musikwelt machte, was sicherlich auch der langjährigen musikalischen Tradition des Wiener Hofes zu danken war. Es war eine andere, nicht weniger wirkungsvolle Art von Aufklärung, die durch das Werk von Gluck, Haydn und insbesondere Mozart das Gesicht des 18. Jahrhunderts prägte. Christoph Willibald Gluck, k. k. Hofkomponist und Gesangslehrer Marie Antoinettes und nach seiner Zeit in Wien auch in Paris tätig, zielte mit seiner Reform der Barockoper auf neue Einfachheit und Natürlichkeit des musikalischen Ausdrucks, durch welche der Mensch nicht minder geformt werde als durch Gebet und religiöse Hingabe. Joseph Haydn, langjähriger Hofmusiker am Hof der Esterházy in Eisenstadt, aber auch Komponist der späteren österreichischen »Volkshymne« *Gott erhalte, Gott beschütze unsern Kaiser*, entwickelte in seiner Kammermusik neuartige Strukturen des musikalischen Aufbaus und baute bewusst Elemente von volksmusikalischer Natur in seine Musik ein. Wolfgang Amadeus Mozart, Freund und Bewunderer Haydns und wie dieser Freimaurer, rüttelte bewusst, ganz besonders in seinem *Figaro*, an den Grundfesten der aristokratischen Welt, wenn der Hofbarbier Figaro seinem Grafen zum Tanz aufspielt und die Dienerin Susanna – als musikalisch führende Figur – zur vertrauten Komplizin der Gräfin wird. Es war allen voran Mozart, der mit seiner selbstbewussten Reaktion auf den berühmten Fußtritt des Salzburger fürsterzbischöflichen Oberstkämmerers Graf Arco – er scheue sich nicht, einen solchen Tritt (»in den A.«) seinerseits, auch auf offener Straße, zu erwidern – ein Zeichen für die Emanzipation des Künstlers von höfischer Bevormundung und die neue Selbständigkeit von Kunst insgesamt setzte. Der Enge des Salzburger fürsterzbischöflichen Hofes entflohen, lebte Mozart in Wien bereits als freischaffender Komponist. Insgesamt fanden die Künstler der sogenannten Wiener Klassik, der auch noch Ludwig van Beethoven zugezählt wird, ein musikalisches Klima vor, das sich auf eine langjährige Tradition der italienischen Oper gründen konnte. Vom Hofkapellmeister Antonio Caldara und dessen bekanntestem Librettisten Pietro Metastasio reicht hier der Bogen bis Antonio Salieri, dem angeblichen Widersacher Mozarts, dessen Werk zu Unrecht lange Zeit im Schatten Mozarts gestanden hat.

Hinsichtlich der bildenden Kunst hingegen war – verglichen mit der Zeit des Hochbarock – der Höhepunkt in der zweiten Hälfte des Jahrhunderts bereits überschritten. Wohl ließ Maria Theresia ihre Sommerresidenz Schönbrunn weiter ausbauen – auch in Innsbruck wurde anlässlich der Hochzeit von Erzherzog Leopold mit seiner spanischen Gemahlin Maria Ludovica die Hofburg im spätbarocken Stil neu errichtet –, wohl wurden auch vereinzelt Adelspalais in spätbarockem Stil umgestaltet, so das Palais Dietrichstein unter der Leitung des ungarischen und späteren Wiener Hofbaumeisters Franz Anton Hillebrandt; auch für die Wiener Universität wurde zu Beginn der fünfziger Jahre mit dem Bau der »Neuen Aula« durch den lothringischen Architekten Jean Nicolas Jadot de Ville-Issey ein neues repräsentatives Gebäude im französisch inspirierten klassizistischen Barock errichtet (heute Sitz der Österreichischen Akademie der Wissenschaften); wohl traten an die Stelle von zu eng gewordenen kleinen Kapellen auch auf dem Lande große Rokoko-Kirchen in einigen Dörfern, u. a. in Tirol – doch der große Bauschwung, der die erste Hälfte des Jahrhunderts gekennzeichnet hatte, setzte sich nicht in vergleichbarer Weise fort.

Vielfach verlagerte sich das Interesse an der künstlerischen Ausgestaltung auch ins Innere, die Ausmalung barocker Repräsentationsbauten (Adelspaläste, Regierungsgebäude, Kirchen und Klöster) riss auch im späteren 18. Jahrhundert nicht ab. Als einer der gefragtesten Künstler des Zeitalters der Aufklärung gestaltete der vom Bodensee stammende und lange in Ungarn tätige Maler Franz Anton Maulbertsch neben zahlreichen Kirchenkuppeln und Deckenansichten von Schlössern und Palästen auch das berühmte Deckenfresko im Johannessaal der Neuen Aula, die Taufe Christi darstellend, sowie das Deckenfresko des Riesensaals der Innsbrucker Hofburg, welches die Verbindung zwischen den Häusern Habsburg und Lothringen künstlerisch in Szene setzt. Neben Maulbertsch zählte der Niederösterreicher Martin Johann Schmidt, bekannt unter dem Namen Kremser Schmidt, zu den bekanntesten und produktivsten Malern des Spätbarock, der – die Bedeutung von katholischer Aufklärung im wahrsten Sinne des Wortes untermalend – zahlreiche Altar- und Heiligenbilder geschaffen hat, darunter in der Welschen Kirche in Graz eine damals beliebte Darstellung der hl. Anna, Maria das Lesen lehrend, aus dem Jahr 1770, die geradezu exemplarisch für die österreichische Signatur des Zeitalters der Aufklärung stehen kann. In spätbarocken und zugleich modern anmutenden Farben wird in diesem Bild die Bedeutung von Lektüre und Schrift, allerdings mit religiösem Bezug, in Szene gesetzt. Anschaulicher kann das österreichische Zeitalter der Aufklärung nicht zum Ausdruck gebracht werden.

Die Zeit zwischen dem Wiener Kongress und den Revolutionen von 1848/49

Von Brigitte Mazohl

Epochenüberblick

Das Kaisertum Österreich ging aus den Wirren der Kriegsjahre trotz der zahlreichen Niederlagen und Verluste als erstarkte europäische Großmacht hervor. Zu dieser neuen Schlüsselposition im Herzen Europas trug nicht zuletzt der erfolgreiche Abschluss des Wiener Kongresses bei, der zum einen die österreichische Vormachtstellung im neu geschaffenen Deutschen Bund garantierte und der zum anderen in den nachrevolutionären europäischen Bündnissystemen Österreich als Zentrum der Gegenrevolution eine führende Rolle zuschrieb.

Es darf dabei freilich nicht übersehen werden, dass dieser österreichische Kaiserstaat selbst eine unmittelbare Folge von Revolution und Krieg gewesen war und dass die jahrhundertelange Doppelherrschaft der Habsburger als Kaiser des Heiligen Römischen Reichs und zugleich als Landesfürsten der habsburgischen Erblande politisch-rechtliche Strukturen hinterlassen hatte, die einer Staatswerdung im Sinne eines modernen Zentralstaates im Vergleich zu anderen europäischen Staaten bis weit ins 19. Jahrhundert hinein im Wege standen.

Entstanden durch obrigkeitliche Proklamation im Jahr 1804 als Antwort auf das französische Kaisertum Napoleons und aus dem Zusammenbruch des Heiligen Römischen Reiches (1806), war dieser Staat nach wie vor kein einheitlicher Gesamtstaat, sondern ein Konglomerat seiner verschiedenen Länder mit ihren mehr oder weniger stark ausgeprägten historischen (ständischen) Eigenrechten. Ihr Zusammenhalt verdankte sich sehr viel mehr der Loyalität gegenüber dem jeweiligen Landesfürsten als gegenüber einem »österreichischen« Kaiser. Trotz der zentralistischen Reformpolitik des 18. Jahrhunderts, die überdies angesichts der Bedrohung durch Revolution und Krieg vielfach zurückgenommen werden musste, hatten sich in der *Monarchia Austriaca* die »Rechte und Freiheiten« der Länder und ihrer Stände weit über die Kriegsjahre hinaus halten können. Nun – nach dem scheinbaren Sieg über die in Frankreich ausgebrochene »Pest« (Friedrich Gentz) – war die Politik der einzelnen Länder naturgemäß auf die Wiederherstellung der vorrevolutionären

Ordnung, d.h. auf ihre weitgehende Selbständigkeit ausgerichtet. Dies galt selbst für die Lombardei, wo die Rückkehr der Österreicher von den traditionellen Eliten zunächst sogar begrüßt wurde.

Die größte Herausforderung der nachrevolutionären Ära bestand daher darin, diesen Staat zu einem »Totum« zusammenzubauen, ohne sich allzu offensichtlich über die Rechtstraditionen der einzelnen Länder hinwegzusetzen. Die Kompetenzbereiche der Zentralbehörden waren zu erweitern, die Ressortzuständigkeiten nicht mehr nach regionalen, sondern nach sachlich-administrativen Kriterien umzugestalten und die staatliche Verwaltung bis in die Peripherie hineinzutragen, wobei – entgegen der antirevolutionären Rhetorik – das französische Vorbild für diese Verwaltungsmaßnahmen eine erhebliche Rolle spielte, und dies nicht nur in den Regionen, wo es einen unmittelbaren französischen Einflussbereich gegeben hatte, wie beispielsweise in Tirol oder Lombardo-Venetien. Dennoch kam es in Österreich – im Gegensatz zu Preußen und anderen deutschen Staaten – nicht zu einer durchgreifenden Staatsreform. Der mächtigste Mann im Staate, Staatskanzler und Außenminister Fürst Metternich, war an einer solchen nicht interessiert, sein innenpolitischer Gegenspieler, Franz Anton Graf Kolowrat-Liebsteinsky, zu schwach, sich durchzusetzen. So wurden zwar immer wieder Anläufe zu Reformen unternommen, vor allem im Bereich der politischen Verwaltung und der Bildungspolitik, doch bis zur großen Zäsur von 1848/49 blieb es bei Provisorien und Reformentwürfen, vorläufig getroffene Einzelentscheidungen traten an die Stelle von systematischen Lösungen.

Dabei lag das entscheidende Strukturproblem der Epoche in der Frage der politischen Partizipation des »Volkes«, um dessen Rechte ja europaweit in Auseinandersetzung mit den Grundsätzen der Revolution gerungen worden war. Diese Frage stellte sich nun, nach dem Ende des Alten Reiches und im Rahmen der Staaten, die aus ihm hervorgegangen waren, auf völlig neue Weise, hatten doch im Ancien Régime die Stände das Volk repräsentiert, während das neue Schlagwort von der Volkssouveränität das Volk in seiner Gesamtheit und nicht dessen geburts- und standesrechtlich begründete Eliten meinte.

Für Österreich als gegenrevolutionäre Macht kam die Realisierung des revolutionären Prinzips von Volkssouveränität zwar nicht in Frage, andererseits war aber auch in Österreich mit dem *Allgemeinen Bürgerlichen Gesetzbuch* von 1811 ein einheitliches und »für die gesammten Deutschen Erbländer« gleiches Privatrecht geschaffen worden, das den Vergleich mit dem *Code Napoleon* nicht zu scheuen brauchte und das tendenziell bereits auf die Gleichheit aller Staatsbürger, also auf ein gesamtösterreichisches Volk, ausgerichtet war. Dass alle Menschen als rechtsfähige Personen zu betrachten seien, dieser juristisch so bedeutsame Paradigmenwechsel in der Folge von Aufklärung und Naturrecht, war in den Gesetzeskodifikationen des 18. Jahrhunderts bereits vorbereitet und mit dem ABGB von 1811 zum Rechtsgrundsatz erhoben worden – mit Ausnahme von Ungarn, wo das eigenständige ungarische Staatsrecht der Durchsetzung eines »gesamtösterreichischen« Privatrechts im Wege stand. Die sozialpolitischen Reformen Josephs II. hatten ebenfalls bereits Ende des 18. Jahrhunderts in nahezu allen habsburgischen Ländern die Leibeigenschaft, d.h. die persönliche Abhängigkeit und die Schollenbindung der Bauern, abgeschafft. Eine durchgreifende Agrarreform war jedoch unterblieben, und trotz der Bemühungen um ein einheitliches Privatrecht für alle (deutschen) Erblande bildeten weiterhin, von wenigen Ausnahmen abgesehen, Grundherrschaft und bäuerliche Untertänigkeit bis 1848 die entscheidenden öffentlich-rechtlichen Grundlagen des österreichischen Rechtssystems. Durch das Rechtsinstrument der Grundherrschaft (und Vergleichbares gilt im Vormärz partiell auch für die Stadtherrschaft) verfügten die (zumeist adeligen und kirchlichen) Grundherren immer noch – trotz anderslautender privatrechtlicher Bestimmungen – über eine Art Hoheitsgewalt über ihre Untertanen, d.h. über einen autonomen politisch-rechtlichen Wirkungsbereich, in welchen der Arm des Staates (noch) nicht unmittelbar hineinreichte.

Dies führte zu jenem folgenschweren rechtlichen Paradoxon, das die Geschichte des gesamten österreichischen Vormärz bis 1848 kennzeichnete: Während infolge der Grundherrschaft in öffentlich-rechtlicher Hinsicht die ständische Struktur der Gesellschaft weitgehend erhalten blieb, sah das ABGB von 1811, das den viele Jahrzehnte beanspruchenden Kodifikationsprozess des Zivilrechts für alle Länder der Monarchie mit Ausnahme Ungarns erfolgreich beendete, eine – ständisch ungebundene – Gesellschaft von modernen Staatsbürgern und Staatsbürgerinnen vor, deren private Rechte, nicht zuletzt das Recht auf Eigentum, der Staat zu garantieren hatte. Damit schuf das Privatrecht zwar die zeitgemäßen Voraussetzungen für die künftige wirtschaftliche und gesellschaftliche Modernisierung des Staates, umgekehrt blieb der Bereich des öffentlichen Rechts, der nun im Gegenzug neu definiert werden musste, dem ständisch-feudalen Denken verpflichtet. Die Scheidung der Bereiche von »öffentlichem« und »privatem« Recht, das die ständische Ordnung in dieser Form nicht gekannt hatte, führte daher im österreichischen Kaiserstaat, im Gegensatz zu anderen europäischen und deutschen Staaten, bis 1848 nicht zu jener konstitutionellen Verfassungsentwicklung, die – parallel zu den privatrechtlichen Bestimmungen – auch die öffentlich-rechtliche politische Mitverantwortung der (Staats-)Bürger garantiert hätte. In diesem Widerspruch zwischen modernem (staats)bürgerlichem Privatrecht einerseits und ständisch-feudalen Strukturen im öffentlichen Recht andererseits lag für die künftige politische und rechtliche Entwicklung des Kaiserstaates im 19. Jahrhundert eines der schwerwiegendsten ungelösten Strukturprobleme überhaupt.

Auf Gesamtstaatsebene unterblieb demgemäß jede Form von politischer Partizipation durch die Staatsbürger, und der Kaiser regierte im Rahmen seines neuen Kaisertums als absoluter Alleinherrscher. Weder Stände noch Volk traten als Korrektiv bzw. Gegenpart der kaiserlichen Macht in Erscheinung: Da es gesamtösterreichische Stände bisher nicht gegeben hatte, war es auch nicht möglich, an ihre Stelle ein gesamtösterreichisches Volk zu setzen. Zumal es sich in Österreich, wie noch zu zeigen sein wird, ja nicht um ein Volk, sondern um viele Völker handelte.

Dennoch lag die – dem Zeitgeist entsprechende – Reduzierung der ständischen Rechte und Freiheiten durchaus im Interesse des Gesamtstaats. Allerdings war mit diesem Eingriff in die historischen Rechte der Stände und Länder im vormärzlichen Österreich – im Gegensatz zu anderen europäischen Staaten – nicht die Erweiterung von politischen Partizipationsrechten für breitere Bevölkerungskreise verbunden, ganz im Gegenteil: Die Entmachtung der Stände hatte nichts anderes als die Zunahme der (zentral)staatlichen Gewalt zur Folge, was auf der Ebene der einzelnen Länder – nicht zu Unrecht – als rechtliche Usurpation und willkürlicher Staatsabsolutismus erlebt wurde. Auf Landesebene löste diese zunehmende staatliche Ingerenz unterschiedliche Reaktionen aus: Sie konnte, wie beispielsweise in Böhmen und Lombardo-Venetien, zum wachsenden Widerstand der traditionellen Eliten führen, die sich gegen den Wiener Etatismus zur Wehr setzten; sie konnte aber auch einen eigenständigen Reformweg bewirken, wie im Falle Ungarns, wo eine aufgeklärt-liberale Führungsschicht auf die Erweiterung bisheriger Standesrechte und die Synthese von ständischen Freiheiten und bürgerlicher Freiheit setzte.

So blieb die entscheidende Frage nach einer künftigen Verfassung für den Gesamtstaat, der die traditionellen ständischen Rechte aushöhlte, ohne neue Formen von politischer Partizipation zu ermöglichen, bis zum Zusammenbruch des vormärzlichen »Systems« ungeklärt. Die Rechtsgrundlage des Deutschen Bundes kam dem insofern entgegen, als Art. XIII der Deutschen Bundesakte für die Staaten des Deutschen Bundes die Frage der Einrichtung von »landständischen Verfassungen« weitgehend offengelassen hatte. Angesichts der Vielfalt der österreichischen Länder hätte zur Realisierung einer »landständischen Verfassung« zuerst geklärt werden müssen, ob eine solche auf der Ebene des Gesamtstaats oder auf Länderebene realisiert werden sollte. Staatskanzler Fürst Metternich, der mit politischem Weitblick damals bereits die (nationale) Sprengkraft einer österreichischen »Central-Repräsentation der Nation« erkannte, setzte auf die Quadratur des Kreises: Er war bemüht, die föderative Struktur der Monarchie zu erhalten, und brachte durch die Ausweitung obrigkeitlicher Anordnungen dennoch die Länder sukzessive unter (gesamt)staatliche Kontrolle. Gerade dadurch freilich wurde eine zeitgemäße Konstitutionalisierung der Monarchie und/oder der Länder verhindert, und der Staat verharrte im stagnierenden Bemühen um eine Synthese von absolutistischem Obrigkeitsstaat und hierarchisch-feudalen Landestraditionen.

Erschwerend kam, wie bereits angedeutet, das Problem des »nationalen Erwachens« der Völker hinzu. Im Sog der Forderung nach Volkssouveränität und zugleich getragen vom Pathos der antifranzösischen »Befreiungskriege«, bildete sich zu Beginn des 19. Jahrhunderts bei den verschiedenen Völkern und Nationen ein verstärktes Bewusstsein für die je eigene historische Tradition und Bedeutung heraus, das mit einem wachsenden Interesse für Sprache, Brauchtum und Geschichte verbunden war und das konsequenterweise die Forderung nach mehr »nationalen« Rechten mit sich brachte. Die als selbständige Disziplinen gerade erst im Entstehen begriffenen historischen Wissenschaften kamen diesem Bemühen um die geschichtliche Begründung und Rechtfertigung von nationalen Freiheitsrechten in jeder Hinsicht entgegen. Umgekehrt wurde dadurch die Geschichtswissenschaft selbst zur wissenschaftlichen Leitdisziplin des Jahrhunderts vorangetrieben.

Für den österreichischen Gesamtstaat, der, wie gezeigt wurde, aus historisch gewachsenen Ländern – und aus verschiedenen Völkern – zusammengesetzt war, bedeutete der politische Paradigmenwechsel von den Ständen zum Volk daher eine schwere Hypothek. Denn neben den Deutschen, die als herrschendes »Staatsvolk« zwar eine dominante Machtposition, aber keineswegs die Mehrheit innehatten, siedelten in diesem Staat zahlreiche weitere Völker, die im Rahmen des Gesamtstaats politisch nicht vertreten waren.

Auf Landesebene standen zwar einzelnen privilegierten »Nationen«, wie den Magyaren in Ungarn, den Deutschen in Böhmen, den Polen in Galizien, ihre historischen (ständischen) »Freiheitsrechte« zu, doch die Mehrheit der Völker war weder auf Landesebene noch auf der Ebene des Gesamtstaats in den Prozess der politischen Willensbildung eingebunden. Im Ancien Régime, das auf einem ständisch-hierarchischen Rechtsverständnis gründete, hatten Volk und Nation ja bekanntlich keine politischen Kategorien mit rechtsrelevanten Folgen dargestellt.

Die Komplexität des Zusammenlebens der Völker auf Gesamtstaatsebenso wie auf Länderebene war auch dadurch bedingt, dass keine der größten im Laufe des Jahrhunderts anerkannten zehn Nationen die absolute Mehrheit im Staate innehatte. Im Gegenteil, mit einem Anteil von etwa 23% an der Gesamtbevölkerung befand sich das »Staatsvolk« der Deutschen sogar in einer deutlichen Minderheitsposition. Dasselbe galt für die in Ungarn mächtigste Bevölkerungsgruppe der Magyaren, die noch Mitte des 19. Jahrhunderts lediglich etwa 18% der Bevölkerung der Gesamtmonarchie repräsentierten. Andere kleinere Volksgruppen, damals so genannte »verspätete« Nationen, deren Anteil sich auf 4–8% der Gesamtbevölkerung belief, wie beispielsweise Slowaken, Ruthenen, Rumänen oder Slowenen, mussten sich ihren Status als Nation vielfach überhaupt erst im Laufe des 19. Jahrhunderts erkämpfen.

Dies freilich nicht nur innerhalb des Gesamtstaats, sondern vor allem auch auf Länderebene, denn die im historischen Länderrecht vielfach verankerte Dominanz einer »fremden« Hegemonienation wurde oft als sehr viel belastendere Einschränkung erlebt als die mangelnde politische Repräsentation im Gesamtstaat. So sahen sich beispielsweise Serben und Kroaten, ihrerseits nicht mehr als knappe 4 bzw. knappe 5% der Gesamtbevölkerung, in Ungarn, d.h. auf Landesebene, durch die Magyaren zu ihrem Nachteil majorisiert. Besonders konfliktreich erwies sich das Spannungsfeld von nationaler Hegemonie sowohl auf Gesamtstaats- als auch auf Länderebene im Königreich Böhmen, wo die deutsche Minderheit gegenüber der tschechischen Mehrheit, die ihrerseits aber im Rahmen der Gesamtmonarchie nur 12% der Bevölkerung ausmachte, dank der feudalständischen Traditionen eine heftig umkämpfte Vormachtstellung innehatte. Gegenüber der sehr früh bereits anerkannten Kulturnation der Italiener wurde zunächst durch die Schaffung eines eigenen Staates, des lombardo-venetianischen Königreichs, ein Schein von Selbständigkeit zu wahren versucht, was freilich – nach dem Verlust dieser Gebiete in den Risorgimentokriegen – den verbleibenden 2% an Italienern im Rahmen des Landes Tirol und im Raum Triest kaum zugutekam. Die zweite große Kulturnation der Polen (etwa 10% der Gesamtbevölkerung) verdankte ihre privilegierte Stellung – vor allem gegenüber den Ruthenen (Ukrainern) im Königreich Galizien-Lodomerien – wiederum vorwiegend einer historisch gewachsenen weitreichenden Landesautonomie.

Die entscheidenden Strukturprobleme der Epoche (und über sie hinaus) lagen daher zum einen in einer widersprüchlichen politischen Praxis, zum anderen aber auch in einer unscharfen politischen Semantik begründet: Die historischen Länderrechte wurden ex lege beibehalten, trotzdem griff der vormärzliche Staatsabsolutismus de facto immer wieder in sie ein. Ein vereinheitlichtes bürgerliches Privatrecht garantierte den Staatsbürgern moderne Freiheitsrechte, dennoch bildeten die ständische Grund- und Stadtherrschaft weiterhin die Grundlage des öffentlichen Rechts. Drittens schließlich, und dies wog vielleicht am schwersten: Die beiden Basiskategorien der österreichischen Rechtsordnung »Land/Länder« und »Volk/Völker« zeichneten sich durch eine völlig verschiedene juristische Qualität und Reichweite aus. Während die »Länder« die eigentlich konstitutive politisch-rechtliche Grundstruktur darstellten, auf welcher der Staat in seiner Gesamtheit aufgebaut war, blieben »Volk« bzw. »Völker« ihrer offenen Semantik entsprechend das ganze 19. Jahrhundert hindurch als Begriffe mehrdeutig und vor allem in ihren juristischen Konsequenzen nicht ausreichend definiert.

Alle diese Widersprüche kamen in den Revolutionen von 1848/49 voll zum Ausbruch. Und es war für den Vielvölkerstaat Österreich unausweichlich, dass die seitens der erstarkten bürgerlichen Öffentlichkeit immer lauter erhobenen politischen Forderungen nach verfassungsrechtlich garantierter Beteiligung »des Volkes« an der Staatsgewalt hier über kurz oder lang mit ungeahnter Dynamik in die nationalen Forderungen nach der politischen Partizipation »der Völker« mündeten.

Österreich als konservative Großmacht

1814	Vertrag von Chaumont
1815	Heilige Allianz
1816	Gründung der Privilegierten Oesterreichischen Nationalbank
1818	Kongress von Aachen
1819	Karlsbader Beschlüsse
1820	Wiener Schlussakte
	Kongress von Troppau
1821	Unabhängigkeitserklärung Griechenlands
	Kongress von Laibach
1822	Kongress von Verona
1829	Gründung der Ersten Donau-Dampfschiffahrts-Gesellschaft
1830	Julirevolution in Paris
1835–1848	Kaiser Ferdinand I.
1838	Erste Eisenbahn von Wien nach Brünn
1847	Gründung der kaiserlichen Akademie der Wissenschaften in Wien

Zunächst, in den Jahren unmittelbar nach den beendeten Kriegen und dem Wiener Kongress, standen jedoch für die konservative Großmacht Österreich und ihren leitenden Staatskanzler Metternich andere, wenn man so will, »außenpolitische« Probleme im Vordergrund. Die längst fällige Staatsreform wurde daher nicht systematisch angegangen, da es sowohl für den Kaiser als auch für den Staatskanzler sehr viel wichtiger schien, die europäische Führungsposition Österreichs in der Nachfolge des römisch-deutschen Kaisertums wiederherzustellen und auszubauen.

Das im März 1814 mit dem Vertrag von Chaumont gegen Frankreich vereinbarte Bündnis der vier wichtigsten europäischen Großmächte und die sogenannte »Heilige Allianz« vom September 1815 schufen dafür die besten Voraussetzungen: Im Rahmen des Allianzvertrages vom 26. September hatten sich die drei kontinentalen Mächte Österreich, Preußen und Russland zu gegenseitigem Beistand und wechselseitiger Herrschaftssicherung auf christlicher Grundlage verpflichtet, unter Hinweis darauf, dass es – entgegen den französischen Ideen von der Souveränität des Volkes – keinen anderen Souverän als Gott für die gemeinsame »christliche Nation« in Europa geben dürfe. Alle anderen europäischen Mächte wurden aufgefordert, dem Bündnis in Anerkennung dieser christlichen Grundsätze beizutreten, was – mit Ausnahme Englands und des Papsttums – im Verlauf weniger Jahre auch geschah. Für England war nur der Prinzregent Georg IV. in eigener Person und als König von Hannover beigetreten. In die am 20. November 1815 erneuerte Quadrupelallianz blieb England aber sehr wohl eingebunden. Mit dieser Erneuerung des Vertrages von Chaumont – als Defensivallianz gegen Frankreich – einigten sich die vier Großmächte darauf, zur europäischen Friedenssicherung und Wahrung der »gemeinsamen großen Interessen« regelmäßig zusammenzukommen, um im Konfliktfalle die besten und geeignetsten Maßnahmen zur Bewältigung des Konflikts treffen zu können. Zur Schaffung einer bleibenden übergeordneten Institution zur Friedenserhaltung ist es durch diese Vereinbarung nicht gekommen, wohl aber wurde durch sie das sogenannte vormärzliche Konferenzsystem begründet, das damals bereits den Versuch einer die Einzelinteressen überwindenden gemeinsamen europäischen Friedenspolitik darstellte. Es darf an dieser Stelle nicht übersehen werden, dass die friedenssichernde Funktion des Alten Reiches mit diesem selbst zu Ende gegangen war und der spätere Völkerbund noch nicht existierte: Das Kongress- und Konferenzsystem des Vormärz kann daher als ernsthaftes Bemühen gesehen werden, die Kontinuität einer über den Einzelinteressen stehenden gemeinsamen europäischen Friedenspolitik zu wahren, auch wenn dieses Bemühen spätestens mit dem Krimkrieg scheiterte. Die schrankenlose Machtpolitik der zweiten Hälfte des 19. Jahrhunderts, die in die »Urkatastrophe des 20. Jahrhunderts« (George F. Kennan), den Ersten Weltkrieg, führte, erklärt sich nicht zuletzt auch aus diesem Scheitern und dem mit ihm verbundenen Fehlen von übergeordneten Einrichtungen zur Friedenssicherung.

Dem österreichischen Kaisertum kam in diesem vormärzlichen Konferenzsystem eine bedeutende Rolle zu, zum einen, weil der österreichische Kaiser (wie vor ihm und in Personalunion der römisch-deutsche Kaiser) nach wie vor als höchster europäischer Würdenträger angesehen wurde, zum anderen weil Österreich auch innerhalb des Deutschen Bundes und bei den Bundesversammlungen den Vorsitz führte, d.h. als die führende Macht »Deutschlands« galt. Nur vier Jahre nach Abschluss des Wiener Kongresses gelang es Metternich, für den gesamten Raum des Deutschen Bundes die sogenannten Karlsbader Beschlüsse (20. September 1819) durchzusetzen, mit welchen die öffentliche Meinungsfreiheit eingeschränkt, die Presse unter Zensur gestellt und die studentischen

Burschenschaften verboten wurden. Auch die Universitäten wurden künftig überwacht und die Turnplätze als potentielle Orte studentischer Unruhen geschlossen. Konkreter Anlass für diese Maßnahmen waren die Ermordung des russischen Staatsrates und Schriftstellers August von Kotzebue durch den Studenten Karl Ludwig Sand, aber auch antisemitische Kundgebungen in verschiedenen Städten des Deutschen Bundes gewesen.

In der Wiener Schlussakte vom 8. Juni 1820 wurde, vergleichbar der Rede von »Gerechtigkeit, Liebe und Friedseligkeit« im Traktat der Heiligen Allianz, als wichtigstes gemeinsames Ziel der Bundespolitik die »Aufrechterhaltung der inneren Ruhe und Ordnung« in den einzelnen Bundesstaaten festgehalten, wobei, für den Fall, dass ein Staat allein der »Widersetzlichkeiten der Unterthanen gegen die Obrigkeit« nicht Herr werde, bereits die Unterstützung durch die Bundesversammlung als Möglichkeit in den Raum gestellt wurde, womit ein klarer Eingriff in die Souveränitätsrechte der Einzelstaaten verbunden war. Die Bundesexekutionsordnung vom 3. August 1820 ging noch einen Schritt weiter und sah – diesfalls wohl entgegen der Rhetorik der »Heiligen Allianz« – ein bewaffnetes Interventionsrecht zur Aufrechterhaltung von Ruhe und Ordnung vor. Metternich hatte also nicht nur für Österreich, sondern auch im Rahmen des Deutschen Bundes die Anerkennung seiner gegenrevolutionären Politik erreicht.

In ähnlicher Weise war auch auf gesamteuropäischer Ebene zunächst das gemeinsame Bemühen um Aufrechterhaltung der »legitimen« (vorrevolutionären) Ordnung das erklärte Ziel. Das bourbonische Frankreich (mit Hilfe der Siegermächte war mit Ludwig XVIII. die Bourbonendynastie wiedererrichtet worden) wurde beim Kongress von Aachen, der ersten der durch die Quadrupelallianz vorgesehenen Zusammenkünfte, wieder unter die europäischen Großmächte aufgenommen (Aachener Protokoll vom 15. November 1818) und verpflichtete sich, gemäß den Zielsetzungen der Quadrupelallianz, ebenfalls alle gemeinsamen Maßnahmen gegen revolutionäre Umwälzungen – vor allem in Frankreich selbst – zu unterstützen, »à prévenir les funestes effets d'un nouveau bouleversement révolutionnaire dont la France serait menacée« (»um den verhängnisvollen Folgen einer erneuten revolutionären in Frankreich drohenden Umwälzung zuvorzukommen«). In einer gemeinsamen Deklaration (21. November 1818) versicherten sich die Bündnispartner ihrer gegenseitigen Solidarität im gemeinsamen Bemühen um die Erhaltung der legitimen Ordnung und im Kampf gegen revolutionäre Umsturzversuche.

Doch die gegenrevolutionäre Solidarität war nicht von langer Dauer. Bereits beim Kongress von Troppau zwei Jahre später (November 1820), der auf Metternichs Initiative hin zustande gekommen war, trug England die Beschlüsse nicht mehr mit. Die kontinentalen Großmächte Österreich, Preußen und Russland waren als »Garanten der legitimen Ordnung und der Stabilität« und auf der Grundlage der bisherigen Allianzverträge übereingekommen, sich zur Unterstützung jener Staaten, in welchen revolutionäre Umwälzungen stattfanden, im Ernstfall ein militärisches Interventionsrecht vorzubehalten, um die betroffenen Staaten nicht aus dem europäischen Allianzsystem ausschließen zu müssen. Damit sollte ein bewaffnetes Eingreifen in anderen europäischen Staaten gewissermaßen vertragsrechtlich und international abgesichert sein. Konkreter Anlassfall für diese Übereinkunft war der bewaffnete Militärputsch im Königreich beider Sizilien gewesen, wo das nach Selbständigkeit strebende Sizilien, aber auch die neapolitanischen Militärs eine konstitutionelle Verfassung forderten. Und auch in Spanien und Portugal gab es revolutionäre Unruhen.

England protestierte gegen diese Übereinkunft der drei konservativen Mächte, daher wurde der Kongress ab Januar 1821 in Laibach fortgesetzt, wohin auch der König von Neapel und die Vertreter anderer italienischer Staaten eingeladen wurden. In Laibach zeigte es sich bald, dass das Metternichsche System der »Heiligen Allianz« bereits brüchig zu werden begann. Die Vertreter der italienischen Staaten und Frankreich sprachen sich ebenfalls gegen ein militärisches Interventionsrecht im konkreten Anlassfall aus, England und Frankreich verließen schließlich im Juli 1821 den Kongress, ohne sich um eine weitere Einigung zu bemühen. Dennoch rückten – im Auftrag der »Heiligen Allianz« und auf der Grundlage der in Troppau gefassten Beschlüsse – österreichische Truppen im Februar 1821 in Neapel ein. Als im Februar und März auch in Piemont Unruhen ausbrachen, ließ Metternich – wiederum im Auftrag der »Heiligen Allianz« – auch nach Turin Truppen entsenden. Obwohl sich immer deutlicher abzeichnete, dass vor allem England das militärische Interventionsrecht zur Aufrechterhaltung der »christlichen Ordnung« ablehnte, konnte sich die Metternichsche Politik auch noch auf dem vierten und letzten Kongress auf Grundlage der Quadrupelallianz, dem Kongress von Verona (Oktober bis Dezember 1822), durchsetzen. Der Kongress sprach sich – gegen den Einspruch Englands – für eine militärische Intervention in Spanien aus, die in diesem Falle Frankreich übertragen wurde, und er lehnte die Anerkennung der griechischen Unabhängigkeit ab, obwohl im Vorfeld nicht nur England, sondern auch Frankreich und Russland den griechischen Kampf um die staatliche Selbständigkeit gegen das Osmanische Reich unterstützt hatten.

England sonderte sich in der Folge vom bisherigen Bündnissystem ab – umso wichtiger blieb auf dem Kontinent die Machtposition des österreichischen Kaiserreichs als Bollwerk der Gegenrevolution. Als es im Gefolge der französischen Julirevolution von 1830 in den habsburgischen Sekundogenituren Parma und Modena zu Aufständen kam, rückten wiederum – diesmal allerdings ohne Mandat durch einen Kongress, jedoch nach wie vor unter Berufung auf die »Heilige Allianz« – österreichische Truppen nach Mittelitalien vor; im März 1831 besetzte Österreich im Alleingang die Provinz Ancona im Kirchenstaat, zur Unterstützung des Papstes Gregor XVI. Cappellari, der Metternich um militärische Intervention gegen die Aufständischen in seinem Staat gebeten hatte.

Symbolisch mag für diese gegenrevolutionäre Politik des Vormärz der forcierte Ausbau der Festungsanlagen in Nauders und Franzensfeste sowie des Festungsvierecks Mantua, Peschiera, Verona und Legnago gegen die »revolutionäre Bedrohung« aus dem Süden stehen. Während das lombardische Festungsviereck in den Risorgimentokriegen zumindest in Verwendung stand, waren die Festungsbauten von Nauders und Franzensfeste bereits zum Zeitpunkt ihrer Fertigstellung in den dreißiger und vierziger Jahren militärtechnisch gesehen überholt. Sie stehen bis heute als museale Beispiele einer verfehlten »Sicherheitspolitik« in der Landschaft, die, da sie niemals konkret zum Einsatz kamen, Unsummen Geldes völlig vergeblich verschlungen hatten.

Die »revolutionären« Bestrebungen nach (nationaler) Unabhängigkeit und nach politischer Partizipation waren auch mit militärischen Mitteln und Festungsbau nicht mehr aufzuhalten, zumal die europäische (gebildete) Öffentlichkeit, nicht nur in England, sich immer stärker den »revolutionären« Leitideen des 19. Jahrhunderts von Freiheit und Gleichheit anschloss. Österreich hatte sich zwar im europäischen Mächtegleichgewicht im Laufe des Vormärz eine starke Position (zurück)erobert, zugleich aber war damit immer mehr das negative Image einer gegenrevolutionären Militärmacht verbunden, die sich als bevorzugtes Feindbild der (ausländischen) liberalen Presse anbot.

Wirtschaftliche Veränderungen und sozialer Wandel

Der Vormärz gilt aufgrund der mangelnden politischen Gestaltungsmöglichkeiten durch die mündig gewordenen Staatsbürger gemeinhin als eine Epoche des Stillstands, der staatlichen Überkontrolle, des Biedermeier, des Rückzugs ins Private. Diese Sicht der Dinge übersieht freilich, dass es zunächst überhaupt erst jener neuen »bürgerlichen« Schichten bedurft hatte, die mit Nachdruck ihre politischen Rechte einklagten, und dass das Phänomen einer politisch interessierten »Öffentlichkeit«, die dann unter strengen Zensurregelungen litt, selbst erst das Produkt jener revolutionären Umwälzungen gewesen war, welches die Reformen des 18. Jahrhunderts und die veränderten rechtlichen Rahmenbedingungen der Jahre um 1800 hervorgebracht hatten. Sie übersieht darüber hinaus die Tatsache, dass es gerade in der Zeit des Vormärz in technisch-materieller und wirtschaftlicher Hinsicht zu einem nicht zu unterschätzenden Modernisierungsschub kam, der umgekehrt in der Folge dann auch die sozialen Verhältnisse und die Struktur der Gesellschaft nachhaltig veränderte.

Am Beginn der wirtschaftlichen Wachstumsphase des österreichischen Vormärz stand allerdings eine große Krise: Die seit Jahren viel zu hohen Papiergeldemissionen während der Kriegsjahre und die damit verbundene Inflation führten zum Zusammenbruch der Währung und schließlich im Jahr 1811 – jenem Jahr, in dem das ABGB erlassen wurde – zum Staatsbankrott. Steigende Preise, steigende Wohnungskosten und Wohnungsnot, Abwertung der Sparguthaben, Verschiebung von Vermögen ins Ausland waren die unmittelbare Folge. Dank französischer Kriegsentschädigungen und finanzieller Anleihen im In- und Ausland konnte die Lage allerdings rasch stabilisiert werden. Durch die Gründung der Privilegierten Oesterreichischen Nationalbank im Jahr 1816 wurde die Papiergeldvermehrung gestoppt und die weitere Geldentwertung verhindert.

Trotz dieser schwierigen Ausgangssituation und trotz der Schäden, die die Kriege vielerorts hinterlassen hatten, zeichnete sich ab Mitte der zwanziger Jahre ein deutliches Wirtschaftswachstum ab, die Staatseinnahmen wuchsen, während sich die Staatsausgaben verringerten. In den Jahren zwischen 1830 und 1845 verdankte sich dieser Aufschwung insbesondere dem Wachstum (proto)industrieller Produktion, aber auch auf dem landwirtschaftlichen Sektor zeigten sich bis zur Krise der späten vierziger Jahre tendenziell steigende Wachstumsraten.

Die Bevölkerung stieg in diesem Zeitraum um ein Drittel an: von 22 Millionen (ohne die Vorlande, die Lombardei und die österreichischen Niederlande) im Jahr 1790 auf 31 Millionen im Jahr 1850. Die Ursachen für diese positive Entwicklung sind vielfältiger Natur und können nur in Wechselwirkung miteinander gesehen werden. Die Kindersterblichkeit ging zurück, was auf die verbesserte medizinische Versorgung zurückzuführen war. Diese ihrerseits war zum einen auf die seit den Reformen der medizinischen Fakultäten gründlichere Ausbildung der Wundärzte und Chirurgen zurückzuführen, zum anderen auf die wachsende staatliche Verpflichtung, in den größeren Gemeinden besoldete Ärzte anzustellen. Die Zunahme von Haushaltsgründungen, aber auch der Rückgang von zölibatär lebenden Menschen beiderlei Geschlechts führte bald nach den napoleonischen Kriegen zu einem deutlichen Geburtenüberschuss. Trotz der Cholera-Epidemie der Jahre 1830/31, die einen vorübergehenden Einbruch des Bevölkerungswachstums nach sich zog, setzte sich der positive Trend anschließend wieder nachhaltig fort.

Während des Vormärz nahm die Fläche des bewirtschaftbaren Ackerbodens um 20% zu, zum Teil erhöhten sich die bebaubaren Flächen um bis zu 50%, was sich positiv auf die Ernährungsbedingungen für die Bevölkerung auswirkte. Eine Reihe von Faktoren schuf wiederum hierfür die Voraussetzungen: Rodung (in den Bergen höher hinauf reichende Siedlungsmöglichkeiten), Entsumpfung (bessere Besiedlung der Flusstäler), Einschränkung der Brachen, Verbesserung der Boden- und Arbeitskraftnutzung – auch dank des eisernen Pflugs, für dessen Verbreitung sich u.a. Erzherzog Johann massiv einsetzte –, vermehrter Fruchtwechsel, verbesserte Düngerwirtschaft, Steigerung der Viehbestände, aber auch die wissenschaftliche Beschäftigung mit Fragen der Landwirtschaft in vielerorts entstehenden landwirtschaftlichen Gesellschaften (1807 wurde beispielsweise die k. k. Landwirtschaftsgesellschaft in Wien, 1811 die k. k. Landwirtschaftsgesellschaft in Steiermark gegründet). Überdies trugen zur Steigerung der landwirtschaftlichen Produktivität und damit zur Verbesserung der Ernährungsbedingungen auch die politisch-rechtlichen Rahmenbedingungen bei, die bereits im 18. Jahrhundert grundgelegt und nun konsequent weiterentwickelt wurden. Der Theresianische und der Josephinische Kataster, d.h. die genaue Grundsteuerbemessung, wurden seit dem Jahr 1817 durch den sogenannten Franziszeischen Kataster fortgeführt, was deshalb langfristig zur besseren Nutzung von Grund und Boden beitrug, weil die Steuerbemessung nicht dynamisch erfolgte, eine ertragreichere Bewirtschaftung also eine Gewinnmaximierung versprach. In der Lombardei hatte sich diese Wechselwirkung zwischen Katastrierung und wirtschaftlicher Meliorierung bereits im 18. Jahrhundert deutlich abgezeichnet.

Aber auch andere rechtliche Rahmenbedingungen wirkten sich auf die Agrarstruktur aus: Die Einschränkung des Fideikommisses, die seit den josephinischen Patenten gegebene Freizügigkeit der Bauern (obwohl die Grundentlastung erst als Folge der Revolution im Jahr 1848 erfolgte), die gesetzliche Regelung und Reduzierung der bäuerlichen Abgabeleistungen, die Beschränkung von Gemeindegut und Gemeinderechten (Allmenden) und nicht zuletzt die Kapitalisierung von Grund und Boden infolge der Bodenverkäufe im Zuge von Klosteraufhebungen und Einziehung von Kirchengut – und damit die Veränderung der Eigentümerstruktur – waren für die österreichische Agrarrevolution, die auch in Österreich der industriellen Revolution vorausging, nicht minder wesentlich. Die bäuerliche Freizügigkeit ermöglichte mehr Haushaltsgründungen, verbesserte Hygienemaßnahmen führten zum Rückgang von Kindersterblichkeit, aufgrund steigender landwirtschaftlicher Produktion verbesserten sich die Ernährungsbedingungen, was sich wiederum auf die steigenden Geburtenraten auswirkte.

Weiters ließen sich im Vormärz deutlich die Folgen der schulpolitischen Reformen des 18. Jahrhunderts erkennen, die, zumindest in den westlichen Ländern der Monarchie, zur vermehrten Ausbreitung von Lese- und Schreibkompetenzen in allen Schichten der Bevölkerung führten. Am Vorabend der Revolution kann man in den österreichischen und böhmischen Ländern von einer achtzig- bis hundertprozentigen Alphabetisierung der Bevölkerung ausgehen. Auch nahmen die Mobilität und die Zirkulation von Informationen dank verbesserter Verkehrsmöglichkeiten rasch zu. Dabei waren es zunächst nicht vorrangig die Eisenbahnen, welche zur Beschleunigung des Verkehrs beitrugen: Die technischen Verbesserungen der Postkutschen (Stahlaufhängung) sowie die Verminderung des Reibungswiderstandes zwischen Rad und Straße dank besserer Schotterung ermöglichten den raschen Ausbau der Poststraßen. Das Poststraßennetz des Kaisertums umfasste Ende der vierziger Jahre mehr als 800 Poststraßen mit rund 6000 Postmeilen (ca. 45 000 km), 177 schnelle Postkutschenkurse – Eilwagen oder »Mallewagen« – verbanden die Residenz mit den Provinzhauptstädten. Auf abseits gelegenen Straßen besorgten mehr als 800 Fahr-, Reit- oder Fußbotenkurse den Postdienst, im Westen fahrende, im weniger gut erschlossenen Osten berittene Boten. Vor allem die effizientere Abwicklung an den einzelnen Poststationen und die Einführung geregelter Fahrpläne garantierten bereits in den zwanziger Jahren des 19. Jahrhunderts eine regelmäßige und rasche Beförderung von Personen und Nachrichten, die Eilwagen konnten in den dreißiger Jahren sogar eine Durchschnittsgeschwindigkeit von 14 bis 15 Stundenkilometern erreichen, während die ersten Eisenbahnen mit etwa 30 km/h Durchschnittsgeschwindigkeit verkehrten. Ab 1845 wurde der elektrische Telegraf eingesetzt, das bisher schnellste Kommunikationsmedium überhaupt, das allerdings an den Ausbau der Eisenbahnen gebunden war, weil die Telegrafenleitungen entlang der Eisenbahnlinien errichtet werden mussten.

Als zukunftsträchtigste und technisch ausbaufähigste Verkehrsreform erschienen zunächst die Modernisierung der Fluss-Schifffahrt und der Ausbau des Kanalsystems, zumal das Dampfschiff völlig neue Geschwindigkeitsperspektiven eröffnete. Nur zwei Jahre nach dem Wiener Kongress – 1817 – fanden in Wien erste Probefahrten mit dem Dampfboot statt, die Gründung der Donaudampfschifffahrtsgesellschaft (DDSG) durch englische Unternehmer schuf im Jahr 1829 die Voraussetzungen für einen raschen und effizienten Schiffsverkehr von Wien aus Richtung Osten und Südosten, in den Jahren zwischen 1830 und 1840 wurden die ersten Dampfmotoren entwickelt. Allein zwischen Linz und Wien verkehrten im Vormärz über 200 Dampfschiffe, die rascher als je zuvor Güter und Personen transportierten. Von größter Bedeutung war der beschleunigte Schiffsverkehr auch für die Getreideausfuhr von Ungarn nach Österreich. Im Jahr 1833 wurde als größte Schifffahrtsgesellschaft auf dem Mittelmeer der österreichische Lloyd nach englischem Vorbild begründet, was dem wichtigsten österreichischen Hafen – Triest – und dem Seehandel zugutekam.

Es ist daher kein Zufall, dass auch die erste Eisenbahn in Österreich, die berühmte Pferdeeisenbahn zwischen Linz und Budweis, dem ursprünglichen Plan eines Kanalbaus zwischen Donau und Moldau geschuldet war. Als sich dieses Projekt jedoch angesichts der topographischen Gegebenheiten als wenig zielführend erwies, entwickelte Franz Anton Ritter von Gerstner, seit 1818 Professor am Wiener Polytechnikum, im Auftrag der Wiener Kommerzhofkommission das Projekt einer Holz- und Eisenbahn zwischen Linz und Budweis, die, von Pferden gezogen, in den Jahren zwischen 1827 und 1836 ausgebaut wurde. Ähnlich wie im Falle des Festungsbaus war diesem – heute eher nostalgisch wirkenden – Projekt allerdings wenig Erfolg beschieden. Da es möglichst rasch und billig realisiert werden sollte, wofür allerdings nicht mehr Gerstner, sondern Mathias (von) Schönerer, der Vater des späteren deutschnationalen Politikers Georg von Schönerer, verantwortlich zeichnete, konnte dieser erste österreichische »Eisenweg« später nicht auf den mittlerweile üblichen Dampfbetrieb umgestellt werden. Die Strecke wurde 1872 stillgelegt.

Dennoch zeigt sich die Dynamik der technisch-wirtschaftlichen Entwicklungen an diesem konkreten Beispiel und seinem Kontext sehr deutlich: Schon der Vater Franz Anton von Gerstners, Franz Joseph Ritter von Gerstner, Professor für Mathematik und Hydraulik am von ihm geleiteten Polytechnischen Institut in Prag, war im Jahr 1807 von der »Böhmischen Hydrotechnischen Gesellschaft« um die Ausarbeitung von Alternativprojekten zum Kanalbau gebeten worden, nur der neuerlich ausgebrochene Krieg hatte zunächst deren Realisierung verhindert. Die Einrichtung der beiden Polytechnischen Institute (Prag 1806, Wien 1815) trotz und während der Kriegsjahre, die Begründung einer »Hydrotechnischen Gesellschaft«, die durchaus kein Einzelfall war, schließlich die im Zusammenhang mit der Projektierung der Pferdeeisenbahn im Jahr 1825 gegründete »k. k. privilegierte Erste Eisenbahn-Gesellschaft« belegen anschaulich, dass es sich bei diesen vormärzlichen Aktivitäten nicht um einen beschaulichen Rückzug ins Private handelte, sondern dass Politik, Wissenschaft und Wirtschaft auch jenseits der politischen Bühne intensiv im Interesse der Modernisierung von Staat und Gesellschaft zusammenarbeiteten.

Der Eisenbahnbau blieb während des Vormärz zunächst in privater Hand: Die Konzession für die erste österreichische Dampfeisenbahn, die Kaiser Ferdinands-Nordbahn, erging im Jahr 1835 an Salomon Rothschild, einen der reichsten deutschen bzw. österreichischen jüdischen Bankiers, dessen bürgerlicher Aufstieg wiederum auf die josephische Toleranzgesetzgebung zurückzuführen war – auch hier zeigt sich einmal mehr die Bedeutung der Reformpolitik des 18. Jahrhunderts für die sozialen und wirtschaftlichen Entwicklungen während des Vormärz. Das erste Teilstück zwischen Floridsdorf und Deutsch-Wagram wurde im Jahr 1837 eröffnet, die Strecke Wien–Brünn ein Jahr später 1838, im Jahr 1848 war der Anschluss an das preußische Eisenbahnnetz vollzogen. Andere Konzessionen, wie der Ausbau der Südoststrecke zwischen Wien und Ödenburg, gingen an das griechisch-österreichische Bankhaus Sina. Die Raaber Bahn konnte 1847 eröffnet werden. In der Anfangsphase war freilich – auch angesichts ihrer Geschwindigkeit – mit der Eisenbahn noch nicht jene Beschleunigungseuphorie verbunden, die ihr später als wichtigstem Symbol des Industriezeitalters zukommen sollte.

Erst ab den vierziger Jahren, als die politische Dimension der Eisenbahnen sich immer deutlicher abzeichnete, schaltete sich der Staat direkt in Planung und Ausbau ein, ohne allerdings dafür ausreichend Mittel zur Verfügung zu haben. Vorrangig war aus Wiener Sicht die Südstrecke, die Verbindung zu den reichen südlichen Provinzen, nach Lombardo-Venetien und zum Hafen Triest. Dem standen freilich die Intentionen der wirtschaftlich führenden Kräfte in Lombardo-Venetien entgegen, die sehr viel mehr an der Verbindung zwischen Mailand und Venedig bzw. Turin und innerhalb Italiens selbst als am Ausbau von Verbindungslinien mit Wien und Österreich interessiert waren.

Bis zum Vorabend der Revolution wurden, abgesehen von der Nordbahn, im Süden und Osten nur kleine Teilstücke realisiert (die Strecke Mailand–Monza wurde beispielsweise im Jahr 1840 eröffnet), die große Zeit des Eisenbahnbaus (und damit zusammenhängend die Verdichtung des Eisenbahnnetzes) sollte erst – nach einer neuerlichen Privatisierungsphase – in den fünfziger und sechziger Jahren des 19. Jahrhunderts einsetzen.

Der beginnende Ausbau der Eisenbahn kann jedoch beispielhaft auch bereits im Vormärz die einschneidenden wirtschaftlichen und sozialen Veränderungen aufzeigen, die mit ihm verbunden waren. Hier gilt es zunächst, das neue technische Wissen und Können zu bedenken, das in den Polytechnischen Instituten entwickelt wurde und das eine neue Schicht von technisch versierten Intellektuellen hervorbrachte, die bisher im Bildungsverständnis traditioneller Eliten kaum eine Rolle gespielt hatten. Weiters begründete der steigende Bedarf an Geldmitteln und Investitionen die wachsende Bedeutung von Kapital und Banken, die ihrerseits eine neue Form der staatlichen und privaten Wirtschaftspolitik (und versierter Experten) nach sich zogen. Angesichts der erforderlichen Rohstoffe (Eisen, Stahl, Kohle) wurde auch die Rohstoffproduktion angekurbelt. Vor allem aber waren mit der konkreten Umsetzung des Schienennetzes und der auf ihm verkehrenden Bahnen auch neue Berufsfelder für vormals bäuerliche Unterschichten verbunden – an den Baustellen wurden bis zu 10 000 Arbeiter eingesetzt – ebenso wie der

Rückgang bisher dominierender verkehrstechnisch wichtiger Berufe wie der Postmeister, Gastwirte, Wagner, Hufschmiede, Flößer etc., deren Widerstand die Entwicklung nicht aufhalten konnte. Weit über die materielle Veränderung des Transportmittels hinaus trugen also die Eisenbahnen mit ihren wirtschaftlichen und technischen Begleiterscheinungen – ähnlich wie in anderen Industriezweigen – auch zur gesellschaftlichen Mobilität und zum sozialen Wandel bei.

Hinsichtlich seiner industriellen Entwicklung zählte das vormärzliche Österreich im europäischen Vergleich zu den verspäteten Staaten, was freilich auch in den naturräumlichen Gegebenheiten mit begründet war. Das gebirgige Gelände (Alpen, Karpaten, Karst) erschwerte und verteuerte den Ausbau der Verbindungswege und brachte zudem kaum Flüsse hervor, die den Westen und Osten bzw. Norden und Süden durchgängig miteinander verbanden. Die für die industrielle Entwicklung nötigen Rohstoffe waren räumlich weit voneinander entfernt: Während Holz und Eisen zu den wichtigsten Rohstoffen in den Alpenländern zählten, wurde Kohle hauptsächlich in den böhmischen Ländern gewonnen. Häufig waren auch Verarbeitungszentren (Großraum Wien, Niederösterreich, Böhmen) und Rohstoffgewinnung, Produktionsmärkte und Absatzzentren nicht direkt miteinander verbunden, was die Herausbildung eines industriellen Großraumes verhinderte. Österreich hatte keinen Anschluss an die immer wichtiger werdenden transatlantischen Verkehrs- und Handelsverbindungen, mit den Häfen von Triest und Fiume war lediglich der Binnenmeer-Anschluss an das Mittelmeer gegeben.

Dennoch setzten gerade in der Zeit des Vormärz vermehrt frühindustrielle Produktionsformen ein, wobei die Anwendung von Dampfmaschinen (etwa ab 1816) einen beträchtlichen Innovationsschub nach sich zog. Die bereits bestehenden Manufakturen wurden weiter ausgebaut, so dass zu Recht von einer ersten protoindustriellen Wachstumsphase, die sich bereits während der Napoleonischen Kriege abzeichnete, gesprochen werden kann. Der Staatsbankrott von 1811 bremste diese Entwicklung zwar kurzfristig, schlechte Ernten und partiell auftretende Hungersnöte verursachten eine vorübergehende Depression, dennoch kurbelte beispielsweise der Wiener Kongress in der Hauptstadt die Wirtschaft in bisher kaum gekanntem Ausmaß an. Ab Mitte der zwanziger Jahre, vor allem dann aber in den dreißiger Jahren begann eine stabile Phase wirtschaftlichen Wachstums, vor allem in den führenden Bereichen der Eisen- und Textilindustrie. Erst ab Mitte der vierziger Jahre gab es eine neuerliche Trendwende in eine schwere Depression, die z.T. die revolutionäre Dynamik des Jahres 1848 mit bedingte und die bis in die fünfziger Jahre hinein nachwirkte.

Es waren vor allem Ausfuhrprodukte wie Wolltuche, Leinen, Loden und allmählich auch Baumwollstoffe, die in den protoindustriellen Manufakturen, deren Gründung oft ins 18. Jahrhundert zurückreichte, produziert wurden. Dank des mechanischen Webstuhls, der um 1800 in Österreich üblich wurde, konnte im Verlauf des Vormärz die Produktion massiv beschleunigt werden. Die wichtigsten Zentren lagen im Umfeld der Großstädte Wien und Linz (wie etwa die Linzer Wollzeugfabrik, die Schwechater Kottonfabrik, die Pottendorfer Spinnerei, die erste Maschinenspinnerei der Habsburgermonarchie, die um 1811 bereits 1800 Menschen beschäftigte), aber auch in Böhmen, wo vor allem die Leinenindustrie dominierte, bis sie dem Vormarsch der Baumwolle zum Opfer fiel.

Die Abhängigkeit von englischem Kapital, englischem Know-how und englischen Maschinen blieb – ähnlich wie im Falle von Eisenbahn und Dampfschifffahrt – ein Charakteristikum auch für die industrielle Entwicklung.

War die vormärzliche Produktion noch weitgehend zünftig-verlegerisch organisiert (der Verleger beschaffte die Rohstoffe und sorgte für den Absatz, die Produktion fand vorwiegend im ländlichen Raum und in heimgewerblicher Tätigkeit statt), begann man ab den vierziger Jahren, insbesondere in der Baumwollproduktion, mit dem Bau größerer Fabriken, die bereits Tausende von Arbeitern beschäftigten. Ein äußerst lukrativer Erwerbszweig war auch die Seidenerzeugung (neben Wien besonders in Lombardo-Venetien, Böhmen und Ungarn), die ihren Aufschwung der vorübergehenden Lahmlegung der Lyoner Seidenfabrikation während Revolution und Krieg verdankte. Bis zu 600 Seidenfabrikanten wurden etwa im Jahr 1813 in Wien gezählt, sie beschäftigten 800 bis 900 Gesellen und 7000 bis 8000 Arbeiter und Arbeiterinnen.

Erneut zeigt sich das Entstehen von neuen Berufsfeldern für ländliche Unterschichten, die in Erwartung besserer Lebensbedingungen ihr bäuerliches Umfeld verließen und in die Städte abwanderten, was sich umgekehrt auf das rasche Wachstum der Städte auswirkte. Vor allem in Wien wuchs die Einwohnerzahl in den Jahren des Vormärz rasant an: Wien zählte im Jahr 1818 224 000 Einwohner, dreißig Jahre später, 1852, war die Zahl auf 431 000 angestiegen. Der allmähliche Rückgang der in der Landwirtschaft beschäftigten Bevölkerung zeichnet sich auf diese Weise auch im Vormärz bereits deutlich ab: Im Jahr 1850 waren nur noch 72% der Bevölkerung dem agrarischen Sektor zuzuordnen; besonders augenfällig zeigte sich diese Entwicklung in Böhmen, wo die Zahl der in der Landwirtschaft Tätigen von 78% (um 1750) auf 64% (im Jahr 1848) zurückging.

Neben der expandierenden Textilproduktion wiesen auch die traditionellen österreichischen Einnahmequellen Bergbau und Hüttenindustrie (überwiegend in den Alpenländern), ab den vierziger Jahren dann auch – in enger Verbindung mit den Eisenbahnen – Eisenproduktion und Maschinenbauindustrie bereits während des Vormärz gute Wachstumsraten auf.

Und nicht zuletzt war es die zukunftsträchtige Papierindustrie, überwiegend in Vorarlberg, Niederösterreich und in der Steiermark angesiedelt, welche in engem Zusammenhang mit der Alphabetisierung den sozialen Wandel beschleunigte. Denn das industriell gefertigte Papier, wofür die mechanische Schüttelmaschine und die Produktion neuer Rohstoffe (anstelle der bisherigen Leinenhadern) die Voraussetzungen geschaffen hatten, ermöglichte ebenso wie die Verbesserung der Druckerpresse eine wachsende Publikation von Zeitungen, Amtsblättern und Druckerzeugnissen generell, was wiederum auf das Leseverhalten breiter Bevölkerungskreise und die öffentliche Kommunikation zurückwirkte.

Biedermeierkultur und bürgerliche Öffentlichkeit

In einer aus heutiger Sicht erstaunlichen Verkennung der wirtschaftlichen und sozialen Dynamik der vormärzlichen Epoche hat sich für die Zeit nach dem Wiener Kongress bereits in den fünfziger Jahren des 19. Jahrhunderts die Bezeichnung »Biedermaier« (heute: »Biedermeier«) für die Kunst und Kultur der damaligen Epoche eingebürgert. Die Bezeichnung war ursprünglich einer literarischen Kunstfigur zugedacht, die als Parodie für den in die private Idylle zurückgezogenen Spießbürger verstanden wurde. Mit dieser Karikatur eines unpolitischen, nur am eigenen »gemütlichen« Leben interessierten Bürgertums richtete sich die nachrevolutionäre Kritik rückblickend gegen den Absolutismus der Ära Metternich, in welchem jede Art von politischem Handeln und staatsbürgerlicher Partizipation – so die Perspektive der Generation von 1848 – mit polizeistaatlichen Methoden verhindert wurde. So berechtigt diese zeitgenössische Kritik an den mangelnden politischen Bürgerrechten, an Zensur und Meinungskontrolle, zumal nach den Karlsbader Beschlüssen, auch war, lässt sie sich ihrerseits auch als Indiz dafür lesen, dass in ebenjenen vielgescholtenen Jahren eine breite Opposition herangewachsen war, die dann auf breiter Basis und gestützt auf politische und ökonomische Potenz die Kraft zum politischen Widerstand entwickeln konnte. Denn eine bürgerliche literarische Öffentlichkeit, die sich kritisch gegenüber der Unterdrückung ihrer selbst äußern konnte, war ja gerade erst im Entstehen begriffen: Zu Beginn des Wiener Kongresses gab es selbst in der Hauptstadt Wien erst zwei Zeitungen (die *Wiener Zeitung* und den *Österreichischen Beobachter*), in den Provinzhauptstädten erschien, wenn überhaupt, ein kurz gehaltenes Zeitungsblatt zweimal in der Woche. Metternich selbst betrieb eine äußerst aktive Öffentlichkeitspolitik, weil er die Bedeutung der Presse, nicht zuletzt am napoleonischen Vorbild, erkannt hatte. Kaffeehäuser und Lesezirkel, in denen Menschen, die genug Zeit, Geld und Bildung hatten, um über aktuelle Fragen zu debattieren, entstanden in derselben Zeit, in der auch die polizeilichen Kontrollmaßnahmen gegen sie entwickelt wurden. Nicht nur die allgemeine Schulpflicht, die sich mittlerweile in weiten Teilen der Monarchie durchgesetzt hatte, auch die neuen Realschulen und die Umwandlung der Gymnasien von theologisch dominierten Lateinschulen zu höheren Bildungsanstalten, die auch begabten Bürgersöhnen offenstanden, trugen zur wachsenden Bildung immer breiterer Bevölkerungskreise bei. An den Universitäten studierten vermehrt Söhne aus bürgerlichen Schichten, wobei sich gerade hier auch der technische und wirtschaftliche Wandel auswirkte. Die studierenden Bürgersöhne rekrutierten sich nicht mehr nur aus den traditionellen Beamten- und Kaufmannsfamilien, sondern sie folgten ihren Vätern in neue technische Berufe und Wirtschaftsbereiche nach, wenn man sich etwa das oben skizzierte Beispiel von Vater und Sohn Gerstner im Zusammenhang mit dem Eisenbahnbau in Erinnerung ruft.

Gelehrsamkeit insgesamt war bis weit ins 18. Jahrhundert hinein vorwiegend eine Angelegenheit von Theologen in Orden und Klöstern gewesen. Ein weltlicher literarischer bzw. wissenschaftlicher Diskurs setzte mit den wenigen, mehr an der Praxis als an der Theorie interessierten österreichischen Aufklärern wie Joseph von Sonnenfels oder Karl Anton von Martini relativ spät ein, wie im vorigen Kapitel bereits ausführlich dargelegt wurde.

Die Rolle der Juristen und Staatsrechtler des 18. Jahrhunderts ist freilich nicht nur für die spätere Entwicklung des Rechts und der Rechtswissenschaften im Vormärz von Bedeutung – Franz von Zeiller, der Schöpfer des ABGB, war Martinis Schüler –, sie trug darüber hinaus auch maßgeblich zur Entstehung und Herausbildung einer eigenständigen österreichischen Geschichtsschreibung bei. Die *Vaterländischen Immortellen* eines Anton Ziegler etwa, die in den dreißiger Jahren weite Verbreitung fanden, oder die *Geschichte des Kaiserthumes Österreich* von Joseph Calasanz Arneth, ab 1827 als Lehrbuch für Geschichte auch an den Universitäten verwendet, konnten auf den systematischen Vorarbeiten von Staatsrechtlern und Juristen wie Franz Ferdinand Schrötter oder Gottfried Philipp Spannagel aus dem 18. Jahrhundert aufbauen. Ähnliches gilt für den Bereich der Naturwissenschaften und der Medizin, wo in der Zeit des Vormärz – in Weiterentwicklung der wissenschaftlichen Ansätze von Aufklärern und Reformern des 18. Jahrhunderts – ebenfalls Beachtliches geleistet wurde: Exemplarisch seien hier zwei der bekanntesten Wissenschaftler, der Mediziner und Psychologe Ernst von Feuchtersleben mit seiner damals vielbeachteten Schrift *Zur Diätetik der Seele* und der Botaniker Stephan Endlicher, genannt.

Nun ist gerade im Blick auf die Biedermeierkultur zu bedenken, dass sich mit der Ausbildung einer spezifisch bürgerlichen Öffentlichkeit nicht nur Bildung und Wissenschaft, sondern auch das Kunst- und Kulturverständnis gewandelt hatten. Musik und bildende Kunst waren bis weit ins 18. Jahrhundert hinein in einem vorwiegend höfischen Kontext angesiedelt; sie verdankten sich höfischen Repräsentationsbedürfnissen und höfischer Förderung. Die Flucht des jungen Wolfgang Amadeus Mozart vom Hof des Salzburger Fürsterzbischofs, wo bereits sein Vater Leopold als Hofkomponist tätig gewesen war, nach Wien bedeutete schon damals – 1781 – den Versuch, die Kunst aus den Fesseln höfischer Tradition zu befreien und ihr damit – auch in ökonomischer Hinsicht – den ihr zustehenden Eigenwert zu geben. Eine Generation später, im Falle Ludwig van Beethovens, hatte sich das Bewusstsein für diesen Eigenwert und für die Freiheit der Kunst so weit gewandelt, dass Beethoven, Sohn eines Tenors und Musiklehrers an der kurkölnischen Hofkapelle, seinen Beruf als Musiker, wenngleich in finanzieller Hinsicht noch von aristokratischen Mäzenen abhängig, in weitgehender Unabhängigkeit ausüben konnte. Mit Franz Schubert, jenem Komponisten der Biedermeierzeit, dem diese Etikettierung wohl am wenigsten gerecht wird, zeigte sich das Phänomen des neuen Künstlertypus noch deutlicher. Der Sohn eines ursprünglich aus Mähren stammenden und in Wien tätigen Schulleiters und einer Köchin, der seiner schönen Stimme wegen als Sängerknabe im Jahr 1808 in die Wiener Hofkapelle aufgenommen worden war, befreite sich seinerseits von dem ihm zugedachten »bürgerlichen« Beruf eines Lehrers, um sich – auch er bis zuletzt ohne geregeltes Einkommen und auf die Unterstützung von Freunden und Förderern angewiesen – ganz der Musik zu widmen. Umgekehrt konnten die beiden damals wohl populärsten Musiker und Komponisten, Johann Strauß (Vater) und Josef Lanner, die mit ihren Walzern, Märschen und Ländlern dem individuellen Paartanz (im Gegensatz zum höfischen Reigentanz) zum Durchbruch verhalfen, von ihrer Kunst bereits leben: Strauß gründete seine eigene Kapelle, mit der er in verschiedenen Ländern auftrat; doch auch als späterer Hofballmusikdirektor in Wien verkörperte er nicht mehr den Typus des Hofmusikers traditioneller Prägung, sondern bekleidete gewissermaßen ein öffentliches (staatliches) Amt; Lanner, der ebenfalls seine eigene Kapelle leitete, konnte als Musikdirektor von verschiedenen privaten und öffentlichen Institutionen (u.a. der Wiener Redoute) seinen Lebensunterhalt bestreiten.

Mit der Stellung des Künstlers wandelte sich aber auch die Kunst selbst. Der Aufbruch aus dem engen höfischen Kontext ermöglichte zum einen die künstlerische Bearbeitung von brennenden und aktuellen Fragen der Zeit: Es sei hier exemplarisch an Beethovens *Fidelio* als große Freiheitsoper erinnert oder an die verschiedenen Vertonungen von Friedrich Schillers *Ode an die Freude* durch Franz Schubert, Carl Friedrich Zelter und – als wohl berühmteste Vertonung – durch Beethoven, mit denen das neue Zeitalter der Gleichheit und Brüderlichkeit seinen musikalischen Ausdruck finden sollte. Zum anderen fand diese neue Kunst, insbesondere die Musik, gerade in der Zeit des Biedermeier Einlass in die bürgerlichen Wohnzimmer, wo sie – wie vormals an den Höfen – nicht nur konsumiert, sondern auch selbst ausgeübt wurde.

Es sollte diese Art von häuslicher Kultur durchaus nicht als ausschließlich privates Vergnügen unterschätzt werden – denn in den bürgerlichen Salons der Biedermeierzeit wurde nicht minder gesellschaftliches Handeln geübt als in den bereits erwähnten Vereinen. Politisches Engagement, das mangels Verfassung und bürgerlicher Grundrechte im engeren Sinne nicht praktiziert werden konnte, artikulierte sich hier in etwas anderer Form: Eine bürgerliche Tochter des Hauses, die vor einem ausgewählten Publikum Schumanns *Die beiden Grenadiere* (nach dem Text von Heinrich Heine) zur Klavierbegleitung vortrug, entfaltete und verbreitete auf ihre Weise eine unmittelbare Anteilnahme am aktuellen Zeitgeschehen, die wiederum ihre Auswirkungen auf die Debatten eines literarischen Clubs haben konnte.

Mit Fug und Recht kann daher die bürgerliche Kunst und Kultur des Biedermeier als eine spezifische Art von politischer Kommunikation gedeutet werden, die letztlich auch die staatsbürgerliche Emanzipation breiter Bevölkerungsschichten mit vorangetrieben hat. Insbesondere der Tanz spielte unter diesem Gesichtspunkt eine entscheidende Rolle. Nicht nur in Theatern, Kaffeehäusern und Parkanlagen, auch in den Tanzsälen gestaltete sich die neue gesellige Öffentlichkeit unabhängig von der traditionellen Schichtenzugehörigkeit. Höfische Gruppentänze wie das Menuett und die Kontratänze waren angesichts der überfüllten Räume nicht mehr zeitgemäß, und anstelle der gemeinsamen Galoppaden tanzte nunmehr jedes Paar seine individuellen Walzertouren, ohne sich an vorgegebene Schritte im Rahmen einer exakt angeordneten Gruppe halten zu müssen. Auch dies eine Erfahrung, die das zeitgenössische Lebensgefühl und das Verständnis von Individualität und Freiheit mit geprägt haben mag. Was sich Mozart schon erträumt hatte: dass seine Melodien von den Menschen auf der Straße nachgepfiffen würden, das gehörte im Biedermeier fast schon zum Alltag. Mit der Katzenmusik, Lärmmusik bzw. Liedern, die auf den Straßen – vor allem in Wien – gesungen und gepfiffen wurden, verband sich eine wichtige, wenn auch meist harmlose Form von öffentlicher Kritik, die durch die Zensur nicht so leicht zu kontrollieren war. Berühmt in diesem Zusammenhang ist etwa das von dem Tiroler Medizinstudenten Alexander Medis verfasste, in den Tagen der Wiener Märzrevolution 1848 viel gesungene Spottlied *Die neue Geschichte von einem alten großen Herrn* mit dem Refrain: »O Metternich, o Metternich, erschlage doch das Wetter dich!« Insgesamt entwickelte sich in diesen Jahren das politische Lied zu einer eigenständigen Kunstgattung, wobei sich aber gerade hier ein deutlicher Unterschied zu anderen Kulturkreisen erkennen lässt: In Österreich gab es keine *Marseillaise*, die vom Schifferlied zur Nationalhymne des französischen Volkes werden konnte; hier mutierte ein zum Namenstag von Kaiser Franz II. – von Joseph Haydn im Jahr 1797 wahrscheinlich nach einer kroatischen »Volksweise« komponiertes, von Lorenz Leopold Haschka in Anlehnung an die britische Hymne *God save the King* getextetes – höfisches Lied (*Gott er-*

halte Franz, den Kaiser) zur späteren »Kaiserhymne«, die ihrerseits wenige Jahre später (1841), unterlegt von einem neuen patriotischen Text aus der Feder von Hoffmann von Fallersleben, zur deutschen Nationalhymne umgedichtet wurde.

Ähnlich wie für die Musik war die Biedermeierzeit auch für die bildende Kunst eine überaus fruchtbare Epoche, und auch hier zeigt sich sowohl bei den Künstlern als auch bei den künstlerischen Sujets ein deutlicher Trend zur Verbürgerlichung. Stärker als in der Musik konnte sich bei der bildenden Kunst bereits im Vormärz der Typus des »freien« Künstlers durchsetzen, der als Auftragskünstler tätig war, wobei die Auftraggeber neben dem Kaiserhof und anderen Adelshäusern häufig auch finanzkräftige Bürger, Kaufleute und Unternehmer waren. Friedrich von Amerling etwa, Sohn eines Gold- und Silberschmieds, porträtierte als einer der begehrtesten Porträtmaler seiner Zeit nicht nur die Kaiser Franz I. und Ferdinand I., sondern auch zahlreiche Angehörige von Adelshäusern (wie Liechtenstein und Széchenyi), des Großbürgertums (wie Pereira-Arnstein), aber auch andere ihm nahestehende Personen und bedeutende zeitgenössische Künstler. Der Lehrersohn Peter Fendi begann seine künstlerische Laufbahn als Kabinettzeichner des kaiserlichen Münz- und Antikenkabinetts, avancierte von dort zum Hofmaler und Zeichenlehrer am Wiener Hof, nicht ohne zugleich auch einer der vielbeschäftigten Porträtisten des Wiener Hofadels zu sein. Der vor allem durch seine »vaterländische Historienmalerei« und durch Porträts bekannt gewordene Johann Peter Krafft, Sohn eines aus dem Elsass stammenden Emailmalers, war als Direktor der damals im Schloss Belvedere untergebrachten kaiserlichen Gemäldegalerie ebenfalls ein international gefragter Künstler. Es gab aber auch zahlreiche Maler und Bildhauer, die von ihrer Kunst ohne höfischen oder hochadeligen Hintergrund leben konnten: Josef Danhauser etwa, ab 1841 Professor für Historienmalerei an der Wiener Akademie der bildenden Künste, war der Sohn eines Möbelfabrikanten und Bildhauers und vermochte auf diese Weise Kunst und Erwerbstätigkeit miteinander zu verbinden; Moritz von Schwind, der später als Auftragskünstler in Bayern und Karlsruhe tätig war, entstammte einer Wiener Beamtenfamilie. Ferdinand Georg Waldmüller, wohl der berühmteste Maler des österreichischen Biedermeier, mit dessen Namen bis heute der Begriff der sogenannten Genremalerei verbunden ist, verkörperte geradezu exemplarisch diesen Typus des »selbständigen« Künstlers, der – aus bescheidenen Verhältnissen kommend – zunächst als Zeichenlehrer in einem kroatischen Adelshaus seinen Unterhalt bestritt und auch noch als späterer Professor an der Wiener Akademie gelegentlich in finanzielle Schwierigkeiten geriet. Nicht in allen Fällen war ein solches Leben von und für die Kunst im Biedermeier in ökonomischer Hinsicht abgesichert. Der Tiroler Häuslersohn Joseph Anton Koch beispielsweise lebte trotz zahlreicher Aufträge und künstlerischer Anerkennung in Armut, erst kurz vor seinem Tod ermöglichte ihm Kaiser Ferdinand I. mit einer Rentenzahlung einen abgesicherten Lebensabend.

Doch trotz aller Unterschiede in den einzelnen Künstlerbiographien: Der entscheidende Wandel lag in der öffentlichen Wahrnehmung und Bedeutung von Kunst und künstlerischem Schaffen überhaupt – beides war nicht mehr nur das Privileg einiger weniger prominenter Höfe und Adelshäuser in einem geschlossenen (hoch)aristokratischen Milieu, sondern Kunst als solche öffnete sich einerseits zur öffentlichen Aufgabe und Verpflichtung, andererseits aber auch zur Möglichkeit individueller Selbstrepräsentation immer breiterer Kreise.

Nicht zufällig ist das Biedermeier auch jene Epoche, in welcher die Verbreitung von neuen Techniken der Bildgestaltung, wie beispielsweise der Lithographie, auch zu einer Demokratisierung der Porträtkunst führte: Eine Porträtlithographie war weniger zeit- und kostenintensiv als ein gemaltes Porträt und überdies unmittelbar technisch reproduzierbar – dadurch konnte das allgemeine Bedürfnis, sich selbst ins (meist geschönte) Bild zu setzen, auch in bürgerlichen Kreisen befriedigt werden. Der künstlerische Erfolg von Josef Kriehuber, dem gefragtesten Porträtlithographen des Biedermeier, verdankte sich hauptsächlich dieser neuen kostengünstigen Kunsttechnik. Sein Stern begann erst zu sinken, als mit dem Siegeszug der Fotografie in den fünfziger und sechziger Jahren eine noch billigere Technik der Bildproduktion die Möglichkeiten der Selbstdarstellung in den Alltag nahezu aller Bevölkerungsschichten hineintrug.

Hinsichtlich der künstlerischen Sujets ließ die Biedermeierkunst höfische, mythologische und biblische Themen bewusst hinter sich, um sich realitätsnahen Objekten, wie Landschaften oder Szenen des häuslichen (bäuerlichen ebenso wie bürgerlichen) Alltags, in meist idealisierender Art und Weise zuzuwenden (Genremalerei), was nicht unerheblich zu den »inneren Bildern« und Vorstellungen beigetragen hat, mit denen diese Epoche bis heute gern identifiziert wird. Trotz aller Detailtreue stets idealisiert gemalte Szenen vermitteln dabei bis heute den Eindruck von

Ruhe und Behaglichkeit, von landschaftlicher Schönheit und romantisierendem Familienidyll – selbst der bäuerliche Alltag soll die Sehnsucht nach der untergegangenen Schönheit vergangener Zeiten wecken.

Dass die künstlerische Präsentation einer solchen »heilen Welt« durchaus nicht als Abbild der realen Verhältnisse verstanden werden kann (und auch damals nicht verstanden wurde), sondern im Gegenteil den Versuch bedeutete, den Herausforderungen des beginnenden Industriezeitalters mit all seinen sozialen und wirtschaftlichen Problemen zu begegnen, ändert nichts daran, dass diese Kunst dennoch ganz entscheidend dazu beitrug, einer neuen Form von bürgerlichem Selbstverständnis zum Durchbruch zu verhelfen. Es sei hier lediglich an die in Szene gesetzten Rollen von Mann und Frau in der (bürgerlichen) Familie erinnert, die durchaus den Vorgaben des Allgemeinen Bürgerlichen Gesetzbuches entsprachen, an die »weiblichen Handarbeiten« und an die um die Mutter gescharten Kinder. Selbst bei der Darstellung der kaiserlichen Familie lässt sich diese Form von »bürgerlicher« Inszenierung erkennen, wenn man etwa an das berühmte Aquarell von Peter Fendi *Kaiser Franz I. im Kreise seiner Familie* oder auch an die Farblithographie des heute zu Unrecht vergessenen Johann Nepomuk Hoechle *Die kaiserliche Familie in Laxenburg* (1835) denkt.

Der steigende Wohlstand des städtischen Bürgertums ermöglichte darüber hinaus ein wachsendes Interesse an bürgerlicher Wohnkultur, was wiederum infolge der vermehrt nachgefragten Produktion von Möbeln, Uhren, Porzellan und häuslichen Gebrauchsgegenständen in wertvoller Ausführung die Wirtschaft ankurbelte. Der Begriff Biedermeier verbindet sich ja bis heute vor allem mit dem Wohninterieur jener Zeit, wobei auch der Mode große Bedeutung zukommt. Mit dem Biedermeier setzte die zunehmende modische Unterscheidung der Geschlechter ein: Sie bescherte der Frau zunächst das knöchellange, unter der Brust gefasste, bunte Kleid mit Puffärmeln, dem Mann den (schwarzen) Frack mit Zylinder samt Vatermörderkragen. Für die ausgeprägte geschlechtsspezifische Differenzierung der Kleidung des 19. Jahrhunderts – gemäß dem »bürgerlichen« Ideal der unterschiedlichen Geschlechterrollen – wurden damit richtungsweisend die Weichen gestellt.

Ähnlich wie im Falle der Musik setzte sich auch die bildende Kunst, insbesondere die Malerei, mit dem jeweils aktuellen Zeitgeschehen auseinander, was wiederum nicht unerheblich zur öffentlichen Verbreitung von politisch aktuellen Themen in der Druckgrafik beitrug. Es sei hier beispielhaft an Johann Peter Kraffts nur zwei Jahre nach der Schlacht entstandenes Gemälde *Erzherzog Carl mit der Fahne des Regiments Zach in der Schlacht bei Aspern* (1811/12) und seine ebenfalls wenige Jahre nach den Ereignissen erfolgten monumentalen Bildkompositionen in Öl zu *Erzherzog Carl mit seinem Stab in der Schlacht bei Aspern* (1817) und zur *Siegesmeldung des Fürsten Schwarzenberg nach der Schlacht bei Leipzig* (1819) oder auch an Joseph Anton Kochs Ölgemälde zum *Tiroler Landsturm 1809* aus dem Jahr 1820 erinnert.

Die Charakterisierung der Zeit des Biedermeier als eine Epoche des Rückzugs ins Private greift daher auch in kulturgeschichtlicher Hinsicht zu kurz. Gerade durch die Öffnung der privaten Sphäre in erweiterte soziale Räume hinein und – in Wechselwirkung dazu – durch das vermehrte Eindringen des Öffentlichen ins private häusliche Leben entstand im Vormärz jene neue Form von politischer Öffentlichkeit, welche schließlich das entscheidende Fundament für die revolutionären Bewegungen der Jahre 1848/49 gebildet hat.

Sehr eindrucksvoll lässt sich dieser Wandel auch am Beispiel der Literatur veranschaulichen, auch wenn – anders als im Falle von Musik und bildender Kunst – die »schöngeistige« Literatur in Österreich bis ins späte 18. Jahrhundert hinein auf wenig (höfische) Tradition zurückgreifen konnte. Die Kunst des Schreibens diente vorwiegend zweckorientierter Kommunikation, ein allgemeines Verständnis für Literatur als Kunst bildete sich in der Zeit um 1800 erst allmählich heraus. Bedeutende Schriftsteller, wie sie die deutsche Klassik hervorgebracht hat, wird man in Österreich vergeblich suchen. Die wenigen Schriftsteller wie Aloys Blumauer oder Joseph von Retzer verdankten ihren ohnehin bescheidenen Nachruhm nicht ihrem literarischen Schaffen, sondern ihrer Rolle als josephinische Zensoren, wenngleich ihnen das Verdienst zukommt, zur Verbreitung bedeutender »ausländischer« literarischer Werke in Österreich und, im Falle Blumauers und seines *Musenalmanachs*, zur Schaffung eines Forums für literarisch Interessierte auch in Österreich beigetragen zu haben.

Umso erstaunlicher ist die bereits um 1800 rasch anwachsende literarische Produktion, die trotz Zensur und politischer Kontrolle ein breites Spektrum an mehr oder weniger qualitätvollen publizistischen Organen und künstlerischen Werken hervorbrachte, wobei vor allem dem Theater eine entscheidende Rolle zukam. Joseph Schreyvogel, der spätere Direktor des Burgtheaters (das im übrigen bereits zur Zeit Josephs II. als »Teutsches Nationaltheater« auch für ein breiteres Publikum geöffnet worden war), gab ein *Wiener Sonntagsblatt* heraus, Adolf Bäuerle veröffentlichte neben zahlreichen »Volksstücken« eine *Theaterzeitung*, Joseph von Hormayr versammelte in seinem *Archiv für Geschichte, Statistik, Literatur und Kunst*, das bis 1828 erschien, die unterschiedlichsten Beiträge von zeitgenössischen Autoren und, wenn man etwa an Caroline Pichler denkt, Autorinnen zu aktuellen, historischen und künstlerischen Themen.

Bis heute überlebt haben freilich andere Autoren des Biedermeier, die mit ihren Werken bereits eine bis heute erkennbare spezifisch österreichische Spielart der Literatur begründet haben: den Hang zur Melancholie, zu beißendem Spott, zu Satire und Ironie. In den Werken von Ferdinand Raimund, Johann Nestroy, Nikolaus Lenau, Adalbert Stifter und Franz Grillparzer drückt sich neben der Sehnsucht nach dem – oft vergangenen – guten Leben immer wieder die Verzweiflung an den Zeitumständen, an der Conditio humana und an der menschlichen Natur als solcher aus. Gegenstand der Betrachtung ist oft das unmittelbare Umfeld des Schreibers, im Falle Nestroys die Wiener Vorstadt, im Falle Stifters der Böhmerwald, während Grillparzer sich, dem Vorbild Schillers und Goethes folgend, vorwiegend historischen Stoffen zuwandte. Auch das Leben einfacher Menschen (Bauern, Bürger, Handwerker) ist, vergleichbar der Malerei, ein bevorzugtes Sujet der Biedermeierliteratur. Die Dichtung soll über die Armut hinwegtrösten, in detailgetreuen Landschaftsschilderungen wird – zum Beispiel bei Stifter – eine andere und bessere Welt inszeniert. Doch darf man sich gerade im Falle Stifters nicht täuschen lassen: Das Ideal des guten Lebens wird zwar in der häuslichen Zurückgezogenheit eines Freiherrn von Risach im Bildungsroman *Der Nachsommer* vorbildhaft geschildert, doch Witiko, der Held seines letzten, in der mittelalterlichen österreichisch-böhmischen Geschichte spielenden gleichnamigen Romans, findet das eigentlich sinnerfüllte Leben nur im politischen Handeln. Witiko verlässt sein häusliches Glück und seine Burg, um an der Seite von Kaiser Friedrich Barbarossa nach Italien zu ziehen und damit den politischen Kampf aufzunehmen. Deutlicher konnte die verborgene Botschaft – im historisierenden Gewande – nicht mitgeteilt werden.

Nicht zuletzt war es aber das Theater, das der literarisch interessierten bürgerlichen Öffentlichkeit einen neuen Rahmen schuf, wobei hier der Haupt- und Residenzstadt Wien eine Vorreiterrolle zukam. Es gab im vormärzlichen Wien zwei Hofbühnen (Burgtheater und Kärntnertortheater) und drei Vorstadttheater (das Theater in der Leopoldstadt, das Theater in der Josefstadt und das Theater an der Wien), wo sich trotz der nach wie vor vorhandenen sozialen und räumlichen Differenzierung höfische Aristokratie und kulturell interessiertes Bürgertum durchaus auch mischten. Weit über seine Grenzen hinaus war dieses kulturelle Wien ein Anziehungspunkt auch für auswärtige Besucher. Das Burgtheater etablierte sich als beste Sprechbühne im gesamten deutschsprachigen Raum, und das Kärntnertortheater wurde zur ersten Adresse der deutschen und italienischen Oper sowie des Balletts. Doch die Publikumslieblinge wie der bereits erwähnte Ferdinand Raimund, der erste große Wiener Volksschauspieler, oder die Schauspielerin Therese Krones, der Inbegriff von »weiblicher Liebenswürdigkeit«, verdankten ihre Berühmt- und Beliebtheit in erster Linie den Vorstadttheatern. Dass dies trotz strenger Theaterzensur und eigener, nicht immer fachlich kompetenter Theaterkommissäre für die Vorstadttheater möglich war, liegt wiederum an der wachsenden Zahl von Gebildeten, die sich selbst literarisch betätigten, die aber auch umgekehrt Literatur, Theater und Kunst mit Gewinn rezipieren konnten. Wenn Franz Grillparzer zu Recht einforderte, ein österreichischer Dichter, der »unter solchen Umständen den Muth nicht verliert«, solle »höher gehalten werden als jeder andere«, denn er sei »wahrlich eine Art Held«, so mag das vielleicht paradoxerweise den berühmten Ausspruch Goethes – »Verbietet mir keine Zensur!« – bestätigen: die Tatsache nämlich, dass Künstler unter strengen Zensurbedingungen sehr viel mehr Aufmerksamkeit darauf verwenden müssten, ihre Botschaften »verschlüsselt« darzubieten, was der Qualität ihrer literarischen Erzeugnisse nur zugutekäme.

Das ausgeprägte literarische Interesse an Realität und Alltag der sogenannten »kleinen Leute« kann für sich allein schon – ähnlich wie in der Malerei – als Zeichen der Verbürgerlichung von Literatur gelesen werden. Es liegen Welten zwischen Goethes *Iphigenie* und Raimunds *Bauer als Millionär*, und selbst Grillparzers aus der Geschichte in die Gegenwart versetzte historische Gestalten sind keine heroischen Figuren, denen die edle Läuterung ihres Menschseins gelingt, sondern sie bleiben gewissermaßen »zeitlos« in ihre allzu menschlichen Leidenschaften verstrickt.

Betrachtet man streiflichtartig den gesellschaftlichen Hintergrund der wichtigsten Literaten des Biedermeier, so bestätigt sich einmal mehr der bemerkenswerte Veränderungsprozess, der sich auch auf diesem Feld im Vormärz vollzogen hat. Ferdinand Raimund, Sohn eines böhmischen

Drechslermeisters, absolvierte vor seiner Schauspielkarriere eine Lehre als Zuckerbäcker; der aus einer Wiener Beamtenfamilie stammende Johann Nestroy wurde ursprünglich zum Juristen ausgebildet; aus einer Juristenfamilie stammte auch Franz Grillparzer, der sein künstlerisches Schaffen allerdings im Rahmen einer abgesicherten bürgerlichen Existenz als Beamter und Direktor des Hofkammerarchivs ausübte. Adalbert Stifter, Sohn eines Leinenwebers aus Oberplan in Südböhmen, verdankte seinen sozialen Aufstieg dem Besuch des Gymnasiums in Kremsmünster, dem Studium der Rechte und einer Ausbildung zum Kunstmaler. Seinen Lebensunterhalt verdiente er zunächst als Hauslehrer, bald aber ermöglichte ihm sein literarisches Schaffen eine unabhängige Existenz. In späten Jahren trat er als Schulrat in Linz in den öffentlichen Dienst und war neben seiner schriftstellerischen Tätigkeit mit Fragen der Bildungsreform beschäftigt. In allen Fällen handelte es sich also entweder um soziale Aufsteiger aus bisher »bildungsfernen« Schichten, um es mit einem heutigen Ausdruck zu sagen, oder aber die Schriftsteller stammten bereits aus einem bildungsbürgerlichen Milieu, das sich seinerseits, wie am Beispiel von Juristenfamilien unmittelbar evident, dem wachsenden Bedarf an professionellen Staatsdienern seit dem späten 18. Jahrhundert verdankte.

So wirkten also Verbreitung und Nachfrage von Bildung, Wissenschaft, Kultur und schönen Künsten, verbunden mit den technischen und ökonomischen Neuerungen der Zeit, zusammen, um jener bürgerlichen Gesellschaft zum Durchbruch zu verhelfen, die sich gegen die staatliche Bevormundung zunehmend wehrte und immer lautstarker ihre politischen Rechte einforderte.

Die Habsburgermonarchie 1848–1918

Von Brigitte Mazohl

Epochenüberblick

In den Revolutionen der Jahre 1848/49 brachen die ungelösten Strukturfragen des österreichischen Kaiserstaates erstmals gewaltsam auf. Während der Jahrzehnte des Vormärz war die Frage der politischen Partizipation einer mündiger werdenden Gesellschaft von Staatsbürgern, wie bereits gezeigt wurde, nicht gelöst worden. Nach wie vor bildeten die Landstände in den größeren Ländern die alleinige Basis für eine Teilhabe an der Staatsgewalt, in manchen Ländern gab es nicht einmal diese, und für den Gesamtstaat war nach wie vor keine »Generalrepräsentation« vorgesehen. Überdies war das Bewusstsein für die jeweils eigene Identität unter den Völkern der Monarchie in der Zwischenzeit gewachsen, und die Forderung nach politischer Mitsprache verband sich daher mit der Forderung nach der politischen Gleichberechtigung verschiedener Völker und Nationen. Der Kampf für politische Freiheitsrechte und eine konstitutionelle Verfassungsform wurde daher im österreichischen Kaiserstaat nicht von *einer* (im westeuropäischen Sinne verstandenen) Nation ausgetragen, er zersplitterte sich in ein Gegeneinander von verschiedenen nationalen Freiheitsbestrebungen – und er war überdies in die Traditionen unterschiedlicher (ständischer) Länderrechte eingebunden, für welche Begriffe wie »Volk« oder »Nation« bislang keine rechtswirksame Kategorie dargestellt hatten.

Die innere und äußere Geschichte des österreichischen Vielvölkerstaates muss vor diesem strukturellen Hintergrund gesehen werden. Das von der nationalen Propaganda rund um den Ersten Weltkrieg als »Völkerkerker« verunglimpfte, von wohlmeinenden Zeitgenossen als »lebender Anachronismus« bezeichnete Länderkonglomerat (heute wird in Anlehnung an John H. Elliott von einer *Composite Monarchy* gesprochen) war aber zugleich auch jener Staat, dem aus heutiger Sicht das moderne europäische Völkerrecht entscheidende Impulse verdankt und der durchaus als Modell für ein einigermaßen friedliches Mit- und Nebeneinander unterschiedlicher Volksgruppen und Nationen in einem größeren gemeinsamen politischen Verbund gesehen werden kann.

Beinahe zwanzig Jahre lang wurde allein über die Reichweite einer

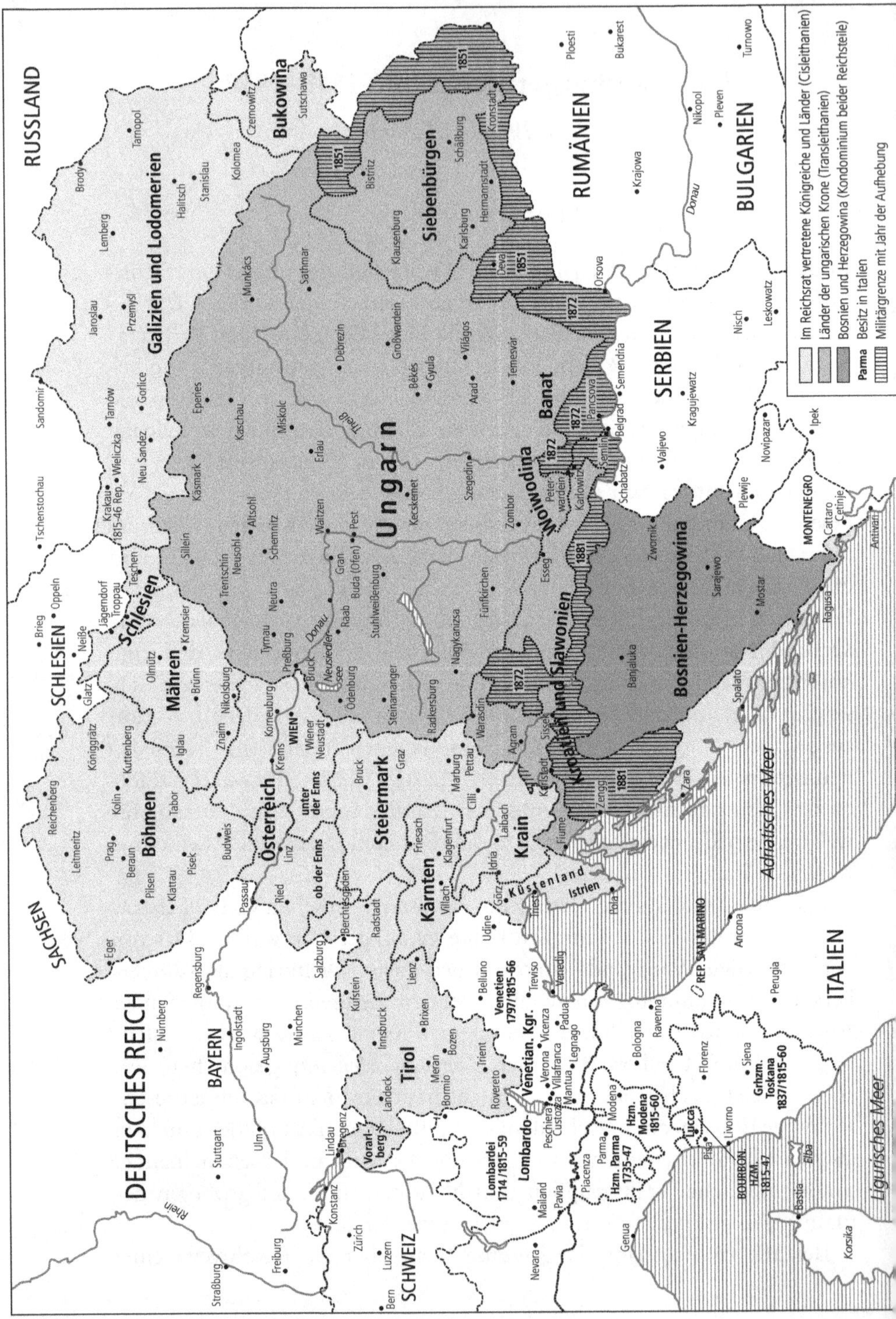

Kaisertum Österreich bzw. Österreichisch-Ungarische Monarchie 1815–1918

künftigen Verfassung gerungen, da eine gesamtösterreichische Verfassung – aus der Sicht einzelner Länder – einen Bruch der autonomen Länderrechte bedeutet hätte. So jedenfalls wurde es im Königreich Ungarn, zum Teil auch in Böhmen und in anderen auf ihre Selbständigkeit pochenden Ländern gesehen. Und als schließlich im Ausgleich mit Ungarn (1867) zwei selbständige Reichshälften geschaffen wurden, bedeutete das für jene Länder, die sich als untergeordnete Einheiten in der cisleithanischen bzw. transleithanischen Reichshälfte wiederfanden, das Signal, das ungarische Vorbild auch für die eigene Unabhängigkeit ins Treffen zu führen. Das Scheitern einer vergleichbaren Lösung für das Königreich Böhmen bedeutete für die Zukunft eine der schwersten Belastungen für eine konstruktive gemeinsame Politik, und auch der im Rahmen der ungarischen Reichshälfte vollzogene Ausgleich mit Kroatien (1868) trug längerfristig nicht zur Befriedung der Gegensätze bei, da die unterschiedliche Auslegung dessen, was unter Autonomie und Sonderrechten zu verstehen sei, immer wieder zu Spannungen führte. Die föderale Struktur des (cisleithanischen) Staates, die trotz Gesamtstaatsverfassung beibehalten wurde, garantierte den Ländern und deren Landtagen einen breiten politischen Handlungsspielraum – umgekehrt wurden aber die Länder, in Wechselwirkung mit ihren politischen Repräsentanten auf Gesamtstaatsebene, auch vermehrt zum Austragungsort nationaler Konflikte. In Ungarn setzte sich demgegenüber eine sehr viel rigorosere Zentralisierungs- und Magyarisierungspolitik durch, die – mit Ausnahme von Kroatien und Slawonien – keine Partikularrechte auf untergeordneter Ebene vorsah.

Noch problematischer gestaltete sich die Anerkennung allgemeiner politischer Freiheitsrechte, wie sie in den Revolutionen 1848/49 gefordert wurden, da diese von mehr als zehn unterschiedlichen »Volksstämmen«, wie es in der Sprache der Zeitgenossen hieß, eingemahnt wurden. Die Frage aber, wie diese »Volksstämme« bzw. Nationen – die Begriffe wurden synonym gebraucht – rechtlich organisiert sein sollten, damit sie ihre politischen Partizipationsrechte wahrnehmen konnten, war völlig ungeklärt, da die rechtliche Grundstruktur des Staates auf den Ländern aufbaute. Überdies war auch die Definition dessen, was unter einem »Volksstamm« zu verstehen sei, keineswegs eindeutig geklärt, gab es doch »Volksstämme«, wie beispielsweise die Slowaken, denen der Status eines »Volksstammes« zunächst gar nicht zuerkannt wurde. Politische Freiheitsrechte, wie sie die Verfassungen von Anfang an garantierten, wurden also Jahrzehnte hindurch lediglich als Individualrechte und nicht als Kollektivrechte verstanden. Erst mit den nationalen Ausgleichsregelungen zu Beginn des 20. Jahrhunderts (Mährischer Ausgleich 1905, Galizischer Ausgleich 1914) wurden auch Volksgruppen (Ethnien, Nationen) zu verfassungskonstitutiven Rechtseinheiten, die ihre Repräsentanten (in die Länderparlamente) wählen konnten.

Nichtsdestoweniger war die Anerkennung der politischen Rechte der verschiedenen Ethnien bereits 1848 garantiert und die »Gewährleistung« dieser Rechte wenig später (1849) sogar zur »Gleichberechtigung« der verschiedenen Volksgruppen erweitert worden. Für die cisleithanische Reichshälfte blieb – auch über die kurzfristigen Phasen hinaus, in denen die Verfassung außer Kraft gesetzt war – die »Gleichberechtigung der Volksstämme« in »Schule, Amt und öffentlichem Leben« ein grundsätzliches, nicht mehr in Frage gestelltes Verfassungsprinzip. Was dies freilich im einzelnen bedeutete, bildete den Gegenstand massiver innenpolitischer Konflikte auf Gesamtstaats- wie auch auf Länderebene. Mit wachsender Nationalisierung der einzelnen Volksgruppen – und eng verbunden mit der Ausweitung des Wahlrechts auf immer breitere Bevölkerungskreise – gestaltete sich der Kampf um die »Gleichberechtigung der Volksstämme« zu einem strukturellen Dauerkonflikt, der überdies mit den außenpolitischen Weichenstellungen aufs engste verknüpft war. Denn die einzelnen Volksgruppen innerhalb der Monarchie wurden vielfach in ihren Unabhängigkeitsbestrebungen von benachbarten, »wiedererstandenen« Bruderstaaten unterstützt, man denke etwa an das Beispiel der Italiener oder der Rumänen. Oder aber benachbarte Großreiche, wie Russland, sahen sich zum Schutz jener ethnisch verwandten Volksgruppen veranlasst, die im »Völkerkerker« gefangen waren, wie beispielsweise Serben und Ruthenen (Ukrainer).

Es dürfen daher im Zusammenhang mit der österreichischen Nationalitätenfrage auch die europäischen Machtgegensätze zwischen den führenden Staaten Europas nicht übersehen werden. Nicht nur verdankten sich die italienische und die deutsche Staatsgründung in entscheidendem Maße der Rolle Frankreichs (und Englands), auch die Unabhängigkeitsbestrebungen der einzelnen Völker auf dem Balkan waren in die großmachtpolitischen Rivalitäten zwischen Russland, der Habsburgermonarchie und dem Osmanischen Reich (und damit wiederum in die gesamteuropäische Politik) eingebunden.

Insgesamt setzte sich – unter der Führung Frankreichs und Englands, deren Bindung an die früheren Allianzverträge nach 1848 und endgültig nach dem Krimkrieg nicht mehr gegeben war – auf dem europäischen Kontinent immer mehr das politische Leitprinzip des 19. Jahrhunderts durch: der (ethnisch homogene) Nationalstaat, den eine mündig gewordene Nation, wenn nötig mit militärischen Mitteln, für sich erkämpfen sollte. Für dieses Ziel waren die beiden Westmächte, denen sich auf diese Weise ein erfolgreicher Nebenschauplatz für ihren kolonialen Wettkampf anbot, bereit, politische (und im Falle Frankreichs auch militärische) Unterstützung anzubieten, wo immer es erforderlich war.

Die Habsburgermonarchie mit ihren 16 Ländern und etwa zehn »Volksstämmen« stand diesem Leitprinzip diametral entgegen. Es gab nur sehr wenige Länder, die ethnisch homogen besiedelt waren. In den meisten Ländern lebten mehrere Volksgruppen neben- und miteinander. Auch gab es nahezu überall noch kleinere Minderheiten, für welche man juristisch zunächst noch gar keinen Begriff hatte. Ein besonders anschauliches Beispiel für diese heute kaum noch verständlichen Sonderformen von Minderheiten-Zugehörigkeit sind die ungarisch-siebenbürgisch-rumänischen Szekler, eine »Volksgruppe«, die sich weder ethnisch-national (obwohl sie einen ungarischen Dialekt sprach) noch territorial noch konfessionell, sondern lediglich auf der Grundlage ihres traditionellen Rechtsstatus definierte. Auch die in zahlreichen Ländern und zerstreut siedelnden Juden ließen sich – modernen »nationalen« Kategorien gemäß – schwer zuordnen.

Die zahlenmäßige Zusammensetzung der verschiedenen Volksgruppen stellte ein zusätzliches Problem dar, da sich die »staatstragende« Hegemonienation der Deutschen rein quantitativ gesehen (sowohl im Rahmen des Kaisertums als auch in der späteren cisleithanischen Reichshälfte) auf Gesamtstaatsebene in der Minderheit befand. Die Deutschen stellten, ebenso wie die in Ungarn dominierende Nation der Magyaren, am Vorabend der Revolution nur knapp über bzw. unter 20 % der Gesamtbevölkerung dar, gefolgt von den Tschechen, die etwa 12 % der Gesamtbevölkerung erreichten. Der Anteil aller anderen Nationen lag zwischen 2 und 5 %, wobei insgesamt jedoch, wenn man die slawischen »Volksstämme« in eins setzte, die slawischen Nationen mehr als die Hälfte der Gesamtbevölkerung ausmachten. Dies galt vor allem für die cisleithanische Reichshälfte nach dem Ausgleich mit Ungarn, als nicht nur die Italiener Lombardo-Venetiens weggefallen waren, sondern auch mit der Selbständigkeit Ungarns die im Norden und Osten gelegenen vorwiegend slawisch besiedelten Länder (Böhmen, Galizien, Bukowina) mit der cisleithanischen Hälfte verbunden blieben. Die – rational kaum begründeten, aber weit verbreiteten – Ängste, von der slawischen Mehrheit majorisiert zu werden, mobilisierten für den zunehmenden »deutschen« Nationalismus in Österreich im Laufe des Jahrhunderts nicht zu unterschätzende Motivationskräfte.

Diese Völkervielfalt, verbunden mit der Tradition der Länderrechte, brachte das ganze 19. Jahrhundert hindurch ein unerschöpfliches Potential für Konfliktfelder mit sich. Denn die Frage der politischen Partizipation hing ja auch mit der sozialen Stratifikation der einzelnen »Volksstämme« aufs engste zusammen, waren es doch in den Ländern mit ausgeprägten ständischen Traditionen vor allem die adeligen und klerikalen Oberschichten, welche zur politischen Mitsprache auf Länderebene berufen waren. Dies bedeutete beispielsweise die unbestrittene politische Hegemonie der Deutschen in den böhmischen Ländern, der Magyaren gegenüber allen anderen Völkern in Ungarn, der Polen gegenüber den Ruthenen in Galizien.

Nicht zufällig kam es daher häufig zu einer Gemengelage, wo nationale Spannungen die sozialen Konflikte verschärften und umgekehrt. Nicht wenige »Volksstämme«, wie etwa Ruthenen, Slowaken, Slowenen oder Serben, standen in einer langen Tradition von bäuerlicher Untertänigkeit gegenüber andersnationalen Grundherren. Verschärfend kam der kulturhegemoniale Diskurs über die angebliche Geschichtslosigkeit einzelner Völker hinzu, der insbesondere von den Deutschen im Laufe des Jahrhunderts intensiviert wurde: Die Etikettierung als »Kulturnation« kam – dieser Ideologie zufolge – nur »geschichtsmächtigen« Nationen, wie den Deutschen, Italienern und Magyaren, partiell auch den Polen, zu, während alle anderen »Völker« sich erst zur kulturellen Höhe ebendieser Kulturnationen »hinaufarbeiten« mussten.

Der kaum verschleierte kulturmissionarische »Auftrag« der Deutschen, vor allem gegenüber den Slawen, wirkte sich notwendigerweise auch auf die politische Praxis und die Konstitutionalisierung des Staates aus. In einzelnen Fällen verband sich der Nationalitätenkonflikt zudem auch mit der Frage der Zugehörigkeit zu unterschiedlichen Religionsgemeinschaften, so im Falle der ungarischen, tschechischen, slowakischen Protestanten, der griechisch-unierten Ruthenen oder auch der orthodoxen Serben, obwohl der katholische Kaiserstaat hinsichtlich der religiösen Toleranz seit den Zeiten Josephs II. bereits einen langen Weg hinter sich gebracht hatte und die Monarchie wohl nicht zu Unrecht auch als multikonfessioneller Staat bezeichnet werden kann.

Das Modell des »westlichen« Konstitutionalismus, dem man auch in Wien nach den Erfahrungen von 1848/49 notwendigerweise folgte, war daher für die Habsburgermonarchie, deren verzögerter Staatsbildungsprozess ja bereits aus dem 18. Jahrhundert ererbt worden war, nicht so leicht umzusetzen. Da alle zeitgenössischen europäischen Verfassungen (ebenso wie die amerikanische) auf der Vorstellung von staatsbürgerlicher Gleichheit ohne jede nationale Differenzierung beruhten, stellte die Gleichberechtigung von verschiedenen »Volksstämmen« eine verfassungsrechtliche Besonderheit dar, für deren Umsetzung es keine Vorbilder gab.

Überdies standen, wie bereits erwähnt, die historisch begründeten Rechtstraditionen der einzelnen Länder (insbesondere Böhmens und Ungarns) einer übernationalen österreichischen Gesamtstaatsverfassung im Wege. Da umgekehrt alle Versuche, als Alternative zum westlichen Konstitutionalismus den Staat auf der Basis von erweiterten Landesverfassungen zu demokratisieren, auch am wechselseitigen Misstrauen der Länder und Völker untereinander scheiterten, verschärften sich auf Gesamtstaatsebene *und* auf Länderebene die Konflikte. Der »Verheißungsparagraph« (Gerald Stourzh) von der »Gleichberechtigung der Nationalitäten« in den Verfassungsentwürfen und Verfassungen der Jahre 1848 bis 1867 trug nicht zur Befriedung bei, sondern verschärfte mittel- und längerfristig die Gegensätze. Die Zeit, die den Hegemonienationen, allen voran den Deutschen, verblieben wäre, um die proklamierte »Gleichberechtigung« tatsächlich in konkretes Recht umzusetzen, reichte nicht aus: In der Endphase des Ersten Weltkriegs wurde der Zerfall der Monarchie durch ihre im »Völkerkerker« gefangenen Nationen besiegelt.

Ein »lebender Anachronismus«? Die innere Entwicklung der Habsburgermonarchie bis zum Ersten Weltkrieg

1848	März: Erste Phase der Revolution in Wien, Pest, Krakau, Mailand, Venedig (»Märzrevolution«) März bis August: Krieg Piemont-Sardiniens gegen Österreich 7. April: Ernennung der ersten ungarischen Regierung 11. April: Ungarische Aprilgesetze 25. April: Verkündung der Pillersdorfschen Verfassung

	Mai: Zweite Phase der Revolution in Wien (»Mairevolution«) 18. Mai: Eröffnung der deutschen Nationalversammlung in Frankfurt Juni: Slawenkongress in Prag 12.–17. Juni: »Pfingstaufstand« in Prag 22. Juli: Eröffnung des konstituierenden Reichstags in Wien 7. September: Beschluss der Grundentlastung (»Bauernbefreiung«) durch den Wiener Reichstag Oktober: Dritte Phase der Revolution in Wien (»Oktoberrevolution«) 2. Dezember: Rücktritt Kaiser Ferdinands, Thronbesteigung Franz Josephs in Olmütz
1849	7. März: Auflösung des seit 22. November 1848 in Kremsier tagenden Reichstags, bevor er den »Kremsierer Verfassungsentwurf« im Plenum beschließen konnte; Verkündung der (auf den 4. März datierten) Oktroyierten Märzverfassung März: Wiederaufnahme des Krieges zwischen Piemont und Österreich August: Militärische Niederwerfung Ungarns (mit russischer Hilfe) und Venedigs 6. Oktober: Hinrichtung von 13 Generälen der Honvédarmee in Arad und des ehemaligen ungarischen Ministerpräsidenten Lajos Graf Batthyány in Pest
1849–1859	Bildungsreform des Unterrichtsministers Leo Graf Thun-Hohenstein
1851	Aufhebung der Zwischenzolllinie zwischen Österreich und Ungarn 31. Dezember: Silvesterpatent
1855	Konkordat mit dem Papst
1859	Liberale Gewerbeordnung
1860	Oktoberdiplom
1861	Februarpatent (»Februarverfassung«)
1867	Ausgleich mit Ungarn, Staatsgrundgesetze (»Dezemberverfassung«) für die österreichische Reichshälfte: Österreich wird Verfassungsstaat
1867–1870	Erste liberale Ära
1868	Liberale Kirchengesetze (Maigesetze)
1869	Reichsvolksschulgesetz Unfehlbarkeitsdogma durch Pius IX. (Erstes Vatikanisches Konzil)

1870	Aufkündigung des Konkordats mit Rom Fundamentalartikel für Böhmen (neue böhmische Landesordnung)
1872–1879	Zweite liberale Ära
1873	Neues Wahlgesetz: direkte Volkswahl des Abgeordnetenhauses des Reichsrats Wiener Weltausstellung, Börsenkrach
1879–1893	Konservative Ära Taaffe
1882	»Linzer Programm«
1883	Wahlreform Taaffe: Senkung des Steuerzensus auf 5 Gulden
1883–1889	Sozialgesetzgebung (1885: Elfstundentag, Verbot der Kinderarbeit)
1887	Gründung des »Christlichsozialen Vereins«
1888/89	Einigungsparteitag der Sozialdemokratischen Arbeiterpartei in Hainfeld
1889	Selbstmord von Kronprinz Rudolf
1896	Wahlreform Badeni: Einführung einer fünften, allgemeinen Wählerkurie
1897	Badenische Sprachenverordnungen für Böhmen und Mähren: »Badeni-Krise«
1905	Mährischer Ausgleich
1906/07	Wahlreform Beck: Allgemeines, gleiches, direktes und geheimes Männerwahlrecht
1910	Ausgleich in der Bukowina

Die knapp siebzig Jahre zwischen 1848 und 1914, bevor mit dem Ausbruch des Ersten Weltkriegs die Agonie des Vielvölkerstaates einsetzte, sind durch eine Reihe von inneren Krisen, eine Vielzahl von Reformen und Reformversuchen, zugleich aber auch von Stagnation und politischer Hilflosigkeit gekennzeichnet. Dennoch darf das »Zeitalter Kaiser Franz Josephs I.« nicht nur aus der Perspektive des späteren Zerfalls gesehen werden. Die Jahrzehnte zwischen Revolution und Krieg erlebten trotz aller strukturellen Schwierigkeiten und häufig verschleppter Reformen auch Phasen von Aufbruch und Erneuerung. Die Konstitutionalisierung und erst recht die Demokratisierung des Staates vollzog sich – trotz aller Widerstände – langsam, aber kontinuierlich; die Versuche, den Vielvölkerstaat vom Zentrum aus zusammenzuhalten, waren immer wieder auch von Erfolg gekrönt. Generelle Entwicklungslinien auf diesem Weg zur Demokratisierung lassen sich durchaus mit jenen anderer europäischer Staaten vergleichen, auch wenn sich, infolge der oben geschilderten völlig anders gearteten strukturellen Voraussetzungen, eben auch ein österreichischer »Sonderweg« erkennen lässt.

Wie überall in Europa dominierten im Kaiserstaat nach den Revolutionen etwa zwanzig Jahre lang bürgerlich-liberale Elitenregierungen, denen die ersten Verfassungsexperimente und schließlich die Umgestaltung des Staates zur Doppelmonarchie zu danken waren. Ab den siebziger Jahren schlug im cisleithanischen Österreich das Pendel in die andere Richtung aus, und es folgten konservative (feudal-konservative) Regierungen. Die Zeit der Massenparteien und der unterschiedlichen politischen »Lager« setzte in den achtziger Jahren ein, ab den späten neunziger Jahren lässt sich eine Art »Krise in Permanenz« diagnostizieren, die schließlich unter dem Druck der militärischen Niederlage zum inneren Zerfall führte. Die Möglichkeit, innenpolitische Schwierigkeiten durch eine erfolgreiche Außenpolitik zu kompensieren, war in Österreich nicht gegeben. Die Expansion in den Balkan hinein war nicht nur kein Ersatz für die Erfolge, die andere europäische Staaten mit ihrer Kolonialpolitik erzielten, sie bewirkte sogar das Gegenteil, da »der kranke Mann am Bosporus« innen- und außenpolitisch eine schwere Hypothek für die Monarchie darstellte.

Die Revolutionsjahre 1848/49

Die ersten Anzeichen für eine politische Krise hatten sich bereits lange vor 1848 gezeigt. In Galizien war es im Jahr 1846 infolge schlechter Ernten zu gewaltsamen Bauernerhebungen gekommen, in Mailand und Venedig waren sogenannte »Raucherkrawalle« an der Tagesordnung, bewaffnete Zusammenstöße zwischen österreichischer Polizei und italienischen Nationalisten um die Durchsetzung von Rauchboykotts, mit denen der österreichische Fiskus geschädigt werden sollte. Die wirtschaftliche Not verschärfte sich im Winter 1847/48. Gerüchte von europaweit drohenden Unruhen hatten sich rasch verbreitet, so dass der auslösende Funke, der durch die Februarrevolution in Paris gezündet wurde, nicht wirklich überraschend kam.

Dem Drängen einiger Ständevertreter nachgebend, hatte Kaiser Ferdinand I. bereits im Jahr 1847 einen ständischen Ausschuss zusammengerufen, der über eine künftige Verfassung für den Kaiserstaat beraten sollte.

Als es am 13. März in Wien tatsächlich zum Ausbruch der Revolution kam, lagen daher die Konzessionen, die es zu verlautbaren galt, bereits auf dem Tisch. Dass die Ereignisse dann freilich eine ungeahnte Eigendynamik entfalteten und im Laufe des Jahres 1848 mehrfach außer Kontrolle gerieten, war nicht vorhersehbar gewesen und stürzte den Staat in eine tiefe Krise.

Wie oft bei der gewaltsamen Eskalation von Konflikten zu beobachten, hatten auch die Märzereignisse 1848 zunächst nicht mit Gewalt begonnen. Eine Brandrede des Führers der ungarischen Reformbewegung Lajos Kossuth am 3. März in Pressburg, in welcher er die Konstitutionalisierung der Monarchie forderte, verbreitete sich rasch und führte zur Abfassung ähnlich lautender Petitionen an den Kaiser auch in Wien. Als eine Adresse der Studenten und Professoren der Universität Wien vom Hof zunächst abgewiesen wurde, beschlossen sie, sich an die Ständevertreter des niederösterreichischen Landtags um Unterstützung zu wenden. Die Demonstranten, die am 13. März, unterstützt von einer großen Volksmenge, Richtung Herrengasse zogen, wurden nicht sofort vorgelassen; sie stürmten daher das Gebäude des Landtags; es kam – vermutlich auf Befehl von Erzherzog Albrecht, Sohn von Erzherzog Karl und Vetter des Kaisers – zum ersten Schießbefehl, es gab Tote und Verwundete, die Situation eskalierte. In der inneren Stadt und in den Vorstädten wurden Barrikaden errichtet, Fabriken in Brand gesetzt, Polizeiwachen überfallen, Maschinen zerstört. Die soziale Dimension des Protests zeigte sich unerwartet deutlich. Die Entlassung Metternichs, der noch am selben Tag zurücktreten musste, war ein erstes Zeichen des Entgegenkommens gegenüber den liberalen Forderungen, am 15. März folgte das Verfassungsversprechen des Kaisers: Bürgerliche Freiheiten, wie Presse- und Meinungsfreiheit, wurden zugesichert, eine geschriebene Verfassung in Aussicht gestellt, eine neue Regierung angekündigt, die Zensur aufgehoben.

Neben dem ständischen Ausschuss beriet nun auch ein neu zusammengesetzter Ministerrat über die künftige Verfassung – auch die Landtage der verschiedenen Länder sollten entsprechende Vorschläge ausarbeiten. Ohne eine gemeinsame Beschlussfassung durch alle Beteiligten abzuwarten, legte der am 20. März zum Innenminister ernannte bisherige Hofkanzler Franz von Pillersdorf am 24. April eine weitgehend dem belgischen Muster folgende Konstitutionsurkunde vor, die einerseits als Gesamtstaatsverfassung mit »Reichsvertretung« konzipiert war, andererseits aber auch den Ländern die Möglichkeit von jeweils eigenen künftigen Landesverfassungen in Aussicht stellte. Pillersdorf glaubte damit einen Kompromiss zwischen föderativ-ständischer und repräsentativ-zentralstaatlicher Verfassungsform gefunden zu haben. Die Verfassung galt allerdings nicht für Ungarn und Lombardo-Venetien; denn in Ungarn war mit den sogenannten Aprilgesetzen von 1848 bereits ein eigenständiger Verfassungsweg beschritten worden, während Lombardo-Venetien zur Zeit der Verfassungsproklamation, also Ende April 1848, zum Kriegsschauplatz des gegen Piemont-Sardinien geführten Krieges geworden war.

Diese ersten Schritte zur Konstitutionalisierung der Monarchie wurden jedoch bald von den Ereignissen überholt. Eine zweite Welle der Revolution in Wien (15. Mai), gemeinsam getragen von Studenten und Arbeiterschaft, forderte die Einberufung eines österreichweiten konstitutionellen Reichstags, der eine neue Verfassung auf der Grundlage des allgemeinen und gleichen Wahlrechts ausarbeiten sollte. Unter dem Druck der Ereignisse floh die kaiserliche Familie nach Innsbruck, die Regierung wurde erneut umgebildet und mit Männern besetzt, deren liberale Grundsätze ihnen die Gunst der öffentlichen Meinung bescherten; mit Hilfe der Landtage wurden – eine organisatorische Meisterleistung – auf breiter Basis Wahlen organisiert. Der erste gesamtösterreichische Reichstag konnte bereits am 22. Juli von Erzherzog Johann, dem seit den Jahren der napoleonischen Kriege als liberal geltenden und mit einer Bürgerlichen verheirateten Onkel des Kaisers, eröffnet werden. Die Wahlen in den Reichstag waren tatsächlich auf der Grundlage des allgemeinen und gleichen, wenn auch indirekten (Männer-)Wahlrechts erfolgt, so dass unter den 383 Abgeordneten Vertreter aller Bevölkerungsgruppen (auch etwa 90 Bauern) saßen. Als eines der ersten Ergebnisse wurde vom Reichstag die sogenannte Grundentlastung beschlossen und damit endgültig die Bauernbefreiung für alle österreichischen Länder (mit Ausnahme Ungarns, das ja nicht am Reichstag vertreten war) eingeleitet.

Die Sommermonate brachten dank des erfolgreich verlaufenden Krieges gegen Piemont-Sardinien unter der Führung des Oberkommandierenden der Italienischen Armee, Feldmarschall Josef Graf Radetzky, die weitgehende Zurückeroberung Lombardo-Venetiens. Die in zahlreichen italienischen Städten von den Revolutionären gebildeten provisorischen Regierungen wurden abgesetzt, ihre Anführer verfolgt und standrechtlich verurteilt, ihr Vermögen sequestriert, wobei die Mehrzahl der Widerstandskämpfer allerdings rechtzeitig geflohen war. Der Hof kehrte nach Wien zurück. Auch in Prag hatte das Militär unter Führung von Feldmarschall Alfred Fürst Windischgrätz den sogenannten Pfingstaufstand niedergeschlagen, nachdem die Forderungen des Prager »Slawenkongresses« nach einer eigenen böhmischen Verfassung nicht akzeptiert worden waren. In Frankfurt tagte überdies seit dem Mai 1848 das sogenannte Paulskirchenparlament, zusammengesetzt aus Vertretern der verschiedenen Staaten des Deutschen Bundes, das an einer künftigen Verfassung für einen gesamtdeutschen Nationalstaat arbeitete. An der Frage, welche »österreichischen« Repräsentanten nach Frankfurt entsendet werden sollten, zeigten sich einmal mehr die nationalen Konfliktlinien, die den Kaiserstaat durchzogen. Während die italienischen Abgeordneten aus dem Trentino das Frankfurter Parlament für ihre Autonomiebestrebungen nutzten, verweigerten die tschechischen Vertreter mit dem Historiker František Palacký an der Spitze aus prinzipiellen Gründen die Zusammenarbeit: Sie sahen sich einem deutschen Nationalstaat nicht zugehörig und vertraten, unterstützt auch von anderen slawischen Volksgruppen, die Position eines austroslawischen Groß-Österreich.

Eine dritte Welle der Revolution brach im Herbst über Wien herein: Bereits Ende August war es zu sozialen Protesten seitens der Arbeiterschaft gekommen, wobei bürgerliche Nationalgardisten in die unbewaffnete Menge schossen. Die Konfliktlinien verliefen nun auch »zwischen Bourgeoisie und Proletariat«, wie der vom »Demokratischen Verein« nach Wien eingeladene Karl Marx als Redner verkündete. Diese dritte Phase der Revolution wurde vor allem von unterbürgerlichen Schichten der Wiener Vorstädte, aber auch von meuternden Militäreinheiten getragen. Sie endete damit, dass die eigene Haupt- und Residenzstadt von kaiserlichen Truppen belagert und beschossen wurde.

Der unmittelbare Anlass für den Bürgerkrieg war ein Konflikt zwischen Kroatien und Ungarn gewesen. Kroatische Truppen unter der Führung des kaisertreuen Banus Joseph Graf Jelačić waren gegen Ofen (Buda) vorgerückt und von den Ungarn zurückgeschlagen worden. Eine ungarische Deputation, welche die Frage zugunsten der ungarischen Oberhoheit über Kroatien klären wollte, wurde vom (slawisch dominierten) Wiener Reichstag zurückgewiesen, während die deutsche Mehrheitsbevölkerung mit den Magyaren sympathisierte. Teile der gegen Ungarn mobilisierten Truppen verweigerten den Befehl und wurden dabei von der Akademischen Legion und den Aufständischen aus den Wiener

Vorstädten unterstützt, was zu blutigen Straßenkämpfen führte: Kriegsminister Theodor Graf Baillet-Latour fiel dabei der »Volksjustiz« zum Opfer. Die Beschießung der Hauptstadt durch die von Windischgrätz und Jelačić befehligten Truppen war die Folge. Kaiser und Hof hatten sich auch diesmal rechtzeitig in Sicherheit gebracht und waren auf Einladung des Erzbischofs nach Olmütz geflohen, der Reichstag wurde ebenfalls nach Mähren verlegt und tagte fortan im Residenzschloss des Erzbischofs in Kremsier. Der Bürgerkrieg Ende Oktober währte einige Tage, am 31. Oktober musste Wien kapitulieren. Zahlreiche Revolutionsführer wurden, nachdem das Kriegsrecht ausgerufen worden war, durch ein Militärgericht verurteilt und hingerichtet, darunter einer der Hauptanführer Wenzel Messenhauser, der Kommandant der Wiener Nationalgarde, aber auch einige »Doktoren der Revolution« wie die demokratisch-revolutionären Journalisten Alfred Julius Becher und Hermann Jellinek. Robert Blum, einer der führenden Köpfe der demokratischen Linken im Frankfurter Paulskirchenparlament, der sich den Aufständischen angeschlossen hatte, wurde ebenfalls standrechtlich erschossen.

Ende November wurde erneut die Regierung umgebildet und Fürst Felix Schwarzenberg, wie sein Schwager Windischgrätz ein Vertreter des österreichisch-böhmischen Hochadels, mit der Regierungsbildung betraut.

Trotz der gewaltsamen Niederschlagung der Revolution und obwohl sich bald massive Auseinandersetzungen mit dem in Kremsier tagenden Reichstag ankündigten, kehrte Schwarzenberg nicht sofort zum kaiserlichen Absolutismus zurück. Stattdessen wurde vorerst in Kremsier weiterhin an der Ausarbeitung einer Gesamtstaatsverfassung gearbeitet. Ein deutliches Signal dafür, dass jetzt andere Zeiten anbrechen sollten, wurde am 2. Dezember durch die Inthronisation des 18jährigen Neffen des Kaisers, Franz Joseph I., zum neuen österreichischen Kaiser gesetzt, nachdem sich Ferdinand I. – nach langwierigen Verhandlungen – zur Abdankung bereit erklärt hatte. Der Thronwechsel erfolgte auf der Grundlage eines kaiserlichen Patents; in einer vom Olmützer Erzbischof zelebrierten feierlichen Messe wurde er publikumswirksam inthronisiert, zu einer Krönung zum österreichischen Kaiser kam es, trotz immer wieder ausgearbeiteter Pläne, letztlich nie.

Freilich war damit der Staat noch nicht befriedet. Vor allem in Ungarn und in Lombardo-Venetien ging der Widerstand weiter, was im ersten Halbjahr 1849 zu weiteren militärischen Auseinandersetzungen führte.

Der König von Piemont-Sardinien, Karl Albert, der trotz verwandtschaftlicher Beziehungen zum Wiener Hof mit der Revolution sympathisierte und der daher auch in seinem eigenen Königreich eine Verfassung, das sogenannte *Statuto Albertino*, erlassen hatte, rückte im März 1849 erneut gegen die Lombardei vor. In Ungarn zwang Windischgrätz die aufständischen Truppen zunächst zum Rückzug. In Italien siegte die österreichische Armee nach wenigen Tagen – nur die Stadt Venedig behauptete sich bis in den August hinein –, in Ungarn setzten sich die Kämpfe bis in die Sommermonate fort. Windischgrätz, der diesmal glücklos agierte, musste zurücktreten. Erst dank der Unterstützung russischer Verbände, die zu Hilfe gerufen wurden, gelang General Julius von Haynau die endgültige Unterwerfung der aufständischen ungarischen Truppen; Lajos Kossuth, der Führer der Revolutionsregierung, kapitulierte am 11. August und floh ins Ausland, am 6. Oktober wurden 13 Generäle der ungarischen Honvédarmee sowie der ungarische Ministerpräsident Lajos Batthyány hingerichtet.

Die gewaltsame Niederschlagung des Widerstands zog naturgemäß auch im Zentrum in Wien Konsequenzen nach sich. Aus der Position der Stärke heraus wurde nun auch der Reichstag zunehmend in Frage gestellt. Dieser hatte in der Zwischenzeit eine Verfassung (Kremsierer Entwurf) ausgearbeitet, die die Macht des Kaisers im Gegensatz zur Pillersdorfschen Konstitutionsurkunde stark einschränkte, zudem die Nationalitätenproblematik durch die Schaffung von nationalen Kreisen innerhalb der Länder aufzufangen hoffte und die insgesamt eine direkte Volksvertretung neben der Ländervertretung vorsah. Zu Recht ist dieser Entwurf in der Historiographie als ein gelungener Versuch bewertet worden, für die komplexe Struktur der Habsburgermonarchie zukunftsfähige Lösungswege vorzuschlagen. Freilich kam die Regierung Schwarzenberg einer formellen Verabschiedung des Verfassungsentwurfes zuvor. Der Konflikt mit der Regierung, aber auch mit Ständevertretern hatte sich am Passus »Alle Macht geht vom Volke aus« entzündet. Dieser Passus diente Schwarzenberg als Vorwand, den Reichstag überhaupt aufzulösen und auf der Grundlage des vom Reichstag ausgearbeiteten Entwurfs eine neue Verfassung von oben her zu oktroyieren (und ihm zugleich seine konstitutionelle Schärfe zu nehmen). Am 7. März erfolgte »aus eigener Macht des Kaisers« die Proklamation der sogenannten Märzverfassung, wodurch klargestellt werden sollte, dass eine Verfassung als Gnadenakt des Monarchen und nicht als Recht des Volkes zu verstehen war. Es war daher auch von der »Macht des Volkes« keine Rede mehr, wohl aber wurde an der Gleichberechtigung der Nationalitäten weiterhin festgehalten. Was die Reichweite betrifft, so sollte die neue Verfassung auch für Ungarn und Lombardo-Venetien gelten, obwohl für Lombardo-Venetien die Ausarbeitung eines eigenen Statuts und für Ungarn die partielle Anerkennung der bisherigen Landesverfassung vorgesehen war. Ein Grundrechtskatalog mit der Garantie der von der Revolution geforderten bürgerlichen Freiheitsrechte wurde – mit Ausnahme von Ungarn und Lombardo-Venetien – als eigenes Reichsgesetz ebenfalls erlassen. Auch in der Märzverfassung 1849 wurden die Länder weiterhin als die entscheidende Rechtsstruktur des Staates angesehen; zugleich aber war – für das Unterhaus des Reichstags – auch die direkte Volkswahl vorgesehen. Nationale Kreise auf Landesebene, welche die tatsächliche Partizipation ethnischer Gruppen garantierten hätten können, waren nun nicht mehr vorgesehen.

Insgesamt endeten das »Sturmjahr« 1848 und das darauffolgende Kriegshalbjahr mit der gewaltsamen Niederschlagung der Revolution. Dennoch kann man diese nicht einfach als gescheitert betrachten. Entscheidende Veränderungen im Sinne der revolutionären Forderungen wurden erreicht und auch nicht mehr rückgängig gemacht, so die Aufhebung der Grunduntertänigkeit, die Bildungsreform auf der Grundlage von Lehr- und Lernfreiheit, mit Einschränkungen sogar die Presse- und Meinungsfreiheit und vor allem das Prinzip der Gleichberechtigung der Nationalitäten. Eine innen- wie außenpolitische Hypothek bedeutete allerdings das Verhältnis zum Deutschen Bund, nachdem in Frankfurt das Ziel eines »kleindeutschen« Nationalstaates mehr als deutlich geworden war, in dem das mehrheitlich slawisch besiedelte Österreich nicht mehr willkommen war.

Die Neugestaltung des Staates im Neoabsolutismus und der Weg zum Verfassungsstaat

Die erste konstitutionelle Ära des österreichischen Kaiserstaates währte nur kurz. Obwohl die Regierung Schwarzenberg, der auch zahlreiche liberale »Revolutionsminister« angehörten, zunächst noch auf dem Boden der Verfassung agierte, kam es nicht zur Einberufung eines neuen Reichstags. Stattdessen setzte der junge Kaiser, wie in der Verfassung selbst vorgesehen, als beratendes Gremium von Kaiser und Regierung einen

Reichsrat ein und bestimmte zu dessen Leitung den vormaligen Hofkammerpräsidenten Carl Freiherr von Kübeck, einen erklärten Gegner von Revolution und konstitutionellen Forderungen. Unter dessen Einfluss kam es knapp drei Jahre nach dem Oktroi der Verfassung bereits wieder zu deren Aufhebung. Mit dem sogenannten Silvesterpatent vom 31. Dezember 1851 kehrte Franz Joseph I. zum vorrevolutionären Absolutismus zurück, wobei allerdings die »Gleichheit der Staatsbürger vor dem Gesetz« und damit die Aufhebung der Grundherrschaft ausdrücklich bestätigt wurden.

Das folgende Jahrzehnt des sogenannten Neoabsolutismus wurde lange Zeit, unter dem Eindruck der Rücknahme konstitutioneller Freiheiten, wohl allzu negativ gesehen. Tatsächlich erfolgte in ihm durch gezielte Reformen von oben, wie es der österreichischen Tradition entsprach, der Umbau des Kaisertums zum modernen Staat. Das »großösterreichische« Programm Schwarzenbergs wurde – auch über dessen unerwarteten Tod im Jahr 1852 hinaus – weiter umgesetzt. Die von Alexander von Bach und Franz von Stadion durchgeführte Verwaltungsreform – von den Statthaltereien bis auf die Ebene der Gemeinden hinein – schuf die Voraussetzungen für eine professionelle Beamtenschaft, welche die Durchsetzung des staatlichen Willens, jenseits der ständischen Herrschaftsansprüche, auch in den Ländern ermöglichte. Von Lombardo-Venetien bis Galizien, von Salzburg bis Dalmatien agierten künftig in den Provinzen einheitliche staatliche Funktionsträger, denen in den Bezirken (Distrikten) Bezirkshauptleute (Distriktskommissäre) untergeordnet waren, die ihrerseits als staatliches Aufsichtsorgan die Gemeinden kontrollierten. Seit dem von Franz von Stadion ausgearbeiteten Provisorischen Gemeindegesetz (1849), das allerdings erst 1862 endgültig in Kraft trat, kam den Gemeinden als unterster staatlicher Instanz eine wichtige Rolle zu, hier trafen bei den Entscheidungen des täglichen Lebens Staat und Gesellschaft aufeinander, hier regierte nun der Arm des Staates als Gegenspieler zu althergebrachten Rechten und Gewohnheiten, was, wie sich leicht denken lässt, immer wieder zu Konflikten führte. An die Stelle von Grundherrschaft und Stadtbürgerrechten traten die einheitlich definierten »Ortsgemeinden«, und die doppelte Funktion der Gemeinde zwischen Gesellschaft und Staat, zwischen Selbstverwaltung (autonome Gemeinde) und übertragenem Wirkungskreis blieb bis zum Ende der Monarchie wesentliches administratives Gestaltungsprinzip.

Parallel und von der politischen Verwaltung getrennt wurden auch Justiz- und Finanzverwaltung neu organisiert. Der gesellschaftliche Emanzipationsprozess, der mit der Einrichtung einer unabhängigen Justiz verbunden war, kann nicht hoch genug eingeschätzt werden, hatten doch die Grundherren im Rahmen der Grundherrschaft auch die Gerichtsbarkeit über ihre Untertanen ausgeübt.

Zu den wichtigsten Neuerungen der neoabsolutistischen Ära zählten auch die nach Ressorts gegliederten Ministerien der Zentralverwaltung mit selbständig agierenden und verantwortlichen Ministern, die allerdings nur dem Kaiser, nicht einem Parlament gegenüber verantwortlich waren, weiters die finanzpolitische Durchführung der Grundentlastung, die Aufhebung der Zwischenzolllinie zwischen der ungarischen und der österreichischen Reichshälfte, die liberale Handels- und Wirtschaftspolitik, die sich im Jahr 1859 in einer freiheitlichen Gewerbeordnung niederschlug, und schließlich die Reform der Gymnasien und Universitäten, von der noch ausführlicher die Rede sein wird. Im Gegenzug erreichte der Kaiser, dem die Erhaltung der Gunst traditioneller Herrschaftsträger ein großes Anliegen war, 1855 ein – damals bereits umstrittenes – Konkordat mit der katholischen Kirche, das der Kirche vor allem im Bildungswesen wieder stärkere Rechte einräumte.

Die Schattenseiten der neoabsolutistischen Reformpolitik zeigten sich begreiflicherweise auf der Ebene der verschiedenen Königreiche und Länder, bei den nach wie vor mächtigen Ständen, die sich von der Zentralverwaltung in ihren Eigenrechten übergangen sahen und die daher gegen die staatliche Beamtenschaft (»Bach-Husaren«) auch mehr oder weniger heftig opponierten. Da überdies mit der Einrichtung von Gendarmerie und Polizei die Möglichkeiten staatlicher Kontrolle ausgeweitet worden waren, regte sich bald, vor allem in Ungarn und Lombardo-Venetien, massiver Widerstand.

Der Krieg des Jahres 1859, der von der italienischen Widerstandsbewegung in Lombardo-Venetien ausgegangen war, stürzte den Staat erneut in eine schwere Krise. Unter dem Druck der militärischen Niederlage (Schlacht bei Solferino), aber auch aufgrund der staatlichen Finanznot, die man sich infolge einer überzogenen Anleihenpolitik eingehandelt hatte, mussten auch die Verfassungsdebatten wieder aufgenommen werden, auch wenn Franz Joseph I. zu diesem Zeitpunkt von »konstitutionellen Allüren« noch wenig wissen wollte. Doch die Not der Stunde erforderte die Loyalität der wirtschaftlich potenten Bürger, denen die so lange vorenthaltenen politischen Partizipationsrechte endlich zugestanden werden mussten. Und auch der feudalkonservative Adel, den seine politische Entmachtung durch die Aufhebung der Grunduntertänigkeit und die zentralstaatliche Regierungsform zunehmend in die Opposition getrieben hatten, sollte wiedergewonnen werden.

In kurzer Folge hintereinander erließ der Kaiser daher – wiederum als monarchischen »Gnadenakt« – zwei »Patente«: im Oktober 1860 das sogenannte Oktoberdiplom und kurz darauf, im Februar 1861, das Februarpatent. Diese beiden Quasi-Verfassungen bedeuteten den ungewöhnlichen Versuch einer Konstitutionalisierung der Monarchie auf der Basis der historischen Länderrechte, wobei, ähnlich wie im Vorfeld der Revolution von 1848, wiederum Vertreter aus den Ländern zur internen Beratung, diesmal im sogenannten »Verstärkten Reichsrat«, herangezogen worden waren.

Das vom konservativen Adel geprägte Oktoberdiplom kehrte gewissermaßen zum Typus der landständischen Verfassung zurück und garantierte Ungarn, nicht aber Böhmen, seine verfassungsrechtliche Sonderstellung, für den verbliebenen Rest Lombardo-Venetiens sollte eine eigene Verfassung ausgearbeitet werden. Wenige Monate später erzwang der Widerstand der Tschechen in Böhmen eine Erweiterung des Oktoberdiploms zugunsten der Länder der böhmischen Krone oder aber die Rückholung der Ungarn in den Gesamtstaat. Der schließlich vom neu bestellten Staatsminister Anton Ritter von Schmerling vorgelegte Kompromiss des Februarpatents, die Reichsverfassung 1861, gestand Ungarn seine bisherige Verfassung zu und stellte auch für die anderen Länder neue Landesordnungen auf der Grundlage des Kurienwahlrechts in Aussicht. Trotz dieser Föderalisierung des Staates sah Schmerling aber auch – von allen Ländern, einschließlich Ungarns, beschickt – eine Reichsvertretung (»Reichsrat«) für den Gesamtstaat vor. Das bedeutete die Quadratur des Kreises: Das Februarpatent kann als der letzte Versuch gelten, dem (westlichen) Konstitutionalismus ein andersartiges Verfassungsmodell auf dem Boden der historischen Länderrechte und der monarchischen Legitimität gegenüberzustellen.

Die nationale Frage war sowohl im Oktoberdiplom als auch im Februarpatent durch die starke Fokussierung auf die Länderrechte ausgeblendet worden: Das Kurienwahlsystem sah keinerlei nationale Zuordnungen vor, sondern gründete auf einer Zusammenführung von traditionellen Privilegien und modernem Zensussystem. Dadurch wurde zwar – gemessen an den vorrevolutionären landständischen Verfassungen – die Zahl der Wahlberechtigten in den Ländern stark erweitert und es war erstmals tatsächlich eine – von den einzelnen Landtagen aus ihrer Mitte zu beschickende – gesamtösterreichische (parlamentarische) »Reichsvertretung« vorgesehen, den nationalen Konflikten aber wurde im Zuge dieser Wahlordnungen Tür und Tor geöffnet. Vor allem die Tschechen Böhmens sahen sich um ihr in der Revolution von 1848 mühsam errungenes Gleichheitsprinzip betrogen.

Es dauerte nur vier Jahre, bis das Februarpatent angesichts des massiven Widerstands der Tschechen Böhmens und der Ungarn gegen den deutschen Zentralstaat im Jahr 1865 wiederum »sistiert«, d.h. ausgesetzt werden musste und der Kaiser ein letztes Mal für weitere zwei Jahre zur absolutistischen Regierungsform zurückkehrte.

Auch dieses Mal erzwangen Krieg und Niederlage von 1866 (Schlacht bei Königgrätz) die – diesmal endgültige – Rückkehr zum Konstitutionalismus, jedenfalls für die cisleithanische Reichshälfte, während Ungarn seine Eigenstaatlichkeit im Rahmen der nunmehr so genannten Doppelmonarchie Österreich-Ungarn zugestanden wurde. Damit kehrte mit aller Dringlichkeit ein Problem in die Verfassungsdebatten zurück, das bisher zwar als Prinzip respektiert, nicht aber durch die Verfassung garantiert gewesen war: die Rechte der Nationalitäten, die weder für Schmerling, den Schöpfer des Februarpatents, noch für seinen Nachfolger, den föderal gesinnten, dem mährischen Adel entstammenden Grafen Richard Belcredi, ein vordringliches Anliegen gewesen waren.

Unter der Federführung des vormals sächsischen Ministers Friedrich Ferdinand von Beust, der Sachsen an der Seite Österreichs in den preußisch-österreichischen Krieg geführt hatte und der zunächst als Außenminister, später als Ministerpräsident vom Kaiser nach Wien geholt worden war, wurde nicht nur der sogenannte Ausgleich mit Ungarn durchgeführt (Februar 1867), sondern auch für die cisleithanische Reichshälfte ein Bündel von Staatsgrundgesetzen erlassen (21. Dezember 1867), mit welchen die cisleithanische Reichshälfte (»die im Reichsrat vertretenen Königreiche und Länder«) in eine konstitutionelle Monarchie nach westlichem Vorbild umgewandelt wurde.

Im *Staatsgrundgesetz über die allgemeinen Rechte der Staatsbürger* (Art. 19) kehrte nun auch der Grundsatz von der »Gleichberechtigung der Volksstämme« wieder. Nahezu im gleichen Wortlaut wie in der Märzverfassung 1849, doch nach dem Vorbild des *Kremsierer Entwurfs* für die Bereiche »Schule, Amt und öffentliches Leben« konkretisiert, regelte der »Verheißungsparagraph« nun bis zum Ende die Nationalitätenpolitik der westlichen Reichshälfte der Monarchie. Eine, wie sich bald zeigen würde, schwerwiegende Hypothek des Gleichheitsparagraphen lag darin, dass er wiederum nur im Rahmen eines Grundrechtskatalogs, nicht jedoch als Bestandteil der Verfassung selbst aufschien und damit lediglich dem Kreis der liberalen Individualrechte zugeordnet blieb, ohne dass für eine verfassungsrechtliche Konstituierung der »Volksgruppen« als Träger von Kollektivrechten Sorge getragen worden wäre. Was Metternich bereits zu Beginn des Jahrhunderts vorhergesehen hatte, traf nun tatsächlich ein: Für den multiethnischen österreichischen Staat bedeutete der Ruf nach »Volkssouveränität«, verbunden mit der konkreten Notwendigkeit, den Reichsrat durch Volksvertretung zu beschicken, die immer radikalere Nationalisierung der einzelnen »Volksstämme«, nicht zuletzt auch der deutschen Hegemonienation.

Die liberale Ära

Der offizielle Name der cisleithanischen Reichshälfte lautete aus Rücksichtnahme auf die verschiedenen Nationalitäten: »Die im Reichsrat vertretenen Königreiche und Länder« (der Name Reichs*rat* – als »Beratungsorgan« des Kaisers – sollte die Erinnerung an den revolutionären Reichs*tag* als »Volksversammlung« tilgen). Mit der transleithanischen Reichshälfte, den »Ländern der ungarischen Krone«, war dieser Staat nur durch die Person des Monarchen sowie durch gemeinsame Außenpolitik und eine gemeinsame Armee verbunden: Die Kosten für diese beiden Bereiche wurden einmal jährlich in den sogenannten Delegationen (paritätischen Ausschüssen, die vom cisleithanischen Reichsrat und vom ungarischen Reichstag entsandt wurden) ausverhandelt. Innenpolitisch war das Königreich Ungarn damit im Grunde genommen ein selbständiger Staat geworden, der künftig – im Gegensatz zur cisleithanischen Reichshälfte – eine Nationalitätenpolitik betrieb, welche auf die Assimilierung (Magyarisierung) aller anderen Volksgruppen zielte und der auch sehr viel stärker, als dies in den österreichischen Ländern der Fall war, nach wie vor das traditionelle Recht des grundbesitzenden Adels respektierte. Mit der feierlichen Krönung im Juni 1867 erwies das Königspaar (Franz Joseph hatte 1854 die bayerische, aus einer Nebenlinie des Hauses Wittelsbach stammende Prinzessin Elisabeth geheiratet) dieser Selbständigkeit des ungarischen Staates seine Reverenz.

Mangels eines gemeinsamen Parlaments hatten diese Regelungen für beide Staaten zur Folge, dass die drei Minister für die gemeinsamen Angelegenheiten, die zusammen mit den Ministerpräsidenten der beiden »Reichshälften« den Gemeinsamen Ministerrat bildeten, ein starkes Übergewicht bekamen, was sich beispielsweise bei allen wichtigen Entscheidungen rund um den Ersten Weltkrieg fatal auswirkte. Die mit Ungarn getroffenen Vereinbarungen und die enge Verbindung auf höchster Ebene spielten daher bis zuletzt eine wesentliche Rolle auch für die innere und äußere Politik der cisleithanischen Reichshälfte, von welcher im Folgenden nun aber vorwiegend die Rede sein wird.

Der Widerstand gegen den österreich-ungarischen Ausgleich ließ in beiden Reichshälften nicht lange auf sich warten. Waren es in Ungarn vor allem die anderen Volksgruppen (Kroaten, Slowaken, Rumänen), die sich weiterhin von Wien Unterstützung gegen die ungarische Magyarisierungspolitik erhofften, so forderten umgekehrt Tschechen (und z.T. auch Deutschböhmen) für die Länder der böhmischen Krone die gleichen Rechte, die mit dem Ausgleich Ungarn zugestanden worden waren.

Die in der Wiener Regierung dominierenden Deutsch-Liberalen waren, unterstützt von Polen und Slowenen, den Kompromiss mit Ungarn deshalb eingegangen, weil dadurch für die österreichische Reichshälfte die lange erhoffte Verfassung garantiert wurde. Diese freilich privilegierte aufgrund des bestehenden Kurien- und Zensuswahlrechts die Deutschen, genaugenommen das deutsche Besitz- und Bildungsbürgertum, und brachte daher für die anderen Nationalitäten, die vielfach auch unterprivilegierten sozialen Schichten angehörten, kaum erweiterte politische Mitsprachemöglichkeiten.

Vergleichbar den Entwicklungen in anderen europäischen Ländern konnten sich auch in Österreich die im Wesentlichen auf bürgerlichen Eliten gegründeten Regierungen nicht sehr lange halten. Deren Ziel war nicht die Demokratisierung des Staates auf breiter Grundlage gewesen, sondern die verfassungsrechtliche Garantie »bürgerlicher« Freiheiten, wie Wirtschaftsfreiheit, Meinungs- und Pressefreiheit, Reduzierung der kaiserlichen Macht und, in Österreich besonders wichtig: der Kampf gegen die katholische Kirche. In diesem Punkt freilich fanden die Liberalen einen nach wie vor mächtigen Gegenspieler beim grundbesitzenden Feudaladel, dessen Sprachrohr vor allem das Herrenhaus des neuen Parlaments bildete.

Dennoch konnte das sogenannte Bürger- und Doktorenministerium unter Karl (Carlos) Fürst Auersperg im Mai 1868 gegen die konservative Opposition drei liberale Kirchengesetze durchsetzen, wodurch zahlreiche Bestimmungen des Konkordats von 1855 außer Kraft gesetzt wurden. Die Ehe wurde der weltlichen Ehegerichtsbarkeit, die Schule der staatlichen Aufsicht unterstellt, die Religionsfreiheit garantiert und die Regelung der interkonfessionellen Verhältnisse dem Staat anvertraut. Ein Jahr später, im Mai 1869, erfolgten mit dem Reichsvolksschulgesetz genauere Regelungen für die endgültige Verstaatlichung des Schulwesens.

Aus dem Widerstand gegen die Laisierung des Staates und die damit verbundene Trennung von Kirche und Staat entstand, unterstützt vielfach auch von der bäuerlichen Bevölkerung, die christlich-soziale Bewegung, die bald auch in der sozialen Frage eine antiliberale Haltung einnahm. Dennoch kam es in Österreich zu keinem der Entwicklung in Deutschland vergleichbaren »Kulturkampf«, abgesehen vielleicht von Tirol, wo unter Berufung auf die Landesautonomie lange Jahre die Umsetzung der sogenannten Maigesetze verweigert wurde.

Trotz dieser Konflikte, die sich vermehrt auch innerhalb der Regierung selbst abzeichneten, und obwohl der Kaiser selbst wenig Sympathie für die Maigesetze hatte, konnten sich zunächst die Liberalen mit ihrem Programm durchsetzen. Im Juli 1870 wurde – eine Folge der innerkirchlichen Auseinandersetzungen um das Unfehlbarkeitsdogma und der »Römischen Frage« – das Konkordat überhaupt aufgekündigt.

Der Widerstand gegen die liberale Politik formierte sich allerdings auch unter der Arbeiterschaft, deren Lebensbedingungen sich infolge der liberalen Wirtschaftsordnung verschlechtert hatten. Es formierten sich die ersten Arbeitervereine, die mit der sozialdemokratischen Bewegung sympathisierten und die paradoxerweise auch bei den Feudalkonservativen Verbündete suchten. Letztere, hauptsächlich in Böhmen politisch beheimatet, opponierten ebenfalls gegen die zentralstaatliche, wirtschaftsliberale Dominanz der Deutschen. Sie sahen überdies im Ausgleich ein unzulässiges Privileg für Ungarn und forderten vergleichbare Ausgleichsgesetze auch für Böhmen. Hier, insbesondere in der böhmischen Hauptstadt Prag, hatte sich mittlerweile eine starke »jungtschechische« Bewegung entwickelt, die gemeinsam mit den »Alttschechen« eine eigene böhmische Verfassung einforderte.

Nachdem die Regierung Auersperg bereits 1868 über Fragen der Erweiterung des Wahlrechts gestürzt war und die Liberalen bei den Wahlen von 1870 massive Einbußen erlitten hatten, kam es – nicht zuletzt auch unter dem Eindruck der deutschen Reichsgründung – im Februar 1871 zu einem kurzen konservativen Zwischenspiel. Angeführt vom Feudalkonservativen Karl Sigmund Graf Hohenwart, der als Handels- und Ackerbauminister den sozialreformerisch orientierten Professor der Staatswissenschaften an der Universität Wien Albert Schäffle gewonnen hatte, versuchte die neue Regierung, der vielfältigen Krisen durch ein antiliberales Reformprogramm Herr zu werden: Die böhmische Frage sollte durch Föderalisierung des Staates, die soziale Frage durch genossenschaftliche Organisation (»nationaler Sozialismus«), die Nationalitätenfrage durch die Reform der Landtage im Sinne von Ständevertretungen auf der Grundlage von reichsübergreifenden Parteien gelöst werden.

Die wichtigste Maßnahme der Regierung Hohenwart-Schäffle bestand in der Ausarbeitung der sogenannten *Böhmischen Fundamentalartikel* (1871), einer neuen Landesordnung für Böhmen unter Anerkennung des böhmischen historischen Staatsrechts. Angesichts der vielfältigen Widerstände erlangte dieses bis ins Detail vorbereitete böhmische Grundgesetz allerdings niemals Rechtskraft. Denn gegen einen »böhmischen Ausgleich« solcher Art opponierten u.a. die anderen Landtage (Mähren, Steiermark), die Liberalen im Zentrum (allen voran Außenminister und Reichskanzler Friedrich Ferdinand Graf Beust), der ungarische Ministerpräsident Gyula Graf Andrássy und ebenso der deutsch-österreichische Hochadel. Es kam zu dramatischen Szenen zwischen Prag und Wien – die Sanktionierung der Fundamentalartikel wurde mit der Teilnahme der Tschechen am cisleithanischen Reichsrat junktimiert, was diese verweigerten –, die trotz aller Bemühungen auch seitens des Kaisers nicht zum Erfolg führten. Die Regierung Hohenwart-Schäffle musste resignieren. Sie hinterließ als schwere Hypothek die ungelöste böhmisch-tschechische Frage, die den Rückzug der Tschechen aus dem österreichischen Staat einleitete, und insgesamt die Vertiefung des deutsch-slawischen Gegensatzes.

Auf das konservative Zwischenspiel folgte neuerlich, wenn auch nur für wenige Jahre, eine deutsch-liberale Regierung unter Adolf Fürst Auersperg, einem Bruder von Karl. Unter ihr wurde nach langen Debatten im Jahr 1873 ein neues Wahlgesetz durchgeführt, das die direkte Volkswahl mit sich brachte. Das Abgeordnetenhaus des Reichsrats wurde künftig nicht mehr durch die Landtage, sondern durch direkte Wahl, freilich nach wie vor auf der Grundlage des Kurienwahlsystems (Großgrundbesitz, Städte und Märkte, Handels- und Gewerbekammern, Landgemeinden) und eines hohen Zensus beschickt. Noch immer handelte es sich dabei um ein ausgesprochen restriktives Wahlrecht: Nur ca. 6 % der Bevölkerung waren wahlberechtigt, und das Wahlrecht favorisierte nach wie vor Grundbesitz und Kapital und, in nationalen Kategorien gesprochen, die Deutschen; die Opposition gegen die deutsche Dominanz konnte sich, nicht zuletzt wegen der tschechischen Absenz im Reichsrat, nicht durchsetzen.

Der »Schwarze Freitag« von 1873, von dem noch die Rede sein wird, läutete das Ende der liberalen Ära ein. Die liberale Wirtschaftspolitik und der Mangel an staatlicher Sozialpolitik hatten die sozialen Gegensätze verschärft, dies wiederum radikalisierte die Nationalismen bei den einzelnen Volksgruppen. Während am Wiener Ring mit dem Bau des neuen Parlamentsgebäudes begonnen wurde (1874), dessen Tympanon die friedliche Völkerversammlung symbolisierte, prallten die Interessengegensätze immer stärker aufeinander. Die Okkupation von Bosnien und Herzegowina (1878) trug zur weiteren Verstärkung des slawischen Elements in der cisleithanischen Reichshälfte bei, was die deutschnationale Radikalisierung deutschliberaler Gruppierungen zur Folge hatte. Die Regierung Auersperg musste zurücktreten – mit den Wahlen des Jahres 1879 war das Ende der Liberalen besiegelt, und es kam zu einer konservativen Wende, die für die nächsten Jahre bestimmend sein sollte.

Die konservative Ära: die Regierung Taaffe (1879–1893)

Der Jugendfreund Kaiser Franz Josephs und böhmische Aristokrat Eduard Graf Taaffe hatte bereits in der Krise der Jahre 1869/71 kurzfristig das Amt des Ministerpräsidenten bzw. Innenministers innegehabt. Gestützt auf slawenfreundliche und konservative Gruppierungen, insbesondere bei den Polen, Slowenen, Italienern und Tschechen/Böhmen, zielte das neue Ministerium darauf, die beiden brennendsten Probleme der Monarchie, die nationale und die soziale Frage, zu entschärfen. Es zählt zu den großen Verdiensten der Regierung Taaffe, die tschechischen Abgeordneten wieder in den gemeinsamen Reichsrat zurückgeholt zu haben. Um den nationalen Forderungen der Tschechen entgegenzukommen, erließ Taaffe im Jahr 1880 eine erste Sprachenverordnung, die das Tschechische als Amtssprache auch in den deutschsprachigen Gebieten

Böhmens vorsah, wodurch den tschechischsprachigen Böhmen zwar eine berufliche Karriere im Staatsdienst erleichtert, der nationale Konflikt zwischen Deutschen und Tschechen in Böhmen selbst allerdings noch weiter verschärft wurde.

Erfolgreicher waren Taaffe und sein wichtigster Mitarbeiter Emil Steinbach auf dem Gebiet der Sozialpolitik, deren theoretisches Fundament in der christlichen Soziallehre Karl von Vogelsangs und anderer Sozialreformer gründete, wovon noch ausführlicher die Rede sein wird. Durch das sogenannte Gewerbeinspektorengesetz (1883) konnten die Arbeitsbedingungen in Gewerbebetrieben kontrolliert werden, zwei Jahre später (1885) wurde die Kinderarbeit sowie die Nachtarbeit für Frauen und Kinder verboten, die maximale Arbeitszeit pro Tag auf elf Stunden beschränkt, Ende der achtziger Jahre folgten ein Unfall- und Krankenversicherungsgesetz. Eng verbunden mit diesen sozialpolitischen Maßnahmen war eine Abkehr von der liberalen Wirtschafts- und Gewerbepolitik zugunsten von Schutzzöllen für die österreichische Industrie und der Wiedereinführung von Befähigungsnachweisen für handwerkliche Betriebe.

Zu den Schattenseiten der konservativen Ära zählten demgegenüber neuerliche Einschränkungen der Presse- und Meinungsfreiheit, ein dem deutschen vergleichbares, gegen die Arbeiterbewegung gerichtetes rigoroses »Sozialistengesetz«, das eine Reihe von Prozessen mit Verurteilungen und Ausweisungen radikaler Vertreter der Arbeiterschaft nach sich zog. Über besonders unruhige Gebiete wurde sogar der Ausnahmezustand verhängt.

Die wichtigste politische Erneuerung der Regierung Taaffe lag in der Erweiterung des Wahlrechts, das freilich noch immer nicht, wie vom Ministerpräsidenten vorgesehen, zu einem allgemeinen (Männer-)Wahlrecht führte. Vorerst wurde im Jahr 1882 lediglich die Mindeststeuerleistung von zehn auf fünf Gulden herabgesetzt, was die stärkere Wahlbeteiligung vor allem des gewerblichen Mittelstandes und der dörflichen Oberschichten zur Folge hatte. Die politische Landschaft begann sich dadurch grundlegend umzugestalten: An die Stelle kleinerer politischer Gruppierungen traten zunehmend flächendeckend organisierte politische Parteien, aus welchen künftig die Wahlen zum Reichsrat beschickt wurden.

Aus den sogenannten »Entenabenden«, regelmäßigen Diskussionsrunden christlicher Sozialreformer um den aus Schlesien stammenden katholischen Konvertiten Karl von Vogelsang im Gasthof zur Goldenen Ente in Wien, ging 1889 das erste Programm der Wahlgemeinschaft der »Vereinigten Christen« hervor, die sich 1893 zur Christlich-Sozialen Partei formierte. Ihre politische Stoßrichtung war nicht nur gegen die sozialdemokratisch orientierte Arbeiterbewegung, sondern vor allem gegen das »jüdische« Kapital gerichtet, wobei der antisemitische Charakter der Partei unter dem Einfluss des aus kleinbürgerlichen Verhältnissen stammenden Karl Lueger, des eigentlichen Parteigründers, rasch zunahm.

Auf der anderen Seite gelang es der charismatischen Persönlichkeit von Victor Adler, einem dem jüdischen Großbürgertum angehörenden Arzt und Intellektuellen, unter dem Druck der Taaffeschen Sozialistenbekämpfung radikale und gemäßigte Gruppierungen der bisher gespaltenen Arbeiterbewegung auf dem Parteitag von Hainfeld an der Jahreswende 1888/89 zusammenzuführen und damit die »k. k.« österreichische Sozialdemokratische Partei zu begründen, die sich länder- und nationalitätenübergreifend definierte und deren erklärtes Ziel zunächst vor allem auf die weitere Demokratisierung des Wahlrechts gerichtet war.

Im Gegensatz zu den beiden großen neuen Parteien blieb das »dritte Lager« weiterhin zersplittert. Die in der Tradition von 1848 verankerten Liberalen teilten sich in unterschiedliche Gruppierungen auf, wobei die deutschnationale Bewegung um Georg Ritter von Schönerer, Sohn des Wiener Eisenbahningenieurs Mathias, die größte Gruppe bildete. Auf der Grundlage des damals noch gemeinsam mit Victor Adler und anderen erstellten *Linzer Programms* (1882) sollte den Deutschnationalen zufolge vor allem der deutsche Charakter der Monarchie gewahrt werden, verbunden mit einer auch außenpolitisch sehr viel stärkeren Anbindung an Deutschland. Die wachsende antisemitische Ausrichtung, insbesondere bei Schönerer selbst, führte zur Trennung zwischen Schönerer und Adler und ihren Gefolgsleuten. Die bei Schönerer verbliebenen Deutschnationalen formierten sich 1885 im Abgeordnetenhaus zum »Deutschen Klub«, schlossen sich mit anderen Gruppen zusammen und übernahmen fortan als »Vereinigte Deutsche Linke« die Rolle der Opposition gegen die Regierung Taaffe, die sich, gestützt auf die konservative Mehrheit im Reichsrat (»Eiserner Ring«), wider Erwarten fünfzehn Jahre lang halten konnte.

Dennoch scheiterten die von Taaffe angestrebten weiterführenden Ausgleichsverhandlungen mit den Tschechen im Jänner 1890, zum einen an den Deutschnationalen, zum anderen aber auch am Widerstand der neuen, sehr viel stärker national ausgerichteten Partei der Jungtschechen. Angesichts des parlamentarischen Stillstands infolge der Obstruktionspolitik der Oppositionsparteien legte Taaffe im Oktober 1893 schließlich den Entwurf einer Wahlrechtsänderung für die Wahl zum Reichsrat vor, die die Einführung des allgemeinen (Männer-)Wahlrechtes, freilich noch innerhalb des Kuriensystems, bedeutet hätte. Diesen Schritt mitzutragen, waren nun allerdings auch Taaffes bisherige konservative Mitstreiter nicht bereit. Sie verbündeten sich mit der liberalen Opposition und brachten damit den Wahlrechtsentwurf zu Fall. Das Scheitern der Vorlage nahm Kaiser Franz Joseph zum Anlass, Taaffe als Ministerpräsidenten zu entlassen und damit die relative Ruhe der konservativen Ära als Politik der »kleinen Schritte«, die später auch als Politik des »Fortwurstelns« bezeichnet wurde, zu beenden. Die Jahrzehnte, die folgten, brachten die Nationalitätenkonflikte, verbunden mit den nach wie vor ungelösten sozialen Problemen, voll zum Ausbruch.

Die Jahre der Krise (1894–1914)

In den zwanzig Jahren vor dem Ausbruch des Ersten Weltkriegs gab es kaum noch Regierungen, die sich über längere Jahre hinweg halten konnten. Bald nach der Demission Taaffes stürzte (1895) das Kabinett seines Nachfolgers, Fürst Alfred Windischgrätz, Enkel des berühmten Feldmarschalls der Jahre 1848/49, über die Frage von slowenischsprachigen Parallelkursen am deutschen Gymnasium in der südsteirischen Stadt Cilli, wo der nationale Konflikt zwischen Slowenen und Deutschen seit langem gärte. Erfolgreicher war die stark polnisch dominierte Regierung des vormaligen galizischen Statthalters Kasimir Graf Badeni, der (vorübergehend) den aufgeheizten Nationalitätenkonflikt in Böhmen entschärfte und damit die Jungtschechen gewinnen konnte. Badeni gelang nun (1897) auch die Durchsetzung der bereits von Taaffe vorgeschlagenen Wahlrechtsreform, die allerdings auch diesmal noch kein freies und gleiches Wahlrecht, wie von den Sozialdemokraten gefordert, bedeutete. Es wurde lediglich eine fünfte (allgemeine) Kurie eingerichtet, in der alle über 24 Jahre zählenden Männer, die seit einem halben Jahr im Wahlsprengel ansässig waren, unabhängig von der Steuerleistung die Wahlberechtigung erhielten. Überdies wurde der Zensus in der Kurie der Landgemeinden von fünf auf vier Gulden herabgesetzt. Diesmal fand der Ent-

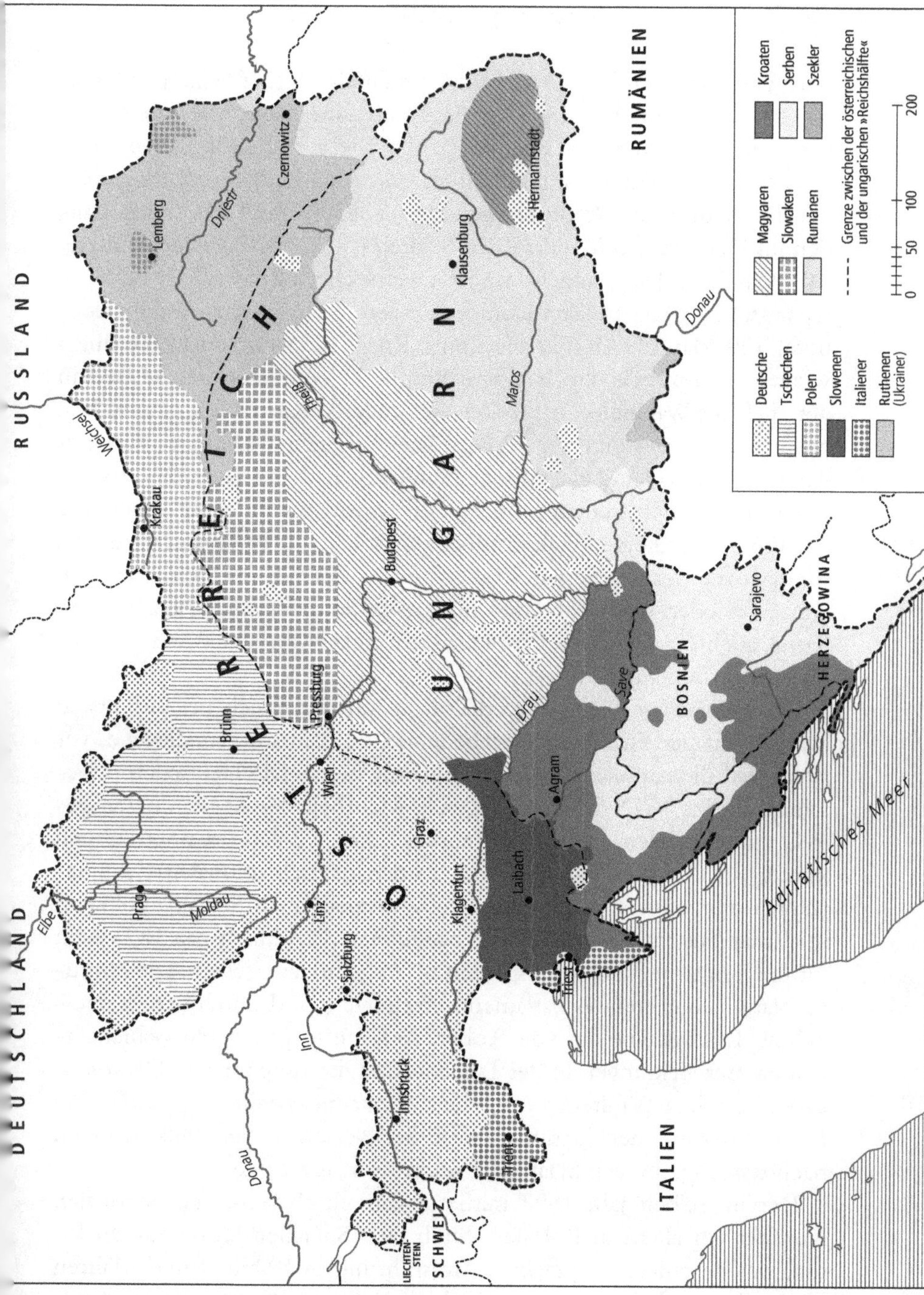

[N]ationalitäten in der Österreichisch-Ungarischen Monarchie um 1910, sofern sie im jeweiligen Gebiet mehr [al]s 50 % ausmachten

wurf eine parlamentarische Mehrheit, und mehr als fünf Millionen bisher nicht wahlberechtigte Bürger konnten nun zum ersten Mal zu den Urnen gehen. Wie ungleich allerdings nach wie vor die politischen Partizipationsrechte verteilt waren, lässt sich an der Mandatsverteilung ablesen: Der Kurie des Großgrundbesitzes (ca. 5500 Wahlberechtigte) standen im Reichsrat 85 Mandate, den Städten (ca. 390 000 Wahlberechtigte) 118 Mandate, den Handels- und Gewerbekammern (ca. 600 Wahlberechtigte) 21 Mandate, den Landgemeinden (1,5 Millionen Wahlberechtigte) 129 Mandate zu. Für die fünfte Kurie, die naturgemäß die überwiegende Mehrheit der Wahlberechtigten (5 Millionen) stellte und in der auch die Wahlberechtigten der vier anderen Kurien ein zweites Mal wählen durften, waren nur 72 Mandate vorgesehen. Dennoch war mit der Reform Badenis ein entscheidender Schritt hin zum »Volksstaat«, was in Österreich freilich immer »Völkerstaat« meint, getan. Nach wie vor waren aber keine »Volksgruppen« als solche im Parlament vertreten, sondern die verschiedenen Völker fanden sich in den verschiedenen Kurien wieder, wobei überdies nun, nach der Einführung der fünften Kurie, auch die politische Parteienzugehörigkeit ein neues und gewichtiges Kriterium darstellte.

Die politischen Mehrheitsverhältnisse wandelten sich bei den ersten Wahlen auf der Grundlage der Badenischen Reform grundlegend, vor allem, was die nationale Zusammensetzung betraf. Die Deutschen (Liberalen), die bis 1873 die überwiegende Mehrheit der Abgeordneten gestellt hatten, fielen unter 50 % zurück, ihre Wähler orientierten sich künftig an den Großparteien oder an den deutschnationalen Gruppierungen, mit 15 Mandaten zogen 1897 erstmals auch Sozialdemokraten ins Parlament ein. Einen Triumph bedeuteten die Wahlen von 1897 auch für die Jungtschechen, die insgesamt 62 Abgeordnete stellten. Die künftige Nationalisierung des Parlaments zeichnete sich dadurch bereits deutlich ab. Es liegt eine der von Robert A. Kann so genannten »schicksalshaften« Entwicklungen in der Tatsache, dass die zunehmende Demokratisierung des Wahlrechts in der Donaumonarchie zugleich die Radikalisierung der Nationalismen der verschiedenen Volksgruppen nach sich zog, die den Staat nahezu unregierbar machte.

Der im selben Jahr 1897 initiierte Versuch Badenis, den nationalen Konflikt vor allem in Böhmen durch eine Sprachenverordnung zu lösen, welche eine zweisprachige Amtsführung in Böhmen und Mähren sowie die verpflichtende Zweisprachigkeit für alle Beamten vorsah, wurde nicht nur im Reichsrat höchst emotional und kontrovers diskutiert (»Badeni-Krise«). Es kam zu Straßenkämpfen in Wien; Dauerreden der Opposition und Handgreiflichkeiten verwandelten das Parlament in eine Kampfarena, in der konstruktive Arbeit nicht mehr möglich war. Badeni musste seinen Hut nehmen, sein Nachfolger, Baron Paul Gautsch von Frankenthurn, bisheriger Unterrichtsminister im Kabinett Badeni, regierte auf der Grundlage des Notverordnungsparagraphen, jenes berühmten Art. 14 des Staatsgrundgesetzes über die Reichsvertretung von 1867, dem zufolge der Kaiser ermächtigt war, in Notfällen vorübergehend ohne Mitwirkung des Reichsrats die Regierungsgewalt auszuüben. Zu diesem Mittel wurde in den Krisenjahren vor dem Ersten Weltkrieg wiederholt gegriffen.

Eine der am längsten amtierenden Regierungen (1900–1904) bildete das sogenannte »Wirtschaftsministerium« unter Ministerpräsident Ernest von Koerber, der durch gezielte wirtschaftspolitische Maßnahmen, u.a. durch den Ausbau der Verkehrs-, Kanal- und Eisenbahnwege, von den Nationalitätenkonflikten ablenken wollte. Doch auch Koerber konnte sich gegenüber den nationalen Gruppen (insbesondere den Tschechen und Polen, aber auch den Deutschen) nicht durchsetzen, zumal er nicht das uneingeschränkte Vertrauen des Kaisers besaß, und musste zum Jahresende 1904 zurücktreten.

Als im Jahr 1905, nicht zuletzt unter dem Eindruck der Revolution in Russland, in der ungarischen Reichshälfte die Forderungen nach einer Wahlrechtsreform immer lauter wurden, setzte auch in Österreich verstärkt der Kampf um die Abschaffung des Kuriensystems und für das allgemeine und gleiche Wahlrecht ein. Doch erst nach einigen Übergangsministerien erreichte die Regierungsvorlage von Ministerpräsident Max Wladimir Freiherrn von Beck, einem vormaligen Beamten im Landwirtschaftsministerium, Ende des Jahres 1906 im Reichsrat dafür tatsächlich die erforderliche Mehrheit. Im Mai 1907 wurde in Cisleithanien erstmals auf der Grundlage des allgemeinen, gleichen, direkten und geheimen (Männer-)Wahlrechts gewählt, ein im Vergleich zu Frankreich (oder auch zur Schweiz) relativ später Zeitpunkt, dessen Ursachen allerdings nicht nur in der vielgescholtenen langlebigen ständisch-feudalen Tradition von Hof und Hocharistokratie in Österreich, sondern auch in der oben geschilderten überaus komplexen Gemengelage der nationalen Zugehörigkeiten im Staat und in den verschiedenen Ländern zu suchen sind.

Die Wahlen des Jahres 1907 bedeuteten – zumindest auf cisleithanischer Gesamtstaatsebene – das Ende der hocharistokratischen und großbürgerlichen Vorherrschaft und brachten, was die Zusammensetzung des Reichsrats betraf, den endgültigen Vorstoß der Massenparteien mit sich: Nur mehr 33 Adelsvertreter (gegenüber bisher 96) saßen im Abgeordnetenhaus, von den einst so mächtigen bürgerlichen Liberalen waren nur noch 20 Abgeordnete vertreten. Die eigentlichen Sieger waren die beiden wichtigsten Großparteien: 87 Abgeordnete der Sozialdemokraten sowie 96 Abgeordnete der Christlichsozialen und Konservativen zogen in den Reichsrat ein, weitere 90 Abgeordnete wurden von verschiedenen deutschnationalen Gruppierungen gestellt, die nach wie vor, wie auch die anderen »nationalen Klubs« (der Tschechen und Polen), in sich zersplittert waren.

Da jedoch auf Länderebene das Kuriensystem weiterbestand, was die ungebrochene Dominanz der herrschenden (nationalen) Schichten bedeutete, wurde durch die Wahlrechtsreform der Nationalitätenstreit nicht wirklich entschärft, sondern umso heftiger auch auf Landesebene ausgetragen, auch wenn man in Wien zunehmend die Notwendigkeit von ethnisch homogenen Wahlkreiseinteilungen erkannte. Nach wie vor belastete vor allem der deutsch-tschechische Konflikt die Regierungen auf beiden Ebenen: Während die Deutschen den böhmischen Landtag boykottierten, was im Jahr 1913 sogar zur Auflösung des Landtags führte, blieben die Tschechen immer wieder dem gesamtösterreichischen Reichsrat fern, was diesen wiederum schwächte und seine Legitimität in Frage stellte.

Dennoch gelangen auch zukunftsweisende und für beide Seiten annehmbare Kompromissvereinbarungen, so im Jahr 1905 der von Tschechen und Deutschen gemeinsam beschlossene »Mährische Ausgleich«. Auf der Grundlage einer (bereits im Reichstag von Kremsier vorgeschlagenen!) nationalen Kreiseinteilung konnte künftig der mährische Landtag mit festgesetzten Quoten nach nationalen Kurien gewählt werden; ein Modell, das allerdings in Böhmen nicht durchgesetzt werden konnte, weil hier der tschechisch-deutsche Gegensatz mittlerweile unüberbrückbar geworden war, forderten die Tschechen doch weiterhin die Zweisprachigkeit der gesamten Verwaltung (auch in den deutschen Gebieten Böhmens) sowie in den Zentralbehörden, während die Deutschen auf einer Trennung des Landes und auf dem deutschen Charakter des Gesamtstaats beharrten.

Für die Bukowina hingegen konnte in den Jahren 1908 bis 1910 ebenfalls ein nationaler »Ausgleich« mit den verschiedenen nationalen Gruppierungen ausgehandelt werden: Die Landesordnung wurde novelliert, ein differenzierter Wahlkataster nach nationalen Kriterien eingerichtet; ein ähnlich gearteter »Ausgleich« mit Galizien konnte durch den Ausbruch des Ersten Weltkriegs nicht mehr durchgeführt werden.

Trotz anfänglicher Erfolge, die nicht zuletzt der Durchsetzung des allgemeinen und gleichen Wahlrechts und dem »Mährischen Ausgleich« zu danken waren, hielt auch die Regierung Beck nur knappe zwei Jahre. Beck fiel aufgrund der neuerlichen Schwierigkeiten in Böhmen in Ungnade, wobei sich auch die sogenannte Wahrmund-Affäre zu seinem Nachteil auswirkte: Ein liberaler Innsbrucker Professor des Kirchenrechts hatte sich im Sinne der Unvereinbarkeit von (katholischer) Religion und (freier) Wissenschaft geäußert und war dafür von christlich-sozialer und katholischer Seite heftig – mit deutlich antisemitischen Untertönen – angefeindet worden. Beck, der sich hinter Wahrmund gestellt und die Versetzung an die Universität Prag veranlasst hatte, verlor den Rückhalt des Hofes, vor allem den des vom allgemeinen Wahlrecht wenig überzeugten Thronfolgers Franz Ferdinand und musste – ausgerechnet im Krisenjahr 1908 – demissionieren.

Bis zum Ausbruch des Ersten Weltkriegs kam keine stabile Regierung mehr zustande. Die letzten Wahlen wurden im Jahr 1911 durchgeführt, die jedoch für die Mehrheitsverhältnisse im Reichsrat, abgesehen von Verlusten der Christlichsozialen (nach dem Tod ihres Anführers Karl Lueger, 1910, und infolge innerer Streitigkeiten) sowie geringfügigen Gewinnen der deutschnationalen Gruppierungen (dank ihrer Zusammenführung im »Deutschen Nationalverband«), keine wesentlichen Veränderungen brachten. Der Reichsrat blieb eine Arena des Nationalitätenhaders, auch wenn die Ausgleichsverhandlungen zwischen Tschechen und Deutschen weitergeführt wurden. Verschiedene kurzfristige Regierungen lösten einander ab; zu Beginn des Jahres 1914 kehrte Ministerpräsident Karl Graf Stürgkh, der seit 1911 die Regierung leitete, auf Basis des Notverordnungsparagraphen zum ministeriellen Absolutismus zurück, nachdem sich der Reichsrat erneut als handlungsunfähig erwiesen hatte.

Bei all diesen Entwicklungen in Cisleithanien ist freilich die enge Verbindung mit der ungarischen Reichshälfte stets mitzudenken, die während des gesamten Zeitraums der Doppelmonarchie zum einen als Vorbild (»Ausgleich«), zum andern als Gegenbild (rigorose Magyarisierungspolitik gegenüber den anderen Nationalitäten) eine entscheidende Rolle spielte. Vor allem die Demokratisierung des Wahlrechts, das bis zuletzt die nichtmagyarischen Nationalitäten benachteiligte, vollzog sich in Ungarn noch sehr viel schleppender. Am Vorabend des Ersten Weltkriegs waren erst 13 % der Bevölkerung wahlberechtigt, bis 1913 waren es noch weniger gewesen. Als Folge davon hatten die Magyaren, die lediglich 54 % der Bevölkerung stellten, mit 405 Sitzen die überwältigende Mehrheit im ungarischen Reichstag, während sich die anderen Nationalitäten (46 % der Bevölkerung) acht Sitze teilen mussten.

Demgegenüber erwies sich – trotz oder gerade wegen der verfassungsrechtlich garantierten Gleichberechtigung der Nationalitäten – das cisleithanische Parlament als wenig geeignet für die Lösung der Nationalitätenfrage: Der (westliche) Parlamentarismus mit seinem Mehrheitsprinzip war nicht anwendbar auf ein Abgeordnetenhaus, dessen Parteien sich als Nationalitätenvertreter verstanden (Helmut Rumpler).

Großmacht in Bedrängnis: Die Habsburgermonarchie und Europa

1853–1856	Krimkrieg
1856	Friede von Paris
1859	Krieg gegen Sardinien-Piemont: Niederlagen bei Magenta und Solferino gegen Frankreich und Piemont-Sardinien Friede von Zürich
1863	Deutscher Fürstentag in Frankfurt
1864	Krieg Österreichs und Preußens gegen Dänemark
1866	Deutsch-Deutscher Krieg: Schlacht von Sadowa (Königgrätz); Krieg mit Italien: Seeschlacht von Lissa, Schlacht von Custozza; Friede von Prag – Friede von Wien; Ende des Deutschen Bundes
1875–1878	Russisch-Türkischer Krieg
1878	Friede von San Stefano Berliner Kongress: Österreichische Okkupation und Verwaltung von Bosnien und Herzegowina
1879	Bündnis mit Deutschland: Zweibund
1882	Erweiterung des Zweibunds um Italien: Dreibund
1906	Handelskrieg gegen Serbien (»Schweinekrieg«)
1908	Annexion von Bosnien-Herzegowina
1912/13	Erster und Zweiter Balkankrieg

Die Jahrzehnte zwischen den Revolutionen 1848/49 und dem Ausbruch des Ersten Weltkriegs bedeuteten für die Habsburgermonarchie den endgültigen Verlust jener (mittel)europäischen Großmachtstellung, die sie zu Beginn des Jahrhunderts (nicht zuletzt aufgrund des politischen Erbes aus dem Alten Reich) noch innegehabt hatte. Eine Reihe von militärischen Niederlagen und damit verbundenen Territorial- und Bevölkerungsverlusten, das Festhalten an längst innerlich ausgehöhlten Allianzsystemen, die militärisch erzwungene Abkehr von der vormals entscheidenden deutschen und italienischen Position und nicht zuletzt die von der (deutschen) Mehrheit nur partiell mitgetragene Expansion nach Südosten, all diese Faktoren trugen dazu bei, die Geschichte der Monarchie im späten 19. Jahrhundert in außenpolitischer Hinsicht nicht eben als Erfolgsgeschichte erscheinen zu lassen. Doch ist auch hier Vorsicht insofern angebracht, als die Geschichte der untergegangenen Doppelmonarchie nicht nur von ihrem Ende her gesehen werden sollte.

Vergleichbar dem Ende des Alten Reiches wurde auch der Zerfall der Monarchie lange zuvor sehr viel mehr in Kontraszenarien herbeigeredet als von den Zeitgenossen tatsächlich als bevorstehendes Ende empfunden – die Weichen hätten an verschiedenen Weggabelungen zeitgenössisch durchaus auch in andere Richtungen gestellt werden können, was gerade im Falle Österreichs eine kontrafaktische Betrachtungsweise reizvoll erscheinen lässt, die hier allerdings nicht geleistet werden kann. Dass aber der Staat als solcher durchaus Überlebenschancen gehabt hätte, wurde von geschichtswissenschaftlicher Seite wiederholt festgestellt. Es darf daher wohl der Schluss gewagt werden, dass es letztlich die militärische Niederlage im Ersten Weltkrieg war, die einem möglicherweise kranken, aber nicht unheilbaren System den Todesstoß versetzt hat.

Auch außenpolitisch stand der Vielvölkerstaat der europäischen Leitidee des ethnisch homogenen Nationalstaats im Wege. Die Westmächte England und Frankreich traten im Laufe des Jahrhunderts zunehmend als Unterstützer liberaler (und nationaler) Bestrebungen in Erscheinung, was besonders im Falle des italienischen *Risorgimento* für Österreich gravierende Folgen hatte. Nicht minder schwer wog die Tatsache, dass sich auch die »alten« Allianzpartner Preußen und Russland der Monarchie entfremdeten, der erste aufgrund des preußisch-österreichischen Gegensatzes im Deutschen Bund, der zweite vor allem infolge der halbherzigen österreichischen Politik im Krimkrieg.

Dass sich die Machtverhältnisse aufgrund der italienischen und deutschen Nationalstaatsgründungen deutlich in Richtung Preußen verschoben hatten, zeigte sich spätestens am Berliner Kongress (1878), wo kein österreichischer, sondern ein preußischer Kanzler die Fäden der europäischen Politik zu ziehen begonnen hatte.

Das Ausweichen in den Südosten, d.h. die Verwaltungsübertragung (Okkupation) und spätere Annexion von Bosnien und Herzegowina, bedeutete für diesen Verlust der mitteleuropäischen Stellung keine wirkliche Kompensation, zumal die innenpolitischen Probleme der Monarchie dadurch nicht einfacher wurden.

Im Sog der imperialistischen Expansion der europäischen Großmächte geriet die Monarchie noch mehr in die Defensive. Man hatte es in Wien versäumt, konkurrenzfähige kolonialpolitische Initiativen zu setzen, was Österreich allerdings die entsprechenden Folgeschäden im 20. Jahrhundert erspart hat. Die vielbeschworene außenpolitische »Verspätung«, die der Monarchie immer wieder von ihren Gegnern ironisch bescheinigt wurde, mag daher aus heutiger Sicht in einem etwas anderen Licht erscheinen.

Eine Bündnispolitik, die auf die vormaligen Gegner Deutschland und Italien setzte, wobei besonders gegenüber letzterem die unbewältigten Konflikte unübersehbar waren, der Gegensatz zu Russland am Balkan, verbunden mit den nationalistischen Bestrebungen der einzelnen Balkanvölker, die ihrerseits von den liberalen Westmächten unterstützt wurden, die infolge der »Nibelungentreue« zu Deutschland mitgetragene Gegnerschaft gegenüber Frankreich – all diese Faktoren manövrierten Österreich-Ungarn am Vorabend des Ersten Weltkrieges in eine auch außenpolitisch äußerst schwierige Situation.

Dass Kaiser und Außenminister in Wien in dieser Situation den Krieg eröffneten, dessen Dimension wohl tatsächlich von allen Beteiligten unterschätzt wurde, zählt zu den tragischen Irrtümern einer sich immer noch als Großmacht gerierenden Monarchie, die sich auf diese Weise das eigene Grab schaufelte.

Der Nationalstaat als Leitidee des Jahrhunderts I: Das italienische *Risorgimento* im Kampf gegen die Habsburgermonarchie

Das gesamteuropäische politische Klima wandelte sich nach den Erfahrungen von 1848/49 grundlegend. Das auf dem Wiener Kongress entwickelte Allianzsystem, das sich noch auf das gemeinsame Ziel eines revolutionsfreien Europas, d.h. der Erhaltung traditioneller Herrschaftsverhältnisse, gegründet hatte, war bereits im Laufe des Vormärz brüchig geworden. Seit dem griechischen Freiheitskampf präsentierten sich England und Frankreich als Befürworter von nationalen Freiheitsbestrebungen, und es zeichnete sich ab, dass der Ruf der Italiener Lombardo-Venetiens nach Unabhängigkeit von der (1849 mit Waffengewalt wiederhergestellten) österreichischen Herrschaft international bald offene Ohren finden würde.

Im ersten großen europäischen Krieg seit der militärischen Niederlage Frankreichs in den Napoleonischen Kriegen, dem Krimkrieg (1853–1856), fielen die traditionellen Bündnisse vollends auseinander, und Frankreich, der bisherige gemeinsame Hauptgegner, übernahm erneut eine führende Rolle im europäischen Kräftemessen.

Mit dem Krimkrieg kündigte sich ein entscheidender außenpolitischer Wandel an: Die seit dem 18. Jahrhundert wirkmächtige Idee der *balance of power* wurde von nun an von allen Staaten Europas zugunsten einer imperialistischen Expansionspolitik aufgegeben. Eine übergeordnete Instanz, wie es die Ordnung des Alten Reiches gewesen war und wie es nach dem Ersten Weltkrieg der Völkerbund sein würde, gab es in dieser Zeit nicht mehr, das Kongress-System verlor seine friedenssichernde Wirkung. In der zweiten Jahrhunderthälfte setzte, vielfach auch um von innenpolitischen Problemen abzulenken, ein rücksichtsloser Kampf um die europäische Vorherrschaft ein, dessen letaler Ausgang das Ende der europäischen globalen Führungsrolle überhaupt bedeutete.

Die Schwächung der osmanischen Herrschaft am Balkan nutzend (es hatte hier bereits 1848/49 in einzelnen Regionen revolutionäre Unruhen gegeben), war Russland in den Donaufürstentümern Moldau und Walachei eingefallen und hatte dem Osmanischen Reich den Krieg erklärt. Der Krimkrieg stand zwar in einer langen Tradition russisch-osmanischer Kriege, meist unter dem Vorwand des Schutzes der Christen am Balkan legitimiert, doch in diesem Falle rief das allzu offensive Vordringen Russlands die Gegnerschaft der Westmächte hervor, die eine Stärkung der russischen Machtposition am Balkan zu verhindern suchten.

Frankreich, wo seit 1852 Napoleon III. auf der Grundlage eines Plebiszits wie vormals sein gleichnamiger Onkel autokratisch regierte, verstand sich ebenfalls als christliche Schutzmacht und sah in diesem Konflikt eine gute Möglichkeit, sich international neu zu positionieren. Königin Viktoria von England, die ein Erstarken Frankreichs im Falle eines französischen Alleingangs befürchtete, verbündete sich mit Frankreich gegen Russland – im März 1854 erfolgte die Kriegserklärung.

Für Österreich war dieser Krieg nicht nur wegen der territorialen Nachbarschaft – die Donaufürstentümer grenzten an den Südosten Österreichs – von Bedeutung, sondern vor allem wegen seiner Beziehungen zu Russland, waren es doch russische Truppen gewesen, mit deren Hilfe 1849 die Revolution in Ungarn niedergeschlagen worden war. Dem stand freilich die machtpolitische Konkurrenz auf dem Balkan, die seit den Türkenkriegen des 18. Jahrhunderts ebenfalls ein Faktum war, gegenüber.

Der österreichische Außenminister Karl Ferdinand Baron Buol-Schauenstein entschied sich zunächst zum Nachteil Russlands für eine halbherzige Neutralität, um im Laufe des Krieges – aus ihrer Sicht zu spät – an die Seite der Westmächte zu treten und selbst – gegen Russland – Truppen in die Donaufürstentümer zu entsenden. Damit hatte man sich in Wien die bleibende Gegnerschaft Russlands eingehandelt, ohne die Sympathie der Westmächte gewonnen zu haben.

Zum besonderen Nachteil Österreichs wirkte es sich auch aus, dass der kleine italienische Staat Piemont-Sardinien, Hauptgegner auf der italienischen Halbinsel und Hoffnung aller italienischen Einheitsbewegungen, im Jahr 1855 auf der Seite Englands und Frankreichs in den Krieg eintrat und sich dadurch Mitspracherechte beim anschließenden Frieden von Paris (30. März 1856) sichern konnte. Der piemontesische Außenminister Camillo Benso Conte di Cavour brachte denn auch die »italienische Frage« in Paris zur Sprache und traf insbesondere bei Kaiser Napoleon III. auf deutlich zum Ausdruck gebrachtes Verständnis. Die Monarchie der Habsburger habe zwar wohl, so ließ Napoleon verlauten, das geschriebene Recht auf ihrer Seite, nicht aber das »moralische Recht« der Völker, das nach neuen Lösungen rufe. In Turin verschärfte sich daraufhin in den führenden Presseorganen die gegen Österreich gerichtete negative Berichterstattung.

Kaiser Franz Joseph und sein Außenminister beriefen sich dennoch auf die Legitimität der vor Jahren abgeschlossenen Verträge und hofften den Provokationen aus Turin die Stirn bieten zu können – obwohl es offensichtlich war, dass Piemont mit Unterstützung Frankreichs auf einen Krieg hinarbeitete. Im März 1857 brach Buol die diplomatischen Beziehungen zu Turin mit dem Argument ab, eine Großmacht wie Österreich könne sich ein derart provozierendes Verhalten nicht gefallen lassen.

Die Tatsache, dass in Turin von Mailänder Emigranten ein Denkmal für die im ersten Risorgimentokrieg gefallenen Krieger gestiftet wurde, brachte das Fass zum Überlaufen. Im vollen Bewusstsein davon, dass ein Krieg seitens Piemonts und Frankreichs gewollt und gewünscht war und dass man international weder auf die Unterstützung Englands noch auf Hilfestellung Russlands rechnen konnte, sah sich Buol genötigt, gegenüber Cavour ein Ultimatum zu formulieren, das unweigerlich zur Kriegserklärung führen musste: Innerhalb von drei Tagen sollte Sardinien seine Truppen auf Friedensstärke reduzieren und alle Feindseligkeiten Österreich gegenüber in Hinkunft unterlassen.

Es war für Cavour ein Leichtes, auf dieses Ultimatum selbstbewusst und unter Berufung auf den Rückhalt, den Piemont-Sardinien bei den großen europäischen Mächten gefunden habe, zu antworten. Die österreichische Kriegserklärung folgte umgehend. Am 29. April 1859 überschritten die österreichischen Truppen den Ticino, was auch im lombardovenetianischen Königreich zu Freudenbekundungen führte.

Erstaunlich ist, dass dieser Krieg in Österreich zunächst sehr populär war – im Gegensatz zu den Jahren 1848/49, wo im Reichstag durchaus die Berechtigung der italienischen Unabhängigkeitsbestrebungen anerkannt worden war. Als die Truppen Napoleons III. bereits Ende Mai »trotz dem Löwenmute, mit dem die Truppen fochten«, in Mailand einmarschierten, dominierte im Ministerrat die Ansicht, den Krieg auf jeden Fall weiter fortzuführen. Nach den verlorenen Schlachten von Magenta (4. Juni) und Solferino (24. Juni) willigte Franz Joseph jedoch überraschenderweise dennoch in Friedensverhandlungen ein, nicht ohne den Mangel an Bundesgenossen international zu beklagen. Die Fortführung eines Krieges, dessen Niederlagen nicht zuletzt der militärischen Unerfahrenheit des Kaisers selbst geschuldet waren, konnte Franz Joseph wohl angesichts der innenpolitischen Folgen nicht länger verantworten. Buol-Schauenstein wurde umgehend seines Amtes enthoben, ebenso wie einige der für die Niederlage mitverantwortlichen Militärs. Im Frieden von Zürich (10. November 1859) musste Franz Joseph die Lombardei bis zur Mincio-Grenze an Frankreich abtreten. Napoleon III. übergab seinerseits die Rechte an der Lombardei an das Königreich Piemont-Sardinien.

Von der innenpolitischen Krise, welche der Krieg des Jahres 1859 hervorgerufen hatte, war andernorts bereits die Rede – der enge Zusammenhang zwischen außen- und innenpolitischen Entwicklungen zeigt sich hier mit aller Deutlichkeit. Die Entlassung des bisherigen Kabinetts, die Verlautbarung von Oktoberdiplom und Februarpatent und die Einberufung des »Verstärkten Reichsrats« waren eine unmittelbare Folge dieses Krieges, der mit dem Verlust der Lombardei zum ersten Mal den Sieg der nationalen Unabhängigkeitsforderungen einer »österreichischen« Nation mit sich gebracht hatte.

Die weiteren Entwicklungen in Italien – innerhalb kurzer Zeit schlossen sich die verschiedenen italienischen Staaten, die z.T. in der Hand habsburgischer Sekundogenituren gelegen hatten, durch Plebiszite Piemont-Sardinien an, und im März 1861 wurde das geeinte Königreich Italien ausgerufen – beflügelten die Hoffnungen der Vertreter der italienischen Wiedergeburt (*Risorgimento*) auch in den verbliebenen Teilen des lombardo-venetianischen Königreichs, auch Venetien dem neuen Königreich anzuschließen und damit von der »Fremdherrschaft« zu befreien.

Die Gelegenheit bot sich wenige Jahre später, als Österreich sich in einen neuerlichen Krieg, diesmal gegen den mächtig gewordenen Rivalen im Deutschen Bund, Preußen, verwickeln ließ und dabei in einen Zweifrontenkrieg auch gegenüber Italien geriet. Das junge italienische Königreich nutzte die Gelegenheit, schloss einen Allianzvertrag mit Preußen und sicherte sich neuerlich das Wohlwollen Napoleons III. Der französische Kaiser, geschickt zwischen Österreich und den Staaten des Deutschen Bundes einerseits und Italien andererseits manövrierend, garantierte Kaiser Franz Joseph die französische Neutralität im Deutsch-Deutschen Krieg, forderte allerdings dabei im Falle einer österreichischen Niederlage die Abtretung Venetiens. Diese – für Österreich folgenschwere – diplomatische Konstellation brachte es mit sich, dass Venetien tatsächlich, trotz zweier gegen die italienische Armee (am 24. Juni 1866 bei Custozza) und die italienische Flotte (am 20. Juli 1866 bei Lissa) erkämpfter Siege, den verbliebenen Rest Lombardo-Venetiens an Napoleon III. abtreten musste, der es wenig später – wie im Falle der Lombardei sieben Jahre zuvor – an den italienischen König Viktor Emanuel II. weitergab. Bei Österreich verblieben nur noch die Italiener des Trentino und im Raum Triest, wobei diese »unerlösten Gebiete« im Zuge der Radikalisierung der Nationalbewegungen auch für die Zukunft eine Belastung für die Monarchie darstellten.

Trotz anfänglicher Hoffnungen, die italienischen Gebiete vielleicht doch noch zurückgewinnen zu können, waren Kaiser, Regierung und Reichsrat erstaunlich rasch bereit, die Entwicklungen in Italien als Fait accompli zu akzeptieren. Bereits 1868 wurde der neue italienische Staat auch von Österreich anerkannt, und ein Treffen zwischen Viktor Emanuel II. und Kaiser Franz Joseph in Venedig sollte eine neue Ära guter bilateraler Beziehungen einleiten.

Dies war zum einen wiederum auf die innenpolitischen Folgen der Niederlage von 1866 zurückzuführen (Staatsgrundgesetze, Ausgleich mit Ungarn), zum andern aber auch auf die Kehrtwendung der italienischen Außenpolitik, die in Napoleon III. nicht mehr den idealen Verbündeten sah und die österreichische Unterstützung in der sogenannten römischen Frage benötigte.

Der Kirchenstaat unter Pius IX. (und mit ihm die italienische Hauptstadt Rom), einer der letzten nicht mit Italien vereinten Staaten aus der vorrevolutionären Ära, versuchte sich nämlich – dem Zeitgeist zum Trotz – als weltliche Macht zu behaupten und hatte bei diesen Bemühungen den Schutz Frankreichs zugesichert erhalten. Italien hingegen, das seit seiner Staatsgründung keine »richtige« Hauptstadt hatte, zielte seit langem darauf, Rom und den Kirchenstaat anzugliedern und Rom zur Hauptstadt des Königreiches zu erklären. Dies gelang – nicht zuletzt dank österreichischer Befürwortung – erst im Jahr 1871, als die französischen Truppen im Deutsch-Französischen Krieg gebunden waren und Italien die Gunst der Stunde geschickt nutzte. Einer Annäherung zwischen den beiden Staaten Italien und Österreich-Ungarn stand daher nichts mehr im Wege – die Signalwirkung freilich, welche die italienische Einigungsbewegung für die anderen Nationalitäten der Monarchie gegeben hatte, kann nicht hoch genug eingeschätzt werden.

Der Nationalstaat als Leitidee des Jahrhunderts II: Der Deutsch-Deutsche Krieg, das Ende des Deutschen Bundes und die deutsche Nationalstaatsgründung

Der erste Versuch einer deutschen Nationalstaatsgründung (ohne Österreich) war 1849 an der mangelnden Bereitschaft des preußischen Königs, Friedrich Wilhelm IV., die ihm vom Frankfurter Paulskirchenparlament angetragene deutsche Kaiserkrone anzunehmen, gescheitert. Auch in den Staaten des Deutschen Bundes war damals die Revolution niedergeschlagen worden, der österreichische Kaiser führte in der Bundesversammlung nach wie vor den Vorsitz. Die Stimmen jedoch, die auf einen einheitlichen deutschen Nationalstaat zielten, waren seither nicht verstummt, doch es bedurfte – vergleichbar der Situation in Italien – eines mächtigen Bundesstaates, der dieses Ziel tatsächlich mit der Aussicht auf Erfolg in die Hand nehmen konnte.

Von einzelnen Bundesgliedern gab es seit den späten fünfziger Jahren Bemühungen um eine Reform des Bundes. Der Druck auf Österreich wurde zunehmend stärker, so dass Kaiser Franz Joseph schließlich selbst einen Reformvorstoß initiierte und 1863 zu einem Fürstentag aller deutschen Fürsten nach Frankfurt einlud. Doch der mächtigste Bundesstaat – Preußen – war nicht bereit, dieser Einladung Folge zu leisten, verfolgte doch der seit 1862 amtierende preußische Ministerpräsident Otto von Bismarck das offene Ziel einer Reform des Bundes ohne Österreich.

Ein im Jahre 1864 von beiden Staaten gemeinsam geführter Krieg gegen Dänemark um die politische Vorherrschaft in den beiden Herzogtümern Schleswig und Holstein, die zwar der dänischen Krone unterstanden, dennoch aber zum Deutschen Bund gehörten, brachte ein weiteres Konfliktpotential mit sich. Die künftige Verwaltung der Herzogtümer wurde Preußen und Österreich zunächst gemeinsam übertragen, eine Lösung, die bald darauf zu den – von Bismarck durchaus beabsichtigten – Konflikten führte und den Einmarsch preußischer Truppen in Holstein nach sich zog. Zugleich vereinbarte Preußen ein geheimes Angriffsbündnis mit Italien, welches die Abtretung Venetiens im Falle der italienischen Unterstützung in einem etwaigen Krieg gegen Österreich vorsah. Außenminister Johann Bernhard Graf Rechberg hatte mit seiner preußenfreundlichen Politik zunächst darauf hingearbeitet, als Gegenleistung für das gemeinsame Vorgehen gegen Dänemark die Unterstützung Preußens in Italien zu gewinnen. Als sich jedoch die gegenteilige Entwicklung anbahnte, Bismarck keinerlei Garantien für den österreichischen Besitzstand in Italien abzugeben bereit war und sich stattdessen die preußisch-italienische Annäherung abzeichnete, hatte Rechberg unter dem Druck der innenpolitischen Opposition bereits im Oktober 1864 zurücktreten müssen. Auf ihn war der noch glücklosere Alexander Mensdorff-Pouilly gefolgt, vormaliger Generalgouverneur in Galizien, der sich in den Kriegen von 1848/49 verdient gemacht hatte. Sehenden Auges ließen sich Kaiser und Außenminister – auf dem Rechtsstandpunkt beharrend, gegenüber Preußen müsse aufgrund seines Einmarschs in Holstein und infolge des Angriffsbündnisses mit Italien eine Bundesexekution erfolgen – neuerlich in einen Krieg hineinziehen, dessen katastrophaler Ausgang das Ende der österreichischen Vormacht innerhalb des Deutschen Bundes bedeutete und zudem den Verzicht auf Venetien nach sich zog.

Nach der Niederlage von Königgrätz am 3. Juli 1866 zum Frieden gezwungen, musste Kaiser Franz Joseph seine Zustimmung zur Auflösung des Deutschen Bundes und zu einer »neuen Gestaltung Deutschlands ohne Betheiligung des österreichischen Kaiserstaates« geben und trotz der militärischen Erfolge auf dem italienischen Kriegsschauplatz auf Venetien verzichten, dessen Abtretung er Napoleon III. für seine Nicht-Intervention im österreichischen Zweifrontenkrieg zugesichert hatte.

Die militärische, politische und diplomatische Niederlage des Sommers 1866 bedeutete für den österreichischen Kaiserstaat eine einschneidende Zäsur, nicht nur wegen der nun folgenden Aufteilung des Staates in die österreichisch-ungarische Doppelmonarchie und die Konstitutionalisierung Cisleithaniens durch die Staatsgrundgesetze von 1867. Königgrätz bedeutete das Ende der österreichischen Herrschaft in Oberitalien und vor allem, was als besonders schmerzlich erlebt wurde, das Ende der Führungsrolle im deutschen Raum. Der von Bismarck eingerichtete Norddeutsche Bund und schließlich die Deutsche Reichsgründung am 18. Januar 1871 im Zuge des Deutsch-Französischen Krieges von 1870/71 brachten diese Entwicklung zum Abschluss. Kaiser Franz Joseph, der sich bisher vor allem als deutscher Monarch gesehen hatte, und die Wiener Regierung waren zur Neuorientierung gezwungen: Österreich-Ungarn, die mehrheitlich slawisch besiedelte und multinationale Doppelmonarchie, wurde zu einem osteuropäischen Staat, dessen mitteleuropäische Führungsrolle von den beiden Nationalstaaten Italien und Deutschland erfolgreich beendet worden war.

Ähnlich wie im Falle Italiens normalisierte sich aber auch das Verhältnis zum Deutschen Kaiserreich, dem Zweiten Deutschen Reich, wie es unter Bezugnahme auf das Heilige Römische Reich auch genannt wurde, relativ rasch – die politische und diplomatische Annäherung, die schließlich zur »Nibelungentreue« des Ersten Weltkriegs führen würde, setzte bereits unmittelbar nach der Reichsgründung ein. Um eine mögliche Koalition der Verlierer von 1866 und 1870/71, Österreich-Ungarn und Frankreich, zu verhindern, suchte auch Bismarck seinerseits die Versöhnung mit Österreich. Im September 1872 kam es in Berlin zu einer ersten Zusammenkunft zwischen den beiden Kaisern Franz Joseph und Wilhelm I., bei der auch der russische Zar Alexander II. zugegen war.

Die drei Monarchen sicherten sich – unter dem Eindruck der Entwicklungen in Frankreich, wo 1871 die Erste Republik ausgerufen worden war – ihr gemeinsames Interesse am Erhalt der monarchischen Staatsform zu. Ein Jahr später (1873) wurde das sogenannte »Drei-Kaiser-Abkommen« zwischen Preußen, Russland und Österreich-Ungarn als Defensivbündnis unterzeichnet, was nicht unberechtigte Erinnerungen an die 1815 gegründete Heilige Allianz wiederaufleben ließ. Doch die Dynamik der politischen Leitidee des 19. Jahrhunderts, der Nationalstaat, dessen Realisierung sich im Falle Italiens und Deutschlands als so erfolgreich erwiesen hatte, griff nun auch auf die anderen Völker der Monarchie, vor allem in Ost- und Südosteuropa, über. Das neue Bündnis der »drei schwarzen Adler« hatte daher angesichts der – dadurch offensichtlich gewordenen – österreichisch-russischen Rivalität auf dem Balkan wenig Zukunft.

Österreich-Ungarn und der europäische Imperialismus

Im letzten Drittel des 19. Jahrhunderts verschärften sich infolge der demographischen und sozialen Veränderungen in allen europäischen Staaten, auch in den »jungen« Staaten Deutschland und Italien, die innenpolitischen Krisen. Die Entstehung der Massenparteien, die Auseinandersetzungen zwischen Staat und Kirche, die soziale Not breiter Bevölkerungsschichten und der zunehmende Nationalismus führten dazu, dass alle Regierungen durch eine erfolgreiche Außenpolitik die innenpolitischen Schwierigkeiten zu überspielen hofften. Das Zeitalter des Imperialismus war daher von einer aggressiven europäischen Expansionspolitik gekennzeichnet, in welcher – mangels einer übergeordneten Friedensinstanz, welche die vormärzliche »Kongresspolitik« ursprünglich vorgesehen hatte – jeweils nur die Macht des Stärkeren galt. Diese Expansionspolitik griff bekanntlich weit über Europa hinaus, ging es doch für die (west)europäischen Kolonialmächte vor allem darum, den verbliebenen Rest der Welt unter die jeweils eigene Kontrolle zu bringen. Österreich-Ungarn war in diesem Mächteringen um noch verfügbare Kolonien insofern benachteiligt, als hier seit der Zeit Josephs II. eine Art Proto-Kolonisierung zu Lande in den Osten und Südosten hinein stattgefunden hatte, hingegen die Möglichkeit außereuropäischer Kolonialpolitik niemals ernsthaft erwogen worden war. Die im August 1873 durchgeführte Nordpol-Expedition, die sehr viel mehr Forschungszwecken als kolonialen Bestrebungen diente, führte zwar dazu, dass eine kleine Inselgruppe im Polarmeer bis heute Franz-Josef-Land genannt wird, hatte aber keine weiteren politischen Folgen.

Im europäischen globalen Kräfteringen blieb daher für Österreich-Ungarn – ähnlich wie für Russland – nur der Südosten Europas als künftiger Raum politischer Machtentfaltung übrig, zumal das Osmanische Reich, nicht zuletzt unter dem Druck nationalistischer Bewegungen, ohnehin geschwächt, Stück für Stück vom europäischen Balkan verdrängt worden war.

Es waren daher auch nationalistische Unruhen auf dem Balkan, die Mitte der siebziger Jahre bereits zu einem neuerlichen Krieg zwischen Russland und dem Osmanischen Reich führten.

Nach der gewaltsamen Niederschlagung von Aufständen in Bulgarien hatten sich auch Montenegro und Serbien gegen die osmanische Herrschaft erhoben und wurden dabei durch russische Truppen unterstützt. Dies führte in den Jahren zwischen 1877 und 1878 zu einem weiteren Russisch-Türkischen Krieg, in dessen Verlauf Russland siegreich bis an den Bosporus vordringen konnte. Im Frieden von San Stefano 1878 zwischen Russland und dem Osmanischen Reich musste letzteres nahezu die gesamte europäische Türkei (bis auf Konstantinopel) räumen: Serbien, Montenegro und Rumänien wurden als unabhängige Staaten anerkannt, ein vergrößertes Fürstentum Bulgarien sollte zunächst unter russischer Vorherrschaft stehen und nach zwei Jahren ebenfalls selbständig werden. Russland hatte damit seinen Machtbereich am Balkan erheblich erweitert und sich Zugang zum Mittelmeer verschafft, was die anderen europäischen Mächte (insbesondere England und Frankreich) nicht bereit waren hinzunehmen. Angesichts des dadurch drohenden europäischen Krieges lud der deutsche Kanzler Bismarck auf Betreiben Englands, dabei von Österreich-Ungarn unterstützt, zu einem Kongress nach Berlin, bei welchem alle strittigen Fragen geklärt werden sollten.

Mehr als deutlich zeigte sich nun die Verschiebung der europäischen Mächteverhältnisse. Der Berliner Kongress des Jahres 1878 kann in gewisser Weise zwar noch als letzter Ausläufer der 1815 in Wien vereinbarten Kongresspolitik gelten, doch deren Zentrum hatte sich von Wien nach Berlin verschoben.

Auch wenn die wesentlichen Bestimmungen des Friedens von San Stefano auch in Berlin bestätigt wurden (Bulgarien, Serbien, Montenegro und Rumänien wurden als unabhängige Staaten anerkannt) und Russland Teile von Bessarabien zugesprochen wurden, sah sich Russland dennoch durch den Kongress um seinen militärischen Erfolg gebracht – der Zugang zum Mittelmeer war Russland verwehrt worden –, was zu einer bleibenden Verschlechterung der Beziehungen zwischen den »drei schwarzen Adlern« führte.

Österreich-Ungarn erhielt im Zuge der Kongressverhandlungen die Verwaltung über Bosnien und Herzegowina zugesprochen, ein Zugewinn, der vom damaligen österreichisch-ungarischen Außenminister Gyula Graf Andrássy als großer Erfolg verbucht wurde, auch wenn er die bleibende Verstimmung Russlands mit sich brachte und innenpolitisch eine weitere Zunahme des slawischen Bevölkerungsanteils bedeutete.

Die Rivalität zwischen Russland und Österreich-Ungarn am Balkan und die Verstimmungen zwischen Deutschland und Russland führten dazu, dass sich die beiden vormaligen Konkurrenten im Deutschen Bund immer stärker einander annäherten. Im Jahr 1879 kam es zu einem ersten Verteidigungsbündnis gegen die befürchtete russische Bedrohung (Zweibund), dem sich drei Jahre später auch Italien im Dreibund (1882) anschloss, nachdem es auch zwischen Frankreich und Italien zu Konflikten um die Kolonien in Nordafrika gekommen war. Ein Jahr später schloss sich diesem Bündnis auch das (1881 zum Königreich erhobene) Rumänien an, das von einem deutschen Prinzen aus einer Nebenlinie der Hohenzollern, Karl (Carol) von Hohenzollern-Sigmaringen, regiert wurde.

Während sich die Annäherung an Deutschland wohl auch dank der gemeinsamen Geschichte und Tradition als politisch tragfähig erwies, war das Bündnis mit dem »Erbfeind« Italien von Anfang an von gegenseitigem Misstrauen geprägt. Von beiden Seiten als reines Zweckbündnis betrachtet, war es neben der konfliktreichen gemeinsamen Vergangenheit vor allem durch die in der politischen Öffentlichkeit Italiens überaus populären Forderungen nach Befreiung der »unerlösten Gebiete« (Trentino, Triest, die nach wie vor unter österreichischer Herrschaft standen) belastet.

Die größte außenpolitische Hypothek stellte allerdings das Verhältnis zu Russland infolge der konkurrierenden Interessen am Balkan dar – verbunden mit den nationalen Bestrebungen einzelner Balkanvölker, die sich, wie im Falle Serbiens, der russischen Hilfe versicherten und ihrerseits die nationalen Bestrebungen der im »Völkerkerker« gefangenen Slawen unterstützten. Zur zusätzlichen Verhärtung der Fronten trug auch die Tatsache bei, dass Deutschland – nach der Entlassung Bismarcks, dem ein möglichst friktionsfreies Verhältnis zu Russland wichtig gewesen war – sich ebenfalls von Russland abwandte und 1890 das Angebot eines Rückversicherungsvertrages ablehnte, was in der Folge zur Annäherung zwischen Russland und Frankreich und 1882 zu einem Verteidigungsbündnis (gegen einen befürchteten Angriff durch Deutschland) führte.

Trotz einer von Misstrauen geprägten bündnispolitischen Dynamik, welche die Jahre vor dem Ersten Weltkrieg kennzeichnete und die – im Wissen um den Ausbruch dieses Krieges – von der Historiographie bis heute als Anzeichen einer geradezu notwendig zum Krieg führenden Entwicklung dargestellt wird, sollte in Erinnerung gerufen werden, dass zwischen dem Berliner Kongress und dem Ausbruch des Weltkrieges immerhin mehr als dreißig Friedensjahre lagen, in denen es den europäischen Mächten in ihrem Kampf um die Vorherrschaft gelang, sich gegenseitig in Schach zu halten.

Nicht notwendigerweise hätte es zum vielfach herbeigeredeten Krieg kommen müssen, auch wenn die Erwartung eines solchen zu Beginn des 20. Jahrhunderts tatsächlich überall in Europa stark verbreitet war. Es konnten jedoch immer wieder lokale Krisenherde zunächst diplomatisch und politisch so bereinigt werden, dass es vor 1914 nicht zum »großen Krieg« gekommen ist.

Noch viel mehr als in den anderen europäischen Staaten waren in der Österreichisch-Ungarischen Monarchie innen- und außenpolitische Probleme aufs engste miteinander verzahnt, da die außerhalb entstehenden neuen Nationalstaaten (wie die Beispiele von Deutschland, Italien, Serbien und Rumänien zeigten) unmittelbare Auswirkungen auch auf die inneren Nationalitätenfragen zeitigten, insofern, als die in der Monarchie »gefangenen« Völker nun einen Anziehungspunkt außerhalb der Monarchie vorfanden, dem sie (bzw. unterschiedlich große Teile ihrer politischen Eliten) zugehören wollten.

Um diesen zentrifugalen Tendenzen zuvorzukommen, arbeitete insbesondere Thronfolger Erzherzog Franz Ferdinand, ein Neffe Kaiser Franz Josephs (der einzige Sohn Rudolf hatte sich 1889 auf Schloss Mayerling erschossen), im Hintergrund auf eine »trialistische« Lösung hin, die zunächst einen dritten südslawischen Reichsteil vorsah, längerfristig aber zur weiteren Föderalisierung der Monarchie, zur Schaffung der »Vereinigten Staaten von Großösterreich« führen sollte. Aurel Popovici, ein österreichisch-rumänischer Staatsrechtler, der dem Kreis um Erzherzog Franz Ferdinand angehörte, hatte dieses Modell, das sechzehn nach Nationalitäten gegliederte, relativ unabhängige Länder für die Monarchie vorsah, ausgearbeitet. Doch gerade diese Bestrebungen sorgten bei manchen Nationen für noch stärkere Irritationen, so bei den Ungarn, die um ihre Unabhängigkeit und den Verlust Kroatiens fürchteten, vor allem aber bei den Serben, die dadurch die Selbständigkeitsbestrebungen Serbiens bedroht sahen.

Vor allem der Konflikt mit Serbien verschärfte sich zu Beginn des neuen Jahrhunderts. Der sogenannte »Schweinekrieg« im Jahr 1906, eine Art Wirtschaftskrieg der Monarchie mittels einer Marktsperre gegen serbische Agrarprodukte, insbesondere gegen Serbiens Viehexport, vertiefte die Spannungen. Immer lauter wurde die gegen Österreich-Ungarn gerichtete feindselige Propaganda durch serbische Nationalisten.

Mitten hinein in diese aufgeheizte Stimmung landete der seit 1906 im Amt befindliche Außenminister, Alois Lexa von Aehrenthal, ein im Gegensatz zu seinen Vorgängern dynamischer und selbstbewusster Vertreter des Ministeriums, einen innen- wie außenpolitisch folgenreichen Überraschungscoup. Er nahm die Unruhen im Osmanischen Reich (die sogenannte Jungtürkische Revolution, mit welcher die Einführung einer 1876 erlassenen, dann wieder aufgehobenen Verfassung im Osmanischen Reich durchgesetzt werden sollte) zum Anlass, die beim Berliner Kongress unter österreichische Verwaltung gestellten, doch völkerrechtlich nach wie vor zum Osmanischen Reich gehörenden Provinzen Bosnien und Herzegowina militärisch zu besetzen und damit de facto und (später auch de jure) dem österreichisch-ungarischen Staatsgebiet einzuverleiben. Kaiser Franz Joseph verfügte durch ein schlichtes Handschreiben, dass er sich »bestimmt gefunden« habe, die »Rechte seiner Souveränität« auf die beiden Provinzen zu erstrecken, in ihnen das habsburgische Erbgesetz, die Pragmatische Sanktion, »in Wirksamkeit zu setzen« und ihnen »verfassungsmäßige Einrichtungen zu gewähren«.

Dieses international, auch mit den Dreibundpartnern, nicht abgesprochene Vorgehen, für welches Aehrenthal vom Kaiser in den Grafenstand erhoben wurde, rief überall in Europa Irritationen hervor (»Annexionskrise«). Insbesondere in Russland, das Aehrenthal im Vorfeld zwar kontaktiert und dem er im Gegenzug die Unterstützung in seinen Bemühungen um den Zugang zu den Dardanellen in Aussicht gestellt hatte, ohne dieses Versprechen, das am Widerstand Englands scheiterte, einlösen zu können, war die Verstimmung irreparabel. Serbien sah sich in seiner antiösterreichischen Haltung bestätigt, Frankreich näherte sich in dieser Krise an Russland an; es kam beinahe zum Krieg, weil Russland und England mit einem militärischen Eingreifen drohten, das dem Osmanischen Reich seine alten Rechte auf Bosnien und Herzegowina bestätigen sollte. Dass es dennoch nicht zum Krieg kam, lag an der Schwächung Russlands durch den Russisch-Japanischen Krieg und wohl auch an der Solidarität Deutschlands, das seinerseits die mangelnde Tatkraft der bisherigen österreichischen Regierungen immer wieder kritisiert hatte. Daher blieb es beim Fait accompli, das Österreich zum einen die Feindschaft Russlands und Serbiens und das Misstrauen der anderen europäischen Mächte einbrachte, zum anderen die Begehrlichkeiten Italiens weckte, das als Sanktion für das nicht abgesprochene Vorgehen Kompensationen am Balkan (Albanien) forderte. Auch innenpolitisch brachte die Annexion mehr Nachteile als Vorteile, so war beispielsweise nicht geklärt, welchem Reichsteil die neuen Provinzen zugeschlagen werden sollten, was zu erheblichen Konflikten mit Ungarn führte. Der territoriale Zugewinn brachte angesichts der Armut der eroberten Provinzen auch wirtschaftliche Nachteile mit sich, ganz abgesehen von der Verschärfung der nationalen Spannungen durch den Zuwachs an weiteren slawischen Bevölkerungsgruppen.

Auch das Verhältnis zu Italien war infolge der Annexionskrise belasteter denn je. Der Dreibund war zwar regelmäßig im Abstand von fünf Jahren erneuert worden, auch wenn Italien mit Frankreich mittlerweile (1902) ein Neutralitätsabkommen eingegangen war. In beiden Ländern war jedoch das Bündnis wenig populär, und als Italien – im Gegenzug zur bosnischen Annexion – ohne Absprache mit den Dreibundpartnern im Jahr 1911 einen Offensivkrieg gegen das Osmanische Reich durch die Besetzung von Tripolis und der Cyrenaika begann, wurden die Stimmen im österreichischen Generalstab, angeführt vom Chef des Generalstabs, Franz Conrad von Hötzendorf, immer lauter, Österreich-Ungarn sei unter diesen Umständen gut beraten, gegen den Bündnispartner (und gegen Serbien) einen Präventivkrieg zu führen.

Das europäische Bündnissystem hatte sich im Zuge dieser Entwicklungen zum Nachteil Österreich-Ungarns (und Deutschlands) entwickelt. England und Frankreich waren 1904 ein Freundschaftsbündnis (»Entente cordiale«) eingegangen, wobei hier vor allem die Regelung ihrer kolonialen Interessengegensätze im Vordergrund stand. Russland hatte sich diesem Bündnis 1907 angeschlossen, wodurch eine »Triple Entente« zustande kam, die von den deutschen und österreichisch-ungarischen Dreibundpartnern zunehmend als Einkreisung erlebt wurde.

Und auch am Balkan verschärften sich zum Nachteil der österreichischen Balkanländer die Spannungen. Trotz der diplomatischen Bemühungen Aehrenthals und seines Nachfolgers Leopold Graf Berchtold (Aehrenthal war 1912 gestorben) konnte der Ausbruch von zwei blutigen Balkankriegen nicht verhindert werden. Die seit 1912 im »Balkanbund« vereinigten Staaten Montenegro, Bulgarien, Serbien und Griechenland nützten, unterstützt von Russland, die Gunst der Stunde (die Hohe Pforte befand sich im Krieg mit Italien), um das Osmanische Reich gänzlich aus dem europäischen Teil der Balkanhalbinsel zu vertreiben. Im Frieden von London wurden 1912 sowohl die Zerschlagung der europäischen Türkei als auch die definitive Selbständigkeit der kriegführenden Staaten bestätigt. Nur ein Jahr später brachen jedoch unter diesen Konflikte auf. Im Zweiten Balkankrieg (1913) wurde der Kampf um die Beute ausgetragen: Bulgarien, das mit den territorialen Aufteilungen nicht einverstanden gewesen war, kämpfte nun gegen Serbien und Griechenland. Auch Rumänien beteiligte sich diesmal an den militärischen Auseinandersetzungen ebenso wie das Osmanische Reich, das in den Krieg eintrat, um die Verluste des Jahres 1912 wieder rückgängig machen zu können. Infolge der bulgarischen Niederlage kam es jedoch rasch zu Friedensregelungen. Im Frieden von Bukarest musste Bulgarien die meisten der im Ersten Balkankrieg erzielten Eroberungen an Griechenland, Serbien und Rumänien abtreten.

Die Folgen dieser Entwicklung am Balkan bedeuteten für Österreich-Ungarn wenig Gutes: Politisch war nur die Unabhängigkeit Albaniens (gegen die italienischen Ansprüche) durchsetzbar gewesen, Russland, nicht Österreich, hatte sich als wichtigste Schutzmacht der aufstrebenden Balkanstaaten erwiesen, der serbische Nationalismus heizte die antiösterreichische Stimmung in den österreichisch-ungarischen Balkanländern an – der Balkan war zum Pulverfass nicht nur Österreich-Ungarns, sondern ganz Europas geworden.

Der Weg in die Katastrophe und das Ende der Monarchie

1914	28. Juni: Ermordung des österreichischen Thronfolgerpaares (Erzherzog Franz Ferdinand und Sophie Herzogin von Hohenberg) in Sarajevo
	28. Juli: Kriegserklärung Österreich-Ungarns an Serbien
	1. August: Kriegserklärung Deutschlands an Russland
	3. August: Kriegserklärung Deutschlands an Frankreich
	5. August: Kriegserklärung Österreich-Ungarns an Russland
	12. August: Kriegserklärung Englands und Frankreichs an Österreich-Ungarn
1915	23. Mai: Kriegseintritt Italiens
1916	27. August: Kriegseintritt Rumäniens
	21. Oktober: Ermordung des Ministerpräsidenten Karl Graf Stürgkh durch Friedrich Adler
	21. November: Tod Kaiser Franz Josephs, Nachfolger: Karl I.
1917	16. April: Kriegseintritt der USA
	»Sixtus-Affäre«
	30. Mai: Wiedereinberufung des Reichsrats
1918	8. Januar: 14-Punkte-Programm Präsident Wilsons
	3. März: Friede von Brest-Litowsk
	17. Oktober: Völkermanifest Kaiser Karls I.: Umwandlung Österreichs (= der westlichen Reichshälfte) in einen Bund von Nationalstaaten
	28. Oktober: Unabhängigkeit der Tschechoslowakei
	29. Oktober: Staat, seit 1. Dezember Königreich der Serben, Kroaten und Slowenen
	30. Oktober: »Provisorische Verfassung« für Deutschösterreich
	31. Oktober: Unabhängigkeit Ungarns
	12. November: Ausrufung der Republik Deutschösterreich

Das Attentat auf den Thronfolger Erzherzog Franz Ferdinand und seine Gattin Herzogin Sophie von Hohenberg (geborene Gräfin Chotek) am 28. Juni 1914 in Sarajevo durch Gavrilo Princip, ein Mitglied der radikalen serbischen Nationalbewegung, wurde lange Zeit in der Historiographie lediglich als der zündende Funke betrachtet, der dieses Pulverfass zur Explosion brachte. Doch darf seine Bedeutung für den Ausbruch des Ersten Weltkrieges nicht unterschätzt werden: Denn der Schock, den das

Ereignis auslöste, rief eine Reihe von Reaktionen hervor, die dann ihrerseits die nächsten weitreichenden Konsequenzen nach sich zogen. Dass es einen Monat später, am 28. Juli, tatsächlich zur Kriegserklärung Österreich-Ungarns an Serbien kam, Russland mobilisierte und Deutschland infolge der Bündnistreue im Dreibund an Russland und Frankreich den Krieg erklärte, dem die weiteren Kriegserklärungen gemäß der Bündnisverpflichtungen folgten, war letztlich diesem Ereignis geschuldet – auch wenn der Krieg wohl tatsächlich, wie immer wieder behauptet, von allen Beteiligten erwartet (und von manchen Intellektuellen sogar herbeigesehnt) worden war.

Zunächst gab es aus allen Staaten Europas Solidaritätsbezeugungen – und gleichzeitig herrschte in Wien und Budapest Ratlosigkeit über das weitere Vorgehen. Generalstabschef Conrad von Hötzendorf, der 1911 den Präventivkrieg gegen Italien gefordert hatte, hielt nunmehr den Zeitpunkt für ungünstig und erklärte, dass die Armee erst Mitte August kriegsbereit sei, Außenminister Graf Berchtold, der bisher um Ausgleich bemüht gewesen war, vertrat nun eine Politik der Stärke und forderte ein scharfes Ultimatum gegen Serbien, während der ungarische Ministerpräsident István Graf Tisza sich zunächst gegen einen möglichen Krieg aussprach. Dass es vor allem jüngere (österreichische und ungarische) Diplomaten am Ballhausplatz waren, die kompromisslos für einen Krieg mit Serbien eintraten, ist mittlerweile in der Forschung unbestritten. Kabinettchef Alexander von Hoyos war es auch, der im Auftrag des Außenministers Anfang Juli in Berlin den sogenannten »Blankoscheck« für die militärische Unterstützung Deutschlands im Falle eines Krieges gegen Serbien einholte, ein zwiespältiger Erfolg, der wesentlich zur Eskalation der Situation beitrug, wie Hoyos später in seinen Erinnerungen auch reumütig bekannte. Am 7. Juli wurde, mitgetragen vom österreichischen Ministerpräsidenten Karl Graf Stürgkh, die Abfassung einer scharfen Note gegen Serbien (mit Separatvotum Tiszas) im Gemeinsamen Ministerrat beschlossen, am 23. Juli ging diese als »befristete Demarche« (mittlerweile auch von Tisza mitgetragen) an Serbien ab, wobei man in Wien und Budapest nach wie vor auf die Solidarität Europas hoffte.

Unannehmbar war für Serbien vor allem die Forderung Österreich-Ungarns, bei der Aufklärung und der Verurteilung der Attentäter, die man unter bosnischen Serben vermutete, mitwirken zu wollen – dies wurde als Angriff auf die eigene staatliche Souveränität gesehen.

Die fieberhaften diplomatischen Verhandlungen, die auf diese »Demarche« folgten, zeigten deutlich, dass das Vorgehen Österreich-Ungarns bei den anderen europäischen Staaten auf wenig Verständnis gestoßen war. Auch waren seit dem Attentat einige Wochen vergangen, die unmittelbare Empörung war bereits abgeflaut. Der italienische Dreibundpartner hatte schon zu Beginn von unannehmbaren Bedingungen gesprochen, selbst der deutsche Kaiser Wilhelm II. sah nach der ausweichenden serbischen Antwort keinen Kriegsgrund mehr als gegeben an, Russland sagte Serbien seine Unterstützung zu, wollte aber den Konflikt zunächst – wie England – auf dem Verhandlungswege lösen.

Die österreichische Weigerung führte zum Abbruch der diplomatischen Beziehungen mit Russland, womit deutlich gemacht wurde, dass Russland im Falle eines Angriffs auf Serbien Österreich-Ungarn den Krieg erklären würde. Umgekehrt hätte England ein militärisches Eingreifen gegen Serbien (als lokal begrenzten Konflikt) nur unter der Bedingung einer russischen Neutralität akzeptiert.

Die gewandelte Stimmung – Österreich-Ungarn war mittlerweile nicht mehr das Opfer eines blutigen Attentats, sondern zum Störenfried im europäischen Gleichgewicht geworden – heizte sich in der letzten Juliwoche immer mehr auf, die Julikrise konnte diplomatisch-politisch nicht mehr bereinigt werden. Am 28. Juli – einen Monat nach dem Attentat – erklärte Österreich-Ungarn Serbien den Krieg. Die englischen Vermittlungsbemühungen – eine Viererkonferenz sollte den drohenden Krieg verhindern – scheiterten, wobei auch das Misstrauen zwischen Berlin und Wien in der Kommunikation über diese Bemühungen eine Rolle spielte. Deutschland wollte sich das Gesetz des Handelns nicht aus der Hand nehmen lassen. Am 1. August erklärte Deutschland – vor Österreich-Ungarn – Russland den Krieg und löste damit die Kettenreaktionen an Kriegserklärungen aus, die den Ersten Weltkrieg heraufbeschworen und in den dann, so die zeitgenössische Diktion, alle »hineingeschlittert« waren.

Es ist jedoch festzuhalten, dass es sich bei all diesen im Vorfeld des Krieges getroffenen Entscheidungen um die Verantwortung einzelner politischer Führungspersönlichkeiten gehandelt hat, dies gilt insbesondere für Österreich-Ungarn, wo letztlich der Kaiser und sein Außenminister die entscheidenden Schritte gesetzt haben – und wo, im Gegensatz zu anderen europäischen Staaten, kein Parlament über Krieg oder Frieden zu entscheiden gehabt hatte.

Die Kriegserklärung Deutschlands an Frankreich und der Einmarsch ins neutrale Belgien (was die englische Kriegserklärung nach sich zog) schufen für die Mittelmächte gleich zu Beginn einen von Österreich-Ungarn in dieser Form nicht erwarteten Zweifrontenkrieg. Statt, wie gehofft, eine rasch erledigte »Strafaktion« gegen Serbien durchführen zu können, hatte die österreichisch-ungarische Armee nun gegen Russland vorzurücken. Durch den Kriegseintritt Japans auf der Seite der Westmächte Ende August nahm der Konflikt jetzt bereits globale Ausmaße an. Trotz anfänglicher Erfolge sowohl an der West- als auch an der Ostfront zeigte sich im Laufe des Jahres 1914 bald, dass die Vorstellung eines »Blitzkriegs« eine Illusion gewesen war. Der Kriegseintritt des Osmanischen Reiches auf der Seite der Mittelmächte im Oktober 1914 intensivierte die Kämpfe auf dem Balkan, auch an der Ostfront kam es zu schweren Verlusten, im Winter 1914/15 musste die österreichische Festung Przemyśl geräumt werden.

Trotz der Bemühungen um die Neutralität des italienischen Dreibundpartners erfolgte am 23. Mai 1915 die Kriegserklärung Italiens an Österreich-Ungarn, gefolgt im August von der Kriegserklärung an das Deutsche Reich, wodurch eine weitere Front im Süden eröffnet wurde. Über die Frage des – von den Zeitgenossen so erlebten – »Verrats« Italiens und dessen mangelnde Bündnistreue ist in der Historiographie, insbesondere der österreichischen, viel geschrieben worden. Spätere Generationen sehen diesen Bündniswechsel, der zum einen gewandelten innenpolitischen Weichenstellungen, zum anderen der seit langem gestörten Vertrauensbasis zwischen den Bündnispartnern geschuldet war, sehr viel nüchterner. Auch eine streng juristische Argumentation kommt Italien zugute, war doch der *Casus foederis* durch den nicht mit Italien abgesprochenen österreichischen Angriffskrieg gegen Serbien tatsächlich nicht gegeben gewesen. Die Entente-Mächte hatten Italien das Trentino und Triest angeboten, worüber zu verhandeln Kaiser Franz Joseph bis zuletzt nicht bereit gewesen war.

Die Dolomitenfront, die durch den italienischen Kriegseintritt eröffnet war, erforderte den Abzug von Truppenkontingenten aus Galizien, wo aber dennoch im Sommer 1915 noch einige erfolgreiche Offensiven möglich waren. Hingegen entwickelte sich der Gebirgskrieg an der Südfront, die sich vom Ortlergebiet bis an den Isonzo erstreckte, zum ergebnislosen Stellungskrieg mit zahlreichen Opfern allein durch die Härten der Natur (Lawinen, Schneestürme, Kälteeinbrüche), Seuchen und Krankheiten.

Während der deutsche Bündnispartner vorwiegend an der Westfront und im Seekrieg gegen England gebunden war, kämpften die k.u.k. Truppen mittlerweile an drei Kriegsschauplätzen, in Polen, am Balkan und nun auch im Norden Italiens. Das Armeeoberkommando lag (bis Dezember 1916) bei Feldmarschall Erzherzog Friedrich, einem Enkel von Erzherzog Karl, dem »Sieger von Aspern«; Chef des Generalstabs war (bis zum März 1917, als er von Arthur Freiherr Arz von Straußenburg abgelöst wurde) Franz Freiherr Conrad von Hötzendorf. Eine erfolgreiche Kriegführung kann keinem Vertreter der militärischen Führungsriege bescheinigt werden, auch wenn die sogenannte »Offiziersgeschichtsschreibung« nach dem Ende des Krieges die Ursachen für das militärische (und politische) Versagen in der Regel beim Gegner suchte.

Auch innenpolitisch brachten die Kriegsjahre bereits erste Zerfallserscheinungen mit sich. Der österreichische Ministerpräsident Graf Stürgkh regierte aufgrund des – anders als in der ungarischen Reichshälfte – in der Verfassung vorgesehenen Notverordnungsparagraphen autoritär, der Reichsrat war bereits im März 1914 ausgeschaltet worden. Gewaltbereitschaft und soziale Spannungen nahmen an der »Heimatfront« zu, Politiker einzelner Nationalitäten, wie der Tschechen, berieten mit ihren Auslandsorganisationen über die künftige staatliche Selbständigkeit. Durch Kriegsanleihen versuchte man nicht nur die dringenden Finanznöte zu bewältigen, sondern auch die »vaterländische« Loyalität zu fördern. Wie wenig diese Absicht, vor allem bei den nichtdeutschen Nationen, von Erfolg gekrönt war, zeigt das Beispiel von Cesare Battisti, einem Trentiner Abgeordneten und Mitglied des Reichsrats, der als in österreichische Kriegsgefangenschaft geratener Offizier der Italienischen Armee im Juli 1916 in Trient als Hochverräter hingerichtet wurde.

Ende August 1916 trat Rumänien an der Seite der Ententemächte in den Krieg ein, nachdem eine russische Großoffensive (Brussilow-Offensive) im Juni 1916 die Räumung der Bukowina erzwungen hatte. An der Südfront, wo den Italienern im August 1915 einige entscheidende Durchbrüche gelungen waren, brachten die zahlreichen Isonzoschlachten zwar keine Entscheidung, doch beiden Seiten unverhältnismäßige Verluste. Allein die Sprengung des Col di Lana im April 1916 forderte in einer Nacht über 200 Tote.

Wie sehr sich die Lage auch in Wien mittlerweile radikalisiert hatte, zeigt der gewaltsame Tod von Ministerpräsident Graf Stürgkh am 21. Oktober 1916, der vom jungen Sozialdemokraten Friedrich Adler, dem Sohn des Parteigründers Victor Adler, in einem Restaurant erschossen wurde. Einen Monat später, am 21. November 1916, starb Kaiser Franz Joseph – ein innen- und außenpolitisches Trümmerfeld hinterlassend, das infolge der hoffnungslosen Kriegslage nicht mehr zu kitten war. Lebensmittelknappheit, Hunger, Gewaltbereitschaft und wachsender innenpolitischer Druck machten die Fortführung des Krieges immer schwieriger. Franz Josephs Nachfolger, Kaiser Karl I., ein Großneffe des verstorbenen Kaisers, und sein Außenminister, Ottokar Graf Czernin, bemühten sich daher Ende des Jahres 1916 um erste informelle Friedensverhandlungen. Dennoch übernahm der junge Kaiser zunächst in eigener Person den militärischen Oberbefehl und enthob wenig später auch Conrad von Hötzendorf seines Amtes als Generalstabschef. Ohne seinen Außenminister zu informieren, versuchte Karl außerdem auf privaten Kanälen über seinen Schwager Sixtus Prinz von Bourbon-Parma, einen Bruder der Kaiserin und Offizier der belgischen Armee, mit Frankreich geheime Friedensregelungen zu vereinbaren, welche die Beendigung des Krieges zwischen Frankreich und Österreich-Ungarn unter Voraussetzungen absprachen, die auch den deutschen Dreibundpartner betroffen hätten. Als dieses Vorgehen, die sogenannte Sixtusaffäre, ein Jahr später durch den französischen Außenminister Georges Clemenceau bekannt gemacht wurde, trug dies zu einem weiteren massiven Imageverlust Österreichs, des Kaisers und seines Außenministers bei.

Das Kriegsjahr 1917 brachte auch für die anderen kriegführenden Mächte eine Verschlechterung der Situation. Die Beziehungen zu den bislang neutralen Vereinigten Staaten von Amerika waren seit der Versenkung des britischen Passagierdampfers Lusitania durch die deutsche Marine gestört. Nachdem Deutschland unter dem Druck der USA im Februar den uneingeschränkten U-Boot-Krieg ausgerufen hatte, sahen sich die Vereinigten Staaten aufgerufen, auf der Seite der Entente-Mächte in den Krieg einzutreten – am 6. April 1917 erfolgte die offizielle Kriegserklärung. In Russland führten die Folgen des Krieges zur sogenannten Februarrevolution (nach Gregorianischem Kalender: 8. März 1917), die die Zarenherrschaft stürzte. In der Folge kam es zu Friedensverhandlungen zwischen Deutschland und Russland im Dezember 1917 (abgeschlossen am 3. März 1918) bei Brest-Litowsk, denen sich auch Österreich-Ungarn anschloss. Freilich zeigten sich hier die unterschiedlichen Interessen der in »Nibelungentreue« aneinandergefesselten Bündnispartner. Deutschland hoffte auf die weitere Revolutionierung Russlands und die Zerschlagung des Zarenreiches, um möglichst weitreichende territoriale Gewinne im Nordosten zu erreichen, während sich Österreich-Ungarn um die Konsolidierung seiner Stellung in Galizien, in der Bukowina und am Balkan bemühte. Das Ausscheiden Russlands aus dem Krieg brachte an der Ostfront eine Entspannung der Lage, während an der Südfront die Kämpfe mit unverminderter Heftigkeit weitergeführt wurden. In der zwölften und letzten Isonzoschlacht im Oktober 1917 gelang – mit Hilfe deutscher Truppenkontingente und unter Einsatz von Giftgas – der in der Erinnerungskultur vielbeschworene Durchbruch von Flitsch und Tolmein, der aber angesichts der für die Mittelmächte hoffnungslosen Gesamtsituation auch gegenüber Italien keinen entscheidenden Sieg bedeutete.

Das im Januar vom amerikanischen Präsidenten Woodrow Wilson proklamierte 14-Punkte-Programm für eine künftige europäische Friedensregelung auf der Grundlage des Völkerrechts (verbunden mit künftigen Grenzziehungen nach Volkszugehörigkeit) führten allerdings trotz überall verbreiteter Friedenssehnsucht noch nicht zum Ende der Kampfhandlungen. An der Westfront wurde im Gegenteil durch die deutsche Armee eine weitere Offensive gestartet, welche nicht nur keinen erhofften Sieg, sondern die endgültige Niederlage der Mittelmächte im Sommer und Herbst 1918 mit sich brachte.

In Österreich-Ungarn setzte Kaiser Karl angesichts der immer deutlicher werdenden Abspaltungsbestrebungen von Magyaren, Tschechen und Südslawen als letztmöglichen Ausweg auf das Angebot einer föderativen Umgestaltung der Monarchie. Am 17. Oktober wurde sein berühmtes Manifest *An meine getreuen österreichischen Völker* in der *Wiener Zeitung* publiziert, mit welchem er »de[n] Neubau des Vaterlandes auf seinen natürlichen und daher zuverlässigsten Grundlagen«, d. h. auf der Basis der nationalen Zugehörigkeit, in Aussicht stellte. Dass dieses Manifest seine Wirkung verfehlte, überraschte niemanden mehr. Zu deutlich waren bei den größeren »österreichischen Völkern« seit längerem bereits die Bestrebungen gewesen, sich das Recht, das Karl ihnen nun geben wollte, selbst zu nehmen. Seit 1915 gab es Bemühungen um die Errichtung eines südslawischen Staates, im Frühjahr 1916 hatte sich mit Unterstützung Frankreichs ein »Tschechoslowakischer Nationalausschuss« gebildet, der von den Entente-Mächten und den USA als Verbündeter betrachtet wurde. Seit 1917 lässt sich – getragen von den Exilorganisationen – das von den Alliierten verfolgte Kriegsziel der Zerschlagung der Doppelmonarchie bereits klar erkennen, auch wenn Wilsons 14 Punkte noch auf der

Grundlage einer existierenden Habsburgermonarchie beruhten. Am 28. Oktober 1918 wurde als Reaktion auf das Völkermanifest ein unabhängiger tschechoslowakischer Staat ausgerufen, am 31. Oktober erklärte die demokratische Republik Ungarn ihren Austritt aus der Union mit der österreichischen Monarchie. Ein kroatisch-slowenischer »Nationalausschuss«, der eine staatliche Verbindung mit dem Königreich Serbien anstrebte, erklärte am 29. Oktober die Unabhängigkeit der Kroaten und Slowenen, wenig später gefolgt von der Konstituierung des Staates bzw. (am 1. Dezember) des Königreichs der Serben, Kroaten und Slowenen, aus dem 1929 das Königreich Jugoslawien hervorgehen würde. In Warschau wurde – auf Basis des Friedens von Brest-Litowsk, bei dem Russland bereits die künftige Selbständigkeit Polens anerkannt hatte – am 7. November ein selbständiger polnischer Staat ausgerufen, ein Jahr zuvor war es – ausgehend von den russisch beherrschten Gebieten – zur Bildung eines selbständigen ukrainischen Staates gekommen.

Obwohl seit September auf allen Ebenen Waffenstillstandsverhandlungen im Gange waren und Österreich-Ungarn Ende Oktober auch an Italien ein Waffenstillstandsangebot gerichtet hatte, wurde Anfang November – durch Kommunikationsdefizite verschuldet – an der Südfront noch weitergekämpft: Der italienische Sieg von Vittorio Veneto am 3./4. November, ein für das italienische nationale Selbstverständnis bis heute wichtiger Erinnerungsort, forderte hohe Verluste und führte zur Gefangennahme von mehr als 300 000 österreichisch-ungarischen Soldaten, ein Faktum, das, neben der Abtretung Südtirols, zum Weiterleben der »Erbfeindschaft« auch im 20. Jahrhundert wesentlich beitrug.

Das Ende der Monarchie war damit besiegelt, nicht zuletzt auch unter dem Eindruck der Ereignisse in Berlin, wo Wilhelm II. am 9. November abgedankt hatte. Auf Drängen seiner Minister, des sogenannten »Liquidationsministeriums« unter Heinrich Lammasch, erklärte sich Karl I. am 11. November bereit, auf »jeden Anteil an den Staatsgeschäften« zu verzichten, am 12. November 1918 wurde im verbleibenden Rest der Doppelmonarchie, dem Rumpfstaat, »den keiner wollte« (Karl Renner) und der sich zunächst »Deutsch-Österreich« bzw. »Deutschösterreich« nannte, die Republik ausgerufen.

Industrialisierung, Massengesellschaft und soziale Konflikte

In den Jahren zwischen 1848 und 1918 bildete sich in der Österreichisch-Ungarischen Monarchie, wie in den anderen Staaten Europas auch, parallel zur politischen Demokratisierung und zur wirtschaftlichen Modernisierung, die moderne Massengesellschaft heraus. Allein die Bevölkerungszahlen können dies veranschaulichen: Lebten um die Mitte des 19. Jahrhunderts im österreichischen Kaiserstaat ca. 36 Millionen Menschen, so stieg diese Zahl – trotz des Verlustes von Lombardo-Venetien mit etwa fünf Millionen Einwohnern – bis zum Vorabend des Ersten Weltkriegs auf ca. 50 Millionen an. Innerhalb weniger Jahrzehnte gab es – auf weniger Raum – also 14 Millionen mehr Menschen. Auch wenn im europäischen Vergleich das Bevölkerungswachstum etwas geringer ausfiel und manche Regionen, wie die Alpenländer und generell die ländlichen Peripherien, ein deutlich niedrigeres Wachstumstempo (z.T. sogar Rückgänge) zeigten, so nahm insgesamt (mit einem Wachstum zwischen 0,96 und 1,4 % pro Jahr) die Bevölkerung deutlich zu. Entscheidend für diese Wachstumsraten waren die Geburtenüberschüsse, die sich ihrerseits einem hohen Fruchtbarkeitsniveau einer relativ jungen Bevölkerung verdankten. Da es allerdings, insbesondere aus den ärmeren Regionen der Monarchie, eine hohe Zahl an Auswanderungen gab, wirkte sich der Überschuss entsprechend langsamer auf das prozentuelle Bevölkerungswachstum aus.

Parallel zur ansteigenden Zahl wandelten sich auch Struktur und Zusammensetzung der Bevölkerung. Während Mitte der fünfziger Jahre der Prozentsatz der in der Land- und Forstwirtschaft Beschäftigten noch bei ca. 72 % (in Ungarn noch deutlich höher) lag, betrug deren Anteil Ende des Jahrhunderts nur noch ca. 55 % (in Ungarn 62 %), wobei in der Forschung zu Recht darauf hingewiesen wurde, dass die Grenzen zwischen landwirtschaftlicher und gewerblicher Tätigkeit oft fließend waren. Dennoch lässt sich infolge zunehmender industrieller Produktion auch in Österreich-Ungarn ein deutlicher Zuwachs jener Bevölkerungsgruppen nachweisen, die in Gewerbe und Industrie sowie im Dienstleistungssektor beschäftigt waren – und auch hier sind massive regionale Unterschiede zu verzeichnen. In den modernisierten (westlichen) Ländern betrug der Anteil der in den nichtlandwirtschaftlichen Sektoren Beschäftigten im Jahr 1910 zwischen 40 und 71 %, in den noch stark agrarisch dominierten Regionen gehörten oft nur 5 % der Bevölkerung nichtlandwirtschaftlichen Wirtschaftssektoren an. Eine deutliche Trennlinie verlief von Triest über Graz und Pressburg bis Krakau – die urbanen Zentren auch der östlichen Reichshälfte ausgenommen, wo vielfach ein ähnlich hoher Prozentsatz wie im Westen erreicht wurde. Besonders rasch entwickelte sich, vor allem in den Städten, der Dienstleistungssektor. In den Jahren zwischen 1869 und 1910 verdoppelte sich der Anteil der im tertiären Sektor Beschäftigten von ca. 5 auf 10 % der Gesamtbevölkerung. Das in sozialgeschichtlichen Arbeiten vielfach dargestellte Elend der (meist überwiegend weiblichen) Dienstboten in den Großstädten, denen oft nur eine Schlafstelle auf dem Gang oder in der Küche einer bürgerlichen Wohnung zur Verfügung stand, illustriert die konkrete Lebenswirklichkeit, die sich hinter nüchternen Prozentzahlen solcher Art verbirgt.

Infolge der abnehmenden Bedeutung des landwirtschaftlichen Sektors und des damit verbundenen Rückgangs der bäuerlichen Bevölkerung setzte überall in der Monarchie auch ein starkes Städtewachstum ein: Wien zählte am Vorabend des Ersten Weltkriegs infolge von Zuwanderungen, aber auch durch die Eingemeindung der Vororte, bereits über 2 Millionen Einwohner, Budapest als zweitgrößte Stadt der Monarchie etwa 880 000; doch auch andere Großstädte wie Prag, Brünn, Graz, Lemberg, Krakau verzeichneten mehr als 100 000 Einwohner; in den kleineren Städten wie Innsbruck, Laibach, Linz, Czernowitz, Zagreb wohnten zwischen 50 000 und 100 000 Menschen. Insgesamt nahm die Zahl an städtischen Ballungszentren zu, wo die vom Land zugewanderten Menschen als billige Arbeitskräfte in Gewerbe und Industrie oder im Dienstleistungsbereich kaum bessere, oft schlechtere Lebensbedingungen vorfanden. Auch dies können vergleichende Zahlen verdeutlichen: Während allein im heutigen Österreich um 1830 etwa 84 % der Bevölkerung in Orten mit weniger als 2000 Einwohnern lebten, waren es 1910 nur noch 54 %. Während umgekehrt um die Mitte des 19. Jahrhunderts nur ca. 20 % in Orten mit mehr als 2000 Einwohnern lebten, waren es 1910 bereits 50 %, d. h., der Urbanisierungsgrad der Monarchie stieg – wiederum mit einem starken West-Ost-Gefälle – noch rascher an als die Bevölkerung.

Eine der Ursachen für diesen Wandel in der Bevölkerungsstruktur lag zweifellos in der durch die Revolution von 1848 erkämpften Grundentlastung, wobei deren Folgen sich erst mittel- bis längerfristig deutlich bemerkbar machten. Dieser – im europäischen Vergleich relativ spät erfolgte – Wandel in der landwirtschaftlichen Besitzstruktur brachte zwar die

Befreiung der Bauern von ihrer bisherigen grundherrlichen Untertänigkeit, doch er kostete auch viel Geld; Geld, das zu keinem geringen Teil von den Bauern selbst zu tragen war. Die im Jahr 1848 beschlossene Lösung, die Kosten dieser Maßnahme zwischen Bauern, Staat und Grundherren zu dritteln, legte den nunmehrigen bäuerlichen Eigentümern auf 20 Jahre hinaus Zahlungsverpflichtungen auf, die sie oft nur schwer einlösen konnten und die daher zu Verschuldungen führten. Hier schufen erst Entschuldungsregelungen der liberalen Regierung in den späten 1860er Jahren Erleichterungen. Auch wurde das de jure vom Staat zu tragende Drittel de facto über die nun zu leistende Grundsteuer ebenfalls von den bäuerlichen Eigentümern wieder hereingeholt. Das den Grundherren angelastete Drittel bestand im Wesentlichen in einer entschädigungslosen Enteignung (wobei mit den wegfallenden Kosten für Verwaltung, Justiz- und Polizeihoheit argumentiert wurde), was, wie sich leicht denken lässt, dem aristokratischen Widerstand gegenüber dem revolutionären Staat neue Nahrung gab. Ob die bäuerliche Grundentlastung tatsächlich einen unmittelbar entscheidenden Modernisierungsschub bedeutet hat, wird von der neueren Forschung in Frage gestellt. Denn die aus den grundherrlichen Bindungen befreiten Bauern blieben – zumindest in der ersten und zweiten Generation – ihrer auf Autarkie ausgerichteten traditionellen Höfewirtschaft verhaftet, auch wirkten sich technische Neuerungen und Mechanisierung auf dem landwirtschaftlichen Sektor kaum aus: Nur wenige landwirtschaftliche Betriebe nutzten mit Dampf betriebene Geräte, wie Dampfpflug oder mit Dampf betriebene Dreschmaschinen. Da es sich auch bei den grundherrlichen Entschädigungen vielfach um Obligationen handelte, die auf dem Kapitalmarkt erst realisiert werden mussten, kam die Kapitalisierung der Wirtschaft erst langsam in Gang. Eine entscheidende politische Folgewirkung der Grundentlastung war hingegen die Konstituierung von Ortsgemeinden als kleinste Einheiten der staatlichen Verwaltung durch das Gemeindegesetz von 1849, wodurch infolge weitgehender Selbstverwaltung ein politischer Aktionsraum geschaffen wurde, der den (im ABGB bereits vorgesehenen) freien und gleichen Staatsbürgern konkrete Gestaltungsmöglichkeiten eröffnete. Für die Politisierung der Bevölkerung im konkreten Umfeld ihrer je eigenen Interessen wurden damit entscheidende Voraussetzungen geschaffen.

Abgesehen von der Grundentlastung wurde im neoabsolutistischen Jahrzehnt – vergleichbar der Ära des Vormärz – in wirtschaftspolitischer

Hinsicht eine Reihe von Maßnahmen getroffen, welche die Entwicklung der Monarchie zum modernen Industriestaat beschleunigten, auch wenn eine ausgewogene Beurteilung des Neoabsolutismus als »Verbindung von politischer Reaktion und wirtschaftlicher Progressivität« (Roman Sandgruber) bis heute schwierig ist. Denn unter rein wirtschaftshistorischen Aspekten betrachtet setzte, gemessen an den anderen europäischen Ländern, in Österreich ein deutlicher Konjunkturaufschwung verzögert ein, und infolge des Krieges von 1859 wurde auch dieser wieder verlangsamt. Dennoch lassen sich mit Blick auf die politische Entscheidungsfindung im Neoabsolutismus eindeutige Modernisierungsziele infolge einer auf das kapitalkräftige Bürgertum setzenden liberalen Wirtschaftspolitik erkennen.

Ausgehend von Wien wurden ab 1849 in den größeren Städten Handels- und Gewerbekammern zur Förderung der industriellen Produktion und Marktwirtschaft eingerichtet, 1851 wurde – als positiver Nebeneffekt der politisch vollzogenen gewaltsamen Vereinheitlichung – die zwischen Ungarn und Österreich bestehende Zwischenzoll-Linie aufgehoben, was der ökonomischen Integration der Monarchie langfristig zugutekam, 1855 gründete das Haus Rothschild in Wien die Credit-Anstalt für Handel und Gewerbe, 1859 beseitigte eine liberale Gewerbeordnung die letzten Zunftbeschränkungen. Vor allem diese letztere von oben getroffene Regelung, die einerseits auf bereits vollzogene wirtschaftliche, technische und soziale Veränderungen reagierte, sie umgekehrt aber auch beschleunigte, eröffnete innovativen Wirtschaftszweigen und unternehmerischen Initiativen neue Möglichkeiten, während traditionelle, zünftisch organisierte und kleingewerbliche Handwerksberufe in den Hintergrund traten. Vor allem in den Bereichen der Verkehrs- und Kommunikationstechnik waren neue Kenntnisse und neue Organisationsformen erforderlich: Für den Bau von Eisenbahnen beispielsweise benötigte man neben ungelernten Arbeitskräften Ingenieure, Rohstofflieferanten, Produzenten von industriell gefertigtem Eisen; mit der rückläufigen Bedeutung der Pferde als Transportmittel waren als Konsequenz auch weniger Sattler und Hufschmiede nötig.

Die neue Gewerbeordnung brach zwar nicht mit dem hierarchisch gestuften dreigliedrigen Modell von Lehrlingen, Gesellen und Meistern, das dem Meister nach wie vor eine weitgehende Machtposition einräumte, doch sie beseitigte soziale und wirtschaftliche Schranken infolge der Gleichstellung von zünftischen Meistern mit jenen Befugten, die auch ohne den Nachweis zünftisch normierter Fähigkeiten ein freies Gewerbe ausüben konnten. Dies wiederum trieb den Demokratisierungsprozess voran und förderte die Bereitschaft, sich wirtschaftlich innovativen Gewerbezweigen zu öffnen.

Einen entscheidenden Modernisierungsschub brachte der nun zügig vorangetriebene Ausbau der Eisenbahnen, insbesondere nach dessen Privatisierung ab Mitte der fünfziger Jahre. Die zwei Hauptlinien führten von Wien aus nach Norden und Süden: Die Kaiser-Ferdinands-Nordbahn war bereits Mitte der fünfziger Jahre fertiggestellt und führte über Brünn nach Prag und über Ungarisch Hradisch nach Galizien, die Südbahn erreichte über Graz, Marburg und Laibach im Jahr 1857 Triest. Im Jahr 1856 erfolgte die Konzession für den Ausbau der Kaiserin-Elisabeth-Westbahn, zwei Jahre später (1858) wurde die Strecke Wien–Linz eröffnet, im Jahr 1860 konnte die gesamte Strecke zwischen Wien und Salzburg dem Verkehr übergeben werden. Zeitgleich wurde von Süden kommend durch die k. k. Südbahngesellschaft die Strecke zwischen Verona, Trient und Bozen ausgebaut, so dass im Jahr 1867 die Teilstrecken, über Innsbruck führend, miteinander verbunden waren und die Brennerbahn ihren Betrieb aufnehmen konnte. Auch in Ungarn wurde der Eisenbahnbau Mitte der fünfziger Jahre an private konzessionierte Gesellschaften übergeben: Die erste fertiggestellte Strecke führte von der ungarisch-österreichischen Grenze über Pest bis Szeged, 1857 erreichte die Bahn Temesvár im Banat, 1878 Orsova an der rumänischen Grenze.

Die politische Dimension, die sich hinter der Frage des Eisenbahnbaus verbarg, zeigt das Beispiel der Eisenbahnen Lombardo-Venetiens: Während durch die k. k. privilegierte lombardo-venetianische Kaiser-Ferdinands-Gesellschaft noch im Vormärz die Verbindung zwischen Mailand und Venedig fertiggestellt werden konnte (die berühmte Brücke über die Lagune von Venedig wurde 1846 eröffnet), war die im Jahr 1856 privatisierte *Imperial-regia Società privilegiata delle strade ferrate lombardo-venete e dell'Italia Centrale* sehr viel weniger an einer Streckenanbindung an die österreichische Südbahn über Venedig, sondern viel mehr am Ausbau der Verbindungen nach Turin interessiert. Es ist daher von großer symbolischer Bedeutung, dass am 1. Juni 1859, wenige Wochen vor Solferino, mit der Brücke über den Ticino der Zusammenschluss der Eisenbahnverbindung zwischen Turin und Mailand abgeschlossen war, während es zwischen Venedig und Udine bzw. zwischen Venedig und Triest (und damit nach Wien) noch keine Eisenbahnverbindung gab.

Der forcierte Ausbau der Eisenbahnen, dessen Höhepunkt dann ab den achtziger Jahren nach der neuerlichen Verstaatlichung einsetzte, kam der Bauwirtschaft und der Eisenindustrie zugute, auch Kohlenbergbau und Maschinenindustrie zählten zu dessen Nutznießern. Verkehrstechnisch war durch die Eisenbahnen der schnellere Transport von Gütern garantiert, was die wirtschaftspolitische Integration der Monarchie zusätzlich beschleunigte.

In die Zeit des Neoabsolutismus fallen Prestigeprojekte wie der Bau der Semmeringbahn nach den Plänen Karl Ritter von Ghegas und die Durchquerung des Karsts zwischen Laibach und Triest. Von besonderem Interesse sind auch die (am Widerstand Preußens letztlich gescheiterten) Pläne von Handels- und Finanzminister Karl Ludwig Freiherr von Bruck zur Schaffung einer einheitlichen mitteleuropäischen Zoll- und Währungsunion. Ein erster Schritt in diese Richtung wurde durch die Schaffung des deutsch-österreichischen Postvereins im Jahr 1850 gesetzt, der zumindest die Postbeförderung auf eine gemeinsame Grundlage stellte. Was Letzteres betrifft, den Postverkehr nämlich, so zeigt sich gerade auch in diesem Bereich eine rasante Zunahme der Brief- und Paketsendungen, die sich zwischen 1848 und 1913 verhundertfachten. Ausschlaggebend hierfür waren nicht nur die besseren und rascheren Verbindungsmöglichkeiten, sondern auch die schnellere Abwicklung der Beförderung durch die Briefmarke (1850) und später durch die sogenannte »Korrespondenzkarte« (1869). Der gesteigerte Bedarf an schriftlicher Kommunikation förderte umgekehrt die Nachfrage nach Papier und Schreibgeräten: Seit den fünfziger Jahren traten an die Stelle der bisherigen Federkiele Stahlfedern, auch die Fabrikation von Bleistiften stieg um ein Vielfaches an, die Budweiser Bleistiftfabrik von Carl und Ludwig Hardtmuth beispielsweise entwickelte sich auf diese Weise zu einem der führenden Bleistiftunternehmen weltweit. Eine ähnliche Entwicklung zeigt die industrielle Produktion von Papier, die infolge technischer Neuerungen (maschinelle Produktion und Ersetzung textiler Rohstoffe durch Holzfasern) einen bemerkenswerten Aufschwung nahm und die umgekehrt der steigenden Nachfrage nach Zeitungen und Zeitschriften entgegenkam. Bereits im Jahr 1848 hatte die damals kurzfristig verkündete Pressefreiheit eine Flut von neuen Zeitungen und Zeitschriften hervorgebracht. Als 1859 die freiheitliche Gewerbeordnung in Kraft gesetzt wurde, erhielt das Druckgewerbe weitere Impulse, und die Produktion von Druckschriften aller Art nahm explosionsartig zu.

Der Kapitalbedarf für technisch innovative und industrielle Produktionsformen war, wie man am Beispiel der Eisenbahnfinanzierung besonders deutlich sehen kann, kontinuierlich hoch. Der Staat selbst benötigte – nicht zuletzt zum Erhalt einer wachsenden Armee und zum Ausbau eines die gesamte Monarchie umschließenden Festungsgürtels (der freilich zum Zeitpunkt der Fertigstellung z.T. bereits technisch überholt war) – enorme Kapitalsummen, die er sich nicht nur über steigende Abgaben, sondern auch über Anleihen zu beschaffen suchte. Über die Rothschildsche Credit-Anstalt für Handel und Gewerbe hinaus wurde in den sechziger Jahren eine Reihe von weiteren Banken begründet, was sich in einem steigenden Zinsniveau niederschlug. Nationalanleihen, wie die Zwangsanleihe von 1851, brachten oft nicht den gewünschten Erfolg.

Dennoch wurde die Zeit nach 1848 von den Zeitgenossen als eine auch in wirtschaftlicher Hinsicht revolutionäre Ära erlebt, wozu vor allem die Eisenbahnen und der elektrische Telegraf beitrugen. Ab den fünfziger Jahren entlang der Eisenbahnen errichtet, ermöglichte der Telegraf eine zeitliche Unmittelbarkeit an Kommunikation, die man bisher nicht gekannt hatte. Geschwindigkeit und Beschleunigung, zum einen als vielversprechendes Zeichen einer völlig neuen Zeit, zum anderen aber auch (damals bereits) als Bedrohung erlebt, geriet auf diese Weise zum alles beherrschenden Motto von Technik und Wirtschaft und zog eine gesteigerte Mobilität in vielen Lebensbereichen nach sich.

Die Situation der Staatsfinanzen nach dem verlorenen Krieg gegen Sardinien-Piemont stürzte den Staat auch wirtschaftspolitisch in die Krise – die Staatsschuld war 1860 auf 3 Milliarden Gulden angewachsen. Oktoberdiplom und Februarpatent, d.h. die ersten ernstgemeinten Schritte zur Konstitutionalisierung des Staates, erklären sich auch als Antwort auf die prekäre Finanzsituation. Ein rigoroser Spar- und Deflationskurs sollte die Krise bewältigen, was allerdings kaum Erfolg zeitigte. Auch war die reiche Lombardei als bisher verlässlicher Lieferant von Steuergeld verloren, und nach den schlechten Ernten der Jahre 1863 und 1864 war ein erster Tiefpunkt der wirtschaftlichen Entwicklung erreicht. Dennoch konnte 1865 in Wien die neue Ringstraße, an der seit 1859 nach Schleifung der Befestigungsanlagen gebaut worden war, als Repräsentationsboulevard eröffnet werden. Im Laufe des Jahrhunderts wurden an ihr – in unterschiedlichen historisierenden Stilen von der Neogotik (Rathaus) über den Klassizismus (Parlament) bis zur Neorenaissance (Universität und Museen) – die bis heute bestehenden repräsentativen Großbauten errichtet, die als steinerne Zeugen die Bedeutung Wiens als kulturelles Zentrum der Monarchie vor Augen führen sollten.

Die wirtschaftlich besten Jahre folgten erstaunlicherweise (vorwiegend guten Ernten geschuldet) nach dem verlorenen Krieg von 1866 und nach dem Ausgleich von 1867. Es sind dies die Jahre, die als Gründerzeit mit Börsenboom, intensiver Bautätigkeit und wachsender Konjunktur in Verbindung gebracht werden. Die Wiener Weltausstellung von 1873, die erste Weltausstellung im deutschsprachigen Raum, sollte von dieser neuen wirtschaftlichen und politischen Bedeutung Österreich-Ungarns und der »Leistungsfähigkeit [seiner] Völker« Zeugnis geben. Dass es nur wenige Tage nach der feierlichen Eröffnung der Ausstellung am 1. Mai zum großen Börsenkrach des Schwarzen Freitag am 9. Mai 1873 kam, mag als Paradoxie der Geschichte gedeutet werden, ändert aber nichts daran, dass die Krise durch die Ausstellung vielleicht verzögert wurde, jedenfalls aber nicht aufzuhalten gewesen war. Verschärft wurde die Lage dadurch, dass es im selben Jahr 1873 zum Ausbruch einer neuerlichen Cholera-Epidemie kam, die während der Ausstellungsmonate nahezu 3000 Todesopfer forderte. Als deutliches Signal einer bis dahin nicht gekannten Finanzkrise reduzierte sich die Zahl der Aktienbanken innerhalb eines einzigen Jahres von 72 auf 28, im Jahr 1879 gab es nur noch 14, was in der Folge auch zum Rückgang von Investitionen und Großunternehmungen führte.

In der Phase der Großen Depression, die auf den Börsenkrach folgte, kam es in allen Wirtschaftssektoren zu einem massiven Rückgang der Produktion, der besonders den Bausektor, die Eisenbahnen und damit die Eisenindustrie traf. Cholera und schlechte Ernten trugen ihrerseits zur Verschlechterung der Lage bei, die Löhne sanken, viele Menschen waren ohne Beschäftigung, die Lebenshaltungskosten stiegen.

Die liberale Wirtschaftspolitik wurde nach den Erfahrungen von 1873 von den meisten Zeitgenossen als gescheitert betrachtet, das Ende der liberalen Ära sowohl in wirtschaftlicher wie auch in politischer Hinsicht brach an. Der Ruf nach staatlicher Kontrolle wurde laut, und die Euphorie der Gründerzeit wich einer antiliberalen und antikapitalistischen Grundstimmung, die sehr bald auch antisemitische Züge annahm. Parallel zur konservativen Wende in der Politik wurde in der Ära Taaffe auch wirtschaftspolitisch eine neue Richtung eingeschlagen. Der Eisenbahnbau wurde verstaatlicht, das Schutzzollsystem zur Förderung der österreichischen Industrieproduktion aktiviert (während Ungarn weitgehend am Freihandel festhielt). Angesichts der Verelendung breiter Bevölkerungsschichten musste es nun vor allem darum gehen, jene sozialpolitische Verantwortung dem Staat zu übertragen, die nach dem Ende der Grundherrschaft von ihm über mehr als zwei Jahrzehnte nicht wahrgenommen und den traditionell sozialpolitisch engagierten Kirchen überlassen worden war. Sozialpolitische Überlegungen, die bereits im Kabinett Hohenwart-Schäffle entwickelt worden waren, wurden nun, in der Ära Taaffe, auch tatsächlich umgesetzt. Ausgehend von einem patriarchal-konservativen Gesellschaftsmodell stand dabei der Schutz von Kleingewerbe und Mittelstand im Vordergrund: Die Novellierung des Gewerberechts im Jahr 1883 brachte, wie bereits im Zusammenhang mit den politischen Entwicklungen erwähnt, die Rückkehr eines Befähigungsnachweises, zwei Jahre später erfolgte die Einrichtung von Gewerbeinspektoren, einer Art staatlichem Kontrollorgan, das der Ausbeutung der Arbeitskraft Schranken setzen sollte; es kam zur Reglementierung von Kreditvergaben, zu sogenannten »Wuchergesetzen«, mit denen »nicht gesetzmäßigen« Zinsforderungen Grenzen gesetzt wurden, in fabrikmäßigen Betrieben wurde die tägliche Maximalarbeitszeit auf elf Stunden herabgesetzt, ab den späten achtziger Jahren wurden gesetzlich geregelte Krankheits- und Unfallversicherungen für Arbeiter eingeführt.

Die wirtschaftspolitische Fokussierung auf den gewerblichen Mittelstand und die damit verbundene Stärkung von handwerklichen Familienbetrieben, hinter der sich damals weitverbreitete Modernisierungsängste verbargen, zeigte sich symbolisch am großen Festumzug anlässlich des vierzigjährigen Regierungsjubiläums Kaiser Franz Josephs im Jahr 1888, in dem den in traditionellen Branchen beheimateten Gewerbetreibenden (Bäcker, Glaser, Spengler, Metzger) eine führende Rolle zugewiesen wurde.

Durch die Stärkung des bürgerlichen Mittelstandes hoffte man die tiefe Kluft, die sich zwischen verarmten ländlichen und städtischen Unterschichten einerseits und bürgerlichem Großkapital andererseits aufgetan hatte, überbrücken zu können, wobei es innerhalb der politischen Gruppierungen auch zur politischen Annäherung zwischen (aus der grundherrschaftlichen Tradition kommenden) Feudalkonservativen und (für die Arbeiterschaft kämpfenden) Sozialdemokraten kommen konnte.

Von großer Bedeutung waren in diesem Spannungsfeld von sozialen Konflikten auch jene durch Besitz und Bildung neu entstandenen bürgerlichen Schichten, die sich im Wege von Vereins- und Genossenschaftsgründungen für die Verbesserung der Lebensbedingungen sozial Bedürftiger, darunter häufig auch für Frauen, einsetzten. Bürgerliche Frauenvereine, wie der 1893 von Auguste Fickert, Rosa Mayreder und anderen gegründete »Allgemeine Österreichische Frauenverein«, setzten sich für die staatsbürgerliche Gleichstellung von Frauen, für einen offenen Zugang von Frauen zu allen Bildungseinrichtungen und für verbesserte Arbeitsmöglichkeiten ein; in ähnlichem Sinne wirkte der sehr viel früher, ein Jahr nach dem Krieg von 1866, von Iduna Laube (und anderen Mitstreiterinnen) gegründete Wiener Frauen-Erwerb-Verein, der zunächst vor allem für die Witwen und Waisen der im Krieg Gefallenen Sorge trug und später eine Reihe von Mädchenschulen gründete.

Vereine, die sozialpolitische Aufgaben übernahmen, für welche sich der (liberale) Staat nicht zuständig fühlte, gelten, neben den politischen Parteien, als entscheidende bürgerliche Organisationsform des 19. Jahrhunderts. Ihren sozial- und bildungspolitischen Aktivitäten war es zu danken, dass Armut und Not breiter Bevölkerungsschichten gemildert und heute kaum noch vorstellbare Lebensbedingungen ansatzweise verbessert werden konnten. Eine wichtige Rolle spielten in dieser Hinsicht auch die im letzten Drittel des Jahrhunderts verstärkt auftretenden Genossenschaften, die einerseits Handwerk und bäuerliche Landwirtschaft stützen, andererseits auch die Konsumkraft ärmerer Schichten heben sollten. Ein besonders bekanntes und in der Monarchie bald weit verbreitetes Beispiel waren die nach ihrem Begründer Friedrich Wilhelm Raiffeisen so genannten Raiffeisen-Genossenschaften als Darlehenskassen-Vereine für bedürftige Bevölkerungsschichten, deren erste im Jahr 1886 in Niederösterreich begründet wurde. Besonders für die bäuerliche Bevölkerung, die sich bedingt durch Ernteausfälle oder durch Erbenauszahlungen verschuldet hatte, boten die durch die Raiffeisenkassen ermöglichten Kredite oft die einzigen Überlebenschancen. Auch die – der katholischen Kirche nahestehenden – Kolping-Vereine wirkten als Auffangnetz für, in diesem Fall vermehrt städtische, Unterschichten. Benannt nach dem deutschen Sozialreformer Adolph Kolping und ursprünglich in der Form von Gesellenvereinen begründet, erlangte das Kolpingwerk als soziales Netzwerk durch den Ausbau von Heimen und das Angebot von Sparkassen und Versicherungen in den letzten Jahrzehnten der Monarchie große Bedeutung.

Vor allem in den Städten verschärfte sich im letzten Drittel des Jahrhunderts die Wohnungsnot, die Mieten stiegen an, während die Kaufkraft der die Städte bevölkernden Menschen nicht nur nicht zunahm, sondern im Sinken begriffen war. Auch brachte das Leben in der Stadt Probleme mit sich, die die vormals bäuerliche Bevölkerung vor bisher kaum bekannte Herausforderungen stellte: Abfallentsorgung, Kinderbeaufsichtigung, die räumliche Trennung von Arbeits- und Wohnbereich, letztlich auch der Zugang zu den lebensnotwendigen Ressourcen wie Wasser und Heizmaterialien – all das musste in der Stadt neu und anders bewältigt werden.

Mit der zunehmenden Industrialisierung verschärften sich überdies die heute so genannten Umweltprobleme. Luftverschmutzung und die Verseuchung des Trinkwassers, wiederum vor allem in Städten und Industrierevieren, Rauch, Ruß und Gestank zählten zu den negativen Alltagserfahrungen der Menschen und konnten durch die Aussicht auf eine bessere Zukunft wohl kaum gemildert werden.

Es waren nicht zuletzt neue Energieträger, die Ende des Jahrhunderts diese bessere Zukunft versprachen. Erdgas und Elektrizität, die seit den achtziger Jahren der Kohle den Rang abzulaufen begannen, »erklärten dem Dampfmaschinenkapitalismus den Krieg«, wie es Roman Sandgruber, einer der besten Kenner der österreichischen Wirtschaftsgeschichte, treffend ausgedrückt hat. Nicht nur in der Nachrichtentechnik, auch als Energielieferant für Maschinen setzte sich seit der Jahrhundertwende die Elektrizität mehr und mehr durch, während das Gas insbesondere für Beleuchtung und Heizung eingesetzt wurde: Am Vorabend des Ersten Weltkriegs beleuchteten bereits rund 45 000 Gaslaternen die Stadt Wien. Eng damit verbunden war auch der Ausbau der Erdgasgewinnung, der Erdölgewinnung (in Galizien) und der Elektrizitätswerke. Seit 1890 wurde Erdgas in der Nähe von Wels gewonnen. Die ersten Betriebe der Elektroindustrie siedelten sich Ende der neunziger Jahre in Wien an, im Jahr 1913 gab es bereits deren acht.

Die Weiterentwicklung der Elektrotechnik brachte auch für den Bereich der Kommunikationstechnologie zur Jahrhundertwende bedeutende Innovationen. Bereits Ende der siebziger Jahre war der »Bell'sche Sprechtelegraph« in Österreich bekannt geworden, Anfang der achtziger Jahre wurde der »Wiener-Privat-Telegraphen-Gesellschaft« die Bewilligung für die Herstellung und Betreibung eines Telefonnetzes in Wien erteilt. Mitte der neunziger Jahre gab es in Wien bereits über 7000 Anschlüsse.

Auch im Bereich der Verkehrstechnik bahnten sich Ende des 19. Jahrhunderts aufsehenerregende Neuerungen an, die ihre Schatten bereits ins 20. Jahrhundert vorauswarfen – die Rede ist vom Automobil, das als Weiterentwicklung der Postkutsche mit Hilfe eines vom deutschen Ingenieur Carl Benz entwickelten Verbrennungsmotors nun auch den Straßenverkehr zu revolutionieren begann. Der aus Mecklenburg-Vorpommern stammende, dann aber in Wien ansässige Kaufmannssohn Siegfried Marcus ließ im Jahr 1888, also zwei Jahre nach dem Benzschen »Motorwagen Nr. 1«, in der mährischen Maschinenbaufabrik Märky, Bromovksy & Schulz in Adamsthal das erste von ihm entwickelte österreichische Auto bauen: Ende des Jahrhunderts gab es in Wien bereits 15 Automobilbesitzer, 1911 waren innerhalb der Grenzen des heutigen Österreich bereits etwa 5000 Automobile unterwegs, die meisten davon in Wien und Niederösterreich. Obwohl die ersten Fahrzeuge größtenteils noch ausländische Produkte waren, führte die Attraktivität des neuen Verkehrsmittels bald auch zum Anstieg der Autofabriken auch in Österreich, in Ungarn wurde das erste Auto 1905 durch János Csonka im Auftrag der k(önigl). u(ng). Post an der Technischen Universität von Budapest hergestellt.

Der Alltag der Menschen veränderte sich infolge der technischen Neuerungen in bisher kaum bekanntem Ausmaß. Mit der Schreibmaschine (vom Tiroler Peter Mitterhofer in den sechziger Jahren zwar entwickelt, aber mangels finanzieller Möglichkeiten nicht unternehmerisch vertrieben) ging die Rationalisierung und Mechanisierung der Schreibstuben (Bureaus) einher; das Fahrrad, das seit den neunziger Jahren bereits massenweise produziert wurde, vermittelte – neben Eisenbahn und Automobil – ebenfalls ein neues Mobilitätsgefühl; Panoramabilder und nach der Jahrhundertwende Kinematographen, die ersten Kinos, wo bewegte Bilder gezeigt wurden, boten neue Formen von virtuellen Wahrnehmungsmöglichkeiten.

Insgesamt kam es ab Mitte der neunziger Jahre zu einem erkennbaren wirtschaftlichen Aufschwung, der, von kurzfristigen Abweichungen abgesehen, eine deutliche Konjunkturbelebung, Wirtschaftswachstum und eine generelle Verbesserung der Lebensbedingungen mit sich brachte und eine Art zweite Gründerzeit einleitete. Zu verdanken war dies zum einen den neuen Großunternehmen im Fahrzeugbau, in Chemie- und Elektroindustrie, zum anderen aber auch der Konsolidierung der landwirtschaftlichen Produktion. In den traditionellen Bereichen wie der Eisenindustrie kam es zur verstärkten Konzentration der Betriebe, so wurden beispielsweise die steirischen und Kärntner Eisenindustriebetriebe 1881 zur Österreichisch-Alpinen Montangesellschaft zusammengefasst. Große Bedeutung erlangten zur Jahrhundertwende Zuckerindustrie und Schokoladefabriken. Die Einführung der Goldwährung und der 1892 durchgeführte Wechsel vom Gulden (100 Kreuzer) zur Krone (100 Heller) – ab 1900 dann die alleinige Währungsform – bedeutete längerfristige Stabilität für die bisher krisenanfällige Währungspolitik und verankerte die Monarchie als verlässlichen Partner im internationalen Zahlungsverkehr. Auch in den wirtschaftspolitisch besonders günstigen Jahren der Ära des Ministerpräsidenten Ernest von Koerber (1900–1904) mit ihrer intensiven Bautätigkeit (insbesondere im Bereich des Kanalbaus und der Eisenbahnen) wurden für die weitere Konjunkturbelebung entscheidende Grundlagen gelegt.

Die Frage, wie sich dieser – im westeuropäischen Vergleich zwar verspätete, aber dennoch eindrucksvolle – Take-off der österreichisch-ungarischen Wirtschaft ohne den Ausbruch des Ersten Weltkrieges weiter entwickelt hätte, ist zwar oft gestellt worden, letztlich aber nicht zu beantworten. Entscheidend ist, dass auch aus wirtschaftshistorischer Sicht der spätere Zerfall der Monarchie durchaus nicht a priori vorgezeichnet war, dass im Gegenteil alle Anzeichen für eine längerfristige positive Wirtschaftsentwicklung gegeben waren, die sich allerdings unter dem Eindruck von Krieg und politischem Zerfall nicht mehr auswirken konnten.

Bildungsrevolution, Kunst und Kultur

Im Gegensatz zu den wirtschaftlichen Entwicklungen trug die nachrevolutionäre Reformpolitik der neoabsolutistischen Ära in den Bereichen von Bildung, Wissenschaft und Kunst sehr bald erkennbare positive Früchte. Ausgehend von den damals gesetzten Initiativen brachte die zweite Hälfte des 19. Jahrhunderts dank des Ausbaus von Gymnasien, Realschulen und Universitäten, dank der steigenden Alphabetisierung der Bevölkerung und nicht zuletzt dank eines wachsenden öffentlichen Interesses an Kunst und Kultur auf all diesen Sektoren einen bis ins 20. Jahrhundert hineinwirkenden Aufschwung mit sich, dessen vielgepriesener Höhepunkt wohl mit dem Stichwort »Wien um 1900« am eindrücklichsten charakterisiert werden kann.

Die Bildungsrevolution

Noch vor der Revolution war es im Jahr 1847 – nach vielen vergeblichen Bemühungen – in Wien zur Gründung der kaiserlichen Akademie der Wissenschaften gekommen, die in ihren beiden Klassen, der philosophisch-historischen (zunächst: historisch-philologischen) und der mathematisch-naturwissenschaftlichen Klasse, die österreichische Forschung in allen damals bekannten Wissenschaftsbereichen auf die Höhe der Zeit bringen und international anschlussfähig machen sollte. Wie sehr sich die Akademie von Anfang an als eine säkulare, von der bisherigen Dominanz der Theologie emanzipierte wissenschaftliche Anstalt verstand, zeigt die Tatsache, dass die Theologie als Fach zunächst gar nicht und auch in den Folgejahren nur rudimentär in den Reihen ihrer Mitglieder vertreten war.

Nicht minder entscheidend für die Weiterentwicklung der Wissenschaften, aber auch für die Entstehung eines quantitativ und qualitativ ausreichenden Fundaments von entsprechend (aus)gebildeten künftigen Wissenschaftlern war die große Gymnasial- und Universitätsreform des Ministers für Kultus und Unterricht Leo Graf Thun-Hohenstein in den Jahren seiner Ministerschaft, d. h. zwischen 1849 und 1860 (wegen seiner Skepsis dem Oktoberdiplom gegenüber reichte der böhmische Feudalkonservative damals seinen Rücktritt ein).

Ein Unterrichtsministerium war bereits im Jahr 1848 geschaffen worden, auch die Entwürfe für die Reform, welche Thun-Hohensteins späterer Mitarbeiter Franz Exner noch im Rahmen der Studienhofkommission vorgelegt hatte, lagen bereits fertig ausgearbeitet vor. Thun-Hohenstein kommt jedoch das Verdienst zu, die Reform auch tatsächlich gegen den vielfachen Widerstand aus unterschiedlichen Richtungen durch- und umgesetzt zu haben.

Es handelte sich bei dieser Reform um ein umfassendes Bildungskonzept, das – ausgehend von der Modernisierung des Gymnasiums als Grundlage für ein späteres Universitätsstudium – auch die Universitäten dergestalt umbildete, dass in ihnen künftig die Einheit von Forschung und Lehre nach dem Vorbild der »preußischen Lehranstalten« sowie Lehr- und Lernfreiheit, eine Forderung der Revolutionsära, umgesetzt werden konnten.

Mit einer Reihe von engagierten Mitarbeitern im Ministerium (neben dem Philosophen Franz Exner waren dies vor allem der Altphilologe

Hermann Bonitz, der Historiker Joseph Alexander Freiherr von Helfert und der Germanist Joseph Mozart) nahm dieses Konzept im neoabsolutistischen Jahrzehnt – nach hitzigen Debatten im Ministerrat – tatsächlich konkrete Gestalt an. Das neue Gymnasium wurde auf acht Jahre angehoben, die Maturitätsprüfung eingeführt, das Studium für das spätere Lehramt an den Gymnasien einheitlich geregelt, um die Professionalisierung des Lehrerberufs an den Gymnasien voranzutreiben. Es ging hier vor allem darum, geeignetes Lehrpersonal auch außerhalb der Kirchen- und Ordensgeistlichkeit zu finden, denn die Gymnasien waren bis dahin überwiegend in geistlicher Hand gewesen. Den sogenannten »Realfächern« (Mathematik, Naturwissenschaften) wurde mehr Bedeutung eingeräumt, das Griechische gegenüber dem Latein reduziert, dennoch blieben die klassischen Sprachen die entscheidende Grundlage der gymnasialen Ausbildung, sah man doch in den klassischen Schriften antiker Autoren die entscheidende Quelle einer umfassenden Menschenbildung, die – gegenüber der religiös dominierten Erziehung in den kirchlichen Einrichtungen – für die staatlichen, säkularen Anstalten eine ihnen angemessene und erweiterte Form der Bildung von jungen Menschen darstellen sollte.

Um den gewandelten sozialen und wirtschaftlichen Anforderungen gerecht zu werden, war für die Reformer auch der Ausbau von Realschulen ein wichtiges Anliegen. Realschulen sollten einerseits zum Studium an den polytechnischen Lehranstalten (später technischen Universitäten) vorbereiten, aber auch eine Art höherer Bildung für jene Bevölkerungsgruppen anbieten, die kein Studium an einer Universität anstrebten. Die große Bedeutung des später so genannten Sekundarschulbereichs, der über die Elementarschulbildung hinaus auch erweiterte Kenntnisse auf verschiedenen Wissensgebieten (wie Geographie, Geschichte, Sprachkunde, Naturlehre) vermitteln konnte, zeichnete sich damals bereits deutlich ab.

Entscheidend für die künftige Entwicklung der Wissenschaften war darüber hinaus die Reform der Universitäten, insbesondere die Anhebung der – bisher lediglich als Propädeutikum für das Studium an den höheren Fakultäten (Rechtswissenschaft, Theologie, Medizin) dienenden – philosophischen Fakultät zu einer gleichberechtigten wissenschaftlichen Fakultät. Damit wurde der Grundstein für die wissenschaftliche Entwicklung und Ausdifferenzierung der sogenannten Allgemeinen Wissenschaften gelegt, aus denen nicht nur die späteren Geistes- und Sozialwissenschaften, sondern auch die modernen Naturwissenschaften hervorgegangen sind. Zunächst vor allem für die Ausbildung der Gymnasiallehrer gedacht, bildeten sich im Rahmen der philosophischen Fakultäten bald neue an den Universitäten gelehrte wissenschaftliche Disziplinen, wie die historischen Wissenschaften (die sich ihrerseits bald weiter differenzierten), die Sprachwissenschaften, die Kunstgeschichte (später auch Nationalökonomie, Soziologie und Psychologie) sowie im Rahmen der Naturwissenschaften zahlreiche bisher nicht als eigenständige Fächer angesehene Disziplinen wie Pharmazie, Biologie, Geologie und Geographie heraus. Das bislang vorbereitende philosophische Propädeutikum wurde hingegen an die Gymnasien übertragen, wodurch das bisher sechsjährige zum achtjährigen Gymnasium umgestaltet wurde.

In der Geschichtswissenschaft sahen Thun-Hohenstein und seine Mitstreiter die Leitwissenschaft des Jahrhunderts schlechthin. In Ergänzung zur Einrichtung der »Historischen Kommission« an der kaiserlichen Akademie der Wissenschaften, welche österreichische Geschichtsquellen nach klaren methodischen Regeln sammeln und aufbereiten sollte, wurde daher in Wien im Jahr 1854 das Institut für österreichische Geschichtsforschung gegründet, dessen erklärter Auftrag darin bestand, die Geschichte der heterogenen Bestandteile des multinationalen Staates als Gesamtstaatsgeschichte zusammenzutragen und dadurch ein gemeinsames österreichisches Staatsbewusstsein zu schaffen. In diesem Sinne verfasste Joseph Alexander Freiherr von Helfert eine programmatische Schrift *Über Nationalgeschichte und den gegenwärtigen Stand ihrer Pflege in Oesterreich* und legte selbst eine *Oesterreichische Geschichte für das Volk* vor.

Für die künftigen Staatsbeamten sollte die Reform des juridischen Studiums, insbesondere der Rechtsgeschichte, Ähnliches erreichen. Dies bedeutete eine Abkehr vom bisherigen, weitgehend am Naturrecht orientierten Studium der Rechtswissenschaften, wie es, aus der Josephinischen Ära stammend, während des Vormärz bestimmend gewesen war, in Richtung einer an der historischen Rechtsschule des führenden deutschen Rechtshistorikers Friedrich Carl von Savigny ausgerichteten Ausbildung. Die Betonung des historisch »Gewachsenen« und »Organischen« (und das bedeutete auch: der traditionellen »gottgewollten Ordnung«) sollte künftig an die Stelle der auf dem »französischen Geist« (der Aufklärung) beruhenden Rede von individualisierenden »natürlichen Rechten« treten. Im Falle der Reform der juridischen Fakultäten zeigt sich die konservative Seite des »liberalen« Ministers Thun-Hohenstein, der als Minister für Kultus und Unterricht letztlich auch für den Abschluss des

Konkordats mit der katholischen Kirche von 1855 mitverantwortlich war. Das Janusgesicht der Thun-Hohensteinschen Reformpolitik – einerseits sein Einsatz für die Durchsetzung von Lehr- und Lernfreiheit und die »Autonomie« der Universitäten, andererseits die in seinem Ministerium erfolgte Stärkung der katholischen Kirche im Konkordat und die konservative Reform des Rechtsstudiums – ist in der Historiographie oft beschrieben und je nach politischer Position der Historiker mehr oder weniger gelobt oder getadelt worden. Aus der Sicht des Ministers selbst dürften sich diese ihm zugeschriebenen Gegensätze sehr viel weniger als solche dargestellt haben: Thun-Hohensteins Vision zielte fraglos auf die Verwissenschaftlichung der österreichischen Universitäten: Diese sollten sich jedoch von den protestantischen Universitäten des deutschen Raumes dadurch unterscheiden, dass sie in der ihnen eigenen katholischen Tradition gründeten und dass in ihnen Glaube und Wissenschaft keine Widersprüche darstellten. Gerade was letzteren Punkt betraf, waren Thun-Hohenstein und sein in intellektueller Hinsicht führender Mitarbeiter Franz Exner entscheidend vom böhmischen Reformkatholizismus des Philosophen Bernard Bolzano geprägt, der im Vormärz wegen angeblich zu liberaler Predigten seines Amtes als Professor für Religionsphilosophie an der Prager Universität enthoben worden war.

Das universitäre Reformprogramm wurde im Laufe des neoabsolutistischen Jahrzehnts zügig an allen damaligen österreichischen Universitäten (Pavia, Padua, Wien, Graz, Innsbruck, Prag, Pest, Krakau, Lemberg) umgesetzt und vom systematischen Ausbau von Gymnasien und Realschulen begleitet. Die Zahl der Gymnasien in der cisleithanischen Reichshälfte verdoppelte sich innerhalb von vierzig Jahren, Anfang der neunziger Jahre gab es bereits 173 Gymnasien und 77 Realschulen. Dass dies immer wieder nationale Konflikte mit sich brachte (in den Gymnasien sollte das Deutsche als gemeinsame Kultursprache verpflichtend sein), wurde von Thun-Hohenstein, der als langjähriger Förderer des Tschechischen glaubte gegen den Vorwurf einer systematischen »Germanisierungspolitik« gefeit zu sein, in Kauf genommen. Die Sprengkraft der Sprachenfrage an den Gymnasien wurde dabei wohl lange Zeit unterschätzt – tatsächlich kam sie auch erst infolge des »Gleichberechtigungsparagraphen« der Verfassung von 1867 voll zum Tragen.

Infolge der Reform schritt die innere Differenzierung der einzelnen Fakultäten und Disziplinen im Laufe des Jahrhunderts immer rascher voran, was wiederum den weiteren Ausbau von Professorenstellen und die kontinuierliche Zunahme der Studentenzahlen zur Folge hatte: Im Jahr 1857 waren im Raum der Gesamtmonarchie 18 781 Studenten registriert (0,06 der Gesamtbevölkerung), bis zum Jahr 1910 stieg ihre Zahl auf 55 974 an (0,11 % der Gesamtbevölkerung), d.h., die Zahl der Studenten hatte sich im halben Jahrhundert vor dem Ersten Weltkrieg fast verdreifacht. Aus heutiger Perspektive gesehen zeigen diese Zahlen anschaulich, wie gering trotz der mit Recht so genannten »Bildungsrevolution« der Anteil von Akademikern an der Gesamtbevölkerung zu Beginn des vorigen Jahrhunderts im Vergleich zu heute noch war.

Einen weiteren entscheidenden Schritt auf dem Gebiet der Bildungspolitik für die cisleithanische Reichshälfte (in Ungarn war ein Jahr zuvor die sechsjährige Schulpflicht eingeführt worden) bedeutete die Verabschiedung des Reichsvolksschulgesetzes im Jahr 1869 durch Minister Leopold Hasner von Artha im Kabinett Carlos von Auerspergs: Mit diesem Gesetz wurde der Elementarunterricht für beide Geschlechter auf verpflichtende acht Jahre angehoben, das Lehrprogramm um Naturkunde, Erdkunde, Geschichte und geometrische Formenlehre erweitert und neben der nun sehr viel anspruchsvoller gewordenen »Volksschule« ein neuer Typus der dreijährigen »Bürgerschule« geschaffen, um denjenigen, die nicht eine höhere Schule besuchten, eine »über das Lehrziel der allgemeinen Volksschule hinausreichende Bildung zu gewähren«.

Mit dem Reichsvolksschulgesetz von 1869 wurde auch die längst fällige Lehrer- und Lehrerinnenausbildung im Elementar- und Sekundarschulbereich normiert. Nicht nur im Hinblick auf ihre Ausbildung, sondern vor allem auch finanziell wurde dadurch die Situation der Lehrer und Lehrerinnen wesentlich verbessert und einheitlich geregelt. Für Frauen brachte das Reichsvolksschulgesetz eine der ersten professionellen Berufsperspektiven als Lehrerinnen mit sich.

Trotz der Novellierung des Reichsvolksschulgesetzes in der Ära der Regierung Taaffe (1883), als der Widerstand der (vor allem bäuerlichen) Bevölkerung gegen die als zu lang empfundene Schulpflicht deren (vorübergehende) Lockerung nach sich zog, und trotz der 1905 verabschiedeten, sehr viel detaillierteren *Schul- und Unterrichtsordnung* beruhte der Unterricht im Elementar- und Sekundarschulbereich bis zum Ende der Monarchie im Wesentlichen auf den Grundlagen des Reichsvolksschulgesetzes von 1869. Vor allem der Ausbau der Bürgerschulen war dabei ein wichtiges bildungspolitisches Anliegen, was sich am raschen Wachstum dieser Schulen zeigt. Für den Gesamtraum Cisleithaniens stieg die Zahl der Bürgerschulen von 196 im Jahr 1875 auf 1386 öffentliche und 178 private Schulen im Jahr 1913 an. Freilich gab es auch in diesem Bereich große regionale Unterschiede und ein deutliches West-Ost-Gefälle. Während beispielsweise im Schuljahr 1912/13 in Niederösterreich ca. 15 % der schulpflichtigen Kinder Bürgerschulen besuchten, waren es in Galizien knapp 2 %.

Auch das in der Ära Thun-Hohenstein grundgelegte System von Gymnasien und Realschulen blieb bis zum Ende der Monarchie richtungsweisend, allerdings entzogen die von der Regierung Auersperg erlassenen liberalen Kirchengesetze im Mai 1868 der Kirche das ihr im Konkordat von 1855 ermöglichte Aufsichtsrecht über das Schulwesen insgesamt, d.h. auch über die Gymnasien. Wenige Jahre später (1870) wurden die nach wie vor bestehenden Ordensgymnasien den staatlichen Gesetzen unterworfen, was oft zur Übergabe des Gymnasiums an Stadt oder Land führte. Während daher der Einfluss der Kirche in der liberalen Ära allmählich zurückging, ließ sich ab den siebziger Jahren vermehrt die entscheidende Rolle des Gymnasiums innerhalb der nationalen Auseinandersetzungen feststellen: Der nationale Kampf um die Schule entwickelte sich zunehmend zu einem Kampf um das Gymnasium. Den gewandelten Anforderungen im technischen und kaufmännischen Bereich kam das Gymnasium allerdings immer weniger entgegen. Handel und Industrie, Ingenieure und Architekten forderten Ende der neunziger Jahre eine einheitliche Mittelschule mit Zutrittsberechtigungen zu sämtlichen Hochschultypen – die polytechnischen Institute waren 1872 zu Hochschulen angehoben worden, 1901 erhielten sie das Promotionsrecht –, um das Monopol des Gymnasiums auf die Hochschulreife zu brechen. Rasche Ministerwechsel, die schlechte Situation der Staatsfinanzen sowie der eskalierende Nationalitätenkonflikt verhinderten allerdings bis zum Ende der Monarchie eine durchgreifende Gymnasialreform, auch wenn immer wieder geringfügige Modifikationen in den Lehrplänen durchgeführt wurden.

Trotz der Bemühungen um den Ausbau der Realschulen ging dieser im Vergleich zu den Gymnasien sehr viel langsamer vor sich. Erst die Reform der siebziger Jahre unter Minister Karl Ritter von Stremayr verwandelte die Realschule in eine dem Gymnasium gleichgestellte, verstärkt mathematisch-naturwissenschaftlich ausgerichtete, lateinlose Sekundarschule, die vor allem den neuen städtischen Ballungszentren zugutekam.

Anfang des 20. Jahrhunderts mehrten sich die Stimmen, die angesichts der mangelnden Kongruenz von Bedarfserfordernissen und Ausbildungssituation eine durchgreifende Reform des Sekundarschulbereichs einforderten. Unterrichtsminister Gustav von Marchet berief im Jahr 1908 eine Enquete zur Gymnasialreform ein, bei der – über das Gymnasium hinaus – die gesamte Breite des Sekundarschulbereichs zur Debatte stand. Das wichtigste Ergebnis dieser Enquete war die Schaffung eines – dem alten Gymnasium gleichberechtigten – neuen »Realgymnasiums«, das anstelle von Griechisch eine moderne Fremdsprache und einen verstärkten Unterricht in den mathematisch-naturwissenschaftlichen Fächern anbot.

Der lange vernachlässigte Bereich der Mädchenbildung wandelte sich im letzten Drittel des Jahrhunderts insofern, als dank der Bemühungen von Frauenvereinen auch die höhere Bildung von jungen Frauen als wichtiges gesellschaftliches (und allmählich auch als staatliches) Anliegen erkannt wurde. Die 1871 gegründete höhere Bildungsschule des Wiener Frauen-Erwerbs-Vereins und das Grazer Mädchenlyzeum (1873) dienten für weitere private Schulgründungen als Vorbild, so dass es um 1900 in Cisleithanien insgesamt zehn höhere Mädchenschulen gab. Dennoch wurden aber weder die Knabenmittelschulen für Mädchen generell zugänglich gemacht noch gleichwertige Mädchengymnasien – mit Ausnahme der von Frauenvereinen getragenen Mädchengymnasien in Wien und Prag – geschaffen, sondern eine eigene Art höherer Mädchenschule eingeführt, das Lyzeum, in welchem moderne Fremdsprachen und eine vorwiegend musische Ausbildung für Mädchen angeboten wurden. Dieses Lyzeum, das mit einer Reifeprüfung abgeschlossen wurde, berechtigte vor allem zum Studium als außerordentliche Hörerin für das Lyzeallehramt selbst, war also nicht als weiterführende Basis für ein späteres Universitätsstudium gedacht. Es bedurfte langjähriger Kämpfe der Frauenbewegung, ehe im Jahr 1897 Frauen als reguläre Hörerinnen an den österreichischen Universitäten – zunächst freilich nur an den philosophischen Fakultäten – zugelassen wurden.

Insgesamt bedeutete der Ausbau des Sekundarschulbereichs, dass im ersten Jahrzehnt des 20. Jahrhunderts der Prozentsatz der Jugendlichen, die ein Gymnasium, ein Realgymnasium, eine Realschule bzw. ein Lyzeum besuchten, auf 2,8 % aller Jugendlichen im Alter zwischen zehn und 19 Jahren angestiegen war, eine Zahl, die zwar hinter dem Prozentsatz in

Deutschland, aber noch vor jenem von Frankreich lag und damit die Monarchie im internationalen Vergleich relativ gut positionierte.

Im Bereich der Universitäten wandelte sich – trotz kaum veränderter universitärer Strukturen – in den letzten Jahrzehnten des Jahrhunderts die wissenschaftliche Binnenlandschaft infolge einer wachsenden Ausdifferenzierung der Disziplinen, aber auch infolge der nationalen Konflikte, für welche die Universitäten neben dem Gymnasium zum maßgeblichen Austragungsort geworden waren. In Prag ging der Konflikt so weit, dass die Universität sich im Jahr 1882 in eine deutsche und eine tschechische Universität aufspaltete. Auch in Innsbruck nahmen wegen des dort angebotenen Rechtsstudiums in italienischer Sprache die nationalen Auseinandersetzungen zu. Dass es an Universitäten aber auch weniger konfliktträchtig zugehen konnte, zeigt das Beispiel der 1875 neu gegründeten Universität von Czernowitz, wo trotz des mehrheitlich deutschen Unterrichts neben den deutschsprachigen Siebenbürger Sachsen auch Polen, Ruthenen und Rumänen studieren konnten, ohne dass es zu gewaltsamen Tumulten kam.

Den gewandelten gesellschaftlichen Voraussetzungen entsprechend nahmen neue wissenschaftliche Disziplinen wie die Nationalökonomie und die Soziologie Ende des Jahrhunderts führende Positionen ein. Die Wiener Universität brachte auf diesen Feldern so bedeutende Gelehrte wie Lorenz von Stein und – eine Generation später – Carl Menger hervor. Dies wiederum wirkte sich umgekehrt auch auf die historischen Disziplinen aus, galt doch nun nicht mehr der Staat, sondern die Gesellschaft als erkenntnisleitendes Paradigma ersten Ranges. Die Zuwendung zu bislang wenig gestellten Fragen der Sozial- und Wirtschaftsgeschichte erweiterte auf diese Weise sowohl die Quellenbasis als auch die methodischen Zugänge der Geschichtswissenschaften. Aus der Philosophie bzw. der Pädagogik heraus entwickelte sich andererseits ein neuer Zugang zur wissenschaftlichen Erforschung der menschlichen Psyche, was die Psychologie und schließlich die Freudsche Psychoanalyse hervorbrachte. Die Philosophie selbst kam durch ihre enge Verbindung zur Physik vor allem an der Universität Wien zu neuer Blüte, wofür beispielhaft die Namen von Ernst Mach und Ludwig Boltzmann genannt werden können, die (zweite) »Wiener Medizinische Schule« erlangte, verbunden mit den Namen Carl von Rokitansky, Theodor Meynert, Theodor Billroth, Adolf Lorenz, in der zweiten Hälfte des 19. Jahrhunderts geradezu Weltruhm.

Bereits im Jahr 1872 waren, wie bereits erwähnt, die vollausgebauten polytechnischen Institute den Universitäten gleichgestellt worden, im Jahr 1901 erhielten sie das Promotionsrecht. Auch aus ihnen ging eine Reihe von Pionieren des Maschinenbaus hervor, wie Adam von Burg und Johann von Radinger, auch wenn sich auf diesem Gebiet nach wie vor entscheidende Innovationen außerhalb des akademischen Bodens bewegten. Siegfried Marcus, der gewissermaßen »österreichische« Erfinder des Automobils, entwickelte seinen Benzinmotor in der von ihm geführten Mechanikerwerkstatt und nicht an einer technischen Universität.

Insgesamt freilich begann die Vorstellung einer immer noch vorwiegend humanistisch ausgerichteten *Universitas litterarum* angesichts der veränderten technischen und industrialisierten Welt brüchig zu werden. Dies hatte zur Folge, dass zu Beginn des 20. Jahrhunderts die im humanistischen Bildungsideal lange unterschätzten *Artes mechanicae* den *Artes liberales* allmählich den Rang streitig machten, eine Entwicklung, deren Folgen die philosophischen Disziplinen heute erst voll und ganz zu spüren bekommen.

Kunst und Kultur

Das höhere Bildungsniveau breiterer Gesellschaftsschichten kam naturgemäß auch dem kulturellen Leben zugute, da dadurch Angebot und Nachfrage auf allen Sektoren künstlerischer Ausdrucksformen ebenfalls anstiegen. Gegenüber dem Vormärz, in dem die Grenzen zwischen höfischer Kunst und »Volkskunst« noch sehr viel stärker ausgeprägt gewesen waren, entwickelte sich nun ein rasch wachsender bürgerlicher Kulturbetrieb für ein gebildetes Publikum, für welches die Lektüre sogenannter schöngeistiger Literatur, der Besuch von Opern- und Theateraufführungen, Museen und Kunstgalerien allmählich zum selbstverständlichen Bestandteil eines neuen Lebensstils wurde. Zudem hatte sich bereits in der Ära Thun-Hohenstein das staatliche Interesse neben den Universitäten auch den Kunstakademien und Musikhochschulen zugewandt – im Laufe des Jahrhunderts erhielten zahlreiche Akademien Hochschulstatus, was auch auf dem Feld der künstlerischen Ausbildung die Zunahme an akademischer Professionalisierung bedeutete.

Erste und zweite Gründerzeit und der mit ihnen verbundene Bauboom boten für Architekten, Ingenieure und Baumeister ein reichhaltiges Betätigungsfeld. An der 1865 eröffneten Wiener Ringstraße fand der Historismus als beherrschender Kunststil in den verschiedenen Repräsentationsbauten seinen sichtbarsten Ausdruck. Aber auch in den anderen Großstädten der Monarchie, wie beispielsweise in Prag oder Budapest, erfolgten – insbesondere im Bereich der sogenannten Nationalmuseen – historisierende Prachtbauten, welche die Größe der jeweiligen Nation veranschaulichen sollten. Zu den berühmtesten Architekten zählten der ursprünglich aus Württemberg stammende Pastorensohn Friedrich von Schmidt, Erbauer des Wiener Rathauses, dessen im neogotischen Stil errichtete Kirchen sich bis heute in zahlreichen Städten der vormaligen Monarchie finden lassen, sowie der aus Dänemark stammende Architekt Theophil Hansen, dem – nach dem Vorbild des mittelalterlichen Arsenals in Venedig – das Wiener Arsenal, das 1870 eröffnete Gebäude des Wiener Musikvereins und das im gräzisierenden Stil errichtete Parlament zu verdanken sind. Auch das über die Grenzen der Monarchie hinaus bekannte Architekturbüro von Ferdinand Fellner und Hermann Helmer (Fellner & Helmer) errichtete – innerhalb der Monarchie, aber auch in anderen Städten Europas – eine Reihe von Theaterbauten, darunter das Volkstheater in Wien, das Neue Deutsche Theater in Prag, das Deutsche Stadttheater in Brünn sowie die Stadttheater von Salzburg und Klausenburg.

Die Hinwendung zur (vermeintlich) besseren Vergangenheit zeigte sich nicht nur in den historisierenden Prachtbauten, sondern ganz besonders in einem ausgeprägten Denkmalkult. Wie überall in Europa, so schossen auch in allen größeren Städten der Monarchie Heldendenkmäler aus dem Boden, die – gegenwärtig meist kaum noch wahrgenommen – deren Stadtbild bis heute prägen. Als Zeugnisse imaginierten Heldentums und vergangener Größe wurden so beispielsweise in Wien auf dem später so genannten Heldenplatz (der ursprünglich als Teil eines noch sehr viel größer dimensionierten Kaiserforums dienen hätte sollen) die Denkmäler für Erzherzog Karl und Prinz Eugen aufgestellt. Beide wurden vom vielgefragten Bildhauer Anton Dominik von Fernkorn errichtet und paradoxerweise etwa zeitgleich mit den entscheidenden politisch-militärischen Niederlagen eingeweiht – das eine (Erzherzog Karl) unmittelbar nach dem verlorenen italienischen Krieg, das andere (Prinz Eugen) kurz vor der Niederlage von Königgrätz. Anschaulicher konnte das Auseinanderklaffen von Traum und Wirklichkeit wohl nicht inszeniert werden. Für das von Caspar von Zumbusch gestaltete und 1888 eingeweihte Maria-Theresien-Denkmal in Wien wurde der (liberale) Historiker Alfred von Arneth zu Rate gezogen – er gab Maria Theresia eine Papierrolle, die Pragmatische Sanktion symbolisierend, in die Hand, als deutliche Botschaft für den Vertragscharakter der habsburgischen Herrschaft bzw. für den aus in Personalunion regierten Königreichen und Ländern – »unteilbar und untrennbar« (*indivisibiliter ac inseparabiliter*) – zusammengesetzten Charakter der Habsburgermonarchie. Die künstlerische Vergleichbarkeit all dieser Denkmäler, die zwischen Laibach und Czernowitz jede Nation und jede Stadt ihre je eigenen nationalen Helden finden ließ, zeigt die mittlerweile selbstverständlich gewordene Gebrauchskunst für die semantische Aufladung des öffentlichen Raumes, sie zeigt aber auch den wachsenden Reichtum einer Gesellschaft, die sich Selbstvergewisserungen solcher Art mehr und mehr leisten konnte. Auch in der ungarischen Reichshälfte ließen sich hierfür anschauliche Beispiele anführen, so die in Budapest und anderen ungarischen Städten errichteten Denkmäler für Matthias Corvinus, den großen ungarischen König und Widersacher Habsburgs, der als bronzener Zeuge die jahrhundertealte Selbständigkeit Ungarns zu symbolisieren hatte.

Das ausgeprägte Interesse an der Vergangenheit und eine idealisierende Weltsicht zeigte sich auch in den Historienbildern eines Franz (von) Defregger, dem u.a. der Tiroler Aufstand des Jahres 1809 seine spätere Glorifizierung zu keinem geringen Teil mitverdankte, oder in den Landschaftsbildern eines Rudolf von Alt oder Edmund von Wörndle, der ebenfalls zur bildlichen Memoria von Andreas Hofer einen maßgeblichen Beitrag geleistet hat. Der berühmteste Maler der zweiten Hälfte des Jahrhunderts war aber fraglos der aus Salzburg stammende Hans Makart. Der an Vorbildern wie Tizian und Rubens orientierte, zeitgenössisch überaus gefragte Maler inszenierte anlässlich der Silberhochzeit des Kaiserpaares im Jahr 1879 den feierlichen Festumzug in Wien und war unter anderem an der Innenausstattung wichtiger privater Neubauten an der Ringstraße sowie am Treppenhaus des Kunsthistorischen Museums beteiligt. Sein Stil mag für die zu Ende gehende Ära dieses extrovertierten, in seinem Farbenreichtum ebenso wie in seiner Formgebung historisierenden Kunstgeschmacks als bezeichnend gelten, ehe um die Jahrhundertwende eine junge Generation von Künstlern völlig neue Wege in der Kunst zu beschreiten begann.

Im Gegensatz zur Theatralik der bildenden Kunst wurde in Dichtung und Literatur vor allem mit dem Werk Franz Grillparzers, allerdings mit einer Vielzahl seiner Werke bereits vor 1848, eine Art österreichischer Klassik begründet. Der Geschichte war auch er verpflichtet, was sich mit seiner Funktion als Direktor des Hofkammerarchivs bestens vertrug. Zahlreiche von Grillparzers Dramen und Tragödien wenden sich historischen Themen zu, vielfach, um auf diese Weise auch die unmittelbare eigene Vergangenheit zu bearbeiten – so lassen sich unschwer im Konflikt zwischen Rudolf von Habsburg und Ottokar Přemysl (in *König Ottokars Glück und Ende*) die Parallelen zwischen König Ottokar und Napoleon erkennen, während *Die Jüdin von Toledo* mehr oder weniger direkt an die Affäre Lola Montez am bayerischen Königshof erinnert. Nur auf den ersten Blick unpolitisch erscheint die poetische Prosa aus der Feder des oberösterreichischen Schulrats Adalbert Stifter, der in seinem Bildungsroman *Der Nachsommer* zwar das Ideal eines beschaulichen Lebens fern von der Welt mit großer Liebe für die Natur als wichtigste Lehrmeisterin nachzeichnet, im Spätroman *Witiko* jedoch die Notwendigkeit politischen Handelns in den Vordergrund stellt. Ein wesentliches Kennzeichen des literarischen Schaffens in der zweiten Hälfte des 19. Jahrhunderts ist – hierin parallel zur Malerei – die Hinwendung zur Natur, zu den »einfachen« Menschen, zur bäuerlichen Welt nicht zuletzt, die offenbar als Gegenwelt zur bedrohlich empfundenen Gegenwart vielfach idealisiert dargestellt und überhöht werden. Marie von Ebner-Eschenbach, geborene Gräfin Dubský (d.h. einem mährischen Adelsgeschlecht entstammend), war dabei in ihrem Werk (eines der bekanntesten ist die Novelle *Krambambuli*) durchaus von sozialkritischem Engagement getragen, ähnlich wie Ludwig Anzengruber, der »größte dramatische Dichter unserer Tage« (Victor Adler), dessen detailgetreue Schilderungen dörflicher und bäuerlicher Lebenswelten ebenfalls starke gesellschaftskritische Züge trugen, und der Erzähler und Lyriker Ferdinand von Saar. Heute kaum noch lesbar sind die romantisierenden Schriften des steiermärkischen »Waldbauernbuben« Peter Rosegger sowie des Niederösterreichers Robert Hamerling, damals einer der gefragtesten und meistgelesenen Autoren im deutschsprachigen Raum.

Angesichts dieser – in künstlerischer Hinsicht doch sehr lange eher konventionellen Traditionen verhafteten – Kunstproduktion stellt sich bis heute die Frage, welchen Gründen und Faktoren um die Jahrhundertwende der geradezu revolutionäre Aufbruch in die Moderne zu danken war, dessen Faszination als Kunst des Fin de Siècle bis in die Gegenwart hinein ungebrochen andauert.

Ein Blick auf einige – zufällig aneinandergereihte – Ereignisse des Jahres 1900 kann vielleicht besser verdeutlichen, was sich auf allen Sektoren des Lebens gewandelt hatte, um sich gerade in der Kunst als dem sensibelsten Seismographen einer Epoche niederzuschlagen.

Im Dezember 1899 veröffentlicht ein 45jähriger Arzt namens Sigmund Freud ein Buch über *Die Traumdeutung*: In den ersten sechs Wochen werden 123 Exemplare verkauft, der wissenschaftliche Blick leuchtet erstmals ins menschliche Unbewusste hinein und lotet bisher unbekannte Tiefen aus. Einen Tag nach der alleinigen Geltung der neuen Kronenwährung erscheint am 2. Januar 1900 die erste Nummer der *Österreichischen Kronen-Zeitung*; das Monatsabonnement kostet eine Krone, eine Nummer vier Heller, was dem Preis für eine Semmel gleichkommt. Die vielleicht bisher noch vielfach als elitär empfundene Presse wird damit endgültig zum Massenprodukt. Am 30. Oktober findet das Eröffnungskonzert der Wiener Symphoniker statt, das erste vom Theaterdienst unabhängige Orchester von Berufsmusikern. In der Weihnachtsbeilage der *Neuen Freien Presse* des Jahres 1900 wird eine Erzählung mit dem Titel *Lieutenant Gustl* veröffentlicht. Die Zeitung wird beschlagnahmt, ein Großteil ist allerdings schon ausgeliefert. Dem Verfasser und Arzt Arthur Schnitzler, Offizier der Reserve, wird in einem ehrenrätlichen Verfahren der militärische Rang aberkannt. Anfang des Jahres 1902 wird in Wien die letzte Pferdestraßenbahnlinie elektrifiziert.

Diese wenigen Beispiele mögen genügen, um das Zusammenwirken der verschiedensten Faktoren zu veranschaulichen, welche das kreative Milieu der Jahrhundertwende in Wien, aber auch in anderen kulturellen Zentren der Monarchie ermöglicht haben. Kunst und Wissenschaft, Technik und gewandelte Lebensbedingungen waren es in ihrem Zusammenwirken, welche den Weg in die Moderne in allen Lebensbereichen (nicht nur in der Kunst allein) begleitet haben. Während in der Musik Gustav Mahler, Arnold Schönberg, Anton Webern neue Ton- und Klangsprachen entwickelten, welche die traditionellen, an der klassischen Harmonielehre geschulten Hörgewohnheiten des Publikums vor große Herausforderungen stellten, brach eine junge Generation von revoltierenden bildenden Künstlern mit den am Historismus orientierten Kunstschulen und spaltete sich (1897) durch »Secession« als eigene Gruppe moderner Künstler vom bisherigen Kunstbetrieb ab. Eine ganze Reihe von bis heute prominenten Künstlern fand sich unter diesen »Secessionisten« wieder, wovon Gustav Klimt, Koloman Moser, Max Kurzweil und Ernst

Stöhr wohl die bekanntesten sind. Die Fakultätsbilder, die Gustav Klimt im Auftrag der Universität Wien als Maler gestaltete, gerieten zum Skandal, wagte es Klimt doch, die Allegorie der Philosophie mit einer nackten Frau zu verkörpern. Von einem völlig neuen Geist getragen war auch das literarische Werk von Arthur Schnitzler, Hugo von Hofmannsthal, Karl Kraus, Rainer Maria Rilke, um nur die wichtigsten Autoren der Wiener Moderne zu nennen, die in wenig beschönigender Weise ihre konkrete Gegenwart analysierten, die menschlichen Schwächen aufs Korn nahmen und sowohl thematisch wie sprachlich völlig neue künstlerische Wege beschritten. Und auch die Sprache der Architektur wandte sich vom Historismus ab – in schmucklosen und klaren Formen sollten die Bauten von Otto Wagner, Josef Hoffmann, Adolf Loos vor allem der Funktionalität dienen. Dennoch findet sich in der Gebrauchskunst auch jene figurative Ornamentik, die als Jugendstil für die österreichisch-ungarische Kunst der Jahrhundertwende charakteristisch ist.

Eine vergleichende Analyse von Herkunft und Wirkungsmöglichkeiten der Künstlergenerationen um 1900 mit jenen um 1800 würde wenig Erstaunliches zutage fördern: Längst stammte die überwiegende Mehrheit der Künstler in allen künstlerischen Sparten aus einem (groß)bürgerlichen, akademisch gebildeten und vielfach selbst künstlerisch interessierten Elternhaus: Der Vater von Arthur Schnitzler war ein zu seiner Zeit berühmter Laryngologe, Hugo von Hofmannsthal entstammte einer jüdischen Industriellen- und Bankiersfamilie, Gustav Mahler einer mährischen Kaufmannsfamilie; Gustav Klimt war der Sohn eines böhmischen Goldgraveurs und Otto Wagner der eines Notars an der Ungarischen Hofkanzlei in Wien. Diese wenigen Beispiele mögen genügen, um zu illustrieren, wie sehr sich im Laufe des Jahrhunderts die Bedingungen für Kunst und Kultur und umgekehrt deren Ausstrahlung in die Gesellschaft hinein gewandelt hatten. Alle diese Künstler konnten dank der mittlerweile erreichten Dichte an Gymnasien und Kunstschulen eine gründliche Ausbildung genießen und infolge der öffentlichen und privaten Nachfrage nach ihrer Kunst ihren Beruf als anerkannte Künstler – ohne höfische Förderung jeglicher Art – auch ausüben. Kunst und Kultur waren – trotz oder vielleicht gerade wegen des ihnen innewohnenden gesellschaftskritischen Potentials – zur entscheidenden Signatur des bürgerlichen Jahrhunderts geworden.

Dass es daneben Armut und soziales Elend, Nationalitätenkonflikte, wirtschaftliche und politische Krisen gab und die Zeit vor dem Ersten

Weltkrieg von den Zeitgenossen selbst geradezu als Tanz auf dem Vulkan erlebt wurde, darf allerdings vor dem Hintergrund der kulturellen Blütezeit des Fin de Siècle nicht übersehen werden. Über diese die letzten Jahrzehnte Österreich-Ungarns belastenden Widersprüche konnte auch jene Kunstgattung nicht hinwegtäuschen, die wohl am meisten mit der späten Habsburgermonarchie in Verbindung gebracht wird und die gewissermaßen den volkstümlichen Gegenpart zur künstlerischen Moderne darstellt: die Wiener Operette. Zu den beschwingten Walzerklängen von Johann Strauß, Carl Millöcker, Carl Zeller und schließlich Franz Lehár konnte sich die Gesellschaft eine Traumwelt vorgaukeln (lassen), durch die man den Krisen der realen Welt wenigstens kurzzeitig zu entkommen hoffte. Mitten im Krieg, am 17. November 1915, fand im Johann-Strauß-Theater in Wien die Uraufführung der Operette *Die Csárdásfürstin* von Emmerich Kálmán statt, Ralph Benatzky feierte mit *Liebe im Schnee* im Etablissement Ronacher in der Spielzeit 1915/16 seinen ersten großen Operettenerfolg, am 1. Februar 1918 wurde erstmals Franz Léhars *Wo die Lerche singt* aufgeführt.

Der Tanz auf dem Vulkan wurde allerdings nicht auf der Bühne, sondern auf den Schlachtfeldern beendet.

Erste Republik, Austrofaschismus, Nationalsozialismus (1918–1945)

Von Oliver Rathkolb

Epochenüberblick

Erst relativ spät realisierten die deutschsprachigen Abgeordneten des Reichsrats, dass die k.u.k. Monarchie entlang ihrer ethnischen Gruppen in unabhängige und demokratische Nationalstaaten zerfallen werde. Während die Sozialdemokraten sich eindeutig für eine demokratische parlamentarische Republik aussprachen, suchten die Christlichsozialen noch lange einen Kompromiss mit Kaiser Karl, der aber dann doch zumindest auf die Ausübung der Regierungsgeschäfte verzichten musste. Zwar zeigten sich anlässlich der Ausrufung der Republik Deutsch-Österreich am 12. November 1918 semirevolutionäre Erscheinungen von links, doch waren die beiden in der Spätphase des Habsburger Imperiums entstandenen neuen Massenparteien, die Sozialdemokraten und die Christlichsozialen, stark genug, um gemeinsam mit den Großdeutschen eine effiziente Provisorische Nationalversammlung zu gründen. Trotz der extremen ökonomischen und sozialen Probleme mit hoher Arbeitslosigkeit, galoppierender Inflation, Seuchen, militärischen Grenzkonflikten im Süden wurden auf der Basis einer durch Kontinuitäten geprägten Verwaltung nicht nur am 16. Februar 1919 die freien Wahlen, bei denen auch erstmals Frauen wählen konnten, durchgeführt, sondern auch eine Koalitionsregierung unter sozialdemokratischer Führung mit den Christlichsozialen etabliert. In diesem Sinne hatte es in Österreich keine wirkliche Revolution gegeben, sondern einen moderierten Regimeübergang mit einem erst am 3. April 1919 paktierten Gesetz, betreffend die Landesverweisung und die Übernahme des Vermögens des Hauses Habsburg-Lothringen. In der zuletzt genannten Bestimmung war Österreich radikaler als die Weimarer Republik, auch wurden alle Adelstitel und -vorrechte abgeschafft. In weiterer Folge wurden eine Reihe wichtiger sozialpolitischer Gesetze sowie ein Betriebsrätegesetz und eine moderne Verfassung 1919/1920 verabschiedet, die ihrerseits – wieder zum Unterschied von Deutschland – ein starkes Parlament und eine starke Regierung legitimierte, wohingegen der Bundespräsident kaum wichtige Kompetenzen hatte und auch nur von der Bundesversammlung gewählt wurde. Außen-

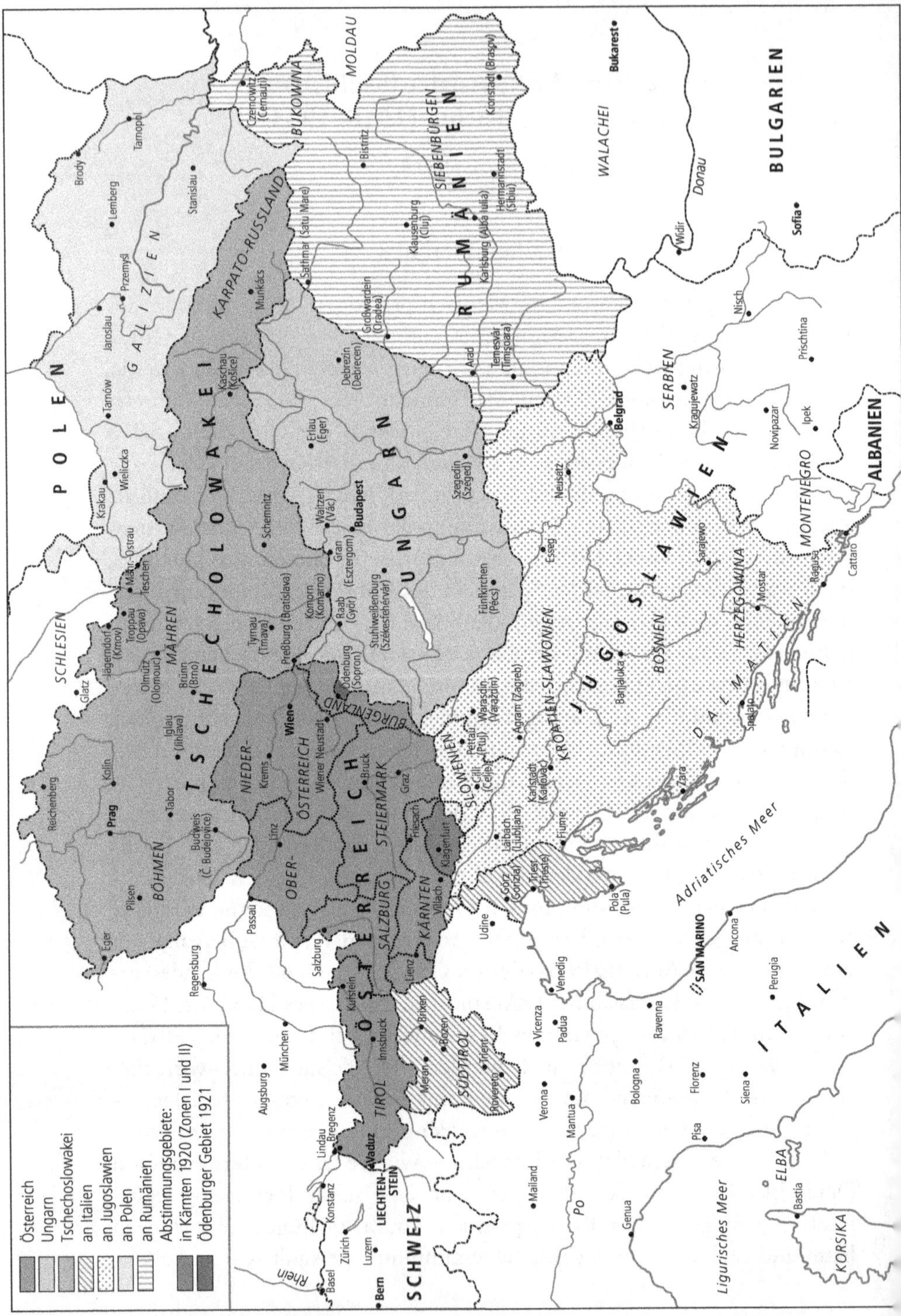

Die Nachfolgestaaten Österreich-Ungarns nach dem Ersten Weltkrieg

politisch hingegen war die junge Republik nur hinsichtlich Südkärntens erfolgreich – hier stimmte die Mehrheit (rund 60%) der Bevölkerung (darunter auch 40% der Slowenen) für den Verbleib bei Österreich gegen die Integration in das Königreich der Serben, Kroaten und Slowenen. Aber weder die rund 3 Millionen deutschsprachigen Bewohner des Sudetengebietes bzw. von Teilen Südböhmens und Südmährens in der Tschechoslowakei, die ebenfalls den Anschluss an Österreich und in weiterer Folge an das Deutsche Reich suchten, noch die deutschsprachige Mehrheit in Südtirol konnten ihre Vorstellungen verwirklichen. Die Alliierten fürchteten einen neuerlichen Machtzuwachs des ›Deutschen Blocks‹, wozu natürlich auch die kompromisslose Pro-Anschluss-Politik bis zum Verbot durch den Staatsvertrag von St-Germain-en-Laye 1920 das Ihre beitrug, um diese geostrategischen Ängste zu steigern. Südtirol wiederum war quasi als Belohnung für den Allianzwechsel Italiens im Weltkrieg ebenfalls letztlich kein wirklicher Verhandlungsgegenstand. Der sozialdemokratische Staatssekretär des Äußeren, Otto Bauer, trat aus Protest gegen das Anschluss-Verbot zurück, das auch das Parlament akzeptieren musste. 1921 kam noch das Burgenland, ehemals ungarisches Territorium, zu Österreich. Im Oktober 1920 zerbrach die Große Koalition, und die Sozialdemokraten – und damit rund 40% der Wählerinnen und Wähler – sollten ab diesem Zeitpunkt in Opposition bleiben. Zunehmend verlor das bürgerliche Lager die Angst vor einer bolschewistischen Revolution wie 1917 im zaristischen Russland oder vor Räterepubliksexperimenten wie in Bayern oder Ungarn und begann in den 1920er Jahren stärker – wie der führende christlichsoziale Politiker Ignaz Seipel – mit autoritären Modellen zu liebäugeln. Gleichzeitig gewannen paramilitärische Formationen, die ursprünglich als Ortswehren oder Frontkämpfervereinigungen nach Kriegsende gegründet worden waren, an Einfluss und versuchten, sich auch als konservative Heimwehren mit Verbindungen zur Christlichsozialen Partei zu organisieren. Teilweise gingen Teile der Heimwehren aber noch viel weiter in Richtung der langsam auch in Österreich ab den frühen 1930er Jahren erfolgreicheren Nationalsozialisten. Die Sozialdemokraten, die ursprünglich bis 1920 die staatliche »Volkswehr« dominiert hatten, gründeten 1923 ebenfalls eine paramilitärische Formation, den Republikanischen Schutzbund.

Vor dem Hintergrund der anhaltenden wirtschaftlichen internationalen Krise, die durch die Weltwirtschaftskrise 1929 und eine Hartwährungspolitik sowie eine rigide und sparorientierte Budgetpolitik der Regierung noch verschärft wurde, explodierte die Arbeitslosigkeit: 1929 waren bereits rund 280 000 Menschen ohne Beschäftigung (nur 193 000 von ihnen erhielten ein Arbeitslosengeld), im Februar 1933 explodierte diese Zahl auf 600 000, wobei nur 402 000 noch eine staatliche Unterstützung erhielten. Gleichzeitig boomten in ganz Europa nach der Demokratisierungswelle ab 1919 zunehmend autoritäre Modelle bzw. wie in der Sowjetunion oder Italien führerzentrierte totalitäre Regime: 1917 Sowjetunion (Lenin), 1919 Ungarn (Horthy), 1922 Italien (Mussolini), 1925 Albanien (Zogu), 1926 Portugal (Carmona), Polen (Piłsudski), Litauen (Smetona), 1929 Jugoslawien (König Alexander I.).

Die innenpolitische Krise eskalierte 1927 mit dem Sturm auf den Justizpalast, nach Massenprotesten gegen den Freispruch von Mitgliedern der Frontkämpfer, die für die fahrlässige Tötung eines Kriegsinvaliden und eines kleinen Kindes bei den üblichen sonntäglichen Konfrontationen und Machtdemonstrationen paramilitärischer Verbände verantwortlich waren. Nach einem verspäteten und brutalen Polizeieinsatz mit zahlreichen Toten und Verletzten wurde aber auch klar, dass die Macht der Straße durch einen Generalstreik nicht ausreichte, um eine Gegenrevolution zu starten. In diesem Geiste war die von den Christlichsozialen betriebene und von den Sozialdemokraten letztlich akzeptierte Verfassungsreform 1929 ein erster Schritt in Richtung Hindenburg-Modell wie in Deutschland, d. h. Etablierung eines starken, vom Volk direkt gewählten Bundespräsidenten mit umfassenden Kompetenzen als Oberbefehlshaber des Bundesheeres, eines Berufsheeres, sowie bei der Bildung und Entlassung der Regierung. Doch 1932 waren die Wahlerfolge der Nationalsozialisten bei Landes- und Gemeindewahlen aufgrund der Vorbildwirkung der Erfolge Hitlers in Deutschland bereits so groß, dass sie den großdeutschen Koalitionspartner der Christlichsozialen schluckten, wohingegen die Sozialdemokraten stabil blieben. Daher wurde eine Geschäftsordnungskrise im März 1933 von vielen der bereits mit autoritären Modellen experimentierenden Politiker als Geschenk des Himmels angesehen und mittels Verfassungsbruch ein Wiederzusammentreten des Nationalrates verhindert. Die nachfolgende Kanzlerdiktatur des christlichsozialen Landwirtschaftsexperten Engelbert Dollfuß, der mittels eines auch nach 1918 aufgrund der wirtschaftlichen Krisen nie aufgehobenen Kriegswirtschaftlichen Ermächtigungsgesetzes aus dem Jahr 1917 autoritär regierte, sollte jedoch nicht stabil bleiben. Zwar wurden die zögerlichen Sozialdemokraten in einem blutigen, kurzen und provozierten Bürgerkrieg im Februar 1934 verboten und verfolgt, aber in einem ebenso opferreichen Putschversuch der Nationalsozialisten wurde Dollfuß im Juli 1934 im Kanzleramt getötet. Sein Nachfolger Kurt Schuschnigg versuchte zwar durch die Mai-Verfassung ein pseudoständestaatliches Regime zu etablieren, doch blieb letztlich der Kanzler die absolut dominierende Führungskraft, der zumindest theoretisch einen Teil der politischen Macht mit dem Bundespräsidenten teilen sollte. Doch schon 1936 war der außen- und innenpolitische Druck Hitler-Deutschlands so groß, dass Schuschnigg den antinationalsozialistischen Kurs, der aufgrund von NS-Terrorattentaten eingeschlagen worden war, aufgab und im Juli-Abkommen 1936 ein Ausgleichsabkommen mit Deutschland schloss: Dies wurde die Basis für eine allmähliche Rückkehr von nationalsozialistischen Funktionären auf die politische Bühne. Eine Anti-Hitler-Front Ende 1937 / Anfang 1938 mit ehemaligen Sozialdemokraten sowie eine kurzfristig angekündigte Volksbefragung im März 1938 scheiterten letztlich an der zögerlichen und deutschfreundlichen Grundhaltung des Kanzlerdiktators und am massiven Druck vonseiten Adolf Hitlers. Selbst die Integration von Nationalsozialisten in zentrale Positionen der Regierung 1938 bestätigte nur die politische Schwäche des Schuschnigg-Regimes, das letztlich auch auf die Volksbefragung verzichtete. Nach dem Rücktritt von Schuschnigg übernahm nach kurzem Widerstand seitens des Bundespräsidenten Wilhelm Miklas der nationalsozialistische Innenminister Arthur Seyss-Inquart die Kanzlerschaft und liquidierte die seit März 1933 autoritär bestimmte Erste Republik. Schuschnigg untersagte ausdrücklich jeglichen militärischen Widerstand, und die deutsche Wehrmacht und dann Adolf Hitler wurden von vielen Österreichern und Österreicherinnen mit hysterischem Jubel empfangen. Hitler war von dieser Begeisterung so überrascht, dass er sich noch in Linz entschied, die geplante Herrschaft in Personalunion über zwei formal selbständige Staaten aufzugeben und sofort die vollständige Integration nach einer Volksabstimmung anzustreben.

Gleichzeitig begannen teilweise noch vor dem eigentlichen Einmarsch Nationalsozialisten den »Anschluss von Innen« vorwegzunehmen, so zum Beispiel in Graz, der späteren »Stadt der Volkserhebung«. Massive pogromartige antisemitische Übergriffe und Plünderungen begannen ebenfalls Platz zu greifen. Viele Menschen erhofften sich ein Ende der hohen Arbeitslosigkeit, aber zuvor hatte sicherlich die NSDAP schon ein Unterstützungspotential von 20–30 % der möglichen Wählerinnen und

Wähler. Die Gestapo exekutierte mit Hilfe der ehemals österreichischen Polizei sofort ihre schon ausgearbeiteten Verhaftungslisten, und die ersten Transporte, bestehend aus Repräsentanten des ehemaligen Dollfuß-Schuschnigg-Regimes, einzelnen Sozialdemokraten und Kommunisten und aus Juden, gingen in Richtung des Konzentrationslagers Dachau ab. In weiterer Folge wurde nicht nur die Volksabstimmung im April 1938 perfekt propagandistisch und mit einem Mix aus Zwang und Terror durchgeführt, wobei Juden und Jüdinnen sowie politische Gegner, d.h. 360 000 Menschen (8 % der Bevölkerung), nicht wahlberechtigt waren. Auch vor vereinzelter Wahlfälschung wurde nicht zurückgeschreckt, um letztlich unwahrscheinliche 99,6 % Zustimmung zur »Wiedervereinigung« proklamieren zu können. Doch rasch wurde klar, dass das ehemalige Österreich nicht als gleichberechtigter »zweiter deutscher Staat« – so die verwirrende Devise in der Dollfuß-Schuschnigg-Diktatur – integriert wurde, sondern dass Funktionäre aus dem »Altreich« häufig den Ton und die Richtung der Politik vorgaben. Aber Seilschaften aus ehemals österreichischen Nationalsozialisten – so um Adolf Eichmann – kompensierten ihre Degradierung durch besonders umfassende und rasche Ausplünderung und Vertreibung der jüdischen Bevölkerung nach einer Vermögenserfassung. Trotz vereinzelter Widerstandsaktionen – so auch der Katholischen Jugend – blieben die meisten Österreicher gehorsam und ließen sich auch von der Euphorie nach dem Aggressionskrieg gegen Polen und Frankreich sowie 1941 gegen die Sowjetunion anstecken. Individuelle, linke und monarchistische sowie konservative Widerstandsgruppen wurden häufig denunziert, und auch ausländischen Agenten gelang es nicht, Unterstützung in der Bevölkerung zu finden. Zwar nahm die Regimetreue nach der verlorenen Schlacht von Stalingrad im Dezember 1942 ab, und ein eher schwammiges Österreichertum begann sich zu regen. Auch die Moskauer Deklaration vom 1. November 1943 hatte – trotz Hinweises auf die Wiedererrichtung eines selbständigen Staates, wenn es genügend Widerstand gebe – keine breite antifaschistische Front zur Folge. Letztlich standen im statistischen Vergleich rund 100 000 verfolgte Widerstandskämpfer etwa 700 000 NSDAP-Mitgliedern auf dem Gebiet des heutigen Österreich sowie Teilen Südböhmens, Südmährens und Nordsloweniens gegenüber.

Trotz einzelner erfolgreicher Widerstandsaktivitäten – so wurde beispielsweise Innsbruck vor dem Eintreffen von US-Truppen befreit – gelang die Zerschlagung des Nationalsozialismus nicht von innen heraus, sondern war eine Folge der militärischen Befreiung durch die Rote Armee und durch die Truppen der Westalliierten, von denen insgesamt rund 30 000 dabei gefallen sind. Über 65 000 Juden und Jüdinnen und Tausende Roma und Sinti und andere Verfolgte kamen in den NS-Vernichtungs- und Konzentrationslagern ums Leben, rund 150 000 schafften die Flucht ins Exil.

»Der Staat wider Willen« (1918–1938)

1918	Januar: ausgedehnter Streik der Industriearbeiter: Beendigung des Krieges gefordert 16. Oktober: Kaiserliches Manifest: Umwandlung Cisleithaniens in einen Bund von Nationalstaaten 21. Oktober: Konstituierende Sitzung der Provisorischen Nationalversammlung Deutsch-Österreichs durch die deutschsprachigen Mitglieder des Abgeordnetenhauses des Reichsrats im niederösterreichischen Landhaus Ende Oktober: Zerfall der Monarchie 30. Oktober: Provisorische Verfassung Deutsch-Österreichs 3. November: Abschluss des Waffenstillstands zwischen Österreich-Ungarn und der Entente 11. November: Erklärung Kaiser Karls, auf die Beteiligung an den Staatsgeschäften zu verzichten und jede Entscheidung über die Staatsform anzuerkennen 12. November: Ausrufung der Republik Deutsch-Österreich durch die Provisorische Nationalversammlung sowie Einführung des Frauenwahlrechts
1919	Ende März: Ausreise der kaiserlichen Familie in die Schweiz 3. April: Abschaffung des Adels in Österreich, Habsburgergesetz (Landesverweis und Enteignung), Abschaffung der Todesstrafe 17. April und 15. Juni: Kommunistische »Putschversuche« in Wien 10. September: Unterzeichnung des Friedensvertrages von St. Germain; der Staatsname muss in »Republik Österreich« geändert werden
1919/20	Sozialgesetze (Achtstundentaggesetz, Arbeiterurlaubsgesetz, Arbeitslosenversicherung, Arbeiterkammergesetz, Kollektivverträge u.a.)

1920	7. Juli: Ende der Koalitionsregierung zwischen Sozialdemokraten und Christsozialen
	Gründung der Salzburger Festspiele
	September: Einigungs- und Gründungsparteitag der Großdeutschen Volkspartei
	1. Oktober: Bundesverfassungs-Gesetz (BVG) der Republik Österreich von der Nationalversammlung angenommen
	10. Oktober: Volksabstimmung in Kärnten über den Verbleib des südöstlichen Landesteils bei Österreich
1921	November: Burgenland vom österreichischen Bundesheer »besetzt«
	14.–16. Dezember: Ödenburg (Sopron) und Umgebung gehen Österreich durch Volksabstimmung verloren
1922	4. Oktober: Genfer Protokolle (Österreich erhält Völkerbundanleihe)
1924	Beginn des Radiozeitalters in Österreich
1925	Schillingwährung eingeführt
	30. Juli: Verfassungsreform
1926/27	Abschluss einer Schulreform
1927	30. Januar: Zusammenstoß zwischen Republikanischem Schutzbund und Frontkämpfervereinigung in Schattendorf fordert zwei Todesopfer
	15. Juli: Brand des Justizpalastes während Demonstration infolge des Freispruches der Angeklagten im Schattendorf-Prozess
1929	Verfassungsreform (Rechte des Bundespräsidenten erweitert)
1931	Zusammenbruch der Credit-Anstalt
	13. September: Gescheiterter Putschversuch des steirischen Heimwehrkommandanten Walter Pfrimer
1932	Vertrag von Lausanne: neue Völkerbundanleihe
1933	4. März: Verfassungsbruch nach einer Geschäftsordnungskrise des Parlaments, Beginn der Kanzlerdiktatur von Engelbert Dollfuß
	März: Verbot des Republikanischen Schutzbundes
	Mai: Verbot der Kommunistischen Partei
	Mai/Juni: Deutschland verhängt »Tausendmarksperre« (vor Reise nach Österreich haben deutsche Staatsbürger 1000 Mark zu bezahlen); 20. Mai: Gründung der Vaterländischen Front als Einheitspartei
	Juni: Betätigungsverbot für die NSDAP
1934	12.–15. Februar: Bürgerkrieg (Aufstand eines Teiles des Republikanischen Schutzbundes, von der Regierung blutig niedergeschlagen, Verbot der Sozialdemokratischen Partei)

	17. März: »Römische Protokolle«: Bekräftigung der italienisch-österreichischen Zusammenarbeit 1. Mai: Inkrafttreten der neuen ständestaatlichen Verfassung, Verkündung des Konkordats 25. Juli: Gescheiterter nationalsozialistischer Putschversuch, Bundeskanzler Dollfuß in Wien ermordet, in den Bundesländern Kämpfe bis 30. Juli September: Deklaration Frankreichs, Großbritanniens und Italiens über die Aufrechterhaltung der Unabhängigkeit Österreichs
1936	11. Juli: Juliabkommen mit Deutschland: Deutsche Reichsregierung anerkennt Souveränität Österreichs, österreichische Regierung kommt Nationalsozialisten entgegen, dafür Aufhebung der »Tausendmarksperre« Auflösung der Heimwehr
1938	12. Februar: Treffen Hitlers und Schuschniggs in Berchtesgaden: durch massive Drohungen Abkommen zugunsten der Nationalsozialisten 11. März: Deutsches Ultimatum an Österreich: Absage der von Bundeskanzler Kurt Schuschnigg geplanten Volksbefragung am 13. März, Rücktritt Schuschniggs 12. März: Einmarsch der deutschen Wehrmacht in Österreich 13. März: Bundesverfassungsgesetz über die Wiedervereinigung Österreichs mit dem Deutschen Reich im österreichischen Ministerrat beschlossen 15. März: Kundgebung am Wiener Heldenplatz 10. April: Volksabstimmung über den Anschluss Österreichs an das Deutsche Reich

Rückwärtsgewandter Anfang – Demokratie in Österreich 1918/19

Selbst ein derart offensichtlicher Einschnitt wie das Ende der Monarchie im Habsburgerreich, verbunden mit dem Ende des Ersten Weltkrieges, signalisierte keinen völligen Neubeginn. Zu stark waren jahrhundertealte Traditionen in den verschiedenen Bevölkerungsschichten verankert und hatten das tägliche Leben auf den verschiedensten Ebenen geprägt. Im Folgenden sollen einige Aspekte jener Veränderungen, die die Bevölkerung spürte und von denen sie geprägt wurde, skizziert werden.

Während der letzte Kaiser, Karl, nach intensiven Verhandlungen am

11. November 1918 seinen »Verzicht auf jeden Anteil an den Staatsgeschäften« schriftlich erklärte – nachdem bis zuletzt eine mögliche Fortsetzung der Monarchie diskutiert worden war –, herrschte im Lande bittere Not. Beispielhaft für diese Probleme soll der Bericht der Tochter eines Taglöhners aus dem nördlichen Waldviertel in Litschau sein: »Die Lebensmittel waren karg, und der Hunger machte sich im ganzen Land breit. Am ärgsten war es 1917–1918 […]. Kein Mehl, kein Zucker, kein Salz, kein Brot und wenn, dann Haferbrot, das in Stücke zerfiel und wie mit Stacheln gespickt war. Das zu essen, bedurfte großen Hungers […].«

Ausschlaggebend für den Rückzug Kaiser Karls von den Regierungsgeschäften war jedoch nicht die extrem schwierige ökonomische und politische Situation, sondern die Tatsache, dass nicht nur der Krieg verloren war, sondern auch die siegreichen Alliierten (Frankreich und vor allem die USA und Großbritannien) kein Interesse zeigten, die Monarchie oder das Haus Habsburg zu unterstützen. Trotz einer Fülle von Überlegungen zur Lösung des Nationalitätenkonflikts Ende des 19. Jahrhunderts waren die herrschenden Eliten in Österreich-Ungarn nicht bereit, eine entsprechende Föderalisierung der Doppelmonarchie durchzuführen und die Tatsache zu berücksichtigen, dass die »Deutschen«, aber auch die »Ungarn« in ihren jeweiligen Herrschaftsbereichen zahlenmäßig in der Minderheit waren bzw. nur über relative Mehrheiten verfügten.

Eng verknüpft mit der nationalen Unterdrückung war die mangelhafte demokratische Willensbildung in der Monarchie. Ein allgemeines Wahlrecht für das Abgeordnetenhaus im Reichsrat in Wien gab es erst seit 1907. Das Recht galt nur für Männer und entsprach dem nationalen Kräfteverhältnis keineswegs. Überdies wurde der Reichsrat zwischen März 1914 und Mai 1917 nicht einberufen, so dass dieses Forum demokratischer Opposition während des Beginns des Ersten Weltkrieges nicht gehört werden musste. Kaiser Franz Joseph und sein Nachfolger regierten in dieser Zeit in der westlichen Reichshälfte (Cisleithanien) mittels kaiserlicher Verordnungen.

Neben der geringen Erfahrung im Umgang mit der Demokratie und neben dem Nationalitätenkonflikt wurde noch ein Element psychologischer Natur in die Erste Republik eingebracht: die Kriegserfahrung. Österreich-Ungarn hatte etwa 8,5 Millionen Männer für den Kriegsdienst mobilisiert – das waren 75 % der männlichen Bevölkerung zwischen 18 und 50 Jahren. 1,6 Millionen von ihnen mussten die Großmachtpolitik Österreich-Ungarns und des Deutschen Reiches mit ihrem Leben bezahlen, bei zusätzlichen 3,9 Millionen Verwundeten, Vermissten und Gefangenen (Stand 6. November 1918). So schrieb der ehemalige k. u. k. Finanzminister Alexander Spitzmüller in seinen Erinnerungen davon, dass »das größte Verbrechen« während des Krieges in der Zerstörung der Rechtsordnung lag, die sich auch in den zahllosen Militärgerichtsverfahren offenbarte. Otto Bauer wiederum beschrieb die Veränderung der »Struktur und Geistesverfassung des Proletariats« durch die Erfahrungen in den Schützengräben: »Die Jahre im Schützengraben hatten sie mit dem Glauben an die Gewalt erfüllt. Nun kam die Revolution, kam der Tag der Heimkehr. Aber in der Heimat harrten ihrer Hunger, Kälte, Arbeitslosigkeit.«

Aber auch im Hinterland, in den Rüstungsbetrieben, die noch 1917 1,1 Millionen Gewehre, 15 500 Maschinengewehre und 4200 Geschütze produziert hatten, begannen die Arbeiterinnen und Arbeiter gegen die soziale und politische Ausbeutung, die durch »Kriegsnotwendigkeiten« ins Unerträgliche gesteigert worden war, zu protestieren. Im sogenannten Jännerstreik (3.–25. Jänner 1918) traten 700 000 Werktätige in den Ausstand; wenige Tage später (1. und 3. Februar 1918) meuterten Matrosen der Kriegsmarine in Cattaro – 392 wurden angeklagt und vier von ihnen hingerichtet. Doch die Auflösung der Monarchie war nicht mehr aufzuhalten, wie eine Vielzahl von zivilen Demonstrationen, Streiks und Meutereien in der k. u. k. Armee zeigte.

Mit diesen sozialen Problemen musste jedoch auch die junge Republik rechnen, die am 12. November 1918 von jenen Abgeordneten legitimiert wurde, die 1911 in den (überwiegend) deutschsprachigen Wahlkreisen zu Abgeordneten im cisleithanischen Reichsrat gewählt worden waren. Diese – 111 Deutschnationale, 70 Christlichsoziale und 39 Sozialdemokraten – hatten sich am 21. Oktober 1918, parallel zu analogen Ereignissen in Prag (Praha), Agram (Zagreb) und Laibach (Ljubljana), im niederösterreichischen Landhaus in der Herrengasse in Wien als »Provisorische Nationalversammlung für Deutschösterreich« konstituiert. Am 30. Oktober hatte die Provisorische Nationalversammlung die von Karl Renner ausgearbeitete, den Anschluss an Deutschland proklamierende Provisorische Verfassung (*Beschluss über die grundlegenden Einrichtungen der Staatsgewalt*) angenommen. In der Nacht vom 30. auf den 31. Oktober wurde die erste deutschösterreichische Regierung mit Staatskanzler Renner an der Spitze berufen, und Heinrich Lammasch – der letzte kaiserliche Ministerpräsident der österreichischen Reichshälfte – übergab Renner am 31. Oktober die Regierungsgewalt für das Staatsgebiet Deutschösterreichs.

Die Versammlung vom 30. Oktober 1918 wurde von Massenkundgebungen von Soldaten und Offizieren begleitet. Als Symbole auf den Kappen der Soldaten tauchten rote Kokarden auf, jene der Offiziere waren schwarzrotgoldene – Symbole für die sozialistische Revolution beziehungsweise für den Anschluss an Deutschland.

Während am 30. Oktober erst eine Provisorische Staatsregierung etabliert wurde, der als oberstes Organ der Deutschösterreichische Staatsrat vorgesetzt war, sollte zumindest bereits über den Namen des neuen Staatsgebildes Einigung bestehen: »Deutsch-Österreich« bzw. »Deutschösterreich«. Hinsichtlich der Staatsform stand noch immer vonseiten der Christlichsozialen die Monarchie zur Diskussion – eine Möglichkeit, die es mit dem Verzicht Karls auf einen Anteil an den Regierungsgeschäften am 11. November real nicht mehr gab. Die Sozialdemokraten um Victor Adler und die Großdeutschen traten eindeutig für eine republikanische Staatsform ein.

Der Anschluss an ein von einer sozialdemokratisch-bürgerlichen Koalition geführtes Deutschland schien ihnen wünschenswert zu sein. Deutschnationale Kräfte traten ebenfalls für einen unbedingten Zusammenschluss mit dem Deutschen Reich bzw. der (am 9. November 1918 ausgerufenen) Deutschen Republik ein.

Beispielhaft für die staatspolitische Gesinnung jener Tage war eine Demonstration der deutschen Studentenschaft an der Universität Wien am 30. Oktober 1918. Dabei erklärte der sozialdemokratische Reichsratsabgeordnete Karl Renner, der Leiter der Kanzlei des Staatsrates, »dass das deutschösterreichische Volk, das bisher selbst regiert worden sei, nunmehr selbst regieren werde«. Seine Rede wurde von den Versammelten mit Jubel aufgenommen. So ist erklärbar, dass ein deutschnationaler Abgeordneter, Franz Dinghofer, am 12. November 1918 um 3 Uhr Nachmittag als Präsident der Provisorischen Nationalversammlung die Republik ausrief. Die neue Nationalfahne in Rot-Weiß-Rot vermittelte Kontinuität, da diese Farben bereits seit dem 13. Jahrhundert dem Herzogtum Österreich zugeschrieben wurden. Rund 150 000 Menschen waren seit Mittag vor dem Parlament vorbeigezogen, doch auch bewaffnete Verbände verschiedener politischer Richtungen waren aufmarschiert. Während der Rede Dinghofers schnitten plötzlich Rotgardisten den weißen Teil aus der Fahne heraus und hissten die aneinandergeknüpften roten Reste. Später stürmten kommunistische Soldaten (Rotgardisten) das Parlament, um ihre Resolution zur Gründung einer sozialistischen Republik zu überreichen. In der nachfolgenden Schießerei wurden fünf bis zehn Personen schwer verletzt, 32 leicht – unter ihnen viele Frauen und Jugendliche. Gewalt sollte auch weiterhin auftreten.

Nach der Bildung der Provisorischen Nationalversammlung erklärten Landeshauptleute und Repräsentanten der Landesausschüsse aller deutschsprachigen Kronländer – mit Ausnahme von Niederösterreich und Tirol –, am Aufbau des neuen Staates mitarbeiten zu wollen, und gaben sich dann Landesverfassungen. Bei den Länderkonferenzen in Salzburg und Linz wurden die föderalen Elemente der Bundesverfassung von 1920 mit ausgearbeitet. Schon 1919 hatten in Vorarlberg und 1921 in Tirol aber Volksabstimmungen deutliche Mehrheiten für einen Anschluss an die Schweiz bzw. Deutschland gebracht, die jedoch politisch nicht realisierbar waren.

Die Ereignisse rund um die Ausrufung der Republik geben jene revolutionäre Stimmung wieder, die die Demokratie jener Tage begleitet hat und die die Erste Republik weiterhin, wenn auch in wesentlich abgeschwächter Form, begleiten sollte. Während die Sozialdemokratie unter Victor Adler und nach seinem Tod kurz vor der Ausrufung der Republik unter Otto Bauer bemüht war, die revolutionären Strömungen in demokratische Bahnen zu leiten, interpretierten Christlichsoziale und Deutschnationale die Roten Garden und die revolutionären Arbeiter- und Soldatenräte als Instrumente des »Roten Terrors« und eines möglichen »Putsches von links«. Diese radikale Fehleinschätzung sozialdemokratischer Politik sollte schließlich auch zum Auseinanderbrechen der Koalition im Jahre 1920 führen. In diesem Zusammenhang muss daran erinnert werden, dass es Otto Bauer und im Bereich der Arbeiter- und Soldatenräte Wiens vor allem Friedrich Adler gelungen ist, eine revolutionäre Entwicklung zu verhindern; teilweise auch mit den Mitteln einer kämpferischen, aggressiven Sprache. Der Begründer der Österreichischen Sozialdemokratie, Victor Adler, hat die politische Position Bauers in einem Brief vom 9. Juli 1918 am deutlichsten formuliert: Bauers Präsenz stelle sicher, »dass nicht Exzesse nach rechts geschähen; und dass er keine nach Links macht, davor sichert ihn seine Klugheit, die am Beratungstisch weit deutlicher ist, als mitunter im ›Kampf‹«. (»Der Kampf« war das ideologische Leitmedium der Sozialdemokraten.)

Das Ergebnis der ersten Wahlen zum Nationalrat vom 16. Februar 1919 zeigte die immer deutlicher werdende politische Lagerbildung in der jungen Republik: 72 Sozialdemokraten, 69 Christlichsoziale, 26 Deutschnationale verschiedener Prägung, ein Tscheche, ein bürgerlicher Demokrat und ein Zionist. Staatskanzler Renner bildete seine zweite Regierung, eine Koalition aus Sozialdemokraten und Christlichsozialen.

Trotz der formal funktionierenden Arbeiten an einer gemeinsamen Verfassung und trotz der vielschichtigen gesetzgeberischen Funktionen der konstituierenden Nationalversammlung war das Misstrauen ständig im Steigen begriffen. Von bürgerlich-konservativer Seite wurde die Entwicklung zu sozialistischen Räterepubliken in Ungarn (21. März 1919) und in München (5. April 1919) mit großer politischer Sorge beobachtet, während die Sozialdemokraten damit beschäftigt waren, die Arbeiterbewegung mit pragmatischen Reformen von einer Revolution abzuhalten. Vor allem die Angst vor einer »bolschewistischen« Revolution wie in Russland 1917 motivierte die Zusammenarbeit.

Neben der Sorge der bürgerlichen und konservativen Parteien, dass es zu wesentlichen Änderungen in der Verteilung des Eigentums kommen könnte, gab es noch einen Faktor, der die politischen Spannungen erhöhte. Die zum großen Teil aus der Zeit der Monarchie stammende Beamtenschaft stand mehrheitlich den geplanten umfassenden demokratischen Reformen mit großer Skepsis und mit großem Misstrauen gegenüber. Dadurch wurden zahlreiche Reformen verwässert oder überhaupt verhindert bzw. nicht durchgeführt.

In den ersten Monaten des Jahres 1919 wurde die Angst bürgerlicher Kräfte vor einer Revolution und jene der Linken vor einer Gegenrevolution gesteigert – nicht zuletzt aufgrund der hohen Arbeitslosenzahlen (im Dezember 1918 24 503 in Wien, Anfang Februar 1919 113 905) und kommunistischer Aktivitäten, die auch von der kommunistischen Räterepublik Ungarn unterstützt wurden. Die Koalition hielt dennoch den vielfältigen Pressionen stand und führte auf dieser Ebene sogar eine Reihe sozialpolitisch wichtiger Reformen durch (achtstündiger Arbeitstag für Fabrikarbeiter, d.h. 48 Wochenstunden – Frauen und Jugendliche nur 44 Wochenstunden; Urlaubsregelung; Betriebsrätegesetz; Arbeitslosenversicherung). Bereits im Sommer 1919 zeigte es sich, dass die christlichsozialen Regierungsmitglieder gegen eine weitergehende Sozialisierung auftreten würden.

Militarisierung durch Privatarmeen

Nicht nur in Wien standen abgerüstete Soldaten nach wie vor unter Waffen – allein die »Volkswehr« unter sozialdemokratischer Führung hatte einen Mannschaftsstand von rund 15 000 Mann. Gemeinsam mit anderen Bürgerwehren und Betrieben verfügten diese Einheiten über 80 000 Repetiergewehre, 14 000 Karabiner und mehr als 1000 Maschinengewehre. Die Dunkelziffer war sicherlich wesentlich höher, da sich bereits in den Bundesländern Bauernwehren, sogenannte Selbstschutzverbände, zu etablieren begannen, aus denen die »Heimwehren« hervorgehen sollten. Bereits 1918 begann in Kärnten die militärische Auseinandersetzung mit dem Königreich der Serben, Kroaten und Slowenen, das Ansprüche auf Gebiete Südkärntens stellte (unter Einschluss Villachs, Klagenfurts und des Zollfelds). Sie wurde erst durch die Kärntner Volksabstimmung und internationale Unterstützung sowie durch die ständigen Interventionen der Staatsregierung zugunsten Österreichs entschieden.

Die »Heimwehren« verstanden sich als rechtskonservativ und beherrschten vor allem die Bundesländer wie Tirol und die Steiermark. Die Konfliktbereitschaft stand in direktem Zusammenhang mit der wirtschaftlichen Entwicklung. War diese gut, wie in den Jahren 1924 bis 1926, so fanden auch diese Gruppen kaum Zulauf. Seit 1927 stiegen mit der Verschlechterung der Lebensbedingungen und der Steigerung der Arbeitslosigkeit die Aktivitäten der Wehrverbände deutlich an. Dabei spielten nicht nur innenpolitische Konflikte (Brand des Justizpalastes am 15. Juli 1927) eine Rolle, sondern auch außenpolitische, da der Heimwehrfaschismus seit 1928 von den faschistischen Regimen in Ungarn unter Miklós Horthy und Italien unter Mussolini finanziell und ausrüstungsmäßig unterstützt wurde.

Die Sozialdemokraten hatten ihre ehemaligen Fabriks- und Arbeiterwehren und die Partei-Ordnerorganisation 1923 zum »Republikanischen Schutzbund« zusammengefasst, um eine Defensivorganisation aufzubieten, seitdem das österreichische Berufsheer zunehmend unter konservativen Einfluss geriet und die Heimwehren an Bedeutung zunahmen.

Das »Wendejahr« 1927

Bei den Nationalratswahlen vom 24. April 1927 hatte eine Einheitsliste der Mitte-Rechts-Koalition aus Christlichsozialen und Großdeutschen etwas weniger Stimmen als zuvor, nämlich 49 % erreicht; aber wenn der Landbund, der 1927 gesondert kandidierte, dazugezählt wird – mit 9 % Stimmenanteil und neun Mandaten –, waren die Mitte-Rechts-Parteien 1927 stärker, obwohl sich die Sozialdemokraten um 2,7 Prozentpunkte auf insgesamt 42 % gesteigert hatten.

Der 15. Juli 1927 ist ein Wendepunkt in der österreichischen Geschichte der Zwischenkriegszeit. Nachdem ein Geschworenengericht eine Gruppe von rechtskonservativen Frontkämpfern, die bei einem der zahlreichen Aufmärsche linker und rechter paramilitärischer Formationen aus einem Haus im burgenländischen Schattendorf auf Mitglieder des Republikanischen Schutzbundes der Sozialdemokraten geschossen und dabei einen kriegsinvaliden Hilfsarbeiter, Matthias Csmarits, und den achtjährigen unbeteiligten Josef Grössing getötet hatten, freigesprochen hatte, eskalierten die Demonstrationen vor dem Justizpalast in Wien. Nachdem gegen Mittag Feuer gelegt worden war, obwohl dies Mitglieder des Republikanischen Schutzbundes verhindern wollten, griff die Polizei in einer bisher unbekannten Härte und mit aller Brutalität ein. Der für diese Aktion mitverantwortliche christlichsoziale Minister und Vizekanzler Karl Hartleb sprach sogar im nachhinein von einer »Hasenjagd«, wobei ohne Rücksicht darauf, ob es sich um Brandstifter oder einfache Demonstranten handelte, Brachialgewalt angewandt wurde: 89 Menschen wurden bei diesem exzessiven Polizeieinsatz getötet – fünf von ihnen Angehörige der Exekutive, Hunderte Personen wurden zum Teil schwer verletzt.

Die Empörung gegen diese zu späte und dann exzessartige Polizeiaktion war beim Herausgeber der *Fackel*, Karl Kraus, so groß, dass er den Wiener Polizeipräsidenten Johannes Schober in Plakaten aufforderte abzutreten.

Schon zuvor hatten bereits die Nationalratswahlen vom 24. April 1927 die Spaltung des politischen Systems und die Lagerbildung gezeigt. Seitdem der christlichsoziale Politiker und Prälat Ignaz Seipel 1926 wieder Bundeskanzler geworden war, wurde seitens der rechtskonservativen Regierungsmehrheit immer offener das parlamentarische demokratische System in Frage gestellt. Seipel selbst tendierte in Richtung eines durch die paramilitärischen Heimwehren repräsentierten semifaschistischen Regimes nach italienischem Vorbild. In seiner programmatischen Tübinger Rede attackierte Bundeskanzler Ignaz Seipel im Juli 1929 die Parteiendemokratie und präsentierte die Heimwehren als eine Volksbewegung, »die die Demokratie von der Parteienherrschaft befreien will«.

Während sich in Österreich die Konfrontation zwischen den beiden politischen Blöcken immer mehr zuspitzte, boomte das Kulturleben in Berlin, und Deutschland schien sich in einer ersten Hochkonjunktur von der tiefen Nachkriegskrise langsam zu erholen. Zwar sank die Zahl der Arbeitslosen auf unter eine Million Menschen, aber nach wie vor waren die Lebensverhältnisse für Durchschnittsverdiener schwierig. Gleichzeitig begann aber auch in der Weimarer Republik ein Ruck in Richtung der extremen Rechten, als erstmals Mitglieder der Deutschnationalen Volkspartei als Minister in die Regierung berufen wurden. Gleichzeitig wies Reichspräsident Paul von Hindenburg jede Schuld Deutschlands am Ersten Weltkrieg zurück. Noch registrierte die Weltpresse kaum, dass das Redeverbot für den ehemaligen erfolglosen Putschisten des Jahres 1923, Adolf Hitler, wieder aufgehoben wurde.

Die Schlagzeilen dominierte ein Mann, der übrigens auch stark politisch nach rechts tendieren sollte: Charles Lindbergh, der mit seinem Flugzeug »Spirit of St. Louis« erfolgreich den ersten Alleinflug über den Atlantik absolvierte. Im selben Jahr entmachtete Josef Stalin in der kommunistischen Sowjetunion frühere politische Mitstreiter wie Leo Trotzki und begann eine weitere Phase der rücksichtslosen politischen Verfolgungspolitik.

Zusammenfassend interpretiert zeigt sich, dass trotz scheinbarer wirtschaftlicher Erholung sowohl in Deutschland als auch in Österreich im Jahre 1927 der Trend in Richtung autoritärer Regierungssysteme zunahm. In Österreich war im Zusammenhang mit den Juli-Ereignissen 1927 (Justizpalastbrand) klar geworden, dass die etwaige Streikwaffe der Sozialdemokraten nicht wirklich funktionierte und dass sogar schon mit Polizeikräften eine gewaltige Demonstration in Wien, dem Zentrum der Sozialdemokratie, zerschlagen werden konnte. Noch spielten die Nationalsozialisten bei Wahlen in Österreich keine Rolle und erhielten nur 0,002 % der abgegebenen Stimmen. Der Antisemitismus hingegen war schon deutlich sichtbar. Die Arbeitslosenrate war zum Unterschied von Deutschland hier nur wenig gesunken, sondern lag bei 217 000 Menschen, d. h. 9,8 % Arbeitslosenrate gegenüber 11 % 1926, wobei 20 % der Arbeitslosen auch keine Arbeitslosenunterstützung mehr erhielten. Die

Konjunktur war im Arbeitsalltag nicht wirklich spürbar geworden, und die politische Spaltung der Gesellschaft blieb unüberbrückbar.

Ein Vergleich mit der Sozialstatistik, wie sie Ernst Bruckmüller ausgearbeitet hat, beweist, dass das Problem der teilweisen Radikalisierung der jungen Menschen ohne Perspektive, wie es sich deutlich am 15. Juli 1927 zeigte, ständig weiter zunahm. Insbesondere Anfang der dreißiger Jahre kamen zum allgemeinen Problem des Beschäftigungsrückgangs auch eine deutliche Jugendarbeitslosigkeit und ein Rückgang der Lehrlingsausbildung: 1917 erhielten nur 100 von 310 Lehrstellensuchenden eine Stelle – 1937 lag die Relation bei 100 von 383. Für 1934 wurde eine Höchstzahl von 150 000 jugendlichen Arbeitslosen geschätzt – von insgesamt 545 000 (das entspricht einer Arbeitslosenrate von 25,5 %). In diesem Zusammenhang zeigt aber die nachfolgende epochemachende Arbeitslosenstudie von Marie Jahoda, Paul F. Lazarsfeld und Hans Zeisel über das kleine Fabriksdorf Marienthal (heute ein Ortsteil von Gramatneusiedl), dass nur ein kleiner Teil der Jugendlichen in der Radikalisierung den Ausweg aus der Arbeitslosigkeit suchte. Eher neigten sie zur Überanpassung und Resignation und suchten in konservativen Ideologien einen politischen Ausweg. Aber gerade dieser Trend in Richtung politischer Apathie stärkte gleichzeitig die Akzeptanz autoritärer Einstellungen und die Bereitschaft, rechtsradikale Propaganda zu akzeptieren.

Kulturelle Gegensätze und parteipolitische Barrikaden

Die seit 1918 bereits mehrmals deutlich gewordene Entwicklung zweier gesellschaftspolitischer Lager, eines rechtskonservativ bis bürgerlichen und eines sozialistisch bis kommunistischen, hat sich nicht nur in der politischen – teilweise sogar militärischen – Auseinandersetzung geäußert, sondern tief in das tägliche Leben eingegriffen.

Ein einfaches Beispiel für diese Feststellung bietet der Sport in der Zwischenkriegszeit. So trennten sich bereits 1926 die Arbeiterfußballer von den bürgerlichen, obwohl gerade Fußball ebenso wie Skifahren und Schwerathletik von beiden politischen Gruppierungen geschätzt wurden. Als bürgerlich exklusiv wurde Eislaufen eingestuft, als von Bürgerlichen dominiert galten Tennis, Rudern, Kajak, Schwimmen, Leichtathletik. Sozialisten beherrschten hingegen die Disziplinen Handball, Radfahren und Schießen sowie exklusiv Jiu-Jitsu. Während in Wien um 1931 mehr als

54 % der österreichischen Arbeitersportvereine aktiv waren, überwogen in den ländlichen Gebieten deutschnationale, christlich-deutsche sowie bürgerliche Sportvereine. Von Regierungsseite wurde eindeutig der bürgerliche Sport gefördert. Diese Maßnahme erwies sich als politischer Bumerang, da ein wichtiger Teil der späteren nationalsozialistischen Funktionäre in deutschnationalen Turnvereinen sein notwendiges ideologisches Umfeld fand. Sowohl bei den deutsch-völkischen als auch in weiterer Folge bei den christlich-deutschen Turnern gab es »Arier-Paragraphen«, das heißt, dass Menschen jüdischer Herkunft nicht als Mitglieder aufgenommen werden durften, wie die *Verbandsturnzeitung* bereits 1923 schrieb: »[...] Es gibt nur deutschsprechende Juden. Jud' bleibt Jud', die Rasse wird weder durch die Sprache noch durch das Taufwasser geändert.« Diese rassistische Politik hat aber bereits in der Spätphase der Monarchie begonnen – so beschlossen deutsch-völkische schlagende Studentenverbindungen 1896 das sogenannte Waidhofener Prinzip und verweigerten damit jüdischen Studenten das Recht auf Mensur und damit das Recht auf (Verteidigung ihrer) Ehre im damaligen studentischen Milieu. Bereits seit Ende der 1870er Jahre waren zunehmend jüdische Studenten nicht mehr als Mitglieder in die Korporationen aufgenommen worden.

Die Arbeitersportbewegung wollte die »proletarische Jugend« vom »bürgerlichen« Sportbetrieb und der reinen Ablenkung von politischen Aktivitäten gegen das herrschende System weg und hin zu einer sportlichen Betätigung bringen, »um den Kapitalismus zu überwinden«. Mit großen Arbeiterolympiaden wie jener in Wien 1931, zu der 77 166 Festteilnehmer aus ganz Europa angereist waren, und einer Reihe von Massenfestspielen – so mit 4000 Sportlern und Sportlerinnen im Wiener Stadion – sollte die Stärke der Arbeiterbewegung demonstriert werden.

Nach dem 15. Juli 1927 entwickelte sich diese kulturpolitische Arbeitersportbewegung jedoch immer mehr in die Richtung einer Wehrsportbewegung. Sie arbeitete mit dem Schutzbund zusammen – unter anderem bei den Arbeiterschützenvereinen des ASKÖ.

Nach der Auflösung der parlamentarischen Demokratie in Österreich (1933), auf die noch eingegangen werden wird, übernahm die christlich-deutsche Turnerschaft innerhalb der »Sport- und Turnfront« eine Führungsrolle. Nach dem Bürgerkrieg im Februar 1934 wurden alle Arbeitersportverbände liquidiert. Ziel dieser autoritär-militanten Sportbewegung war es, die geplante Einführung der allgemeinen Wehrpflicht vorwegzunehmen und vorzubereiten.

Während das autoritäre Schuschnigg-Regime offiziell Sportkontakte mit dem Deutschen Reich untersagt hatte – ebenso wie der FC Rapid nicht in die kommunistische Sowjetunion fahren durfte –, war die Regierung gegenüber deutschen Sportaktivitäten letztlich doch nachgiebiger. Dies änderte aber nichts daran, dass gerade bei Sportveranstaltungen offene NS-Propaganda betrieben wurde. Gerade für den Nationalsozialismus war die Turnbewegung eine wichtige Vorfeldorganisation, und insbesondere während der Olympiade in Berlin 1936 explodierte die NS-Anschlusspropaganda – sehr zum Missfallen des austrofaschistischen Regimes.

Zerstörung der Demokratie 1933

Die Auseinandersetzungen zwischen der regierenden Christlichsozialen Partei und den Sozialdemokraten nahmen seit dem Justizpalastbrand im Jahre 1927 an Intensität und Häufigkeit zu. Erstmals seit 1919 wurden die Sozialdemokraten 1930 wieder die stimmen- und mandatsstärkste Partei (41,15 % der Wählerstimmen) und gewannen einen Prozentpunkt mehr Wähler, wohingegen die Christlichsozialen einen Prozentpunkt und damit sieben Mandate an die erstmals kandidierende Heimwehrbewegung (»Heimatblock«) verloren. Die neu kandidierenden Nationalsozialisten erreichten nur 3,03 % und erhielten kein Mandat im Nationalrat. Trotz der Wahlniederlage erneuerte der Christlichsoziale Otto Ender die Koalition mit den Großdeutschen und dem deutschnationalen Landbund.

Bereits 1929 hatte eine von der Christlichsozialen Partei initiierte Reform der Bundesverfassung vom 1. Oktober 1920 gezeigt, dass die Regierungspartei immer mehr in Richtung einer autoritären Führung drängte. Während nach den Plänen des geistigen Vaters der Verfassung, Hans Kelsen, und der staatsrechtlich versierten Politiker um Michael Mayr die demokratische Republik Österreich von der vom Volk gewählten Volksvertretung, dem Nationalrat, legitimiert wurde, sollte 1929 der Bundespräsident wesentlich mehr Kompetenzen erhalten. Wurde er 1920 von der Bundesversammlung, das heißt von National- und Bundesrat gemeinsam, gewählt, so sollte er nach der Reform 1929 direkt vom Volk gewählt werden, um mehr politischen Einfluss zu bekommen. Der Bundespräsident konnte nunmehr die Bundesregierung ernennen und entheben, er erhielt ein »Notverordnungsrecht«, wurde Oberbefehlshaber des Bundesheeres und konnte den Präsidenten des Verfassungsgerichtshofes bestellen. Während die Christlichsoziale Partei noch an der demokratischen Staatsform festhielt, jedoch bereits autoritäre Mechanismen verstärkte, erteilte die Heimwehr in Korneuburg der parlamentarischen Demokratie eine eindeutige Absage – unter dem Bundesführer Richard Steidle beschloss sie am 18. Mai 1930 den Korneuburger Eid: »Wir wollen den Volksstaat des Heimatschutzes [...]. Wir wollen nach der Macht im Staate greifen und zum Wohle des gesamten Volkes Staat und Wirtschaft neu ordnen [...]. Wir verwerfen den westlich-demokratischen Parlamentarismus und den Parteienstaat! Wir wollen an seine Stelle die Selbstverwaltung der Stände setzen und eine starke Staatsführung [...]. Wir kämpfen gegen die Zersetzung unseres Volkes durch den marxistischen Klassenkampf und liberalkapitalistische Wirtschaftsgestaltung [...].«

Obwohl es Ernst Rüdiger (Fürst) Starhemberg gelang, die militanten Flügel auszumanövrieren und als »Bundesführer des gesamten österreichischen Heimatschutzes« am 30. September 1930 in das Minderheitskabinett des Bundeskanzlers Carl Vaugoin einzutreten, und der niederösterreichische Heimwehrführer Julius Raab den Gesamtverband der Heimwehren verließ, blieben halbfaschistische antidemokratische Tendenzen vorhanden.

Der Führer des großdeutschen, militanten Flügels, der steirische Landeskommandant Walter Pfrimer, versuchte im September 1931 durch einen Marsch auf Wien die Regierung zu stürzen. Da die Unterstützung der Bevölkerung und anderer Heimwehren ausblieb und überdies sozialdemokratische und kommunistische Arbeiter Widerstand leisteten – zwei von ihnen wurden erschossen –, stürzte die Bewegung in sich zusammen. Die staatlichen Behörden verfolgten jedoch keinen der Putschisten gerichtlich, und Pfrimer konnte entkommen. Ein Beispiel mehr, dass damals Justiz und Exekutive auf dem rechten Auge blind waren.

Wesentlich konsequenter agierte der neue Bundeskanzler und ehemalige Landwirtschaftsminister Engelbert Dollfuß, der seit 1932 mit nur einer Stimme Mehrheit im Parlament auskommen musste, als aufgrund einer umstrittenen Abstimmung über einen Eisenbahnerstreik nacheinander alle drei Präsidenten des Nationalrates zurücktraten und der Nationalrat verhandlungsunfähig auseinanderging. Dollfuß und seine Berater nützten diese Geschäftsordnungskrise, um von einer »Selbstausschaltung des Parlaments« zu sprechen, obwohl dies keineswegs den Tatsachen entsprach, und mit Hilfe des »Kriegswirtschaftlichen Ermächtigungsgesetzes« vom 24. Juni 1917 weiterzuregieren.

Der Verfassungsbruch wurde noch auf anderen Ebenen fortgesetzt, da sich keine offensive Oppositionskraft fand: Der christlichsoziale Bundespräsident Miklas nützte seine Rechte nicht – trotz Vorbehalten gegen die Vorgangsweise Dollfuß' –, der Verfassungsgerichtshof wurde ebenfalls durch die Abberufung der christlichsozialen Mitglieder lahmgelegt.

Die sozialdemokratische Parteiführung konnte sich nicht zu einem Schritt gegen die Regierung Dollfuß entschließen, obwohl immer deutlicher wurde, dass Dollfuß sich eng an den italienischen Faschismus anlehnte. Er hoffte, dadurch außenpolitische Unterstützung gegen das Deutsche Reich zu erhalten, wo inzwischen Hitler an die Macht gekommen war und begann, sein nationalsozialistisches Regime zu etablieren. Selbst vor Waffenschmuggel in das halbfaschistische Ungarn schreckten die österreichischen Kontaktleute der Heimwehr nicht zurück, wenn es nur gelang, dem italienischen Verbündeten dienstbar zu sein. Die *Arbeiter-Zeitung* und die sozialdemokratische Eisenbahnergewerkschaft deckten zwar den Schmuggel auf, doch hatte die Affäre, in die die Hirtenberger Patronenfabrik verwickelt war, keinerlei innenpolitische Konsequenzen – abgesehen von Protesten. Selbst als nach den Gemeinderatswahlen vom 23. April 1933 in Innsbruck – die letzten demokratischen Wahlen in Österreich bis 1945 – Landtags- und Gemeindewahlen verboten wurden, da überraschend die NSDAP mit 40 % zur stimmenstärksten Partei geworden war, gab es aufseiten der sozialdemokratischen Funktionäre keinerlei Konsequenzen. Die Parteiführung um Otto Bauer war immer noch zum Ausgleich mit der Regierung bereit. Überdies waren sich militärische Experten wie der ehemalige k. u. k. General Theodor Körner bewusst, dass der »Schutzbund« eigentlich kein gleichwertiger Gegner für das österreichische Berufsheer und die Polizeikräfte war.

Zweifacher Bürgerkrieg 1934

Da die christlichsoziale Bewegung immer stärker Stimmen an die Nationalsozialisten verlor, hatte sich die Führung der Christlichsozialen Partei entschlossen, rigoroser gegen die Nationalsozialisten vorzugehen. Eine »demokratische«, besonnene Analyse der letzten Wahlresultate hätte gezeigt, dass die NSDAP bei Nationalratswahlen in ganz Österreich nicht mehr als 20 % der Stimmen erhalten hätte. Dies beweisen die repräsentativen Ergebnisse der am 24. April 1932 in Wien, Niederösterreich und Salzburg abgehaltenen Landtagswahlen und der Gemeinderatswahlen in Kärnten und der Steiermark. Dollfuß wollte aber verhindern, dass die Christlichsozialen weiterhin an die NSDAP verloren und damit die Sozialdemokratische Partei zur eindeutig stärksten Kraft im Lande wurde und damit die Christlichsozialen keine Mitte-Rechts-Koalition bilden konnten.

Der Republikanische Schutzbund wurde aufgelöst, und die Polizei suchte nach den Waffenlagern dieser paramilitärischen Organisation. Mit der Gründung einer Einheitspartei, der »Vaterländischen Front«, sollte das Dollfuß-Regime jene Massenbasis erhalten, die jedes faschistische Regime benötigte. In einer programmatischen Rede auf dem Wiener Trabrennplatz am 11. September 1933, die in der *Reichspost* am nächsten Tag abgedruckt wurde, erklärte Dollfuß seine Abkehr von der parlamentarischen Demokratie: »Dieses Parlament, eine solche Volksvertretung, eine solche Führung unseres Volkes, wird und darf nie wiederkommen. (Minutenlanger, jubelnder Beifall.) [...] Ich wiederhole: Die Zeit des kapitalistischen Systems, die Zeit kapitalistisch-liberalistischer Wirtschaftsordnung ist vorüber, die Zeit marxistischer, materialistischer Volksführung und Volksverführung ist gewesen! Die Zeit der Parteienherrschaft ist vorbei! (Frenetischer Beifall.) Wir lehnen Gleichschalterei und Terror ab, wir wollen den sozialen, christlichen, deutschen Staat Österreich auf ständischer Grundlage, unter starker autoritärer Führung! (Minutenlanger Beifall.) [...] Wir wollen den sozialen, christlichen, deutschen Staat Österreich. Wir sind so deutsch, so selbstverständlich deutsch, dass es uns überflüssig vorkommt, dies eigens zu betonen.«

Obwohl Dollfuß' Österreich immer stärker von Hitler-Deutschland unter wirtschaftlichen Druck gesetzt wurde, intensivierte das austrofaschistische Regime seine Verbindungen mit dem Faschismus in Italien und antwortete auf nationalsozialistische Bombenattentate mit der Wiedereinführung der Todesstrafe. Eine demokratische Einheitsfront mit den Sozialdemokraten strebte der Kanzler nicht an, sondern er versuchte, einen Kampf an zwei politischen Fronten zu führen.

Die Heimwehrführer hatten bereits lange auf diese militärische Konfrontation hingearbeitet, und so war es auch kein Zufall, dass am Vortag des 12. Februar 1934 der Vizekanzler und Wiener Heimwehrführer Emil Fey angekündigt hatte: »Wir werden morgen an die Arbeit gehen, und wir werden ganze Arbeit leisten.« Während einer Durchsuchung des Linzer Arbeiterheims Hotel Schiff durch die Polizei setzten sich illegale Schutzbündler zur Wehr. Und der sozialdemokratische Parteivorstand beschloss – viel zu spät, um effektiv handeln zu können –, in ganz Österreich Widerstand zu leisten. Im Laufe der Kämpfe wurden nach offiziellen Angaben 314 Menschen getötet und mehr als 800 verletzt – die Dunkelziffer der Toten und Verletzten liegt jedoch vermutlich höher.

Neun Sozialdemokraten wurden unter Missachtung aller Regeln des Rechtsstaates »standrechtlich« hingerichtet, sozialdemokratische Spitzenfunktionäre wie Otto Bauer und Julius Deutsch flüchteten in die demokratische Tschechoslowakei, andere (rund 2000) folgten ihnen, über 10 000 Personen wurden verhaftet, 1202 von ihnen zu insgesamt 1410 Jahren Haft verurteilt.

Bereits wenige Monate später, nach der endgültigen Liquidierung der Sozialdemokratie – trotz des Weiterbestehens einer illegalen Bewegung, der »Revolutionären Sozialisten« –, sollte der zweite, bisher eher umworbene Gegner, die NSDAP, einen wirklichen Putschversuch unternehmen. Die Justiz, die bisher auf dem rechten Auge blind zu sein schien, hatte auch das erste Todesurteil nach den Februar-Ereignissen gegen einen illegalen sozialistischen Jugendlichen, Josef Gerl, verhängt, der an einem Sprengstoffattentat gegen einen Pfosten der Donauuferbahn beteiligt gewesen war, und Sprengstoffattentate standen unter Todesstrafe. Gewalttaten von Nationalsozialisten – auch wenn sie zum Tode anderer Menschen führten – wurden bisher kaum nach einwandfreien rechtlichen Kriterien behandelt.

Einen Tag nach Gerls Hinrichtung zeigten sich die wahren Putschisten. Mitglieder der illegalen SS-Standarte 89 hatten einander in der Bundesturnhalle in der Wiener Siebensterngasse getroffen, um von dort aus das Bundeskanzleramt zu besetzen ebenso wie den Rundfunksender, das RAVAG-Gebäude in der Johannesgasse. Obwohl das Vorhaben gelang und Dollfuß schwer verwundet drei Stunden später seinen Verletzungen erlag, war der Putsch nicht erfolgreich, da sich die Exekutive und das Bundesheer zu jenem Zeitpunkt nicht auf die Seite der österreichischen Nationalsozialisten stellten. 107 Tote auf Regierungsseite und 153 getötete bzw. hingerichtete Putschisten sowie neun unbeteiligte Opfer blieben die traurige Bilanz dieses erfolglosen Staatsstreichs.

Trotz dieser Bluttat an der Symbolfigur des Austrofaschismus, Engelbert Dollfuß, behielt die Regierung die Staatsgewalt, aber es wurde immer deutlicher, dass sich die Republik Österreich vom demokratischen Ausland isoliert hatte. Anstelle zahlreicher Belege kritischer Stimmen demokratischer Regierungen in England, Frankreich, der Tschechoslowakei etc. soll hier ein Brief eines einflussreichen außenpolitischen Redakteurs, Hamilton F. Armstrong, vom 15. Februar 1934 an den amerikanischen Präsidenten Franklin D. Roosevelt, zitiert werden. Die Vereinigten Staaten von Amerika hatten – trotz inneramerikanischer undemokratischer Erscheinungen – eine entwicklungsfähige Tradition aufzuweisen: »Das, was in Österreich passiert ist, ist tragisch. Die Sozialdemokratie Österreichs, die als einzige Partei der republikanischen Idee verpflichtet war, wurde ausgelöscht: Hunderte Menschen, deren einziger Fehler es war, an das zu glauben, an das die meisten Amerikaner glauben, wurden getötet. Ich fürchte, Dollfuß hat Österreich getötet. Um der Heimwehr und ihren italienischen Unterstützern zu gefallen, hat er die Sozialdemokratie zur selben Zeit wie die Nazis bekämpft. […] die Nazis werden die zerstörten Teile seiner Herrschaft erben.«

Doch auch Österreichern war dieses Problem bewusst. So hatte die Sozialdemokratische Partei nach der Machtergreifung Hitlers in Deutschland den »Anschluss-Paragraphen« aus ihrem Parteiprogramm gestrichen. Mussolini selbst hatte zwar 1934 noch die Unabhängigkeit Österreichs vom nationalsozialistischen Deutschen Reich gefordert und gestützt, aber gleichzeitig einen faschistischen innenpolitischen Kurs gefordert, da aufgrund der außenpolitischen Lage »dieses ein höchst günstiger Augenblick ist, auf der ganzen Front in Aktion zu treten und das österreichische Volk mit dem neuen Staat zu verbinden«.

Erodierende Diktatur und der aggressiv »schleichende« Anschluss

Ein wesentlicher Faktor für das Funktionieren von Diktaturen war die zentrale Lenkung der Erziehungs- und Bildungsinstitutionen für Jugendliche, um in Schulen und Jugendorganisationen jene Denk- und Handlungsweisen zu fördern, die in das vorhandene autoritäre System hineinpassten. Der einzelne sollte nicht durch kritische, demokratische Auseinandersetzung mit seiner politischen und sozialen Umwelt in den Staat einbezogen werden, sondern in straff hierarchische Organisationen eingepasst werden, die nach einem ideologisch vorgegebenen Führerprinzip funktionierten. Bereits die Monarchie hatte überaus strenge und strikte Erziehungsmethoden entwickelt, die von der Republik nur teilweise im Rahmen der Schulreformen des Sozialdemokraten Otto Glöckel (1919/20 Unterrichtsminister, 1922 bis 1934 Präsident des Wiener Stadtschulrates) entschärft wurden. In den Bundesländern, aber auch in Wien verhinderten konservative Tendenzen eine umfassende Liberalisierung der Erziehungseinrichtungen.

Das austrofaschistische Regime knüpfte bei der Bekämpfung liberaler Reformen an jene autoritären Traditionen an. Dabei zeigten sich auffallende Parallelen zu den deutsch-faschistischen Erziehungsansichten. Die Grundprinzipien derartiger Positionen finden sich bereits in den Publikationen der Heimwehr vor 1933 – Grundprinzipien, die die Heimwehr bereits am 4. Mai 1928 in ihrer Zeitschrift *Heimwehr* gefordert hatte: »Unsere heutige Jugend ist nicht besser und nicht schlechter als sie zu allen Zeiten war. Geben wir ihr ein Vorbild, einen inneren Halt, ein großes Ziel – dann wird die Jugend auch wieder ihren Weg finden, der aus dem Vergnügungstaumel unserer Tage heraus zu höheren Zielen führt! [...] Aus diesem Zustand kann sie nur das anfeuernde Wirken wahrer Führerpersönlichkeiten befreien, deren Ziele jugendliche Herzen wieder mit Begeisterung erfüllen. Was liegt näher als anzuknüpfen an Volk und Heimat, an Vaterland und Freiheit, die unser Schicksal sind, mit denen wir stehen und fallen? Immer sind aus der Notzeit eines Volkes seine Freiheitskämpfer gewachsen und seine Führer erstanden. Sollte das heute anders sein, wo die roten und die goldenen Ketten uns zu ersticken drohen, wo kostbares deutsches Land in fremde Fesseln geschlagen ist? Dem Führer in die deutsche Freiheit wird die deutsche Jugend folgen.«

Die deutlichen Prinzipien in Richtung einer straff organisierten Gesellschaft und Gemeinschaft der Jugendlichen – Mädchen waren keine eigenen Faktoren, sondern wurden diesen »Jungmännerbünden« untergeordnet – konnten nach 1933/34 unumschränkt verwirklicht werden. Mädchen sollten »dem Vaterland Ehre bringen«, wobei das »Vaterland« nach 1933/34 »am nötigsten gute Mütter und barmherzige Schwestern braucht – nicht nur im gleichnishaften, sondern auch im höchsten Sinne des Wortes«. »Fachfrauen« wollte das »Vaterland [...] nur in begrenzter Zahl und am liebsten in jenen Fächern, die mit fraulich pfleghafter Art wohl zu vereinen sind. Frauen mit einer starken Sonderbegabung, wie Künstlerinnen, Dichterinnen, Forscherinnen, werden sich [...] ihren Weg bahnen müssen.« Die Regierung wollte eine einheitliche Jugendorganisation, das Österreichische Jungvolk, schaffen, das sich an der italienischen faschistischen Balilla und an der nationalsozialistischen Hitler-Jugend orientieren sollte. Diese Zentralisierungsbestrebungen stießen innerhalb der Katholischen Aktion der Erzdiözese Wien auf Widerstand. Die Jugendorganisationen der Heimwehren, »Jung Vaterland«, ließen sich hingegen schnell eingliedern.

Im Mai 1938 sollten rund 50 000 Jugendliche des »Jungvolkes« in einheitlicher Uniform ausgerüstet sein. Auch innerhalb der Jugendbewegung zeigten sich die Auswirkungen jenes politischen Schwenks, den der Nachfolger Dollfuß', Kurt Schuschnigg, als Folge der Annäherung Italiens an das Deutsche Reich vollzogen hatte. In dem Abkommen vom 11. Juli 1936 hatte sich Schuschnigg entschlossen, zu einer friedlichen Annäherung an Hitler-Deutschland zu kommen. Gleichzeitig hatte der Bundeskanzler die letzte Möglichkeit einer Teilnahme an einer demokratischen Anti-Hitler-Koalition ausdrücklich ausgeschlossen.

Einer dringenden Einladung französischer und englischer Staatsmänner, zu einer Völkerbundtagung nach Genf zu kommen, folgte Schuschnigg nicht, obwohl ihm klar sein musste, dass die Westmächte im Begriffe waren, Österreich in ihre Politik gegen das Deutsche Reich einzubauen. Schuschniggs Thesen, die Dollfuß bereits vorformuliert hatte, dass Österreich als »zweiter deutscher Staat« neben dem Deutschen Reich existieren könnte, blieben in sich verhängnisvoll. Der Grund hierfür war, dass die antinationalsozialistische Politik durch die ständige »deutsche« Annäherung und Eingliederung großdeutscher und nationalsozialistischer Parteigänger zunehmend unterminiert wurde. Dies zeigte sich auch innerhalb der Jugendbewegung, in die Ende 1936 offiziell die »christlich-deutsche Turnerjugend« und die »Ostmarkjugend« eintraten.

Der Alltag des sogenannten austrofaschistischen Regimes war eigentlich nur von einer konsequent durchgeführten Politik geprägt: Ausschaltung der »Linken«. Gleichzeitig wurden als Folge des nationalsozialistischen Terrors 1933 auch Nationalsozialisten bekämpft und aufgrund ihrer politischen Aktivitäten verfolgt. Diese Grundhaltung wurde jedoch selbst nach der Ermordung von Dollfuß durch Nationalsozialisten nicht durchgehalten, sondern 1936 durch Kompromiss- und Ausgleichsverhandlungen im Rahmen des »Juli-Abkommens« ersetzt. Vor allem Schuschnigg versuchte Deutschland zu kopieren, um als »zweiter, besserer deutscher Staat« neben dem Deutschen Reich bestehen zu können – so lange, bis das Hitler-Regime in sich zusammenbrechen würde. Die Regierung Schuschnigg hoffte, dadurch den nationalsozialistischen Einfluss zum Beispiel auf die Jugendbewegungen, aber auch die politischen und Freizeitorganisationen der Erwachsenen auszuschalten.

Die demokratische Republik wurde durch ein vorgeschriebenes, von der Regierung und der Vaterländischen Front, der Einheitspartei, kontrolliertes Staatswesen ersetzt. Die tragenden Elemente dieser eher mittelalterlichen (bzw. pseudo-mittelalterlichen) Konstruktion sollten die verschiedenen Stände sein. Trotz aller Einschränkungen der bürgerlichen Freiheiten akzeptierten bürgerlich-liberale Schichten dieses Regime, obwohl sie die politische Ideologie, auf der das System aufbaute, verachteten. Der später weltbekannte Begründer der Psychoanalyse, Sigmund Freud, hat dies treffend formuliert: »Die Zukunft ist ungewiß, entweder ein österreichischer Fascismus oder das Hakenkreuz. Im letzteren Falle müssen wir weg; vom heimischen Fascismus wollen wir uns allerlei gefallen lassen, da er uns kaum so schlecht behandeln wird wie sein deutscher Vetter. Schön wird es auch nicht sein, aber in der Fremde ist es auch nicht schön.«

Tausende Österreicher/innen waren nach den Ereignissen des Bürgerkriegs und des Naziputschversuchs des Jahres 1934 und aufgrund späterer politischer Betätigung gegen die Regierung in Anhaltelagern inhaftiert gewesen – so zum Beispiel in Wöllersdorf südlich von Wien, wo sich rund 12 000 bis 14 000 Anhaltehäftlinge, davon 72,8 % Nationalsozialisten und 27,2 % Sozialdemokraten und Kommunisten, befanden, oder in Kaisersteinbruch, südöstlich von Wien (Stand bis zu 634 Männer) und anderen kleineren Notgefängnissen. Presse- und Redefreiheit, die bereits 1933 durch staatliche Zensur eingeschränkt worden waren – Zeitungsbeschlagnahmungen sollten auch kritische Stimmen im christlichsozialen Lager treffen –, existierten nicht mehr. Selbst der konservative Bundespräsident Miklas deutete mehrmals einen möglichen Rücktritt an – »aus Gründen meines verletzten Rechtsempfindens und meines Gewissens« (25. November 1933).

Dollfuß setzte aber auf die faschistische Karte und strebte ein Bündnis mit jenen diktatorischen Systemen an, die an Österreichs Grenzen lagen wie Italien und Ungarn; ein Projekt, das am 17. März 1934 mit der Unterzeichnung der »Römischen Protokolle« durch Mussolini, Dollfuß und den ungarischen Ministerpräsidenten Gyula Gömbös seinen formellen Ausdruck fand. Die Versuche, im Inneren mit der Arbeiterbewegung einen Ausgleich zu finden, wurden zwar um die Person des ernannten Vizebürgermeisters von Wien, Ernst Karl Winter, in die Wege geleitet, doch von der christlichsozialen Führungsgarnitur ständig untergraben.

Die Arbeiter waren all ihrer Illusionen und Träume beraubt und konnten sich nicht mit dem neuen, konservativ-christlichen Österreichbewusstsein identifizieren, das immer wieder monarchistische Anklänge deutlich werden ließ. Es gab höchst unterschiedliche Begriffe von österreichischer Kultur, in der mittels »Rückwärtsgewandtheit« – entsprechend den allgemeinen politischen Richtlinien – der Nationalsozialismus »bekämpft« werden sollte. Die Barockzeit wurde zum »österreichischen Zeitalter« schlechthin hochstilisiert, religiös-traditionelle Dramen am Burgtheater wie jenes von einem Kulturfunktionär der »Vaterländischen Front«, Rudolf Henz, mit dem Titel *Kaiser Joseph II.* sollten einen »gläubigen Ausdruck österreichischen, katholischen, konservativen Wollens, wie wir es brauchen in dieser Kampfzeit«, vermitteln.

Vor allem die Jungen wandten sich zunehmend von diesem künstlichen Österreichertum ab. Junge Sozialisten reorganisierten sich innerhalb der »Revolutionären Sozialisten« oder wanderten in die Kommunistische Widerstandsbewegung ab. Junge Deutschnationale hingegen fanden immer mehr an der nationalsozialistischen Bewegung Gefallen. 58 % der in politische Gewalttaten verwickelten Nationalsozialisten waren zwischen 20 und 29 Jahre alt (von diesen wiederum 73 % unter 25 Jahre), 29 % gehörten zur Alterskategorie zwischen 16 und 19. Nach 1934 stießen manche junge, enttäuschte »Schutzbündler« zu den illegalen Nationalsozialisten, um sich am Kampf gegen das Regime beteiligen zu können.

Die Verfassung 1934, die mit dem Satz »Im Namen Gottes, des Allmächtigen, von dem alles Recht ausgeht, erhält das österreichische Volk für seinen christlichen, deutschen Bundesstaat auf ständischer Grundlage, diese Verfassung«, begann, fand keineswegs die Zustimmung der demokratischen Kräfte oder der Nationalsozialisten. Überdies rief der zunehmende Einfluss der katholischen Kirche auf das Schul- und Ehewesen verstärkte Opposition gegen das Regime hervor. Mit den klassischen demokratischen Institutionen hatte diese Repräsentationsorganisation »mittelalterlicher Prägung« jedoch nichts zu tun.

Mittels »allgemeiner Bundesdienstpflicht« wurde eine allgemeine Wehrpflicht noch vor dem Juli-Abkommen am 1. April 1936 verordnet. In der Folge versuchte das Bundesheer, immer mehr an die Traditionspflege der österreichisch-ungarischen Armee anzuschließen.

Adolf Hitler betrachtete das Juli-Abkommen und die Regierungsumbildung Ende 1936 unter Einschluss von Vertrauensmännern der NSDAP nur als ersten Schritt zur Machtübernahme in Österreich. Bereits im Februar 1937 hatte der deutsche Reichsaußenminister Konstantin Freiherr von Neurath mit dem Einmarsch für den Fall einer Wiedereinsetzung der Habsburger in Österreich gedroht. Diese Möglichkeit wurde wegen der Kontakte zwischen Schuschnigg und Otto von Habsburg sowie der zahlreichen Ehrenbürgerverleihungen für Otto und der Anknüpfung an Traditionen der Monarchie durchaus diskutiert.

Dabei hätte aber berücksichtigt werden müssen, dass erst im Juni 1937 entsprechende Interventionspläne vom Reichskriegsminister, Generalfeldmarschall Werner von Blomberg, ausgearbeitet worden waren. Mitte 1935 gab es nur einen Plan zu einem Überfall auf Tirol. Hitler selbst erläuterte seine Aggressionspolitik vor den Spitzen der deutschen Generalität unter Einschluss einer »Angliederung Österreichs und der Tschechoslowakei« am 5. November 1937 in der Berliner Reichskanzlei mit dem Ziel, durch die »Einverleibung der Tschechoslowakei und Österreichs« Nahrung für fünf bis sechs Millionen Menschen zu gewinnen, drei Millionen Menschen in die Emigration zu vertreiben und rund zwölf neue Divisionen aufzustellen.

Nicht zuletzt aufgrund der Einwände und Bedenken der Reichsminister von Neurath und von Blomberg sowie des Oberbefehlshabers des Heeres, General Werner Freiherr von Fritsch, wurden keine exakten weiteren Planungen zum Einmarsch angestellt. In der Folge war der »Anschluss« 1938 – strategisch gesehen – ein Misserfolg: 30 % Ausfälle bei den Fahrzeugen, zu wenig Benzin etc. –, trotzdem wurde von österreichischer Seite nichts entgegengestellt, obwohl allein die Zerstörung der Tankstellen an den Verbindungslinien den deutschen Vormarsch ins Wanken gebracht hätte.

Der »Duce« in Italien entzog Österreich seinen Schutz, und der Staatssekretär für Auswärtige Angelegenheiten in Österreich, Guido Schmidt, der bereits beim Juli-Abkommen federführend gewesen war, gewann an Einfluss bei Schuschnigg. Er bestimmte den einzigen Ausweg – trotz aller bisher ausgeschlagenen Alternativen – und förderte eine Annäherung an das nationalsozialistische Deutschland und an die nationalsozialistische Bewegung in Österreich. Eine Fehleinschätzung, die dem »Zeitgeist« der Führungselite der austrofaschistischen Administration entsprach, die noch immer den Kampf gegen den »Bolschewismus« – zu dem die Sozialdemokratie gezählt wurde – als primäre ideologische Aufgabe betrachtete.

Während es gelungen war, die Zahl der Arbeitslosen um 200 000 Menschen zu verringern, stellte die absolute Zahl von 400 000 Arbeitslosen 1937 noch immer einen Spitzensatz in der europäischen Statistik dar. Junge Menschen erwarteten von einem Anschluss an Deutschland eine Verbesserung ihrer wirtschaftlichen Situation und ihrer Zukunftschancen. Der deutsche Wirtschaftsaufschwung war in erster Linie auf eine von Hitler entwickelte massive Kriegsrüstung zurückzuführen, die in letzter Konsequenz Millionen Menschen das Leben kosten sollte. Gleichzeitig stiegen die wirtschaftlichen Interessen der deutschen Industrie an österreichischen Unternehmen. Schon in der Ersten Republik standen rund 10 % der österreichischen Schwerindustrie in deutschem Eigentum, wobei es auch in anderen Bereichen zur Steigerung des deutschen Einflusses kam. Dies ging zum Beispiel in der Filmindustrie so weit, dass »jüdische« Schauspieler/innen – viele von ihnen waren 1933 aus Deutschland geflohen – nicht beschäftigt werden durften. Die Filminhalte wurden zensuriert, ehe sie nach Deutschland exportiert werden durften. Deutsche Dirigenten mussten um Genehmigung im Reichsministerium für Propaganda und Volksaufklärung ansuchen, wollten sie in Österreich auftreten. Auf allen Ebenen wurde der »Anschluss« vorbereitet, und die österreichische Führung glaubte als Staatsverwaltung überleben zu können. Ein Trugschluss, der noch 1938 mit der brutalen Wirklichkeit konfrontiert werden sollte.

Es waren aber keineswegs nur die illegalen Nationalsozialisten, die an einer Auflösung der österreichischen Unabhängigkeit arbeiteten, sondern auch konservative Großdeutsche. Sie hielten den Nationalsozialismus nicht unbedingt für eine ideale Bewegung und Ideologie, aber für fähig, den langersehnten Anschluss an das Deutsche Reich zu schaffen. Diese Haltung zeigte sich schon im Bereich des Erziehungswesens und bei den Kulturschaffenden (Literatur, Musik etc.). Bereits seit 1933 war eine indirekte Isolation jüdischer »Kulturbewegter« zu verspüren, ohne dass dies unmittelbare Konsequenzen haben sollte. Einige von ihnen stellten sich sogar für die vaterländische Propaganda zur Erhaltung Österreichs zur Verfügung, obwohl es innerhalb der Christlichsozialen noch immer einen unterschwellig vorhandenen Antisemitismus gab. So konnten jüdische Kinder nicht den katholischen Jugendorganisationen beitreten, da ein offenes Bekenntnis zum Katholizismus gefordert wurde.

Selbst auf höchster kulturpolitischer Ebene waren die Manager unsicher geworden. So ist es bezeichnend, dass der Burgtheaterdirektor Röbbeling dem »jüdischen Regimentsarzt Dr. Grün« aus dem Stück Franz Theodor Csokors, *3. November 1918*, den Satz »Erde für Österreich« strich, da Demonstrationen illegaler Nationalsozialisten befürchtet wurden. Für die »Nazis« gab es weder »Österreich«, noch waren Staatsbürger »jüdischer« Herkunft erwünscht. Mit dieser doppelten Vorsicht, ähnlich der Röbbelings, wurde einem echten Österreich-Bewusstsein entgegengearbeitet. Csokor hatte bewusst den jüdischen Regimentsarzt als einzigen aller am Grabe eines Obersts versammelten Offiziere aus den verschiedenen Teilen der Österreichisch-Ungarischen Monarchie diese Worte sprechen lassen.

Kurzer demokratischer Frühling und der »Anschluss« 1938

Obwohl es bereits seit Ende 1937 Gespräche zwischen Führern der Vaterländischen Front und ehemaligen Schutzbundführern gab, wurden vereinzelt immer noch Gruppen Revolutionärer Sozialisten verhaftet. Die Regierung konnte sich noch nicht zu einer gemeinsamen Front gegen die Nationalsozialisten entschließen. Nach dem Beitritt Italiens zum Antikominternpakt, dem Deutschland und Japan angehörten und der gegen die »Kommunistische Internationale« und darüber hinaus gegen alle demokratischen Staaten Europas gerichtet war, stand Österreich allein. Überdies trat Italien aus dem Völkerbund aus, den das Deutsche Reich bereits 1933 verlassen hatte, um in seinen Aggressionsabsichten nicht behindert zu werden.

Die Verhandlungen mit sozialistischen Gewerkschaftern wurden zwar geführt, doch zeigten sich die verantwortlichen Regierungsfunktionäre noch immer zurückhaltend. Erst als Schuschnigg am 12. Februar 1938 von Hitler nach Berchtesgaden zitiert und zu weitgehenden Zugeständnissen gegenüber den österreichischen Nationalsozialisten gezwungen worden war, versuchte das austrofaschistische Regime einen gemeinsamen »demokratischen Durchbruch« zu erreichen. Inzwischen hatte Schuschnigg zugestimmt, den nationalsozialistischen Rechtsanwalt Arthur Seyss-Inquart als Sicherheitsminister in die Regierung aufzunehmen und der NSDAP in Österreich freie Betätigung sowie Amnestien zuzusagen. Der Generalstabschef Alfred Jansa, der als Verfechter eines militärischen Widerstandes gegen Deutschland galt, wurde abgelöst.

Während sich manche Spitzenbeamte im österreichischen Außenministerium darüber im Klaren waren, dass dieses Abkommen »der Anfang vom Ende« war, versuchte Schuschnigg, sich in Gesprächen mit Gewerkschaftsvertretern der Loyalität der sozialdemokratischen Arbeiter zu versichern. In einer vertraulichen Besprechung am 4. März 1938 schlug er eine »Volksbefragung« als letzten Ausweg vor. Von dieser Sitzung im kleinsten Kreis – an der bekannte Gegner der Nationalsozialisten teilnahmen – erhielt der deutsche Militärattaché in Wien sofort einen Durchschlag; die Protokollführerin hatte ihn weitergegeben. Obwohl Schuschnigg nach wie vor von einer »Volksabstimmung für ein freies, deutsches, unabhängiges und soziales, ein christliches und einiges Österreich« sprach, gaben ihm die Arbeiter – trotz aller Vorbehalte – deutliche Beweise für ihre Bereitschaft, zugunsten der Unabhängigkeit Österreichs zu stimmen. In den Wiener Arbeiterheimen traten Vertrauensleute der Arbeiterbewegung zusammen und demonstrierten gemeinsam mit Schuschnigg-Anhängern für die Unabhängigkeit, wobei die Sozialisten »Freiheit!« und die »Vaterländischen« »Österreich!« riefen, woraus die Parole der Stunde wurde: Freiheit Österreich. Selbst die Revolutionären Sozialisten forderten ihre Anhänger auf, für Österreich zu stimmen: »Der kommende Sonntag ist nicht der Tag, an dem wir mit dem österreichischen Faschismus abrechnen und dem autoritären Regime die Verbrechen vorhalten, die es seit dem Februar 1934 an den Arbeitern begangen hat, indem wir gegen Schuschnigg stimmen. Am kommenden Sonntag stimmen wir gegen den Hitlerfaschismus. An diesem Tag muß die gesamte Arbeiterklasse mit JA stimmen.«

Nachdem Schuschnigg am 9. März in einer kämpferischen Rede in Innsbruck die Volksbefragung angekündigt hatte und interne Umfragen bestätigten, dass er eine Mehrheit erhalten würde, die sich um 70 % bewegen könnte, verstärkten Nationalsozialisten den Druck. Die deutsche Reichsregierung forderte die Rücknahme dieser Abstimmung, was Schuschnigg auch tat. Damit hatte er die letzte Möglichkeit verspielt. Sein Rücktritt und die nach langer Weigerung durch Bundespräsident Miklas doch noch erfolgte Angelobung einer NS-Regierung unter Führung Seyss-Inquarts änderten nichts mehr an Hitlers Einmarsch-Befehl für den 12. März. Zahlreiche Improvisationen der deutschen Truppen hätten diese bei einem militärischen Widerstand in große Schwierigkeiten gebracht.

Schuschnigg meinte hingegen in seiner Abschiedsrede, dass »wir der Gewalt weichen« und dass kein »deutsches Blut« vergossen werden sollte.

Damit war selbst dem Bundesheer, das nur zum Teil von Nationalsozialisten infiltriert gewesen war, die Motivation für einen Widerstand genommen worden. Der demokratische Frühling, der etwas mehr als eine Woche gedauert hatte, brach in sich zusammen und fügte sich dem deutschen Einmarsch bzw. der Machtergreifung einheimischer Nationalsozialisten in einigen Bundesländern.

Da weder die Regierung noch die Exekutive oder das Bundesheer Widerstandsmaßnahmen gesetzt hatten, blieb die Bevölkerung ruhig. Die Aufbruchsstimmung der ersten März-Tage schlug plötzlich in unglaublichen Jubel und Freude über den »Anschluss« um. Dieses Phänomen lässt sich damit erklären, dass sich immer nur eine relativ kleine Schicht parteipolitisch betätigte. Die Mehrheit hoffte aufgrund der vorhandenen Anschlusstraditionen von 1918/1919 (damals hatte nur die Weigerung der Alliierten im Friedensvertrag von St. Germain ein Zusammengehen mit dem damals demokratischen Deutschen Reich verhindert) auf Verbesserung der wirtschaftlichen und sozialen Lage. Nach dem Ende des ungeliebten autoritären Regimes sollte alles »anders und besser werden«.

Dass diese Hoffnung nicht berechtigt war, zeigten die Verhaftungswellen nach dem militärischen Einmarsch. Ehemalige Funktionäre des »Ständestaates« wurden ebenso verhaftet wie Sozialdemokraten, Kommunisten und antinationalsozialistische Monarchisten oder Richter bzw. Beamte, die gegen Nazis aufgetreten waren. Neu an dieser Art von Verhaftungen, die es bereits in reichlichem Maße gegen Sozialdemokraten, Kommunisten und Nationalsozialisten während des austrofaschistischen Regimes 1933/34 bis 1938 gegeben hatte, waren rassistische Gesichtspunkte als Haftgrund. Jüdische Staatsbürger/innen wurden ebenfalls in sogenannte »Schutzhaft« genommen, ein völlig ungeeigneter Begriff, der der brutalen Verfolgung in keiner Weise gerecht wurde. Insgesamt wurden bis 10. Dezember 1938 allein 20 793 Personen von der »Staatspolizeileitstelle Wien« verhaftet, wesentlich mehr wurden kurzfristig festgenommen. Der gesamte nichtnationalsozialistische Funktionärsapparat wurde im Zuge dieser Maßnahmen lahmgelegt.

Das Ausland reagierte, wie es die internationale Politik des Austrofaschismus erwarten ließ – wer sich von der Demokratie isolierte, konnte auch keine Hilfe von demokratischen Nationen erwarten. Der einzige formelle Protest beim Völkerbund war von Mexiko eingebracht worden, und von der republikanischen Regierung Spaniens wurde der »Anschluss« ebenfalls nicht anerkannt – Staaten übrigens, die die österreichische Regierung keineswegs »gut« behandelt hatte: Von Mexiko für Spanien bestellte und größtenteils bereits bezahlte Patronen, die für die republikanische Regierung im Kampf gegen den spanischen Faschismus unter Franco bestimmt waren, waren nicht ausgeliefert worden. Protestiert, aber letztlich doch akzeptiert, hatte die Sowjetunion – ebenfalls ein Staat, dem der Austrofaschismus zutiefst misstraute.

Österreicherinnen und Österreicher im nationalsozialistischen Deutschen Reich, 1938–1945

1938	24. Mai: Aufteilung Österreichs in sieben Gaue, Name Österreich durch Ostmark ersetzt, später weitere Umorganisation
	7. Oktober: Demonstration katholischer Jugendlicher vor dem Stephansdom in Wien (einziger breiter öffentlicher Protest gegen den Nationalsozialismus in Österreich), als Reaktion Sturm der Nationalsozialisten auf das erzbischöfliche Palais
	9./10. November: Novemberpogrom (»Reichskristallnacht«)
1939	Einbeziehung der Arbeiter in die Altersversicherung
	Sommer: Beginn der »Euthanasie« bei kranken Kindern
	1. September: Angriff auf Polen, Beginn des Zweiten Weltkriegs
1941	Beginn der Judendeportationen in die NS-Vernichtungslager
1943	Beginn der Luftangriffe auch auf österreichische Städte
	30. Oktober / 1. November: Moskauer Deklaration (der Alliierten, Wiederherstellung eines österreichischen Staates in Aussicht gestellt)
1944	20. Juli: Nach missglücktem Attentat auf Hitler besonders in Wien österreichische Widerstandsbewegung schwer getroffen

Opfer des Nationalsozialismus und des Zweiten Weltkrieges

Bereits in der Nacht vom 12. auf den 13. März 1938 kam es sowohl in Wien als auch in einigen anderen Städten Österreichs zu Plünderungen und Beschlagnahmungen »jüdischer« Geschäfte und Wohnungen. Von den ersten Massenverhaftungen waren nicht nur Zehntausende Anhänger des Dollfuß-Schuschnigg-Regimes, Sozialdemokraten und Kommunisten betroffen, sondern auch jüdische Staatsbürger. Die systematische Verfolgung der Juden begann mit der Vereidigung der Berufsbeamten auf den »Führer« – jüdische Beamte ausgenommen. Gemäß den Nürnberger Pseudorassengesetzen galten jene als Juden, die »von mindestens drei der Rasse nach volljüdischen Großeltern abstammten sowie mit Juden verheiratete Mischlinge«. In weiterer Folge wurden jüdische Österreicher – gleich ob sie ihre Religion ausübten oder nicht – auf allen Gebieten ihrer Rechte beraubt (Berufe, Wirtschaft, Kultur etc.).

Bereits im April war die »Ausschulung« jüdischer Schüler aus den öffentlichen Schulen erfolgt – rund 16 000 Schülerinnen und Schüler wurden in separierten Schulen und Notquartieren unterrichtet. Die Folge waren überfüllte Sammelklassen in Wien mit 60 bis 70 Kindern und lange Fußmärsche von Kindern aus mittellosen Familien.

Die grausame »Begleitmusik« zu diesen Maßnahmen wurde von Mitgliedern der immer populärer gewordenen Hitler-Jugend (HJ) und des Bundes Deutscher Mädel (BDM) besorgt, die mit Sprüchen wie »Juden, Russen, Tschechen, Polen, alle soll der Teufel holen!«, oder »Henkt die Juden, stellt die Pfaffen an die Wand!« durch die Straßen zogen. Trotzdem gab es nicht nur Schweigen, sondern auch vereinzelte Beispiele für Humanität und Zivilcourage in diesen Zeiten des kollektiven Terrors, wie sie der britische Schriftsteller und österreichische Emigrant George Claire in seinen Erinnerungen an seine Jugend in Wien darstellt: »Als wir am Mittwoch Morgen in die Schule zurückkehrten, trugen alle – mit Ausnahme von uns Juden – Hitler-Jugend-Abzeichen oder Hakenkreuze an ihren Jackenaufschlägen. Bevor die erste Klasse begann, stand Helmut Wieczorek, der stärkste – und daher auch als Klassensprecher anerkannte – Junge in meiner Klasse auf und sprach zu uns: ›Was ich sagen will, ist Folgendes. Es gibt jüdische Buben in unserer Klasse. Sie waren jahrelang unsere Kumpel und Freunde. Und ich glaube, dass sie unsere Kumpel und Freunde bleiben und als solche behandelt werden sollten.‹ Die Zustimmung, mit der diese Worte begrüßt wurden, war allgemein. Sogar die HJ-Jugendlichen stimmten zu.«

Doch sollten diese Einzelfälle nicht darüber hinwegtäuschen, dass das An-den-Pranger-Stellen jüdischer Schüler vor der Tafel »Der Jude ist unser größter Feind! Schützt euch vor den Juden!« ebenso vorkommen konnte. Nach Ablauf des Schuljahres 1938/39 wurde jede Art von öffentlichem Unterricht für jüdische Kinder und Jugendliche untersagt.

Als einen »Hexensabbat des Pöbels« und »ein Begräbnis aller menschlichen Würde« beschrieb der Schriftsteller Carl Zuckmayer seine Erlebnisse vom 11. März in Wien: »Die Unterwelt hatte ihre Pforten aufgetan und ihre niedrigsten, scheußlichsten, unreinsten Geister losgelassen. Die Stadt verwandelte sich in ein Alptraumgemälde des Hieronymus Bosch: Lemuren und Halbdämonen schienen aus Schmutzeiern gekrochen und aus versumpften Erdlöchern gestiegen. Die Luft war von einem unablässig gellenden, wüsten, hysterischen Gekreische erfüllt, aus Männer- und Weiberkehlen, das tage- und nächtelang weiterschrillte. Und alle Menschen verloren ihr Gesicht, glichen verzerrten Fratzen; die einen in Angst, die anderen in Lüge, die anderen in wildem, hasserfülltem Triumph [...]. Es war ein Hexensabbat des Pöbels und ein Begräbnis aller menschlichen Würde.«

Die Liste der schikanösen Maßnahmen ließe sich ohne Schwierigkeiten fortsetzen. Bewusst wurde die Auswanderung forciert und mit Vermögensverlusten gekoppelt. Bis zur Schließung der Grenzen für jüdische Auswanderer im November 1941 hatten über 127 000 Juden, rund zwei Drittel der vor dem März 1938 in Österreich lebenden, ihre Heimat verlassen müssen (55 505 waren in Europa geblieben und daher häufig der weiteren NS-Verfolgung ausgesetzt; 28 700 gelangten nach Nordamerika, 11 580 nach Mittel- und Südamerika, 28 700 nach Asien und in den Nahen Osten, 1880 nach Australien und Neuseeland, 644 nach Afrika).

Insgesamt mussten zwischen 130 000 und 150 000 Menschen Österreich verlassen. Unter ihnen befanden sich über 9000 Künstler und Wissenschaftler – allein 1500 waren Schriftsteller oder Journalisten. Es bleibt keine Frage, welchen geistigen Aderlass diese Massenvertreibung, die bereits im kleineren Umfang 1934 begonnen hatte, für die Entwicklung der Kultur Österreichs bedeutet hat. Gerade in den letzten Jahren beginnen sich die Österreicher derjenigen unter ihnen zu erinnern, die im Ausland Erfolg hatten. Doch kaum jemand ist sich in diesem Zusammenhang bewusst, dass den meisten von ihnen nicht diese meist verspätete Anerkennung zuteilgeworden ist. Viele scheiterten im Exil, manche begingen aus Verzweiflung Selbstmord, und eigentlich alle hatten ihre Heimat verloren, viele auch zahlreiche Freunde und manche Verwandte. Ohne Rücksicht auf Alter, Geschlecht, Herkunft, Ausbildung, Verdienste waren sie vom Nationalsozialismus vertrieben worden.

Bei der nüchternen Wiedergabe dieser Zahlen sollte jedoch nicht vergessen werden, dass Willkür, die vor Morden und Brutalität nicht zurückschreckte, die Terrormaßnahmen der nationalsozialistischen Machthaber, aber auch von einzelnen »Durchschnittsbürgern«, beherrschte. Sehr deutlich wurde dies während der »Vergeltungsmaßnahmen« für den Tod des deutschen Legationsrates Ernst von Rath, der von dem 17jährigen polnischen Juden Herschel Grynszpan in Paris ermordet worden war.

In Wien wurden um den 10. November 1938 7800 Juden verhaftet (davon 1226 mit Ausreiseerlaubnis), zahlreiche Wohnungen und Geschäfte wurden geplündert, Synagogen zerstört. In der ehemaligen Klosterschule in der Kenyongasse wurden 27 Juden ermordet, 88 schwer verletzt. 680 Menschen konnten diese Terroraktionen nicht mehr ertragen und begingen Selbstmord. 4600 Verfolgte wurden in das Konzentrationslager Dachau gebracht. Die Reaktion der Bevölkerung auf die »Reichskristallnacht« war jedoch keineswegs ablehnend, wie die SS am 18. November 1938 berichtete: »Mitleid mit dem Los der Juden wurde fast nirgends laut, und wo sich ein solches dennoch schüchtern an die Oberfläche wagte, wurde diesem von der Menge sofort energisch entgegengetreten, einige allzu große Judenfreunde wurden festgenommen.«

Nicht überall fanden die Ausschreitungen in Wien Zustimmung, wie ein Erfahrungsbericht des »Sicherheitsdienstes«, den Gerhard Botz in seinem Buch *Wien vom »Anschluss« zum Krieg* zitierte, beweist: »In einigen Bezirken beteiligte sich vereinzelt auch die HJ, welche meist in roher Weise gegen die Juden vorging, was allgemein sehr ungünstig aufgenommen wurde.«

Spitzen der Partei, Verwaltung und Wirtschaft sprachen sich für eine kontrollierte »Lösung der Judenfrage« aus, das heißt zwar gegen »Pogrome und Vandalismus«, da »Schändungen, Raub und Plünderungen in der Bevölkerung und in weiten Kreisen der Partei nur Abscheu hervorgerufen haben« – aber die Entrechtung der Juden wurde unterstützt (Enteignung, Auswanderung und gesellschaftliche Separierung).

Insgesamt fielen über 65 500 österreichische Staatsbürger jüdischer Abstammung dem Holocaust zum Opfer, ebenso wie andere rassische Minderheiten wie 9000 der rund 11 000 als »Zigeuner« stigmatisierten Roma und Sinti oder religiös verfolgte wie die Bibelforscher (Zeugen Jehovas) sowie Homosexuelle. Unter ihnen befanden sich zahlreiche Kinder und Jugendliche.

35 300 nichtjüdische Österreicherinnen und Österreicher fielen ebenfalls der NS-Terrormaschinerie zum Opfer. 170 800 Wehrmachtsangehörige scheinen in den Statistiken als Tote auf – 76 200 gelten als vermisst und 24 300 werden als Ziviltote bezeichnet. Etwa 5,6 % der Vorkriegs-

bevölkerung Österreichs fielen der nationalsozialistischen Expansions- und Vernichtungspolitik zum Opfer. Auch vor den Jugendlichen machte das Grauen der Verfolgung und des Krieges nicht halt.

Die Kriegsvorbereitungen beschränkten sich nicht auf die militärische Ausbildung im engeren Sinn wie bei der Unteroffiziervorschulung in Wiener Neustadt, sondern umfassten auch die militärische Schulung innerhalb der HJ, aus deren Reihen sich das »letzte Aufgebot« 1945 rekrutieren sollte. Tausende Hitler-Jungen wurden noch in den letzten Kriegstagen in den sicheren Tod geschickt.

Täter oder Opfer? Österreicher im »Dritten Reich«

Dass das Ergebnis der Volksabstimmung für den »Anschluss« (99,75 % Ja-Stimmen) der tatsächlichen Stimmung der Bevölkerung entsprochen hat, darf mit gutem Recht angezweifelt, aber keineswegs vom Tisch gewischt werden. Tatsache ist, dass weder »jüdische« Staatsbürger noch verhaftete Funktionäre der verschiedenen nichtnationalsozialistischen Parteien an dieser Abstimmung teilnehmen durften. Gleichzeitig soll aber nicht geleugnet werden, dass die Pro-Österreich-Stimmung sehr rasch in eine Pro-Hitler-Deutschland-Stimmung umgeschlagen war, die durch eine Vielzahl von äußerst gutstrukturierten Propagandaaktionen initiiert und gesteigert wurde. Der britische Militärattaché in Berlin »fand überall viel Enthusiasmus […]. In den vergangenen Jahren habe ich in Wien viele Demonstrationen erlebt, die von Sozialdemokraten, Heimwehr, Nazis vor dem Parteiverbot (1933), Vaterländischer Front und katholischer Kirche veranstaltet worden waren. Keine davon zog derartige Menschenmassen an oder bewirkte eine solche Verzückung wie der Einmarsch der deutschen Truppen.«

Neben dieser immer stärker werdenden Massenbegeisterung, die auch sehr stark von Jugendlichen getragen wurde und die eine Art umfassende Aufbruchsstimmung nach den schweren Jahren vor 1938 signalisierte – wobei die kommenden Kriegsjahre aber noch wesentlich tragischere Auswirkungen zeigen sollten –, tobte auch der Mob, wie der ins Exil geflüchtete Dramatiker Franz Theodor Csokor berichtete: »Wien wurde von Tag zu Tag grauenhafter. Menschen, von einer johlenden Plebs umringt, müssen unter Prügeln und Püffen das Pflaster schrubben, mit einer Zahnbürste Klosetts reinigen oder mit den eigenen Nägeln die Schuschniggplakate von den Wänden kratzen. Vorgestern besuchte ich meinen alten Freund Egon Friedell […]. Als ich den nächsten Tag anrief, erfuhr ich, bald nach unserem Abschied seien zwei Burschen bei ihm erschienen, ihn zum Straßen waschen abzuholen. Er folgte ihnen aber nicht, sondern sprang durch das Fenster drei Stock in die Tiefe, im Sturze noch ›Hallo‹ schreiend, damit unten die Passanten ausweichen mögen. So starb der Autor der in alle großen Weltsprachen übersetzten ›Kulturgeschichte der Neuzeit‹, als diese Kulturgeschichte zu Ende war.«

Allein in Wien ereigneten sich als Folge des März 1938 220 Selbstmorde – 42 % der Selbstmörder waren jüdischen Bekenntnisses, 39 % Katholiken, 10 % Protestanten, 7 % konfessionslos, 2 % Altkatholiken. Zu einem Suizid, der die anderen tragischen Fälle noch überragte, kam es am 17. März, als sich der konfessionslose Spediteur Rudolf Paul Fischer mit seiner Gattin und vier Kindern im Alter von neun bis 13 Jahren vergiftete. Unter diesen Opfern befanden sich auch ehemalige Funktionäre des Austrofaschismus wie der Vizekanzler a. D. Emil Fey, seine Gattin und sein 19jähriger Sohn, der ehemalige Minister Odo Neustädter-Stürmer und andere.

Neben diesem umfassenden Terror, der sich keineswegs nur auf Wien beschränkte, sondern auch in den Bundesländern virulent geworden war, begann das NS-Regime mit umfangreichen Vorbereitungen für die Volksabstimmung vom 10. April 1938, wobei selbst in den kleinsten Städten und Märkten »Triumphbögen, gigantische Hakenkreuze auf Ständern und große Portraits« errichtet wurden. Sowohl die katholische Kirche unter Kardinal Theodor Innitzer als auch der frühere sozialdemokratische Spitzenpolitiker Karl Renner bekannten sich zum »Ja« bei der Abstimmung – beide aus verschiedenen Motiven, jedoch beide durchaus in der langfristigen Tradition von Ideen eines Anschlusses an Deutschland stehend. Beide sollten ebenso getäuscht werden wie die zahlreichen Abstimmenden, denen umfassende materielle Verbesserungen ihrer Lebenssituation in Aussicht gestellt worden waren.

Insgesamt waren jedoch etwa 360 000 Abstimmungsberechtigte über 20 Jahre überhaupt vom Stimmrecht ausgeschlossen worden – sowohl aus rassistischen als auch aus politischen Gründen. Dies waren 8 % der Stimmberechtigten, wobei in Wien der Prozentsatz mit 18 % oder 230 000 von der Wahl ausgeschlossenen Personen noch wesentlich höher lag. Dazu kam noch eine Fülle von offensichtlichen Manipulationen und ein massiver Terror, öffentlich abzustimmen.

Folgen der Vertreibung bzw. Vernichtung von Österreicherinnen und Österreichern jüdischer Herkunft

Hatten Anfang 1940 noch 60 000 Juden in Wien im wahrsten Sinne des Wortes ihr Dasein fristen können – verfolgt mit Berufsverboten, der Verpflichtung, den Judenstern zu tragen, dem Verbot, Parks zu benützen, und vielem anderen mehr –, nahm ihre Zahl durch Deportationen nach Polen in Konzentrationslager bzw. in Vernichtungslager ständig ab. Allein im Jahre 1942 waren mehr als 32 000 nach Osten in den Tod geschickt worden – zwei Drittel von ihnen waren Frauen, die Hälfte war über 60 Jahre alt. Das Kriegsende erlebten in Wien nur etwa 5700 Juden. Die Konzentrationslager konnten nur mehr 2142 verlassen. Über 65 500 österreichische Juden und Jüdinnen und andere verfolgte Gruppen waren dem NS-Regime und der systematischen Völkervernichtung durch die NS-Machthaber zum Opfer gefallen.

Die Solidarität bzw. die Bereitschaft, Juden und Jüdinnen zu schützen und damit auch persönliche Gefahr auf sich zu nehmen, war zwar vereinzelt vorhanden, doch hielt sie sich in sehr engen Grenzen, 600 bis 800 hatten – manchmal von »Ariern« versteckt – überlebt. Kirchliche und karitative Organisationen versuchten bei der Flucht zu helfen, doch blieben dies auch »nur« Einzelaktionen – trotz der Wichtigkeit für die Begünstigten.

Wesentlich umfassender war das Kollektivbewusstsein bei der Bereicherung an jüdischen Vermögenswerten, von Wohnungen bis hin zu ganzen Betrieben. Von den etwa 33 000 »jüdischen« Betrieben, die sich zur Zeit des deutschen Einmarsches in Wien befanden, wurden 7000 relativ rasch aufgelöst. 26 000 Geschäfte fielen 25 000 kommissarischen Verwaltern in die Hände – ohne entsprechende Abfindung für die Voreigentümer. Im Zuge einer Wirtschaftsbereinigung mussten bis auf 5000 Betriebe alle »arisierten« Geschäfte wieder eingestellt werden. Insgesamt wurden 320 Millionen Reichsmark an beschlagnahmten jüdischen Vermögen angemeldet – weitere 500 Millionen Reichsmark stammten aus Mietshäusern und Grundstücken und 266 Millionen Reichsmark aus Wertpapieren aller Art. Insgesamt hat das Vermögen von Juden und Jüdinnen nach statistischen Schätzungen 2,3–3,3 Milliarden Reichsmark betragen. 1,6 Millionen Dollar Devisen erpresste das Deutsche Reich übrigens von jüdischen Hilfsorganisationen für die Auswanderung ihrer Schutzbefohlenen. Durch die umfassenden Vertreibungen in die Emigration und die Deportationen wurden allein in Wien 70 000 Wohnungen zwangsweise freigemacht, die nach 1945 nicht restituiert wurden; nur Eigentumswohnungen und Eigentumshäuser konnten wieder in äußerst schwierigen Restitutionsverfahren beansprucht werden.

Konzentrationslager, Euthanasie und Zwangsarbeit

Obwohl es in Wien – abgesehen von einer Vielzahl kleinerer »Notgefängnisse« und einigen sogenannten »Judenlagern« – keine Konzentrationslager gegeben hat, gab es doch einen direkten Zusammenhang mit der Errichtung des Konzentrationslagers Mauthausen bei Linz, da es auf einer Liegenschaft der Stadt Wien errichtet wurde und der Steinbruch auch in die Wiener Städteplanung miteinbezogen wurde, wobei jedoch Linz Vorrang haben sollte.

In das KZ Mauthausen wurden mehr als 200 000 Menschen eingeliefert, an die 100 000 kamen um, obwohl das Lager – trotz einer Gaskammer – nicht zu den Massenvernichtungslagern wie Auschwitz zählte, aber so brutal waren die Haftbedingungen. 1942 wurden KZ-Häftlinge unter unmenschlichen Bedingungen für die Rüstungsindustrie eingesetzt, wobei 47 Außenlager gegründet wurden. Im Nebenlager Gusen zum Beispiel waren die Haftbedingungen noch schlechter als im Hauptlager selbst, da von den Häftlingen Stollen gebaut werden mussten, in denen Flugzeugteile für die Firma Messerschmitt sowie Maschinenpistolen hergestellt wurden. Das zweite gefürchtete Nebenlager befand sich in Ebensee, wo eine Höhle beim Traunsee zur Fabrikanlage umgebaut wurde. All diese Aktivitäten geben ein grausames Beispiel davon, wie aus der »Vernichtung durch Arbeit« noch Nutzen für die deutsche Kriegsproduktion, die 1944 ihren Höhepunkt finden sollte, gezogen wurde. Bereits Ende 1938 wurden zwei Rüstungsvorhaben mit großer Propaganda zur Schaffung von Arbeitsplätzen begonnen, obwohl dieses Investitionsvolumen deutlich unter den nach dem Einmarsch beschlagnahmten Vermögenswerten lag: die Reichswerke Hermann Göring in Linz als Hüttengroßwerk mit einem Panzerwerk sowie die Wiener Neustädter Flugzeugwerke. In weiterer Folge wurde auch eine Reihe anderer Rüstungsvorhaben verwirklicht sowie die Energiegewinnung durch Wasserkraft und Erdölgewinnung deutlich verstärkt.

Da im Zuge der alliierten Bombenangriffe immer mehr Betriebe aus

Die »Reichsgaue der Ostmark« bzw. »Alpen- und Donau-Reichsgaue« 1938/39–1945

»Reichsdeutschland« in die »Alpen- und Donaugaue« verlagert wurden, andererseits aber die Zahl der Arbeitskräfte trotz intensiven Einsatzes von Frauen immer weiter abnahm, wurden vermehrt Kriegsgefangene als sogenannte Zwangsarbeiter ausgebeutet – ebenso wie die Insassen von Konzentrationslagern. Um einen Gesamtüberblick zu geben, kann auf die Arbeiten Mark Spoerers verwiesen werden, der für Österreich die Gesamtzahl der eingesetzten ausländischen Arbeitskräfte (inklusive KZ-Häftlinge und Kriegsgefangene) errechnet hat: So sind auf dem Gebiet des heutigen Österreich zwischen 1939 und 1945 insgesamt 757 000 ausländische Zivilarbeiter und Zivilarbeiterinnen eingesetzt worden, unter ihnen seit 1939/40 zunehmend hohe Anteile von zwangsrekrutierten Arbeitskräften – vor allem aus Polen, der Sowjetunion und dem »Protektorat Böhmen und Mähren«, weiters rund 150 000 Kriegsgefangene und 85 900 KZ-Häftlinge und ungarische Juden und Jüdinnen.

Doch Menschen wurden nicht nur in Konzentrationslagern ermordet oder zu Tode getrieben, sondern auch unter dem Tarnwort »Euthanasie« (griechisch für »schöner Tod«) vergast oder durch Injektionen getötet.

Betroffen waren davon Geisteskranke, Epileptiker, senil Erkrankte sowie nach der perversen NS-Rassentheorie als »minderwertig« bezeichnete Gruppen wie »Zigeuner«. Vereinzelt wurden derartige Praktiken an KZ-Häftlingen und Zwangsarbeitern vorgenommen.

Auch missgebildete Neugeborene und Kleinkinder wurden ermordet – insgesamt an die 5000, wobei sehr bald die Altersgrenze von drei auf 17 Jahre hinaufgesetzt wurde. Sogar in der »Heilanstalt« am Steinhof in Wien mussten derartige Maßnahmen durchgeführt werden. In Oberösterreich, in Schloss Hartheim, wurden über 30 000 Menschen ermordet – kranke und behinderte Menschen, Häftlinge aus Konzentrationslagern und ausländische Zwangsarbeiter/innen. All diese Aktionen standen unter der Leitung von »Ärzten« und waren der Justiz bekannt, die nur wenige Versuche machte, dagegen aufzutreten.

Österreicher in der Wehrmacht

Seit 1986 wurde wohl kein Kapitel der österreichischen Geschichte derart intensiv diskutiert wie der Anteil von Österreichern am Zweiten Weltkrieg. Diese breite gesellschaftliche Auseinandersetzung als Folge der öffentlichen Konfrontation mit bisher unbekannten Abschnitten der Kriegsjahre des ehemaligen Generalsekretärs der Vereinten Nationen und späteren Bundespräsidenten Kurt Waldheim scheint rationalen Argumentationsweisen entglitten zu sein. Die Kriegsgeneration sah sich von den Nachgeborenen, jenen mit der »Gnade der späten Geburt«, ungerecht behandelt, wohingegen andere vehement politische Aufklärung verlangten.

An dieser Stelle sollen nur einige wenige prägnante Feststellungen getroffen werden:

Der Zweite Weltkrieg war kein Verteidigungskrieg – weder im Osten noch im Westen. Die Aggressionsabsichten der politischen, aber auch der militärischen Führung des Deutschen Reiches sind eindeutig dokumentiert. Ebenso unbestritten sollte die Tatsache sein, dass Österreich ebenfalls ein Opfer dieser Aggressionsziele wurde, wenngleich auch ein teilweise durchaus williges – trotz aller Einzelbeispiele von politischer Verfolgung, politischer Pression, existentieller und physischer Vernichtung.

Es konnte von niemandem verlangt werden, als einzelner sein Leben aufs Spiel zu setzen, um gegen den »Anschluss« zu protestieren. Trotzdem besteht ein Unterschied zwischen erzwungener Anpassung des Überlebens wegen und Anbiederung und politischer Kollaboration mit dem NS-Regime. Nur ein kollektives Zeichen der Opposition hätte eine breite nationale Opposition gegen die Besetzung Österreichs hervorrufen können – umso bewundernswerter sind die Widerstandshandlungen einzelner.

In der politischen Analyse bleibt jedoch das Faktum, dass – so einer der sowjetischen Hauptankläger während der Nürnberger Kriegsverbrecherprozesse – 170 800 Wehrmachts- und Waffen-SS-Angehörige bei dem Aggressionskrieg des Dritten Reiches ums Leben kamen und 76 200 als vermisst gelten. Noch 1962 betreute die Kriegsopferfürsorge 7,5 % der Gesamtbevölkerung (17 000 Betroffene, rund 300 000 Hinterbliebene und 110 000 Angehörige von Vermissten und nicht heimgekehrten Kriegsteilnehmern). Nach dem Krieg kehrten aus amerikanischer Kriegsgefangenschaft 306 000 Männer zurück, aus britischer 67 000, aus jugoslawischer 7500, aus Dänemark, Belgien und Polen 2300. Aus der Sowjetunion kamen erst im September 1947 große Heimkehrertransporte zurück (bis Dezember 1947 162 000). Insgesamt gelangten rund 600 000 Österreicher in Kriegsgefangenschaft.

Doch all diese Zahlen vermitteln – trotz der verborgenen Grausamkeit – ein inkorrektes Bild, da sie das Kriegsgeschehen selbst nicht einbeziehen können. Das Bild des »Landsers«, wie es in den Kriegsromanen geschaffen wurde, sollte vor dem Hintergrund der tatsächlichen Kriegsereignisse, der Gewalt, der Brutalität, aber auch der Ängste und Sorgen des einzelnen gesehen werden. In politischer Hinsicht kann überdies der Gesamtzusammenhang nicht vergessen werden, auch wenn er dem einzelnen damals nicht bewusst war, aber im Interesse der NSDAP-Führung, großer Teile der Generalität und der Industrie lag: Ostexpansion durch Aggressionskriege, Vertreibung und letztlich Ermordung von Millionen Jüdinnen und Juden in Ostmitteleuropa und der Sowjetunion, Dezimierung und Versklavung der slawischen Bevölkerung und umfassende Ausbeutung der wirtschaftlichen Ressourcen in den besetzten Gebieten.

Ähnliche – wenngleich differenziertere – Kriegsziele lassen sich auch im Falle des Angriffs gegen Frankreich, Großbritannien, Norwegen etc. aufzeigen – alle mit dem Endziel, dass Europa vom Nationalsozialismus und dem Deutschen Reich beherrscht werde.

Bis heute ist relativ wenig über die Rolle von Österreichern als Teil der deutschen Wehrmacht bekannt geworden. Auch hier hat die Diskussion über Bundespräsident Kurt Waldheim seit 1986 eine Fülle neuer Fakten aus zahlreichen Archiven bekannt werden lassen; z.B. betreffend die Kriegsereignisse auf dem Balkan: 51% der Offiziere und 62% der Mannschaften von zwei Infanterie-Divisionen, die als Besatzungstruppen auf dem Balkan stationiert waren, stammten aus Österreich. Es erscheint daher durchaus legitim, sich mit den Kriegsverbrechen des Partisanenkrieges näher auseinanderzusetzen, wobei jedoch klar sein muss, dass Jugoslawien und Griechenland überfallen worden waren. Erst mit Akzeptanz dieser unbedingten Voraussetzung entsteht eine entsprechende Grundlage für eine faktenorientierte Analyse der zahlreichen Kriegsgreuel.

Österreichischer Widerstand

Um etwaige Fehleinschätzungen vorwegzunehmen: Widerstand gegen den Nationalsozialismus in Österreich nach dem »Anschluss« war keine breitangelegte nationale Bewegung, sondern bestand aus einer Vielzahl von kleinen Gruppen. Die Mehrheit der Bevölkerung reagierte eher situationsangepasst, wobei sich die Verhaltensweisen zwischen Integration, Anpassung, Verweigerung und Opposition bewegten. Je länger der Krieg dauerte, je deutlicher die Auswirkungen des Völkermordens spür- und sichtbar wurden, desto stärker wurden jene, die gegen das System zu agieren begannen.

Politisch-militärischer Widerstand wurde zwar von einer Minderheit getragen, doch gab es eine Fülle von individuellen Verhaltensweisen, die vom NS-Regime als Opposition aufgefasst und mit brutalsten Mitteln bekämpft wurden. Zwei besonders in Wien signifikante Beispiele aus dem Bereich der Jugendkultur sollen diese These erklären:

Trotz der Versuche des Regimes, über den Weg der Hitler-Jugend die Jugendlichen zu reglementieren, gab es bereits kurz nach dem »Anschluss« deutliche Kundgebungen gegen den Nationalsozialismus. Nach einer Rosenkranzfeier am 7. Oktober 1938 im Wiener Stephansdom demonstrierten 6000 bis 8000 Jugendliche vor dem Erzbischöflichen Palais ihre Loyalität zur Kirche, die immer stärker – trotz deutlicher Unterstützung des NS-Regimes nach dem »Anschluss« – unter politischen Druck geriet. Einen Tag später stürmten »aus Rache« etwa 50 Hitler-Jungen und Mädchen das Erzbischöfliche Palais, zerstörten Einrichtungsgegenstände, entwendeten Wertgegenstände und warfen den Domkuraten Johannes Krawarik aus dem Fenster in den Hof, wo er mit Oberschenkelbrüchen liegenblieb. Nach dem Erscheinen der Polizei zogen die HJ-Truppen unbehelligt ab.

Aber es gab auch eine andere Form des Jugendprotests gegen den Nationalsozialismus, der von »Schlurfs« – so die Bezeichnung der Geheimen Staatspolizei für diese Jugendlichen – ausgedrückt wurde.

Die Wiener Schlurfs stammten überwiegend aus dem Arbeitermilieu und waren zwischen 14 und 20 Jahre alt. Als äußerliches Zeichen ihrer Opposition gegen den herrschenden soldatisch-asketischen »Deutschen Jungen«-Typ kleideten sie sich elegant und modern. Sie trugen lange Haare und gaben sich auch in ihrer Körperhaltung betont lässig. Sie versuchten, dem Kriegsdienst zu entkommen, und gerieten auch immer wieder in Raufereien mit der Hitler-Jugend – so berichtete die Gestapo am 18. September 1942 von der Verhaftung von 21 Jugendlichen, die Jugendliche eines anderen Bezirkes verprügelt hatten – 14 von ihnen wurden wegen Störung der Ordnung mit sieben bzw. 14 Tagen Arrest bestraft. Die Mitglieder der Hitler-Jugend ihrerseits versuchten die Frisuren der »Schlurfs« zu zerstören, indem sie eine »Straße« hineinschnitten. Die Bedeutung dieser jugendlichen Subkultur, die sich im Protest durch unangepasste Lebens- und Freizeitgestaltung manifestierte, sollte nicht unterschätzt werden. Der Anteil von Jugendlichen bei den aktiven Widerstandskämpfern der Kommunisten und den katholischen Gruppen war relativ hoch, wobei im Großraum Wien Facharbeiter und Intellektuelle die Mehrheit bildeten. Aber nicht nur bei den Jugendlichen gab es individuelles Protestverhalten, wie rund 10 000 Verfahren auf dem Gebiet des heutigen Österreich nach dem sogenannten Heimtückegesetz, d.h. Bestrafung von Gerüchte-Verbreitung, Witze-Erzählen und der Beleidigung von führenden NS-Funktionären etc., zeigen.

Insgesamt wurden an die 100 000 Menschen in Österreich vom NS-Regime als Widerstandskämpfer eingestuft bzw. politisch verfolgt. Der Anteil der Frauen an Widerstandsaktivitäten betrug rund 12 %. Etwa 2700 Widerstandskämpfer wurden zum Tode verurteilt und hingerichtet. 97 000 Österreicher – davon über 65 000 Juden und Jüdinnen – kamen in Konzentrationslagern oder in der Gestapo-Haft ums Leben. 15 000 bis 20 000 fielen im Kampf um die Freiheit Österreichs als alliierte Soldaten oder Partisanen.

Gerade diese Beispiele des Einsatzes einer Minderheit für die demokratische Unabhängigkeit und Souveränität Österreichs haben nach 1945 sehr wesentlich dazu beigetragen, dass die Alliierten die Forderung nach einem österreichischen Beitrag zur Befreiung (Moskauer Erklärung vom 1. November 1943: »Österreich wird aber auch daran erinnert, dass es für die Teilnahme am Kriege an der Seite Hitler-Deutschlands eine Verantwortung trägt, der es nicht entrinnen kann, und dass anlässlich der endgültigen Abrechnung Bedachtnahme darauf, wieviel es selbst zu seiner Befreiung beigetragen haben wird, unvermeidlich sein wird.«) als erfüllt betrachteten. Dies sollte jedoch nicht darüber hinwegtäuschen, dass es sich bei den Widerstandskämpfern um eine bewundernswerte Minderheit gehandelt hat, der eine zumindest ebenso starke Gruppe von aktiven NS-Sympathisanten gegenübergestanden ist. Der Anteil der NSDAP-Parteimitglieder bzw. Parteianwärter war überdies noch größer und lag 1945 bei über 500 000.

Die Mehrheit der Bevölkerung hatte den Krieg über sich ergehen lassen und ihren persönlichen Unwillen gegen das Regime und die verheerenden Folgen der Aggressionskriege im privaten Umfeld artikuliert. Die »Anschluss«-an-Deutschland-Einstellung war der österreichischen Bevölkerung jedoch endgültig ausgetrieben worden. Allein in Wien waren 112 000 Wohnungen zerstört worden – doch Wohnungen konnten wieder aufgebaut werden. Die 300 000 Toten (bei einer Bevölkerungszahl von über sechs Millionen) sind unersetzbar.

Die Zweite Republik (seit 1945)

Von Oliver Rathkolb

Epochenüberblick

Bereits am 27. April 1945 erklärten Repräsentanten der neu gegründeten drei politischen Parteien SPÖ (Sozialistische Partei und Revolutionäre Sozialisten), ÖVP (Österreichische Volkspartei) und KPÖ (Kommunistische Partei Österreichs) die Nichtigkeit des Anschlusses an Deutschland und die Errichtung einer unabhängigen demokratischen Republik. Diese auch die Westalliierten überraschende und irritierende schnelle Regierungsbildung ist ein Ergebnis der sowjetischen Österreichpolitik, deren zentrales Ziel die Trennung Österreichs von Deutschland war. Nach einigen Monaten intensiver Recherchen, ob es sich bei der Provisorischen Regierung Renner um eine prokommunistische Marionettenregierung Moskaus handelte, und innerösterreichischer Verhandlungen wurden dann nach einer Erweiterung dieser ausschließlich auf die sowjetische Zone in Wien, Niederösterreich und dem Burgenland beschränkten Regierung durch Vertreter aus den Besatzungszonen der Westalliierten gesamtösterreichische Wahlen vorbereitet. Bereits am 25. November 1945 konnte trotz der großen sozialen und ökonomischen Probleme mit Hunderttausenden Flüchtlingen und ehemaligen verschleppten Zwangsarbeiterinnen und Zwangsarbeitern sowie Kriegszerstörungen und massiven Ernährungsproblemen wieder ein bundesweit legitimiertes Parlament gewählt werden (die letzte vergleichbare Wahl hatte 1930 stattgefunden). Trotz einer absoluten Mandatsmehrheit der ÖVP wurde die Koalition mit der SPÖ sowie der KPÖ (letztere war nur bis 1947 mit einem Minister in der Regierung vertreten) erneuert, mit dem Ziel, möglichst rasch einen österreichischen Staatsvertrag und den Abzug der Alliierten zu initiieren, um durch die Abschaffung der Alliierten Kommission und des Alliierten Rates echte Souveränität zu erlangen.

Bis 1966 sollte in weiterer Folge das System der Großen Koalition die massiven Wiederaufbauprobleme lösen – ähnlich wie in der Ersten Republik bis 1920. Zum Unterschied von der gewaltorientierten Konkurrenzdemokratie 1918/1933/1938 wurden zunehmend konsensdemokratische Strukturen entwickelt – so insbesondere auf der Basis der Lohn- und Preisabkommen zur Inflationseindämmung die Sozialpartnerschaft:

Außerhalb des Parlaments und im kleinen vertraulichen Kreis sollten Vertreter der Arbeitgeber- und Arbeitnehmerorganisationen die wesentlichsten sozial- und wirtschaftspolitischen Gesetze vorab akkordieren. Aufgrund des bereits Ende 1945 und 1946 in Österreich deutlich spürbaren beginnenden geostrategischen Kalten Krieges zwischen den USA und der Sowjetunion wurden sowohl die Große Koalition als auch die Sozialpartnerschaft rasch institutionalisiert. In ökonomischer Hinsicht hatte sich die Infrastruktur aufgrund der massiven NS-Rüstungsindustrie (vom Stahlbereich über die Grundstoffindustrie im Allgemeinen bis zur exzessiven Exploration der Erdölvorkommen in Österreich) und des umfassenden Einsatzes von Zwangsarbeitern bis 1945 völlig verändert. Trotz der zahlreichen Zerstörungen durch alliierte Bomberangriffe blieb die Grundsubstanz – zum Beispiel in den Reichswerken Hermann Göring in Linz – bestehen und konnte im Zuge des boomenden Wirtschaftswachstums im Westen und durch Marshall-Plan-Investitionshilfe aus den USA ab 1947 nachhaltig im Rahmen einer nunmehr großen verstaatlichten Industrie in funktionierende Friedensproduktion umgerüstet werden. Im Unterschied zur Ersten Republik einigte sich die Große Koalition auf die Verstaatlichung des großen ehemals deutschen Eigentums, das an sich die Alliierten beanspruchten, aber nur die Sowjetunion bis 1955 nicht der Bundesregierung zur treuhänderischen Verwaltung übergab. Zu diesem Komplex gehörten auch die größten Banken Österreichs mit einem eigenen Industriekomplex. Die Gefahr einer geostrategischen Teilung Österreichs entlang des langsam entstehenden Eisernen Vorhanges bestand nur subjektiv, realpolitisch war das Land zu klein und ökonomisch zu fragil, um geteilt weiter existieren zu können.

1955 nützten österreichische Entscheidungsträger um ÖVP-Bundeskanzler Julius Raab eine einmalige Gelegenheit, da Nikita Chruschtschow – der Nachfolger Stalins – unbedingt ein Gipfeltreffen mit dem ebenfalls neu im Amt befindlichen US-Präsidenten Dwight D. Eisenhower bekommen wollte und 1955 den Staatsvertrag sowie den Rückzug aus Österreich als kleinsten Preis akzeptierte. Für die USA waren die Einführung der Allgemeinen Wehrpflicht, ein Bundesheer und die bewaffnete Neutralität nach Schweizer Muster ebenfalls ein Gewinn. Bereits in der ungarischen Revolution musste sich 1956 die österreichische Neutralität bewähren, doch auch in dieser Krise wurde klar, dass Österreich zwischen dem kommunistischen und dem US-amerikanisch dominierten Blocksystem lag. Aufgrund der starken ideologischen und ökonomischen Integration in den Westen wurde dann auch in den 1960er Jahren ein erster Schritt Richtung EWG gesetzt, doch selbst ein Assoziierungsabkommen bedeutete aus sowjetischer, aber auch französischer Sicht eine zu große Stärkung des »germanischen Blocks« und eine Wiederholung des »Anschlusses«.

Die sozioökonomisch sehr positive Entwicklung in den späten 1950er und den 1960er Jahren bedeutete aber keineswegs eine demokratische Öffnung der autoritären politischen Strukturen oder das Ende der Hegemonie von ÖVP und SPÖ mit direkter Einflussnahme auf die Verteilung von Jobs und auch Wohnungen an ihre jeweilige Mitgliedsklientel sowie einem strikten Proporzsystem (Machtaufteilung und gegenseitige Kontrolle durch Doppelbesetzungen) in der Verwaltung und der verstaatlichten Industrie. 1966 erfüllte die ÖVP unter Josef Klaus im Wahlkampf diese Modernisierungs- und Demokratisierungswünsche in der Bevölkerung (hier vor allem bei den Jungen und bei Frauen sowie in kleineren Gemeinden) und erhielt die absolute Mehrheit. Als diese Alleinregierung die in sie gesetzten Modernisierungs- und Demokratisierungserwartungen nicht erfüllte, erreichte die SPÖ unter Bruno Kreisky 1970 eine relative und 1971 eine absolute Mehrheit – zu groß war der Reformbedarf gewesen.

In der Ära Kreisky wurden eine Reihe von umfassenden Reformen im Justiz-, Bildungs- und Universitätsbereich gesetzt sowie umfassende Infrastrukturprojekte in ganz Österreich umgesetzt. Bis 1973 konnten durch vereinzelte Maßnahmen wie Schülerfreifahrten, Abschaffung von Aufnahmeprüfungen und Studiengebühren sowie kostenlose Schulbücher, Heiratsbeihilfen etc. soziale Umverteilungsmaßnahmen gesetzt werden, die auch mit absoluten Mehrheiten 1975 und 1979 Akzeptanz bei den Wählerinnen und Wählern fanden. Wirtschaftspolitisch setzte die Regierung Kreisky auf *Deficit spending* und Stützung der verstaatlichten Industrie in der Krise ab 1973/74, die durch die zweite Erdölpreiserhöhung noch vertieft wurde: Arbeitsplatzsicherung als Regierungspriorität – auch auf Kosten steigender Budgetdefizite – stand im Zentrum der Politik. International war Kreisky höchst aktiv – von Entspannungsinitiativen im Ost-West-Konflikt, über sein Engagement zur Regelung des Nahostkonflikts zwischen Israel, den Palästinensern und den arabischen Nachbarn bis hin zum Nord-Süd-Konflikt, dessen erstes globales Gipfeltreffen er mitorganisierte.

Bruno Kreisky hatte schon als Außenminister 1965 die Neutralität als Projektionsfläche für die österreichische Identität vorgeschlagen und damit die Verabschiedung des Neutralitätsgesetzes am 26. Oktober 1955 als Jahrestag für den Nationalfeiertag festgeschrieben. Zunehmend wurde in den 1960er und vor allem in den 1970er Jahren die Neutralität Österreichs nicht so sehr als völkerrechtliches Modell gesehen, sondern als Rahmen für die Entwicklung eines funktionierenden Wohlfahrts- und Sozialstaates.

In der kleinen Koalition zwischen SPÖ und FPÖ brachen zunehmend die massiven Strukturprobleme der verstaatlichten Industrie und des Bankensektors auf, und erste vorsichtige Reformschritte wurden gesetzt – teilweise begleitet von heftigen Kontroversen mit Umweltschützern bei dem geplanten Kraftwerksprojekt in Hainburg, das dann auch nicht realisiert wurde, aber zur Geburtsstunde einer parlamentarisch aktiven Grünbewegung wurde. Zerbrochen ist die Koalition aber an der Debatte über die Staatsdoktrin der Zweiten Republik: Österreich als Opfer der nationalsozialistischen Okkupation – eine These, die im Kalten Krieg international und national wirkungsmächtig wurde. Die Tatsache der Kollaboration vieler Österreicher mit dem Nationalsozialismus bis hin zu den Schergen in den NS-Vernichtungslagern wurde zunehmend ausgeblendet und die gesamte Gesellschaft exkulpiert und die ideologische und materielle Verantwortung an die Bundesrepublik Deutschland abgeschoben. Mit der Debatte über die unbekannte Balkan-Kriegsvergangenheit des ehemaligen UN-Generalsekretärs und späteren Bundespräsidenten Kurt Waldheim 1986 wurde die Gesellschaft erstmals in der Zweiten Republik gespalten. Der Rechtspopulist Jörg Haider instrumentalisierte diese Stimmung geschickt zum Putsch in der FPÖ und setzte sich an die Spitze der Geschichtsrevisionisten. Nachdem Waldheim die Bundespräsidentschaftswahl gewonnen hatte, trat SPÖ-Bundeskanzler Fred Sinowatz zurück, sein Nachfolger Franz Vranitzky beendete die Koalition mit der nunmehrigen Haider-FPÖ und versuchte mit einem neuen geschichtspolitischen Diskurs und einer Koalition mit der ÖVP zur Durchsetzung des EU-Beitritts 1995 die zahlreichen Reformbaustellen in Bewegung zu halten. 1994 stimmten nach intensiven Diskussionen 3,1 Millionen Wahlberechtigte (66,6 %) für den EU-Beitritt und 1,6 Millionen (33,4 %) dagegen.

Trotz dieses klaren EU-Votums intensivierte die FPÖ die Anti-EU-Kampagne und die massive Immigrationsdebatte, die seit Ende des Kalten Krieges und der Erosion des Eisernen Vorhanges 1989/90 die österreichische Innenpolitik beherrschte. Während österreichische Entscheidungsträger die Lage des Landes zwischen den Blocksystemen im Kalten Krieg perfekt ausnützten, gelang dies nach dem beeindruckenden Pro-EU-Votum trotz eindeutiger wirtschaftlicher Vorteile in der Osterweiterung nicht, und die EU-Zustimmung sank auf das Niveau Großbritanniens. Auch die Sozialpartnerschaft, die ihren Höhepunkt in der SPÖ-Alleinregierung unter Kreisky gehabt hatte, verlor an Wirksamkeit und wurde heftig kritisiert. 1999 überholte die FPÖ mit wenigen Stimmen die ÖVP, aber Wolfgang Schüssel drehte das Wahlergebnis um und bildete mit der FPÖ gegen den Wahlsieger SPÖ eine Regierung, die heftige internationale Debatten wegen des rechtspopulistischen Kurses von Jörg Haider auslöste, obwohl dieser letztlich Landeshauptmann in Kärnten blieb. Diplomatische (symbolische) EU-Sanktionen wurden geschickt innenpolitisch zum Schulterschluss und zur Stabilisierung dieser Regierung, die auch heftige Demonstrationen und Proteste in Österreich wegen der spaltenden Politik Jörg Haiders auslöste, genützt. Wirtschaftspolitisch setzte diese kleine Koalition die Privatisierung von öffentlichem Eigentum und großen Teilen der verstaatlichten Industrie und des Bankensektors fort bzw. vollendete sie. Die seit 1985 deutlich spürbare Globalisierung und der scheinbare Sieg des Kapitalismus im Kalten Krieg drängten selbst die Sozialdemokratie in Richtung totaler freier Marktwirtschaft – wie sich heute zeigt, mit extremen Problemen im zu schwach kapitalisierten Bankenbereich mit umfangreichen »faulen« Krediten in Ost- und Südosteuropa sowie Korruptionsfällen. Der Kärntner Landeshauptmann Haider missbrauchte die Beteiligung an der Hypo-Alpe-Adria-Bank für eigene Projekte und verursachte durch die Landeshaftung Kärntens fast einen Konkurs eines Bundeslandes in der Hypo-Pleite bzw. nach wie vor laufende Milliarden-Euro-Zahlungen aus dem Bundesbudget. Nach seinem Unfalltod in alkoholisiertem Zustand wurde trotzdem nur teilweise seine politische Mitverantwortung für dieses Finanzdesaster anerkannt. 2006 löste wieder die Große Koalition die ÖVP-FPÖ-Koalition ab, nachdem sich letztere in das BZÖ unter Haider und die FPÖ unter Heinz-Christian Strache gespalten hatte. Seither versucht die Große Koalition vergeblich, einen großen Wurf gemeinsam umzusetzen, wie beispielsweise 1986 bis 1995 den EU-Beitritt: Weder in der notwendigen Bildungs- noch in der Pensions- oder Steuerreform bzw. der Verschuldung der Bundesländer und Gemeinden sind entscheidende

Fortschritte gelungen, hingegen konnten die Auswirkungen der globalen Finanz- und Wirtschaftskrise seit 2008 in Grenzen und damit die Arbeitslosigkeit im internationalen Vergleich relativ niedrig gehalten werden. Entsprechend knapp war das Wahlergebnis 2013, das mit den NEOS (5 %) eine neokonservative Partei mit liberalen Ansätzen als Kleinpartei ebenso ins Parlament brachte wie die Werte-Partei »FRANK« des autoritär agierenden erfolgreichen österreichischen Unternehmers in Kanada Frank Stronach (6 %). Mit den Grünen (12 %) stehen nun drei kleine Parteien den drei fast gleich starken Mittelparteien SPÖ (26 %), ÖVP (24 %) und FPÖ (21 %) gegenüber, wobei die früher allmächtige Große Koalition nunmehr nur mehr über 50 % der Stimmen und 54 % der Mandate im Nationalrat verfügt, so dass bei Verfassungsgesetzen die großen Oppositionsparteien wie FPÖ und Grüne nicht mehr zu umgehen sind.

Staatliche Souveränität auf Raten (1945–1955)

1945	29. März: Truppen der sowjetischen Armee (Rote Armee) überschreiten bei Klostermarienberg, südöstlich von Wien, die ungarisch-österreichische Grenze. März–Mai: Befreiung Österreichs durch die vier Alliierten 13. April: Wien ist befreit, dabei wurden rund 18 000 sowjetische Soldaten getötet. 27. April: Österreichische Unabhängigkeitserklärung, Ausrufung der Zweiten Republik als demokratischer Staat durch Vertreter/innen von SPÖ, ÖVP und KPÖ. Etablierung einer provisorischen Staatsregierung unter dem sozialdemokratischen Staatskanzler Karl Renner. 28. April: US-Truppen überschreiten die österreichische Grenze in Tirol. 5. Mai: Befreiung der Überlebenden im Konzentrationslager Mauthausen durch Einheiten der US-Armee 8. Mai: Die bedingungslose Kapitulation der deutschen Wehrmacht tritt in Kraft. 23. Mai: Karl Gruber wird nach Aufgabe seiner Agenden als Chef der Widerstandsbewegung von der US-Besatzungsmacht als Landeshauptmann von Tirol bestätigt und offiziell anerkannt.

4. Juli: Erstes Alliiertes Kontrollabkommen für Österreich
9. Juli: Die Alliierten teilen Österreich in vier Besatzungszonen.
17. Juli bis 2. August: Potsdamer Konferenz: Harry S. Truman, Josef W. Stalin und Winston Churchill bzw. Clement Attlee fassen die Potsdamer Beschlüsse; darunter fällt auch der Verzicht auf österreichische Reparationen, aber Anspruch der Besatzungsmächte auf »deutsches Eigentum« als Kriegsbeute bleibt bestehen.
9. August: Deklaration der vier Besatzungsmächte über die Zukunft Österreichs: Bestätigung der Aufteilung in vier Zonen; Wien wird in vier Zonen geteilt und der 1. Bezirk zum gemeinsamen Verwaltungsgebiet aller vier Besatzungsmächte erklärt.
22. August: Mit einstimmigem Beschluss des UNRRA-Rates (United Nations Rehabilitation and Relief Agency) wird Österreich in die Hilfsaktion der UNO miteinbezogen.
11. September: Der Alliierte Rat für Österreich tritt zum ersten Mal zusammen: Anerkennung der Grundsätze der Moskauer Deklaration vom 1. November 1943 über die Wiedererrichtung Österreichs in seinen Grenzen vor 1938 und der drei politischen Parteien (ÖVP, SPÖ, KPÖ).
14. September: Auf der Außenministerkonferenz der Großmächte in London wird die Brennergrenze zu Italien bestätigt.
24.–26. September: Erste Länderkonferenz in Wien
26. September: Erweiterung der Regierung Renner um Bundesländervertreter
1. Oktober: Der Postverkehr in ganz Österreich wird wieder aufgenommen; der Alliierte Rat beschließt die Wiederherstellung der Pressefreiheit; die alliierte Nachzensur bleibt bestehen.
20. Oktober: Anerkennung der Provisorischen Österreichischen Staatsregierung Renners durch alle vier Besatzungsmächte
25. November: Erste demokratische Nationalratswahl nach 14 Jahren. Ergebnis: Bundeskanzler wird Leopold Figl (ÖVP, 49,8 %), Vizekanzler Adolf Schärf (SPÖ, 44,6 %).

1946 6. Februar: Memorandum von Karl Renner an die Regierungschefs der vier Großmächte wegen Südtirol
8. März: Ankunft der ersten Lebensmittelsendung der UNRRA
28. Juni: Zweites Alliiertes Kontrollabkommen für Österreich
6. Juli: Der sowjetische Oberbefehlshaber in Österreich

Generaloberst Kurassow befiehlt die Übergabe des gesamten »deutschen Eigentums« in der Sowjetzone an die Sowjetunion (»Befehl Nr. 17«).
10. Juli: Die USA kündigen den Verzicht auf das »deutsche Eigentum« in ihrer Zone an.
20. Juli: Erstes Verstaatlichungsgesetz
5. September: »Gruber-De Gasperi-Abkommen«, das den deutschsprachigen Südtirolern Gleichberechtigung mit den Italienern und ein bestimmtes Maß an Autonomie zuspricht; es wird Bestandteil des italienischen Friedensvertrages.
6. Oktober: Die Alliierten heben die Zensur über die Inlandspost auf.
3. Oktober bis 12. Dezember: Die vier Außenminister beschließen in New York, auf ihrer nächsten Konferenz in Moskau über den Staatsvertrag für Österreich zu beraten.

1947 10. März bis 24. April: Außenministerkonferenz in Moskau; über 34 Artikel (von 53) wird eine endgültige Einigung erzielt.
25. Juni: Unterzeichnung eines Hilfsabkommens zwischen den USA und Österreich; die am 8. März 1946 angelaufene Hilfsaktion der UNRRA geht Mitte 1947 zu Ende; Österreich hat aus dieser Aktion Lieferungen im Wert von 137 Millionen Dollar erhalten; die USA erklären sich bereit, Österreich lebenswichtige Güter zur Verfügung zu stellen, deren Verkaufswert die Bundesregierung für Wiederaufbauzwecke verwenden darf, die sowjetische Besatzungsmacht protestiert dagegen.
2. Juli: Österreich stellt einen Antrag um Aufnahme in die UNO.
8. Oktober: Einstimmige Aufnahme Österreichs in die UNESCO
20. November: Der einzige kommunistische Minister scheidet aus der Regierung aus. Die Zeit der »Großen Koalition« ÖVP-SPÖ beginnt. Sie dauert bis 1966.

1948 2. Januar: Abkommen Österreichs über die Interimshilfe mit den USA: Österreich erhält kostenlose Lieferungen von Lebensmitteln, Kleidern, Kohle und anderen Waren, die bis zum Anlaufen des Marshallplans andauern sollen.
2. Juli: Der Vertrag über die Beteiligung Österreichs am Marshall-Plan, dem *European Recovery Program*, wird unterzeichnet.
10. Juli: Unterzeichnung des OEEC-Vertrags durch Österreich
27. August: Österreich wird Mitglied des *International Monetary Fund* und der *International Bank for Reconstruction and Development*.

1949 23. Mai bis 20. Juni: Die Außenministerkonferenz in Paris legt die territoriale Integrität Österreichs in den Grenzen von 1937, Minderheitenrechtsschutz für Slowenen und Kroaten in Österreich und die Verneinung von Reparationszahlungen fest; Ablöse für »deutsches Eigentum« an die Sowjets für 150 Millionen Dollar innerhalb von sechs Jahren in frei übertragbarer Währung.

9. Oktober: Nationalratswahlen. Ergebnisse: Die ÖVP bleibt stärkste Partei (44 %), die SPÖ zweitstärkste (38,7 %). Erstmals sitzen als Mandatare des FPÖ-Vorläufers VdU (Verband der Unabhängigen, 11,7 %) auch ehemalige Nationalsozialisten im Parlament.

1950 21. Juni: Abschaffung der Todesstrafe in Österreich

25. Juni: Beginn des Koreakrieges; die Staatsvertragsverhandlungen bewegen sich bis März 1953 nicht mehr weiter.

19. September: Gründung der Europäischen Zahlungsunion (EZU) als Unterorganisation der OEEC, rückwirkend mit 1. Juli 1950, die unter den OEEC-Staaten einen multilateralen Zahlungsausgleich (»Clearing«, langfristiges Ziel: »Konvertibilität«) herbeiführt; Österreich ist von Anfang an assoziiertes Mitglied.

September/Oktober: Massenproteste gegen das 4. Preis- und Lohnabkommen; kommunistischer Generalstreik (kein Putschversuch).

1951 13. März: Die Westmächte schlagen der Sowjetunion den Entwurf eines Räumungsprotokolls (»Kurzvertrag«) vor; die Sowjetunion lehnt am 14. August ab.

6. und 27. Mai: Erste Wahl des Bundespräsidenten direkt durch das Volk (vorher durch das gesamte, aus Nationalrat und Bundesrat bestehende Parlament). Gewinner: Theodor Körner (SPÖ), bisher Bürgermeister von Wien

1953 22. Februar: Nationalratswahl. Ergebnisse: ÖVP nach Stimmen hinter der SPÖ, aber mit einem Mandat hauchdünn voran; neuer Kanzler: Julius Raab (ÖVP, 41,3 %), Außenminister: Leopold Figl (ÖVP), Vizekanzler: Adolf Schärf (SPÖ, 42,1 %), Staatssekretär im Außenministerium: Bruno Kreisky (SPÖ)

1. Juli: Der Marshallplan läuft aus; Hilfe insgesamt 60 Millionen Dollar (nicht eingeschlossen zusätzliche Hilfsleistungen)

1954 25. Januar bis 18. Februar: Berliner Außenministerkonferenz mit einer österreichischen Delegation (Bruno Kreisky, Leopold Figl, Botschafter Norbert Bischoff, Josef Schöner): Österreich nimmt – im Unterschied zur Bundesrepublik

	Deutschland – zum ersten Mal als gleichberechtigter Partner an den Staatsvertragshandlungen teil.
1955	1. Februar: Der Ministerrat beschließt die Bildung eines Komitees zur weiteren Behandlung der von den jüdischen Organisationen gegenüber Österreich geltend gemachten Forderungen; die Wiedergutmachungsverhandlungen werden erst 1961 abgeschlossen. 8. Februar: Rede Molotows vor dem Obersten Sowjet: erstmals wird die Bereitschaft zur Lösung des Junktims zwischen Österreich und deutscher Frage deutlich. 11.–15. April: Moskauer Verhandlungen und gleichnamiges Memorandum (militärische Bündnis- und Basenfreiheit, Neutralität, territoriale Integrität, Truppenabzug, Korrektur des Staatsvertragsentwurfs von 1949, Ablöselieferungen, Erdöl, Donauschifffahrt, österreichisch-sowjetischer Handel werden festgelegt) 10. Mai: »Wiener Memorandum« (Verhandlungen Österreich-USA-Großbritannien über Eigentumsfragen und Vermögensansprüche von Erdölgesellschaften) 15. Mai: Unterzeichnung des Staatsvertrags im Wiener Belvedere. Österreich wird ein selbständiger und voll souveräner Staat. 9. September: Beschluss des Allgemeinen Sozialversicherungsgesetzes (ASVG) 26. Oktober: Die »immerwährende Neutralität« Österreichs wird im Nationalrat durch ein Verfassungsgesetz beschlossen; die letzten alliierten Truppen sind bereits abgezogen. 15. Dezember: Österreich wird Vollmitglied der UNO.

Kriegsende 1945 und Wiederaufbau

Um gleich mit der wesentlichsten Aussage zu beginnen: Das Ende des Krieges und des Nationalsozialismus in Österreich im April 1945 bedeutete keineswegs einen völligen Neubeginn des gesellschaftlichen Lebens – eine Reihe von Traditionen wurde fortgeführt, unterbrochene wurden wiederaufgenommen.

Der wohl wesentlichste Faktor für den staatlichen Neubeginn lag in der bewussten Konzentration auf die nichtnationalsozialistischen politischen Kräfte, wie sie vor der Zerstörung der Demokratie 1933/34 be-

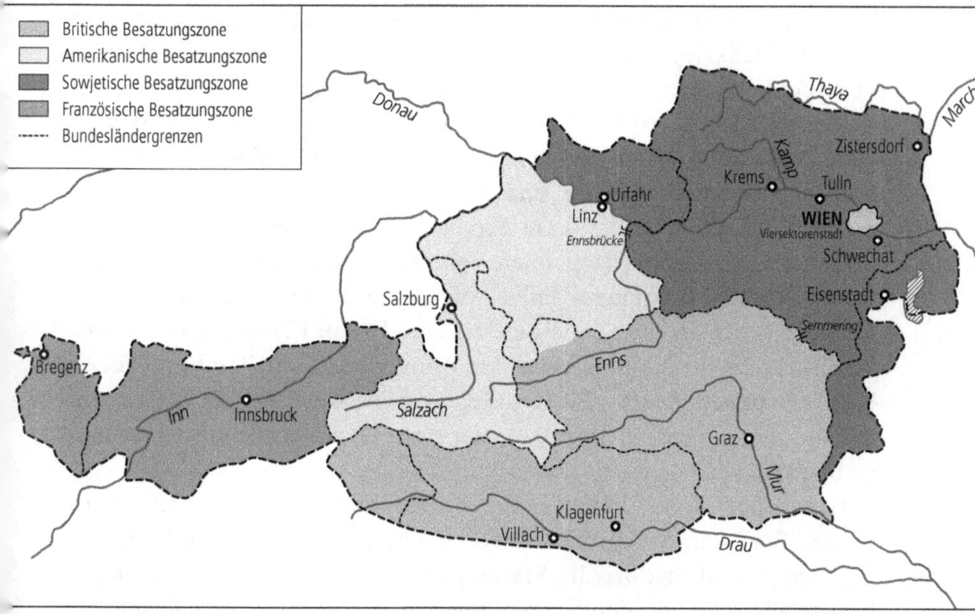

Die Besatzungszonen der Alliierten in Österreich 1945–1955

standen hatten. Der große Unterschied zur Situation 1918/19, aber auch im Inhaltlichen zur Situation bis 1933/34 und 1934 bis 1938, lag in der gemeinsamen negativen Erfahrung mit dem Nationalsozialismus und dem Zweiten Weltkrieg. Dadurch waren jegliche »Anschlussideen« den österreichischen Politikern endgültig ausgetrieben worden – selbst Versuche des deutschen Widerstandes gegen Hitler, nach einem gelungenen Umsturz die »Alpen- und Donaugaue« bei Deutschland zu halten, wurden bereits vor dem 20. Juli 1944 – also vor dem militärischen Putschversuch gegen Hitler – abgelehnt: Kontakte mit Sozialdemokraten unter Schärf bzw. Seitz und ehemaligen Christlichsozialen, repräsentiert durch den Fürsterzbischof von Salzburg, Andreas Rohracher, und den ehemaligen steirischen Landeshauptmann Karl Maria Stepan, scheiterten.

Zu dieser deutlichen Absage an die »Anschluss-Traditionen« der Zwischenkriegszeit hat sicherlich auch die Moskauer Erklärung vom 1. November 1943 beigetragen, in der Österreich als Opfer des Nationalsozialismus bezeichnet und die Wiederherstellung der staatlichen Souveränität in Aussicht gestellt wurde. Damit wurde eine Verantwortung am Zweiten Weltkrieg zumindest reduziert, jedoch nicht aufgehoben.

Stärker als 1918 engagierten sich die siegreichen Alliierten in der politischen Nachkriegsgestaltung der Republik, da sie Österreich unter einem beträchtlichen Blutzoll befreit hatten. Erfolgreiche Aktionen von Widerstandskämpfern beschränkten sich in den letzten Kriegstagen auf Tirol, Teile des Salzkammergutes, die Österreich-Bataillone in der jugoslawischen Partisanenarmee und Einzelaktionen im Raum Wien. Die meisten Verluste hatte die Rote Armee erlitten, die Wien im Kampf befreite und Niederösterreich sowie Teile der Steiermark und Oberösterreichs besetzte. In weiterer Folge sollten die Amerikaner Salzburg und Oberösterreich als ihre Zone besetzen, die Briten Kärnten und die Steiermark, während die Franzosen ihre Administration in Tirol und Vorarlberg errichteten. Auch in Wien bezogen im August 1945 die Besatzungsmächte ihre jeweiligen Bezirke – der erste Bezirk (Innere Stadt) wurde gemeinsam verwaltet.

Bereits am 27. April 1945 hatte sich unter dem 1918 bis 1920 amtierenden Staatskanzler der Ersten Republik, dem Sozialdemokraten Karl Renner, eine »Provisorische Staatsregierung« gebildet, der Spitzenfunktionäre aller drei von den Sowjets zugelassenen Parteien angehörten: Sozialisten, Funktionäre der neu gegründeten Österreichischen Volkspartei (als Nachfolgepartei der Christlichsozialen) und Kommunisten.

Von den inhaltlichen Vorstellungen her gesehen, hatte sich nach den gemeinsamen KZ- und Gefängniserfahrungen doch einiges geändert, wobei die ÖVP die autoritären Vorstellungen des Dollfuß-Schuschnigg-Regimes nicht fortsetzte und die Sozialisten eher nach rechts geschwenkt waren. Die Kommunisten verhielten sich innerhalb der Regierung durchaus loyal.

Zwar gab es anfangs eine Reihe von Vorbehalten der westlichen Besatzungsmächte gegen diese von den Sowjets unterstützte Regierung, doch relativ rasch konnten diese Schwierigkeiten beseitigt und die westlichen Bundesländer miteinbezogen werden. Erst dann galten die Gesetze der Provisorischen Staatsregierung auch für die westlichen Zonen, die durch eine Grenze an der Enns von der sowjetischen Zone getrennt waren.

Noch in der Planungsphase nach der ersten Kontaktnahme mit sowjetischen Politoffizieren war Karl Renner auf das Schloss Eichbüchl bei Wiener Neustadt gebracht worden. Dort entwickelte er unter anderem bereits vor dem 21. April 1945 eine politökonomische Gedankenskizze »Probleme II: Volkswirtschaft, A. Restitution«. In dieser hielt er seine Prinzipien und Vorstellungen zur Rückgabe aller zwischen »1934 und

1938 der Arbeiterschaft geraubten privat- und öffentlich-rechtlichen Einrichtungen« fest, »um den Trägern der proletarischen Aufbaubewegung die gesicherte Existenzbasis zurückzugeben«. Bezüglich der »Rückgabe des geraubten Judengutes« zielte er aber in eine gänzlich andere Richtung: »Rückgabe [...] nicht an die einzelnen Geschädigten, sondern an einen gemeinsamen Restitutionsfonds. Die Errichtung eines solchen und die im Folgenden vorgesehenen Modalitäten sind notwendig, um ein massenhaftes, plötzliches Zurückfluten der Vertriebenen zu verhüten (ein Umstand, der aus vielen Gründen sehr zu beachten ist).«

Sechs Tage später, am 27. April 1945, sollte Karl Renner wieder wie 1918 als Staatskanzler einer – aber nur von der Sowjetunion anerkannten – Regierung vorstehen. Renners Zugänge zur Restitution von Vermögen, das Juden und Jüdinnen während des NS-Regimes entzogen worden war, vermischten den eigenen Opferstatus der Sozialdemokraten, die, wie auch die Kommunisten, nach dem Bürgerkrieg 1934 von dem autoritären Dollfuß- und Schuschnigg-Regime enteignet worden waren, mit jenem der Juden und Jüdinnen. Die politische Nachkriegselite der SPÖ wie auch der ÖVP setzte sich kaum mit dem Leid, Elend und den Traumata der überlebenden wenigen Juden und Jüdinnen in Österreich, in den Konzentrationslagern und im Exil auseinander.

Den Holocaust insgesamt reduzierte Renner überdies zumeist auf die österreichischen Verhältnisse und sprach immer wieder vom Minderheitenstatus dieser quantitativ kleinen Gruppe von ehemaligen Österreichern und Österreicherinnen bei gleichzeitiger Betonung der Bedeutung der eigenen sozialdemokratischen Opfergruppe. Zwar waren über 10 000 Menschen nach dem Bürgerkrieg im Februar 1934 verhaftet, 1202 zu mehrjährigen Haftstrafen verurteilt und neun Sozialdemokraten hingerichtet und über 2000 ins Exil getrieben worden, aber diese Opferbilanz gegen die Verfolgung, Vertreibung und Vernichtung der österreichischen Juden und Jüdinnen aufzurechnen, blendet die tatsächlichen Dimensionen des Genozids aus. Im Bereich der Entschädigungsdebatte sollte dies aber in der Folge immer wieder von Spitzenfunktionären der SPÖ eingebracht werden, obwohl allein die materielle Quantität der Forderungen nach »Wiedergutmachung für 1934« für die sozialdemokratischen Gewerkschaftsfraktionen nur einen Bruchteil des entzogenen Vermögens von Juden und Jüdinnen in der NS-Zeit ausmachte.

Bereits in dem Streit um die Rückgabe zeigt sich auch eine Konfliktzone, die jahrzehntelang immer wieder die sozialdemokratische Position in Österreich – im Unterschied zur Position der SPD in der späteren Bundesrepublik Deutschland – prägen sollte: Letztlich sahen sich die Sozialdemokraten als doppelte Opfer – verfolgt während des Dollfuß-Schuschnigg-Regimes und im Nationalsozialismus. Die objektiv richtige Opfersituation vor 1938 wurde nach 1945 allzu häufig zur Rechtfertigung der ideologischen Akzeptanz oder Annäherung vieler Sozialdemokraten an das NSDAP-Regime, die teilweise bereits nach 1934 erfolgt war, benützt.

Gerade Karl Renner hatte nicht nur 1938 öffentlich für den »Anschluss« gestimmt – seine angebliche Motivationslage zu diesem Schritt spielte nach seiner bereits gesetzten, aber letztlich nicht veröffentlichten Rechtfertigungsschrift zur Annexion des Sudetenlandes und der Zerstörung der Souveränität der demokratischen Tschechoslowakei keine Rolle mehr. Renners Position skizziert den Nerv jeder Restitutionsgesetzgebung, soweit sie Naturalrestitution oder auch Entschädigung für geraubtes Vermögen betrifft: Restitution bedeutet immer auch die Möglichkeit der Rückkehr und Reintegration in die Gesellschaft, aus der die Exilanten verjagt worden waren. Die Debatten auf Ebene der Provisorischen Staatsregierung Renner machten in der Folge klar, dass Renners Position mehrheitsfähig war und in der Regierung und später auch im Parlament von der ÖVP und der KPÖ bei diversen Gesetzen mitgetragen wurde.

Anders ist es nicht zu erklären, dass die Staatsbürgerschaft der Vertriebenen nicht automatisch wiederauflebte, sondern beantragt werden musste und überdies die physische Anwesenheit auf dem Gebiet des heutigen Österreich und permanente Wohnsitznahme voraussetzte. Erst mit der Staatsbürgerschaftsgesetzesnovelle 1993 wurde mit Wirkung 31. Juli 1993 im § 58c des Strafgesetzbuchs von 1985 die Möglichkeit geschaffen, durch bloße Anzeige der Flucht als österreichische/r Staatsbürger/in vor dem 9. Mai 1945 und des Interesses, die Staatsbürgerschaft wiederzuerlangen, die Staatsbürgerschaft zu erhalten. Bis zu diesem Zeitpunkt wurde vom Gesetzgeber gefordert, die inzwischen angenommene Exillandstaatsbürgerschaft aufzugeben und überdies den Wohnsitz in Österreich zu nehmen. Mit der Novelle des Staatsbürgerschaftsgesetzes 1998 wurde ab 1. Jänner 1999 überdies diese Option auch auf ehemalige Staatsangehörige anderer Nachfolgestaaten Österreich-Ungarns erweitert, da viele von ihnen bis 1938 in Österreich gelebt hatten.

Bis herauf in die aktuelle Diskussion über Flüchtlingsfragen der Gegenwart spielen Aspekte wie Staatsbürgerschaft, aber auch die Restitution (möglichst die Naturalrestitution von Eigentum) eine Rolle. Je schneller und umfassender Restitution gewährt wird, umso wahrscheinlicher ist die Rückkehr, wenn die allgemeinen sozioökonomischen Rahmenbedingungen »stimmen« und Rechtssicherheit gewährt ist. Wird Restitution von Privateigentum individuellen Anspruchsberechtigten und deren Erben und Erbinnen nur zögerlich und mit großen administrativen Problemen zugestanden, so ist daraus zu folgern, dass die Reintegrationsabsicht gegenüber den Vertriebenen im Lande weitgehend fehlt. Verstärkt wird dieser Effekt durch die Tatsache, dass meist die sozioökonomischen Verhältnisse in der ehemaligen Heimat extrem schlecht sind, so dass es eigentlich kaum mehr Remigrationsgründe gibt – ganz abgesehen von den vielfachen Traumatisierungen, die im Zuge der Verfolgung und Vertreibung zugefügt wurden. Diese Traumatisierungen wurden häufig von den Menschen der nächsten privaten Umgebung in Alltag und Berufsleben verursacht.

Doch an dieser Stelle zurück zu der Situation 1945. Renners Zielrichtung war klar: rasche Integration der ehemaligen NSDAP-Mitglieder und Konzentration auf die Wähler/innen, die im Land geblieben waren. Während die ÖVP und vor allem die KPÖ die ihnen ideologisch nahestehenden und organisierten Eliten aus dem Exil zurückholten, wollten Renner und Adolf Schärf in der Sozialdemokratie diesen Vorgang bis auf wenige Ausnahmen wie Oscar Pollak oder Karl Czernetz verhindern, da die Exilanten und Exilantinnen meist auch in der SPÖ als »Linke« galten, die pragmatische Mitte aber nunmehr auf zentraler Parteiführungsebene den Ton angab. Überdies wollten Schärf und Renner vermeiden, dass die Sozialdemokraten wieder wie vor 1933 als »Judenpartei« antisemitischen Tiraden der Nachfolger der Christlichsozialen ausgesetzt werden. Diese Furcht bezüglich eines Wiederauflebens des Antisemitismus als politisches Agitationsmittel sollte bereits 1945 im Wahlkampf vom ÖVP-Mitbegründer und Ersten Nationalratspräsidenten von 1945 bis 1953, Leopold Kunschak, bestätigt werden: Kunschak erklärte auf einer Kundgebung in Wien im Herbst 1945, auf der unter anderem gegen polnische jüdische Flüchtlinge »unter heulendem Beifall« polemisiert wurde, dass »er immer Antisemit gewesen sei und es weiterhin bleibe. In Österreich hätten weder einheimische noch fremde Juden etwas zu suchen.« Leopold Figl, der spätere Bundeskanzler und starke Mann der ÖVP, erklärte gegenüber den US-Behörden dazu nur entschuldigend, dass Kunschak kein rassistischer Antisemit sei, sondern dessen Antisemitismus primär wirtschaftlich begründet sei. Selbst die US-Behörden gaben sich mit dieser euphemistischen Beruhigung zufrieden, weder österreichische noch alliierte Medien thematisierten diese Vorfälle, die ab 1946 weiter zunahmen.

Restitution impliziert auch Schuldanerkenntnis – vor allem seitens der Profiteure der »Arisierungen«, zu denen Einzelpersonen ebenso gehörten wie der deutsche Staat. Hier strebten Renner und die restliche politische Elite in Richtung breiter Opferdoktrin und der Unschuldsvermutung für die überwältigende Mehrheit der österreichischen Gesellschaft. Stigmatisiert und für alles Unglück verantwortlich gemacht wurde die relativ kleine Alt-Nazi-Gruppe (meist der »Illegalen« zwischen 1933 und 1938) und alle »Alt-Reichsdeutschen«, die auch rasch 1945/1946 aus Österreich abgeschoben wurden. Die Republik Österreich beschlagnahmte und verstaatlichte wesentliche Teile des deutschen Eigentums, lehnte aber jede Form der Rechtsnachfolge nach dem Deutschen Reich ab, da diese Beschlagnahmungen als Kompensation für den Verlust der staatlichen Souveränität 1938 bis 1945 und dessen negative Folgen angesehen wurden.

Trotzdem blieb der Befreiungsgedanke noch das Leitmotiv in der offiziellen Vergangenheitspolitik. Am 13. April 1946 feierten Bundespräsident Karl Renner, Bundeskanzler Leopold Figl und Vertreter der Bundesregierung sowie alle vier alliierten Hochkommissare am Schwarzenbergplatz, der teilweise in Stalinplatz umbenannt worden war, mit einer glanzvollen Parade amerikanischer, britischer, französischer und sowjetischer Ehrenkompanien die Befreiung Wiens. An diesem Platz erinnert bis heute das Denkmal zu Ehren der Soldaten der Roten Armee an die großen eigenen und fremden Menschenverluste während der Schlacht um Wien, durch die Verbände der deutschen Wehrmacht und der SS sowie des »Volkssturms« zum Abzug bzw. zur Aufgabe gezwungen worden waren; einzelne Widerstandskämpfer um österreichische Wehrmachtsoffiziere bzw. Unteroffiziere der Gruppe Major Carl Szokoll und Ferdinand Käs hatten Informationsarbeit geleistet und dabei ihr Leben aufs Spiel gesetzt.

60 Jahre später ist dieser Befreiungstag, der noch bis 1951 offiziell zumindest in Ostösterreich und Wien als eine Art Ersatznationalfeiertag gefeiert wurde und noch bis 1955 auch durch Beflaggung von Amtsgebäuden symbolisch in Erinnerung gehalten wurde, in der österreichischen Öffentlichkeit nicht mehr präsent.

Die österreichische Gedächtnispolitik hatte immer große Probleme mit dem 13. April – für die westlichen Bundesländer wiederholte er keine selbst gemachte Erfahrung, in Wien, Niederösterreich und dem Burgenland, in der sowjetischen Zone, wurde er von den Erinnerungen an Plünderungen und Vergewaltigungen durch Soldaten der Roten Armee überlagert. Im Kalten Krieg wurde er zunehmend in die Vergessenheit gerückt. Der tieferliegende Grund für die österreichische Verweigerung, der bereits in den Politikerreden zu den Befreiungsfeiern seit 1946 spürbar wurde, lag in der ständigen Erinnerung an die Tatsache, dass sich trotz verdienstvoller einzelner Widerstandsaktivitäten die österreichische Gesellschaft letztlich nicht selbst befreit hatte und somit immer auch an diesem Tag an Akzeptanz, Mittäterschaft und Täterschaft und die passive Zuschauerrolle in der Zeit 1938 bis 1945 erinnert wurde. Daher wurde selbst bei den Befreiungsfeiern der österreichische Opfermythos weiter ausgebaut, ohne die Fakten der politischen Mitverantwortung zu benennen: Jene Österreicher, die im Rahmen des nationalsozialistischen Vernichtungsapparats aktiv am Holocaust beteiligt waren, die das Terrorregime im Deutschen Reich und den besetzten Gebieten mit durchgesetzt oder im Rahmen der deutschen Wehrmacht und SS-Kriegsverbrechen begangen hatten, blieben unerwähnt. Die Opfer des Nationalsozialismus wurden summarisch genannt, so dass suggeriert wurde, dass letztlich alle Österreicher und Österreicherinnen Opfer waren, Juden und Jüdinnen sowie die quantitativ deutlich kleineren Gruppen von Roma und Sinti, Homosexuellen, Bibelforscher/inne/n und politisch Verfolgten sowie die große Anzahl von Zwangsarbeiter/inne/n und KZ-Häftlingen sowie andere Opfergruppen wurden nicht gesondert hervorgehoben. Der Eindruck war eindeutig: Wir sind alle Opfer! Die Erinnerung an die soziale Not der Nachkriegsjahre, vor allem an den ersten Hungerwinter 1945/46, überlagerte und verdrängte diese Auseinandersetzung mit dem Nationalsozialismus und dem Holocaust endgültig. Bis heute bleibt im kollektiven Gedächtnis, trotz intensiverer und bewussterer Auseinandersetzung mit Nationalsozialismus und Holocaust und der langsamen Erosion der exzessiven Opferdoktrin, die Rückbesinnung auf den eigentlichen Auslöser für die Befreiung Wiens und Österreichs meist im Dunkeln der Geschichte. Offensichtlich verkraftet die österreichische Gesellschaft eher eine kritische Auseinandersetzung mit dem Nationalsozialismus als ein Eingestehen der Tatsache, dass es – von wenigen regionalen Beispielen abgesehen (z.B. in Teilen Tirols bzw. im Salzkammergut) – keine Befreiung aus eigener nationaler Kraftanstrengung gegeben hat.

Doch geschichtspolitische Themen standen 1945 – mit Ausnahme der

Entnazifizierungspolitik der ehemaligen, weit über 500 000 NSDAP-Mitglieder, die auch bei den ersten Wahlen im November 1945 nicht wählen durften – nicht im Zentrum der Politik. Eine der wesentlichsten Aufgaben der Alliierten war es, die Nahrungsmittelversorgung zumindest notdürftig aufrechtzuerhalten, wobei die Sowjets selbst große Probleme mit den eigenen Kriegsschäden hatten. Dementsprechend fielen ihre Lebensmittellieferungen aus, die auch qualitativ bescheiden waren, obwohl sie allein nach Wien zwischen Mai und September 1945 Lebensmittel im Wert von 35 Millionen Friedensschilling lieferten.

Im September 1945 – mit dem Eintreffen westlicher Alliierter in Wien – wurde die Ausgabe von Lebensmitteln, die streng rationiert war, von einer Kalorienmenge von 800 auf 1500 erhöht. 1949 entspannte sich die Lebensmittelsituation, doch erst 1953 wurden die Lebensmittelkarten abgeschafft. Als Folge dieser eklatanten Mangelerscheinungen blühte der Schwarzmarkt bzw. versuchten viele Stadtbewohnerinnen und Stadtbewohner durch Hamstern auf dem Land ihre Rationen zu erhöhen. Die Schwarzmarktpreise waren exorbitant – 1946 erreichten sie das Achtzigfache der offiziellen Preise, 1948 immer noch das Dreifache. Das Pro-Kopf-Einkommen hingegen lag in diesem Jahr noch immer zwanzig Prozent unter dem Vorkriegswert.

Diese Situation wurde auch noch durch die Tatsache verschärft, dass sich gegen Kriegsende rund 1,65 Millionen Flüchtlinge – 27,5 % der einheimischen Bevölkerung – in Österreich befanden. 900 000 waren von den Nationalsozialisten aus ihren Heimatländern verschleppte Zwangsarbeiter und Kriegsgefangene, 20 000 bis 30 000 jüdische KZ-Häftlinge und Flüchtlinge aus Ungarn, der Ukraine und Jugoslawien. Dazu kamen etwa 300 000 sogenannte Volksdeutsche – Bewohner deutscher Sprachinseln im Sudetenland (Tschechoslowakei), in Ungarn, im Banat –, die aus ihren Heimatorten als Reaktion auf die brutale NS-Besatzungspolitik vertrieben worden waren. Viele »Volksdeutsche« waren bei dieser Vertreibung ums Leben gekommen.

700 000 dieser *Displaced Persons*, wie sie von den Amerikanern und Briten genannt wurden, lebten in Oberösterreich, 200 000 in Kärnten und der Steiermark. An dem Verhältnis zwischen den Einheimischen und DPs lässt sich jedoch zeigen, dass Ausländerfeindlichkeit und Antisemitismus keineswegs mit dem Ende des NS-Regimes verschwunden waren. Immer wieder kam es zu Auseinandersetzungen, die in einem offenen Antisemitismus eskalierten – der Holocaust und der NS-Terror waren schnell ver-

drängt worden. Es hatte eigentlich keine rationale Aufklärungsaktion gegeben, sonst wären viele Ereignisse nicht möglich gewesen. Dabei wird jedoch deutlich, von welch falschen Einschätzungen der eigenen Position und jener der jüdischen Flüchtlinge teilweise ausgegangen wurde.

Entnazifizierung am Beispiel des verpassten Neubeginns in den Schulen

Auch hier prägte ein Phänomen die politische Kultur in den Schulen nach 1945: Verschweigen des Faschismus statt Aufarbeitung der Vergangenheit. Dies ist rückblickend betrachtet umso bedenklicher, als eine Reihe von Maßnahmen zur Entnazifizierung des Lehrpersonals gesetzt worden war. Das Grundproblem auch der Entnazifizierung bei Lehrern und Lehrerinnen lag jedoch in der Formalisierung durch kurzfristige Entlassung oder Versetzung ehemaliger Mitglieder der NSDAP. Während etwa in der Steiermark oder in Tirol an die 40 % der Pflichtschullehrer »minderbelastet«, d. h. sogenannte »kleine Nazis« gewesen waren und trotzdem ohne Unterbrechung weiterverwendet wurden, gehörte in Wien nur ein Lehrer, ein Blindenlehrer, in diese Kategorie. Insgesamt gesehen gab es im März 1947 in den Bundesländern 31 % unter dem Lehrpersonal, die mit der NSDAP in organisatorischer Verbindung gestanden waren.

Die tatsächliche Schwierigkeit lag, langfristig gesehen, auf der Ebene der Lehrplangestaltung. Zwar forderte das Staatsamt für Volksaufklärung, für Unterricht und Erziehung und für Kultusangelegenheiten im September 1945 in den *Allgemeinen Richtlinien für Erziehung und Unterricht an den österreichischen Schulen*, dass »an die Stelle des Nationalsozialismus das österreichische Volks- und Staatsbewußtsein, anstatt des Führertums die Überlegenheit echter Demokratie und anstatt der Idee der Gewalt die der Humanität als Ziel österreichischer Erziehung gesetzt werde«. Diese theoretisch brillant formulierten Worte fanden jedoch in den »politischen« Lehrbüchern der Bereiche Geschichte und Wirtschaft keinen Widerhall. Zwar wurden neue Lehrpläne in Wien ausgearbeitet, doch wurden sie von den westlichen Bundesländern nicht akzeptiert, so dass mit den Richtlinien aus der Zeit vor 1938, aus der Zeit der Ständestaatsdiktatur, weiter unterrichtet wurde. Selbst amerikanische Erziehungsoffiziere, denen man Linkslastigkeit nicht vorwerfen konnte, fanden mit ihren Vorschlägen in Richtung einer Abschaffung der Drillschule und gegen das Faktenwissen kein Gehör. An diesem Beispiel zeigte es sich, dass die Kontinuitäten zur Zwischenkriegszeit doch stärker waren, als die Einigkeit auf Regierungsebene und der neue »Koalitionsgeist« hätten vermuten lassen können. Aus diesem Grund sollte es bis in die siebziger Jahre hinein dauern, ehe der Nationalsozialismus in den Lehrbüchern thematisiert wurde und der Schulunterricht nicht mit dem Ende des Ersten Weltkrieges aufhörte.

Auch das Demokratie-Verständnis der ersten Nachkriegszeit war kein eindeutiges – obwohl die formale Demokratie, wie sie auch von den Alliierten gefordert wurde, den Politikern selbst als einzig mögliche Staatsform erschien. Der Alltag, so auch der Schulalltag, war jedoch noch immer von autoritären Einstellungen geprägt, was insofern verständlich ist, als die demokratische Tradition in Österreich relativ kurz und eine in ihrer Entwicklung gebrochene war: 1918/19 bis 1933 mit einer ständigen Militarisierung des politischen Klimas; 1933 Zerstörung des parlamentarischen Systems; 1934 Liquidierung der politischen Parteien und endgültige Errichtung der austrofaschistischen Diktatur. Meinungsumfragen aus dem Jahr 1948 zeigen, dass besonders unter den 18- bis 29jährigen das demokratische Potential am stärksten war, wohingegen die 60jährigen noch der Monarchie nachtrauerten. Das stärkste autoritäre Potential repräsentierte die Gruppe der 30- bis 39jährigen, die 1938 20 bis 29 Jahre alt gewesen und besonders intensiv vom Nationalsozialismus mobilisiert worden waren.

Große Koalition und Sozialpartnerschaft (1955–1966): Von der Konkordanzdemokratie zur Konkurrenzdemokratie

1956	2. März / 16. April: Beitritt Österreichs zum Europarat 13. Mai: Nationalratswahl. Ergebnisse: ÖVP legt zu (46 %), Julius Raab bleibt Bundeskanzler. 28. Mai: Erste Musterung für das neue österreichische Bundesheer. 26 362 junge Männer müssen zum Präsenzdienst einrücken. 8. Oktober: Österreich verlangt von Italien, dass das von beiden Staaten vereinbarte Südtirol-Abkommen eingehalten wird. Dabei geht es um Schutzrechte für Südtiroler/innen, deren Land zu Italien gehört.

28. Oktober: Ministerrat berät über Folgen des Ungarnaufstandes (Aufnahme von Flüchtlingen – rund 175 000).

1957 5. Oktober: Adolf Schärf (SPÖ), bisher Vizekanzler, gewinnt die Bundespräsidentenwahl (51,1 %). Neuer Vizekanzler: Bruno Pittermann (SPÖ)

8. Oktober: Wien wird Sitz der Internationalen Atomenergiebehörde der UNO (IAEO).

1959 10. Mai: Nationalratswahl. Ergebnisse: ÖVP gewinnt knapp (44,2 %), die KPÖ bekommt erstmals zu wenig Stimmen für ein Grundmandat (3,3 %). Julius Raab bleibt Bundeskanzler.

16. Juli: Bruno Kreisky wird Außenminister im Kabinett Raab III und setzt die Errichtung des Außenministeriums als eigenes Ressort durch.

1960 3. Mai: Österreich wird Mitglied der EFTA (European Free Trade Association).

29. September: Große Rede des österreichischen Außenministers Bruno Kreisky vor der UNO-Generalversammlung. Er fordert Minderheitenrechte für die Südtiroler/innen.

31. Oktober: Die UNO-Generalversammlung appelliert in einer einstimmig verabschiedeten Resolution an Italien und Österreich, den eskalierenden Streit auf dem Verhandlungswege beizulegen.

1961 11. April: Alfons Gorbach (ÖVP) wird als Nachfolger von Julius Raab (ÖVP) neuer Bundeskanzler.

3./4. Juni: Gipfeltreffen Kennedy – Chruschtschow in Wien

12./13. Juni: »Feuernacht« in Südtirol: Serie von Sprengstoffanschlägen gegen Leitungsmasten und italienische Einrichtungen

15. Dezember: Österreich stellt mit Schweden und der Schweiz gemeinsam einen Antrag auf »Assoziierung« mit der EWG.

1962 18. November: Nationalratswahlen. Ergebnisse: Die ÖVP bleibt stärkste Partei (45,4 %), aber die Koalition mit der SPÖ (44 %) wird weitergeführt. Gorbach (ÖVP) bleibt Bundeskanzler, Bruno Pittermann (SPÖ) Vizekanzler.

1964 Oktober: Rundfunkvolksbegehren

1965 23. Mai: Bundespräsidentenwahlen. Nachfolger des verstorbenen Adolf Schärf wird Franz Jonas (SPÖ).

24. Juni: Wien wird Hauptquartier der OPEC (Organization of the Petroleum Exporting Countries).

25. Oktober: Der 26. Oktober wird Nationalfeiertag.

Die österreichische Form von kontrollierter Demokratie, gekennzeichnet durch zwei große und dominante Parteienblöcke sowie die Sozialpartnerschaft und als Proporz- beziehungsweise Konkordanzdemokratie definiert, war sicherlich ein Sonderfall einer generell in Europa nach 1945 eher eingeschränkten Demokratieentwicklung; manche sprachen in überzogener Polemik bereits von Demokratur.

Doch diese Entwicklung hatte ihre Gründe. Im kollektiven Selbstverständnis der Österreicher/innen war die Zweite Republik als bewusster Gegensatz zur konflikt- und gewaltorientierten Ersten Republik konstruiert worden, und die Zusammenarbeit der großen politischen Blöcke war bis in die 1950er Jahre auch positiv besetzt. Erst in den 1960er Jahren regte sich zunehmend breiterer Widerstand gegen die Große Koalition von ÖVP und SPÖ, in den 1980er Jahren dann auch gegen die Sozialpartnerschaft. Dabei stellt sich allerdings die Frage, inwieweit mit diesem allmählichen Aufbrechen autoritärer Entscheidungsstrukturen auch offene und fortschrittliche demokratiepolitische Einstellungen des Souveräns der parlamentarischen Demokratie – des Wählers und der Wählerin – verbunden sind.

Welche Einstellung zu den demokratischen Grundwerten, auf denen die Funktion des parlamentarischen Systems der Zweiten Republik beruht, ist nun in den Wertekatalogen der Österreicher und Österreicherinnen vorhanden? Immerhin ist es erst sieben Jahrzehnte her, seit die Alliierten – vor allem die Rote Armee, US-Einheiten und britische Soldaten – sowie vereinzelte österreichische Widerstandsgruppen das NS-Regime zerschlugen. Das nach den ersten Nationalratswahlen vom November 1945 wieder etablierte parlamentarische System war zudem bereits 1933/34 vom Dollfuß-Regime völlig zerstört worden. Auch vor 1918 kann keineswegs von einer funktionierenden demokratischen (bzw. konstitutionellen) Monarchie gesprochen werden; der eher repräsentative Reichsrat blieb ein Torso, wurde 1914 vertagt und erst 1917 von Kaiser Karl wieder einberufen.

Wer die aus der Monarchie herrührenden Erziehungstraditionen betrachtet, dem wird sofort der stark autoritäre Gehorsams- und Zwangscharakter im gesellschaftlichen Gesamtsystem auffallen. Daran änderten auch – meist auf Wien beschränkte – vereinzelte offenere Erziehungskonzepte der Zwischenkriegszeit wie die Glöckel-Reform nichts (abgesehen von der Ausbildung einer vorerst marginal bleibenden Gegenelite). Das autoritäre Dollfuß-Schuschnigg-Regime zerschlug diesen alternativen und aus heutiger Sicht fortschrittlichen Zugang im Erziehungsbereich. Der Nationalsozialismus besorgte den Rest und nützte die vorhandenen autoritären Traditionen zur totalen gesellschaftlichen Militarisierung. Auch unter dem Primat des politischen und vor allem ökonomischen Wiederaufbaus nach 1945 waren weitere »gehorsame Jahrzehnte« angesagt. Erst in den späten fünfziger Jahren regte sich Widerstand – vor allem in der Jugendkultur –, der in den sechziger Jahren politisch geprägt war, ohne auch nur annähernd die Explosionskraft der Jugend- und Protestbewegungen in Frankreich oder der Bundesrepublik Deutschland zu gewinnen.

Noch 1966, nach dem Ende der Großen Koalition, fürchteten manche in der Sozialdemokratie, so Bruno Kreisky, dass in der ÖVP autoritäre Traditionen durchschlagen könnten, und wollten daher um beinahe jeden politischen Preis die Zusammenarbeit fortsetzen. Was den Parlamentarismus und die Sozialpartnerschaft betraf, sollten diese Befürchtungen jedoch nicht zutreffen: Die ÖVP-Alleinregierung Klaus stellte das System des informellen Interessen- und Konfliktausgleichs im Rahmen der Sozialpartnerschaft ebenso wenig in Frage, wie es später die sozialistischen Alleinregierungen Kreiskys taten. Grundsätzlich wird sogar der Eindruck vermittelt, dass im politischen Alltag – abgesehen von temporären ideologischen Meinungsverschiedenheiten – die Sozialpartnerschaft während der Alleinregierungen an Bedeutung noch zunahm.

Ende der sechziger Jahre gab es in Österreich eine offene, vor allem von der oppositionellen SPÖ und konservativen beziehungsweise unabhängigen Medien und Experten getragene Demokratiereform-Debatte. Auch hier ging es eher um Verbesserungen im demokratischen System als um die Entwicklung demokratischer Einstellungen bei den Wählern und Wählerinnen. Prinzipiell sollten die Rechte des Parlaments und der Parlamentarier gestärkt werden, ebenso wie die Staatsbürgerschaftsrechte gegenüber Verwaltung und Exekutive. Die Sozialpartnerschaft als solche wurde nicht kritisiert, hingegen eine Verregelung dieses informellen Interessenausgleichs zur Diskussion gestellt.

Die österreichische Konkordanzdemokratie, gerne auch als Proporzdemokratie bezeichnet, war also, wie die Beispiele zeigen, sowohl ein Ergebnis innerösterreichischer als auch geostrategischer Zwänge in einem Land, in dem zuletzt österreichweit 1930 gewählt worden war. Trotz dieser fehlenden Tradition und in einem politischen Vakuum schafften eine Handvoll Männer – Frauen blieben völlig marginalisiert – allein mit der

Unterstützung der sowjetischen Militärbehörden in Ostösterreich die Restauration von Strukturen aus der Zeit vor 1933.

Die Proporzidee an sich war ein in Österreich traditionelles Kontrollelement. So hatte Renner bereits 1914 für die Einführung des Proporzes in einem Verhältniswahlsystem plädiert, das zum Unterschied vom Mehrheitswahlrecht tendenziell keine klaren Mehrheiten sowie Parteienzersplitterung fördert: »Ein System, das zwar der Mehrheit die Herrschaft lässt, aber der Minderheit doch die gebührende Vertretung schafft.« 1920 gab es den Ansatz eines transparenten »Proporzkabinetts«, doch erst 1945 wurde dieses System realisiert, wobei in der Provisorischen Staatsregierung Renner auch die KPÖ Teil dieses komplexen Macht- und Kontrollverteilungsmechanismus wurde; d.h. in der Praxis, dass jedem Staatssekretär zumindest zwei Unterstaatssekretäre als Kontroll- und Kommunikationsorgane zugeteilt waren. Der Proporz setzte sich auch auf Beamtenebene fort, wobei hier angemerkt werden sollte, dass dies die einzige Möglichkeit für Sozialdemokraten war, im exklusiv christlichsozial bis konservativ-deutschnational dominierten Beamtenapparat Fuß zu fassen.

Der Proporz fungierte als eine Art Auffangsystem für die nach wie vor bestehenden gesellschaftlichen Säulen in Österreich, deren Konfliktpotential auf diesem Weg kanalisiert wurde. Sowohl die der ÖVP als auch die der SPÖ nahestehenden »Lager« konnten damit rechnen, in ihrem jeweiligen politischen Einflussbereich Karriere zu machen beziehungsweise durch Vereinbarungen auch in von anderen »kontrollierten« Ministerien und nachgeordneten Dienststellen akzeptiert und befördert zu werden. Durch permanente Vereinbarung und auch wechselseitige Kontrolle wurde langsam das vor 1938 geschlossene politische System in Verwaltung und Justiz aufgeweicht. In diesem Sinne hatte der heute vielgeschmähte Proporz eine wichtige Stabilisierungsfunktion. Erste Widerstände regten sich in den späten fünfziger und in den sechziger Jahren, als sich das System zunehmend auf reine Posten- und Wohnungsvergabe reduziert hatte und kaum noch sachpolitische Kompetenz und Reformkraft signalisierte. Besonders stark war die Opposition im Medienbereich, in dem sich seit Mitte der fünfziger Jahre ein rigider Proporz herausgebildet hatte. So wurden beispielsweise die Nachrichtensendungen der Rundfunkanstalt RAVAG von jeweils zwei Parteijournalisten kontrolliert, wobei es einmal sogar zu handgreiflichen Auseinandersetzungen kam, als eine zu einseitige Nachrichtenmeldung gesendet wurde. Mit

Beginn des Fernsehens 1955 erweiterte sich das Proporzspektrum in Richtung »Schwarze Welle« (Fortsetzung des ÖVP-Primats im Rundfunk) und »Roter Schirm« (Fernsehen mit von der SPÖ nominierten Direktoren). Das Rundfunkvolksbegehren von 1964, wesentlich vom Kurier und dessen Chefredakteur Hugo Portisch sowie anderen nicht direkt einer politischen Partei zugehörigen Printmedien getragen, war ein erster Versuch, Öffentlichkeit gegen diese totale Machtaufteilung im staatlichen Rundfunk und Fernsehen zu mobilisieren.

ÖVP-Bundeskanzler Josef Klaus skizzierte diese Auswüchse in der ersten Großen Koalition ungeschminkt: »Im Proporz fand die Praxis der totalen Machtergreifung im Staat durch die Koalitionsparteien ihre Fortsetzung, Stellenbesetzungen, Subventionen, ja sogar Regierungs- und Beamtendelegationen, die ins Ausland reisten, mussten im Verhältnis 1 : 1 besetzt werden.« Selbst die Austria-Wochenschau hatte als staatliches Propagandamedium zwei Direktoren (mit je einem eigenen Dienstauto), und die Sekunden beim Auftreten der jeweiligen ÖVP- beziehungsweise SPÖ-Vertreter in einem Wochenschauspot wurden exakt gestoppt, um Parität zu gewährleisten.

Der positive Aspekt des Proporzes hingegen war, dass nicht ein einziges gesellschaftspolitisches Modell radikal – wie in der Ersten Republik nach 1920 das katholisch-konservative oder in Wien bis 1934 das sozialdemokratische – durchgezogen werden konnte. Die verstaatlichte Industrie war zwar ideologisch umstritten, realpolitisch aber auch von der ÖVP akzeptiert. So wurden die Führungspositionen in der verstaatlichten Industrie und in den verstaatlichten Großbanken mit ihrem eigenen Industriekomplex teilweise minutiös geregelt, so dass nach einem deutlichen Vorteil der ÖVP Mitte der 1950er Jahre die SPÖ eine Art Parität erreicht hatte.

Das Problem des Proporzes in den fünfziger und sechziger Jahren war, dass die ursprüngliche wechselseitige Kontrollfunktion einer totalen Machtaufteilung gewichen war. In diesem Sinne ist auch das Wahlergebnis 1966 zu interpretieren, das vor allem im Bereich der Erstwähler und Frauen einen höheren Anteil für die ÖVP erbrachte; sie hatte am glaubwürdigsten signalisiert, aus diesem System ausbrechen zu wollen. Ab 1970 gab dann Bruno Kreisky seine Bereitschaft zu erkennen, durch unabhängige Minister und Persönlichkeiten (zum Beispiel Rudolf Kirchschläger oder später Erich Bielka als Außenminister) die Parteiendominanz in wichtigen Machtpositionen zu reduzieren. Auch die Bestellung des ehemaligen ÖVP-Finanzministers und Klubobmanns Stephan Koren zum Präsidenten der Oesterreichischen Nationalbank war ein solches Signal. Im außenpolitischen Apparat förderte Kreisky – zum Unterschied von den ÖVP-Außenministern der Großen Koalition – auch nicht parteinahe Kandidaten. So arbeitete etwa der frühere Klaus-Sekretär Thomas Klestil als Diplomat an der Umsetzung der Pläne für ein Internationales Konferenzzentrum mit.

Die Ära der Alleinregierungen. Von Klaus zu Kreisky (1966–1983)

1966	6. März: Nationalratswahl. Die ÖVP erreicht fast 50 % (48,5 %) und regiert allein. Bundeskanzler: Josef Klaus.
1967	22. September: Der Wiener Gemeinderat stimmt dem Beitrag zu dem von der ÖVP-Bundesregierung beschlossenen UNO-Zentrum im Wiener Donaupark zu.
1969	30. November: Die Außenminister Kurt Waldheim (Österreich) und Giuseppe Medici (Italien), gemeinsam mit Ministerpräsident Aldo Moro, einigen sich über die Regelung der Südtirolfrage.
1970	1. März: Nationalratswahlen. Ergebnisse: SPÖ wird stärkste Partei (relative Mehrheit, 48,4 %). SPÖ-Minderheitsregierung (Alleinregierung ohne absolute Mehrheit im Parlament) unter Bundeskanzler Bruno Kreisky
1971	25. April: Bundespräsidentenwahlen. Wiederwahl von Franz Jonas (SPÖ) 10. Oktober: Nationalratswahlen. Ergebnisse: knapp über 50 % der Stimmen für die SPÖ (absolute Mehrheit). Regierung Kreisky II
1972	April: Die Kärntner Slowenen fordern die Erfüllung des Staatsvertrages: Zweisprachigkeit der Ortstafeln in Bezirken mit gemischter slowenisch-deutschsprachiger Bevölkerung, in den folgenden Monaten eskaliert der Konflikt im Ortstafelstreit. 14. Mai: Kreisky spricht anlässlich des 50jährigen Jubiläums der Paneuropa-Union in Wien; es kommt zur Begegnung mit Otto Habsburg und dem historischen Händedruck mit Kreisky. 22. Juni: Unterzeichnung eines Zoll- und Handelsvertrags mit der EWG und der EGKS, der 1973 in Kraft tritt

1973	28.–29. September: Die Geiselaffäre von Marchegg und Schwechat in Niederösterreich geht unblutig zu Ende; zwei palästinensische Terroristen hatten vier jüdische Auswanderer aus der Sowjetunion in ihre Gewalt gebracht. Trotzdem wanderten weiterhin russische Juden und Jüdinnen über Wien aus (insgesamt rund 270 000 Menschen).
1973/74	Internationale Ölkrise auch in Österreich (Drosselung der Fördermenge, Engpässe bei der Versorgung)
1974	9.–16. März: Fact Finding Mission Kreiskys in den Nahen Osten, um dort Vorbedingungen für eine Beilegung des arabisch-israelischen Konflikts zu prüfen. Präsentation des in Laxenburg angesiedelten »Internationalen Instituts für Angewandte Systemanalyse« (IIASA) 23. Juni: Bundespräsidentenwahlen. Neuer Bundespräsident: Rudolf Kirchschläger (parteilos, SPÖ-Kandidat)
1975	5. Oktober: Nationalratswahl. Wieder absolute Mehrheit für die SPÖ (50,4 %) und Alleinregierung mit Bundeskanzler Kreisky. 21. Dezember: Terroranschlag auf OPEC-Sitz in Wien; drei Tote und drei Schwerverletzte
1976	7. Dezember: Kurt Waldheim wird zum zweiten Mal als UNO-Generalsekretär gewählt.
1978	5. November: Eine Volksabstimmung bringt das Aus für das Kernkraftwerk in Zwentendorf.
1979	6. Mai: Nationalratswahl. Wieder absolute Mehrheit für die SPÖ (51 %) 6.–8. Juni: PLO-Chef Yasser Arafat in Wien (Gespräche mit Kreisky und Willy Brandt) 23. August: Übergabe des Vienna International Center (VIC) an die UNO als dritter Amtssitz der Vereinten Nationen
1981	1. Mai: Mord an dem Vorsitzenden der Österreichisch-Israelischen Gesellschaft, dem Wiener Verkehrsstadtrat Heinz Nittel 28. August: Terroranschlag auf die Wiener Synagoge in der Seitenstettengasse: zwei Tote, 18 Verletzte
1982	15. Mai: Großdemonstration für Frieden gegen Nato-Doppelbeschluss zur Raketenhochrüstung in Wien

Josef Klaus war der erste ÖVP-Bundeskanzler, der einer jüngeren Generation von Entscheidungsträgern angehörte und nicht durch das eigene KZ-Erlebnis stärker der Großen Koalition verpflichtet war. Gleichzeitig war er zum Unterschied von Raab, der ein konservativer Katholik war, stark im Nachkriegskatholizismus des Salzburger Erzbischofs Andreas Rohracher verankert. 1939 bis 1945 war Klaus in der deutschen Wehrmacht eingezogen, der erste und einzige Kanzler der Zweiten Republik, der der »Heimkehrer«-Generation angehörte. Sein Nachfolger Bruno Kreisky sollte der erste und einzige Exilant in diesem Amt werden, Figl und Gorbach waren KZ-Häftlinge gewesen. Alle drei konnten also mit unterschiedlichen Methoden und Zielen die umfassende und undifferenzierte Opferdoktrin der österreichischen Kriegsgesellschaft international und national vertreten.

Klaus, der politisch außerhalb der katholischen Gruppen in Salzburg, denen er sich schon in der Kriegszeit angeschlossen hatte, völlig unbekannt war, setzte sich als neuer politischer Prototyp durch. Selbstsicher zog er als Landeshauptmann ein geplantes Wiederaufbauprogramm in Salzburg durch, verbunden mit einem konservativ-christlichen Kulturbild, das sich beispielsweise in seinem Engagement für die Salzburger Festspiele manifestierte. Dabei trat er aber konsequent gegen eine zu »linke« Moderne an und sprach sich zum Beispiel gegen die Zusammenarbeit des »Kommunisten« Bertolt Brecht mit den Salzburger Festspielen aus.

Als Finanzminister behielt er das Image des konservativen Planers und baute es noch aus. 1966 konnte Klaus sein Konzept der »gebremsten« Reform geschickt im Wahlkampf einbringen und die absolute Mandatsmehrheit erringen; hingegen bot die SPÖ aufgrund der innerparteilichen Zerreißproben um Franz Olah, der nach der Veruntreuung von Gewerkschaftsgeldern aus der Partei ausgeschlossen worden war, und aufgrund der kommunistischen Wahlempfehlung für die SPÖ ein jämmerliches Bild. Sehr rasch zeigte sich aber, dass das Bild der Moderne, das beispielsweise die Expertenrunden um Klaus (»Aktion 20«) suggeriert hatten, in der konkreten Regierungsarbeit der ÖVP-Alleinregierung mit extrem restaurativen Elementen versehen war und dem gesellschaftlichen Trend bremsend entgegenwirken wollte. Der Cartellverband (CV) dominierte die Regierung, aber auch die Spitzenbürokratie; 23 % der ÖVP-Parlamentarier gehörten ihm an. Gleichzeitig signalisierte der CV aber nicht jene neue Sachlichkeit, die sich viele Wähler und Wählerinnen – vor allem Frauen und Erstwähler – erwartet hatten. So bot der parteilose Justizminister Klecatsky ein Justizreformprogramm an, das eine Rückkehr zu extrem konservativen Rechtsvorstellungen mit katholischen Einsprengseln signalisierte. Ein von Finanzminister Koren vorgesehenes, an sich richtiges Budgetsanierungsprogramm durch Steuererhöhungen wurde in der Öffentlichkeit höchst negativ gesehen; die Hochkonjunktur ab 1969 sollte erst in den 1970er Jahren spürbar werden.

Wie bei keinem Kanzler der Zweiten Republik vor ihm sprachen alle internen politischen Strukturbedingungen gegen Kreisky, aber alle sozialen und internationalen Trends für ihn. Bruno Kreisky war zwar 1931 aus der Israelitischen Kultusgemeinde ausgetreten, seine jüdische Herkunft war jedoch sowohl in der sozialistischen Arbeiterjugend, in der illegalen Bewegung und im Exil als auch nach 1945 durchaus bekannt. Aufgrund des latenten, bereits während der Studienzeit rabiaten Antisemitismus, der nach 1938 eskalierte und nach 1945 im Hintergrund weiter wirksam blieb, glaubte Kreisky selbst nie, eine absolute Spitzenfunktion in der Politik erreichen zu können. Häufig benützte er als Code für diese Selbsteinschätzung das Diktum vom »besten zweiten Mann«, der weder SPÖ-Vorsitzender noch Bundeskanzler werden könne.

In einem Punkt war Kreisky vielen seiner Zeitgenossen – auch in der Sozialdemokratie – voraus: Er war nie radikaler Deutschnationalist, sondern verstand sich als Produkt des Schmelztiegels der Österreichisch-Ungarischen Monarchie. Dies ist eine wichtige Voraussetzung für sein Denken in großen internationalen Zusammenhängen, das überdies durch das Interesse für die Antikolonialismusbewegung und die Sozialistische Arbeiterinternationale bereits in den 1930er Jahren weit über den zentraleuropäischen Kulturraum hinausging. Im Exil verstärkte sich dieses Österreich-Gefühl, auch vor dem Hintergrund eines demokratischen und unprätentiösen Patriotismus, den er im schwedischen Exil ab 1938 erlebte.

Dass Kreisky nach seiner Rückkehr 1951 dann so rasch in die Spitzenpolitik aufrückte, war reiner Zufall und hatte primär mit Bundespräsident Körner zu tun, dessen politischer Sekretär er war; in dieser Funktion konnte er am politischen Jour fixe der Spitzen der Sozialdemokratie teilnehmen. 1953 wählte ihn Schärf als Staatssekretär aus, auch um ein positives Zeichen in Richtung Körner, mit dem es latente Konflikte gab, zu setzen. In weiterer Folge sollte Kreisky als Staatssekretär eine wichtige analytische und vermittelnde Rolle bei den Staatsvertragsverhandlungen spielen; er entwickelte sich sehr rasch zum außenpolitischen Kopf der SPÖ. Doch die innerparteiliche Karriere sollte er in der niederösterreichischen »Wüste« fortsetzen – die Partei des »Roten Wien« hatte Kreisky auch nach 1945 trotz Interventionen Olahs abgelehnt. 1956 zog Kreisky als St. Pöltener Nationalratsabgeordneter ins Parlament ein.

Die politische Szene und vor allem die Wähler überraschte Kreisky als Außenminister (1959–1966), als er ein bisheriges ÖVP-Thema, die Südtirolfrage, in das Zentrum seiner Aktivitäten stellte. Vor der UNO trat er engagiert für die Minderheitenrechte in Südtirol ein und hätte mit dem italienischen Außenminister Giuseppe Saragat fast eine Autonomielösung ausgehandelt. Auch im Ministerium selbst betrieb er nicht die übliche Parteipolitik, sondern setzte auf unabhängige Diplomaten, aber auch ÖVP-Mitglieder. Trotzdem wurde er in dieser Zeit der zunehmend über die SPÖ-Wählerschaft hinausgehenden Popularität in der rechten Boulevardpresse immer wieder als »Emigrant« und »Jude« attackiert.

Wirklich öffentlich präsentieren konnte sich Bruno Kreisky aber wegen seines speziellen Zugangs zu Journalisten und Journalistinnen unterschiedlicher politischer Ausrichtung. Bereits seit den 1950er Jahren kontaktierte er regelmäßig eine Kerngruppe der österreichischen Journalistik und integrierte sie de facto phasenweise in sein politisches Wirken. Kreisky war in diesem Sinne sehr amerikanisiert und profitierte auch von der Kennedy-Ära. Gegen starke Widerstände der Berufsdiplomaten heuerte er PR-Fachleute an, die ihm Zugang zu US-Entscheidungsträgern verschafften, so auch einen Privattermin bei John F. Kennedy. Ähnlich wie Kennedy in den USA war Kreisky auch ein Produkt der – zeitverzögerten – Nachkriegsrebellionen, die in den USA zum Civil Rights Movement und in Europa zu den national unterschiedlich artikulierten Studenten- und Jugendkonfrontationen geführt hatten. Gleichzeitig war Kreisky ein gewiegter politischer Pragmatiker, der vorsichtig die Bereitschaft der Gesellschaft auslotete, Reformen zu akzeptieren. Während Julius Raab das Fernsehen als »Kastl« abgetan und im Proporzschema der SPÖ überlassen hatte, erkannte Kreisky sehr früh die Bedeutung dieses Mediums, das in den späten 1960er Jahren zunehmend Verbreitung in Österreich fand. In den inzwischen in die Fernsehgeschichte eingegangenen Debatten mit Bundeskanzler Klaus dominierte Kreisky aufgrund seiner Natürlichkeit, Schlagfertigkeit, aber auch seines Bestrebens, komplizierte Dinge einfach und prägnant zu formulieren.

Wie kein anderer SPÖ-Parteivorsitzender seit 1945 war Bruno Kreisky imstande, binnen weniger Jahre nicht nur die Partei zu einigen und traditionelle SPÖ-Wählersegmente wieder voll und ganz auszuschöpfen, sondern auch junge und intellektuell mobile Wähler und Wählerinnen anzusprechen. In seiner Rede unmittelbar nach der Wahl zum Parteivorsitzenden (mit 63 % der Parteivorstands- und immerhin 70 % der Parteitagsdelegiertenstimmen) signalisierte Kreisky eine Reihe von politischen Grundeinstellungen, die die Regierung Klaus ebenfalls auf ihre Fahnen geschrieben hatte: so zum Beispiel die »Analyse der gesellschaftlichen Verhältnisse« durch »die Wissenschaft«, wobei der Computertechnologie besondere Bedeutung zugeschrieben wurde. Gleichzeitig deutete er aber auch ideologische Kampfbereitschaft an, indem er dem Problem der Automation und dem damit verbundenen Verlust von Arbeitsplätzen besonderes Augenmerk widmen wollte. Retrospektiv analysiert, blieben die Codes, die Kreisky damals ausgesandt hat, auch für die kommenden Jahre gültig: Modernität, jedoch mit dem Menschen als Mittelpunkt, wissenschaftliche Methoden zur Entwicklung politischer Strategien sowie ein Minimum an ideologischer Grundsatztreue, mit Rückbesinnung auf die Zwischenkriegszeit und die großen Austromarxisten (eine Linie, die vor allem Adolf Schärf, aber auch Bruno Pittermann aus ihrem politischen Sprachrepertoire fast völlig verdrängt hatten). Gleichzeitig positionierte er sich aber immer als bürgerlicher Humanist und vermied jeden Anschein von klassenkämpferischen Parolen, ohne auf die Forderung nach gesellschaftlichen Veränderungen zu verzichten. In diesem Sinne war er bestrebt, höchst ambivalente, entgegengesetzte Positionen zu vereinen.

Die 1970er Jahre und die Ära Kreisky gelten heute als Aufbruchsjahre, mit dem Ziel, mehr Demokratie und gesellschaftliche Freiheiten umzusetzen und den Nachkriegswohlstand durch Sozialtransfers gerechter zu verteilen. Dieses Ziel gelang durch umfassende Reformvorhaben – u.a. in der Justiz unter Minister Christian Broda (Strafrechts-, Ehe- und Familienrechtsreform; § 144 betreffend Schwangerschaftsabbruch), aber auch in der Universitätsreform durch die Errichtung eines eigenen Wissenschaftsministeriums (Hertha Firnberg), freien Universitätszugang für alle und ein neues Universitätsorganisationsgesetz (Drittelparität in den Entscheidungsgremien der Universität zwischen Professor/inn/en, »Mittelbau« und Student/inn/en).

Gleichzeitig ging in Österreich wie auch im globalen Kontext die lange Phase des Nachkriegswachstums ab 1973 zu Ende. Nach der ersten Erdölpreiskrise 1974 bemühte sich die Regierung Kreisky erfolgreich mit massiver Erhöhung der Staatsausgaben um ein Abfedern der negativen Auswirkungen dieser globalen Krise, vor allem um ein Ansteigen der Arbeitslosigkeit zu verhindern. Bei dem Versuch, gegen den Sog der zweiten Erdölpreiskrise 1978 anzuschwimmen, wurden hingegen die

Strukturprobleme der verstaatlichten Industrie nur prolongiert; sie konnten erst in der zweiten Hälfte der achtziger und in den frühen neunziger Jahren (auch im Bereich der damals verstaatlichten Banken) gelöst werden. Trotzdem gelang es, die Sockelarbeitslosigkeit im europäischen Vergleich niedrig zu halten und Infrastrukturmaßnahmen zu setzen, die heute noch wirksam sind: 2009 im Durchschnitt 4,8 %, 2012 im Durchschnitt neuerlich 4,8 %. Im Vergleich dazu betrug der Durchschnittswert der EU-27 2009 9 % und 2012 10,5 %.

Im Gedächtnis der Österreicher/innen sind aus dieser Phase nur die wohlfahrtsstaatlichen Aspekte und die »Budgetdefizite« haften geblieben; dass sich aus internationaler Sicht zwischen den sechziger und siebziger Jahren ein industriepolitisches Wunder entwickelt hat, bleibt völlig ausgeklammert. Der international renommierte Politökonom Peter J. Katzenstein hingegen meinte 1981, dass mit Hinweis auf die Wirtschaftsdaten der siebziger und die Wachstumsraten der sechziger Jahre argumentiert werden könne, Österreich sei eine »europäische Inkarnation Japans«.

Bereits in der Ära Kreisky, ab 1981, hatte die verstaatlichte Unternehmensgruppe, die wesentlich den Wiederaufbau der Zweiten Republik mitgetragen hatte (sowohl durch Arbeitsplätze als auch durch Umwegrentabilität bei privaten und öffentlichen Zulieferfirmen), Zuschüsse aus dem Budget erhalten, die zwischen 1981 und 1985 26,1 Milliarden Schilling ausmachten. Im Herbst 1985 wurde klar, dass – trotz hinhaltender Auskünfte des Managements – die VOEST-Alpine AG, eine hundertprozentige Tochter der ÖIAG, der Österreichischen Industrieaktiengesellschaft, und mit 50 000 Arbeiter/inne/n und Angestellten das größte österreichische Unternehmen (100 000 Menschen wurden im Rahmen der ÖIAG beschäftigt), einen Jahresverlust von 12 Milliarden Schilling machen würde. Die Republik Österreich und damit letztlich die Steuerzahler/innen standen durch Staatsgarantien in der Gesamthöhe von 71 Milliarden Schilling (ohne Zinslast!) dafür gerade. Die öffentliche Meinung hat die Spitzenpolitik und Kreisky allein wegen seiner Zielvorgabe einer Vollbeschäftigungspolitik für die Verstaatlichtenkrise verantwortlich gemacht. Wie dies im Detail aussieht, wird eine quellenorientierte Geschichtsschreibung genau zu analysieren haben. Aus den Erkenntnissen des Noricum-Prozesses gegen VOEST- und Noricum-Manager, die der Verletzung des Neutralitätsgesetzes angeklagt waren, geht jedenfalls hervor, wie groß der Handlungsspielraum der Manager war. Gleichzeitig aber waren sie mit dem Grundproblem konfrontiert, keinen Arbeitskräfteabbau in größerem Umfang vornehmen zu können und aufgrund der Größe des Unternehmens von komplexen Entscheidungsabläufen überfordert zu sein.

Die Entlassung des gesamten VOEST-Vorstands durch den zuständigen Bundesminister für Verkehr, Ferdinand Lacina, ließ den Konflikt zwischen Eigentümervertreter und Exekutivvorstand offen zutage treten. (1985 hatten die Verluste aus dem Industrieanlagenbau und aus spekulativen Handelsgeschäften 12 Milliarden Schilling betragen.) Damit entwickelte sich auf Unternehmensebene eine neue Form der Kooperation, die deutlich von der Abtrennung der Eigentümerverantwortung von der des Managements geprägt war. Gleichzeitig wurde der VOEST-Konzern in kleinere Einheiten gegliedert beziehungsweise wurde der ÖIAG-Konzern durch Verkäufe und Management-Buy-outs und in weiterer Folge durch erste Schritte in Richtung Börsennotierung und Privatisierung verkleinert. Das Management um Peter Strahammer, der 2001 tödlich verunglückte, und Wolfgang Eder, der heute den Konzern leitet, konnte in weiterer Folge den Konzern so sanieren, dass er selbst den politischen Interventionsversuchen bei der Privatisierung durch die ÖVP-FPÖ-Regierung 2003 widerstehen konnte und heute zu den Top drei in der Stahlbranche in Europa zählt.

Die Erosion der großen politischen »Lager« (1983–2006)

1983	24. April: Nationalratswahlen. Verlust der absoluten Mehrheit für die SPÖ (47,6 %). Koalition SPÖ-FPÖ (5 %); Bundeskanzler: Fred Sinowatz (SPÖ), Vizekanzler: Norbert Steger (FPÖ)
1984/85	Dezember/Januar: Besetzung der Hainburger Au durch Umweltschützer/innen. Verhinderung des geplanten Kraftwerkbaus. Eine Folge: Entstehung einer neuen Partei, der »Grünen«
1985	24. Januar: Verteidigungsminister Friedhelm Frischenschlager (FPÖ) empfängt den ehemaligen SS-Sturmbannführer der Waffen-SS Walter Reder, nachdem dieser aus jahrzehntelanger Haft freigelassen wurde; die Affäre löst eine innenpolitische Krise aus.
	27. Dezember: Terrorüberfall auf dem Wiener Flughafen – drei Tote, 40 Verletzte

1986 4. Mai und 8. Juni: Bundespräsidentenwahl. Wahlsieger: Kurt Waldheim (ÖVP), der im zweiten Wahlgang die absolute Mehrheit erringt; beiden Wahlgängen waren heftige Auseinandersetzungen um die Kriegsvergangenheit Waldheims vorausgegangen, die sich weiter fortsetzen und noch steigern sollten.
9. Juni: Rücktritt von Bundeskanzler Fred Sinowatz. Nachfolger: Franz Vranitzky (SPÖ). Ende der Koalition mit der FPÖ
23. November: Nationalratswahl. Verluste von SPÖ und ÖVP. Bundeskanzler: Franz Vranitzky (SPÖ, 43,1 %), Vizekanzler: Alois Mock (ÖVP, 41,3 %)

1989 17. Juli: Österreich stellt in Brüssel den Antrag um Aufnahme in die Europäische Gemeinschaft (EG), Außenminister Mock überreicht den Brief mit einem von der SPÖ geforderten expliziten Neutralitätsvorbehalt an den französischen Außenminister Roland Dumas.

1990 7. Oktober: Nationalratswahl. Ergebnisse: die SPÖ gewinnt (42,8 %), die ÖVP verliert (32,1 %), Jörg Haiders FPÖ (16,6 %) holt auf.

1992 2. Mai: Unterzeichnung des EWR-Vertrags in Porto
24. Mai: Bundespräsidentenwahl. Wahlsieger: Thomas Klestil (ÖVP)
19. Juni: In gleichlautenden Noten vom 11. Juni teilen die Außenminister Mock und Gianni De Michelis dem Generalsekretär der UNO Butros Butros Ghali die Streitbeilegung in der Südtirolfrage mit.

1993 23. Januar: »Lichtermeer« gegen FPÖ-Ausländervolksbegehren. Kurz darauf: Gründung des Liberalen Forums.
Dezember: Die erste von fünf Bomben- und Briefbombenserien erschüttert Österreich.

1994 1. Januar: Österreich Mitglied des EWR
12. Juni: Volksabstimmung über den EU-Beitritt Österreichs. 66,6 % Stimmen für den Beitritt (Wahlbeteiligung: 82,5 %)
24. Juni: Unterzeichnung des EU-Beitrittsvertrages auf Korfu
9. Oktober: Nationalratswahl. SPÖ gewinnt (34,9 %), FPÖ so stark wie nie (22,5 %), ÖVP verliert (27,7 %). Das Liberale Forum (LIF) bekommt auf Anhieb elf Mandate (6 %), die Grünen halten bei acht (7,3 %). Die SPÖ-ÖVP-Regierung verliert die Zweidrittel-Mehrheit im Nationalrat.

1995 1. Januar: Österreich Mitglied der Europäischen Union
3. Dezember: Österreich tritt aufgrund Ministerratsbeschluss vom 31. Januar dem NATO-Programm Partnership for Peace (PFP) bei.

	17. Dezember: Die SPÖ gewinnt vorgezogene Nationalratswahl eindeutig (38,1 %) und bremst Aufstieg der FPÖ (21,9 %). Grüne (4,8 %) und LIF (5,5 %) verlieren leicht.
1996	13. Oktober: Wahlen zum EU-Parlament. Ergebnis: ÖVP (29,6 %) vor SPÖ (29,2 %) und FPÖ (27,6 %)
1997	Januar: Rücktritt von Bundeskanzler Vranitzky. Nachfolger wird Viktor Klima (SPÖ).
1999	13. Juni: Wahlen zum EU-Parlament. SPÖ (31,7 %) und ÖVP (30,7 %) erhalten gleich viele Mandate.
	3. Oktober: Nationalratswahlen. Die SPÖ bleibt stärkste Partei (33,2 %); ÖVP und FPÖ (je 26,9%) liegen bei den Mandaten gleichauf, wobei die FPÖ aber 415 Stimmen mehr hat.
2000	Scheitern der Koalitionsverhandlungen SPÖ-ÖVP. Es folgt eine Koalition ÖVP-FPÖ. Bundeskanzler: Wolfgang Schüssel (ÖVP), Vizekanzlerin: Susanne Riess-Passer (FPÖ)
2002	31. Januar bis 12. September: Diplomatische Sanktionen gegen die neue Bundesregierung wegen der FPÖ-Beteiligung und des rechtspopulistischen Verhaltens der Haider-FPÖ 1986
	24. November: Nationalratswahlen. Sieg der ÖVP (42,3 %), die SPÖ legt zu (36,5%), erreicht aber nur den zweiten Platz. Starke Verluste der FPÖ (10,0%), aber weiter Koalition ÖVP-FPÖ. Bundeskanzler ist weiter Wolfgang Schüssel (ÖVP).
2004	1. Mai: Große EU-Erweiterung. Unter anderem werden Österreichs Nachbarstaaten Tschechien, Slowakei, Ungarn und Slowenien EU-Mitglieder.
	25. April: Bundespräsidentenwahlen. Heinz Fischer (SPÖ) gewinnt im ersten Wahlgang klar vor Benita Ferrero-Waldner (ÖVP).
2005	17. April: Spaltung der FPÖ durch Gründung des BZÖ (Bündnis Zukunft Österreich) durch Jörg Haider
	15. Mai: Österreich feiert 50 Jahre Staatsvertrag, 60 Jahre Zweite Republik und 10 Jahre EU-Mitgliedschaft.

Die Erosion der alten politischen Lager setzte aber erst Mitte der 1980er Jahre ein: mit einer starken Umweltbewegung, die sich auch als Kleinpartei formierte, und einem erfolgreichen Rechtspopulismus um Jörg Haider und die FPÖ. Die FPÖ war 1955 als direkte Nachfolgepartei des VdU, des Verbands der Unabhängigen, gegründet worden. Diese »Vierte Partei«, die sich unter einem dünnen liberalen Deckmäntelchen vor allem als Interessenvertreter der ehemaligen NSDAP-Mitglieder präsentierte und gegen Entnazifizierung und Restitution von »arisiertem« ehemals jüdischem Eigentum polemisierte, schaffte aus dem Stand 1949 11,7 % der gültigen Stimmen und 16 Nationalratsmandate (im Vergleich dazu erreichte die KPÖ nur knapp 5,1 % und sechs Mandate). 1955 übernahmen ganz offen höchst belastete ehemalige NSDAP-Funktionäre wie der nationalsozialistische »Landesbauernführer und Landesjägermeister im Donauland« Anton Reinthaller die FPÖ, die in weiterer Folge aber auch 1970 auf sechs Mandate und 5,5 % Wähler/innen/anteil reduziert wurde. Erst eine Wahlrechtsreform, die die sozialdemokratische Minderheitsregierung unter Bruno Kreisky als Preis für die Zustimmung zum Budget mit der FPÖ umsetzte, rettete die Partei, die scheinbar auch auf dem Weg zu einer echt liberalen Partei im Stile der FDP in der BRD war. Doch noch 1975 gab es eine von Simon Wiesenthal mit Dokumenten ausgelöste Debatte um den damaligen FPÖ-Obmann Friedrich Peter, der einer SS-Einheit angehört hatte, die in Vernichtungsaktionen verwickelt war. Kreiskys Reaktion jedoch war extrem und überzogen, vor allem als er Wiesenthal indirekt der Kollaboration mit dem NS-Regime beschuldigte und Peter verteidigte, solange keine individuelle Schuld nachgewiesen werden konnte. Gerne wird ihm diese heftige Reaktion als Versuch ausgelegt, die »Ehemaligen« als Wähler zu keilen. Doch in diesem Fall handelte es sich um ein persönliches Tabu, das Wiesenthal – unbewusst oder bewusst – angesprochen hatte. Bruno Kreisky wollte nicht als Jude gegen den in den 1970er Jahren stabilen gesellschaftlichen Block ausgespielt werden, der die Reintegration der ehemaligen NSDAP-Mitglieder und Wehrmachtssoldaten befürwortete. So reagierte er aus dem Bauch heraus und höchst emotional und zutiefst verletzend.

1983 bildete Kreisky noch vor seinem Rücktritt nach den Wahlen, in denen er die absolute Mehrheit verloren hatte, eine Kleine Koalition mit der FPÖ, in der Norbert Steger Garant zu sein schien, dass sich die FPÖ endgültig von der Nazi-Vergangenheit gelöst hatte. Im Zuge der heftigen vergangenheitspolitischen Debatte um die Kriegsvergangenheit des ehemaligen mehrfachen UN-Generalsekretärs Kurt Waldheim, der 1986 trotzdem – oder gerade deswegen – in einer Volkswahl zum Bundespräsidenten gewählt wurde, stürzte der junge Oberösterreicher Jörg Haider, der eben in Kärnten als FPÖ-Landesrat reüssiert hatte, FPÖ-Obmann Steger auf einem putschartigen Kampfparteitag. Haider, der aus einer belasteten NS-Familie stammte, hatte die vergangenheitspolitischen Debatten geschickt ausgenützt, da diese auch ein Spiegel der Änderungen in der politischen Kultur der Zweiten Republik waren.

Vor diesem Hintergrund konnte die neuerliche Große Koalition von SPÖ und ÖVP unter Franz Vranitzky (SPÖ) ab 1986 die wichtigsten Transformationsmaßnahmen setzen und den EU-Beitritt zum letzten großen Erfolg der Sozialpartnerschaft machen, ohne jedoch den Aufstieg der erfolgreichsten rechtspopulistischen Partei Europas, der FPÖ Jörg Haiders, zu verhindern. Erst mit der Regierungsbeteiligung der FPÖ (2000–2006) wurde auch diese Partei in den allgemeinen Politik-Erosionsprozess miteinbezogen, unter heftigen internen ideologischen und strukturellen Konflikten und Enthüllungen. Gleichzeitig hatte sich auch bereits seit der zweiten Hälfte der 1970er Jahre und intensiv seit den 1980er Jahren eine regierungs- und vielfach auch oppositionsunabhängige Gegenöffentlichkeit gebildet, ein Indikator für stärkere zivilgesellschaftliche Trends und eine weitere Erosion des autoritären Potentials. Besonders wichtig in diesem Zusammenhang war die Opposition gegen das Atomkraftwerk Zwentendorf und das Wasserkraftwerk in der Hainburger Au, zwei Konfrontationen, in denen die Sozialpartnerschaft erste große politische Niederlagen erlitt.

Die zweite Große Koalition SPÖ-ÖVP (1986–2000) perpetuierte trotzdem das alte Proporzsystem neuerlich, vor allem im Bereich der Spitzenbeamten. Umso effektiver war die Kritik an derartigen Machtaufteilungen. 1986 trat Bundeskanzler Vranitzky zwar mit einem Koalitionsübereinkommen in Sachfragen an und versuchte die Personalfragen, mit denen der Proporz immer verbunden wurde, in den Hintergrund zu drängen; in der Praxis jedoch tauchten rasch Hindernisse auf, die dann vor allem gegen Ende der Koalition unter Bundeskanzler Viktor Klima eskalierten. Dabei setzte die ÖVP häufig geschickt ihre Kandidaten durch, in der Öffentlichkeit allerdings wurde die SPÖ als Alleinverantwortliche für den Proporz – zum Beispiel bei Entscheidungen hoher Beamter – kritisiert.

In der ÖVP-FPÖ-Koalition 2000 bis 2006 war »Proporz neu« angesagt; das heißt, dass vor allem Beamte, die der SPÖ zugerechnet wurden, Kompetenzverluste zu gewärtigen hatten. In Aufsichtsräten und Vorständen der ÖIAG wurden umfassende Personalwechsel durchgeführt. Zum Unterschied von den 1970er Jahren, als zwar die SPÖ-Regierungen die Zentralverwaltung der verstaatlichten Industrie dominierten, aber die ÖVP-Sympathisanten in den Vorständen und Aufsichtsräten der Unternehmen relativ stark präsent waren, wurde nun eine starke politische Partei, die SPÖ, deutlich ausgeklammert. In diesem Sinne sind amerikanische Verhältnisse eingekehrt, aber wiederum nach koalitionären Interessen auf zwei Parteien aufgeteilt; unabhängige Manager/innen ohne ÖVP- oder FPÖ-Sympathien wurden in diesem Schema ebenfalls kaum berücksichtigt. In diesem Zusammenhang spielte die Frage des Parteibuchs weniger eine Rolle als die konkrete ideologische Nähe.

Nach dem Antritt der FPÖ-ÖVP-Koalition im Februar 2000 kam es zu einem bis dahin kaum ausgetragenen Konflikt zwischen Bundespräsident und Parlament beziehungsweise Bundesregierung. Bundespräsident Thomas Klestil hatte im Vorfeld der Regierungsbildung FPÖ-ÖVP nicht nur lange eine Fortsetzung der Großen Koalition SPÖ-ÖVP unterstützt, sondern auch nach anderen Optionen einer Regierungsbildung ohne die FPÖ gesucht. Dadurch entstand nicht nur in der heimischen, sondern auch in der internationalen Öffentlichkeit ein überhöhtes Bild des österreichischen Bundespräsidenten, das keineswegs der realen Machtverfassung seines Amtes entspricht. Bemerkenswert jedenfalls, dass diese demokratiepolitisch problematische Alleinentscheidungsfunktion des Bundespräsidenten international im Falle FPÖ/ÖVP begrüßt wurde, während in Österreich bei Umfragen die Beliebtheitswerte des Bundespräsidenten fielen. Offensichtlich hatten die Österreicher/innen nicht realisiert, dass seit 1929 der Bundespräsident nicht nur ein »Staatsnotar« ist. Im Falle seines Handelns, das im oben erwähnten Fall absolut verfassungskonform war, waren viele jedenfalls peinlich berührt.

Theoretisch gibt die österreichische Bundesverfassung dem Bundespräsidenten durch die von semiautoritären Trends bestimmte Verfassungsreform 1929 und die Legitimation durch direkte Volkswahl (»Austro-Hindenburg-Modell«) in Krisen- oder Weichenstellungssituationen wie einer Regierungsbildung Kompetenzen, die einer parlamentarischen Präsidentenrepublik entsprechen könnten. Das Verfassungssystem von 1920 entspricht aber nicht dem US-amerikanischen oder französischen Modell. Die österreichische Realverfassung (die sozialpartnerschaftlichen Regelungsmechanismen) hat bisher derartige Konflikte auf Einzelfälle reduziert, die es aber wert sind, in einer historischen Rückschau analysiert zu werden, da sie den »Sprengsatz« dieser Verfassungsreform von 1929 zeigen.

Thomas Klestil selbst hatte dies bereits nach seiner ersten Wahl als ÖVP-Kandidat 1992 – 1998 wurde er als überparteilicher Kandidat wiedergewählt – ausgelotet. Damals wollte er durch ein Rechtsgutachten klären, ob diese Entscheidungs- und Führungskompetenz aus dem Jahr 1929 nicht auch auf die neuen EU-Mechanismen nach dem EU-Beitritt Österreichs Anwendung finden könnte. Auf der Basis eines juristischen Gutachtens gab es eine Zeitlang Konflikte mit dem damaligen SPÖ-Bundeskanzler Franz Vranitzky, der sich den Vertretungsanspruch im Europäischen Rat von Klestil nicht streitig machen ließ. Letztlich setzte sich der Bundeskanzler durch; Realverfassung und EU-Usancen waren auf seiner Seite.

Die Bundespräsidentschaft des Vorgängers von Thomas Klestil, Kurt Waldheim, war von einer anderen Art des Konflikts zwischen Bundespräsident und Bundeskanzler überschattet. Da Waldheim als Folge der Debatte über seine Kriegsvergangenheit nicht zu Staatsbesuchen in Westeuropa eingeladen wurde und in den USA auf der »Watchlist« stand, also nicht privat einreisen durfte, musste der damalige Bundeskanzler Vranitzky die Republik Österreich nach außen vertreten. In dieser Zeit wurde das Amt des Bundeskanzlers deutlich gestärkt, der Einfluss des Bundespräsidenten mit zunehmender Amtsdauer selbst bei seinen Anhängern reduziert.

Die Fortsetzung der Großen Koalition nach »schwarz-blauer« Mitte-Rechts-Koalition (2006–2016)

2006	1. Oktober: Nationalratswahlen. Ergebnis: SPÖ: 35,3 %, ÖVP: 34,3 %, Grüne: 11,0 %, FPÖ: 11,0 %, BZÖ: 4,1 %
2008	28. September: Nationalratswahlen. Ergebnis: SPÖ: 29,3 %, ÖVP: 26,0 %, Grüne 10,4 %, FPÖ 17,5 %, BZÖ: 10,7 % 11. Oktober: Der Kärntner Landeshauptmann Jörg Haider verunglückt, stark alkoholisiert, tödlich mit seinem Dienstwagen.
2013	29. September: Nationalratswahlen. Ergebnis: SPÖ: 26,9 %, ÖVP: 24,0 %, FPÖ: 20,6 %, Grüne: 12,3 %, FRANK (Team Stronach): 5,7 %, NEOS: 4,9 %, BZÖ: 3,5 %
2016	24. April: Erster Wahlgang der Bundespräsidentenwahl. In die Stichwahl kommen Norbert Hofer, der Dritte Nationalratspräsident und Stellvertretende Bundesparteiobmann der FPÖ (35,1 % der Stimmen), und Alexander Van der Bellen, der ehemalige Bundessprecher der Grünen (21,3 %), relativ knapp gefolgt von der unabhängigen Kandidatin Irmgard

Griss (18,9 %). Die Kandidaten der beiden Regierungsparteien SPÖ und ÖVP landen mit 11,3 bzw. 11,1 % abgeschlagen auf den Plätzen vier und fünf.
9. Mai: Rücktritt von Werner Faymann als Bundeskanzler und als Bundesparteivorsitzender der SPÖ. Sein Nachfolger in beiden Funktionen wird Christian Kern, bisher Vorstandsvorsitzender der ÖBB-Holding AG.
22. Mai: Zweiter Wahlgang der Bundespräsidentenwahl. Wahlsieger nach einem das Land polarisierenden Wahlkampf: Alexander Van der Bellen (50,3 %; Vorsprung: ca. 31 000 Stimmen).

Der knappe Wahlsieg der SPÖ 2006 kam überraschend. Der Sparkurs – gerade im Bildungs- und Universitätsbereich – hatte viele Wählerinnen und Wähler wieder zur SPÖ gebracht, obwohl der Abstand mit zwei Mandaten Mehrheit extrem knapp bleiben sollte. Schon in den Koalitionsverhandlungen zeigte sich, dass nur wenig aus dem Reformprogramm und der erhofften sozial gerechteren Verteilung aus dem Wahlkampf in die Mühen der politischen Ebene gekommen war, und der neue Bundeskanzler Alfred Gusenbauer sollte rasch an die politischen Gestaltungsgrenzen stoßen, zu massiv hatten die sechs Jahre Schüssel-Haider die sozio-ökonomischen Strukturen und auch das Bildungssystem verändert. Nach den SPÖ-Wahlniederlagen in Vorarlberg und Tirol wurde letztlich der innerparteiliche Druck zu groß, und der Parteitaktiker im Kanzler setzte als Ventil den allseits beliebten Infrastrukturminister Werner Faymann an die Parteispitze. Doch nachdem die ÖVP kurz danach Neuwahlen vom Zaun brach, blieb Gusenbauer nur mehr der Rücktritt in Würde und sein Votum für Faymann, den er primär als mediengewandten sympathischen Nachfolger (ohne weitere Eigenschaften) charakterisierte: »Er ist nicht abgenützt, er ist unbeschädigter. Und er ist ein sympathischer Bursche, der auch über die erforderlichen Mediennetzwerke verfügt, die man in Österreich braucht.« (*Kleine Zeitung*, 12. Juli 2008) Die konservative deutsche Tageszeitung *Die Welt* kommentierte am 9. Juli 2008 die Nominierung des bisherigen Infrastrukturministers und geschäftsführenden SPÖ-Vorsitzenden Werner Faymann mit »freundlich, aber glatt«. Faymanns Tendenz zu Kompromissen legten ihm seine Kritiker als »Aalglattheit« aus, kritisierten sein Lächeln und die unscheinbaren Anzüge. Seit frühester Zeit war er ein medienbewusster Politiker in Wien, der sein öffentliches Image in alle Richtungen hin abpolsterte und schon als Jungpolitiker intensive Kontakte zu *Kronen-Zeitungs*-Herausgeber Hans Dichand entwickelte und als Wohnbaustadtrat sogar über eine Kolumne verfügte. Am 25. Juni 2008 hatte er aber jedes Gefühl für politische PR verloren und gemeinsam mit dem damaligen SPÖ-Bundeskanzler Gusenbauer, der eben den Parteivorsitz an Faymann abtreten musste, einen Brief an Dichand geschickt, der dann auch an andere Chefredakteure expediert wurde und in dem unter anderem verpflichtende Volksabstimmungen für weitere Änderungen der EU-Verträge und den Beitritt der Türkei gefordert wurden: Diesen symbolischen Kniefall vor der mit einer kurzen Ausnahme während der EU-Beitrittskampagne aggressiv EU-feindlichen Linie der *Kronen Zeitung* wurde Faymann erst langsam wieder los. Trotz des knappen Wahlsieges in den darauffolgenden Nationalratswahlen bleibt ihm das Image des Kanzlers, der von der Gunst der »Krone« abhängt. Gleichzeitig nützte die nachfolgende Debatte keineswegs dem EU-Thema und stützte die Argumentationen der Rechtspopulisten und anderer EU-Gegner. Zumindest kurzfristig hatte sich die SPÖ-Spitze mit einem nicht parteiintern akkordierten Statement europapolitisch sehr geschadet. Mit diesem Schritt eine stärkere Einbindung der Österreicherinnen und Österreicher zu erzielen, war reines Wunschdenken der Verfasser. Zwar war Faymann der Schulterschluss mit den Gewerkschaften und dem Pensionistenverband gelungen, aber trotz höchst freundlicher Presse in der *Kronen Zeitung* musste die SPÖ weitere sechs Prozentpunkte Verlust abschreiben, 18 Monate Große Koalition hatten ihren Preis gefordert, da es der SPÖ nicht gelungen war, der Regierungsarbeit zumindest teilweise ihren Stempel aufzudrücken.

Nach einem Jahr der erneuerten Großen Koalition mit dem neuen Vizekanzler Josef Pröll fasste Faymann sein Resümee mit »Weniger gestritten, mehr erreicht« zusammen. Diese Grunddevise machte es aber Faymann schwer, mitten in der Weltwirtschaftskrise nicht nur dem Markt zu gehorchen und ein Mega-Banken-Sanierungs-Paket zu schnüren, sondern auch das Tabuthema Vermögensgewinnsteuern und andere Steuern zu thematisieren – zu stark seine Sorge um die Reaktion der ÖVP. Erst nach heftigen Debatten und unter öffentlichem Druck wurden 2010 Ansätze einer Bankensteuer und einer Stiftungs- und Vermögensgewinnsteuer durchgesetzt, gleichzeitig aber Einschnitte in die Familienförderung (z.B. bei der Kinderbeihilfe) in Kauf genommen. Die SPÖ verliert weiterhin ihre Glaubwürdigkeit bezüglich der gerechten Lasten- und Einkommensverteilung und damit den Kern ihrer politischen Ideologie von sozialer Gerechtigkeit. Weder im ideologisch umkämpften Bereich Schule und Bildung noch bei Wissenschaft und Forschung konnten entscheidende politische Wendemarken gesetzt werden, trotz internationaler Beispiele, wie Krisenbewältigung anders und zukunftsorientiert aussehen kann (z.B. in Finnland nach 1989/1990). Einmal mehr hat sich bei den Budgetverhandlungen gezeigt, dass dem Finanzministerium unter Führung des ÖVP-Vizekanzlers Pröll dabei eine Schlüsselstellung zukam, der durchaus geschickt seine Klientel-Politik (zum Beispiel bei den Agrarförderungen) fortsetzte. Von April 2011 bis zu seinem Rücktritt im August 2014 fungierte Außenminister Michael Spindelegger als Vizekanzler und ÖVP-Bundesparteiobmann. In den beiden letztgenannten Funktionen folgte ihm Wissenschafts-, Forschungs- und Wirtschaftsminister Reinhold Mitterlehner nach.

Von alliierter Kontrolle und Kaltem Krieg zu Staatsvertrag und Neutralität

Wie bereits erwähnt, wurde Österreich von der Sowjetunion, den Vereinigten Staaten von Amerika, Großbritannien und Frankreich zwischen 1945 und 1955 besetzt und war deshalb nur teilweise im Besitz seiner staatlichen Souveränität. Ursprünglich fürchteten die Alliierten ein Wiedererstehen des Faschismus und Nationalsozialismus. Bereits 1946/47 galt Österreich als ein Mosaikstein in der internationalen Konfrontation zwischen den Großmächten, den USA und der UdSSR. Zwar wollte die Sowjetunion Österreich nicht direkt in ihre Einflusssphäre einbeziehen, doch verstärkte sie die ökonomische Ausbeutung (Fabrikanlagen, Rohstoffe, Erdöl etc.) als teilweisen Ersatz für die schweren Kriegsverluste, die auch Österreicher in der Wehrmacht mitverursacht hatten.

Bei den ersten freien Nationalratswahlen seit dem 9. November 1930 im Jahre 1945 erzielte die Österreichische Volkspartei mit 49,9 % der abgegebenen Stimmen eine deutliche Mehrheit; die Sozialisten erhielten 44,6 % und die Kommunisten 5,4 %. Dreieinhalb Millionen Österreicher/innen waren wahlberechtigt – ehemalige Mitglieder der NSDAP wurden nicht als Wähler zugelassen. Die Allparteienregierung unter dem neuen ÖVP-Bundeskanzler und ehemaligen KZ-Insassen Leopold Figl blieb bestehen – wobei jedoch die KPÖ eine Reihe von Ministerien abgeben musste. 1947 schied die KPÖ aus der Regierung aus.

Schon bei diesen Wahlen zeigte sich eine deutliche antikommunistische Strömung innerhalb der Bevölkerung, die teilweise noch durch die Plünderungen und Vergewaltigungen sowjetischer Soldaten, aber auch durch die Langzeitfolgen antibolschewistischer Propaganda aus der Zwischenkriegszeit und der NS-Zeit (bzw. der antirussischen Polemik aus der Zeit der Monarchie) verstärkt wurde. Aus der ideologischen Grundeinstellung heraus stellte sich die Bundesregierung in den ersten Jahren des »Kalten Krieges« immer deutlicher auf die Seite der Vereinigten Staaten. Je deutlicher dieses Engagement wurde, desto repressiver wurden die sowjetische Besatzungspolitik und auch die internationale Haltung der Sowjetunion, ihre Truppen nicht aus Österreich abzuziehen. Fast schien es 1949 in der Phase einer scheinbaren internationalen Entspannung möglich zu sein, einen »Staatsvertrag« unter hohen Ablöseforderungen der UdSSR zu schließen – doch die Entspannungsphase war zu kurz und das Misstrauen der Amerikaner zu groß.

Erst nach dem Tod des sowjetischen Staats- und Parteichefs Josef Stalin 1953 entstand eine neue Position innerhalb der Sowjetunion – begünstigt durch den neuen Kurs, den schließlich Chruschtschow fortsetzen sollte. Bereits beim Abschluss des österreichischen Staatsvertrages zeigte es sich, dass die Souveränität Österreichs immer eng mit der internationalen Situation verbunden sein wird. Den österreichischen Staatsmännern jener Zeit – vor allem Julius Raab (1946 bis 1953 Präsident der Bundeswirtschaftskammer, 1953 bis 1961 Bundeskanzler und Bundesparteiobmann der ÖVP) – war es zu verdanken, dass sie den Zeitpunkt der Entspannung sofort erkannt haben und die Verhandlungen von beiden großen Parteien – auch gegen den Willen einzelner Politiker und Diplomaten – direkt mit der Sowjetunion geführt wurden (auch trotz mancher Bedenken amerikanischer Kreise). Der Staatsvertrag war jedoch nur möglich geworden, nachdem die österreichische Regierungsdelegation in Moskau im April 1955 ihre Absicht erklärt hatte, im Parlament ein Neutralitätsgesetz durchzubringen, durch das die dauernde Neutralität Österreichs festgelegt wurde.

Der Abschluss des Staatsvertrages war für die meisten Österreicher/innen ein erstes weithin sichtbares Zeichen nationaler Selbstbestimmung, und die ausländischen Delegationen wurden im Mai 1955 dementsprechend herzlich begrüßt: Für viele, die damals in Wien dabei waren, war es in der Retrospektive der bedeutendste Tag in ihrem Leben.

Wirtschaftswunder, Wiederaufbau und die Sozialpartnerschaft

Wie bereits in den vorhergehenden Kapiteln angedeutet, beherrschte die Frage des wirtschaftlichen Wiederaufbaus die ersten Nachkriegsjahre – alle anderen Fragen wurden zurückgestellt, ohne aber dadurch gelöst zu werden (NS-Vergangenheit, parteipolitische Gegensätze aus der Zwischenkriegszeit, Vorurteile gegenüber Flüchtlingen und Juden).

Im Unterschied zur Situation nach 1918 herrschte trotz aller Probleme eine weltwirtschaftliche Schönwetterperiode, während in der Zwischenkriegszeit eine konstante Weltwirtschaftskrise, die in der großen Depression von 1929 ihren Höhepunkt fand, auch die Situation im Lande negativ beeinflusst hatte.

Die Ausgangslage im Infrastrukturbereich war wesentlich schwieriger: Die baulichen Kriegsschäden beliefen sich auf 4 Milliarden Schilling (heute etwa 90 Milliarden Euro), davon 2,2 Milliarden bei Wohnbauten, 359 Millionen in Industrie und Bergbau, 522 Millionen bei Bahnen, Brücken und Straßen. Der Wert der sowjetischen Demontagen in Wien, Niederösterreich und Teilen der Steiermark wird auf 10 Milliarden Schilling geschätzt.

Gleichzeitig hatte jedoch die deutsche Kriegsrüstung eine teilweise auf große Industrieanlagen ausgerichtete Infrastruktur bzw. eine entsprechend ausgebildete Arbeiterschaft hinterlassen und einen beträchtlichen Teil der österreichischen Industrie auch »germanisiert« sowie zentralisiert. Überdies konnten sich die beiden großen Parteien auf eine relativ umfassende Verstaatlichung ehemaliger deutscher Betriebe einigen, teilweise auch zum Zweck der Abwehr sowjetischer Ansprüche – ganz im Unterschied zur Situation von 1918/19, als derartige Verstaatlichungen politisch bei den Christlichsozialen und den Großdeutschen nicht durchsetzbar gewesen waren. 1946 wurden sogar die größten Banken – Creditanstalt-Bankverein, Österreichische Länderbank und Österreichisches Credit-Institut sowie die dazugehörigen jeweiligen großen Industriekonzerne – verstaatlicht.

Diese Maßnahmen stellten die bedeutendste ökonomische Strukturreform in der Geschichte der Republik dar. Die Investitionen, die im Rahmen des amerikanischen Marshall-Planes seit 1947 – beispielsweise im Bereich der Elektrizitätswirtschaft und der Schwerindustrie – gesetzt werden konnten, erleichterten entsprechende Innovationen. Ende der fünfziger Jahre erreichten diese Maßnahmen ihren Höhepunkt, als

21,9 % der in der österreichischen Industrie Beschäftigten in der verstaatlichten Industrie arbeiteten. Zwar hatte Österreich auch nach dem Ersten Weltkrieg Auslandshilfe bekommen, jedoch in wesentlich geringerem Umfang. Zwischen 1945 und 1955 erhielt die Wirtschaft rund dreieinhalb bis vier Mal so hohe Finanz- und Warenhilfe aus dem Ausland.

Das von dem amerikanischen Außenminister George C. Marshall 1947 initiierte Hilfsprogramm (*European Recovery Program*, ERP) hatte nicht nur wirtschaftliche, sondern auch politische Bedeutung. Da Österreich immer tiefer in den Konflikt der Großmächte involviert wurde, fürchteten die Amerikaner, dass dieses Gebiet in die kommunistische Einflusssphäre miteinbezogen werden könnte. Um die innere soziale und wirtschaftliche Ruhe zu gewährleisten, erhielt Österreich überdurchschnittlich hohe Marshall-Plan-Mittel. Österreich erhielt nach Norwegen, den Niederlanden und Irland die höchste Pro-Kopf-Quote an Leistungen in US-Dollar berechnet, und die gesamte Marshallplanhilfe machte in Österreich 14 % der Gesamtwirtschaftsleistung aus – in der Tri-Zone, der späteren Bundesrepublik Deutschland, hingegen nur 2,8 %. Aufgrund des Kalten Krieges gelangten aber nur 19 % der ERP-Hilfe in die sowjetische Zone (Niederösterreich, das Burgenland, das oberösterreichische Mühlviertel und einzelne Bezirke Wiens) – unter Umgehungen der Richtlinien des US-Kongresses.

Aufgrund dieser Initialzündung, der vorhandenen – wenn auch teilweise zerstörten – Infrastruktur und einer günstigen wirtschaftlichen Entwicklung auf den Weltmärkten schaffte Österreich den Wiederaufbau. Doch sollten lange Zeit die Arbeitnehmer zu finanziellen Opfern gezwungen sein, da die Löhne nicht immer mit den Preiserhöhungen Schritt hielten. Bereits in diesen schwierigen Jahren arbeiteten Arbeitgeber- und Arbeitnehmerverbände eng zusammen, um die Lohn-Preis-Entwicklung zu kontrollieren. Diese Kooperation – einer der wesentlichsten Unterschiede zur Ersten Republik – wurde immer stärker institutionalisiert, so dass seit den 1950er Jahren die »Sozialpartnerschaft« zu einem der einflussreichsten Kontrollmechanismen geworden ist.

Im folgenden soll versucht werden, etwas Licht in das Dunkel der Sozialpartnerschaft zu bringen, die den sozialen und ökonomischen Aufbau der Zweiten Republik (vor dem Hintergrund günstiger internationaler Rahmenbedingungen) mitbewirkt hat. Eine wichtige Entscheidung für das Funktionieren der Sozialpartnerschaft fiel bereits Ende April 1945, als durch die Gründung einer straff und zentralistisch organisierten Gewerkschaftsbewegung – des Österreichischen Gewerkschaftsbundes (ÖGB) – durch Vertreter von SPÖ, ÖVP und KPÖ eine institutionelle Lehre aus den fragmentierten und ideologisch abgeschotteten Einzelgewerkschaften der Ersten Republik gezogen wurde. In der ÖVP hatte es zwar vor 1945 im Untergrund Debatten gegeben, ob nicht wieder die christlichen Gewerkschaften etabliert werden sollten, aber jüngere ÖVP-Gewerkschafter um Lois Weinberger und Erwin Altenburger setzten sich durch. Aufseiten der SPÖ war der spätere ÖGB-Präsident Johann Böhm federführend; er hatte Ende 1937 einer Gruppe angehört, die gemeinsam mit Aktivisten des Schuschnigg-Regimes eine Abwehrbewegung gegen das NS-Regime zu etablieren versuchte. In manchen formalen Bereichen gab es Kontinuitäten zu den autoritären Gewerkschaften nach 1934 sowie zur Deutschen Arbeitsfront (DAF), jedoch immer mit klaren demokratischen Rahmenbedingungen, wenn auch unter zentralistischer Grundausrichtung.

Bereits 1946 gab es aber deutliche ideologische Kontroversen und Abgrenzungsbestrebungen gegen eine kommunistische Einheitsgewerkschaft, obwohl die KPÖ auf der Ebene der Betriebsräte teilweise stark repräsentiert war, vor allem in den sowjetisch verwalteten Betrieben. Ebenso wurde deutlich, dass der ÖGB und die ihn aufgrund der entsprechenden Wahlerfolge dominierende sozialistische Fraktion eher die Option der Kooperation als die Auseinandersetzung mittels Streiks wählen würden (trotz der großen sozialen Probleme wurden 1946 nur 35 % der Streiks vom ÖGB anerkannt).

Neben der Zentralisierung war die im Vergleich zur Zeit vor 1933 stärkere Integration der sozialdemokratischen Gewerkschaften in die SPÖ ein weiteres wichtiges Element. Böhm vertrat ebenso wie SPÖ-Vizekanzler Adolf Schärf die Ansicht, dass führende SPÖ-Gewerkschafter (ebenso wie Vertreter der Arbeiterkammer) auch dem SPÖ-Parteivorstand und dem sozialistischen Parlamentsklub angehören sowie entsprechend in der Regierung repräsentiert sein sollten. Daraus entstand eine personelle Machtakkumulation, die in Zeiten wirtschaftlicher und sozialer Krisen rasche Entscheidungen mit wenigen Akteuren ermöglichte. Auch die ÖVP integrierte die Entscheidungsträger ihrer Gewerkschaftsorganisation (ebenso wie die Vertreter der Bundeswirtschaftskammer), wobei sich zunehmend ab 1947 Julius Raab und die Bundeswirtschaftskammer gegen die alten wirtschaftspolitischen Entscheidungsträger aus der Ersten Republik und der Kanzlerdiktatur des Dollfuß-Schuschnigg-Regimes durchsetzten.

Die Institutionalisierung dieses außerparlamentarischen Entscheidungsprozesses in Form eines »Wirtschaftsdirektoriums« (es bestand aus den Präsidenten des ÖGB, der Vereinigung Österreichischer Industrieller, der Arbeiterkammer und der Bundeswirtschaftskammer) entsprach zwar der politischen Realität, wurde aber vom Verfassungsgerichtshof 1951 als formale Desavouierung des parlamentarischen Systems aufgehoben. Faktum blieb aber, dass Entscheidungen zu wesentlichen wirtschaftlichen und sozialen Themen von den Akteuren dieser Gruppe entschieden und von Regierung und Parlament nur noch sanktioniert beziehungsweise im Detail verfeinert wurden.

Während die ÖVP an einer rechtlichen Institutionalisierung der sozialpartnerschaftlichen Institutionen und Entscheidungsabläufe weniger interessiert war, versuchte der ÖGB unter Böhm eine Verankerung. Diese gelang dann trotz mancher Widerstände auch in der SPÖ-Spitze um Adolf Schärf und Bruno Pittermann, als 1957 die Paritätische Kommission für Lohn- und Preisfragen gegründet wurde. Dem war 1956 eine Streikwelle vorangegangen, die größte in der Geschichte der Zweiten Republik bis ins Jahr 2000. Die Etablierung des Beirats für Wirtschafts- und Sozialfragen im Jahr 1963 war dann ebenfalls eine Art politische »Kanalisierung« des Drucks durch Streiks. Wann immer sozialpartnerschaftliche Prozesse institutionalisiert wurden, war es eine Reaktion auf Streikbewegungen; im Falle der Regelung 1963 ziemlich autoritär in einem Abkommen zwischen ÖGB-Präsident Franz Olah und Bundeskanzler Julius Raab.

Bemerkenswert ist, dass in ÖGB und Bundeswirtschaftskammer die Nachfolger von Olah und Raab ungefähr zur selben Zeit in ihre Funktion gewählt wurden: Anton Benya wurde 1963 Präsident des ÖGB, Rudolf Sallinger 1964 Präsident der Bundeskammer der gewerblichen Wirtschaft. Beide sollten 23 Jahre lang die wesentlichen Akteure in der Entscheidungsfindung sein, was auch in einem frühmorgendlichen Jour fixe seinen Ausdruck fand. Sowohl in der Zeit der ÖVP-Alleinregierung – hier wurde immerhin die 40-Stunden-Woche beschlossen – als auch während der SPÖ-Alleinregierung von 1970 bis 1983 blieb die Bedeutung dieser Zusammenarbeit bestehen. Die realpolitische Überlegenheit der Sozialpartnerschaft in wirtschafts- und sozialpolitischen – nicht aber in gesellschaftspolitischen – Fragen wurde wohl am besten durch das Faktum repräsentiert, dass Anton Benya 1971 bis 1986 Präsident des Nationalrats blieb. Hier hatten die Sozialpartner eine fest und klar geregelte Abgeordnetenlobby in den beiden großen Parteien. Ministerposten in den SPÖ-Regierungen wurden nach entsprechendem Schlüssel Gewerkschaftsfunktionären zugestanden, bei der ÖVP der Bundeswirtschaftskammer. Dieses Machtkonglomerat war zwar indirekt demokratisch durch Wahlen legitimiert, aber eben durch Wahlen zu den jeweiligen Interessenvertretungen und nicht zum Nationalrat.

Die knappe Niederlage bei der Abstimmung über das vom ÖGB massiv geforderte Atomkraftwerk Zwentendorf 1977 und die Auseinandersetzungen um das letztlich verhinderte Donaukraftwerk Hainburg 1984 waren erste sichtbare Krisen dieses Systems. 1986 wurde zwar nach dem kurzen Zwischenspiel der SPÖ-FPÖ-Koalition die Sozialpartnerschaft noch einmal prolongiert, doch die politische Initiative verlagerte sich nun zunehmend auf die Regierungsebene der neuen Großen Koalition. Bei der Reorganisierung der Verstaatlichten Industrie gab es Reibungspunkte. In der Frage der EU-Osterweiterung baute sich seit 1997/98 auch im ÖGB Widerstand auf; man forderte lange Übergangsfristen zum Schutz des eigenen Arbeitsmarktes. An der Pensionsreform 1997 scheiterte die Sozialpartnerschaft ostentativ, da die Interessengegensätze nicht mehr überbrückbar schienen.

Versucht man einen Vergleich des österreichischen Weges der Sozialpartnerschaft mit anderen dem Interessenausgleich dienenden Modellen des modernen Wohlfahrtsstaats, so fällt beispielsweise gegenüber Skandinavien, vor allem Schweden, Folgendes auf: Dort ist der Einfluss der Regierung und des Parlaments stärker als vor allem in den 1960er Jahren die Dominanz der Sozialpartner in Österreich. Zum Unterschied von anderen kontinentaleuropäischen Wohlfahrtsstaaten hat aber Österreich seine relativ hohen Steuern auch tatsächlich in hohe Beschäftigung umlegen können; Deutschland, Finnland, Belgien und sogar Schweden liegen hier schlechter. Überdies hat Österreich im Vergleich mehr Arbeitsplätze in privaten Dienstleistungsunternehmen, als es die hohen Sozialabgaben im europäischen Vergleich vermuten ließen. Unter dem Strich investierte Österreich in der Entwicklung seit 1945 die Steuerleistungen tatsächlich in ein besseres Beschäftigungsniveau. Dieser Erfolg geht aber zu Lasten der Einkommensverteilung, wobei besonders Frauen im europäischen Durchschnitt in Österreich schlechter bezahlt werden – bei vergleichbarer Tätigkeit haben Frauen im Durchschnitt ein Viertel weniger verdient als Männer –, nur in Estland war der Unterschied noch größer. Die im internationalen Vergleich ausgezeichnete Beschäftigungsquote wurde durch etwas niedrigere Lohnquoten seit 1945 miterzielt, wobei, wie erwähnt, Frauen aber in Österreich besonders benachteiligt wurden und werden – in der Vergleichsstatistik der Lohnunterschiede übrigens gefolgt von Deutschland.

Internationalität als Staatsdoktrin und Zukunftsaufgabe

Nicht die Unabhängigkeitserklärung der Provisorischen Staatsregierung Renner vom 27. April 1945 sollte die Magna Charta der Zweiten Republik werden, sondern das am 26. Oktober 1955 – zehn Jahre später – vom Parlament verabschiedete Neutralitätsgesetz, indirekt auch der Staatsvertrag vom 15. Mai 1955, der das Ende der alliierten Administration und den Beginn voller staatlicher Souveränität signalisierte. Als Nationalfeiertag wurde der 26. Oktober schließlich ab 1965 endgültig Bestandteil des staatsbürgerlichen Verständnisses der Zweiten Republik; vor allem in den 1960er und 1970er Jahren sollte er in Verbindung mit dem sozialen und wirtschaftlichen Aufstieg auch die Basis für das Selbstverständnis der Österreicher und Österreicherinnen werden. Gleichzeitig bot die Neutralität eine Abgrenzungsmöglichkeit zum NATO-Mitglied Bundesrepublik Deutschland. Das ursprüngliche Regierungsprojekt, sich von »den Deutschen« als die besseren Widerstandskämpfer gegen den Nationalsozialismus zu unterscheiden, scheiterte – und zwar nicht wegen des Ergebnisses der Recherchen durch von der Regierung beauftragte Historiker, sondern weil die meisten aktiven Widerstandskämpfer/innen freie Linke, Kommunisten und Monarchisten waren und daher weder der ÖVP noch der SPÖ zugeordnet werden konnten.

Besondere Bedeutung maßen österreichische Politiker und Experten der Konferenz für Sicherheit und Zusammenarbeit in Europa (KSZE) bei, einer Langzeitidee der Sowjetunion aus dem Jahre 1953, die aber erst in den frühen 1970er Jahren realisiert wurde. Zwar blieben Fragen der atomaren Abrüstung ausgeschlossen – diese waren den beiden Supermächten vorbehalten –, aber erstmals konnten europäische Staaten in koordinierter Form Entspannungspolitik entwickeln und mitgestalten. Vor allem die Neutralen wie Österreich, die Schweiz, Finnland und Schweden hatten ihre Strategie gut abgestimmt und mit den Blockfreien wie

Jugoslawien, Zypern und Malta eine informelle Konferenzlobby, die N+N-Gruppe, gebildet, die höchst erfolgreich die KSZE-Akte mit ausarbeiten und die Interessen der Kleinstaaten in das Gesamtkonzept einbringen konnte. 1973 fanden überdies in Wien die ersten Truppenabbaugespräche statt.

Trotz unbeugsamer antikommunistischer Positionierung setzte sich Bundeskanzler Kreisky voll und ganz für die große Entspannungsinitiative der Konferenz für Sicherheit und Zusammenarbeit in Europa ein. Anders als bei vielen westlichen, auch sozialdemokratischen Spitzenpolitikern bedeutete diese intensive Entspannungsphase, die inhaltlich an die »Nachbarschaftspolitik« der sechziger Jahre anknüpfte, jedoch keinen Verzicht auf ideologische Konfrontation sowie auf aktiven Einsatz in Menschenrechtsfragen. Kreisky sprach sich für die Fortsetzung der ideologischen Konfrontation »mit friedlichen Mitteln« aus, da jeder Signatarstaat das freie Recht haben solle, seine politische, soziale und kulturelle Prägung zu bestimmen.

1975 fokussierte Bruno Kreisky als einer der wenigen anwesenden Staatsmänner bei der Unterzeichnung der Helsinki-Akte der KSZE auch diese Grundlinie: »Wir sind also zur Auseinandersetzung bereit, und wir begrüßen die Konferenz über Sicherheit und Zusammenarbeit in Europa auch deshalb, weil die Grundsätze, die erarbeitet wurden, diese weltweite Auseinandersetzung in friedlichen Formen erlauben sollten. Jedenfalls verstehen wir so jene Stelle aus der Prinzipienerklärung, die da vom Recht jedes Teilnehmerstaates spricht, sein politisches, soziales, wirtschaftliches und kulturelles System frei zu wählen und zu entwickeln.« Die Sowjetunion reagierte temporär verärgert und stufte den späteren Moskau-Besuch Kreiskys im diplomatischen Protokoll deutlich zurück.

Der generellen Erklärung, die ideologische Konfrontation fortsetzen zu wollen, folgte jedoch auch praktische Politik, so beispielsweise in konkreten Integrationsmaßnahmen von Mitgliedern der Charta 77 in Österreich oder Interventionen für inhaftierte Menschenrechtsaktivisten wie Václav Havel oder Andrej Sacharow. Sowohl die tschechoslowakische Führung als auch die sowjetische Nomenklatura kritisierten diese Politik; die bilateralen Beziehungen zum Nachbarstaat ČSSR wurden konfliktreich.

Es sollte aber betont werden, dass auch bei Kleinstaaten außenpolitische Freiräume wesentlich von innenpolitischen Konstellationen abhängen, vor allem bei der Verschlechterung der sozio-ökonomischen Situation, so in den späten 1970er und frühen 1980er Jahren. So warnte Kreisky vor einer Eskalation der Flüchtlingsbewegungen nach Verhängung des Kriegsrechts 1981 in Polen, da er deutlich spürte, wie negativ die österreichische Bevölkerung auf eine mögliche Langzeit-Immigration beziehungsweise Integration polnischer Asylbewerber reagieren würde.

Auch auf geopolitischer Ebene wuchs in der Spätphase der Carter-Administration in den USA die Konfliktbereitschaft: eine Reaktion auf die Militärdiktatur in Polen und die blutige sowjetische Intervention in Afghanistan. Den Boykott der Olympischen Spiele in Moskau trug Österreich nicht mit; nach wie vor versuchte die Regierung Kreisky einen totalen Bruch der Entspannung zu vermeiden. Außenpolitische Experten interpretierten die Intervention in Afghanistan als dem Charakter nach »defensiv«.

In einem weiteren Bereich zeigten sich Ende der 1970er Jahre deutliche Implikationen der sozioökonomischen Krise, die auch die österreichische Wirtschaft trafen, wenngleich wesentlich geringer als viele andere Industriestaaten: Die ideologische Debatte über Waffenexporte dokumentiert auch die starke Abhängigkeit von Initiativen auf internationalem Gebiet von ökonomischen Zwängen der verstaatlichten Industrie, beispielsweise im Zusammenhang mit den Diskussionen um Waffenexporte nach Chile oder Argentinien in den siebziger Jahren. Aufgrund der internationalen ökonomischen Krise seit der zweiten Erdölpreiserhöhung ab 1978 wurden ideologische Vorbehalte gegen Waffenexporte zunehmend zurückgestellt; den daraus entstehenden politischen Leerraum nützten Manager zum lukrativen Waffenexport, trotz der Beschränkungen, die ihnen das Neutralitätsgesetz auferlegte.

Bis Mitte der achtziger Jahre blieb die Neutralität Österreichs unter österreichischen Völkerrechtsexperten unumstritten; man konzentrierte sich auf deren Analyse und Beschreibung (etwa Neutralitätspflichten in Friedenszeiten) und auf die Interpretation der im Vergleich mit der Schweiz, aber auch mit Finnland wesentlich aktiveren und selbständigeren Neutralitätspolitik. Als Doktrin galt, dass ein Beitritt zur Europäischen Wirtschaftsgemeinschaft (EWG, später EG) jedoch die Neutralität Österreichs gefährden würde und daher als inkompatibel anzusehen sei. Bis zum Gutachten des Innsbrucker Völkerrechtlers Waldemar Hummer für die Industriellenvereinigung 1986 galten diese Argumentationskataloge (sie waren vom Leiter der Völkerrechtsabteilung des Außenministeriums und späteren Bundespräsidenten Rudolf Kirchschläger und anderen Juristen in den 1960er Jahren erstellt worden). Dabei schwang bis 1986 auch die Gefahr eines neuen »Anschlusses« an Deutschland mit, die in der Debatte über den endgültigen Beitritt Österreichs zur EU ebenfalls immer wieder am Rand angesprochen wurde. Dieses zentrale Nachkriegsthema irritierte nicht nur die sowjetischen Entscheidungsträger, sondern auch österreichische juristische, diplomatische und politische Eliten.

Die ÖVP hatte bereits Ende 1985 deutliche Signale einer Reorientierung in der Europapolitik gesetzt. Obwohl es vor allem innerhalb der SPÖ Vorbehalte gegen eine zu starke Integration gab, wurde 1989 Einigung über den Beitrittsantrag erzielt, wobei Österreich – zum Unterschied von Schweden und Finnland – seinen Antrag auf Wunsch der SPÖ mit einem Neutralitätsvorbehalt versah. Sowjetische Einwände wurden zunehmend von den geopolitischen Entwicklungen überholt, gewisse französische Vorbehalte bezüglich einer Stärkung Deutschlands durch einen Österreich-Beitritt, die Präsident François Mitterrand äußerte, blieben ebenso wenig bestehen wie die Frage, wie die Neutralität mit dem Projekt einer militärischen Union zu vereinbaren sei. Seit der zweiten Hälfte der achtziger Jahre ist die österreichische Außenpolitik primär Richtung Brüssel ausgerichtet, globale Themen beziehungsweise außerhalb des EU-Diskurses angesiedelte internationale Fragen (Nord-Süd-Konflikt, Afrika, Asien) bleiben marginalisiert.

Mit den »samtenen« Revolutionen in den kommunistischen Staaten Osteuropas 1989/1990, mit dem Zusammenbruch der UdSSR und den zahlreichen Problemen der Nachfolgestaaten – inklusive Russlands – wurde jedoch das Projekt Europäische Union zunehmend von ursprünglich nicht berücksichtigten Faktoren beeinflusst. Insofern fand der Maastrichter Vertrag 1992 völlig geänderte geopolitische Rahmenbedingungen vor, die die europäische Dimension änderten, ohne dass ihnen wirklich Rechnung getragen wurde. Ziel des Vertrags zur Gründung der Europäischen Union blieb die stufenweise Verwirklichung der Wirtschafts- und Währungsunion (WWU) mit einheitlicher Währung, gemeinsamer Zentralbank und Koordination der Wirtschaftspolitiken sowie der politischen Union (institutionelle Reformen, mehr Gemeinschaftskompetenzen in nationalstaatlichen Feldern wie Justiz, Inneres und Polizei). Der Europäische Wirtschaftsraum (EWR) ermöglichte eine enge, nicht nur wirtschaftliche, sondern auch rechtliche Teilnahme der EFTA-Staaten am Binnenmarkt. Die Abkommen mit Ungarn, Polen und der Tschechoslowakei sollten zwar als Assoziierungsregelungen handelspolitische und wirtschaftliche Kooperation erleichtern, waren aber keineswegs als Vorstufe zum raschen Vollbeitritt gedacht.

Der Fahrplan Richtung stärkere Integration nach innen, das heißt, eine Zwölfergemeinschaft mit einer Beitrittsoption für die Beitrittsbewerber Österreich (Antrag 1989), Schweden (1991) und Finnland (1992), war bereits festgeschrieben. Wohl war die weitere Integration der EFTA-Reststaaten durchaus noch im Plan der achtziger Jahre und wurde durch die Aufgabe der traditionellen Vorbehalte der Sowjetunion (im Falle Österreichs, teilweise auch Schwedens und vor allem Finnlands) erleichtert; andererseits führten die ökonomischen Auswirkungen der Einigung Deutschlands auf die stärkste Wirtschaftsmacht der EG/EU zu großen Turbulenzen, die sich in der Gegenwart in den Problemen bei der Einhaltung der sogenannten Maastricht-Kriterien widerspiegeln. Die Integrationskonzepte der Jahre 1984/85 hatten in keiner Weise das Ende des Kalten Krieges und die dadurch entstehenden Folgen für Europa berücksichtigt. Seit der Erweiterung auf 25 Mitglieder 2004 ist aber diese Frage obsolet geworden, auch wenn die Vertiefung der Integration nach innen ins Stocken geraten ist.

Auch die Sowjetunion wurde von den Entwicklungen der Jahre 1989/90 völlig überrascht. Noch 1988/89 war beispielsweise aus der Sicht Moskaus ein Beitritt Österreichs – ebenso wie in den 1950er und 1960er Jahren – nicht vereinbar mit dem Staatsvertrag und der Neutralität gewesen. Gleichzeitig begannen aber 1988 erstmals offizielle Beziehungen zwischen dem Rat für Gemeinsame Wirtschaftshilfe (RGW bzw. COMECON) und der EU, gefolgt von direkten Kontakten zwischen der Sowjetunion und der Europäischen Union. Die sowjetische Führung setzte auch große Hoffnungen in eine Konferenz über wirtschaftliche Zusammenarbeit von 35 OSZE-Staaten, ohne jedoch vorerst gegenüber Österreich ihre Vorbehalte aufzugeben: Nach wie vor wurde in Moskau ein EU-Beitritt als Neutralitätsverletzung beziehungsweise Bruch des Staatsvertrags interpretiert.

Bis heute ist in den Erinnerungen österreichischer Entscheidungsträger umstritten, wer die entscheidenden Argumente in Moskau einbrachte, die zumindest ein passives Akzeptieren der österreichischen Beitrittsinitiative signalisierten. Das sowjetische Staatsoberhaupt Michail Gorbatschow führt in seinen Erinnerungen vor allem den damaligen Bundeskanzler Franz Vranitzky an, der auch seinen Koalitionspartner, Vizekanzler und Außenminister Alois Mock, von der Notwendigkeit eines

Souveränitätssignals überzeugt hatte. Gerade dieses Signal einer souveränen österreichischen Politik überzeugte nicht nur Gorbatschow, der sich der objektiven Notwendigkeit einer wirtschaftlichen Integration Österreichs durchaus bewusst war, sondern signalisierte auch innerhalb der EU, dass Österreich keineswegs in einen neuen »Anschluss« hineinmanövriert werde. Gegenüber Frankreich und Mitterrand musste Vranitzky diese Bedenken mehrfach entkräften. Nach einem Staatsbesuch in Moskau am 11. Oktober 1988 blieben die Vorbehalte der Sowjetunion zwar bestehen (sie wurden in den Medien immer wieder geäußert), doch die realpolitische Entscheidung war gefallen. Die klar erkennbare NATO-Beitritts-Linie von Außenminister Mock hingegen hätte sicherlich größere Probleme bereitet, wobei nicht unterschätzt werden sollte, dass ähnlich wie in den sechziger Jahren die Positionen Frankreichs und Moskaus synchron liefen.

Österreichische Entscheidungsträger haben in einer für Europa tragischen Phase auch selbst dafür gesorgt, die alten »Anschluss«-Ängste wiederaufleben zu lassen: Mit der Unterstützung des deutschen Alleingangs, die Unabhängigkeitserklärung Kroatiens und Sloweniens vom 23. Dezember 1991 (ohne die von der EU-Mehrheit geforderten Rahmenbedingungen) zu unterstützen, hatte auch Österreich jede Möglichkeit einer friedlichen Entwicklung der neuen Staaten vertan und vor allem in Frankreich einmal mehr unnötige Kritik und historische Reminiszenzen geweckt.

Bemerkenswert ist, dass zu Beginn der EU-Beitrittsverhandlungen vor allem Frankreich, aber auch andere EU-Mitglieder wie Belgien sowie EU-Kommissionspräsident Jacques Delors signalisierten, eine Beibehaltung der Neutralität sei nicht zu befürworten. Hingegen spielte diese Frage in den weiteren Gesprächen keine Rolle mehr, was damit zusammenhing, dass die gemeinsame sicherheitspolitische Linie der EU auf halbem Weg steckengeblieben war.

Gleichzeitig wurde gerade in den letzten Jahren deutlich, dass sich die 1955 international und besonders in der Bundesrepublik Deutschland eher ungeliebte völkerrechtliche Zwischen- (und letztlich auch Rand-) Lösung zu einem Pfeiler der österreichischen Identität entwickelt hat. Neutralität wurde dabei mit sozialem und ökonomischem Aufschwung, innerer und äußerer Sicherheit und Frieden gleichgesetzt. Die Erfolgsstory Zweite Republik auf dem Weg zu einem der reichsten Staaten der Welt wurde im öffentlichen Bewusstsein auf die Kleinheit des Staates und auf die Neutralität zurückgeführt.

Nie zuvor ist so viel über die Neutralität Österreichs diskutiert worden wie in den Jahren vor dem Beitritt zur Europäischen Union 1995 und in den Jahren unmittelbar vor der Jahrtausendwende. Während die Neutralitätsbefürworter still geworden sind, wurde die Diktion der Neutralitätsgegner, die in den neunziger Jahren den sofortigen NATO-Beitritt forderten, immer radikaler – »Neutralitätslüge« hat längst das »Trittbrettfahren« aus dem Kalten Krieg abgelöst. Nie zuvor wurde aber auch die realpolitische Situation Österreichs in den ersten Nachkriegsjahrzehnten in der öffentlichen Diskussion so wenig ernsthaft reflektiert, trotz zahlreicher wissenschaftlicher Publikationen. Das hängt sicherlich auch damit zusammen, dass sich sowohl die geopolitischen Verhältnisse als auch Österreichs Positionierung in Europa seit dem Zerfall der Sowjetunion und dem Beitritt zur Europäischen Union radikal verändert haben.

Der Sonderstatus, der Österreich im Kalten Krieg angesichts seiner zufälligen geographischen Lage zugebilligt worden war, gilt in der europäischen Integration nicht mehr, doch viele österreichische Politiker sind nach wie vor der Meinung, auch in der Europapolitik sei ein »Sonderfall Österreich« möglich. Diese Selbstwahrnehmung ist sicherlich eine der Langzeitwirkungen aus der Zeit des Kalten Krieges, die bis heute nachwirkt und zu großen Problemen in den Entscheidungsprozessen der Europäischen Union führen. Erst wenn sich diese Ansicht ändert, wird sich Österreich in der Europäischen Union effektiver durchsetzen können.

Spezifika der Zweiten Republik

Wirtschaftswunder

Die wohl größte Erfolgsstory nach 1945 ist die Entwicklung der österreichischen Volkswirtschaft. Der Wirtschaftsforscher Hans Seidel schätzt das Geldvermögen privater Haushalte nach der Stabilisierung des Schillings 1952 auf 5 % des Bruttoinlandsprodukts; 2004 waren es 130 %. Im kollektiven Bewusstsein ausschließlich als Eigenhöchstleistung hochstilisiert, ist diese Entwicklung letztlich das Ergebnis einer Mischung aus positiven internationalen Faktoren im Bereich der gegen Konkurrenz lange geschützten Westintegration: enge korporatistische Strukturen, globales Wachstum, Marshall-Plan-Hilfe im Kalten Krieg, Transformation des auf NS-Hochrüstungspolitik und auf Ausbeutung von Zwangsarbeitern und

Zwangsarbeiterinnen basierenden Infrastruktur- und Ausbildungsschubs und sozialpartnerschaftlich organisierte und kontrollierte Verstaatlichung sowie politische Organisation der wirtschaftspolitischen Rahmenbedingungen und individuellen Arbeitsleistungen. Bis weit in die frühen 1950er Jahre blieben die Einkommen hinter der Preisentwicklung zurück, der Anteil der Zuschüsse aus der Erwerbsarbeit am Wiederaufbau war daher überdurchschnittlich hoch.

Dass die auch im Privatbereich stark von Kartellen, Monopolen und regulativem Rahmenwerk kontrollierte Wirtschaft ebenso wie die verstaatlichte Industrie in den 1980er Jahren ins Trudeln geriet, hing auch mit den geänderten internationalen Rahmenbedingungen und Integrationseffekten vor dem EU-Beitritt sowie mit der beginnenden Globalisierung zusammen. Zwar gelang es durch entsprechend hohe staatliche Ausgaben, die Arbeitslosigkeit in den späten 1970er und den 1980er Jahren niedrig zu halten, die ideologische Auseinandersetzung zwischen »ungelenkter Marktwirtschaft« und aktiven staatlichen wirtschaftspolitischen Eingriffen ist aber nach wie vor im Gange. Das Abklingen des Kalten Krieges hat die Konfrontation zunehmend verschärft. Im Unterschied zu Schweden wird in Österreich jedoch seit 2000 eher eine Einsparungs- und Umschichtungspolitik statt einer wachstumsorientierten offensiven Wirtschaftspolitik mit entsprechenden Investitionen in Forschung, Bildung und Infrastruktur betrieben. Auf eine einfache Formel gebracht: Waren in den 1980er Jahren manche Budgetdefizite zu hoch, so sind sie seit 2000 zu niedrig und behindern letztlich eine innovative Vorwärtsentwicklung. Während in den höchst privatkapitalistisch organisierten USA Budgetdefizite meist von konservativen Administrationen (Reagan bis Bush I und II) bewusst akzeptiert werden, gilt in Österreich seit 2000 die Grundthese der möglichst niedrigen Budgetausgaben. Dass dies auch eine weitere psychologische Motivation für die Konsument/inn/en ist, ebenfalls weniger zu kaufen, was wiederum eine Marktbelebung verhindert, wird meist verdrängt. Entsprechend niedrig sind daher die Wachstumsraten, entsprechend steigt die Arbeitslosigkeit, vor allem bei Jugendlichen. Eines hat sich gegenüber der Zeit nach 1945 radikal verändert: Die wesentlichen wirtschafts- und finanzpolitischen Gestaltungsmöglichkeiten haben sich auf die europäische und internationale Finanz- und Devisenmarktebene verlagert. Damit wird der österreichische Handlungsrahmen reduziert, bei entsprechender Initiative und Netzwerkbildung aber durchaus erweitert.

Medienmonopole

Jede moderne Demokratie bedarf auch eines unabhängigen und professionell arbeitenden Mediensektors, der sogenannten Vierten Gewalt. Investigativer Journalismus und entsprechende Publikationsmöglichkeiten stehen im Zentrum der Forderung nach unbeschränkter Rede- und Pressefreiheit. Diese Forderung, die auf dem Gebiet des heutigen Österreich 1848 besonders stark vertreten und mit vielen Rückschlägen über die Jahrzehnte langsam umgesetzt wurde, blieb auch im 20. Jahrhundert eine der umkämpften Zonen der österreichischen Demokratieentwicklung. Sowohl das Dollfuß-Schuschnigg- als auch das NS-Regime haben die Pressefreiheit eingeschränkt, so dass 1945 die Frage der freien Medien eine zentrale war; trotzdem wurde sie nicht umfassend beantwortet. Von den Alliierten kontrollierte Zeitungen und Rundfunkstationen verhinderten dies ebenso wie der staatlich dominierte Rundfunk und die Parteizeitungen. Erst die Entwicklung des Boulevards und der Niedergang der Parteizeitungen Ende der 1950er Jahre begannen hier neue Möglichkeiten zu eröffnen (wobei sich Regionalzeitungen ebenfalls mehr Freiraum erkämpft hatten). Der Kampf um die Unabhängigkeit des zentralistischen Rundfunks wurde sogar mittels eines Volksbegehrens geführt, doch blieb als Erfolg letztlich nur eine Kontrolle des Einflusses der jeweiligen Regierungspartei und etwaiger Koalitionspartner. Zumindest der Qualitätsjournalismus konnte mittelfristig verbessert werden. Bis heute ist der ORF nicht ganz regierungsunabhängig, er wird aber durch die öffentliche Meinung und die Printmedien immer wieder in diese Richtung gedrängt; das kann auch zu völliger Paralysierung führen.

Tatsache ist und bleibt, dass Österreich neben Bulgarien, Estland, Ungarn, Irland, Luxemburg und Belgien zu den Staaten mit der stärksten Medienkonzentration Europas gehört: Daten aus dem Jahr 2012 belegen, dass die *Kronen Zeitung* eine Reichweite von 37,4 % mit 2 687 000 Lesern besitzt, gemeinsam mit dem *Kurier* (8,5 %) landesweit 45,9 %; diese beiden Zeitungen, vereint in der Vertriebsorganisation Mediaprint, dominieren auch den Werbemarkt. Der zweitgrößte Printkonzern, Styria Medien AG, erzielt mit *Kleiner Zeitung* und *Die Presse* über 15 % Reichweite. Der Seheranteil von ORF 1 und 2 in den Altersgruppen ab zwölf Jahren beträgt 36 %. Der entsprechende Radiohörer/innen/anteil beträgt 74 %. Mittelfristig gesehen stellt sich die Frage, ob nicht durch entsprechende kartellrechtliche (europäische) Rahmenbedingungen hier ein fairer Wettbewerb geschaffen werden könnte. Gleichzeitig verstärkt aber die Ostexpansion westeuropäischer Pressekonzerne wie der WAZ, die auch an der Mediaprint und der *Kronen Zeitung* beteiligt ist, den europäischen Trend Richtung Medienkonzentration in den neuen EU-Mitgliedstaaten und in den ost- und südosteuropäischen Nachbarstaaten. Dies ist auch einer der Gründe, warum Österreich im Ranking des *World Democracy Audit* 2012 für OECD-Staaten auf dem 15. Platz rangiert – weit hinter Finnland, Dänemark, Neuseeland, Schweden und Norwegen –, im Bereich Pressefreiheit sogar nur auf Platz 18. Dass Pressekonzentration nicht automatisch ein Indikator für mangelnde Pressefreiheit ist, zeigt Belgien, das hier auf Platz 4 liegt. Im Printmedien- und Fernsehbereich besteht sicherlich noch Nachholbedarf bezüglich demokratiepolitisch freier Rahmenbedingungen.

Kanzler aus den beiden Großparteien

Die Kanzler der Zweiten Republik sind auch als Symbolfiguren für die jeweilige politische Kultur zu sehen: Karl Renner (1945) für den Rückbruch in den Beginn der Ersten Republik und in die Vergangenheit der Monarchie, Leopold Figl (Bundeskanzler 1945–1953) als der Sympathieträger der Zweiten Republik bis herauf in die Gegenwart: als KZ-Opfer im Nationalsozialismus, als lebenslustiger und erdverbundener Österreicher im »Kampf« gegen die alliierten Besatzer. Bei Julius Raab (1953–1961), dessen realpolitische Verdienste höher einzustufen sind als jene von Leopold Figl, fehlt die emotionale Ebene; er wurde respektiert, aber nicht gewählt. Dies zeigte sich, als er – schwer erkrankt – doch noch einen Bundespräsidentschaftswahlkampf führte und gegen den ehemaligen SP-Vizekanzler Adolf Schärf unterlag. Alfons Gorbach (1961–1964) blieb eine Übergangsfigur. Josef Klaus (1964–1970) war für viele die erste Hoffnung auf eine grundlegende Reform der sozialen und politischen Strukturen, die im gesellschaftspolitischen Bereich erst in den 1970er Jahren wirksam wurde. Bruno Kreisky (1970–1983) musste sich als Jude, Emigrant und Intellektueller mit großbürgerlichem Habitus erst mühsam die Zuneigung der Österreicher/innen erkämpfen, die er dann auch tatsächlich erlangte, ohne jedoch Vorurteile gegenüber seiner Person vollständig abbauen zu können. Im internationalen Kontext ist er der anerkannteste Kanzler der Zweiten Republik. Nach dem unterschätzten

Übergangskanzler Fred Sinowatz (1983–1986) sollte Franz Vranitzky (1986–1997) – mit bewusster Distanz zu Partei und Wähler/inne/n – die Transformationsphase und den EU-Beitritt bewältigen, die Mitschuld Österreichs an Verbrechen der NS-Zeit thematisieren und international an die Reputation Kreiskys anknüpfen. Viktor Klima (1997–2000) blieb als erster Spin-Doctor-Kanzler eine Episode. Ex-Vizekanzler Wolfgang Schüssel beging mit der FPÖ-Koalition einen europäischen Tabubruch, der letztlich mit der temporären Erosion der FPÖ endete. Schüssel (2000–2007) ist, wie die Wahlen 2010 in Wien gezeigt haben, an dem Projekt gescheitert, obwohl er seine politischen Projekte mangels Widerstands durch die FPÖ in der Koalition umsetzen konnte. Inzwischen zeigen aber zahlreiche Korruptionsprozesse und die Pleite der Kärntner Hypo Alpe-Adria-Bank International AG, die notverstaatlicht wurde, da sonst aufgrund der Landeshaftung Kärnten in den Konkurs gegangen wäre, dass der finanzielle und strukturelle Preis für diesen Koalitionspartner extrem hoch gewesen ist.

Die FPÖ neu unter Heinz-Christian Strache ist weiter auf Stimmenfang und drückt der Politik ihre Form der Debatte auf, die letztlich nur aus der Migrationsfrage besteht. Schüssels Spuren im sozial- und wirtschaftspolitischen Bereich sind inzwischen deutlich erkennbar und werden in der Bildungs- und Forschungsdebatte offensichtlich. Auch seine Partnerschaft mit einer rechtspopulistischen und ziemlich chaotisch agierenden Partei hat das Nachkriegsgebäude Österreichs verändert, denn letztlich waren sie ja in zwei Koalitionen in unterschiedlicher Form Regierungspartei.

Alfred Gusenbauer (2007–2008) scheiterte letztlich am eigenen Ego und seiner Intellektualität, die er nur im privaten Bereich freundlich öffnete, und Werner Faymann (seit 2007) kämpft mit der inzwischen systemimmanent gewordenen Kompromissbereitschaft zur Rettung der Großen Koalition. Grundsätzlich zeigt sich bei den Wahlreaktionen der Österreicher/innen die Tendenz, dass Führungsqualität und Führungswillen vor Sympathiewerten rangieren. Sympathie allein wird – wie der Fall Viktor Klima zeigt – am Wahltag keineswegs honoriert; Wolfgang Schüssel wiederum war ein eher ungeliebter Kanzler, dessen *Leadership*-Qualitäten jedoch bei vielen außer Streit stehen. Die internationale Sicht auf seine Qualitäten unterscheidet sich von der österreichischen; hier wirkt der Tabubruch 2000 nach wie vor nach, selbst unter manchen christlichkonservativen Parteifreunden in der EU. Außer Kreisky, Vranitzky sowie punktuell Renner und dem amtierenden Kanzler Faymann sind übrigens alle Bundeskanzler der Zweiten Republik im internationalen Diskurs nicht mehr präsent.

Seit 2008 versucht Werner Faymann, der frühere Wiener Wohnbaustadtrat, die SPÖ als Kanzlerpartei am ersten Platz zu halten, was ihm letztlich trotz geschickter Medienkooperationen und Moderation der Großen Koalition sowie Erfolgen während der internationalen Wirtschaftskrise nur unter großen Verlusten gelang: 2008 sank die SPÖ in den von der ÖVP provozierten Neuwahlen – in denen übrigens zum ersten Mal das Wahlalter auf 16 Jahre gesenkt worden war – auf 29,3 %, die ÖVP fiel weiter auf 26,0 % (FPÖ: 17,5 %, BZÖ: 10,7 %, Grüne: 10,4 %). 2013 setzte sich die Fragmentierung der beiden großen Lager weiter fort, die Spaltung der FPÖ gehörte wieder der Geschichte an. Die SPÖ erhielt 26,9 %, die ÖVP 24,0 %, die FPÖ 20,6 %, die Grünen 12,3 %, das Team Stronach (FRANK) 5,7 %, die erstmals kandidierenden NEOS 4,9 % und das BZÖ 3,5 % – letztere Partei scheiterte an der Vier-Prozent-Hürde und ist daher nicht mehr im Nationalrat vertreten. Nach dem Unfalltod von Jörg Haider 2008 fehlte dem BZÖ die Führungspersönlichkeit, und die FPÖ setzte sich als Protestpartei wieder durch.

Internationale Stellung

Die internationale Stellung Österreichs ist noch heute einer der bestimmenden Faktoren der österreichischen Identitätsbildung. Das Land wurde durch alliierte Befreiung und Administration in die Internationalität gezwungen; die Neutralisierung 1955 prolongierte die Notwendigkeit, sich im internationalen Kontext zu engagieren. Vielen politischen Entscheidungsträgern war bewusst, dass die militärische Seite der Neutralität eine im Extremfall eines »heißen Krieges« zwischen den Blocksystemen vernachlässigbare *Quantité négligeable* war; umso wichtiger war die Einbindung in die UNO, die Integration internationaler Organisationen mit Sitz in Wien und das Engagement in der Entspannungspolitik. Je mehr diese Aktivitäten bejaht wurden, desto eher eignete sich auch die Neutralität als Katalysator für ein positives und aktives Kleinstaatsbewusstsein, das Mitte der 1960er Jahre begonnen hatte und in den 1970er und frühen 1980er Jahren seinen Höhepunkt fand. Österreich profitierte in jeder Hinsicht von seiner geostrategischen Lage zwischen den Blöcken, fand auch rasch Anschluss an die ökonomische Westintegration und agierte in den 1970er Jahren sozial- und wirtschaftspolitisch relativ eigenständig (abgesehen von der Anbindung des Schillings an die Deutsche Mark). Erst die Transformationsprobleme der 1980er Jahre führten zu einer Umorientierung Richtung EU-Europa, und das Ende des Kalten Krieges beschleunigte die Vollintegration. Das kollektive Bewusstsein – selbst bei politischen Entscheidungsträgern – hat aber bis heute die umfassenden Änderungen in der außenpolitischen Manövrierfähigkeit noch nicht erfasst. Die Sonderrolle im Kalten Krieg wirkt nach, ebenso der Glaube, Weichenstellungen im internationalen Bereich noch allein oder mit wenigen Partnern gestalten zu können. In den letzten Jahren – spätestens seit den diplomatischen Sanktionen der EU-14 im Jahre 2000 – beginnt allmählich ein Umdenken, auch in die Richtung, dass Europapolitik nicht mehr Außen-, sondern Innenpolitik sein sollte. Doch hier ist nicht nur in Österreich noch ein langer Weg zu gehen.

In den letzten Jahren schwankte die Einschätzung der europapolitischen Gestaltungsmöglichkeiten Österreichs zwischen Minderwertigkeitsgefühl, Ohnmacht und maßloser Überschätzung, wobei sich die Rest-Neutralität, die nach dem EU-Beitritt 1995 völkerrechtlich noch geblieben ist, wieder als Stabilisierungsfaktor erweist und die lauten Rufe nach einer NATO-Mitgliedschaft verklungen sind. Längst hat die Neutralität, wie sie 1965 als Magna Charta der österreichischen Identität festgeschrieben wurde (damals wurde der 26. Oktober als Nationalfeiertag festgelegt), tiefe gesellschaftliche Spuren hinterlassen: als Symbol für sozialstaatlich abgesicherten wirtschaftlichen Aufstieg und vor allem auch Nichteinmischung in militärische Konfrontationen.

Kulturgroßmacht gegen die Moderne

Ein wesentlicher Faktor auf dem Weg zur Eigenstaatlichkeit, aber auch wichtige wirtschaftliche Triebfeder in der Zweiten Republik ist der Bereich Kultur. In den ersten Jahrzehnten blieb er im staatlichen Rahmen unter Kontrolle der ÖVP, die bereits im Parteiprogramm 1945 forderte: »Zielbewußte Pflege des österreichischen Geistes und schärfste Betonung des eigenständigen österreichischen Kulturgutes, das in dem als Vätererbe auf uns überkommenen christlich-abendländischen Ideengut begründet ist. Freie Entfaltungsmöglichkeit für die Kirche und die Religionsgemeinschaften als vornehmliche Kulturträger […].« Damit war nicht nur der kulturpolitische Rückbruch in die Zeit vor 1938 vorgegeben, sondern auch die fortgesetzte Verdrängung von Moderne und Avantgarde und die kulturpolitische Interventionsmöglichkeit der katholischen Kirche in ästhetischen Fragen. Die SPÖ scheute hier eine politische Debatte, wohl auch, um nicht eine Auseinandersetzung mit dem eigenen traditionellen, aus der 1848er Revolution herrührenden demokratischen Deutschnationalismus führen zu müssen. So überließ die SPÖ der ÖVP jahrzehntelang das Diskursfeld Heimat. Die Experimente des »Roten Wien« im Kunst- und Kulturbereich wurden – wenn überhaupt – nur in geringem Umfang fortgeführt. Politisch stigmatisierte Initiativen wie das von kommunistischen Künstler/inne/n geführte Neue Theater in der Scala wurden nach 1955 sofort eingestellt. Erst im Parteiprogramm 1958 begann sich die SPÖ wieder grundlegend zu Kulturfragen zu äußern; Bruno Kreisky entdeckte dann die Bedeutung dieses Feldes für die politische Diskussion. Er suchte Allianzen mit Künstlerinnen und Künstlern und unterstützte Initiativen zur Anknüpfung an die Moderne und Avantgarde vor 1938 und zur Festschreibung der Freiheit der Kunst in der Verfassung. Damit brach er auch die Hegemonie der ÖVP in Kulturfragen, die bis Anfang der 1970er Jahre und noch Jahrzehnte danach wirksam gewesen ist.

Nicht in Frage gestellt wurde jedoch das Monopol der Hochkultur, der erratischen Blöcke aus der Monarchie, repräsentiert durch Staatsoper, Wiener Philharmoniker und Burgtheater. Diese Fortsetzung der »alten Ordnung« sollte Stabilität garantieren und natürlich auch die gesellschaftliche Dominanz der ÖVP absichern. Strukturell wirken diese Grundsatzentscheidungen bis in die Gegenwart; so bleibt trotz eines überdurchschnittlich hohen Bundesbudgets für den Kunst- und Kulturbereich wenig finanzieller Spielraum zur Förderung kleiner und unabhängiger Kulturinitiativen und Aktivitäten. Trotzdem bildeten sich widerständige Inseln, die in der Lage waren, innovative Impulse im Kunst- und Kulturbereich aufzunehmen oder sich aktionistisch gegen die verordnete Staatskultur zu wehren. Derartige Gegenwelten oder kulturelle Gegenentwürfe lassen sich mit unterschiedlicher Intensität und Außenwirkung in allen Kunstsparten finden, von der bildenden Kunst bis zum Film, nicht nur in der Wiener Gruppe, die in den letzten Jahren beinahe zu sehr zum Mythos geworden ist. Zwar dominierte beispielsweise der österreichische Heimatfilm die Kinos, doch gab es auch Ausnahmen: Filme, in denen die katholische Sexualmoral kritisch hinterfragt wurde wie *Flucht ins Schilf*

(1952/54), wo auch unverheiratete Verliebte eine Nacht miteinander verbringen konnten, ein Kontrast zu Aufklärungsfilmen à la *Vom Mädchen zur Frau* (1949), in denen jede Abweichung von der keuschen Sexualmoral mit Geschlechtskrankheiten oder Schwangerschaft bestraft wurde. Auch Helmut Käutners Partisanenfilm *Die letzte Brücke / Poslednji Most* (1954) war heftig umstritten, war er doch ein erster Versuch – noch dazu mit einem jugoslawischen Co-Produzenten –, einen gerechten Kriegsfilm zu drehen.

Je stärker die Dominanz der konservativen bis restaurativen Literatur, desto heftiger wurde in weiterer Folge in den 1960er und vor allem 1970er und 1980er Jahren dagegen angeschrieben. So fand die Heimatromanliteratur in den 1960er Jahren mit Hans Leberts *Wolfshaut* (1960) oder Gerhard Fritschs *Fasching* (1967) eine Antithese. Ende der 1970er und in den 1980er Jahren entwickelte sich überdies – während parallel dazu die generelle Unschuldsvermutung für die österreichische Kriegsgesellschaft im Deutschen Reich in Frage gestellt wurde – eine österreichkritische Literatur, die auch international höchst erfolgreich werden sollte, von Thomas Bernhard über Peter Turrini bis zur Nobelpreisträgerin Elfriede Jelinek. Das Kabarett um Helmut Qualtinger, Carl Merz und Gerhard Bronner hatte bereits in den 1960er Jahren entsprechende Vorarbeit geleistet. Die 1961 entstandene Figur des »Herrn Karl«, eine kritische Auseinandersetzung mit den Winkelzügen der autoritären österreichischen Gesellschaft nach 1938 und 1945, ist heute ein Klassiker der Vergangenheitsanalyse zwischen Monarchie, Dollfuß-Schuschnigg-Regime, nationalsozialistischer Kollaboration und Nachkriegszeit.

Die Elastizität der veröffentlichten Meinung und zunehmend auch der Politik reagiert in den letzten Jahren auf kulturelle Provokation mit Vereinnahmung. Was wie *Heldenplatz* (Bernhard) oder *Burgtheater* (Jelinek) noch in den 1980er Jahren heftigste Diskussionen und politische Reaktionen hervorrief, ist inzwischen teilweise schon Bestandteil der nationalen Herzeigekultur geworden: Letztlich liebt der österreichische Solipsismus Erfolg und internationale Anerkennung, selbst wenn sie auf Österreich-Kritik aufbauen. Spätestens als Elfriede Jelinek 2004 den Nobelpreis für Literatur erhalten hatte, ist auch sie Teil des nationalen Kulturerbes geworden. Dazu kommt noch eine Entwicklung, die der Literatur Brisanz nimmt: Je mehr gesellschaftliche Tabus öffentlich relativiert werden, desto weniger regt dieser Tabubruch in der Literatur auf. In diesem Sinne verlieren Kunst und Kultur zunehmend an gesellschaftspolitischer Sprengkraft; hingegen bleiben Künstler/innen Galionsfiguren in gesellschaftlichen Debatten. Immerhin bezeichneten sich 2004 noch rund 57 % der österreichischen Bevölkerung als kulturinteressiert, besonders Frauen, etwas älter als der Durchschnitt und mit einer Mehrheit in Ostösterreich. Die zentralen Erinnerungsorte, die jedoch nur von einem geringen Teil der Bevölkerung besucht werden, sind nach wie vor dieselben wie 1945 und 1955: die Salzburger Festspiele, die Staatsoper in Wien sowie die Konzerte der Wiener Philharmoniker.

Was den Arbeitsmarkt betrifft, liegt Österreich im europäischen Vergleich keineswegs im Spitzenfeld der Kulturwirtschaft (inklusive Unterhaltung und Sport), doch ist Kultur nach wie vor ein wichtiger Faktor in der Außenrepräsentation des Landes, also letztlich für die Tourismusindustrie. Dabei wird übersehen, dass im konkreten Kulturkonsum die Österreicher/innen – beispielsweise im Bereich der Musikkultur – längst zu einem Kulturimportland geworden sind, was aktuelle Musikproduktionen betrifft, also solche, die noch Tantiemen abwerfen. Im Bereich populärer Musik haben österreichische Produktionen einen heimischen Marktanteil von 13,7 %; nur Belgien und die Schweiz liegen in Europa schlechter. Hingegen importiert Österreich nach Irland und der Schweiz die meisten Musiktonträger; 90 % der Tantiemenzahlungen fließen aus Österreich in die EU und das Ausland. Komponisten wie Mozart und Johann Strauß oder Musikinstitutionen wie die Wiener Philharmoniker und die Staatsoper sind nach wie vor wichtige Codes für das Selbstverständnis Österreichs als Kulturnation, Codes, die weit in das 19. Jahrhundert zurückgehen. Immer weniger Österreicher/innen lernen jedoch ein Musikinstrument oder singen in Chören; im kulturellen Alltag reduziert sich die Größe des Musiklandes Österreich auf das passive Konsumieren.

Sportgroßmacht

Zur Kultur gehört natürlich auch der Sport, wobei der alpine Skisport im kollektiven Bewusstsein den Musikinstitutionen den Rang abläuft. Ebenso wie die Musik ist der Sport – verspätet – ein wichtiger Wirtschaftsfaktor geworden, eine Entwicklung, die im Musikbusiness bereits in der Monarchie begonnen hatte und über Zwischenkriegs- und NS-Zeit kontinuierlich ausgebaut wurde. Trotz Ansätzen in der Zwischenkriegszeit und der nationalistischen Überhöhung des Sports in der NS-Zeit blieben Sporterfolge nach 1945 vorerst nur nützliche Amateur-Identitätsinstrumente. Mediale Vermarktungen von Skierfolgen hatten bei der WM in Innsbruck 1933 begonnen, ab 1948 (Olympische Spiele in St. Moritz) nahmen sie an Bedeutung zu. Höhepunkte wie Toni Sailers dreifacher Olympiasieg in Cortina d'Ampezzo 1956 waren ebenso wichtige Heldensagen wie die Opferlegende nach dem Ausschluss von Karl Schranz von den Winterspielen 1972 in Sapporo; hinter diesem tragischen Helden versammelte sich Österreich im wahrsten Sinne des Wortes auch physisch.

In den 1990er Jahren verstärkte sich die bereits seit den 1970er Jahren von Ausrüsterfirmen gesteuerte Kommerzialisierung des Skisports. Diese Entwicklung bedeutet umgekehrt, dass nach wie vor – vor allem von Medien und Wirtschaftsinteressen sowie von der Politik – Identitätscluster im Bereich des Sports, aber auch der Kultur bedient werden, die eine enge nationalstaatliche Identität fördern. In diesem Sinne ist in diesen Bereichen vorerst keine europäische Bindestrich-Identität im Entstehen.

Werte

Bei allen Umfragen über die Werte, die eine gut funktionierende Gesellschaft ausmachen, steht die soziale Grundversorgung (Wohnen, medizinische Betreuung) im Vordergrund. 91 % der befragten Frauen und 77 % der Männer stuften dies Ende Dezember 2004 als wichtigsten Faktor für den Zusammenhalt Österreichs ein. Religiöse Werte hingegen wie der Glaube an Gott sind nur mehr bei einer Minderheit und hier vor allem bei Frauen (37 %) in diesem Zusammenhang von Bedeutung. Fairness, Chancengleichheit und der Zusammenhalt der Familie sind weiterhin wichtige Zielvorstellungen für eine gerechte Gesellschaft. Im persönlichen Ranking der innenpolitischen Themen dominieren in der Gegenwart die Sorge um den Arbeitsplatz (36 % der Befragten) und Pensionen (28 %) vor Sicherheit (23 %) und Neutralität (9 %) sowie der Ausländerfrage (4 %). Diese Zusammenstellung, die sich auch durch andere, frühere Umfragen vertiefen lässt, zeigt, dass die Neutralität an sich (als rein völkerrechtliches Modell) keine Rolle spielt; als Symbol für einen funktionierenden Sozialstaat ist sie hingegen wichtig. Aus diesem Grund wird es keine politische Partei in Österreich wagen, wesentliche Strukturänderungen am Sozialstaat, aber auch an der bereits relativ inhaltsleeren, doch positiv symbolbeladenen Hülle Neutralität vorzunehmen.

Wohlfahrtsstaat

Bis zu einem gewissen Grad war der überraschende sozioökonomische Aufstieg nach 1945 auf dem Prinzip Hoffnung aufgebaut: Das Wohlfahrtssystem wurde allmählich erweitert, dafür nahmen die Menschen niedrigere Löhne und gelegentliche Arbeitslosigkeit hin. In den 1950er Jahren lag im Budget die Sozialquote nur bei 5 bis 7 % des Bruttonationalprodukts; 2010 waren es 29,3 % des BIP, der EU-15-Schnitt betrug damals 29,4 %. Trotz einer extrem schlechten Ausgangslage nach 1945 und noch in den 1950er Jahren war – nicht ganz zufällig – 1955 im Staatsvertragsjahr mit dem Allgemeinen Sozialversicherungsgesetz (ASVG) auch der rechtlich verbindliche Rahmen für den Sozialtransfer geschaffen worden.

Obwohl es in den 1950er Jahren wesentlich schlechtere Rahmenbedingungen gab – häufig wurde beispielsweise die Pension aufgrund der frühen Sterblichkeit gar nicht erreicht oder nur kurz ausgenützt –, herrscht heute großer Pessimismus. Nach moderaten Änderungen in den 1980er Jahren ist das österreichische sozialstaatliche Leistungssystem zum Gegenstand politischer Kritik geworden, sei es im Bereich der staatlichen und betrieblichen Pensionsvorsorge, die – nach amerikanischen Modellen – durch eine private Vorsorge ergänzt werden soll, sei es durch restriktive Veränderungen in der Arbeitslosenversicherung und im Gesundheitssystem. Hier kündigt sich eine der stärksten Diskontinuitäten zur Nachkriegsentwicklung an, immer vor dem Hintergrund der europäischen Entwicklung. Unklar ist jedoch, wohin diese Entwicklung letztlich führt.

Vergangenheitspolitik

Zuletzt stellt sich die Frage, warum eigentlich die Auseinandersetzung über Vergangenheit in Österreich so wichtig ist, gaben doch nur 8 % der Befragten in einer IMAS-Umfrage vom Februar 2005 an, über die jüngste Vergangenheit, den Zweiten Weltkrieg, häufig zu sprechen. 40 % sprechen ab und zu davon, bei 52 % kommt diese Vergangenheit »so gut wie nie vor«. Es gibt mehrere Gründe für dieses Paradoxon. Einer erklärt sich aus den Nachwirkungen der starken Rückwärtsgewandtheit im Wiederaufbau nach 1945; dieser Rückbruch ist noch immer spürbar. Ein zweiter Faktor ist in der – nach einer intensiven Nachkriegsdiskussion – in die private Geschichtsfabrik abgeschobenen und immer vor allem rechtfertigenden

Auseinandersetzung mit der NS-Vergangenheit und dem Holocaust zu sehen. Es waren eine neue Generation und ein geänderter internationaler Bewusstseinshorizont, die diese historischen »Toten Briefkästen« wiederentdeckten. Je stärker zudem die Individualisierung der Gesellschaft voranschritt, desto wichtiger wurden Fragen der Menschenrechte und damit auch Fragen nach Menschenrechtsverletzungen in der Vergangenheit oder die Projektion von Menschenrechtsverletzungen der Gegenwart (wie im Bürgerkrieg im ehemaligen Jugoslawien) auf die Vergangenheit.

Vergangenheit ist zunehmend ein Medienfaktor geworden, und Vergangenheitspolitik ermöglicht auch politische Tabubrüche, sowohl im Zusammenhang mit der Neudeutung von Geschichtsbildern (bei den Grünen) als auch bei Revisionsversuchen (im Falle der FPÖ). Im Zentrum der Debatten stehen dabei der Zweite Weltkrieg und der Holocaust; der Bürgerkrieg vom Februar 1934 und das Dollfuß-Schuschnigg-Regime hingegen sind ebenso »kalte« Geschichte geworden wie die Habsburgermonarchie. Zunehmend wird auch ein Ost-West-Gefälle spürbar, da zahlreiche historische Debatten in Westösterreich kaum greifen. Ein weiterer allmählich relevant werdender Faktor ist die Tatsache, dass sich als Folge der Migration längst an vielen Schulen – und hier wieder besonders in Ostösterreich und Wien – unterschiedliche Geschichtsbilder und Geschichtserfahrungen mischen. So werden Holocaust und Zweiter Weltkrieg für viele Schüler/innen eine fremde Geschichte, die nichts mit ihrer direkten familiären Vergangenheit zu tun hat. Sollte Vergangenheitspolitik im klassischen Sinn versuchen, eine nationale Rekonstruktion von Geschichte in den Unterricht zu implantieren (ohne Berücksichtigung der unterschiedlichen kulturellen Hintergründe in den Schulklassen), wird die Nationalgeschichte weiter erodieren und auch der Identitätskitt weiter brüchig werden. Sollte jedoch der europäische und internationale Kontext stärkere Berücksichtigung finden, dann besteht durchaus Hoffnung auf differenziertere Vorstellungen über Geschichte, die auch der aktuellen Realität Österreichs inmitten Europas entsprechen. Damit würden die Entwicklung Richtung Bindestrich-Identitäten (die es ja im lokalen und regionalen Bereich längst gibt) und die kulturelle Kompetenz deutlich gestärkt werden. Letztlich werden in der Globalisierung und Integration vor allem jene ökonomisch und sozial bestehen, die nicht nur die traditionellen nationalstaatlichen Vergangenheiten verstehen, sondern auch das europäische und internationale Umfeld aufnehmen und deuten können.

Vom Asyltransitland zum Einwanderungsland wider Willen

Die immer wieder beschworene Mitteleuropa-Nostalgie mit einem Hauch von Monarchie-Nostalgie blieb eine Sache der Eliten und entsprach nie der öffentlichen Meinung in Österreich. Manchmal wird man das Gefühl nicht los, dass viele Österreicher/innen hier ihre eigenen Wurzeln oder die Wurzeln ihrer Familie verleugnen. So sprachen sich im November 1999 – also knapp nach den Nationalratswahlen – nur 31 % für eine Aufnahme Polens in die EU aus, während die Polinnen und Polen ein aus der Hochblüte der Neutralität in den siebziger Jahren herstammendes, wesentlich positiveres Österreich-Bild hatten (was sich allerdings ab Februar 2000 von vorher 60-Prozent-Sympathiewerten auf 41 % reduzierte). Der Zustimmungsgrad für Tschechien war etwas höher, lag mit 36 % aber ebenso weit unter einer Mehrheit wie die 45 % für Slowenien. Nur Ungarn erreichte 56 % Zustimmung. Hinweise auf eine gemeinsame Vergangenheit in der Monarchie wurden kaum positiv bewertet, hingegen scheinen sich manche historische Vorlieben, aber auch Abneigungen konserviert zu haben, so die Sympathie für Ungarn und die Ablehnung der Tschechen, aber auch die große Distanz zu Polen. Die wochenlangen Blockaden und Demonstrationen entlang der tschechischen Grenze gegen die Inbetriebnahme des Atomkraftwerks in Temelín haben diese Kluft gegenüber der tschechischen Bevölkerung noch erweitert, wären aber ohne diese Vorurteile wohl nicht derart ausgeartet.

Ein Problem liegt auch darin, dass im Zusammenhang mit der Pro-EU-Propaganda 1994/95 im Hintergrund das Szenario einer Bedrohung aus dem Osten betont wurde, ohne es rational zu erklären; vor allem im Zusammenhang mit Kriminalität, »unüberwindbarem Elend« und »großräumigen Wanderungsbewegungen«. Nur im Rahmen der EU – so das Europa-Buch des Bundeskanzleramtes – könnten diese Bedrohungen bewältigt werden. Auch die Wissenschaft hat hier anfangs keineswegs einen rationalen Beitrag geleistet, sondern zunächst anhand unzureichender Grundlageninformationen und mangels genügender Erfahrungen völlig absurde Wanderungspotentiale ermittelt, was die Debatte zusätzlich anheizte. Die nachfolgenden Rationalisierungsversuche aufgrund präziserer Informationen und Methoden hingegen hatten im aktuellen Diskurs vorerst kaum Auswirkungen.

Seit der Flüchtlingswelle aus Ungarn 1956 präsentiert sich Österreich sowohl in der Außendarstellung als auch in der Innensicht gerne als Asylland. 1987 etwa sprach der damalige Innenminister Karl Blecha davon, dass »wir in Österreich als Erstasylland 1 966 000 Menschen aufgenommen haben« und davon rund ein Drittel voll integriert worden sei. Derselbe Innenminister musste allerdings bereits damals zugeben, dass »Österreich Flüchtlinge deshalb so gerne mit offenen Armen aufnimmt, weil wir ja wissen, dass 80 % von ihnen gar nicht dableiben wollen«. Obwohl vor 1918 Produkt einer intensiven Binnenmigration in der Habsburgermonarchie, betrachteten sich die meisten Österreicher/innen bereits in der Zwischenkriegszeit nicht mehr als Einwanderungsland, und die Zweite Republik definierte sich trotz De-facto-Einwanderung von mehr als einer Million Menschen ausschließlich als neutrales Asylland. Flüchtlinge sollten nicht primär in Österreich integriert werden, sondern möglichst rasch an Immigrationsländer wie die USA, Kanada oder Australien weitergereicht werden. In der Imagebildung wurde diese höchst wichtige Einschränkung jedoch nicht transportiert, weder 1956 (Ungarn), 1968 (Einmarsch von Truppen des Warschauer Paktes in die ČSSR) noch 1981 (Verhängung des Kriegsrechts in Polen).

Mit dem Ende des Kalten Krieges bröckelte auch der Identitätspfeiler »Asylland Österreich«. Anfang März 1990 brach eine heftige Flüchtlingsdebatte aus, die durch öffentliche Wortmeldungen sozialdemokratischer Funktionäre und des sozialdemokratischen Innenministers Franz Löschnak über explodierende Flüchtlingszahlen vorbereitet worden war. Natürlich waren die Asylwerber, von denen viele eigentlich Wirtschaftsflüchtlinge waren, ein politisch heißes Thema, doch die populistische Medienstrategie verschärfte das Problem nur noch und löste das Grundproblem nicht. Vor allem die Massenmedien – allen voran, aber keineswegs exklusiv die *Kronen Zeitung* – steigerten Ängste und Vorurteile mit weit übertriebenen Zahlenangaben und Einzelgeschichten. Die FPÖ missbrauchte diese Frage zu einem permanenten Wahlkampfthema bis zur letzten Nationalratswahl 2013 – mit nach wie vor nachhaltigem Erfolg – und mutierte von einer kulturdeutschnationalen zu einer prononciert österreichischen nationalen Partei.

Die Statistik zeigt die Konjunkturen der Einwanderung nach Österreich: 1961 lebten hier nur knapp über 100 000 ausländische Staatsangehörige (1,4 % der Gesamtbevölkerung). Aufgrund von Arbeitskräftemangel stieg Ende der 1960er Jahre die Zahl der Arbeitsmigranten aus Jugoslawien und der Türkei auf 4 % der damaligen Bevölkerung 1974. Erst Anfang der 1990er Jahre stieg der Ausländer/innen-Anteil auf über 8 %.

2010 lebten 895 000 ausländische Staatsbürgerinnen und Staatsbürger in Österreich (10,7 % der Gesamtbevölkerung).

Entsprechend war auch der Anteil der österreichischen Staatsbürger/innen mit Migrationshintergrund gestiegen: 2009 auf 17,8 % (1 470 000 Personen). 13,1 % der österreichischen Bevölkerung (1 083 000 Personen) waren Migrantinnen und Migranten der ersten Generation. Zwischen den Bundesländern bestehen erhebliche Unterschiede: 35,8 % in Wien, gefolgt von 21 % in Vorarlberg, und weniger als 10 % im Burgenland, der Steiermark und Kärnten.

Von den 1,25 Millionen Einwohner/inne/n unter 15 Jahren hatten 250 000 bzw. 19,9 % einen Migrationshintergrund. Im Schuljahr 2009/10 besuchten von insgesamt 1 160 430 Schüler/inne/n 201 397 Schüler mit nichtdeutscher Muttersprache Österreichs Schulen. 63 526 Schüler gaben Bosnisch, Kroatisch, Serbisch, 54 778 Schüler Türkisch und 13 560 Schüler Albanisch als Muttersprache an.

Selbst im seit 2004 auf 25 Mitgliedstaaten erweiterten neuen Europa hat der österreichische Trend der Abgrenzung von seinen Nachbarstaaten und den ehemaligen Nationalitäten der Habsburgermonarchie angehalten, ja sich sogar verstärkt. Dieser Trend ist nur mehr im tiefenpsychologischen Bereich ein Ergebnis der Nationalitätenkonflikte des 19. Jahrhunderts beziehungsweise der Traumatisierung durch die Reduktion auf einen bedeutungslosen und krisengeschüttelten Kleinstaat nach 1918. Wichtiger erscheint die Angst vor einer sozialen und ökonomischen Krise als Folge der Erweiterung der EU. Wohlstand und Sozialstaat haben die rasche Identitätsbildung entscheidend mitgetragen; dieser wichtige Identitätspfeiler – Kleinstaat bedeutet soziale und ökonomische sowie politische Sicherheit – scheint aber aus der Sicht der Österreicher durch die neuen Konkurrenten im Osten bedroht. Das Faktum, dass die österreichische Volkswirtschaft in diesem Raum seit 1990 hohe Profite erwirtschaftet, wird ausgeblendet und bleibt den Wirtschaftsnachrichten und politischen Sonntagsreden vorbehalten.

Dass die Gesellschaft und weite Teile der Politik nach wie vor Österreich als Asyl-Transitland wie 1956 und 1968 oder 1981 sehen, hat sich im September 2015 gezeigt. Flüchtlinge aus Syrien, dem Irak und Afghanistan, aber auch Migranten aus Pakistan, Marokko und anderen Ländern wurden – so lange die deutsche Aufnahmebereitschaft durch Bundeskanzlerin Angela Merkel gegeben war – in Zügen aus Ungarn durchgeschleust. Allein in den ersten beiden Wochen im September sind 63 000 Menschen in München angekommen. Damals zeigten der österreichische Bundeskanzler Werner Faymann und die deutsche Kanzlerin Einigkeit. Seit Anfang September 2015 wurden rund 430 000 Personen durch Österreich mit Bussen weiterbefördert. Erst als von Deutschland Einreisekontingente festgelegt wurden und sich neue Flüchtlingsrouten aus Slowenien via Spielfeld in die Steiermark ausbildeten, kippte die deutsch-österreichische Allianz sehr rasch. Auch die mangelnde Solidarität in vielen EU-Staaten, die Asylsuchenden gleichmäßig zu verteilen, verstärkte die Diskussion in Österreich in Richtung Asyl-Stopp und Schließung der Grenzen.

Da sich die Zahl der Asylanträge in Österreich vergrößerte – zwischen Januar und November 2015 wurden 81 127 Asylanträge eingebracht, das waren um 240% mehr als im Vorjahr – begann die Bundesregierung in Wien, mit den Visegrád-Staaten die Grenzen zum Balkan hin zu schließen, um die Flüchtlingsroute aus Griechenland dicht zu machen. Hatte es noch Debatten in der SPÖ-ÖVP-Koalition über »Zäune« an der Grenze in Spielfeld gegeben, die vor allem die SPÖ nicht wollte, so wurden ohne Diskussion im April 2016 Grenzbauten und Zäune am Brenner vorbereitet, um die Grenze im Falle von großen Flüchtlingsübertritten zu kontrollieren und letztlich zu schließen. Die heftige Kritik der Südtiroler Landesregierung und der italienischen Innenpolitik wurde ebenso wie jene der EU-Institutionen aus Brüssel zurückgewiesen.

Parallel dazu erfolgte eine Verschärfung des Asylrechts durch die SPÖ-ÖVP-Koalition, die im Eiltempo ohne Begutachtung ins Parlament gebracht wurde. Ziel sollte sein, dass Asylverfahren letztlich an die Außengrenzen der EU verschoben werden. Gleichzeitig musste aber klar sein, dass das Schlepperunwesen wieder massiv ansteigen wird. Die 71 Menschen, die am 27. August 2015 in einem Kühltransporter erstickt auf der Ostautobahn (A 4) im Burgenland aufgefunden wurden, scheinen längst wieder vergessen.

Wie aggressiv inzwischen dieses Thema selbst auf universitärem Boden diskutiert wurde, zeigte eine Provokation der rechtsextremistischen ›Identitären‹. Am 14. April 2016 wurde eine Theateraufführung der Österreichischen Hochschülerschaft *Schutzbefohlene performen Jelineks Schutzbefohlene* mit 800 Besucherinnen und Besuchern im Audimax der Universität Wien massiv gestört. 50 ›Identitäre‹ stürmten mit ihrer Fahne die Bühne, verprügelten und bespritzten Menschen mit Kunstblut.

Dass die österreichische Politik in den letzten Jahren immer wieder die Zuwendungen für Entwicklungshilfe oder die Zahlungen für das

UNHCR, das Flüchtlingshilfswerk der Vereinten Nationen, massiv reduziert und die Kriege im Nahen Osten und in Afghanistan einfach ignoriert hat, ist wohl Teil der neuen Inselmentalität. Diese Einstellung beherrscht das ambivalente Verhältnis der Österreicherinnen und Österreicher zur Europäischen Union ebenso, wie einst im Kalten Krieg das »neutrale Österreich« an der Grenze zum Eisernen Vorhang als Sonderstatus-Metapher dominierte – mit dem Unterschied, dass beispielsweise Bundeskanzler Bruno Kreisky sehr wohl immer wieder auf diesen Konfliktraum aufmerksam gemacht hat. So versuchte er bereits im Januar 1971 die Parlamentarische Versammlung des Europarats zu überzeugen, die Nahost-Frage auf die Tagesordnung der KSZE, der Konferenz für Sicherheit und Zusammenarbeit in Europa, zu bringen. Kreisky scheiterte aber mit seiner heute allgemein akzeptierten These, dass die Sicherheit im Nahen Osten direkt etwas mit der Sicherheit Europas zu tun habe. Massive Stimmengewinne bei Umfragen für die FPÖ und ihren immer strikt migrations- und asylfeindlichen Kurs zeigen, dass dieses Thema die Innen- und Europapolitik Österreichs in den nächsten Jahren weiter bestimmen und beherrschen wird.

Die Nationalratswahlen 2017

Obwohl die Große Koalition von SPÖ und ÖVP unter der Führung des sozialdemokratischen Bundeskanzlers Werner Faymann sowohl die globale Finanz- und Wirtschaftskrise 2008 relativ gut bewältigte als auch sogar den drohenden Konkurs eines ganzen Bundeslandes (Kärnten) durch die Notverstaatlichung der Hypo-Alpe-Adria-Bank abwendete, die den Steuerzahlern rund 10 Milliarden Euro kosten wird, nahmen die Konflikte zwischen den Koalitionspartnern zu. Sie verschärften sich auch als eine indirekte Folge des politischen Zickzackkurses von Bundeskanzler Faymann in der Flüchtlingsfrage 2015, da er zunächst den Kurs der deutschen Kanzlerin Angela Merkel (»Wir schaffen das«) mitgetragen hatte, um dann wieder umzuschwenken und die Grenzen dichtzumachen. Gleichzeitig verstärkte der ÖVP-Außenminister Sebastian Kurz sein innenpolitisches Profil, indem er erklärte, er werde die Balkanroute schließen. Er propagierte eine harte Politik gegen Asylmissbrauch, verbunden mit der Forderung an die EU, die Beitrittsverhandlungen mit der Türkei zu beenden.

Faymanns Wankelmütigkeit mobilisierte endgültig seine innerparteilichen Gegner, die ihn entmachteten – ebenso wie 2008 sein eigenes Umfeld den damaligen SPÖ-Parteivorsitzenden und Bundeskanzler Alfred Gusenbauer zu Fall gebracht hatte. Faymanns Nachfolger Christian Kern, der CEO der Österreichischen Bundesbahnen, der auch vor seiner Zeit in der staatsnahen Wirtschaft im SPÖ-Parlamentsklub gearbeitet hatte und bestens vernetzt war, versuchte nun, mit seinen rhetorischen Fähigkeiten und aktiver Medienpräsenz die sinkenden Umfragewerte der SPÖ aufzufangen. Im Februar 2017 schien er sogar zeitweilig auf Neuwahlen zu spekulieren, nachdem er gekonnt seinen »Plan A« als ein umfangreiches Wahlprogramm präsentiert hatte. Sein ÖVP-Vizekanzler Reinhold Mitterlehner ging aber geschickt auf Kerns Ultimatum einer »Koalition Neu« ein; er musste wenige Monate später seinem laut Umfragen immer beliebteren Rivalen, dem erst 31-jährigen Shootingstar Sebastian Kurz weichen.

Zwar trat Mitterlehner verfrüht zurück, entnervt von den innerparteilichen Querelen, die auch die Koalition belasteten, doch Kurz setzte nun umsichtig seinen perfekt vorbereiteten Plan zur Übernahme der ÖVP-Führung mit uneingeschränkten Vollmachten ins Werk und rief Neuwahlen aus, da regulär erst 2018 hätte gewählt werden sollen.

Die aufgeregte Diskussion über den Nationalratswahlkampf 2017 – befeuert von Boulevardmedien und Gratiszeitungen – hat bei vielen Menschen den Eindruck hinterlassen, dies sei der extremste negative Wahlkampf aller Zeiten gewesen. Diverse Fernsehduelle in Privatsendern und im ORF haben diesen Eindruck noch verstärkt, und die sozialen Medien befeuerten die allgemeine Erregtheit zusätzlich.

Bei der Nationalratswahl am 15. Oktober 2017 erreichte die SPÖ 26,9 Prozent (+ 0,04), die ÖVP 31,5 Prozent (+ 7,5) und die FPÖ 26 Prozent (+ 5,5). Die Grünen kamen auf 3,8 Prozent (– 8,6) und schafften damit den Einzug in den Nationalrat nicht. Die NEOS erreichten 5,3 Prozent (+ 0,3), und die Liste PILZ übersprang mit 4,4 Prozent die Mindestprozenthürde. Auf sonstige Parteien entfielen 2,1 Prozent.

Wie inzwischen Nachwahlbefragungen zum Erstaunen auch einiger ÖVP-Funktionäre gezeigt haben, war die heftige Debatte um die beiden von einem israelischen Wahlkampfmanager der SPÖ betriebenen Anti-Kurz-Facebook-Seiten und die kleinere Anti-Kern-Webseite eines ehemaligen ÖVP-Funktionärs keineswegs wahlentscheidend. Vielmehr reüssierte jene Partei, die die Sehnsucht der Wähler und Wählerinnen nach einem harten, klaren und auch kompromisslosen Führungsangebot zur Lösung der Migrations- und Flüchtlingsfrage erfüllte. Bei jedem Wahlkampfauftritt betonte Sebastian Kurz seine langjährige harte Haltung in der Asyl- und Migrationsfrage und kritisierte Merkels Politik des »Wir schaffen das«. Umfragen vor der Wahl haben ergeben, dass sich die österreichische Gesellschaft – verglichen mit 2007 – eine stärkere Führung wünscht und dass gerade unter den unter 29-Jährigen die Migrationsfrage das mit Abstand wichtigste Thema ist. In dieser Alterskohorte dominieren entsprechend ÖVP- und FPÖ-Wähler (28 bzw. 30 Prozent), die SPÖ ist abgeschlagen Dritter mit 17 Prozent.

Binnen 60 Tagen bildeten Kurz und Heinz-Christian Strache, der Obmann der FPÖ, eine Koalitionsregierung, die von internationalen Medien als eine teilweise rechtspopulistische konservative Regierung charakterisiert wurde. Im Wahlkampf hatte Kurz die in der Migrationsfrage seit Jahrzehnten rechtspopulistisch agierende FPÖ teilweise mit harten Parolen noch überboten. Diese dritte Auflage einer ÖVP-FPÖ-Koalition, in betonter Einigkeit auf »gleicher Augenhöhe«, soll bis zu den nächsten regulären Nationalratswahlen halten – die beiden bisherigen sind vor dem Ende der Legislaturperiode zerbrochen. Deutlich verändert hat sich aber die FPÖ im Vergleich zu vor ihrer ersten Koalition mit der ÖVP: Damals gab es unter den FPÖ-Nationalratsabgeordneten neun Mitglieder deutsch-völkischer Verbindungen (17 Prozent der FPÖ-Abgeordneten), 2017 waren es schon 39 Prozent. Im Jahr 2000 waren 6 Prozent der FPÖ-Abgeordneten Angehörige von schlagenden Burschenschaften, 2017 hingegen waren es nicht weniger als 31 Prozent.

Wohin diese Regierung tatsächlich politisch gehen wird, ist offen. Bundeskanzler Kurz hat die EU-Agenden zur Aufgabe des Kanzleramts gemacht (bzw. eines Kanzleramtsministers). Gleichzeitig betonte er, er wolle den Schwerpunkt des österreichischen Vorsitzes im Rat der Europäischen Union (EU-Präsidentschaft) in der zweiten Jahreshälfte 2018 auf die Terrorbekämpfung und Verhinderung illegaler Migration legen sowie das Subsidiaritätsprinzip in der EU ausbauen. Zentrale Themen des Regierungsprogramms sind die Steuerentlastung, die Reduktion der Mindestsicherung für anerkannte Asylbewerber und die Einsparung von Verwaltungskosten. Auch Maßnahmen der direkten Demokratie sind vorgesehen, doch wurden Volksabstimmungen über einen EU-Austritt ausgeschlossen.

Wie die teilweise immer wieder extrem aggressiv rechtspopulistische

FPÖ (mit Fokus auf die angeblich drohende Islamisierung Österreichs) nach einem zahmen, ansatzweise sogar humorvollen, aber insgesamt zurückhaltenden Wahlkampf agieren wird, bleibt abzuwarten. Aus der Sicht der extremen Rechten im Europäischen Parlament ist die Regierungsbeteiligung der FPÖ auch ein großer Erfolg für ihre französischen bzw. niederländischen Verbündeten Marine Le Pen und Geert Wilders.

Wahl Alexander Van der Bellens zum Bundespräsidenten, Angelobung und Platzen der türkis-blauen Regierungskoalition, Neuwahlen, türkis-grüne Bundesregierung (2016–2020)

2016	1. Juli: Der Zweite Wahlgang der Bundespräsidentenwahl wird vom Verfassungsgerichtshof auf Antrag des FPÖ-Obmannes Heinz-Christian Strache wegen Unregelmäßigkeiten bei der Auszählung der Briefwahlstimmen in 14 Bezirken und die vorzeitige bundesweite Weitergabe von Teilergebnissen aufgehoben. Es können aber keine Wahlmanipulationen festgestellt werden.
	8. Juli: Nach dem Ende der Amtszeit von Bundespräsident Heinz Fischer übernehmen die Erste Nationalratspräsidentin Doris Bures als Sprecherin und die beiden anderen Präsidenten des Nationalrates Karlheinz Kopf (ÖVP) und Norbert Hofer (FPÖ) gleichberechtigt die Aufgaben des Bundespräsidenten bis zur Angelobung eines neuen Bundespräsidenten.
	4. Dezember: Wiederholung des Zweiten Wahlgangs der Bundespräsidentenwahl. Alexander Van der Bellen gewinnt mit 53,8 Prozent der Stimmen gegen Norbert Hofer (Wahlbeteiligung: 74,2 Prozent).
2017	26. Jänner: Angelobung von Alexander Van der Bellen als Bundespräsident.
	10. Mai: ÖVP-Vizekanzler Reinhold Mitterlehner gibt seinen Rücktritt als Parteiobmann und Vizekanzler bekannt, Justizminister Wolfgang Brandstetter führt die Bundesregierung in Neuwahlen. ÖVP-Spitzenkandidat wird Außenminister Sebastian Kurz.
	15. Oktober: In der Wahl gewinnt die neue türkisfarbene Bewegung um Sebastian Kurz – Die neue Volkspartei

(ÖVP) – mit einem Stimmenzuwachs von 7,5 Prozentpunkten und insgesamt 31,5 Prozent der Stimmen. Die SPÖ mit Christian Kern hält ihr Ergebnis von 2013 und erreicht 26,9 Prozent, dicht gefolgt von der FPÖ mit 26 Prozent. Die NEOS werden mit 5,3 Prozent viertstärkste Partei und gewinnen ein zusätzliches Mandat. Die Grünen scheiden mit 3,8 Prozent aus dem Nationalrat aus, dafür zieht die Liste Pilz mit 4,4 Prozent in den Nationalrat ein. Die Wahlbeteiligung steigt von 74,9 Prozent auf 80 Prozent deutlich an.

18. Dezember: Nach relativ kurzen Koalitionsverhandlungen seit dem 25. Oktober wird die neue Koalitionsregierung ÖVP–FPÖ unter Bundeskanzler Kurz und Vizekanzler Strache vom Bundespräsidenten angelobt.

2018 18. September: Christian Kern kündigt seinen Rückzug von der SPÖ-Spitze für 2019 an, tritt dann aber bereits am 6. Oktober 2018 endgültig zurück. Die ehemalige Bundesministerin für Gesundheit und Frauen, eine Quereinsteigerin in die Politik, die Ärztin Pamela Rendi-Wagner, wird am 22. September als Wunschkandidatin Kerns zu seiner Nachfolgerin vom Parteipräsidium designiert und am 24. November auf einem Parteitag auch bestätigt.

2019 17. Mai: Die deutschen Online-Medien *Süddeutsche.de* und *Spiegel Online* publizieren 6,5 Minuten einer geheimen Videoaufzeichnung, die 2017 im Sommer den nunmehrigen Vizekanzler Strache samt seinem engsten Mitarbeiter und späteren FPÖ-Klubobmann Johann Gudenus in einem sechsstündigen Gespräch mit einer angeblichen russischen Oligarchennichte in einer Villa auf Ibiza zeigt. Dabei werden diverse mögliche finanzielle Transaktionen zugunsten FPÖ-naher Vereine, die Übernahme der *Kronen Zeitung* durch die Oligarchennichte und andere mögliche illegale Geschäfte diskutiert. Am nächsten Tag treten Strache und Gudenus von allen Ämtern zurück, Gudenus verlässt auch die FPÖ. Am Abend wird die Koalition von Bundeskanzler Kurz für beendet erklärt, da die FPÖ der Entlassung von Innenminister Herbert Kickl nicht zustimmt. Kickl wird von Bundespräsident Van der Bellen entlassen und alle FPÖ-Minister bis auf die parteilose Außenministerin Karin Kneissl treten zurück und werden ersetzt. Neuer FPÖ-Obmann wird Norbert Hofer.

28. Mai: Nach einem erfolgreichen Misstrauensvotum im Parlament wird die gesamte Bundesregierung Kurz ihrer

Ämter enthoben; Vizekanzler und Finanzminister Hartwig Löger wird anstelle von Kurz mit der Fortführung der Regierungsgeschäfte als Vorsitzender der nunmehr provisorischen Bundesregierung betraut.
30. Mai: Die bisherige Präsidentin des Verfassungsgerichtshofes, Brigitte Bierlein, wird als erste Bundeskanzlerin der Republik Österreich vom Bundespräsidenten mit der Bildung einer Übergangsregierung beauftragt.
3. Juni: Die Expertenregierung unter Bundeskanzlerin Brigitte Bierlein und Vizekanzler Clemens Jabloner wird angelobt. Erstmals werden sechs weibliche und sechs männliche Regierungsmitglieder ernannt.
3. Juli: Der Beschluss des Nationalrats von Ende Juni zur Selbstauflösung tritt in Kraft.
29. Oktober: Die 27. Nationalratswahl bringt neuerlich einen Erfolg der Liste Sebastian Kurz – die neue Volkspartei (ÖVP). Sie kommt mit einem Plus von 6 Prozentpunkten auf insgesamt 37,5 Prozent der Stimmen, die SPÖ verliert 5,7 Prozentpunkte und erzielt 21,2 Prozent, die FPÖ verliert 10 Prozentpunkte und erreicht nur mehr 16,2 Prozent der Stimmen. Hingegen erreichen die Grünen mit 13,9 Prozent ihr bestes Nationalratswahlergebnis. Die NEOS erzielen ebenfalls ihr bestes Ergebnis (mit 8,1 Prozent) und JETZT, die ehemalige Liste Pilz, verpasst den Einzug in den Nationalrat deutlich. Die Wahlbeteiligung sinkt auf 75,6 Prozent.

2020 7. Jänner: Nach langen Koalitionsverhandlungen wird eine neue Koalitionsregierung ÖVP–Grüne unter Bundeskanzler Sebastian Kurz und Vizekanzler Werner Kogler vom Bundespräsidenten angelobt.

Die »Ibiza-Affäre«, die Nationalratswahlen 2019 und die neue türkis-grüne Koalitionsregierung

Als der Autor rund ein Jahr nach Regierungsantritt der Koalition der nunmehr auf Türkis umgefärbten ÖVP mit der rechtspopulistischen FPÖ von Leila Al-Serori von der *Süddeutschen Zeitung* am 18. Dezember 2018 gefragt wurde, wie er diese Regierung einschätze, fand sich als Schlagzeile die letztlich prophetische Feststellung: »Alle Juristen dieser Republik sind in Alarmbereitschaft.« Es war allen kritischen Beobachtern bereits zu diesem Zeitpunkt klar, dass die FPÖ versuchte, unter Ausreizung aller politischen Rahmenbedingungen autoritäre Politikmaßnahmen durchzusetzen. Vieles davon blieb aber Symbolpolitik, etwa das Testen von Autobahnteilstrecken mit 140 (statt 130) Stundenkilometern Höchstgeschwindigkeit oder die Beibehaltung der Raucherbereiche in Restaurants gegen die Expertise aller Gesundheitsfachleute und der ÖVP. Gleichzeitig versuchte der damalige FPÖ-Innenminister Herbert Kickl durch eine Razzia einer »Sonderheit« von Straßenpolizisten im Verfassungsschutz, dem BVT (Bundesamt für Verfassungsschutz und Terrorismusbekämpfung), angebliche ÖVP-Beamtennetzwerke zu zerschlagen und anzuzeigen. Selbst wenn es diese Netzwerke gegeben hätte, gefährdete die unprofessionelle Vorgehensweise Österreichs Reputation im Rahmen internationaler Geheimdienstorganisationen erheblich. Erschreckend in diesem Zusammenhang war auch das Verhalten von Bundeskanzler Sebastian Kurz: Er sagte vor einem parlamentarischen Untersuchungsausschuss zur BVT-Affäre, er fühle sich »nicht zuständig«, erfahre Details über die Hintergründe und Folgen der inzwischen großteils gerichtlich als illegal qualifizierten Dilettanten-Operation »aus den Medien« und habe mit dem Innenminister geredet, der den »Medienberichten aber widersprochen« habe.

Die ÖVP Niederösterreich hatte noch im Finish des Landtagswahlkampfes Anfang 2018 die Tatsache, dass der FPÖ-Spitzenkandidat einer Mittelschülerverbindung »Germania« in Wiener Neustadt angehörte, deren Liederbücher mit antisemitischen, rassistischen und holocaustverächtlichen Texten bestückt waren, ausgenützt, doch nun unterstützte Kurz sofort Vizekanzler Heinz-Christian Strache bei seinem Versuch der politischen Schadensbegrenzung für die Bundesregierung: Das Einsetzen einer Historikerkommission, die sich im Bereich von Korporationen (schlagenden Burschenschaften) und der FPÖ »schonungslos mit den Fehlern der eigenen Vergangenheit auseinandersetzen solle«, sollte die Debatte rasch wieder aus der Innenpolitik verdrängen. Auch zahlreiche Einzelfälle von antisemitischen bis rassistischen Entgleisungen von FPÖ-Funktionären wurden meist rasch schubladisiert.

Dafür stimmte die FPÖ dem bisher immer kritisierten CETA-Handelsabkommen mit Kanada zu, und auch der ÖVP-Vorschlag einer Neuregelung der Arbeitszeit von bis zu zwölf Stunden täglich oder 60 Stunden pro Woche wurde mitgetragen (Mitarbeiter können lediglich »überwiegend persönliche Interessen« dagegen anführen). Aus 21 sollten fünf Sozialversicherungen gemacht werden, mit extrem hohen Beratungskosten und dem Ziel, dass in den verbliebenen Kassen nunmehr auch Parität zwischen Arbeitgebern und Arbeitnehmern besteht. Schnell durchgesetzt wurden auch Maßnahmen, die sich gegen »Ausländer und Flüchtlinge« richteten, sowie gegen den allseits beschworenen politischen Islam: ein Kopftuchverbot für Volksschülerinnen sowie die Schließung von sieben Moscheen, die allerdings inzwischen alle wieder geöffnet sind; zudem wurden drei Imame ausgewiesen und 20 haben Österreich freiwillig verlassen. Die Anpassung der Kinderbeihilfe für jene Kinder, die im EU-Ausland leben, ist EU-rechtlich fragwürdig, war aber politisch ein wichtiges Thema. Die Sicherungshaft für potentielle Gefährder wurde nicht mehr realisiert, und auch die Kürzung des Stundenlohns für gemeinnützige Arbeiten für Asylbewerber auf 1,50 Euro, die Umbenennung der Erstaufnahmezentren für Flüchtlinge in Ausreisezentren, beides Lieblingsprojekte von FPÖ-Innenminister Kickl, wurden sofort nach Ende der Koalition zurückgenommen. Auch ein weiteres Lieblingsprojekt Kickls, die Wiedereinführung einer berittenen Polizei wie in der Zwischenkriegszeit, wurde inzwischen gestrichen – nach ziemlich hohen Investitionen aus Steuermitteln (mehr als 2,4 Millionen Euro).

Die groß angekündigte Justizreform scheiterte ebenfalls, und das Ressort ist weiterhin ebenso chronisch unterdotiert wie auch das von der FPÖ geführte Verteidigungsministerium. Der Verfassungsgerichtshof bewährte sich hingegen in dieser Phase der türkis-blauen Regierung: Beispielsweise wurden Teile der Mindestsicherungsreform, die sich gegen Zuwanderer und Mehrkindfamilien richtete, als gleichheitswidrig aufgehoben – ebenso wurde das Sicherheitspaket großteils zurückgenommen. Die teure Kassenreform wurde zwar bestätigt, aber die erhoffte »Patientenmilliarde« entwickelte sich zu einem Defizit von 83 Millionen Euro 2019 (gegenüber einem Plus von 111 Millionen 2018) und einer Defizitprognose von 1,7 Milliarden Euro bis 2024.

Trotz aller Kritik und Probleme goutierten die Österreicher und Österreicherinnen die klar rechtsorientierte Koalition – bis zu einem der größten Skandale der österreichischen Innenpolitik seit 1945: Am Abend des 17. Mai 2019 veröffentlichte völlig überraschend ein Team der *Süddeutschen Zeitung*, in Kooperation mit dem *Spiegel* und assistiert von der Wiener Stadtzeitung *Der Falter*, einige zusammengeschnittene Minuten eines insgeheim aufgenommenen Videos aus dem Juli 2017, auf dem der damalige FPÖ-Obmann und spätere Vizekanzler Strache eine angebliche russische Oligarchennichte fast sechs Stunden lang in einer gemieteten Villa auf der Ferieninsel Ibiza in die Untiefen möglicher politischer Korruption gegen entsprechende Spenden an FPÖ-nahe Vereine einweihte (wohl um sie dazu zu bringen, frühmorgens dann mit ihm in eine Diskothek auf Ibiza zu gehen). Heinz-Christian Strache ließ kein Thema aus – von einem möglichen Kauf der Mehrheitsanteile an der auflagenstärksten Boulevardzeitung, der *Kronen Zeitung*, durch die falsche Oligarchin bis zu staatlichen Bauaufträgen und angeblichen Spenden großzügiger Unternehmerinnen und Unternehmer an die FPÖ. Die FPÖ war zu diesem Zeitpunkt bei Wählerumfragen auf einem Höhepunkt angelangt (34 % ÖVP, 25 % FPÖ, 23 % SPÖ, 6 % Grüne), und ihr Kandidat Norbert Hofer war in dem (wegen Wahlunregelmäßigkeiten zweimal durchgeführten) zweiten Wahlgang um die Bundespräsidentschaft nur relativ knapp unterlegen, er hatte 46,2 Prozent der gültigen Stimmen erzielt. Strache konnte ziemlich sicher sein, der nächsten Bundesregierung anzugehören.

Die *Süddeutsche Zeitung* hat aus datenschutzrechtlichen Gründen bis heute nur sechseinhalb Minuten aus dem fast sechs Stunden langen, verdeckt aufgenommenen Video gesendet – offensichtlich um Klagen zu vermeiden, denn einigen durchgesickerten Informationen zufolge drehte sich das Gespräch meistens um private Untergriffe gegen andere Politiker sowie um Klatsch und Tratsch. Obwohl das Video schon 2017 und 2018 auf dem »dunklen Markt« war und auch österreichische Journalisten davon hörten, wagte niemand, die Veröffentlichung anzudenken – und auch die deutsche Gruppe tat den Schritt zur Publikation erst nach umfangreichen technischen und rechtlichen Prüfungen.

Nach der Veröffentlichung der 6,5 Minuten war aber klar, dass Strache, der dies als eine »B'soffene G'schicht« bei Champagner, Sushi und Wodka Red Bull abtun wollte, nur einen Ausweg hatte: Er erklärte seinen Rücktritt als Vizekanzler, als Bundesminister für Öffentlichen Dienst und Sport sowie als Bundesparteiobmann der FPÖ ebenso wie sein engster politischer Mitstreiter Johann Gudenus, der geschäftsführende FPÖ-Klubobmann im Nationalrat, der das Treffen auf Ibiza eingefädelt und moderiert hatte. In weiterer Folge schlug Kurz dem Bundespräsidenten Alexander Van der Bellen vor, Innenminister Kickl zu entlassen – woraufhin alle von der FPÖ bestellten Minister bis auf die parteilose Außenministerin Karin Kneissl zurücktraten und von Kurz durch Experten und Expertinnen ersetzt wurden. Aber damit nicht genug – der Nationalrat sprach mit den Stimmen von FPÖ, SPÖ und der Liste JETZT der neuen Regierung Kurz das Misstrauen aus, und Bundespräsident Van der Bellen erteilte der bisherigen Präsidentin des Verfassungsgerichtshofes, Brigitte Bierlein, den Auftrag zur Bildung einer Bundesregierung.

Damit wurde Brigitte Bierlein die erste Bundeskanzlerin in der Geschichte Österreichs. Sie bildete eine Expertenregierung, der Clemens Jabloner, der frühere Präsident des Verwaltungsgerichtshofes, als Vizekanzler und Justizminister angehörte. Sowohl die österreichische Verfassung als auch der Bundespräsident, der in solchen Krisenfällen aufgrund der Verfassungsnovelle von 1929 beinahe autoritäre Möglichkeiten hat, haben sich wie diese Übergangsregierung bestens bewährt und Ruhe in die aufgeregte, hoch emotionalisierte Situation gebracht, die durchaus zu einer Staatskrise hätte führen können.

Nach der Wahlniederlage der FPÖ bei den vorgezogenen Nationalratswahlen am 29. September 2019 wurde Straches Parteimitgliedschaft vorerst suspendiert; zuvor hatte er noch überraschend deutlich mit 44 750 Vorzugsstimmen bei der Wahl zum Europäischen Parlament trotz Listenplatz 42 den Anspruch auf ein Mandat erlangt, auf das er aber nach langem Zögern verzichtete. Nach einem Spesenabrechnungsskandal wurde Strache im Dezember 2019 endgültig aus der Partei ausgeschlossen – ebenso wie zuvor bereits seine Frau Philippa Strache, die mit Vorzugsstimmen bei der Nationalratswahl reüssierte und als wilde Abgeordnete dem Parlament angehört.

Dem ehemaligen Bundeskanzler Sebastian Kurz und seiner neuen türkisen Bewegung um die ÖVP haben weder Ibiza und die Folgen noch das Misstrauensvotum geschadet. Er behielt im Wahlkampf seinen Mitte-Rechts-Kurs stetig bei und steigerte den Wahlerfolg gegenüber 2017 um 6 Prozentpunkte; die ÖVP erreichte insgesamt 37,5 Prozent. Die FPÖ verlor fast 10 Prozentpunkte, erhielt aber trotz des Ibiza-Skandals 16,2 Prozent, was zeigt, wie groß ihr Stammwählerpotential inzwischen geworden ist. Den größten Stimmenzuwachs erzielten die Grünen, die bei der Nationalratswahl 2017 an der Fünfprozentklausel gescheitert waren. Mit dem grünen Urgestein Werner Kogler als Spitzenkandidaten, der hemdsärmelig, mit einer ungeschliffenen Rhetorik und geerdet, als Kontrast zu den übrigen Wahlkämpfern agierte, konnten sie 13,9 Prozent erzielen – das beste Nationalratswahlergebnis in der Geschichte der Grünen.

Nicht so die SPÖ. Den unerwarteten und verantwortungslosen Abgang des ehemaligen Bundeskanzlers Christian Kern, der in der Privatwirtschaft sein Glück versuchte, verkraftete sie nicht, sondern sank um weitere 5,7 Prozentpunkte auf 21,2 Prozent, das schlechteste Ergebnis in der Parteigeschichte. Die ehemalige Gesundheitsministerin, Ärztin und Politik-Quereinsteigerin Pamela Rendi-Wagner konnte als Spitzenkandidatin nicht reüssieren. Die Liste JETZT, die unter dem Aufdecker-Politiker Peter Pilz, einem ehemaligen Grünen, noch 2017 den Einzug der Grünen ins Parlament verhindert hatte, sank aufgrund permanenter interner Streitereien auf 1,9 Prozent und kam nicht mehr in den Nationalrat. Die Partei NEOS steigerte sich um 2 Prozentpunkte auf 8,1 Prozent.

Dass Kurz, der ja gegen manche Warnungen die Regierung mit der FPÖ gebildet hatte und als erster Kanzler der Zweiten Republik durch ein Misstrauensvotum aus dem Amt gewählt wurde, unbeschadet und sogar gestärkt aus den Wahlen hervorgegangen ist, verdankt er drei langfristig ausgebauten Strategien. Als Staatssekretär hatte er noch vehement multikulturelle Integration von Zuwanderern und Flüchtlingen gefordert, und in der ZIB 2 des ORF hatte er 2011 im Interview mit Armin Wolf betont: »Es geht nicht immer um die Frage, Kopftuch, ja, nein, Minarett, ja, nein, oder Burka, ja, nein. Das sind populistische Themen, die zweifelsohne Menschen bewegen. Ich glaube aber, dass das nicht der Zugang ist, bei dem man in der Sache etwas weiterbringen kann.« Als Außenminister hingegen etablierte er konsequent eine neue persönliche Marke, indem er sich als Garant gegen Flüchtlinge und Zuwanderung und als Speerspitze gegen den politischen Islam inszenierte. Als Bundeskanzler engagierte sich Kurz gerade für solch populistische, symbolpolitische Themen wie das Kopftuch und die Moscheen.

Seit vielen Jahren hat er ein effizient arbeitendes Strategie- und PR-Team um sich gesammelt, das jeden seiner öffentlichen Auftritte perfekt vorbereitet und durch Message Control versucht, die gesamte Mediendebatte in seinem Sinne zu steuern. So tauchte auch ein Strategiepapier dieses Kernteams, das »die Apostel« genannt wird, auf, in dem die Umgestaltung der ÖVP bereits vor dem Rücktritt von ÖVP-Chef Reinhold Mitterlehner ebenso minutiös beschrieben wurde wie mögliche Sponsoren einer Wahlplattform für Kurz und die ersten 100 Tage im Bundeskanzleramt (»Projekt Ballhausplatz«).

Gleichzeitig ist Kurz in der Lage, die Mehrheit der Österreicher und Österreicherinnen mit ihren Ängsten vor Zuwanderung und Flüchtlingen durch seine höfliche, aber bestimmte Art zu erreichen, er verkauft rechte FPÖ-Politik mit einem freundlichen, aber sehr konsequenten einfachen Stil und ist als einer von wenigen Politikern in der Lage, alle Bevölkerungsschichten klar und sich dabei ständig wiederholend anzusprechen.

Drittens ist Kurz' Stärke auch darin begründet, dass die SPÖ in fast allen Bundesländern (bis auf Wien, das Burgenland und Kärnten) massiv Wähler und Wählerinnen verloren hat und er sich als Mann der Bundesländer profilieren kann – er geht so weit, dass er sich als Waldviertler aus dem nördlichen Österreich präsentiert, weil er die Ferien und einige Wochenenden auf dem Bauernhof seiner Großmutter mütterlicherseits verbracht hat. Tatsächlich ist er in Meidling in Wien aufgewachsen und hat als Staatssekretär noch darauf hingewiesen, dass er ein öffentliches Gymnasium, dessen Schülerinnen und Schüler zu 50 Prozent Migrationshintergrund hatten, besucht habe. Auch darin zeigt sich, wie er sich dem starken österreichischen Föderalismus und einer unterschwelligen Wien-Feindlichkeit angepasst hat.

Noch im Wahlkampf hatte Sebastian Kurz klargemacht, dass er die Regierungsarbeit und die mit der FPÖ vereinbarten Zielsetzungen gutheiße und sich weiterhin eine »ordentliche Mitte-Rechts-Politik in Österreich« wünsche. Das bedeute aber nicht automatisch eine Fortsetzung einer Koalition mit der FPÖ, an der ihn störe, dass diese »immer mit Einzelfällen, Anstreifen an Skinheads und NS-Diktion« verbunden sei. Er ergänzte, »dass ich mir eine ordentliche Mitte-Rechts-Politik in Migrations- und anderen Fragen wünsche, bei der Steuerentlastung mehr Freiheit statt Regulierung«. Mit diesen Wahlkampfzielen gelang es ihm, 258 000 ehemalige FPÖ-Wählerinnen und -Wähler zu gewinnen, die FPÖ hingegen konnte nur etwas mehr als die Hälfte ihrer Wähler halten.

Ebenso geschickt folgte er auch der öffentlichen Mehrheitsmeinung in Österreich, dass die überraschend klar wieder ins Parlament gewählten Grünen, die sehr stark von der SPÖ, der Partei NEOS und der Liste JETZT dazugewinnen konnten, in eine Kurz-Regierung hineinkommen sollten. Dabei hatte Kurz zwar einige innerparteiliche Widerstände zu überwinden, aber er inszenierte durch eine lange Serie von Sondierungen auch diese überraschende Koalition, die auch von den Medien massiv gefordert worden war, perfekt.

Trotz relativ geringer inhaltlicher Überschneidungen gelang Anfang Jänner 2020 ein Regierungsübereinkommen mit den Grünen unter dem Titel »Aus Verantwortung für Österreich«, das sehr kleinteilig formuliert auf 326 Seiten eine Art Zuständigkeitsaufteilung schuf. Im Falle einer neuen Flüchtlingsbewegung bietet es der ÖVP durchaus die Möglichkeit, mit anderen Parteien eine Mehrheit für Maßnahmen in der Asylfrage zu suchen, ohne dass die Regierung zerbricht. Auch das Projekt Sicherheitshaft setzte Kurz durch, und das häufigste Wort bei grünen oder umstrittenen Themen ist »Evaluierung« oder »evaluieren«; diese beiden Begriffe kommen 149-mal auf den 326 Seiten vor.

Inwieweit sich die Grünen letztlich mit ihren Themen wie Umwelt- und Klimaschutz, Transparenz, Kontrolle und Informationsfreiheit sowie soziale Absicherung durchsetzen können, da jegliche klare Budgetierung im Regierungspakt vermieden wurde und das Finanzministerium vom engsten Vertrauten des Kanzlers, Gernot Blümel, kontrolliert wird, bleibt abzuwarten. Da es in Österreich keine Richtlinienkompetenz des Kanzlers gibt, entschied in den letzten Jahren zunehmend der Finanzminister, dessen Ministerium seit 2007 durchgehend unter der Verantwortung eines ÖVP-Ministers oder einer ÖVP-Ministerin steht und massiv an realpolitischem Einfluss gewonnen hat.

Zwar wird laut dem Papier bis 2040 Klimaneutralität angestrebt, aber darin steht nicht, wie dies bei gleichzeitigen Steuersenkungen und ohne die Einführung neuer Steuern erzielt werden soll. Wichtigstes Budgetziel bleibt das Nulldefizit. In zentralen ÖVP-Themen gibt es kaum Änderungen gegenüber der Koalition mit der FPÖ, beispielsweise bleibt die durch den Verfassungsgerichtshof großteils aufgehobene Kürzung der Mindestsicherung bei schlechten Deutschkenntnissen nunmehr den Ländern überlassen, womit die Fragmentierung der Flüchtlingsbetreuung zunimmt und Wien finanziell und politisch noch mehr unter Druck gerät. Es sind weder CO_2-Steuern noch vor 2022 eine Ökologisierung des Steuersystems vorgesehen, und große Industrieunternehmen sind davon ausgenommen. Hingegen wird es ein österreichweites günstiges Ticket für die weiter ausgebauten öffentlichen Verkehrsmittel geben. Beim Familienbonus erhalten aufgrund eines höheren Steuerfreibetrages besserverdienende Menschen deutlich mehr Geld pro Kind. Völlig durchgesetzt hat sich die ÖVP in ihrem Kernthema Asyl- und Integrationspolitik. Auch in der Praxis setzen bisher grüne Ministerinnen wie die Justizministerin Alma Zadić gegen frühere Feststellungen und massiven Widerstand seitens NGOs wie Diakonie und Volkshilfe ÖVP-Vorgaben um, etwa die Verstaatlichung der Rechtsberatung in Asylverfahren, die ab dem 1. Januar 2021 durch eine dem Innenministerium zugeordnete Bundesbetreuungsagentur durchgeführt werden wird.

Bis zu den Landtags- und Gemeinderatswahlen in Wien im Herbst 2020 werden sowohl die in Wien amtierende Koalition aus SPÖ und Grünen als auch die türkis-grüne Koalition auf Bundesebene ohne größere Konflikte halten. Sollten die Grünen in Wien verlieren, könnte dies durchaus eine stärkere Auswirkung auf die Regierungskoalition haben, die momentan primär ÖVP-Themen abarbeitet und erst langsam auch den Grünen eine Profilierung erlaubt. Der Wiener Wahlkampf wird auch deswegen spannend, weil Heinz-Christian Strache für eine Abspaltung der Wiener FPÖ kandidieren wird und die ÖVP angekündigt hat, die Neuauflage der Rot-Grünen Koalition und einen SPÖ-Bürgermeister, derzeit Michael Ludwig, verhindern zu wollen. Dies ist insofern ein historischer Wahlkampf, weil seit 1919 – mit Ausnahme der Dollfuß-Schuschnigg-Diktatur 1934 bis 1938 und der NS-Zeit – nur SPÖ-Politiker Bürgermeister der Stadt Wien waren.

Die türkis-grüne Bundesregierung und die Covid-19-Pandemie

2020 1. Jänner: Zusammenlegung der bestehenden 21 Sozialversicherungsträger auf fünf.

22. Jänner: Einsetzung eines Parlamentarischen Untersuchungsausschusses zur mutmaßlichen Käuflichkeit der türkis-blauen Bundesregierung (Ibiza-Untersuchungsausschuss).

17. Februar: Nach der Landtagswahl im Burgenland findet die konstituierende Sitzung der XXII. Gesetzgebungsperiode mit der Wahl und Angelobung der Landesregierung Hans Peter Doskozil II statt. Die SPÖ erzielt 49,9 Prozent der Stimmen, die ÖVP kommt auf 30,6, die FPÖ auf 9,8 und die Grünen auf 6,7 Prozent.

25. Februar: Erste Covid-19-Erkrankungen.

13. März: Verkündung von Quarantäne und Ausgangsbeschränkungen im Zuge der Covid-19-Pandemie in Österreich.

24. November: Wahl und Angelobung von Wiener Landesregierung und Stadtsenat mit Bürgermeister Michael Ludwig, der am 11. Oktober 41,6 Prozent der Stimmen als Spitzenkandidat der SPÖ erreicht, gefolgt von der ÖVP mit 20,4, den Grünen mit 14,8, den Neos mit 7,5 und der FPÖ

mit 7,1 Prozent. Ludwig paktiert in der Folge eine Koalitionsregierung mit den Neos unter Christoph Wiederkehr.

2021 6. Oktober: Bekanntwerden der ÖVP-Korruptionsaffäre.

9. Oktober: Bundeskanzler Sebastian Kurz erklärt seinen Rücktritt an der Spitze der Bundesregierung, bleibt aber ÖVP-Parteiobmann.

11. Oktober: Angelobung von Außenminister Alexander Schallenberg zum Bundeskanzler und von Michael Linhart zum Außenminister einer neuen Bundesregierung.

23. Oktober: Nach der Landtagswahl in Oberösterreich findet die konstituierende Sitzung der XXIX. Gesetzgebungsperiode mit der Wahl und Angelobung der Landesregierung Stelzer II statt. Thomas Stelzer erzielt mit der ÖVP 37,6 Prozent der Stimmen, die FPÖ 19,8, die SPÖ 18,6, die Grünen 12,3 und die Neos 4,2 sowie MFG-Österreich (Menschen, Freiheit, Grundrechte – eine Impfgegnerpartei) 6,2 Prozent. Landeshauptmann Stelzer setzt die Koalition mit der FPÖ unter Manfred Haimbuchner fort.

2. Dezember: Sebastian Kurz kündigt seinen Rückzug von allen politischen Ämtern an.

6. Dezember: Angelobung von Karl Nehammer als Bundeskanzler.

2022 8. Jänner: Anti-Corona-Maßnahmen-Demonstration in Wien mit rund 40 000 Teilnehmer:innen.

20. Jänner: Der Gesetzesentwurf zur Einführung der Covid-19-Impfpflicht in Österreich wird von 137 der 170 anwesenden Abgeordneten zum Nationalrat angenommen.

1. Februar: Einführung der Covid-19-Impfpflicht in Österreich.

3. Juni: Der steirische Landeshauptmann Hermann Schützenhöfer (Landesregierung Schützenhöfer II) gibt seinen Rückzug Anfang Juli bekannt, als Nachfolger wird Christopher Drexler designiert.

13. Juni: Der Tiroler Landeshauptmann Günther Platter (Landesregierung Platter III) gibt bekannt, bei der nächsten Landtagswahl nicht mehr zu kandidieren, als Nachfolger wird Anton Mattle designiert.

4. Juli: Wahl und Angelobung der Landesregierung Drexler in der Steiermark.

9. Oktober: Bundespräsidentenwahl in Österreich: Amtsinhaber Alexander Van der Bellen gewinnt die Wahl mit 56,7 Prozent der Stimmen.

25. Oktober: Nach der vorgezogenen Landtagswahl in Tirol findet die konstituierende Sitzung der XVIII. Gesetzgebungsperiode mit der Wahl und Angelobung der Landesregierung Mattle statt. Die ÖVP unter Anton Mattle erzielt 34,7 Prozent der Stimmen, die FPÖ 18,8, die SPÖ 17,5, die Grünen 9,2, die Liste Fritz 9,9 und NEOS 6,3 Prozent.

2023 26. Jänner: Angelobung von Bundespräsident Alexander Van der Bellen in der Bundesversammlung.

23. März: Nach der Landtagswahl in Niederösterreich findet die konstituierende Sitzung der XX. Gesetzgebungsperiode mit der Wahl der Landesregierung Mikl-Leitner III statt. Die ÖVP mit Landeshauptfrau Johanna Mikl-Leitner erzielt 39,9 Prozent der Stimmen, die FPÖ 24,2, die Grünen 7,6 und NEOS 6,7 Prozent. ÖVP und FPÖ mit Udo Landbauer an der Spitze bilden eine Koalitionsregierung.

13. April: Nach der Landtagswahl in Kärnten findet die konstituierende Sitzung der 33. Gesetzgebungsperiode mit der Wahl der Landesregierung Kaiser III statt. Die SPÖ unter Peter Kaiser erzielt 38,9 Prozent der Stimmen, die FPÖ 24,5, die ÖVP 17,0 und das Team Kärnten 10,1 Prozent.

24. April bis 10. Mai: SPÖ-Mitgliederbefragung über den Parteivorsitz. Hans Peter Doskozil erreicht 33,7 Prozent der Stimmen, Andreas Babler 31,5 und die amtierende Parteivorsitzende Pamela Rendi-Wagner 31,4 Prozent.

3. Juni: Wahl zum SPÖ-Parteivorsitz während eines Bundesparteitages, bei dem Andreas Babler mit 52,7 Prozent gewählt wird und sich gegen Hans Peter Doskozil durchsetzt, der aber aufgrund eines Fehlers zunächst zum Wahlsieger ausgerufen wird.

14. Juni: Nach der Landtagswahl in Salzburg findet die konstituierende Sitzung der 17. Gesetzgebungsperiode mit der Wahl der Landesregierung Haslauer jun. III statt. Die ÖVP unter Landeshauptmann Wilfried Haslauer erreicht 30,4 Prozent der Stimmen, die FPÖ 25,8, die SPÖ 17,9, die KPÖ 11,7, die Grünen 8,2 und NEOS 4,2 Prozent. Haslauer bildet mit der FPÖ unter Marlene Svazek eine Koalitionsregierung.

Schon nach wenigen Monaten wurde die neue ÖVP-Grüne-Koalition vor eine unerwartete globale Herausforderung gestellt: Am 25. Februar 2020 wurden auch in Österreich die ersten Covid-19-Erkrankungen bekannt gemacht, und 14 Tage später folgten bereits erste Quarantäne- und Ausgangsbeschränkungen. Rückblickend betrachtet war Österreich aufgrund einer veralteten »Seuchengesetzgebung« und der fehlenden Besetzung des Obersten Sanitätsrates in den ersten Monaten institutionell und personell ziemlich überfordert. Bundeskanzler Sebastian Kurz verkündete rasch, dass bald in jeder Familie Todesfälle zu konstatieren sein würden, und entsprechend streng wurden die Quarantänemaßnahmen umgesetzt. Auch dauerte es trotz europäischer Anstrengungen längere Zeit, je nach Entwicklung eines wirksamen Impfstoffes, bis Impfungen bzw. entsprechende Tests organisiert werden konnten.

In dieser Phase diverser Lockdowns nutzte vor allem die FPÖ die großen Schwierigkeiten im Wirtschafts-, Schul- und Alltagsbereich, um gegen die Impfungen und Verordnungen mobil zu machen. Intensiv bemühte sich die Koalitionsregierung, nicht nur die Pandemie in den Griff zu bekommen, sondern auch die massiven Ausfälle in der Industrie, im Tourismus und in der Gastronomie durch zusätzliche finanzielle Förderungen abzufangen, um den totalen Zusammenbruch dieser Wirtschaftssektoren zu verhindern.

Innenpolitisch gelangen der SPÖ im Februar 2020 im Burgenland und im November in Wien Wahlerfolge: Hans Peter Doskozil erreichte im Burgenland die absolute Mandatsmehrheit, und in Wien setzte sich Michael Ludwig mit 41,62 Prozent der abgegebenen Stimmen an die Spitze einer Koalitionsregierung mit NEOS.

In den ersten Monaten des Jahres 2021 stieg die Demonstrationsbereitschaft gegen Corona-Maßnahmen, so dass 2021 die Polizei über 570 000 Einsatzstunden extra leisten musste, um Ausschreitungen im Rahmen dieser Demonstrationen zu verhindern. Die Gesamtkosten dieses Sondereinsatzes beliefen sich auf 18 Millionen Euro. Im Zusammenhang mit den Amtshandlungen wurden 19 000 Verwaltungsanzeigen, mehr als 500 Strafanzeigen wegen Widerstands gegen die Staatsgewalt, Verstößen gegen das NS-Verbotsgesetz (wegen nationalsozialistischer Wiederbetätigung) oder Körperverletzung erstattet. 380 Personen wurden kurzfristig festgenommen. Manche Demonstranten trugen auch gelbe »Judensterne« mit der Aufschrift »ungeimpft« – eine eindeutige Verharmlosung der Schoa. Die FPÖ steigerte durch ihr aggressives negatives

Engagement und die totale Leugnung der medizinischen wissenschaftlichen Erkenntnisse zur Eindämmung der das österreichische und internationale Gesundheitssystem bedrohenden Pandemie die Polarisierung und setzte sich vorbehaltlos an die Spitze der Impfgegner und der Corona-Maßnahmen-Gegner.

Ein innenpolitischer Super-GAU war auf das Mobiltelefon eines ehemaligen engen Mitarbeiters von Bundeskanzler Sebastian Kurz, Thomas Schmid, sowie Hausdurchsuchungen bei Ex-FPÖ-Chef Heinz-Christian Strache zurückzuführen. Experten der Korruptionsstaatsanwaltschaft gelang es, zahllose Chat-Nachrichten auf dem Mobiltelefon von Thomas Schmid zu rekonstruieren, obwohl er sie gelöscht hatte. Unter anderem führte in weiterer Folge eine mutmaßliche Inseratenkorruption zum Rücktritt des Bundeskanzlers, der aber ÖVP-Chef blieb. Dieser Rücktritt von Kurz erfolgte nicht freiwillig, sondern war auf massiven Druck des Koalitionspartners und Vizekanzlers Werner Kogler zurückzuführen.

Der endgültige Rückzug von Kurz aus der Politik erfolgte jedoch erst am 2. Dezember 2021. Bis zu diesem Zeitpunkt hatte sein enger Vertrauter, der ehemalige Außenminister Alexander Schallenberg, die Koalitionsregierung geleitet. Inzwischen hatte sich bei der Landtagswahl in Oberösterreich Ende Oktober 2021 die FPÖ wieder stabilisiert, und die ÖVP setzte die Rechtskoalition mit dieser Partei fort. Nach dem endgültigen Ausscheiden des als Superstar gefeierten Politikers Kurz wurde der ehemalige Innenminister Karl Nehammer als Bundeskanzler angelobt.

Im Folgejahr verschärften sich die innenpolitischen Auseinandersetzungen, und am 8. Jänner demonstrierten rund 40 000 Menschen gegen die Anti-Corona-Maßnahmen in Wien. Trotzdem wurde die Covid-19-Impfpflicht in Österreich für kurze Zeit eingeführt, es wurde aber kein Versuch unternommen, sie auch durchzusetzen. Insgesamt forderte die Pandemie 21 000 Todesopfer.

Innenpolitisch stabilisierte sich die politische Hochwetterlage zumindest etwas im Oktober 2022, nachdem der amtierende Bundespräsident Alexander Van der Bellen die Wahl mit 56,7 Prozent der Stimmen gewonnen hatte. Die internationale Situation eskalierte jedoch nach dem Angriff Russlands auf die Ukraine. Österreich hatte bereits in den Zeiten des Kaltes Krieges vor allem zugunsten billiger Rohstofflieferungen (Erdöl, Erdgas) enge Wirtschaftsbeziehungen mit der damaligen Sowjetunion entwickelt und intensivierte diese mit bedeutenden wechselseitigen Auslandsdirektinvestitionen sowohl in der Erdölindustrie als auch im

Bau- und Bankensektor ab den 1990er Jahren. Umso besorgter wurden die EU-Sanktionen gegen die Russische Föderation in Österreich kommentiert, aber letztlich doch mitgetragen.

Der innenpolitische Abstieg der ÖVP nach dem Rücktritt von Kurz setzte sich im Oktober 2022 fort, nachdem die ÖVP in ihrem Kernland Tirol auf knapp unter 35 Prozent der Stimmen gefallen war, woraufhin Landeshauptmann Anton Mattle mit der SPÖ zusammenarbeitete. Eine ähnlich massive Niederlage erlitt die Österreichische Volkspartei im März 2023 bei den Landtagswahlen in Niederösterreich mit knapp unter 40 Prozent der Stimmen. In der Folge bildete erstmals in diesem Bundesland die ÖVP mit der FPÖ (24 Prozent der Stimmen) eine Koalitionsregierung, die von der Opposition und im Kulturbereich heftig kritisiert wurde, unter Landeshauptfrau Johanna Mikl-Leitner. Aber auch die SPÖ verlor bei der Landtagswahl in Kärnten mit Landeshauptmann Peter Kaiser massiv an Stimmen (ihr Stimmenanteil fiel von etwa 48 auf rund 39 Prozent) und setzte die Regierungsarbeit in einer Koalition mit der ÖVP fort.

Zu einem innenpolitischen Kabarett entwickelte sich nach ständigen Attacken des burgenländischen Landeshauptmanns Hans Peter Doskozil an der Parteivorsitzenden Pamela Rendi-Wagner die Abstimmung um den SPÖ-Parteivorsitz. Doskozil setzte sich trotz Widerständen der Wiener SPÖ in einer Mitgliederbefragung knapp vor Andreas Babler und der amtierenden Parteivorsitzenden mit über 33 Prozent der abgegebenen Stimmen durch, scheiterte aber in einer Kampfabstimmung gegen den Traiskirchner Bürgermeister Andreas Babler. Zwar war ursprünglich bei der Konferenz in Linz Doskozil zum Sieger ausgerufen worden, aber ein aufmerksamer ORF-Journalist hatte bemerkt, dass eine Stimme fehlte. Bei der Nachzählung stellte sich zwei Tage später heraus, dass es einen Fehler beim Befüllen der Excel-Tabellen gegeben hatte und sich Babler nach einer fulminanten, vor allem die Parteifunktionäre ansprechenden Rede mit knapp 53 Prozent doch durchgesetzt hatte.

Ebenfalls einen politischen Erdrutsch gab es in Salzburg, als die ÖVP bei der Landtagswahl nur knapp über 30 Prozent der Stimmen auf sich vereinigen und die FPÖ fast 26 Prozent der Wähler ansprechen konnte. Wie in Niederösterreich und in Oberösterreich bildete die ÖVP in Salzburg eine Koalitionsregierung, obwohl sie auf Bundesebene auf totale Distanz zum aggressiven Rechtsaußenkurs der FPÖ unter dem neuen Parteivorsitzenden Herbert Kickl gegangen war.

Insgesamt gesehen setzt sich der Langzeittrend in Österreich fort, in dem die beiden ehemaligen dominanten Großparteien ÖVP und SPÖ zu Mittelparteien reduziert wurden und die FPÖ bei Meinungsumfragen 2023 sowohl für Nationalratswahlen als auch für die EU-Wahlen 2024 bei über 30 Prozent stabil blieb. ÖVP und SPÖ, mit einem kleinen Vorsprung für die SPÖ, schafften kaum mehr als 23–24 Prozent bei diversen Umfragen, Grüne und NEOS lagen bei rund 10 Prozent. Bemerkenswert ist auch die Situation in großen Städten wie Graz, wo erstmals in der Geschichte eine Kommunistin Bürgermeisterin wurde, oder in Innsbruck und Klagenfurt, wo Kleinparteien den Bürgermeister stellten.

Inwieweit die Kommunistische Partei Österreichs, die seit Ende der 1950er Jahre nicht mehr im Nationalrat vertreten und in der Zweiten Republik eine Kleinstpartei gewesen war, auch bei Nationalratswahlen erfolgreich sein könnte, wird sich erst zeigen. Insgesamt gesehen kommt es in Österreich wie in anderen europäischen Ländern zu einer totalen Fragmentierung der Parteienlandschaft und extrem schwierigen Koalitionsverhandlungen.

Gleichzeitig werden künftige Regierungsziele durch die massiv gestiegene Inflation (im November 2022 10,6 Prozent, ein Jahr später noch 5,4 Prozent) und explodierende Budgetdefizite, die teilweise hausgemacht sind, negativ beeinflusst. Allein in der Pandemie hat die Republik Österreich bis Mitte 2022 46,4 Milliarden Euro an Corona-Hilfen ausgegeben. 2020 waren das pro Kopf der Bevölkerung gerechnet 1475 Euro – der EU-Durchschnitt lag bei 325 Euro, in Deutschland beispielsweise bei 451 Euro.

Große Aufgaben wie die Transformation des gesamten Wirtschaftsbereichs auf klimaverträgliche Produktionen und Dienstleistungen sind in Österreich eine kaum bewältigbare Herausforderung. Dazu kommt die geopolitische Konfliktlage mit der Aggression Russlands gegen die Ukraine sowie den blutigen Konflikten im Nahen Osten nach dem brutalen Terrorangriff der palästinensischen Hamas auf Israel. Nach wie vor aber stehen die Österreicher zu 70 Prozent hinter dem Konzept der militärischen Neutralität – trotz enger, auch militärischer Kooperation mit der NATO. Ganz offensichtlich steht Neutralität nach wie vor nicht nur für die Nicht-Teilnahme an militärischen Bündnissen und Kriegen, sondern ist auch eine Art »Zauberformel« für den sozialen und wirtschaftlichen Aufstieg der österreichischen Gesellschaft nach Ende des Zweiten Weltkrieges.

Anhang

Stammtafeln

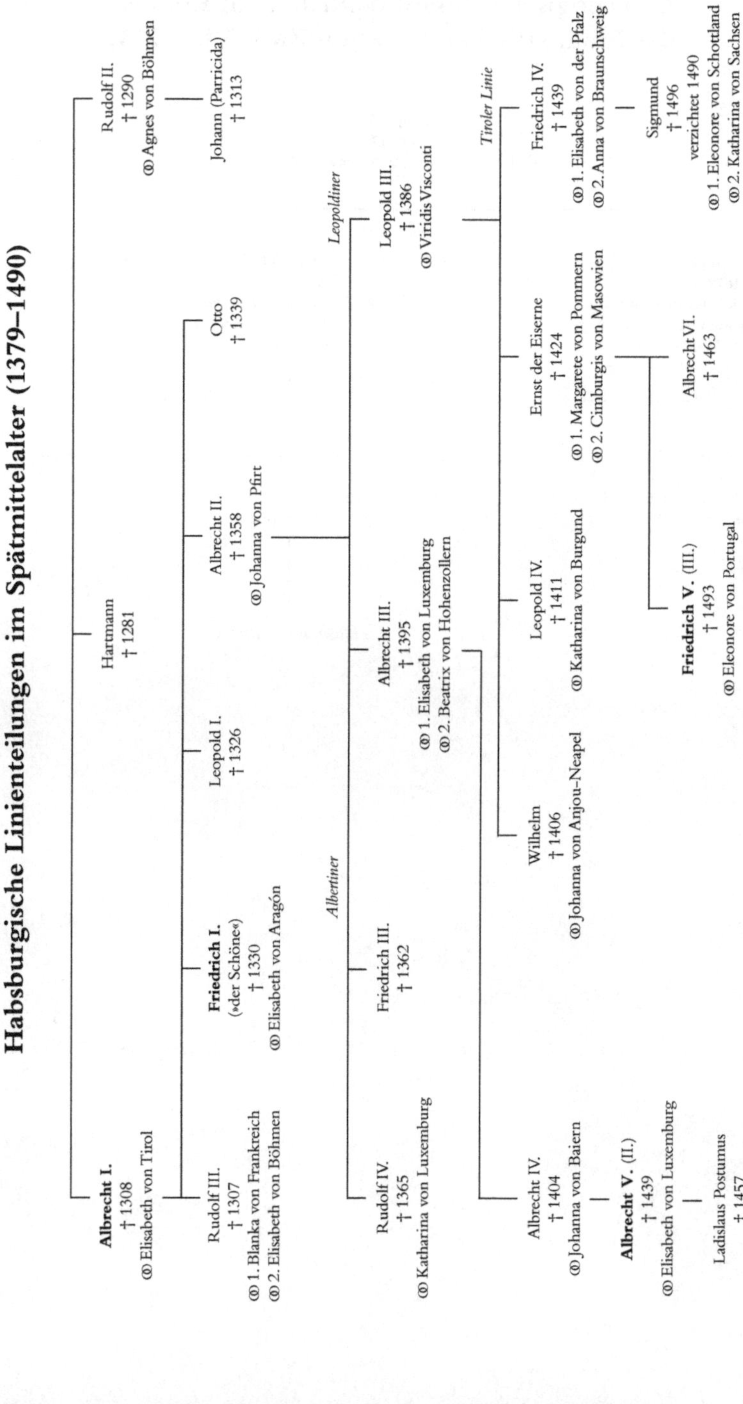

Genealogische Zusammenhänge im Kontext der Pragmatischen Sanktion Karls VI. (1713)

- **Leopold I.** (1640–1705) ⚭ 3. Eleonore von Pfalz-Neuburg (1655–1720)
  - **Joseph I.** (1678–1711) ⚭ Amalie Wilhelmine von Braunschweig-Lüneburg (1673–1742)
    - Maria Josepha (1699–1755) ⚭ (1719) Friedrich August II. von Sachsen-Polen
    - Maria Amalia (1701–1756) ⚭ (1722) Karl Albert von Bayern
  - Maria Elisabeth (1680–1741)
  - **Karl VI.** (1685–1740) ⚭ Elisabeth Christine von Braunschweig-Wolfenbüttel (1691–1750)
    - **Maria Theresia** (1717–1780) ⚭ (1736) Franz Stefan von Lothringen
      - *Habsburg-Lothringen*
    - Maria Anna (1718–1744) ⚭ (1744) Karl von Lothringen
  - Maria Magdalena (1689–1743)

Verzeichnis der Karten

Literaturhinweise[1]

Allgemein

Neuere Gesamtdarstellungen zur Geschichte Österreichs

Einbändige Geschichten Österreichs

Beller, Steven: Geschichte Österreichs. Wien/Köln/Weimar 2007. [Engl. OA 2006.]
Bruckmüller, Ernst: Österreichische Geschichte. Von der Urgeschichte bis zur Gegenwart. Wien [u. a.] 2019.
Niederstätter, Alois: Geschichte Österreichs. Stuttgart 2007.
Sandgruber, Roman: Illustrierte Geschichte Österreichs. Epochen, Menschen, Leistungen. Wien 2000.
Vocelka, Karl: Geschichte Österreichs. Kultur – Gesellschaft – Politik. Graz/Wien/Köln 2000; Taschenbuchausgabe München [7]2013.
Zöllner, Erich: Geschichte Österreichs. Von den Anfängen bis zur Gegenwart. Wien [8]1990.

»Österreichische Geschichte«, herausgegeben von Herwig Wolfram (Verlag Carl Ueberreuter)

Urban, Otto H.: Der lange Weg zur Geschichte. Die Urgeschichte Österreichs. Wien 2000.
Gassner, Verena / Jilek, Sonja / Ladstädter, Sabine: Am Rande des Reiches. Die Römer in Österreich. Wien 2002.
Wolfram, Herwig: Grenzen und Räume. Geschichte Österreichs vor seiner Entstehung. Wien 1995.
Brunner, Karl: Herzogtümer und Marken. Vom Ungarnsturm bis ins 12. Jahrhundert. Wien 1994.
Dopsch, Heinz [mit Beiträgen von Karl Brunner und Maximilian Weltin]: Die Länder und das Reich. Der Ostalpenraum im Hochmittelalter. Wien 1999.
Niederstätter, Alois: Die Herrschaft Österreich. Fürst und Land im Spätmittelalter. Wien 2001.
– Das Jahrhundert der Mitte. An der Wende vom Mittelalter zur Neuzeit. Wien 1996.
Winkelbauer, Thomas: Ständefreiheit und Fürstenmacht. Länder und Untertanen des Hauses Habsburg im konfessionellen Zeitalter. 2 Teilbde. Wien 2003.
Vocelka, Karl: Glanz und Untergang der höfischen Welt. Repräsentation, Reform und Reaktion im habsburgischen Vielvölkerstaat. Wien 2001.
Rumpler, Helmut: Eine Chance für Mitteleuropa. Bürgerliche Emanzipation und Staatsverfall in der Habsburgermonarchie. Wien 1997.
Hanisch, Ernst: Der lange Schatten des Staates. Österreichische Gesellschaftsgeschichte im 20. Jahrhundert. Wien 1994.
Sandgruber, Roman: Ökonomie und Politik. Österreichische Wirtschaftsgeschichte vom Mittelalter bis zur Gegenwart. Wien 1995.
Leeb, Rudolf / Liebmann, Maximilian / Scheibelreiter, Georg / Tropper, Peter G.: Geschichte des Christentums in Österreich. Von der Spätantike bis zur Gegenwart. Wien 2003.
Brugger, Eveline [u. a.]: Geschichte der Juden in Österreich. Wien 2006.

1 Eine umfangreichere Bibliographie zur Geschichte Österreichs steht als Download auf der Website des Reclam Verlags zur Verfügung: https://www.reclam.de/data/media/Geschichte_Oesterreichs_Literaturhinweise.pdf

»Geschichte Österreichs« (Verlag Pichler)
Bd. 1: Pleyel, Peter: Das römische Österreich. Wien 2002.
Bd. 2: Pohanka, Reinhard: Geschichte Österreichs im Mittelalter. Wien 2002.
Bd. 3: Hengl, Martina: Renaissance und Gegenreformation. Wien 2003.
Bd. 4: Sachslehner, Johannes: Barock und Aufklärung. Wien 2003.
Bd. 5: Buchmann, Bertrand Michael: Kaisertum und Doppelmonarchie. Wien 2003.
Bd. 6: Sandgruber, Roman: Das 20. Jahrhundert. Wien 2003.

Neuere Überblicksdarstellungen zur Geschichte der Habsburgermonarchie

Bellabarba, Marco: Das Habsburgerreich 1765–1918. Berlin 2020. [Italien. OA 2014.]
Beller, Steven: The Habsburg Monarchy, 1815–1918. Cambridge 2018.
Bérenger, Jean: Geschichte der Habsburgermonarchie 1273–1918. Wien/Köln/Weimar 1995. [Franz. OA 1990.]
Deak, John: Forging a Multinational State. State Making in Imperial Austria from the Enlightenment to the First World War. Stanford 2015.
Fichtner, Paula Sutter: The Habsburg Empire. From Dynasticism to Multinationalism. Malabar 1997.
– The Habsburg Monarchy, 1490–1848. Attributes of Empire. Houndmills / New York 2003.
Ingrao, Charles W.: The Habsburg Monarchy, 1618–1815. Cambridge ²2000.
Judson, Pieter M.: Habsburg. Geschichte eines Imperiums, 1740–1918. München 2017. [Amerikan. OA 2016.]
Okey, Robin: The Habsburg Monarchy c. 1765–1918. From Enlightenment to Eclipse. Houndmills/London 2001.

Geschichte des Heiligen Römischen Reichs und deutsche Geschichte in der Zeit der Kaiser aus dem Haus Habsburg bzw. Habsburg-Lothringen

Aretin, Karl Otmar Freiherr von: Das Alte Reich 1648–1806. 4 Bde. Stuttgart 1993–2000.
Evans, R[obert] J. W. / Schaich, Michael / Wilson, Peter H. (Hrsg.): The Holy Roman Empire 1495–1806. London/Oxford 2011.
– / Wilson, Peter H. (Hrsg.): The Holy Roman Empire, 1495–1806. A European Perspective. Leiden/Boston 2012.
Gebhardt. Handbuch der deutschen Geschichte. 10., völlig neu bearb. Aufl.
Bd. 9: Reinhard, Wolfgang: Probleme deutscher Geschichte 1495–1806. Reichsreform und Reformation 1495–1555. Stuttgart 2001.
Bd. 10: Lanzinner, Maximilian: Konfessionelles Zeitalter 1555–1618. Schormann, Gerhard: Dreißigjähriger Krieg 1618–1648. Stuttgart 2001.
Bd. 11: Burkhardt, Johannes: Vollendung und Neuorientierung des frühmodernen Reiches 1648–1763. Stuttgart 2006.
Bd. 12: Demel, Walter: Reich, Reformen und sozialer Wandel 1763–1806. Stuttgart 2005.
Gotthard, Axel: Das Alte Reich 1495–1806. Darmstadt ⁴2009.

Neuhaus, Helmut: Das Reich in der Frühen Neuzeit. München ²2003.
Schmidt, Georg: Geschichte des Alten Reiches. Staat und Nation in der Frühen Neuzeit. 1495–1806. München 1999.
Schnettger, Matthias: Kaiser und Reich. Eine Verfassungsgeschichte (1500–1806). Stuttgart 2020.
Stollberg-Rilinger, Barbara: Das Heilige Römische Reich Deutscher Nation. Vom Ende des Mittelalters bis 1806. München ⁶2018.
Whaley, Joachim: Das Heilige Römische Reich Deutscher Nation und seine Territorien [1493–1806]. 2 Bde. Darmstadt 2014. [Engl. OA 2012.]

Biographische Lexika und andere Nachschlagewerke

Bruckmüller, Ernst (Hrsg.): Österreich-Lexikon. 3 Bde. Wien 2004.
Czeike, Felix: Historisches Lexikon Wien in 5 Bänden. Wien 1992–97. – Um einen Ergänzungsband erw. Neuausg. in 6 Bdn. Wien 2004. – Online: Wien Geschichte Wiki. www.wien.gv.at/wiki/index.php/Wien_Geschichte_Wiki.
Diem, Peter: Die Symbole Österreichs. Zeit und Geschichte in Zeichen. Wien 1995.
Hamann, Brigitte (Hrsg.): Die Habsburger. Ein biographisches Lexikon. Wien 1988.
Kleindel, Walter: Österreich. Daten zur Geschichte und Kultur. Wien [u. a.] 1978. Salzburg ⁵2004. [Aktual. Sonderausg.]
Mischler, Ernst / Ulbrich, Josef (Hrsg.): Österreichisches Staatswörterbuch. Handbuch des gesamten österreichischen öffentlichen Rechtes. 4 Bde. Wien ²1905–09.
Österreichisches Biographisches Lexikon 1815–1950. 16 Bde. Wien 1957–2022. – Online: https://www.biographien.ac.at/oebl?frames=yes.
Wurzbach, Constant von: Biographisches Lexikon des Kaiserthums Österreich. 60 Bde. und 1 Reg.-Bd. zu den Nachträgen. Wien 1856–1923.

Quellenkunde und Archivgeschichte

Hochedlinger, Michael: Österreichische Archivgeschichte. Vom Spätmittelalter bis zum Ende des Papierzeitalters. Wien/München 2013.
Lhotsky, Alphons: Quellenkunde zur mittelalterlichen Geschichte Österreichs. Wien 1963.
Pauser, Josef / Scheutz, Martin / Winkelbauer, Thomas (Hrsg.): Quellenkunde der Habsburgermonarchie (16.–18. Jahrhundert). Ein exemplarisches Handbuch. Wien/München 2004.
Tersch, Harald: Österreichische Selbstzeugnisse des Spätmittelalters und der Frühen Neuzeit (1400–1650). Wien/Köln/Weimar 1998.
Zöllner, Erich (Hrsg.): Die Quellen der Geschichte Österreichs. Wien 1982.

Handbücher, Sammelbände und Überblicksdarstellungen zu ausgewählten Aspekten der österreichischen Geschichte sowie zur Geschichte der Habsburger

Acham, Karl (Hrsg.): Geschichte der österreichischen Humanwissenschaften. 6 Bde. Wien 1999–2004.

Baltl, Hermann / Kocher, Gernot: Österreichische Rechtsgeschichte. Unter Einschluß sozial- und wirtschaftsgeschichtlicher Grundzüge, von den Anfängen bis zur Gegenwart. Graz [9]1997.

Brauneder, Wilhelm: Österreichische Verfassungsgeschichte. Wien [11]2009.

Brix, Emil / Bruckmüller, Ernst / Stekl, Hannes (Hrsg.): Memoria Austriae. 3 Bde. Wien 2004–05.

Bruckmüller, Ernst: Nation Österreich. Kulturelles Bewußtsein und gesellschaftlich-politische Prozesse. Wien [u. a.] [2]1996.

– Sozialgeschichte Österreichs. Wien [u. a.] [2]2001.

Butschek, Felix: Österreichische Wirtschaftsgeschichte. Von der Antike bis zur Gegenwart. Wien/Köln/Weimar 2011.

Engelbrecht, Helmut: Geschichte des österreichischen Bildungswesens. Erziehung und Unterricht auf dem Boden Österreichs. 5 Bde. Wien 1982–88.

Fillitz, Hermann (Hrsg.): Geschichte der bildenden Kunst in Österreich. 6 Bde. München 1998–2003.

Flotzinger, Rudolf / Gruber, Gernot (Hrsg.): Musikgeschichte Österreichs. 3 Bde. Wien/Köln/Weimar [2]1995.

Hochedlinger, Michael / Maťa, Petr / Winkelbauer, Thomas (Hrsg.): Verwaltungsgeschichte der Habsburgermonarchie in der Frühen Neuzeit. Bd. 1 (in 2 Teilbdn.): Hof und Dynastie, Kaiser und Reich, Zentralverwaltungen, Kriegswesen und landesfürstliches Finanzwesen. Wien 2019.

Körber, Esther-Beate: Habsburgs europäische Herrschaft. Von Karl V. bis zum Ende des 16. Jahrhunderts. Darmstadt 2002.

Kriegleder, Wynfried: Eine kurze Geschichte der Literatur in Österreich. Menschen – Bücher – Institutionen. Wien [2]2014.

Lehner, Oskar: Österreichische Verfassungs- und Verwaltungsgeschichte mit Grundzügen der Wirtschafts- und Sozialgeschichte. Linz [3]2002.

Schennach, Martin P.: Austria inventa? Zu den Anfängen der österreichischen Staatsrechtslehre. Frankfurt a. M. 2020.

– Rechtsgeschichte der österreichischen Wirtschaft. Wien 2022.

Scheutz, Martin / Strohmeyer, Arno (Hrsg.): Von Lier nach Brüssel: Schlüsseljahre österreichischer Geschichte (1496–1995). Innsbruck/Wien/Bozen 2010.

Strohmeyer, Arno: Die Habsburger Reiche 1555–1740: Herrschaft – Gesellschaft – Politik. Darmstadt 2012.

Walter, Friedrich: Österreichische Verfassungs- und Verwaltungsgeschichte von 1500 bis 1955. Aus dem Nachlaß hrsg. von Adam Wandruszka. Wien [u. a.] 1972.

Zeman, Herbert (Hrsg.): Geschichte der Literatur in Österreich. Von den Anfängen bis zur Gegenwart. 7 Bde. Graz 1994–2004.

– (Hrsg.): Literaturgeschichte Österreichs. Von den Anfängen im Mittelalter bis zur Gegenwart. Freiburg i. Br. [u. a.] [2]2014.

Zeyringer, Klaus / Gollner, Helmut: Eine Literaturgeschichte: Österreich seit 1650. Innsbruck/Wien/Bozen 2012.

Zu den einzelnen Kapiteln

Einleitung

Fellner, Fritz: Geschichtsschreibung und nationale Identität. Probleme und Leistungen der österreichischen Geschichtswissenschaft. Wien/Köln/Weimar 2002.
Hye, Hans Peter / Mazohl, Brigitte / Niederkorn, Jan Paul (Hrsg.): Nationalgeschichte als Artefakt. Zum Paradigma »Nationalstaat« in den Historiographien Deutschlands, Italiens und Österreichs. Wien 2009.
Klettenhammer, Sieglinde / Scharr, Kurt (Hrsg.): Was heißt Österreich? Überlegungen zum Feld der Austrian Studies im 21. Jahrhundert. Klagenfurt 2021.
Plaschka, Richard G. / Stourzh, Gerald / Niederkorn, Jan Paul (Hrsg.): Was heißt Österreich? Inhalt und Umfang des Österreichbegriffs vom 10. Jahrhundert bis heute. Wien 1995.
Scheutz, Martin / Strohmeyer, Arno (Hrsg.): Was heißt »österreichische« Geschichte? Probleme, Perspektiven und Räume der Neuzeitforschung. Innsbruck 2008.
Stourzh, Gerald: Vom Reich zur Republik. Studien zum Österreichbewusstsein im 20. Jahrhundert. Wien 1990.
– Der Umfang der österreichischen Geschichte. Ausgewählte Studien 1990–2010. Wien/Köln/Graz 2011.
Winkelbauer, Thomas (Hrsg.): Österreichische Geschichte im 21. Jahrhundert. Individuelle Standortbestimmungen, Retrospektiven und Perspektiven. Wien 2022. (= Österreich in Geschichte und Literatur, Heft 4/2022.)
– Die Habsburgermonarchie (1526–1918) als Gegenstand der modernen Historiographie. Wien 2022.
Wolfram, Herwig / Pohl, Walter (Hrsg.): Probleme der Geschichte Österreichs und ihrer Darstellung. Wien 1991.
Zöllner, Erich: Der Österreichbegriff. Formen und Wandlungen in der Geschichte. Wien 1988.

Von der römischen Herrschaft bis zur Karolingerzeit (15 v. Chr. bis 907)

Alföldy, Géza / Birley, Anthony: Noricum. London 1974.
Bratož, Rajko (Hrsg.): Slowenien und die Nachbarländer zwischen Antike und karolingischer Epoche. 2 Bde. Ljubljana 2000.
Dopsch, Heinz (Hrsg.): Geschichte Salzburgs – Stadt und Land. Bd. I/1–2 und Reg.-Bd. Salzburg 1981–84.
Fehr, Hubert / Heitmeier, Irmtraut (Hrsg.): Die Anfänge Bayerns. Von Raetien und Noricum zur frühmittelalterlichen Baiovaria. St. Ottilien 2012.
Fischer, Thomas: Noricum. Mainz 2002.
Friesinger, Herwig / Vacha, Brigitte: Die vielen Väter Österreichs. Römer, Germanen, Slawen – eine Spurensuche. Wien 1988.
Glaser, Franz: Frühes Christentum im Alpenraum. Regensburg 1997.
Goldberg, Eric J.: Struggle for Empire. Kingship and Conflict under Louis the German, 817–876. Ithaca/London 2006.

Jahn, Joachim: Ducatus Baiuvariorum. Das bairische Herzogtum der Agilolfinger. Stuttgart 1991.

Kahl, Hans-Dietrich: Der Staat der Karantanen. Ljubljana 2002.

Lotter, Friedrich: Severinus von Noricum. Legende und historische Wirklichkeit. Stuttgart 1976.

Pohl, Walter: Die Awaren. Ein Steppenvolk in Mitteleuropa 567–822 n. Chr. München ^{3}2015.

– The Avars. A Steppe Empire in Central Europe, 567–822. Ithaca 2018. [In der engl. Übersetzung grundlegend neu bearbeitet und ergänzt.]

– Die Völkerwanderung. Eroberung und Integration. Stuttgart/Berlin/Köln ^{2}2005.

Schieffer, Rudolf: Die Zeit des karolingischen Großreichs 714–887. Stuttgart 2005. (Gebhardt. Handbuch der deutschen Geschichte. 2.)

Štih, Peter: The Middle Ages between the Eastern Alps and the Northern Adriatic. Leiden/Boston 2010.

Winckler, Katharina: Die Alpen im Frühmittelalter. Die Geschichte eines Raumes in den Jahren 500 bis 800. Wien/Köln/Weimar 2012.

Wolfram, Herwig: Salzburg, Bayern, Österreich. Die Conversio Bagoariorum et Carantanorum und die Quellen ihrer Zeit. Wien 1995.

– Conversio Bagoariorum et Carantanorum. Das Weißbuch der Salzburger Kirche über die erfolgreiche Mission in Karantanien und Pannonien mit Zusätzen und Ergänzungen. Ljubljana 2012.

Die Länder und das Reich (907–1278)

Appelt, Heinrich: Privilegium minus. Das staufische Kaisertum und die Babenberger in Österreich. Graz 1973.

Babenberger-Forschungen. Red. von Max Weltin. (= Jahrbuch für Landeskunde von Niederösterreich NF 42, 1976.)

Brunner, Karl: Leopold der Heilige – ein Porträt aus dem Frühling des Mittelalters. Wien 2009.

Dienst, Heide: Agnes. Herzogin, Markgräfin, Ehefrau und Mutter. Wien 1975.

– Regionalgeschichte und Gesellschaft im Hochmittelalter am Beispiel Österreichs. Wien 1990.

Dopsch, Heinz (Hrsg.): Geschichte Salzburgs. Stadt und Land. Bd. 1/1–3: Vorgeschichte – Altertum – Mittelalter. Salzburg ^{2}1983–84.

Eines Fürsten Traum. Meinhard II. – Das Werden Tirols. Tiroler Landesausstellung 1995 Stift Stams – Schloss Tirol. Innsbruck 1995.

Fräss-Ehrfeld, Claudia: Geschichte Kärntens. Bd. 1: Das Mittelalter. Klagenfurt 1984.

Hageneder, Othmar: Das Werden der österreichischen Länder. In: Der österreichische Föderalismus und seine historischen Grundlagen. Wien 1969. S. 21–41.

Hausmann, Friedrich: Kaiser Friedrich II. und Österreich. In: Fleckenstein, Josef (Hrsg.): Probleme um Friedrich II. Sigmaringen 1974. S. 225–308.

Hoensch, Jörg K.: Přemysl Otakar II. von Böhmen. Der goldene König. Graz/Wien/Köln 1989.

Im Schnittpunkt frühmittelalterlicher Kulturen. Niederösterreich an der Wende vom 9. zum 10. Jahrhundert. Red. von Roman Zehetmayer. (= NÖLA. Mitteilungen aus dem Niederösterreichischen Landesarchiv 13, 2008.)

Kuenringer-Forschungen. Red. von Andreas Kusternig und Max Weltin. (= Jahrbuch für Landeskunde von Niederösterreich NF 46/47, 1980/81.)
Lechner, Karl: Die Babenberger. Markgrafen und Herzoge in Österreich 976–1246. Wien [4]1993.
Lohrmann, Klaus: Die Babenberger und ihre Nachbarn. Wien [u. a.] 2020.
Maleczek, Werner: Die Steiermark. Phasen der Landeswerdung im Hochmittelalter. In: Österreich in Geschichte und Literatur 41 (1997) S. 81–103.
Ottokar-Forschungen. Red. von Max Weltin und Andreas Kusternig. (= Jahrbuch für Landeskunde von Niederösterreich NF 44/45, 1978/79.)
Pferschy, Gerhard (Hrsg.): Das Werden der Steiermark. Die Zeit der Traungauer. Graz 1980.
Plaschka, Richard G. / Drabek, Anna M. (Hrsg.): Österreich im Hochmittelalter (907–1246). Wien 1991.
Scheibelreiter, Georg: Die Babenberger. Reichsfürsten und Landesherren. Wien/Köln/Weimar 2010.
– Ostarrîchi – Das Werden einer historischen Landschaft. In: Brauneder, Wilhelm / Höbelt, Lothar (Hrsg.): Sacrum Imperium. Das Reich und Österreich 996–1806. Wien 1995. S. 9–70.
Schmid, Peter (Hrsg.): Die Geburt Österreichs: 850 Jahre Privilegium minus. Regensburg 2007.
1000 Jahre Babenberger in Österreich. Katalog der Ausstellung im Stift Lilienfeld. Wien [3]1976.
Zehetmayer, Roman: Die Babenberger als Herzöge von Bayern (1139–1156). In: Zeitschrift für bayerische Landesgeschichte 77 (2014) S. 183–219.
– Die Entstehung des Landes (Nieder-)Österreich und des Landesbewusstseins seiner Bewohner im hohen Mittelalter. St. Pölten 2022.
Zöllner, Erich (Hrsg.): Das babenbergische Österreich. Wien 1978.

Vom Herzogtum Österreich zum Haus Österreich (1278–1519)

Baum, Wilhelm: Reichs- und Territorialgewalt (1273–1437). Königtum, Haus Österreich und Schweizer Eidgenossen im späten Mittelalter. Wien 1994.
– Rudolf IV. der Stifter, seine Welt und seine Zeit. Graz/Wien 1996.
Brunner, Otto: Land und Herrschaft. Grundfragen der territorialen Verfassungsgeschichte Österreichs im Mittelalter. Darmstadt [5]1965.
Csendes, Peter / Opll, Ferdinand (Hrsg.): Wien. Geschichte einer Stadt. Bd. 1: Von den Anfängen bis zur Ersten Wiener Türkenbelagerung (1529). Wien/Köln/Weimar 2001.
Debertol, Markus [u. a.] (Hrsg.): Per tot discrimina rerum. Maximilian I. (1459–1519). Wien/Köln 2022.
Dopsch, Heinz (Hrsg.): Geschichte Salzburgs. Stadt und Land. Bd. 1/1–3: Vorgeschichte – Altertum – Mittelalter. Salzburg [2]1983–84.
– 650 Jahre »Land« Salzburg. Vom Werden eines Landes. In: Österreich in Geschichte und Literatur 36 (1992) S. 255–276.
Fraydenegg-Monzello, Otto (Hrsg.): Schatz und Schicksal. Steirische Landesausstellung 1996 Mariazell & Neuberg an der Mürz. Graz 1996.
Heinig, Paul-Joachim: Kaiser Friedrich III. (1440–1493). Hof, Regierung und Politik. 3 Tle. Köln/Weimar/Wien 1997.

Helmrath, Johannes / Kocher, Ursula / Sieber, Andrea (Hrsg.): Maximilians Welt. Kaiser Maximilian I. im Spannungsfeld zwischen Innovation und Tradition. Göttingen 2018.

Hödl, Günter: Habsburg und Österreich 1273–1493. Gestalten und Gestalt des österreichischen Spätmittelalters. Wien/Köln/Graz 1988.

Hörmann-Thurn und Taxis, Julia: Angepasst oder selbstbestimmt? Zur Sozial- und Kulturgeschichte spätmittelalterlicher Fürstinnen im Herzogtum Österreich und in der Grafschaft Tirol im 13. und 14. Jahrhundert. Wien/München 2023.

Hollegger, Manfred: Maximilian I. (1459–1519). Herrscher und Mensch einer Zeitenwende. Stuttgart 2005.

Just, Thomas / Kininger, Kathrin / Sommerlechner, Andrea / Weigl, Herwig (Hrsg.): Privilegium maius. Autopsie, Kontext und Karriere der Fälschungen Rudolfs IV. von Österreich. Wien [u. a.] 2018.

Koller, Heinrich: Kaiser Friedrich III. Darmstadt 2005.

Krieger, Karl-Friedrich: Die Habsburger im Mittelalter. Von Rudolf I. bis Friedrich III. Stuttgart 1994.

Lackner, Christian: Das Haus Österreich und seine Länder im Spätmittelalter. Dynastische Integration und regionale Identitäten. In: Maleczek, Werner (Hrsg.): Fragen der politischen Integration im mittelalterlichen Europa. Ostfildern 2005. S. 273–301.

– Hof und Herrschaft. Rat, Kanzlei und Regierung der österreichischen Herzoge (1365–1406). Wien/München 2002.

Lhotsky, Alphons: Geschichte Österreichs seit der Mitte des 13. Jahrhunderts (1281–1358). Wien 1967.

Moraw, Peter: Das Reich und Österreich im Spätmittelalter. In: Brauneder, Wilhelm / Höbelt, Lothar (Hrsg.): Sacrum Imperium. Das Reich und Österreich 996–1806. Wien 1996. S. 92–130.

Müller, Jan-Dirk: Gedechtnus. Literatur und Hofgesellschaft um Maximilian I. München 1982.

Riedmann, Josef: Die Beziehungen der Grafen und Landesfürsten von Tirol zu Italien bis zum Jahre 1335. Wien 1977.

– Mittelalter. In: Fontana, Josef [u. a.] (Hrsg.): Geschichte des Landes Tirol. Bd. 1. Bozen/Innsbruck/Wien [2]1990. S. 291–698.

Schubert, Alexander / Heimann, Simone (Hrsg.): Die Habsburger im Mittelalter. Aufstieg einer Dynastie. Darmstadt 2022.

Stelzer, Winfried: Landesbewußtsein in den habsburgischen Ländern östlich des Arlbergs bis zum frühen 15. Jahrhundert. In: Maleczek, Werner (Hrsg.): Spätmittelalterliches Landesbewusstsein in Deutschland. Ostfildern 2005. S. 157–222.

Wiesflecker, Hermann: Kaiser Maximilian I. Das Reich, Österreich und Europa an der Wende zur Neuzeit. 5 Bde. Wien 1971–86.

– Österreich im Zeitalter Maximilians I. Die Vereinigung der Länder zum frühmodernen Staat. Der Aufstieg zur Weltmacht. Wien/München 1999.

Wolfinger, Lukas: Die Herrschaftsinszenierung Rudolfs IV. von Österreich. Strategien – Publikum – Rezeption. Wien [u. a.] 2018.

Die Zeit der frühen Habsburger. Dome und Klöster 1279–1379. Niederösterreichische Landesausstellung in Wiener Neustadt. Wien 1979.

Vom Tod Maximilians I. bis zum Aussterben der Habsburger in männlicher Linie (1519–1740)

Ammerer, Gerhard [u. a.] (Hrsg.): Bündnispartner und Konkurrenten der Landesfürsten? Die Stände in der Habsburgermonarchie. Wien/München 2007.

Bahlcke, Joachim: Regionalismus und Staatsintegration im Widerstreit. Die Länder der Böhmischen Krone im ersten Jahrhundert der Habsburgerherrschaft (1526–1619). München 1994.

Brunner, Otto: Adeliges Landleben und europäischer Geist. Leben und Werk Wolf Helmhards von Hohberg 1612–1688. Salzburg 1949.

Cerman, Markus / Knittler, Herbert: Town and Country in the Austrian and Czech Lands, 1450–1800. In: Epstein, S. R. (Hrsg.): Town and Country in Europe, 1300–1800. Cambridge 2001. S. 176–201.

Coreth, Anna: Pietas Austriaca. Österreichische Frömmigkeit im Barock. Wien ^{2}1982.

Dolinar, France M[artin] [u. a.] (Hrsg.): Katholische Reform und Gegenreformation in Innerösterreich 1564–1628. Klagenfurt [u. a.] 1994.

Duindam, Jeroen: Vienna and Versailles. The Courts of Europe's Dynastic Rivals, 1550–1780. Cambridge [u. a.] 2003.

Evans, R[obert] J. W.: Das Werden der Habsburgermonarchie 1550–1700. Gesellschaft, Kultur, Institutionen. Wien/Köln/Graz 1986. [Engl. OA 1979.]

– Rudolf II and his World. A Study in Intellectual History 1576–1612. Oxford 1973. – Korr. Neuausg. 1997. [Um einen Großteil des Anmerkungsapparates gekürzte deutsche Ausgabe: Rudolf II. Ohnmacht und Einsamkeit. Graz/Wien/Köln 1980.]

Fata, Márta: Ungarn, das Reich der Stephanskrone, im Zeitalter der Reformation und Konfessionalisierung. Multiethnizität, Land und Konfession 1500 bis 1700. Münster 2000.

Godsey, William D.: The Sinews of Habsburg Power. Lower Austria in a Fiscal Military State (1650–1820). Oxford 2018.

– / Maťa, Petr (Hrsg.): The Habsburg Monarchy as a Fiscal-Military State. Contours and Perspectives, 1648–1815. Oxford 2022.

Hengerer, Mark: Kaiserhof und Adel in der Mitte des 17. Jahrhunderts. Eine Kommunikationsgeschichte der Macht in der Vormoderne. Konstanz 2004.

Hochedlinger, Michael: Austria's Wars of Emergence. War, State and Society in the Habsburg Monarchy 1683–1797. London [u. a.] 2003.

Kampmann, Christoph [u. a.] (Hrsg.): Bourbon – Habsburg – Oranien. Konkurrierende Modelle im dynastischen Europa um 1700. Köln/Weimar/Wien 2008.

Kaser, Karl: Freier Bauer und Soldat. Die Militarisierung der agrarischen Gesellschaft an der kroatisch-slawonischen Militärgrenze (1535–1881). Wien/Köln/Graz ^{2}1997.

Keller, Katrin / Scheutz, Martin (Hrsg.): Die Habsburgermonarchie und der Dreißigjährige Krieg. Wien 2020.

Klueting, Harm: Das Reich und Österreich 1648–1740. Münster 1999.

Kohler, Alfred: Ferdinand I. 1503–1564. Fürst, König und Kaiser. München 2003.

Kurz, Marlene / Scheutz, Martin / Vocelka, Karl / Winkelbauer, Thomas (Hrsg.): Das Osmanische Reich und die Habsburgermonarchie. Wien/München 2005.

Leeb, Rudolf / Pils, Susanne Claudine / Winkelbauer, Thomas (Hrsg.): Staatsmacht und Seelenheil. Gegenreformation und Geheimprotestantismus in der Habsburgermonarchie. Wien/München 2007.

– / Scheutz, Martin / Weikl, Dietmar (Hrsg.): Geheimprotestantismus und evangelische

Kirchen in der Habsburgermonarchie und im Erzstift Salzburg (17./18. Jahrhundert). Wien/München 2009.
Lobenwein, Elisabeth / Scheutz, Martin / Weiß, Alfred Stefan (Hrsg.): Bruderschaften als multifunktionale Dienstleister in Zentraleuropa. Wien 2018.
Mat'a, Petr / Winkelbauer, Thomas (Hrsg.): Die Habsburgermonarchie 1620 bis 1740. Leistungen und Grenzen des Absolutismusparadigmas. Stuttgart 2006.
Pálffy, Géza: The Kingdom of Hungary and the Habsburg Monarchy in the Sixteenth Century. New York 2009.
– Hungary Between Two Empires, 1526–1711. Bloomington, Ind. 2021.
– Das Königreich Ungarn (1526–1699): Eine alte Regionalmacht innerhalb einer neuen Monarchie. In: Schmitt, Oliver Jens (Hrsg.): Handbuch zur Geschichte Südosteuropas. Bd. 2: Herrschaft und Politik in Südosteuropa von 1300 bis 1800. Berlin/Boston 2021. S. 567–659.
Pečar, Andreas: Die Ökonomie der Ehre. Höfischer Adel am Kaiserhof Karls VI. Darmstadt 2003.
Rauscher, Peter (Hrsg.): Kriegführung und Staatsfinanzen. Die Habsburgermonarchie und das Heilige Römische Reich vom Dreißigjährigen Krieg bis zum Ende des habsburgischen Kaisertums 1740. Münster 2010.
– / Scheutz, Martin (Hrsg.): Die Stimme der ewigen Verlierer? Aufstände, Revolten und Revolutionen in den österreichischen Ländern (ca. 1450–1815). Wien/München 2013.
Rill, Gerhard: Fürst und Hof in Österreich von den habsburgischen Teilungsverträgen bis zur Schlacht von Mohács (1521/22 bis 1526). 2 Bde. Wien/Köln/Weimar 1993/2003.
Schulze, Winfried: Landesdefension und Staatsbildung. Studien zum Kriegswesen des innerösterreichischen Territorialstaates (1564–1619). Wien/Köln/Graz 1973.
Schumann, Jutta: Die andere Sonne. Kaiserbild und Medienstrategien im Zeitalter Leopolds I. Berlin 2003.
Soós, István: Das Königreich Ungarn in der Donaumonarchie (1699–1790). In: Schmitt, Oliver Jens (Hrsg.): Handbuch zur Geschichte Südosteuropas. Bd. 2: Herrschaft und Politik in Südosteuropa von 1300 bis 1800. Berlin/Boston 2021. S. 695–781.
Steiner, Stephan: Combating the Hydra. Violence and Resistance in the Habsburg Empire, 1500–1900. West Lafayette, Ind., 2023.
Strohmeyer, Arno: Konfessionskonflikt und Herrschaftsordnung. Widerstandsrecht bei den österreichischen Ständen (1550–1650). Mainz 2006.
Sturmberger, Hans: Adam Graf Herberstorff. Herrschaft und Freiheit im konfessionellen Zeitalter. München/Wien 1976.
– Georg Erasmus Tschernembl. Religion, Libertät und Widerstand. Ein Beitrag zur Geschichte der Gegenreformation und des Landes ob der Enns. Linz/Graz/Köln 1953.
Thaler, Peter: Protestant Resistance in Counterreformation Austria. New York / London 2020.
Winkelbauer, Thomas: Fürst und Fürstendiener. Gundaker von Liechtenstein, ein österreichischer Aristokrat des konfessionellen Zeitalters. Wien/München 1999.
Zöllner, Erich / Gutkas, Karl (Hrsg.): Österreich und die Osmanen – Prinz Eugen und seine Zeit. Wien 1988.

Vom Tod Karls VI. bis zum Wiener Kongress (1740–1815)

Beales, Derek: Joseph II. Bd. 1: In the Shadow of Maria Theresia, 1741–1780. Bd. 2: Against the World, 1780–1790. Cambridge 1987/2009.

Dickson, P[eter] G[eorge] M[uir]: Finance and Government under Maria Theresia, 1740–1780. 2 Bde. Oxford 1987.

Fillafer, Franz Leander: Aufklärung habsburgisch. Staatsbildung, Wissenskultur und Geschichtspolitik in Zentraleuropa 1750–1850. Göttingen 2020.

– / Wallnig, Thomas (Hrsg.): Josephinismus zwischen den Regimen. Eduard Winter, Fritz Valjavec und die zentraleuropäischen Historiographien im 20. Jahrhundert. Wien [u. a.] 2016.

Godsey, William D.: The Sinews of Habsburg Power. Lower Austria in a Fiscal Military State (1650–1820). Oxford 2018.

– / Maťa, Petr (Hrsg.): The Habsburg Monarchy as a Fiscal-Military State. Contours and Perspectives, 1648–1815. Oxford 2022.

Hanß, Stefan / McEwan, Dorothea (Hrsg.): The Habsburg Mediterranean 1500–1800. Wien 2021.

Haug-Moritz, Gabriele / Hye, Hans Peter / Raffler, Marlies (Hrsg.): Adel im »langen« 18. Jahrhundert. Wien 2009.

Hochedlinger, Michael: Thron & Gewehr. Das Problem der Heeresergänzung und die »Militarisierung« der Habsburgermonarchie im Zeitalter des Aufgeklärten Absolutismus (1740–1790). Graz 2021.

Klingenstein, Grete / Szabo, Franz A. J. (Hrsg.): Staatskanzler Wenzel Anton von Kaunitz-Rietberg 1771–1794. Neue Perspektiven zu Politik und Kultur der österreichischen Aufklärung. Graz [u. a.] 1996.

Klueting, Harm (Hrsg.): Der Josephinismus. Ausgewählte Quellen zur Geschichte der theresianisch-josephinischen Reformen. Darmstadt 1995.

Koschatzky, Walter (Hrsg.): Maria Theresia und ihre Zeit. Eine Darstellung der Epoche von 1740–1780 aus Anlaß der 200. Wiederkehr des Todestages der Kaiserin. Salzburg/Wien 1979.

Maaß, Ferdinand: Der Josephinismus. Quellen zu seiner Geschichte in Österreich 1760–1790. 5 Bde. Wien 1951–61.

Maria Theresia und ihre Zeit. Zur 200. Wiederkehr des Todestages. Katalog der Ausstellung in Wien. Salzburg/Wien 1980.

Matis, Herbert (Hrsg.): Von der Glückseligkeit des Staates. Staat, Wirtschaft und Gesellschaft in Österreich im aufgeklärten Absolutismus. Berlin 1981.

Mazohl-Wallnig, Brigitte: Zeitenwende 1806. Das Ende des Heiligen Römischen Reichs und die Geburt des modernen Europa. Wien [u. a.] 2005.

Mitchell, A. Wess: The Grand Strategy of the Habsburg Empire. Princeton [u. a.] 2018.

Mraz, Gottfried: Österreich und das Reich 1804–1806. Ende und Vollendung. Wien 1993.

Österreich zur Zeit Kaiser Josephs II. Katalog der Niederösterreichischen Landesausstellung in Stift Melk. Wien 1980.

Österreich im Europa der Aufklärung. Kontinuität und Zäsur in Europa zur Zeit Maria Theresias und Josephs II. 2 Bde. Wien 1985.

Reinalter, Helmut (Hrsg.): Josephinismus und aufgeklärter Absolutismus. Wien [u. a.] 2008.

Robertson, Ritchie (Hrsg.): The Austrian Enlightenment and its Aftermath. Edinburgh 1991.

Roider, Karl A.: Baron Thugut and Austrias Response to the French Revolution. Princeton 1987.

Schennach, Martin P.: Austria inventa? Zu den Anfängen der österreichischen Staatsrechtslehre. Frankfurt a. M. 2020.

Schilling, Lothar: Kaunitz und das Renversement des alliances. Studien zur außenpolitischen Konzeption Wenzel Antons von Kaunitz. Berlin 1994.

Schmale, Wolfgang / Zedinger, Renate / Mondot, Jean (Hrsg.): Josephinismus – eine Bilanz. Bochum 2007.

Seitschek, Stefan / Lobenwein, Elisabeth / Löffler, Josef (Hrsg.): Herrschaftspraktiken und Lebensweisen im Wandel. Die Habsburgermonarchie im 18. Jahrhundert. Wien/Köln/Weimar 2020.

Stollberg-Rilinger, Barbara: Maria Theresia. Die Kaiserin in ihrer Zeit. Eine Biographie. München [5]2018, Paperback-Ausgabe und E-Book 2019.

Szabo, Franz A. J.: Kaunitz and Enlightened Absolutism 1753–1780. Cambridge 1994.

Telesko, Werner / Hertel, Sandra / Linsboth, Stefanie (Hrsg.): Die Repräsentation Maria Theresias. Herrschaft und Bildpolitik im Zeitalter der Aufklärung. Wien 2020.

Verga, Marcello: Maria Teresa d'Austria. Prima donna a salire sul trono degli Asburgo, protagonista di grandi reforme: storia e mito di una sovrana. Roma 2024.

Wandruszka, Adam: Leopold II. Erzherzog von Österreich, Großherzog von Toskana, König von Ungarn und Böhmen, Römischer Kaiser. 2 Bde. Wien 1963–65.

Winter, Eduard: Der Josephinismus und seine Geschichte. Beiträge zur Geistesgeschichte Österreichs 1740–1848. Brünn/München/Wien 1943. – Neubearb.: Der Josephinismus. Die Geschichte des österreichischen Reformkatholizismus, 1740–1848. Berlin 1962.

Wolf, Norbert Christian: Glanz und Elend der Aufklärung in Wien. Voraussetzungen – Institutionen – Texte. Wien/Köln 2023.

Zedinger, Renate (Hrsg.): Lothringens Erbe. Franz Stephan von Lothringen (1708–1765) und sein Wirken in Wirtschaft, Wissenschaft und Kunst der Habsburgermonarchie. Katalog der Ausstellung auf der Schallaburg. St. Pölten 2000.

– Franz Stephan von Lothringen (1708–1865): Monarch, Manager, Mäzen. Wien 2008.

Die Zeit zwischen dem Wiener Kongress und den Revolutionen von 1848/49

Billinger, Robert D.: Metternich and the German Question. States' Rights and Federal Duties, 1820–1834. London 1991.

Csáky, Moritz: Von der Aufklärung zum Liberalismus. Studien zum Frühliberalismus in Ungarn. Wien 1981.

Csendes, Peter (Hrsg.): Österreich 1790–1848. Kriege gegen Frankreich, Wiener Kongreß, Ära Metternich, Zeit des Biedermeier, Revolution 1848. Das Tagebuch einer Epoche. Wien 1987.

Dean, Martin C.: Austrian Policy During the French Revolutionary Wars 1796–1799. Wien 1993.

Duchhardt, Heinz: Der Wiener Kongress. Die Neugestaltung Europas. München 2013.

Fillafer, Franz Leander: Aufklärung habsburgisch. Staatsbildung, Wissenskultur und Geschichtspolitik in Zentraleuropa 1750–1850. Göttingen 2020.

Godsey, William D.: Nobles and Nation in Central Europe: Free Imperial Knights in the Age of Revolution 1750–1850. Cambridge / New York 2004.

Heindl, Waltraud: Gehorsame Rebellen? Bürokratie und Beamte in Österreich 1780–1848. Wien [u. a.] 1991. [2]2013.

Kadletz-Schöffel, Hedwig: Metternich und die Wissenschaften, 2 Bde. Wien 1992.
Mascilli-Migliorini, Luigi: Metternich. L'artefice dell'Europa nata dal Congresso di Vienna. Roma 2014.
Melville, Ralph: Adel und Revolution in Böhmen. Strukturwandel von Herrschaft und Gesellschaft in Österreich um die Mitte des 19. Jahrhunderts. Mainz 1998.
Olechowski, Thomas / Mazohl, Brigitte / Schneider, Karin / Stauber, Reinhard (Hrsg.): Der Wiener Kongress 1814/15. Bd. 1: Internationale Politik. Wien 2019.
Raffler, Marlies: Museum – Spiegel der Nation? Zugänge zur historischen Museologie am Beispiel der Genese von Landes- und Nationalmuseen in der Habsburgermonarchie. Wien 2007.
Rietra, Madeleine: Jung Österreich. Dokumente und Materialien zur liberalen österreichischen Opposition 1835–1848. Amsterdam 1980.
Rumpler, Helmut (Hrsg.): Bernard Bolzano und die Politik. Staat, Nation und Religion als Herausforderung für die Philosophie im Kontext von Spätaufklärung, Frühnationalismus und Restauration. Wien 2000.
Schneider, Karin / Werner, Eva Maria: Europa in Wien. Who is Who beim Wiener Kongress 1814/15. Wien [u. a.] 2015.
Schröder, Paul W.: Metternich's Diplomacy at its Zenith 1820–1823. Austin 1962.
Siemann, Wolfram: Metternich. Stratege und Visionär. Eine Biografie. München ^{2}2017, Paperback-Ausgabe 2022.
Sked, Alan: Metternich and Austria. An Evaluation. Basingstoke 2008.
Stauber, Reinhard: Der Wiener Kongress. Wien [u. a.] 2014.
Stekl, Hannes: Österreichs Aristokratie im Vormärz. Herrschaftsstil und Lebensformen der Fürstenhäuser Liechtenstein und Schwarzenberg. Wien 1973.
Telesko, Werner / Hilscher, Elisabeth / Werner, Eva Maria (Hrsg.): Der Wiener Kongress 1814/15. Bd. 2: Politische Kultur. Wien 2019.
Thienen-Adlerflycht, Christof: Graf Leo Thun im Vormärz. Grundlagen des böhmischen Konservativismus im Kaisertum Österreich. Graz 1967.
Vick, Brian E.: The Congress of Vienna. Power and Politics After Napoleon. Cambridge [u. a.] 2014.
Zamoyski, Adam: 1815 – Napoleons Sturz und der Wiener Kongress. München 2014. [Engl. OA 2007.]

Die Habsburgermonarchie 1848–1918

Adlgasser, Franz: Die Mitglieder der österreichischen Zentralparlamente 1848–1918. Konstituierender Reichstag 1848–1849, Reichsrat 1861–1918. Ein biographisches Lexikon. 2 Teilbde. Wien 2014.
– The Habsburg Civil Service and Beyond. Bureaucracy and Civil Servants from the Vormärz to the Inter-War Years. Wien 2018.
Bellabarba, Marco: Das Habsburgerreich 1765–1918. Berlin 2020. [Italien. OA 2014.]
Beller, Steven: The Habsburg Monarchy, 1815–1918. Cambridge 2018.
Boyer, John W.: Austria, 1867–1955. Oxford 2022.
Brandt, Harm-Hinrich (Hrsg.): Der österreichische Neoabsolutismus als Verfassungs- und Verwaltungsproblem. Diskussionen über einen strittigen Epochenbegriff. Wien [u. a.] 2014.
Cole, Laurence / Hämmerle, Christa / Scheutz, Martin (Hrsg.): Glanz – Gewalt – Gehorsam. Militär und Gesellschaft in der Habsburgermonarchie (1800 bis 1918). Essen 2010.

Csendes, Peter (Hrsg.): Das Zeitalter Franz Josephs I. Österreich 1848–1918. Das Tagebuch einer Epoche. Wien 1987.

Glatz, Ferenc / Melville, Ralph (Hrsg.): Gesellschaft, Politik und Verwaltung in der Habsburgermonarchie 1830–1918. Stuttgart 1987.

Good, David F.: Der wirtschaftliche Aufstieg des Habsburgerreiches 1750–1914. Wien/Köln/Graz 1986. [Engl. OA 1984.]

Gottsmann, Andreas: Rom und die nationalen Katholizismen in der Donaumonarchie. Römischer Universalismus, habsburgische Reichspolitik und nationale Identitäten 1878–1914. Wien 2010.

– (Hrsg.): Karl I. (IV.), der Erste Weltkrieg und das Ende der Donaumonarchie. Wien 2007.

Die Habsburgermonarchie 1848–1918. Hrsg. von Adam Wandruszka und Peter Urbanitsch, ab Bd. 7 von Helmut Rumpler und Peter Urbanitsch. Wien 1973–2021.

Bd. 1: Die wirtschaftliche Entwicklung. Hrsg. von Alois Brusatti. 1973.

Bd. 2: Verwaltung und Rechtswesen. 1975.

Bd. 3: Die Völker des Reiches. 2 Teilbde. 1980.

Bd. 4: Die Konfessionen. 1985.

Bd. 5: Die bewaffnete Macht. 1987.

Bd. 6: Die Habsburgermonarchie im System der internationalen Beziehungen. 2 Teilbde. 1989/1993.

Bd. 7: Verfassung und Parlamentarismus. 2 Teilbde. 2000.

Bd. 8: Politische Öffentlichkeit und Zivilgesellschaft. 2 Teilbde. 2006.

Bd. 9: Soziale Strukturen. 2 Teilbde. Wien 2010.

Bd. 10: Das kulturelle Leben. Akteure – Tendenzen – Ausprägungen. Hrsg. von Andreas Gottsmann. 2 Teilbde. 2021.

Bd. 11: Die Habsburgermonarchie und der Erste Weltkrieg, Teilbd. 1 (in 2 Teilen): Der Kampf um die Neuordnung Mitteleuropas. Hrsg. von Helmut Rumpler. Wien 2016; Teilbd. 2: Weltkriegsstatistik Österreich-Ungarn 1914–1919. Bevölkerungsbewegung, Kriegstote, Kriegswirtschaft. Bearb. von Helmut Rumpler und Anatol Schmied-Kowarzik. Wien 2014.

Bd. 12: Bewältigte Vergangenheit? Die nationale und internationale Historiographie zum Untergang der Habsburgermonarchie als ideelle Grundlage für die Neuordnung Europas. Hrsg. von Helmut Rumpler und Ulrike Harmat. Wien 2018.

Häusler, Wolfgang / Bruckmüller, Ernst (Hrsg.): 1848. Revolution in Österreich. Wien 1999.

Hanák, Peter: Ungarn in der Donaumonarchie. Probleme der bürgerlichen Umgestaltung eines Vielvölkerstaates. Wien 1984.

Hauch, Gabriella: Frauen bewegen Politik. Österreich 1848–1938. Innsbruck/Wien 2009.

Heindl, Waltraud: Josephinische Mandarine. Bürokratie und Beamte in Österreich. Bd. 2: 1848 bis 1914. Wien [u. a.] 2013.

Johnston, William M.: Österreichische Kultur- und Geistesgeschichte. Gesellschaft und Ideen im Donauraum 1848 bis 1938. Wien [4]2006. [Engl. OA 1972.]

Judson, Pieter M.: Wien brennt! Die Revolution von 1848 und ihr liberales Erbe. Wien/Köln/Weimar 1998.

– Guardians of the Nation. Activists on the Language Frontiers of Imperial Austria. Cambridge (Mass.) 2006.

– Habsburg. Geschichte eines Imperiums, 1740–1918. München 2017. [Amerikan. OA 2016.]

Komlos, John: Die Habsburgermonarchie als Zollunion. Die Wirtschaftsentwicklung Österreich-Ungarns im 19. Jahrhundert. Wien 1986. [Engl. OA 1983.]

Leidinger, Hannes: Der Untergang der Habsburgermonarchie. Innsbruck/Wien 2017.

Lutz, Heinrich / Rumpler, Helmut (Hrsg.): Österreich und die deutsche Frage im 19. und 20. Jahrhundert. Probleme der politisch-staatlichen und soziokulturellen Differenzierung im deutschen Mitteleuropa. Wien 1982.

Mazohl, Brigitte / Aichner, Christof (Hrsg.): Die Thun-Hohenstein'schen Universitätsreformen 1849–1860. Konzeption – Umsetzung – Nachwirkungen. Wien 2017.

– / Scharr, Kurt (Hrsg.): Epochenbruch 1918/19? Die Habsburgermonarchie und die Pariser Friedensverträge – eine Neubewertung. Innsbruck 2021.

Olechowski, Thomas: Die Entwicklung des Preßrechts in Österreich bis 1918. Ein Beitrag zur österreichischen Medienrechtsgeschichte. Wien 2004.

Osterkamp, Jana (Hrsg.): Kooperatives Imperium. Politische Zusammenarbeit in der späten Habsburgermonarchie. München 2018.

Palmer, Alan: Franz Joseph I. – Kaiser von Österreich und König von Ungarn. München 1996.

Rauchensteiner, Manfried: Der Erste Weltkrieg und das Ende der Habsburgermonarchie 1914–1918. Vollst. überarb. und wesentl. erw. Fassung. Wien 2013.

Redlich, Joseph: Das österreichische Staats- und Reichsproblem. Geschichtliche Darstellung der inneren Politik der habsburgischen Monarchie von 1848 bis zum Untergang des Reiches. 2 Bde. Leipzig 1920/1926.

Rumpler, Helmut (Hrsg.): Innere Staatsbildung und gesellschaftliche Modernisierung in Österreich und Deutschland 1867/71 bis 1914. Wien/München 1991.

Schorske, Carl E.: Wien. Geist und Gesellschaft im Fin de Siècle. Frankfurt a. M. 1982. – Taschenbuchausg.: München/Zürich 1997. [Engl. OA 1980.]

Steidl, Annemarie: On Many Routes: Internal, European, and Transatlantic Migration in the Late Habsburg Empire. West Lafayette, Indiana, 2021.

Stourzh, Gerald: Die Gleichberechtigung der Nationalitäten in der Verfassung und Verwaltung Österreichs 1848–1918. Wien 1985.

Traum und Wirklichkeit. Wien 1870–1930. Katalog der Ausstellung im Künstlerhaus in Wien. Wien 1985.

Vocelka, Michaela und Karl: Franz Joseph I. Kaiser von Österreich und König von Ungarn. 1830–1916. Eine Biographie. München 2015.

Das Zeitalter Kaiser Franz Josephs. Kataloge der Niederösterreichischen Landesausstellungen in Schloss Grafenegg 1984 und 1987. Tl. 1: Von der Revolution zur Gründerzeit 1848–1880. 2 Bde. Wien 1984. Tl. 2: 1880–1916 – Glanz und Elend. 2 Bde. Wien 1987.

Erste Republik, Austrofaschismus, Nationalsozialismus (1918–1945)

Bauer, Kurt: Die dunklen Jahre. Politik und Alltag im nationalsozialistischen Österreich 1938 bis 1945. Frankfurt a. M. 2017.

– Der Februaraufstand 1934. Fakten und Mythen. Wien [u. a.] 2019.

Berger, Peter: Kurze Geschichte Österreichs im 20. Jahrhundert. Wien [2]2008.

Botz, Gerhard: Gewalt in der Politik. Attentate, Zusammenstöße, Putschversuche, Unruhen in Österreich 1918 bis 1934. Wien [2]1983.

– Nationalsozialismus in Wien. Machtübernahme, Herrschaftssicherung, Radikalisierung 1938/39. Überarb. und erw. Neuaufl. Wien 2011.

Boyer, John W.: Austria, 1867–1955. Oxford 2022.

Bukey, Evan Burr: Hitlers Österreich. »Eine Bewegung und ein Volk«. Hamburg/Wien 2001. [Engl. OA 2000.]

Dreidemy, Lucile: Der Dollfuß-Mythos. Eine Biographie des Posthumen. Wien [u. a.] 2014.

Enderle-Burcel, Gertrude / Reiter-Zatloukal, Ilse (Hrsg.): Antisemitismus in Österreich, 1933–1938. Wien 2018.

Johnston, William M.: Zur Kulturgeschichte Österreichs und Ungarns 1890–1938: Auf der Suche nach verborgenen Gemeinsamkeiten. Wien [u. a.] 2015.

Karner, Stefan (Hrsg.): Die umkämpfte Republik. Österreich 1918–1938. Innsbruck [u. a.] 2017.

– / Mikoletzky, Lorenz (Hrsg.): Österreich – 90 Jahre Republik. Beitragsband der Ausstellung im Parlament. Innsbruck 2008.

Konrad, Helmut / Maderthaner, Wolfgang (Hrsg.): … der Rest ist Österreich. Das Werden der Ersten Republik. Wien 2008.

Leidinger, Hannes: Der Untergang der Habsburgermonarchie. Innsbruck [u. a.] 2017.

– / Moritz, Verena: Umstritten, verspielt, gefeiert. Die Republik Österreich 1918/2008. Überblick, Zwischenbilanz, Neubewertung. Wien 2018.

Luža, Radomír: Widerstand in Österreich 1938–1945. Wien 1983. [Engl. OA 1984.]

McLoughlin, Barry / Leidinger, Hannes / Moritz, Verena: Kommunismus in Österreich 1918–1938. Innsbruck [u. a.] 2009.

Moos, Carlo: Habsburg post mortem. Betrachtungen zum Weiterleben der Habsburgermonarchie. Wien [u. a.] 2016.

Neugebauer, Wolfgang: Der Österreichische Widerstand 1939–1945. Erw. Neuaufl. Wien 2015.

Pauley, Bruce: Der Weg in den Nationalsozialismus. Ursprünge und Entwicklung in Österreich. Wien 1988. [Engl. OA 1981.]

– Eine Geschichte des österreichischen Antisemitismus. Von der Ausgrenzung zur Auslöschung. Wien 1993. [Engl. OA 1991.]

Pelinka, Anton: Die gescheiterte Republik. Kultur und Politik in Österreich 1918–1938. Wien [u. a.] 2017.

Pfoser, Alfred / Weigl, Andreas: Die erste Stunde Null. Gründungsjahre der österreichischen Republik 1918–1922. Salzburg 2017.

Rauchensteiner, Manfried: Unter Beobachtung. Österreich 1918–2018. Wien [u. a.] 2017.

Reiter-Zatloukal, Ilse / Rothländer, Christiane / Schölnberger, Pia (Hrsg.): Österreich 1933–1938. Interdisziplinäre Annäherungen an das Dollfuß-Schuschnigg-Regime. Wien [u. a.] 2012.

Sandgruber, Roman: Rothschild: Glanz und Untergang des Wiener Welthauses. Wien 2018.

Schölnberger, Pia: Das Anhaltelager Wöllersdorf 1933–1938. Strukturen – Brüche – Erinnerungen. Wien 2015.

Senft, Gerhard: Im Vorfeld der Katastrophe. Die Wirtschaftspolitik des Ständestaates Österreich 1934–1938. Wien 2002.

Steininger, Rolf (Hrsg.): Österreich im 20. Jahrhundert. 2 Bde. Wien/Köln/Weimar 1997.

Tálos, Emmerich: Das austrofaschistische Herrschaftssystem. Österreich 1933–1938. Wien 2013.

– / Dachs, Herbert / Hanisch, Ernst / Staudinger, Anton (Hrsg.): Handbuch des politischen Systems Österreichs. Erste Republik. 1918–1933. Wien 1995.

– / Hanisch, Ernst / Neugebauer, Wolfgang / Sieder, Reinhard (Hrsg.): NS-Herrschaft in Österreich. Ein Handbuch. Wien 2000.

– / unter Mitarbeit von Florian Wenninger: Das austrofaschistische Österreich 1933–1938. Wien 2017.

Wasserman, Janek: Black Vienna: The Radical Right in the Red City, 1918–1938. Ithaca [u. a.] 2014.

Weinzierl, Erika: Zu wenig Gerechte. Österreicher und Judenverfolgung 1938–1945. Graz/Wien ^{4}1997.

Weinzierl, Erika / Skalnik, Kurt (Hrsg.): Österreich 1918–1938. Geschichte der Ersten Republik. 2 Bde. Graz 1983.
Wenninger, Florian / Dreidemy, Lucile (Hrsg.): Das Dollfuß-Schuschnigg-Regime 1933–1938. Vermessung eines Forschungsfeldes. Wien [u. a.] 2013.
Williamson, Samuel R. Jr.: Austria-Hungary and the Origins of the First World War. London/Basingstoke 1991.

Die Zweite Republik (seit 1945)

Berger, Peter: Kurze Geschichte Österreichs im 20. Jahrhundert. Wien [2]2008.
Bischof, Günther: Austria in the First Cold War, 1945–55. The Leverage of the Weak. London/Basingstoke 1999.
Breuss, Susanne / Liebhart, Karin / Pribersky, Andreas: Inszenierungen. Stichwörter zu Österreich. Wien 1995.
Bruckmüller, Ernst (Hrsg.): Wiederaufbau in Österreich 1945–1955. Rekonstruktion oder Neubeginn? Wien 2006.
Butschek, Felix: Vom Staatsvertrag zur EU. Österreichische Wirtschaftsgeschichte von 1955 bis zur Gegenwart. Wien/Köln/Weimar 2004.
Butterweck, Hellmut: Nationalsozialisten vor dem Volksgericht Wien. Österreichs Ringen um Gerechtigkeit 1945–1955 in der zeitgenössischen öffentlichen Wahrnehmung. Innsbruck [u. a.] 2016.
Carafano, James Jay: Waltzing into the Cold War. The Struggle for Occupied Austria. College Station 2002.
Dachs, Herbert (Hrsg.): Handbuch des politischen Systems Österreichs. Die Zweite Republik. Wien [3]1997.
Gehler, Michael: Der lange Weg nach Europa. Österreich vom Ende der Monarchie bis zur EU. Darstellung. Innsbruck/Wien/München/Bozen 2002.
– Österreichs Außenpolitik der Zweiten Republik. Von der alliierten Besatzung bis zum Europa des 21. Jahrhunderts. 2 Bde. Innsbruck/Wien/Bozen 2005.
– / Steininger, Rolf (Hrsg.): Österreich und die europäische Integration seit 1945. Aspekte einer wechselvollen Entwicklung. Wien [u. a.] [2]2014.
Haller, Max: Identität und Nationalstolz der Österreicher. Gesellschaftliche Ursachen und Funktionen. Herausbildung und Transformation seit 1945. Internationaler Vergleich. Wien/Köln/Weimar 1996.
Hofer, Thomas / Tóth, Barbara (Hrsg.): Wahl 2017. Loser, Leaks & Leadership. Wien 2019.
– (Hrsg.): Wahl 2019. Strategien, Schnitzel, Skandale. Salzburg 2019.
Karner, Stefan / Mikoletzky, Lorenz (Hrsg.): Österreich – 90 Jahre Republik. Beitragsband der Ausstellung im Parlament. Innsbruck [u. a.] 2008.
– / Stelzl-Marx, Barbara (Hrsg.): Die Rote Armee in Österreich. Sowjetische Besatzung 1945–1955. Graz/Wien/München 2005.
Khol, Andreas [u. a.] (Hrsg.): Österreichisches Jahrbuch für Politik 2020. Wien 2021, Österreichisches Jahrbuch für Politik 2021. Wien 2022, Österreichisches Jahrbuch für Politik 2022. Wien 2023.
Lehnguth, Cornelius: Waldheim und die Folgen. Der parteipolitische Umgang mit dem Nationalsozialismus in Österreich. Frankfurt a. M. [u. a.] 2013.
Leidinger, Hannes / Moritz, Verena: Die Republik Österreich 1918/2008: Überblick, Zwischenbilanz. Neubewertung. Wien 2008.

Moser, Karin (Hrsg.): Besetzte Bilder. Film, Kultur und Propaganda in Österreich 1945–1955. Wien 2005.
Mueller, Wolfgang: Die sowjetische Besatzung in Österreich 1945–1955 und ihre politische Mission. Wien/Köln/Graz 2005.
– A Good Example of Peaceful Coexistence? The Soviet Union, Austria, and Neutrality, 1955–1991. Wien 2011.
Obermaier, Frederik / Obermayer, Bastian: Die Ibiza-Affäre. Innenansichten eines Skandals. Köln 2019.
Pelinka, Anton / Rosenberger, Sieglinde: Österreichische Politik. Grundlagen – Strukturen – Trends. Wien 2000.
Perz, Bertrand: Die KZ-Gedenkstätte Mauthausen. 1945 bis zur Gegenwart. Innsbruck 2006.
Petritsch, Wolfgang: Bruno Kreisky. Die Biographie. Wien 2010.
Petschar, Hans: Die junge Republik. Alltagsbilder aus Österreich 1945–1955. Wien 2005.
Rathkolb, Oliver: Die paradoxe Republik. Österreich 1945–2015. Erw. Neuausg. Wien 2015.
Rauchensteiner, Manfried: Der Sonderfall. Die Besatzungszeit in Österreich, 1945 bis 1955. Graz/Wien 1995.
– (Hrsg.): Zwischen den Blöcken. NATO, Warschauer Pakt und Österreich. Wien 2010.
Reiter, Margit: Die Ehemaligen. Der Nationalsozialismus und die Anfänge der FPÖ. Göttingen 2019.
Röhrlich, Elisabeth: Kreiskys Außenpolitik. Zwischen österreichischer Identität und internationalem Programm. Göttingen/Wien 2009.
Rupnow, Dirk / Uhl, Heidemarie (Hrsg.): Zeitgeschichte ausstellen in Österreich: Museen – Gedenkstätten – Ausstellungen. Wien [u. a.] 2011.
Sieder, Reinhard / Steinert, Heinz / Tálos, Emmerich (Hrsg.): Österreich 1945–1995. Gesellschaft – Politik – Kultur. Wien ²1996.
Steininger, Rolf (Hrsg.): Österreich im 20. Jahrhundert. 2 Bde. Wien/Köln/Weimar 1997.
Stelzl-Marx, Barbara: Stalins Soldaten in Österreich. Die Innensicht der sowjetischen Besatzung 1945–1955. Wien/München 2012.
Stiefel, Dieter: Entnazifizierung in Österreich. Wien 1981.
Stourzh, Gerald: Um Einheit und Freiheit. Staatsvertrag, Neutralität und das Ende der Ost-West-Besetzung Österreichs, 1945–1955. Wien ⁵2005; 6., gründlich überarb. und erw. Neuaufl.: Stourzh, Gerald / Mueller, Wolfgang: Der Kampf um den Staatsvertrag 1945–1955. Ost-West-Besetzung, Staatsvertrag und Neutralität Österreichs. Wien/Köln/Weimar 2020.
Suppan, Arnold / Stourzh, Gerald / Mueller, Wolfgang (Hrsg.): Der österreichische Staatsvertrag. Internationale Strategie, rechtliche Relevanz, nationale Identität. Wien 2005.
Tálos, Emmerich [u. a.] (Hrsg.): Handbuch des politischen Systems Österreichs. Die Zweite Republik. Wien ³1997.
– Vom Siegeszug zum Rückzug. Sozialstaat Österreich 1945–2005. Innsbruck 2005.
Uhl, Heidemarie: Zwischen Versöhnung und Verstörung. Eine Kontroverse um Österreichs historische Identität fünfzig Jahre nach dem Anschluss. Wien [u. a.] 1992.
Wagnleitner, Reinhold: Coca-Colonisation und Kalter Krieg. Die Kulturmission der USA in Österreich nach dem Zweiten Weltkrieg. Wien 1991.
Weinzierl, Erika / Skalnik, Kurt (Hrsg.): Österreich. Die Zweite Republik. 2 Bde. Graz 1972.

Ortsnamenkonkordanz

Vorbemerkung: Berücksichtigt sind nur Orte, die gegenwärtig nicht in Österreich, Deutschland oder der deutschen Schweiz liegen und für die ein deutscher Name gebräuchlich ist bzw. war. Auf den deutschen Ortsnamen folgt an erster Stelle der heutige amtliche Ortsname (in Südtirol: der italienische und der ladinische Name), danach folgen eventuell (in Auswahl) weitere Namensformen. Nicht berücksichtigt sind die lateinischen Namen etwaiger römischer Vorgängersiedlungen.

Adamsthal: tschech. Adamov
Adrianopel: türk. Edirne
Agram: kroat. Zagreb, ungar. Zágráb
Altsohl: slowak. Zvolen, ungar. Zólyom
Altstadt (Prag): tschech. Staré Město
Altstadt (Südböhmen): tschech. Staré Město pod Landštejnem
Antwerpen: franz. Anvers (alter dt. Name: Antorf)
Aussig: tschech. Ústí nad Labem
Austerlitz: tschech. Slavkov

Belgrad: serb. Beograd (alter dt. Name: Griechisch Weißenburg)
Bistritz: rumän. Bistrița, ungar. Beszterce
Blasendorf: rumän. Blaj, ungar. Balázsfalva
Bozen: italien. Bolzano, ladin. Bulsan
Brandeis an der Elbe: tschech. Brandýs nad Labem
Braunau: tschech. Broumov
Breslau: poln. Wrocław, tschech. Vratislav
Brest-Litowsk: weißruss. und russ. Brest (alter dt. Name: Litauisch Brest)
Brieg: poln. Brzeg, tschech. Břeh
Brixen: italien. Bressanone, ladin. Persenon
Brügge: niederländ. Brugge, franz. Bruges
Bruneck: italien. Brunico, ladin. Bornech
Brünn: tschech. Brno
Brüssel: fläm. Brussel, franz. Bruxelles
Brüx: tschech. Most
Budweis: tschech. České Budějovice
Bukarest: rumän. București
Bunzlau: s. Jungbunzlau

Chlum: tschech. Chlum u Třeboně
Cilli: slowen. Celje
Czernowitz: ukrain. Tscherniwzi, rumän. Cernăuți, poln. Czerniowce

Danzig: poln. Gdańsk
Debrezin: ungar. Debrecen

Eger: tschech. Cheb
Eibenschitz: tschech. Ivančice
Eisenburg: ungar. Vas (Komitat) bzw. Vasvár (Burgstadt)
Eisenstadt: ungar. Kismarton

Elbogen: tschech. Loket
Eperies: slowak. Prešov, ungar. Eperjes
Eppan (an der Weinstraße): italien. Appiano sulla Strada del Vino
Erlau: ungar. Eger
Esseg: kroat. Osijek, ungar. Eszék

Fiume: kroat. Rijeka (alter dt. Name: St. Veit am Flaum)
Flitsch: slowen. Bovec, italien. Plezzo
Florenz: italien. Firenze
Fogarasch: rumän. Făgăraş, ungar. Fogaras
Franzensfeste: italien. Fortezza
Freystadt: poln. Kożuchów
Fünfkirchen: ungar. Pécs

Genf: franz. Genève
Genua: italien. Genova
Glatz: poln. Kłodzko, tschech. Kladsko
Glogau: poln. Głogów, tschech. Hlohov
Gnesen: poln. Gniezno
Görlitz: poln. Zgorzelec
Görz: italien. Gorizia, slowen. Gorica
Gradiska: italien. Gradisca
Gran: ungar. Esztergom
Großau: rumän. Cristian, ungar. Keresztényszigеt
Großwardein: rumän. Oradea, ungar. Nagyvárad
Güns: ungar. Kőszeg

Halitsch: ukrain. Halytsch
Hermannstadt: rumän. Sibiu, ungar. Szeben, Nagyszeben
Hirschberg: poln. Jelenia Góra
Hohenfriedberg: poln. Dobromierz (alter dt. Name: Friedeberg)
Hradschin (Prag): tschech. Hradčany

Idria: slowen. Idrija
Iglau: tschech. Jihlava

Jägerndorf: tschech. Krnov, poln. Krnów
Jankau: tschech. Jankov
Jaroslau: poln. Jarosław
Jauer: poln. Jawor
Jungbunzlau: tschech. Mladá Boleslav

Kaaden: tschech. Kadaň
Kanizsa: heute Nagykanizsa
Karlowitz: serb. Sremski Karlovci, ungar. Karlóca
Karlsbad: tschech. Karlovy Vary
Karlsburg: rumän. Alba Iulia, ungar. Gyulafehérvár
Karlowitz: serb. Sremski Karlovci, kroat. Srijemski Karlovci, ungar. Karlóca
Karlstadt: kroat. Karlovac

Kaschau: slowak. Košice, ungar. Kassa
Käsmark: slowak. Kežmarok, ungar. Késmárk
Klattau: tschech. Klatovy
Klausenburg: rumän. Cluj bzw. Cluj-Napoca, ungar. Kolozsvár
Kleinseite (Prag): tschech. Malá Strana
Kolin: tschech. Kolín
Kolomea: ukrain. Kolomyja
Komorn: slowak. Komárno, ungar. Komárom
Königgrätz: tschech. Hradec Králové
Koschumberg: tschech. Košumberk
Krakau: poln. Kraków
Kremsier: tschech. Kroměříž
Kreuz: kroat. Križevci, ung. Kőrös
Kronstadt: rumän. Braşov, ungar. Brassó
Kunersdorf: poln. Kunowice
Kuttenberg: tschech. Kutná Hora

Laibach: slowen. Ljubljana
Landeshut: poln. Kamienna Góra
Lauban: poln. Lubań
Leitmeritz: tschech. Litoměřice
Leitomischl: tschech. Litomyšl
Lemberg: ukrain. Lwiw, poln. Lwów
Leobschütz: poln. Głubczyce, tschech. Hlubčice
Lieben: tschech. Libeň
Liegnitz: poln. Legnica, tschech. Lehnice
Lissa: kroat. Vis, italien. Lissa
Lissabon: port. Lisboa
Lüttich: franz. Liège, fläm. Luik

Mailand: italien. Milano
Mantua: italien. Mantova
Marburg: slowen. Maribor
Meran: italien. Merano, ladin. Maran
Militsch: poln. Milicz
Mitrowitz: serb. Sremska Mitrovica, kroat. Srijemska Mitrovica
Mollwitz: poln. Małujowice
Mosapurc (oder Moosburg): ungar. Zalavár
Moskau: russ. Moskwa
Möttling: slowen. Metlika
Munkács: ukrain. Mukačevo
Münsterberg: poln. Ziębice, tschech. Minstrberk
Muschau: tschech. Mušov

Neapel: italien. Napoli
Neisse: poln. Nysa
Neppendorf: rumän. Turnişor, ungar. Kistorony
Neuhaus: tschech. Jindřichův Hradec
Neuhäusel: slowak. Nové Zámky, ungar. Érsekújvár

Neumarkt (am Mieresch): rumän. Târgu Mureş (ältere Schreibweise: Tîrgu Mureş), ungar. Marosvásárhely
Neu Sandez: poln. Nowy Sącz
Neusohl: slowak. Banská Bystrica, ungar. Besztercebánya
Neustadt (Prag): tschech. Nové Město
Neustift (bei Brixen) (Kloster): italien. Abbazia di Novacella
Neutra: slowak. Nitra, ungar. Nyitra
Nikolsburg: tschech. Mikulov
Nimwegen: niederländ. Nijmegen

Oberplan: tschech. Horní Planá
Ödenburg: ungar. Sopron
Oels: poln. Oleśnica
Ofen: ungar. Buda, türk. Budun
Olmütz: tschech. Olomouc
Oppeln: poln. Opole, tschech. Opolí
Ostende: niederl. Oostende, franz. Ostende

Padua: italien. Padova
Pardubitz: tschech. Pardubice
Passarowitz: serb. Požarevac
Pernstein: tschech. Pernštejn
Peterwardein: serb. Petrovaradin
Pettau: slowen. Ptuj
Pfirt: franz. Ferrette
Pilsen: tschech. Plzeň
Pola: kroat. Pula
Prag: tschech. Praha
Przemysl: poln. Przemyśl
Preßburg (Pressburg): slowak. Bratislava (bis 1919: Prešporok), ungar. Pozsony

Raab: ungar. Győr
Radkersburg (heute Bad Radkersburg): slowen. Radgona
Rakonitz: tschech. Rakovník
Rann: slowen. Brežice
Reichenbach: poln. Dzierżoniów
Rom: italien. Roma

Saaz: tschech. Žatec
Säben: italien. Sabiona
Sagan: poln. Żagań, tschech. Zahán
Sankt Petersburg: russ. Sankt-Peterburg (1914–1924 Petrograd, 1924–1991 Leningrad)
Sathmar: rumän. Satu Mare, ungar. Szatmárnémeti
Schäßburg: rumän. Sighişoara, ungar. Segesvár
Schemnitz: slowak. Banská Štiavnica, ungar. Selmecbánya
Schweidnitz: poln. Świdnica
Seiz: slowen. Žiče
Sichelburg: kroat. Žumberak
Sillein: slowak. Žilina, ungar. Zsolna

Sissek: kroat. Sisak, ungar. Sziszek
Slankamen: serb. Stari Slankamen, ungar. Szalánkemén
Stanislau: heute ukrain. Iwano-Frankiwsk, poln. Stanisławów
Steinamanger: ungar. Szombathely,
Sterbohol: tschech. Štěrboholy
Sterzing: italien. Vipiteno
Straßburg: franz. Strasbourg
Stuhlweißenburg: ungar. Székesfehérvár
Sutschawa: rumän. Suceava (alter dt. Name: Sotschen)
Szegedin: ungar. Szeged

Tabor: tschech. Tábor
Tarnopol: ukrain. Ternopil
Temeschwar: rumän. Timişoara, ungar. Temesvár
Tetschen: tschech. Děčín
Teschen: tschech. (Český) Těšín, poln. Cieszyn
Thorenburg: rumän. Turda, ungar. Torda
Tolmein: slowen. Tolmin, italien. Tolmino
Trentschin: slowak. Trenčín, ungar. Trencsén
Trient: italien. Trento
Triest: italien. Trieste, slowen. und kroat. Trst
Troppau: tschech. Opava
Tschakathurn: kroat. Čakovec, ungar. Csáktornya
Turin: italien. Torino
Tyrnau: slowak. Trnava, ungar. Nagyszombat

Ungarisch Brod: tschech. Uherský Brod
Ungarisch Hradisch: tschech. Uherské Hradiště

Venedig: italien. Venezia

Waitzen: ungar. Vác
Warasdin: kroat. Varaždin, ungar. Varasdin
Wardein: s. Großwardein
Warschau: poln. Warszawa
Weiler-Bettnach: franz. Villers-Bettnach
Wohlau: poln. Wołów

Zara: kroat. Zadar
Zengg: kroat. Senj
Zenta: serb. Senta
Zips: slowak. Spiš, ungar. Szepes
Znaim: tschech. Znojmo

Personenregister

Zur Autorin und zu den Autoren

CHRISTIAN LACKNER, geb. 1960 in Spittal/Drau (Kärnten), studierte Geschichte und Französisch an der Universität Innsbruck und absolvierte den Ausbildungskurs am Institut für Österreichische Geschichtsforschung. 2001 Habilitation für Österreichische Geschichte und Historische Hilfswissenschaften an der Universität Wien. Seit 2005 Bearbeiter der *Regesta Habsburgica (Regesten der Herzoge von Österreich aus dem Hause Habsburg)* für den Zeitraum 1365–1395. Seit 2010 Professor für Historische Hilfswissenschaften mit Schwerpunkt Mittelalter an der Universität Wien. Seit Februar 2020 Direktor des Instituts für Österreichische Geschichtsforschung.

Monographien: *Ein Rechnungsbuch Herzog Albrechts III. von Österreich. Edition und Textanalyse*, Wien 1996; *Hof und Herrschaft. Rat, Kanzlei und Regierung der österreichischen Herzoge (1365–1406)*, Wien/München 2002; *Möglichkeiten und Perspektiven diplomatischer Forschung. Zum Privileg Herzog Albrechts III. für die Universität Wien vom Jahre 1384*, Wien 2013. Bearbeiter und Herausgeber der *Regesta Habsburgica.*

BRIGITTE MAZOHL, geb. 1947 in Bozen (Südtirol), studierte Geschichte und Publizistik an der Universität Salzburg und Rechtswissenschaften an der Universität Wien. 1986 Habilitation für Allgemeine Geschichte der Neuzeit an der Universität Salzburg. Von 1993 bis 2015 Professorin für Österreichische Geschichte an der Universität Innsbruck. Von 2008 bis 2020 Obfrau der Kommission für Neuere Geschichte Österreichs.

Monographien: *Österreichischer Verwaltungsstaat und administrative Eliten im Königreich Lombardo-Venetien 1815–1859*, Mainz 1993; *Von Ostarrîchi zu Österreich. Ein historischer Bilderreigen*, Salzburg 1995; *Zeitenwende 1806. Das Ende des Heiligen Römischen Reichs und die Geburt des modernen Europa*, Wien/Köln/Weimar 2005; (als Mitautorin:) *1809 – und danach? Über die Allgegenwart der Vergangenheit in Tirol*, Bozen/Innsbruck/Wien 2009; (als Mitautorin:) *Geschichte Südtirols*, München 2020.

WALTER POHL, geb. 1953 in Wien, studierte Geschichte an der Universität Wien und absolvierte den Ausbildungskurs am Institut für Österreichische Geschichtsforschung. 1989 bzw. 2001 Habilitation für Geschichte des Mittelalters und Historische Hilfswissenschaften an der Universität

Wien. Von 2004 bis 2021 Direktor des Instituts für Mittelalterforschung der Österreichischen Akademie der Wissenschaften. Von 2006 bis 2022 Professor für mittelalterliche Geschichte am Institut für Geschichte der Universität Wien. 2020 ERC Synergy Grant für das Projekt »HistoGenes« (Integrating genetic, archaeological and historical perspectives on Eastern Central Europe, 400–900 AD).

Monographien: *Die Awaren. Ein Steppenvolk in Mitteleuropa, 567–822 n. Chr.*, München ²2002; *Die Germanen*, München ²2004; *Le origini etniche dell'Europa. Barbari e Romani tra antichità e medioevo*, Roma 2000; *Werkstätte der Erinnerung. Montecassino und die langobardische Vergangenheit*, Wien 2001; *Die Völkerwanderung. Eroberung und Integration*, Stuttgart/Berlin/Köln ³2016; *Eastern Central Europe in the Early Middle Ages: Conflicts, Migrations and Ethnic Processes*, Bukarest/Braila 2008; *The Avars. A Steppe Empire in Central Europe, 567–822*, Ithaca 2018.

Oliver Rathkolb, geb. 1955 in Wien, studierte Geschichte und Rechtswissenschaften an der Universität Wien. Von 1985 bis 2003 wissenschaftlicher Leiter der Stiftung Bruno Kreisky Archiv. 1993 Habilitation für Neuere Geschichte mit besonderer Berücksichtigung der Zeitgeschichte an der Universität Wien. Von 1994 bis 2005 Co-Leiter des Ludwig-Boltzmann-Instituts für Geschichte und Gesellschaft. Von 2005 bis 2008 Leiter des Ludwig-Boltzmann-Instituts für Europäische Geschichte und Öffentlichkeit. Von 2008 bis 2023 Professor für Zeitgeschichte und von 2008 bis 2012 sowie neuerlich von 2016 bis 2022 Vorstand des Instituts für Zeitgeschichte der Universität Wien.

Monographien: *Es ist schwer, jung zu sein. Jugend und Demokratie in Österreich 1918–1988*, Wien [u. a.] 1988; *Führertreu und Gottbegnadet. Künstlereliten im Dritten Reich*, Wien 1991; *Washington ruft Wien. US-Großmachtpolitik gegenüber Österreich 1953–1963*, Wien 1997; *Internationalisierung Österreichs seit 1945*, Innsbruck [u. a.] 2006; *Europa und das Ende des Kalten Krieges*, Wien 2012; *Die paradoxe Republik. Österreich 1945–2015*. Erw. Neuausg., Wien 2015; *Fiktion »Opfer« Österreich und die langen Schatten des Nationalsozialismus und der Dollfuß-Diktatur*, Innsbruck/Wien/Bozen 2017; *Schirach. Eine Generation zwischen Goethe und Hitler*, Wien/Graz 2020.

Thomas Winkelbauer, geb. 1957 in Wien, studierte Geschichte, Klassische Philologie (ohne Abschluss) und Politikwissenschaft an der Universität Wien und absolvierte den Ausbildungskurs am Institut für Österreichische Geschichtsforschung. 1998 Habilitation für das Fach Österreichische Geschichte an der Universität Wien. Von 2007 bis 2022 Professor für Österreichische Geschichte an der Universität Wien. Von 2010 bis Januar 2020 Direktor des Instituts für Österreichische Geschichtsforschung.

Monographien: *Robot und Steuer. Die Untertanen der Waldviertler Grundherrschaften Gföhl und Altpölla zwischen feudaler Herrschaft und absolutistischem Staat (vom 16. Jahrhundert bis zum Vormärz)*, Wien 1986; *Fürst und Fürstendiener. Gundaker von Liechtenstein, ein österreichischer Aristokrat des konfessionellen Zeitalters*, Wien/München 1999; *Ständefreiheit und Fürstenmacht. Länder und Untertanen des Hauses Habsburg im konfessionellen Zeitalter*, 2 Teile, Wien 2003; *Gundaker von Liechtenstein als Grundherr in Niederösterreich und Mähren*, Wien/Köln/Weimar 2008; (als Mitautor:) *Liechtensteinisch-tschechische Beziehungen in Geschichte und Gegenwart*, Vaduz 2014; *Das Fach Geschichte an der Universität Wien. Von den Anfängen um 1500 bis etwa 1975*, Göttingen 2018.